新世纪高等学校教材

哲学基础课系列教材

伦理学概论

LUNLIXUE GAILUN

廖申白 著

北京师范大学出版集团
BEIJING NORMAL UNIVERSITY PUBLISHING GROUP
北京师范大学出版社

图书在版编目(CIP)数据

伦理学概论／廖申白著.—北京：北京师范大学出版社，2009.8 （2019.11重印）
新世纪高等学校教材.哲学基础课系列教材
ISBN 978-7-303-10383-6

Ⅰ.伦… Ⅱ.廖… Ⅲ.伦理学－高等学校－教材 Ⅳ.B82

中国版本图书馆CIP数据核字(2009)第117087号

营销中心电话 010-57654738 57654736
北师大出版社高等教育与学术著作分社 http://xueda.bnup.com

出版发行：北京师范大学出版社 www.bnup.com
北京市西城区新街口外大街12-3号
邮政编码：100088
印　　刷：保定市中画美凯印刷有限公司
经　　销：全国新华书店
开　　本：170 mm × 230 mm
印　　张：32
字　　数：514千字
版　　次：2014年8月第2版
印　　次：2019年11月第3次印刷
定　　价：45.00元

策划编辑：饶　涛　　责任编辑：饶　涛
美术编辑：高　霞　　装帧设计：高　霞
责任校对：李　菡　　责任印制：马　洁

自 序

一

我很晚才开始比较系统地读哲学和伦理学，直到34岁我才考入中国人民大学哲学系读硕士研究生，师从罗国杰先生读伦理学。我读伦理学的基础也不好。读硕士研究生之前，一直只是自己杂七杂八地读些哲学和其他人文方面的书籍。1981年，我与北京图书馆的一些同事一同考上北京大学图书馆学函授专修科，在我的中学同窗戴扬毅的帮助下，我有幸能够用去北京大学上课的时间跑到中国人民大学旁听哲学课程。后来，也是在他的建议下，我开始准备考中国人民大学伦理学方向硕士研究生。1984年考上时，我对于以后是不是能够做一点哲学方面的事情完全没有把握。那时心里仅仅是认为已经损失了那么多的时间，能多读一点就多读一点。所以读研究生时曾经坚持一个想法，将来不去提出任何伦理学的体系，甚至不去做规范伦理学方面的讨论。前一个想法是因为自感基础太弱，读书太晚；后一个想法则是因为1984—1985年研究分析哲学家艾耶尔。那时觉得分析哲学家了不起，过去的被他们叫作规范伦理学的在他们看来都是独断论。后来，又边读边翻译包尔生、罗尔斯的论著，读柏拉图、亚里士多德和希腊的一些残篇，又反过来觉得分析伦理学家的书渐渐地不能吸引我了。甚至现代分析哲学家为标新而把过去的伦理学都叫作规范伦理学这件事，也让我越来越反感。我觉得古典伦理学至少还关注人的问题，现代分析伦理学竟连人的问题都不放在心上了。所以，后来在中国社会科学院哲学所边工作边跟随王树人老师读外国哲学期间，就选中亚里士多德的著作来读、来思索。我觉得希腊哲学家那种以一种平静的心来思考人的问题的方式比较吸引我。不过，我还是一直提醒自己，60岁之前不要去写伦理学原理的著作，无论专著还是教材，因为自感伦理学的学养积蓄太薄、太弱。

2001年，我从中国社会科学院哲学所到北京师范大学工作。感谢各位老师的信任，伦理学原理从第二年开始成为我向本科生讲授的一门主要课程。但是，要讲这门课程就需要整理出自己对于伦理学的一种系统的想法。于是，我开始摸索着按照我对人类思想史上那些最值得尊重的伦理学理论著作的批评的理解，来概括和表达一种在我看来能够克服以往规范伦理学体系间的那些严重冲突，尤其是在所谓规范伦理学之内，目的论伦理学与义务论伦理学的基本冲突的伦理学。我在2002年把这个体系初步命名为“一种目的—义务论伦理学”。从2003年起，我已经越来越明确地把它看作是基于实践概念的德性论伦理学了。这个想法是我从读伦理学的非常有限的经历中获得的，但是它在这个时期对我来说最有道理，也被我以自己的生活经历以及我对今天人们的状态的思索从各个方面得到印证，最接近我所理解的人的真实。我认为做一个教育者最为重要的事，第一是不可以向学生讲假话，讲自己不相信有道理、接近真实的东西；第二是只向学生讲自己经过不断阅读、思考，认为比较有道理，而且读有心得、思有所感、比较有把握的东西；第三是告诉学生，这些仅仅是自己目前认为最有道理的东西，今后还需要继续去研究、思考，所以也许今天所讲的日后还会有些改变。的确，做教师的不过是一个比学生多读、多想了一些年并且在继续努力地读和想的人，并且也仅仅是因为这一点才有一点资格来做一个教师，仅此而已。

最初，我花了很大气力让我的学生理解我想做的事。我发现，他们虽然不很明白，但是相当一部分学生很感兴趣。在课间，常常有学生带着他们从阅读各种各样的伦理学书籍中形成的问题来和我交谈，这是让我感到很愉快的事情。后来，越来越多来选课的同学慢慢熟悉了这个课程，除了一些老生还常常来旁听课程之外，不少学生还找到我上一年度的讲义，预先作些了解。而且，伦理学专业的一些硕士生、博士生也经常旁听我的本科生伦理学原理课程，从他们机敏的思索和对讲义以及课堂讲课的反应中，我得到了多方面的收获。我的一个观察是，以实践概念为基础的德性论伦理学能够比其他的伦理学更加吸引学生，更加能帮助他们思考自己的人生的问题，思考人的生活的问题。对许多学生来说，它一方面比功利主义（在这本书里我称为“效用主义”）更有道理，也比一些狭隘的义务论伦理学体系包含了更丰富的对人的可能的善的理解。尽管许多学生由于不正确地、过于狭隘地理解“规范伦理学”，而把这种伦理学看作与那种“规范伦理学”对立，尽管许多同学仍然觉得德性似乎是因人因事因文化而异的，但是他们似乎倾向于同意，在实践概念的基础上建立伦理学的理解是正确的，而且，基于实践的德性论的伦理学是真正关心人自身的，并且在德性论这个领域，中国古典的儒道两家思想与希腊思想似乎有很多可以会通的精神。

所以在 2006 年北京师范大学出版社总编辑杨耕教授邀请我来撰写这套哲学教材系列中的伦理学教材时，尽管这有悖于我 60 岁之后再写伦理学原理的初衷，但经过内心的斗争，我还是接受了这个想法。按北京师范大学的政策，我应当 61 岁退休，接受这个想法就等于把对这件工作的计划至少提前了 5 年。正是几年来的伦理学原理教学和我在教学过程中不断地阅读与思索，使得写作一部这样的伦理学教材有了工作基础。当然，更重要的是在教学过程中与选课的本科学生和旁听课程的伦理学专业和其他专业的学生形成的积极互动，正是那些想认真地读进去一点伦理学并且希望这门课程能够帮助他们去思考人生的问题和社会伦理问题的学生们，给了我一个很大的推动力，推动我自己去努力地对这种伦理学做出一个比较清楚的表达，至少是使得我很想这样去做一次努力。

二

我最初预计这项工作很难在出版社希望的半年到一年的时间内完成，但我也没有预料到，它竟花费了我将近三年的时间和精力。三年里，我几乎谢绝了所有的会议邀请，甚至一些我非常希望参加的学术会议的邀请。所有假期中所有能支配的时间，都被我用在反复修改教材的大纲和讲义稿本上面。反复的修改是家常便饭，常常会在写后面的内容时，推翻掉已经写过的部分，重新来过。更多的时候，一些复杂的问题纠缠在一起，使得我苦思冥想而走不出来。思索也常常带来苦恼，在师大校园，在昌平区王府家庭农场那个寂静的社区，在我的那个小小的院子里，在这样的时候，我常常不得不离开计算机那呆板的键盘，去散散步，做些运动或劳动，来获得一点轻松，然后又回到那些熟悉的书籍当中，回到那些多少恼人的，然而又吸引着我，因此抛离不开的问题当中。

在诸多问题当中，最大的问题是中西方问题。因为，哲学的问题根本上就是人的问题。而对待人的问题中西方有不大相同的方式。过去很多年，我们习惯于追究中西方思想是如何不同和对立，因此忽略了中西方思想，尤其是它们在古典时期的源头上那些基本的共同的精神。在这些精神中，基于我初步的阅读、理解和体会，我认为追求对于人而言的好的生活和肯定德性对于这样一种生活的基本的重要性，是最为核心的。这些资源对人类文明的影响可能比那些差异更为重要些，只是我们今天可能对于这一点变得不觉不察。对我来说，重要的是要确定，在实践的德性观念上寻求中西方古典思想的会通，是不是在阐释一种规范伦理学中最重要的事，并且是一个有意义、有希望的方向？对今天的人们理解人的问题是否的确有所帮助与启发？当然，至少到今天为止，我是肯定这一点的。这是这些年在不断阅读孔子、孟子、老子、庄子（关于老庄，我目前还是初读，并准备在60岁之后细细地读和想）和柏拉图、亚里士多德、斯多亚学派、康德的过程中越来越明确地确定的立场。至少，迄今为止它对我来说是在思考人的问题时最值得重视的理论立场。对我来说，我们在今天的中国做伦理学的研究，既不是要在中国做出一种纯粹的西方伦理学，也不是要坚持用中国的本土资源与这种伦理学进行冷战，而是要在熟谙自己的本土思想的精神精髓并读懂、读进去西方的基础上，会通中西方思想精髓，形成在今天的世界环境下能够启发人们去恰当地面对和处理人的问题、过一种实践的生活的伦理学。

但是，在理解的基础上达到中西方思想基本精神的会通是一项很大的工作，一个人就是终其一生所能够做的也非常有限，况且我对这一点开始有所理解和体会起步也非常晚。因此，毫无疑问，在所关切的这个核心问题上，对中西方关于实践的思想，关于人的好生活的思想，尤其是关于人生实践的德性的思想，在这些方面试图会通中西方思想资源所做的讨论和阐释是初步的，一些哲学的预备性的思索还不够缜密，所形成的体系在许多环节上还显得非常生硬。

所以，在向读者和公众提交这本伦理学教材时，我的内心有些忐忑不安。我仅仅把它看作向我的前辈们、同行们和学生们提交的一份伦理学原理的作业。我把它提交给前辈们以求获得指教，把它提交给同行们以求获得批评指正，把它提交给学生们以求得到他们的反馈和建议，以便我能够更清楚地了解对一种德性论伦理学的阐述如何能够对他们理解人的问题和他们的人生问题有更大帮助。虽然已经花费三年时间，除了刚才谈到的问题，作为一个体系，这本书在其他许多方面都有欠完善，程度不同地具有一些薄弱的地方；有许多问题还仅仅搁置着，没有做深度适合的处理；生活的例证还概括得太少，以致在许多地方都显得过于抽象，尤其是对初学者更是如此。所有这些不足，我希望以后能够有精力改进和完善。

三

在将这份对基于实践概念的德性伦理学体系的阐述提交给公众时，我首先感谢这三年中在本科课堂听取这门课的所有学生。他们关注的、寻求解惑的目光，他们的耐心，尤其他们无论在课堂上还是私下里向我提出的各种批评意见和建议，都给了我极大的帮助和推动，使我最后完成了这部教材的写作。

感谢北京师范大学哲学与社会学学院的所有同仁，尤其是从事着伦理学教学与研究的所有同事——宣兆凯教授、晏辉教授、贾新奇副教授、马永祥副教授、王楷博士，他们对这项工作的肯定和支持，他们睿智的思想和语言，我们在教学与研究工作中非常友好的合作，使这本教材的写作获得了我所能期望的最好的工作环境和学术合作环境，这是这件工作能够顺利完成的最重要的条件。

感谢北京师范大学出版集团的同志们对这本教材的写作工作的可贵支持。在我一再地推迟交稿时间的情况下，他们没有抱怨，而是给予了善意的理解和充分的体谅。同时，感谢责任编辑饶涛博士为这本书的编辑和出版所付出的辛苦努力，以及在此期间他和我就各种有关问题所做的积极互动。没有他的帮助，我不可能期望这本书能够这样顺利地面世。

我还要专门向我的两位学生——郦平和门丽霞致谢。她们在这份书稿排印期间，一次次仔细校订文稿，纠正了文稿中许多文字错误，并且极大地提高了它的可读性。同时，我还必须提到，郦平同学还对部分标题与部分段落的讨论提出了很好的修改意见。在这本书即将付梓时，我内心里对这两位同学为此付出的心血充满感谢。

最后，我还要由衷地感谢我的妻子黄仁凤，我的儿子可征、儿媳张莉。在三年的写作工作中，他们的耐心，他们在家庭生活的方方面面给予我无微不至的关爱，在因我的这件工作而牺牲了许许多多的共同度假活动时他们所给予的无私谅解，我们家庭中和谐亲切的生活气氛，为我创造了最令人愉快的生活环境，使我能够身心愉快地、没有过多牵挂地安心写作。没有这些，我甚至不可能完成对这本书所表达的伦理学体系的思考。事实上，我在思考和写作中，也不仅仅把他们当作与我分享着共同生活的人，而且把他们当作在聆听这种伦理学的人，我在内心里也关切着他们可能会提出的问题与质疑，就像关切学生们可能提出的问题与质疑一样。所以毋宁说，他们与我一道参与了这本伦理学教材的思索与写作。

廖申白

2009 年 2 月

于北京师范大学励耘楼

目录

引论 对伦理学的初步说明

第四编 善的生活

引 论
对伦理学的初步说明

第一章　伦理学是一种怎样的研究

第一节　伦理学与人的问题

一、提出一种伦理学定义的困难

尽管伦理学属于一种最为古老的研究，提出一个伦理学的确切定义却是一件困难的事。一个伦理学学习者，甚至一位哲学家，如果尝试提出一个这样的定义，他就会发现他提出的定义与别人的不大相同。

扼要地说，哲学家们其实未曾获得关于伦理学的一致同意的定义，这对伦理学学习者未必有害。让我们举一个例子说明这种基本的困难。

在规范伦理学的研究中，哲学家们在伦理学究竟是基于对善的研究，还是基于对正当的研究这一问题上，一直没有取得一致意见。一些哲学家主张，伦理学研究哪些事物是我们有理由因它们自身的缘故将它们看作善的。中国的先哲大都抱有这样的主张，例如道家学说把我们无法经验但可以体悟的"道"作为世界的本原和生活的最高善，儒家学说把我们据以与道沟通的"德"作为人的生活的主要的善。在西方，希腊哲学家苏格拉底、柏拉图、亚里士多德、伊壁鸠鲁都以不同方式提出这样的主张，他们或者把这种事物看作某种超验的东西，或者把它看作幸福、德性或快乐。例如，亚里士多德这位奠定了伦理学学科基础的百科全书式的哲学家，把伦理学理解为研究人所能获得的"最高善"的政治学的一部分或基础的部分：伦理学是对什么是最高善的哲学的思考，政治学不仅研究最高善，还研究怎样获得它，所以是"最权威的科学或最大的技艺"①。

另一些哲学家则坚持，伦理学仅仅研究什么样的行为是正当的、有理由的。最早系统地提出这种思想的是近代哲学家康德。他认为伦理学首先是阐发道德的根本原理即责任的哲学，因为出于责任的行为，尤其是我们的出于"不属于外在的律法的范围的那些责任"的行为，才被我们看作是

---

① ［古希腊］亚里士多德：《尼各马可伦理学》，1094a27—28，北京，商务印书馆，2003。以下引自本书的引文将直接注明标准编码。还可参照的中译本主要有［古希腊］亚里士多德：《尼各马可伦理学》，北京，中国人民大学出版社，2003。

道德的。[①] 一种基本的分歧产生了：就像西季威克在20世纪初描述的那样，伦理学"或者被看作是研究善的，或者被看作是研究服从某种道德律法或规则的正当的行为的，两者必须择一"[②]。"服从道德规则的责任"是同正当的概念联系在一起的，因为从康德以来，人们习惯于把服从道德规则的行为看作正当。在这两种关于伦理学的概念中，西季威克说，他"宁可把伦理学看作关于正当和应当的科学和研究"[③]。

20世纪又产生了进一步的困难。许多哲学家认为，伦理学不是研究哪些事物是善的，哪些行为是正当的，而仅仅是研究什么是善、什么是正当。这样，伦理学或者是研究善的概念或人们使用善这个词的方式，或者是研究正当和人们使用正当这个词的方式。摩尔在《伦理学原理》中认为，善的概念是最基本的概念，人们用这个概念表明什么是伦理学首先关切的问题。然而这个概念是根本无法界定的：我们根本不可能确定人们使用善的这个词时的确切意义。因为，人们只是根据他们说明自然事物的自然性质的那些语词来说明什么是善。事实上，善是人们用来说明人的生活事务的一种特别的性质的谓词，而这个谓词是特殊的，完全不可能由其他谓词来得到说明。"善的就是善的……并且这就是我必须说出的一切"[④]，摩尔这样写道。

另一些哲学家似乎同意伦理学的主要术语是用来说明人的生活事务的特别性质的谓词，但是他们认为正当，而不是善，才是伦理学需要加以研究的最基本的概念。诺维尔－史密斯率直地认为伦理学是从概念上回答"我将做什么"、"我应当做什么"这两个核心问题。[⑤] 罗尔斯在20世纪出版的一系列著作，尤其是1971年出版的《正义论》[⑥]，非常有力地推动了政治哲学领域中的以正当概念取代近代以来一直占主导地位的效用主义的"最

---

① I. Kant, *Practical Philosophy*, trans. and ed. by Mary J. Gregor, Cambridge, Cambridge University Press, 1996. p. 512.

② ［英］西季威克：《伦理学方法》，28页，北京，中国社会科学出版社，1993。

③ 同上书，406页。

④ ［英］摩尔：《伦理学原理》，12页，北京，商务印书馆，1983。

⑤ P. H. Nowell-Smith, *Ethics*, Harmondsworth, Middlesex, Penguin Books, 1954, p. 11.

⑥ ［美］罗尔斯：《正义论》，北京，中国社会科学出版社，1988。本书下文引据的页码，除单独注明的之外，都是该书1988年3月第一次印刷本页码。

大善余额”概念的运动。[①] 拉斐尔的 *Moral Philosophy* 是一个较晚近的例子：他先是肯定伦理学是对于正当与错误、善与恶、应当与不应当的信念的哲学反思，继而又承认伦理学是基于实际生活的关于“什么才真正是正当的”的研究，尽管它“事实上不能对那种研究给出结论性的回答”[②]。但是这些哲学家所要研究的并不是我们应当怎样去生活，而是我们应当怎样去理解正当的概念。

二、伦理学：对人的问题的思索与研究

尽管两千多年来人类似乎无法就伦理学的定义获得共同的意见，人类需要这门研究这一点却似乎没有人否认过，否则伦理学就不会成为延续至今的这样古老久远的一门研究。而且，似乎也没有人反对，伦理学面对的是人的问题，是关于人的问题的一种特别的研究。人的问题在古代中国和希腊是近乎同时被意识到的。在古希腊，苏格拉底实现了思想的人文主义转向。从他开始，关于“人是什么”和“人的生活是怎样的”成为哲学思索的重心。在中国，儒家学说使“德”这个不远于人的“道”成为人的生活的目的和思索的主题。儒学从此开出以关怀人如何地从伦常日用实践与面对内心的心性修养中成为一个真正的、有“德”的人的方式，来关注人的问题的中国人文主义的向度。人的问题自提出时直至今天，一直都是人所面对、思索以获得某种解答的问题。

所以，关于什么是伦理学的研究，如果回到这个原点上，如果从这里来对它怎样地研究人的问题，或者，它怎样地进行这样的研究更好些，做出一些基本的说明，看来比尝试提出一个严格定义更好。至少，这可以避免许多学究式的争论，而且可能帮助伦理学的学习者直接抓住一些最为重要的东西。

这样做似乎有忽略 20 世纪分析伦理学研究的贡献之嫌。因为，从事这种研究的哲学家们认为，伦理学需要先进行，或者只能从事第二序列的伦理学问题的研究，即对伦理学术语被使用的方式的意义的研究，而不应当先从事第一序列的伦理学问题的研究，即对哪些事物我们有理由看作是善

---

① 但是他同时又认为，这一变革仅仅是政治的而不具有哲学的和伦理学的全面含义。按照他的看法，伦理学是一些有系统性的学说，其中有些是以正当概念为核心的，但同时也要包含对善（目的）与德性的研究，另一些则是以善概念为核心的。问题在于，人们常常会持有相互竞争的有系统性的伦理学学说。

② D. D. Raphael, *Moral Philosophy*, Oxford, Oxford University Press, 1981, pp. 8-9.

的，哪些行为我们有理由认为是正当的研究，即不应当去从事对人的问题的研究。在过去的一个世纪，这些哲学家在我们可以以哪些可能的方式对伦理学的基本概念做出预言的解释方面，对哲学的理解做出了许多贡献。我们稍后（第三章“附论”）会谈及这种研究的贡献。但是，伦理学的研究显然不能回避第一序列的问题或人的问题，因为所谓第二序列的问题，如果的确需要把这些问题作为真实的伦理学问题的话，都是因人的问题才发生的。应当说，人的问题的研究仍然是基本和优先的。事实上，这类问题一直是伦理学研究的主要问题。我们有理由说，这种研究方式是根深蒂固的，因为这样的研究直接相关于人的生活，20 世纪的伦理学研究虽然在很长一段时间中转变了伦理学的主题，但是却始终不可能取消这种研究方式。

怎样才可以对伦理学研究人的问题的方式做出一种恰当或接近恰当的说明呢？或许，首先需要尝试说明，伦理学研究的人的问题是怎样一类问题。伦理学研究的人的问题不啻是人类作为自然界的一部分、作为自然界造成的一种存在物的生活所发生的问题。人的生活不仅是场所性的，而且是历史记叙的，他的心灵记叙着他生活的历史。在这些问题中，以日常意识的狭窄的方式和书面语言的具有较大普遍性的方式，汇集着世世代代生活着的人对他们所面对的问题的思考，因为，每一个人都可以基于他的前人的思考来思索。但是，伦理学研究的人的问题，总是与人类解决他们获得生存资料的技术性方法所产生的问题不同，尽管它们也总是与他们怎样解决后一类问题有多种多样的关系。人的问题，无论日常意识中还是书面语言中，都呈现为具体的问题与总体性的问题。总体性的问题并不是与具体的问题不同的另一类问题，它是人的生活的许许多多具体问题在心灵中的汇集的表达。因此，总体性问题包含更多的历史记叙。作为哲学的一个分支，伦理学研究的人的问题是这种总体性的问题，尽管这些问题之中总是包含着具体的问题。

第二节　人的可能的善

一、伦理学在何种含义上研究人的善

在说明伦理学所面向的人的问题的大略性质后，来说明伦理学研究人的问题的大概方式是恰当的。我们从这一点谈起，伦理学研究人的问题，总是着眼于对于人的善来进行研究的。由于前面所说明的关于获得对于伦理学究竟是关于善的研究还是关于正当性的研究的一致意见的困难，我们

需要说明我们将伦理学看作是研究人的善的理由。这种说明或多或少可以借助下述的观察。

尽管康德非常有力地提出了一种以责任的或正当的（从康德开始，亦即道德的）行为为核心问题的伦理学，尽管以正当为核心概念的伦理学似乎是领导20世纪西方伦理学的旗帜，主张这种性质的伦理学的哲学家始终有一个无法克服的困难，那就是，他们无法彻底地剥离正当行为或正当性本身的概念同某种关于人的善的概念的联系。他们没有充足的根据说，正当行为或正当性本身与人类的善没有丝毫关系。一些哲学家坚持的是，关于人的善，人们已经不再有共同的看法了，人们今天谈论的善，往往是当下令他们满意的、使他们感到愉悦的或对他们有用的事物，因为，我们今天已经完全无法确定人们使用善这个词时想要表明些什么。另一些哲学家坚持的则是，人们在做出一种实践决定或思索正当是什么时，似乎无须诉诸任何关于善的概念，尽管他们都有一个比较辽远的关于人的善和他们自己的善的概念。但是，他们没有充足的理由说，人们的正当的观念同他们的某种善的观念全然无关，不管这种善的观念是由于多元化而变得非常琐碎的善观念，还是由于非常辽远而似乎变得朦胧了的善观念。

这种观察支持我们得出一种非常基本的看法：伦理学总是着眼于人的善来研究人的问题，因而，伦理学包含着对人的善的研究，并且这种研究是伦理学非常重要的研究。显然，伦理学之所以总是包含有对人的善的研究，是因为人总是关切自身的善。而伦理学，正如古代希腊人把它作为一门研究来理解时所认为的，就是对于人自身的研究。

如果是这样，如果另一些伦理学家一直主张，关于哪些事物对于人真正是善的研究，或者，关于善是什么的研究，就是伦理学的最基本的内容或真正的问题，既然他们以不同方式坚持，关于哪些行为是正当的研究，或者，关于正当是什么的研究，是一类从那个最基本的内容或问题引申出来的，从伦理学是怎样研究人的善的这里来做这样一个说明似乎是更为适合的。

二、人的生活的善

说伦理学是研究人的善，首先是说，它不是对人的恶的研究。这并不是说伦理学不研究恶，伦理学当然也需要研究恶。但是，伦理学研究恶是为了研究善。因为，恶是善的反面，不了解恶，也就难理解善。

人的善这个概念意义非常广泛。我们难道是说，伦理学是研究一个木工制作木器的活动的特别的善，或一个程序设计师设计一种程序的活动的特别的善的吗？无可否认，这些都是人的善的一些特殊形式，但是，我们似乎把这些善看作具体技艺的善。

那么，伦理学研究的是哪一种善？当我们把一个人作为木工或程序设计师的活动的善看作某种具体的技艺的善时，我们似乎在假定，他还有一种不同于他作为这种职业的技术活动和属于那种活动的善。我们会倾向于把那种活动表达为他作为人的生活，把那种活动的善表达为他作为人的生活的善。我们试着来想想其中的不同。我们会把他作为一个木工或程序设计师的做事认真的品质看作是他作为一个人的品质，把他制作木器或设计程序时娴熟运用的技巧看作是他作为一个木工或程序设计师的技艺的品质。前一种品质会引导我们说"他是一个做事认真的人"或"他做事认真"，但针对后一种品质，我们只会说，"他是一个好木匠或好程序设计师"。所以，我们倾向于把一个人作为人的活动的善看作与他的职业技艺的善不同，把一个人作为人的活动中的品性优点看作与他的技艺不同。

这也是伦理学研究人的善的基本方式。伦理学不是专门研究各种职业技艺的善，那些善有专门的学问来研究。伦理学研究人的生活的善。人的生活既可以在总体层面上说，以这种方式说的人的生活就是人生的总体；也可以在具体的生活活动层面上说，例如柴米油盐、家庭生活、朋友往来、同事合作等等。所以生活的善既是具体的，又是总体的。一个程序设计师做事认真是一种具体的善，他常常友善地与人交往也是一种具体的善，但这些善可能使他培养起良好的品质，使他事业成功，使他的生活过得充实而有意义，这些又可以说是总体的善。

但是，有些善并不是人可以获得的。例如，美丽的星空、浩瀚的大海、秀美的山川，总之宇宙与自然界创造的美好和善的事物等等。这些善我们可以欣赏，却不是伦理学研究的题材。因为，它们不是人类的活动创造的。伦理学是人的伦理学，研究人的活动可以获得的善。亚里士多德说，伦理学研究的仅仅是"人可以实行和获得的善"①。

我们这样说，不等于要把我们的动物伙伴和自然界看作与伦理学完全无关。我们的动物伙伴的善，自然界的善与美，连同它的伟力，的确不是伦理学研究的题材。但是我们同我们的动物伙伴的关系的善，同我们的生命来源——自然界的关系的善，却完全是人的活动的创造物。我们的活动可能造成同我们的动物伙伴的良好关系，也可能造成恶劣的关系。我们同自然界的关系也是如此。这种良好关系是人的活动创造的。所以，伦理学

① ［古希腊］亚里士多德：《尼各马可伦理学》，1106b33－34。

恰恰是由于自身的原因，自然地就需要把我们同动物伙伴和自然界的关系的性质纳入研究的范围。

但是，我们还需要进一步澄清对于人的生活可能的善的含义。因为，人可能完全出于偶然获得一种善物，例如偶然幸运地发现一笔无价的财宝（在中世纪西方和阿拉伯，在中国，都有关于意外获得财宝的传说故事）。意外的幸运似乎是一种极大的善，但是人们似乎并不把这种善看作是对于人可能的。相反，正如西方的“金斧子”和中国的“太阳山上的财宝”等寓言故事所描绘的，人们的普遍期望是，即使这种意外的幸运的确在人的生活中存在，它们也最好是命运对那些辛勤工作的人的某种额外奖赏。

所以，说伦理学研究对于人的生活而言可能的善，并不是指伦理学研究这类意外幸运。因为，这些偶然的幸运显然不是在人的能力之内的。对于人可能的善，是指人在正常的活动中通过自身的积极努力可以获得的善。这样的善必定是这样的：我们通过积极的努力，出色地完成我们的活动，就能够获得它，而如果不这样地进行这种活动，就不能够获得。诚然，有一些外在的因素会起到帮助的作用，有了它们我们的活动就能够进行得更好，我们也就更能够获得这种善。但是，仅仅依靠或有外部的因素，如果不积极地进行这样的活动，我们并不能获得这种善。

三、人的总体的生活

伦理学既然是研究人的生活的不同技术方面的总体性的问题，那么，伦理学研究总是着眼于一种总体来考察对于人可能的善。就人生而言，伦理学总是着眼于对于人的总体的好生活来考察人的善，也基于总体的好生活的观点来思考对于一个人的总体的善。好的生活不是指简单地活着，而是比之更好的生活。好的生活也不仅仅指物的享有上应有尽有，因为，如果没有健全心智的精神生活，这些享有物就不会得到最恰当的使用，不会获得它们应具的意义和价值，生活只是奢侈的、粗俗的。伦理学是或者至少包含着对于人的好的生活的沉思。伦理学不去研究人怎样过一种恶的生活。或者说，如果这样的研究，可以算作一种研究，不是伦理学的或至少不被看作是伦理学的。伦理学当然也研究恶的生活，但不是为着我们去过恶的生活，恰好相反，是为着我们去过好的生活，就像它研究恶是为着说明善一样。

对好的生活与简单的肉体生存的生活的区别使人类产生了好的生活的观念。似乎可以说，关于好的生活的观念只有对于人才产生意义。动物也营造巢穴、享受悠闲、嬉戏玩耍，也有满足紧迫需要之后的好的生活，但动物没有关于好的生活的观念，尽管某些动物可能有对于过好的生活的某些要素的表象。在人的借助语言来表象、思想和交流的生活中才形成了关于好的生活的观念，并且形成这种观念本身就构成过这种生活的必要的观念条件。

希腊人对这种好的生活的观念做出了最早的贡献。好的生活是经过反思的，苏格拉底这样说道，拥有外在善而没有思考的生活不是好的生活，未经反思的生活不值得过。好的生活也就是追求着善的生活。按照柏拉图的看法，好的生活是我们不断追求着知识和智慧的生活；它之所以是好的和非常不同于简单的生存的生活，是因为这是我们基于对灵魂曾经认识的善理念的理解而过的一种生活。按照亚里士多德的看法，好的生活的真实意义是一个人经童年训练获得良好道德品性，拥有中等财富，在政治生活中成为有德性的人，并在此基础上过一种追求智慧的沉思的生活。

伦理学当然也研究具体的善。但是在研究具体的生活活动的善时，伦理学具有一种总体的眼光。这同医学的道理是一样的。设想我们来研究对一个病人而言的善。仅仅着眼于怎样消除他的某些症状的考察，必定不如着眼于怎样消除那种致病原因的考察更适合他的总体的善。所以说，伦理学考察一个人的具体的善，总是从他的那种具体境况中考察对于他而言的生活活动的总体的善，而不仅仅考察某个方面的善。

第三节　生活者观点

一、生活者观点与旁观者观点

如果伦理学是世世代代生活的人，着眼于对他们可能的善的，对于他们的生活的问题的多少具有积累性的思考的，力求达到某种程度的普遍性和系统性的汇集，伦理学的研究似乎就内含一种生活者的观点。它总是从一种生活者的观点来研究人的可能的善、总体生活的善，并着眼于这种理解来研究人的问题。因为，无论在日常意识或阅读和书面表达中，每一个人都是作为一个生活者提出这种问题，面对这种问题。这种问题首先是他自己的问题，然后才是他那里的“人的问题”。

仅仅当我们把自己的生活，也把他人的生活，广义地说，把我们和邻人的生活单纯地作为人的生活的问题作为题材来加以观察时，我们才是在旁观地审视生活，才是作为一个旁观者在面对人的问题。不过，我们之所以能够这样，也是因为我们是一个生活者，我们能够从一个生活者的立场把我们作为人的生活作为题材，面对人的问题。所以，如果伦理学也包含一种旁观者的观点，这种观点也仅仅是生活者的力求通过审视着生活而获得对人的生活的一般理解的观点，例如毕达哥拉斯描述的竞技场上的旁观者①，或亚里士多德描述的沉思生活的人②的观点。

伦理学研究的确可能同时含有生活者与旁观者两种观点。但是，伦理学首先是从一个生活者的观点来研究人的善的生活的。生活者的观点是第一位的，旁观者的观点是从生活者的观点引申出来的。由于内含着这种基本的观点，伦理学研究的基始问题始终是：什么是对我们，以及一般而言，对人可能的善？怎样或通过怎样的活动才能够获得这些善？以及，这样的活动使我们，以及一般而言，使一个人，成为怎样的人？需要从伦理学角度思索生活中的问题时，我们首先是一个生活者。我们作为一个生活着的人思索对我们而言，以及一般地说，对于人可能的善。我们作为旁观者的立场是从生活者的立场派生出来的。旁观者是生活着的能够旁观地审视生活的人。亚里士多德这样说道，“我们更能够沉思邻人而不是我们自身，更能沉思邻人的而不是我们的实践”③。不过显然，如果抽离了生活者的观点，所谓旁观者的观点就是空虚的、不真实的，旁观者将不能够旁观。离开我们作为生活者的活动，旁观者的评价就失去了根基。

的确，我们是作为生活者，而不是作为旁观者，读伦理学、研究伦理学的。我们研究人的生活的善，是因为我们作为生活者希望通过实践获得这种善，是因为我们通过生活的经验理解了，我们可能通过实践的努力过一种对于人而言的好的生活。作为生活者，仅当我们获得必要的生活经验与理智的理解力量时，人的生活的善的问题才对我们发生，才成为伦理学的思考中核心的、原发性的问题，我们才能够旁观地、批评地审视人的生

---

① ［古希腊］拉尔修：《名哲言行录》下，505页，长春，吉林人民出版社，2003。“他（毕达哥拉斯）把生活跟大赛会作比较：在那里有些人去是为了竞争奖品，有些人去是为了出售货物，但最好的是作为旁观者。”

② ［古希腊］亚里士多德：《尼各马可伦理学》，1095b16－18：“有三种主要的生活：刚刚提到的最为流行的享乐的生活、公民大会的或政治的生活，和第三种，沉思的生活。”

③ 同上书，1169b35－1170a1。

活、人的问题，才衍生出其他的与此非常相关的问题。①

不言而喻，对伦理学研究的生活者观点的说明表明伦理学的研究具有经验的性质。伦理学的研究不可能离开人的经验。但是，伦理学诉诸人的经验的研究方法不是狭隘的，而是借助于人的理智力量这种人能够发展的最高理解力量来进行的。这种理解，自然赋予了人必要的潜质，但是它的发展要靠人培养和运用它的活动来获得。伦理学的研究因此是理智的研究与经验的研究相互结合的。因为，在伦理学的思考中，我们寻求对那些问题的具有普遍性质的解答。这种寻求要借助我们对人的问题的偶然性经验的观察的过滤，用经过培养与运用而获得发展的理智理解来整理与发现其内含的普遍联系来进行。

二、生活与实践

我们需要澄清生活——总体的或具体的生活活动——的含义。因为，只有澄清了生活的一种特别属于人的意义，我们才能够获得对于伦理学的研究方式的进一步的理解。

最一般的意义上，人的生活包含着人的不同于动物界的所有具体的生命活动。当然，这种活动首先是谋生的活动，即为获得维持我们自己的机体的持续存在所必需的食物、饮水、住所等的活动。为获得维持生存的必要资料的活动，即劳动，常常被人们看作是辛苦的、不得不去从事的活动。其次，生活中还包含获得剩余生活资料和体面生活资料的活动，从这些活动中发生的为获得可随时换取这类外在善物的财富手段的活动，和获得与体面的生活相联系的其他社会性的善物（例如荣誉、功业）的活动。这些活动是外在目的性的活动。因为，这类活动所欲获得的善物，被普遍看作是外在于人的生活活动本身的。

在这些生活活动的基础上，人类还产生了交往的生活活动。人类的交往活动不同于动物的活动，一方面由于劳动的累积性的发展和分工；一方面由于语言和语言共同体的发展。劳动与其他外在的目的性活动总是同交往活动结合着的。所以，交往可能仅仅是为着谋生、牟利或获得一个人期

---

① 我在这里将略过那些把一种评价者的观点看作伦理学内含的最基本的观点的见解。评价者观点是对“生活着”并且能够旁观地审视人的生活的观点的片面的抽象。这种观点预先地排除了评价者的生活者的立场，并且把生活者的“旁观的（即批评的）”审视片面化为“评价”。这种观点内在于许多现代伦理学学派的学说之中。依照这种观点，一个人首先在评价，这种评价不依系于他作为一个生活者的生活阅历的积累，也不依系于他的随着这个过程而发生的感情与气质和实践理智的理解力的相互协调的发展。

求的其他外在善。但同时，交往由于成为人类越来越不能够须臾离开的生活，也发生了人们能够理解的内在的目的：和平、安全和有秩序的共同生活。交往活动的这种内在的目的常常同一个人获得期求的外在目的的活动掺杂着，但是它也常常被人们理解、意识，并被人们有意识地追求。这是因为，交往活动也经历着自身的发展。交往活动越发展出新的复杂形式，它的内在的目的也就越被人们意识和理解。交往的活动更加被看作一个人作为人的生活。因为，和平、安全和有秩序的共同生活本身被看作人的生活的一种基本的善，并且，人类的文化、艺术、哲学、宗教精神的发展都是在交往的生活中发展的，而这些发展正是被看作真正属于人的。

追求着交往生活的内在目的，并在此基础上追求着对人的生活的哲学的、宗教精神的理解的活动，我们称为实践。所以，实践是人的交往生活的发展形式。实践是一种生活，但生活并不都是实践。仅仅谋生的生活和牟利的生活，都不是实践；仅仅为获得某种外在的善物（即使这些善物同一种体面的生活相联系）的生活，也不是实践。实践仅仅当我们的交往生活对我们而言不再仅仅是手段，并发生了对于人的生活而言的内在目的时才发生。所以，尽管人人都生活着，但并不是人人都有着实践的活动。

第四节　实践的研究

一、作为题材的实践

从这里发生了对于伦理学研究的性质的一种新的理解，即它是实践的研究，但对这种理解的含义需要做些说明。

按照亚里士多德的看法，人的特有活动就在于人的“那个有逻各斯的部分的实践的生命”①，亦即在于人的运用其理智力量的活动的观点。因为，这个理智的原因的确仅仅在人这里才发生和存在。我们采取亚里士多德关于人的理智活动的形式主要有理论的、实践的、制作的三种的观点②，

① ［古希腊］亚里士多德：《尼各马可伦理学》，1098a4。

② 同上书，1139a4—12、1140a1—5。我将遵循亚里士多德关于人类的运用理智力量的活动的区分，把它分为理论的、实践的、制作的三个基本范畴。在这三者中，我把实践看作人的交往生活活动的发展形式。在把人的活动看作伦理学所研究的善的基础方面，在把人特有的活动以上述三个范畴来做基本的区分方面，这本书的理论的结构在很大程度上是亚里士多德主义的，但它同时力求在许多重要之点上会通儒家的德性主义观点。

将人的特有的活动区分为三种：理论的活动、实践的活动和制作（或劳动）的活动。关于这三种活动的关系，我们将在后面做更详细的讨论（第三章第一节）。这三种主要的活动中，实践不同于理论的活动，理论的活动是对普遍的、确定的事物的思考与系统解说。如上面所说明的，实践也不同于劳动即制作的、生产性的活动。劳动都有一个外在于活动的目的，即那个所要制作或生产的产品。实践，同样如上面所说明的，也不同于仅仅为获得生活所需要的其他善物——财富、荣誉、功业等等——的活动。

说伦理学是实践的研究，首先是说，它是对于实践的和可以通过实践获得的善的研究。实践是人的不断实现着他的生命的繁荣的可能性的特别的活动，指向对于人可能的生活的善。伦理学不是仅仅研究我们怎样维持自己的机体的生存，而是研究我们作为人的生活实践，或者，我们的发展成为实践的生活，和我们可以通过这种实践的生活获得的善。我们可以通过实践的生活获得的善，由于不是一个外在性的目的，被我们看作实践的内在的善。这种善常常在总体上被人们理解为好的生活，被理解为和平、安全和有秩序的共同生活。这种善本身不能够与实践分离：它不是在实践之外，而是在实践之中①，它就是一个人的一生的或他的许许多多的生活活动的善或好。所以，一个人能否获得它取决于他的实践的性质。

伦理学研究的是这种实践及其可以获得的善。人的生活是实践性的，是与他人的共同生活中不断实现自身的发展和完善的可能性的生活。但是人的生活的实践性的善，却要我们去研究才能够理解，才能够成为我们通过实践获得的善。伦理学就是帮助发展这种理解，从而帮助我们获得这种善的一种研究。

二、作为目的的实践

说伦理学研究是实践的，还因为它有着一种直接的实践的目的。

我们研究人的实践不是为了解说实践，而是为了我们进行实践和获得生活的善。伦理学不是纯粹的知识，我们研究伦理学不仅仅是为着知道什么，而是有一种实践的目的，为着过一种好的生活。用中国人熟悉的话来说，伦理学是关于我们如何做人做事，过一种好的生活的学问。做人做事是学习以好的方式处理同他人的和同我们自身的关系的实践性活动。研究

---

① 我认为这是亚里士多德《尼各马可伦理学》第1卷第1章“它有时是实现活动本身，有时是活动以外的产品”（1094a4—5）这句话所欲表明的一种意义。

伦理学，理解人的这种发展和完善的可能性，最终是为着这种实践的生活的展开和实现。我们研究什么是善，是为着把更值得被看作善的事物作为生活的目的。我们研究什么是德性，是为着使自己成为一个有德性的人，或者如果可能，关心邻人的德性。我们研究什么是正确的、好的行为，是为着使自己做得正确、做得好。如果不去做、不去实践，亚里士多德说，“一个人就永远无望成为一个好人”，“正如病人这样做不会使身体好起来一样，那些自称爱智慧的人满足于空谈也不会使其灵魂变好”①。

但是，我们研究伦理学时持有这样一种目的是不是不正确、不适合的？因为，我们似乎质疑，期望获得实践生活的善是不是一种不切合人的实际的奢望？因为，人的一生是短暂的，如果我们在理解人的生活的善的方面，甚至都不能达到所期望的程度，我们又怎么能够期望获得实践的善？如果我们在生命的最后，发现所努力获得的原来都并不是人的生活的善，一生岂不成了毫无意义的空忙？

这个问题的前部分表达的质疑并非没有道理。但也许我们需要对这个问题加上一点限定：可能是不切实际的，不是期望获得实践生活的善，而是期望获得对于人的实践生活的全部的善。人的实践的生活或许就具有这样的性质。由于我们的生活经验的积累和实践理智的理解的发展，它对我们发生了内属于这种生活的独特的善。但是，对于这种善，由于人生的有限，我们的理解永远不可能达到尽头，我们只能期求它达到适度的完备性，我们通过实践的生活获得的善也同样如此。这种适度的完善是对我们自身，当然也是对一个正常生活的人而言的。但是，它不大可能是对于人的实践生活的全部的善。

以这样的方式理解，如果努力去实践、去获得实践生活的善，我们的一生就不会成为空忙。因为，即使我们仍然感觉到一生的实践还有不尽如人意的方面，即使我们通过生活经验的实践理智理解的积累看到人的实践生活的善还有远为丰足的内容，并且是我们不大可能达到的，我们的实践已经使我们自身的生活极大地丰富和完善，使我们的生活和我们对于人的生活的感觉和理解达到适合我们自身的完备性，如果不这样去实践，我们就不可能获得这种对于我们自身的丰足的实践生活的善，不可能获得对人的生活的善的这些基于真实实践的感觉和理解。

所以，研究伦理学持有一种实践的目的并非是不适合的。毋宁说，正

① ［古希腊］亚里士多德：《尼各马可伦理学》，1105b11－15。

是由于这种实践的目的才产生了伦理学的研究。

三、运用实践理智来进行的研究

说伦理学是实践的研究还有另一个重要原因：它是一门要运用人的实践理智力量来研究的科学。

我们仍然采取亚里士多德的方式，把人的劳动、实践、理论三种特有的活动看作运用人的三种可以相互区别的理智力量的活动。这三种理智力量，亚里士多德称为理论理智、实践理智和技艺理智。理论理智是对不变的事物或事物稳定的方面的思考；实践理智是对于人的生活或实践事务的；技艺理智是对于劳动或制作活动的。后两者，亚里士多德又统称为推理地思考的理智，因为它是对变化的事物或事物的不确定的方面的思考。①

思考那些按普遍规律运动、我们可以根据观察确信其具有较大确定性的事物，我们运用的是理论理智力量。运用理论理智沉思这些事物所产生的结果我们通常称为知识或理论。由于这些题材的普遍性质和那些运用理论理智力量的研究方式的性质，那些理论或知识使我们的理解不断接近于真实。

适合于思考那些可实践的事物及这种活动的善的是人的实践的理智。可实践的事物，最重要的部分是人的行为，正如亚里士多德所说，是这样一类事物：它既有因果性，因而可以理论地加以说明，又是不确定的②，因为人自身就是这类事物的一个基本的原因，而人作为这种原因是不确定的，并不像一个人“是他自己的子女的父亲”那样确定。③ 人在某些环境下可能做好事，在另一些环境下又可能做坏事，甚至在相同环境下也可能做出不同的举动。有些事物对某些人显得是善，对另一些人却显得是恶，甚至对同一个人在相似的环境下，也会显得不同。

所以，作为一种研究，伦理学不是纯粹理智的，而是实践理智的、具有混合性质的研究。它不是纯粹的、普遍的，而是要从具体的、经验的东西的研究中寻求适度的普遍性。伦理学从各种对于具体的人而言是善的事物的研

---

① ［古希腊］亚里士多德：《尼各马可伦理学》，1139a4—12。对理论理智与实践理智的阐明是亚里士多德对于伦理学研究的最重要的贡献之一。理论理智是研究永恒或恒久的存在，研究人类所不能获得的那些善的理智力量。那些善与存在虽然是不可实践和不可制作的，但是人可以去沉思的：自然赋予了人这种“能思想高尚的、神性的事物的部分”，使人虽然是“有死的存在”却能够沉思“有死的存在的事”以外的更广范围的事物（同上书，1177a15、b31）。

② 同上书，1094b14。

③ 同上书，1113b18。

究，研究一般而言对于人是善的事物的意义。它从对于人的通过习惯而形成的好的态度、倾向以及基于这些而发生的实践或行为的研究，研究这些行为的以及它们表现的品质的（主要是伦理的或道德的品质的）善。伦理学也研究实践理智本身，它从对于具有实践理智的人们的实践判断和实践活动具有的特点上，研究实践理智的一般的性质。① 所以，同理论理智不同，实践理智这种品质需要借助生活经验的积累来逐步地发展。亚里士多德认为，这很可能是因为，理论科学的知识凭据抽象原理便可以融会贯通，对实践事务的性质的理解则必须借助日积月累的经验。年轻人容易仅仅用抽象的原则理解生活，他们能够背诵这些原则的词句，但是不能用它们来理解实践生活事务的丰富性质，理解这样的性质对由于经验而变得明智的人就没有困难："经验使他们生出了慧眼，使他们能看得正确。"②

第五节　有规范的研究

一、三种伦理学研究方式

有三种主要的伦理学讨论方式：描述伦理学、元伦理学或分析伦理学、规范伦理学，狭义上的伦理学通常是指规范伦理学。

描述伦理学包括道德人类学、道德社会学、道德心理学等，以及某些具有哲学特点的描述的伦理学，例如存在主义。这种伦理学讨论只把道德的社会学、人类学现象和道德心理学现象等当作事实来加以考察，以便引出某种社会学、心理学、人类学等的结论。

元伦理学或分析伦理学包括各种自然主义伦理学、直觉主义伦理学、情感主义伦理学、语言分析伦理学等流派的研究。元伦理学不回答什么或

---

① ［古希腊］亚里士多德：《尼各马可伦理学》，1114a25、34。按照亚里士多德的看法，实践理智使一个人在具体境况中善于辨别总体上对他是善的事物，并且使他善于考虑怎样获得这样的事物。

② 同上书，1142a18—19、1143b12—13。在实践理智概念上，哲学显示出两种路向。儒家学说中的"知"是一个统摄性的实践理智概念：它是一种实践的理智，道德的"智"，但是它可以直接通达对整个宇宙的理解。西方的实践理智概念，基于亚里士多德，是纯粹（即理论的）理智的向经验生活世界延伸的理智，从纯粹理智那里发源并接受其指导。我将在后面说明，一个人对自己的理解实践事务的实践性理智的理解或体悟，可能以上述两种方式的一种为基本进路；以这两者中的任何一种方式，他都可能经历和理解他自身的实践理智的理解的发展。

哪种事物是善的，什么或哪种行为是正当的这类规范的问题，而专注于用伦理学概念的意义来分析善是什么、正当是什么这类问题。元伦理学作为一种专门研究是20世纪在西方发展起来的，作为一种讨论方式则由来已久，不过它以往总是同哲学的伦理学的讨论结合在一起。

规范伦理学是一大类有规范的或引向规范的伦理学的总称。规范是一种社会生活关系具有的特性，是交往社会中人们可以相互提出或预期对方满足的有效性要求。规范的有效性通常来自共同的习惯即习俗、某种外部的权威或交往所形成的相互约束关系。规范有职业的或技艺（技术）的规范、法律的规范、伦理的规范。职业的或技艺的规范是同我们如何做出某种产品相关的规范。伦理的规范和法律的规范不大相同。法律的规范来源于伦理的规范，但是更基本、更明确。绝大部分伦理的规范是在法律之外的，但以法律方式陈述的规范是它最基本的一部分。此外，还有一类公共生活规则，介于法律规范与伦理规范之间，并且多少具有一些技术性，如“横过马路请先按通行灯按键并等待绿灯”。伦理规范、法律规范与公共生活规则可以统称为社会规范。规范伦理学具有的或引向的规范是伦理的规范和道德（德性）的准则。伦理规范一般意义上也包括道德（德性）的准则。道德准则是一个人内心的准则，或内心准则式的规范。所以，道德并不是人们相互间的有效性要求，而只是对具有那种道德（德性）的人自身有效的要求。但是泛义上，我们也把道德（德性）的准则看作与伦理的规范相近的规范。

二、规范伦理学中目的论与义务论的对立

规范伦理学是具有或引向伦理与道德这两类生活规范的，着眼于对于人的好的生活的实践性研究。规范伦理学以我们作为生活者，以努力过对于人的好的生活和成为好人为目的。所以，它是有规范的，或者指向确定德性与恶或是与非的界限这一目标的，不论它是否能足够清楚地确定这种界限。伦理学对实践的研究不是不区分好坏和是非的，相反，它是朝向辨别好坏和是非的。这种确定好坏与是非的东西被称为规范。伦理学所要分辨的规范是同我们怎样做人做事相关的，即同实践相关的，因为我们不可能须臾离开相互交往的实践性的生活，伦理学需要确定这样的规范。

通常，规范伦理学被分为目的论伦理学与义务论伦理学。目的论伦理学有很多种类，例如幸福论、德性论、快乐论、功利论，等等。义务论也称为道义论，包括神启论、先验责任论、契约论、程序论等。规范伦理学提出三个主要问题：哪些行为是德性或恶的，哪些行为是正当的或错误的？

社会应当如何组织？哪种或哪些事物自身就是善的，因而是值得追求的？

目的论同义务论在这些问题上的理论的对立就如同这两种理论本身一样古老。目的论伦理学认为，行为、品质、社会生活的组织形式等道德上的对错的终极标准在于它们是否促进某种我们有理由认为因其自身的缘故就是善的事物，或使它超过恶的余额最大化；与此相反，义务论伦理学否认这种标准取决于是否促进着某种善，认为这种标准是出于另外一些理由，或是由于行为本身的某种性质，或是由于其他某种东西，如交往共同体中某种交互性原则，或某种启示。目的论者坚持，一种行为、品质、社会生活的组织形式等若不能以上述方式促进所说的善，就必定不是对的、正确的、正当的；义务论者则坚持，一种行为、品质、社会生活的组织形式等即使不能以上述方式促进所说的善，也不因此就不是对的、正确的、正当的。目的论认为，一个事物作为手段的善性在于它适合促进那种因自身的缘故被看作善的事物，一种偏重于仅仅从效果或后果考察这一问题的目的论进一步认为，同样促进那种善的手段同样好、同样正确，对一个手段的选择正确与否只在于它是否最能促进那种善，或者是少数最能促进那种善的手段之一；义务论则认为，同样促进目的善的手段未必同样正确，对一个手段的选择正确与否不决定于它是否最能促进目的善，或者是少数最能促进目的善的手段之一。

第六节　伦理和道德

一、伦理与道德作为生活规范

伦理学被普遍承认是关于伦理和道德这两种生活规范的，尽管一些伦理学研究者认为伦理与道德不同，另一些则会把这两个词语看作同义的。

伦理与道德共同的基本意义是通过习惯而得来的东西，是人在实践事务上通过行为的习惯形成的稳定的状态或品质、品性。[①] 实践事务一般意义上是一个人怎样对待自己、怎样对待他人以及同他人交往方面的事务；广泛的意义上包括人们从事的这样一些活动：在这些活动中，人类的历史地积累的经验与理解使得这些活动具有内在的善，值得人们追求，并且人

① 英文中 ethic 意义为伦理，moral 为道德。两个词语，一个源于希腊词 ethos，一个源于罗马词 moralis，本是基本同义，后者实为罗马人翻译希腊人的，都被用来述说人的从行为活动养成的习惯品质。

们追求这些活动的善并不必定为着某种活动之外的目的。① 人们实践事务上的态度和倾向，即一个人做人做事的态度和倾向上的习惯，是人的一种领悟和处理他的实践生活事务的方式，通常被看作行为习惯最重要的内容。除此之外，还有些习惯被看作是纯粹日常性的、同严格意义的实践事务没有太大关联，例如一个人怎样刷牙、怎样喝饮料等等，尽管这些习惯泛义上同一个人的健康，因此同一个人怎样对待他自身有关。实践事务上的稳定的习惯倾向或态度也就是品质或品性。

伦理或道德发生于习惯的这层意义意味着它不是自然地发生的。儒家讲人伦之理与道德是“化性起伪”②，是说伦理或道德是因循并转化人的自然而人为地培养并形成习惯而致，“伪”就是人为的努力。希腊哲学家亚里士多德注意到，由自然造成的东西是不可能改变的，例如“石头的本性是向下落，不可能通过训练形成上升的习惯”③。但这样的东西我们不会称为生成于习惯的，我们称为生成于习惯的是自然造就了种种可能性而没有限定唯一一种可能性的那些事物。人的品质或品性属于这样的事物，“自然赋予我们”接受某种品质的能力，但一个人形成这种品质还是那种品质却是出于习惯。④

伦理与道德生成于习惯而不反乎自然，但绝不是任何生成于习惯的品质都被看作伦理与道德。品质或品性有好的也有坏的。伦理与道德这两个词语通常情况下都被用来述说好的实践品质或品性。人们将某些习惯而成的品质或品性称为“恶习”、“恶性”，简单地说，称为“恶”，将某些习惯而成的交往上的品质称为“反伦理的”、“非人（道）的”。原因在于，尽管伦理与道德这两个词语广义上也被用来指人的一切形成于习惯的品质、品性，却通常被用来指形成于好的习惯的行为和交往品质、品性。所以，亚里士多德将生成于习惯的德性称为“道德德性”，其意义是生成于习惯的优良品质；道德德性生成于好的习惯，好的习惯通过一件件做得好的行为养成：“我们通过做正义的事成为正义的人，通过节制成为节制的人，通过做

① 这个泛义的实践的概念是麦金太尔（A. MacIntyre）表达的（［美］麦金太尔：《德性之后》，237 页，北京，中国社会科学出版社，1995）。我在本书里把中国人的“做人做事”的对于实践的和亚里士多德的与制作和理论活动相区别的实践概念理解为严格意义的实践，把麦金太尔所说明的泛义的实践概念看作它的合理扩展。

② 《荀子·性恶》。

③ ［古希腊］亚里士多德：《尼各马可伦理学》，1103a18—19。

④ 同上书，1103a25—26。

事勇敢成为勇敢的人。”①

二、与伦理相区分的道德

尽管有共同的基本意义，然而由于道德一词在中国，以及moral一词后来在西方②，被比较突出地理解为实践品质、品性的优点的德（德性）这个词联系起来，人们对这两个词语的使用就有了区别。在中国，“德”被包含在道德这个词之中。道德的本义是遵循着“道”（根本原理、原则）而获“德”（“德”通“得”）的东西，通常是指所获得的优良品质、品性。与此相似，德性（virtue）这个词在西方，也意味着一个人的优良品质、品性，尤其是实践事务方面的，并且慢慢同moral联系起来。

道德或道德德性在这种用法上首先意味着它是属于一个人自身的好东西，尤其是实践事务上的优秀品质，而不是外加的好东西，如财富、名声等等。外加于一个人的东西不取决于人自己，而且既然不属于他，就容易从他那里拿走。但道德与德性不是这样的事物。我们说一个人有道德或德性，绝不是要表明这是他容易丧失的东西，恰恰是表明他是一个有道德或有德性的人，并且这一点不大容易改变。从这一点也发生了道德或道德德性的第二个含义：它是一个人从内心要求于自己的东西，即内心的准则，而不是外在的要求。

作为伦理学研究的对象题材，道德与伦理之间还有一些其他的重要差异是值得注意的。③

第一，伦理一词是述说一个人与其他人的关系的规范，在汉语中，伦理语源上指人伦之理，即人与人的关系的道理或准则，它的准则、规范和被视为恰当的态度等都发生于相互的关系，是向着一个人同其他人的关系说的。道德或道德德性则因德或德性这一词语的特别的意义，是一个人向着他内心述说的他的行为准则：述说他重视什么、把获得什么样的好品质、成为什么样的人等视为至关重要的。一个人重视什么，恪守什么当然影响到同他人的交往关系，但是这些常常是非常缥缈的理想、原则，超脱于具体的交往事务，或者既含有很具体的准则——在这种情形下，这些准则就

---

① ［古希腊］亚里士多德：《尼各马可伦理学》，1103a14、b1－3。

② 很难确定准确的历史时期。如果可以大致地说，我认为这大约是在休谟和康德之后。

③ 在我看来，由于这两个术语都产生于汉语语境中，这与ethic和moral两个术语的情形不同，注意到它们之间（下面将要谈到）的区别就尤为重要。

属于交往规范的范围，又含有一些更为根本的超脱缥缈的理想、原则等。

第二，道德或道德德性述说的准则的有效性是个人性的，不全是他同其他人可以相互提出的有效性要求。道德主要是属于一个人自己的世界，或是一个独特团体自己的世界，而不是不同的人能充分分享的东西。与此对照，作为规范，伦理的最重要的性质莫过于它的相互性，它在交往关系的双方面起作用，而不是只在一方面起作用。即使双方地位是不平等的关系，相互性也以相互可以要求的东西不同，若处于同种地位便也要求同样的东西这种方式表现出来。

第三，作为对于一个人自身的有效性要求，道德也不像伦理的要求那样具有准强制性。交往伦理这样的要求表现的好像是命令，道德对一个人则表现的是听由他自身去决定和实践的东西。道德因此是主观性、主体性的东西。所以黑格尔把道德看作自由意志的主观精神的形式①，马克思说它是人的实践精神的把握整体的方式。② 它是一个人的精神世界（如果他有一个精神世界的话），是这个精神世界最重要的一部分。

第四，作为个人性的态度、价值，道德总是包含上面说到的非常缥缈的理想、原则，它们是自我完善的价值，对人表现为目的性价值、实践的目的。中国传统思想重视人格的完善，儒家哲学的核心是“成仁（人）”，即，使自身成为一个真正的人、完善的人。所以在儒家的哲学中，道德表现为伦理的目的，伦理是人的道德人格生成的路径。道德的尺度是德性的善，反面的是恶；伦理的尺度是正确、正当、是，反面的是错误、失当、非。这是道德与伦理两个概念的主要区别。

由于这些相互区别的特质，中国人从一开始就以不同的方式使用道德与伦理这两个词，西方人从休谟与康德之后越来越习惯以有区别的方式使用这两个词③，尽管中国和西方都有人把它们看作完全同义的两个词。

---

① ［德］黑格尔：《法哲学》，109页，北京，商务印书馆，1961。

② 《马克思恩格斯全集》，中文1版，第12卷，752页，北京，人民出版社，1962。

③ 康德谈论道德而不是伦理因为他立意寻求对于人可能的具有普遍意义的道德法则，他认为一个人作为本体世界的人的本质就在于它可以不去诉诸经验世界的交往关系而确立行为的准则，这种准则才是有普遍意义的，而那些诉诸交往的经验而确定的伦理的准则总是使我们偏离。

第七节　哲学的、有系统性的研究

一、规范伦理学作为一种哲学的伦理学

规范伦理学与元伦理学一道又被称为哲学的伦理学。“哲学的”这个词本义是爱智慧的，即以求真的态度说出道理的那种方式。伦理学是哲学的一个分支，是帮助我们以求真的态度说出关于人的生活的善的道理，并帮助我们正确地实践，通过实践的生活去努力获得这种善。

伦理学研究对于人的好的生活，研究实践的性质和实践理智的性质，研究正确的、正当的行为，是以一种哲学的、有系统性的方式来研究的。哲学的方式不同于（尽管有许多相近特点）宗教的方式，有系统的哲学的研究方式也不同于实证科学的研究方式。宗教也是实践精神的方式。宗教以某种不变的原点（教义）作为原理，对这个原点的把握方式是信仰。哲学是爱智慧之学，是求真之学，是指引我们过更完善、更接近真实的生活的学问。智慧是人的最高的一种理智力量，需要我们通过运用来发展和完善。智慧帮助我们把握人和这个世界的最重大的题材，用的是研究、探索、寻求确证和接近真的方式，而不是信仰的方式。智慧把理智对那些题材的暂时确定的理解向我们呈现为暂时确定之点（信念），不断寻求更为确证的理解，引导我们以这样的理解去把握人和这个世界。

由于知识的分工化发展，实证科学近代以来变得越来越专门化、技术化。这使得实证科学越来越丧失从总体上把握人和他所生活的世界的理智力量。它们向我们提供理智对人和人生活的世界的细节知识，但是却使我们越来越难于获得对于它们的有系统性的理解和把握。因为，这些细节知识的叠加并不等同于总体。

伦理学通过运用一些综合性的概念思考人的生活和人的世界，使我们达到或接近对于它们的有系统性的理解与把握。所以，一个人常常在人生的一定时期，当他积累了一定的生活经验，看到人的生活和人所生活的这个世界的复杂性，并试图去从总体上理解和把握这种复杂性时，会对伦理学产生某种兴趣。这是他的理智力量，以及他的生活可能会经历一种重要发展的征象。读伦理学、思考伦理学问题是一个人一生中一种重要的经历。这种经历给我们增添的理解甚至感受同阅读实证科学非常不同，所以也不是后者可以替代的。

二、伦理学与哲学

毋庸赘言，伦理学并不是哲学的全部。伦理学从人开始，从对人的生活的善和人与人生活在其中的这个世界的好的关系的思索开始。哲学还寻求对这个存在世界本身，对人的存在同这个世界的存在之间的关系，对人的生活的善以及人与所生活世界的好的关系被人类看作是善的原因等的更全面、更透彻的理解。这些问题以及这种理解，考虑到人类理解的历史的积累，是否可能以及种种由此产生的问题，属于形而上学的问题。

从这里也可以看出，元伦理学是一种空虚的哲学伦理学的观点。一方面，元伦理学使伦理学抽离了生活者的观点。不仅如此，元伦理学还坚持，伦理学不可以研究任何关于人的生活的善的实质性问题。这样，元伦理学使伦理学成为与人的生活和人的生活世界不相关的、关于怎样说明人们使用伦理学的语言和概念的方式的纯粹理智游戏。所以，这两种哲学的伦理学中，仍然是规范伦理学更适合哲学伦理学的名称。因为，哲学是人的一种活动、一种生活，将人的活动仅仅局限到对伦理学的语言和概念的使用方面是片面的而不是系统性的，这样的说明不可能达到对这些伦理学语言与概念的真实的理解。因为，这种理解不可能以抽离人的生活内容的方式获得。

所以，一种哲学伦理学的研究可能以某种形而上学作为理解的基础。但是，正如我们所简要表明的，即使没有充分澄清这种形而上学的基础，它仍然可以从所阐述的研究方式方面得到充分健全的说明，它的学说在这些方面也是自身就足够健全的，而不必严格地诉诸一种特定的形而上学，假如能够作出这样的澄清将会更好。但另一方面，如果我们追究伦理学说明人的经验的生活方式的最终根据，我们就需要一种形而上学。但是这种形而上学就是哲学本身，而不专属于伦理学。

思考题：

1. 伦理学是研究什么的？
2. 伦理学是一门什么样的研究？
3. 伦理学研究有何种特殊的视角？

第二章　伦理学的历史演变轨迹

第一节　目的论伦理学

一、超验目的论伦理学

在展开一种具有综合性的伦理学思考之前，需要简要地说明伦理学理论演化的历史脉络，以便伦理学的学习者能大致理解，那些表达着相当不同的伦理学主张的学说是怎样提出的，以及它们表达着对于人的生活和人所生活的世界的怎样的理解图景。既然这种说明是为着学习者的理解方便并且篇幅短小，严格地说它并不是一种对伦理学史或伦理学思想史的叙述，毋宁说它是对这种历史的一种提要。所以，一方面，它会因努力抓住一些最重要的历史联系而略过很多东西，这会使它有多方面的缺憾。另一方面，提出这样一种简要的概括最好能大致地遵循历史的线索。但在概述的过程中，有时候会基于需要引申说明某种晚近的学说和传统，因为从那个环节到那种晚近的发展间的联系比较重要。

最早产生的伦理学理论主要是目的论的。这些伦理学理论主张，存在一些自身就对于人是善的因而自身就值得人们追求的事物，其中最高的善就是人的生活的目的。这些伦理学理论还主张，把这样一些事物，而不是那些自身没有价值的事物，作为追求的目的对一个人是重要的。追求这些事物的活动，只要不过度，就是德性的，因而就是正确的、正当的。

不同的目的论伦理学把不同的事物看作自身就有价值的目的。有些目的论伦理学把某种超验的善看作目的。在中国，超验的天和与天同一的境界是一种被看作超验的目的的状态。由于先秦儒家那里的“道”，宋明新儒家那里的“理”，被看作宇宙生成的更为根本的源，这种目的也被理解为与道合一的状态与境界。“体道”、“悟道”，以及体悟“理”，是基于这种目的而发生的实践原理和实践上的工夫。按照这种学说，人的生活的最终目的在于达到这种状态与境界。

在西方，柏拉图可以说是最早通过阐发一种超验的目的来理解整个存在世界和它的善的哲学家。他的伦理学被称作善理念论的伦理学，因为他认为在本真的理念世界里善理念居于最高位，它使存在的真显现出来。[①] 柏拉图的目的论是宇宙的目的论，自然的目的与人的目的包含在宇宙的目的中，是其中的一个微小的部分。整个宇宙世界可以被看作本真存在世界的一个例证，正如太阳是那个世界中最高的善理念在可见世界的例证一样。整个存在世界追求着它的目的，就如人在他的生活中追求着他的目的一样。人追求着他的善，但是唯有他的由于德性而保持良好的灵魂才可能认识这种善，因为人的灵魂有与肉体不同的生活。灵魂曾经生活在本真的世界，认识善理念，如果它在人的肉体生命的生活中被保持良好，它能通过回忆认识人的生活的善，因为人的生活的善仅仅是因分有善理念才是善的。这个善理念，作为人的生活的善被我们看作善的原因，是我们的肉体生命不能够经验的。之后的基督教遵循了柏拉图的哲学路线，将那个使本真存在显现出来的善理念阐释为全能的神。

二、幸福论伦理学

另一些目的论伦理学不是把某种超验的善，而是把人的肉体生命可以经验的善，如幸福、快乐、德性、效用看作这种目的或非常接近于目的的东西。把幸福看作目的的伦理学是最重要的目的论伦理学。在中国，至少在民间，福与禄、寿、喜一道，被看作人的在世生活的主要善，并且被理解为福利上自足富裕、精神上愉悦安康的生活状态。

在古代希腊，最早把幸福作为生活目的提出来的是哲学家德谟克利特。他指出，幸福是最为人们追求的东西。人们似乎出于本性就追求幸福，幸福并不在于对那些在人之外的善事物的占有，幸福包含肉体生活与灵魂生活两方面的内涵，并且更在于灵魂或心灵上的愉悦和满足，只有过有节制的、有德性的生活才能够获得幸福。

亚里士多德的幸福论非常著名。他把幸福表达为人所能获得的最高的善。他说，我们研究的是“人可以实行和获得的善”，如果限制于此，那么根据几乎所有人的意见，最高的善或我们生活的目的就是幸福。[②] 幸福应当被看作人们在活动中所追求的各种善事物所指向的那种最好的生活，它把人的生活

---

① “太阳跟视觉和可见事物的关系，正好像可理知世界里面善本身跟理智和可理知事物的关系一样……［在可理知世界里］这个给予知识的对象以真并给予知识的主体以认识能力的东西，就是善的理念。”（［古希腊］柏拉图：《理想国》，266～267页，508C-E，北京，商务印书馆，1996）

② ［古希腊］亚里士多德：《尼各马可伦理学》，1095a16—17、1096b33。

的一切善都涵纳了，“始终因其自身而从不因他物而值得欲求”，因而是自足的、无任何缺乏的生活。[1] 他认为，根据观察，这种生活最应该被理解为一种独特的生活，即沉思的爱智慧的生活，它同流行的其他两种享度闲暇的生活——以快乐为目的的生活和以获得荣誉或德性为目的的政治的生活——不同，因为这种生活不仅意味着灵魂的欲望与感情部分的合乎道德德性的活动，也不仅意味着灵魂的理智部分由于这样的活动而良好保全，而且意味着理智部分的合乎德性的和充分完善的发展。[2] 由于“我们更能沉思邻人”的活动和实践，而且，由于沉思的生活又是严肃的、持续的活动，这种活动需要我们“和他人一道”来进行；由于它“自身就令人愉悦”，它能够吸引爱智慧的朋友持久地从事它。[3] 就沉思的活动自身来说，它不需要过多的外在条件；然而由于要“作为一个人”生活，并且要“和许多人一起生活”，过沉思的生活还需要适度的外在条件，例如“中等的财产”[4]。

亚里士多德的幸福论是希腊时代的幸福目的论的一个范本，并且事实上提供了幸福论伦理学的最系统完备体系的基本理论范型。

三、快乐主义

把快乐看作是最高的善因而是唯一的目的的伦理学有一个很长久的历史。在古希腊，在亚里士多德非常有力地表明了快乐是伴随着人的活动的愉悦感之后，许多思想家坚持这种愉悦感本身正是人所追求的善。随着亚里士多德幸福论的退却，即随着爱智慧的生活作为幸福渐渐失去人们广泛的向往，快乐主义与德性论成为两种显著的目的论伦理学。欧多克索、伊壁鸠鲁、皮浪是最具代表性的主张快乐主义的哲学家，尽管他们各自提出的快乐主义学说并不一致。在古代中国，先秦思想家杨朱也以他所主张的快乐主义学说闻名。根据后世思想家的记述，杨朱认为人生短暂，人在短暂的一生既不能成就任何事业，也不能认识世界，唯一可能的仅仅就是保全身体和追求肉体快乐[5]，所以，快乐就是短暂人生的主要的善。

快乐主义学说立论的基础并不在于主张快乐是一种自身就是善的事物。

---

① “与所有其他事物相比，幸福似乎最会被视为这样一种事物，因为，我们永远只是因他自身而从不因他物而选择它……人们认为，完满的善应当是自足的。”（［古希腊］亚里士多德：《尼各马可伦理学》，1097a16－17、b9）

② 同上书，1095b16－24。

③ 同上书，1169b35、1170a6－11。

④ 同上书，1178b2－4、1179a6。

⑤ 《列子·杨朱篇》。

快乐是一种善，对这一点很少有伦理学家反对。人们至多会去争论这是指什么样的快乐。快乐主义的真正基础是主张快乐是最高的一种善。一个快乐主义者倾向于认为，我们追求其他我们认为自身就是善的事物，都是为着快乐。亚里士多德记述了雅典学园的欧多克索把快乐看作最大的善的理由时，“他说……最被追求的就是最大的善；既然快乐被一切生命物追求，这就表明它对于所有生命物是最高善。”①

在柏拉图和亚里士多德的时代，由于对智慧的推崇，关于快乐是不是最高善的问题有一个重要的验证：快乐与智慧之间哪一个更善？柏拉图这样反驳快乐主义：快乐是善的，但一定不是最善的，因为智慧必定比快乐更善。②亚里士多德把快乐看作必定包含于幸福即爱智慧的生活之中并且完善着它的那种善，快乐本身不是最高善，但是最好的快乐包含于最高善之中。③

但是，在伊壁鸠鲁的时代，与快乐主义竞争的主要是斯多亚主义的德性论伦理学。因为，最高善退席之后，既能产生善的结果又自身就是目的的善就成为最好的。④ 经过斯多亚学派的长久影响，人们普遍相信，德性是这样的善。为了应对这样的竞争，伊壁鸠鲁致力于使他的快乐主义同那种强调肉体快乐的粗俗快乐主义相区别。快乐主义的前提毋庸置疑，快乐就是那个被我们当作最终目的的善，“快乐是幸福生活的始点和终点”，而一切快乐的根源都是肉体快乐，“没有美味的快乐、性的快乐、音乐的快乐和美的形式带来的快乐，我就不知道如何去设想善”⑤。但是，身体处于不平衡状态时的存在者对所需物的欲望的快乐显然不如身体处于平衡状态时感受到的平静的快乐，因为后一种快乐不包含痛苦；心灵的快乐高出肉体快乐的地方，“就是我们可以学会观赏快乐而不观赏痛苦”⑥。所以，如果一个人有了实践性的智慧，他必定追求静态的快乐而不是动态的快乐，德性不过就是“追求快乐时的审慎权衡”⑦。我们选择德性是为了获得快乐，而不是为了德性本身。⑧ 在伊壁鸠鲁看来，德性和构成德性的始点的实践

---

① ［古希腊］亚里士多德：《尼各马可伦理学》，1172b11－12。

② ［古希腊］柏拉图：《菲力布》，65A－67B。

③ ［古希腊］亚里士多德：《尼各马可伦理学》，第10卷第5章。

④ ［德］包尔生：《伦理学体系》，236页，北京，中国社会科学出版社，1988。

⑤ ［古希腊］拉尔修：《政府论》下，692页，长春，吉林人民出版社，2003。

⑥ 转引自［英］罗素：《西方哲学史》上，309页，北京，商务印书馆，2001。

⑦ 同上书，309页。

⑧ ［古希腊］拉尔修：《政府论》下，696页。

理智并不是因它们自身就使我们向往的。“伊壁鸠鲁把德性描述为快乐的必要条件”，拉尔修告诉我们这一点。①

在伊壁鸠鲁之后，休谟更明确地反对斯多亚学派把德性看作因自身而被我们称赞和追求的品质的观点。他认为德性之所以被称赞，是因为它们或者倾向于让我们自身快乐，或者让他人快乐，“心灵的每一个属性，要么使人成为尊敬和爱戴的对象，要么使人成为憎恨和蔑视的对象”②；高尚、勇敢、平静、仁爱是“直接使我们自己愉快的”德性，而“我们赞赏他人，是因为他的机智、礼貌、谦虚、文雅，或他所具有的任何令人愉快的品质”③。在希腊人那里仅仅是伴随着合乎德性品质的活动的那些愉悦感觉，在伊壁鸠鲁和休谟的哲学那里两度获得最高善者的殊荣。

四、效用（或功利）主义

尽管有些偏离历史的发展线索，接下来概述效用主义或功利主义是适当的。因为这样的安排更能帮助伦理学学习者看出，目的论怎样从古典时代从以目的为理由和依归的伦理学转变为对追求目的的行为的效用的计较的伦理学。

效用主义通常被看作快乐主义的一种晚近形式，尽管它不是晚近才产生的，也不单独与快乐主义有必然联系。在希腊时代和中国古代，都有某种形式的主张以对直接对象作为手段的有效性作为首要的考量的伦理学思想。但是它成为系统的理论并且同将快乐这种愉悦感作为目的联系到一起是近代以来的发展。它因此被看作近代以来产生的一种快乐主义，或快乐主义的一种现代形式。边沁、密尔、西季威克是这种理论的最重要的阐述者。

事物的效用即它的有用性。在古典目的论伦理学的意义上，说“一件东西 T 是有用的”，是说它对于一个人 P 获得他欲求的目的事物 E 有帮助；E 是 P 把 T 看作有用的原因，也是我们认为 T 对于 P 有用的原因；“T 是有用的”是相对于 P 而说的，原因却在于 P 追求 E，即 P 把 E 当作他的目的。在这个说明的框架中，目的不仅出场而且始终处于“主人”地位。古典快乐主义关注的中心是对作为目的的快乐的解说：为什么我们应当把快乐作为最高的善？以及我们应当把何种快乐当作这样的善？在这种解说中，

① ［古希腊］拉尔修：《政府论》下，696 页。

② ［英］休谟：《人类理智研究 道德原理研究》，165 页，沈阳，沈阳出版社，2001。

③ 同上书，240～250、257 页。

快乐同造成快乐的活动是不可分离的。对于古典的快乐主义，例如伊壁鸠鲁主义来说，明白了目的，也就明白了与哪些事物相关的活动对我们获得那种目的是有益的。

效用主义一方面将古典快乐主义的快乐转变为一个容纳所有不同的“合意的感觉”的意义广泛的概念；另一方面转变了古典快乐主义的主题：由于与不同性质的活动相联系的不同快乐感间的区别已经变得不重要，对一种活动或行为促进“快乐对于痛苦的最大余额”的程度的计较就成为关注的中心。一种“计量的目的定义”产生了，参照着原本目的对效用的计算成为新的目的，而且，“为了保持一致性，人们就应当按照快乐的愉悦性的大小而相应地追求它们”①。

转出效用计较的向度以后，由于这种计较困难而复杂，因而担当困难任务的角色总是被看得很重要，效用的计较这个“新客人”在效用主义伦理学里变得重要起来，目的的“主人”地位则相形见绌了，效用的计算或计较成为理论的中心。对效用主义来说，重要的思虑在于权衡两个或更多的行为选择中哪一个总体上更令人愉悦，带来快乐对痛苦的更大余额，或在所有选择都必定带来痛苦的情况下，带来最小的痛苦。这种思虑完全取决于每一个选择项的效果或后果。所以效用主义又常常被称为后果主义。显而易见，在效用主义中，尽管那个目的——快乐——并未退场，对那个就其自身来说是从属于目的的东西——效用——的计较却成为这个学说中的“新主人”。这种哲学或伦理学也正是因为效用计较成为其中心的关切才被称为效用主义的。

第二节　德性论伦理学

一、德性论伦理学的历史演变

在中国和西方，德性论伦理学可以说都是从目的论伦理学中产生的，因为德性是从目的中产生的，并且也被看作一种目的。在汉语语源上，德从心，指人在内心获得的东西，德是遵循并体悟道而得于内心的东西，是我们追求获得的东西，同时是为着达到人与超验的道“合一”的神明式状

① ［英］西季威克：《伦理学方法》，142 页。

态与境界。德性论是善目的论的一部分，因为德性也被看作一种善。[①] 尽管出自目的论，德性论伦理学通常被看作与其他目的论伦理学，例如与快乐论伦理学、效用主义伦理学不同或对立。快乐论伦理学坚持德性是为着快乐，这种立场是德性论伦理学所反对的。

在中国儒家伦理学的传统中，德性成为关切的中心，人的主要的目的。在孔子的学说中，人与道的“合一”是一个过于渺茫的目的，他认为“道不远人”[②]，认为对于人来说根本的东西是做人做事即实践上遵循并体悟道而内心获得的东西，即我们所说的“德”。孔子讲“智仁勇”三德，又从行的角度把“仁”解说为“恭、宽、信、敏、惠”[③]。按照先秦儒家的思想，依照德性去做人做事是一个人的一生所能成就的全部：或许这可以使一个人接近于那种神明的状态，但我们所确知的是这可以使他成为一个好人（君子)。儒家的学说把自己限制于这种实践理智的探寻的范围之内。后世的新儒家仍然尊奉以道德为人生完善的唯一可能进路的学说。不过在程朱学派看来，通过长久而细致的事事磨炼的工夫，一个人可以达到那种近乎神明的状态与境界，并且在那种状态下，道或天（即宇宙）将变得澄明。在陆王学派看来，那澄明的道与天（宇宙）事实上就存在于人的内心之中，德性的工夫就在于教心澄明并从中内察。

在西方，德性论伦理学在其形成之初，是一种更有系统性的善目的论伦理学的一部分，那种被理解为目的的善的概念在这种伦理学里尚未退场，并统辖着德性的概念。在柏拉图的伦理学中，理念论是整个伦理学的基础，也是德性论的基础。亚里士多德的德性论伦理学的基础是他的经验主义的幸福论。在这两种伦理学中，目的（善理念或幸福）叙述着我们的好生活，是生活向我们展开的这个“叙述的整体”[④]；德性是我们追寻善目的或幸福的活动或实践不可须臾分离的东西：它使我们的理智得以保全，使理智在追寻善理念或爱智慧的生活中健全发展并达到完善。德性不是最善的东西，不是目的本身，但它是我们追求最善的事物的活动必须与之相合的那种善。德性因此自身也是目的，就值得我们追求：我们更像是因它本身，而不是

---

① 在希腊伦理学中，就与人相关的意义上，德性被理解为灵魂的因而内在于人自身的善。

② 《礼记·中庸》。

③ 《论语·阳货》。

④ “叙述的整体”是麦金太尔《德性之后》中使用的概念。

因别的事物而欲求它。

斯多亚学派的伦理学中，由于希腊化和罗马时代人们的生活越来越变得似乎是受外部的不可制约的力量摆布的，柏拉图和亚里士多德关于德性与善目的或幸福的乐观结合的观点发生动摇，德性不得不面对一个充满恶的或不确定的善的世界。超验的善自身，或我们可以经验的幸福，开始隐退：它仅仅意味着按照自然生活，也就是按照我们的理性生活，或者，意味着拥有德性这样的属于灵魂的善。① 以这种方式，一方面，幸福与善目的被搁置了，因为它们并不是人可以有把握获得的善；另一方面，德性不再仅仅被看作非常接近于善目的或幸福，因此既是实现目的的条件，自身又被看作目的的那种善，而且被看作人可以有把握获得的最善的东西，因此是人的真正可能的目的。善或者是心灵的（内在的），或者是外在的，或者是既非心灵又非外在的：凡外在的善，如财富、健康、美丽、荣誉等，都不属于人自身。幸福则似乎“既非心灵的也非外在的”②，只有德性是心灵的善，所以，德性似乎是唯一的可以作为目的的善，而不是作为手段的善。③ 按照这个学派的看法，既然理性就保存在我们的德性之中，那么，就像阿凯德谟说的，目的就是践行所有适度行动的生活。④

康德是一位“非常有似于斯多亚学派的”的哲学家⑤，对于他来说，所有显得善的外在的东西最终都会被表明是虚妄的，没有必然性的，只有纯粹的道德德性才向我们闪烁真与善的光辉。但是，斯多亚学派的德性论伦理学虽然搁置了最高的善或善目的，这种伦理学却还没有使德性总体上与善目的，尤其是没有与幸福对立。和斯多亚学派许多人物一样，康德原本是一个幸福论者，但是“后来，正像他的批判认识论是对他自己的经验主义的一个反对一样，他的批判伦理学也是对他自己的经验主义幸福论的一个反对”⑥。按照康德的观点，德性甚至不可以依赖幸福这样的经验的目的。斯多亚学派不赞同把幸福看作灵魂的善的观点也许对康德产生了影响。但他从这一点走到了更远的地方。他认为人们事实上把幸福仅仅

① ［古希腊］拉尔修：《政府论》下，438页。

② 斯多亚学派显然在这点上不同意亚里士多德关于幸福是灵魂的一种活动因此属于灵魂的看法。

③ ［古希腊］拉尔修：《政府论》下，441、443页。

④ 同上书，439页。

⑤ ［英］罗素：《西方哲学史》上，324页。

⑥ ［德］包尔生：《伦理学体系》，167页。

理解为“生活舒适”的总体感觉，所以，幸福仅仅是经验的道德的始点。[①] 基于经验的东西不可能支持普遍的、理智的道德原则，尤其是“经验已经证明……使一个人成为幸福的人，和使一个人成为善良的人绝非一回事”[②]。康德认为更重要的在于，幸福这个动机将使德性成为审慎的计算，就像亚里士多德说明实践理智时常常谈到的那样，这样它就把“为善的动机和作恶的动机等量齐观”，“败坏了道德，完全摧毁了它的高尚”。而“德性是一个人践履其责任的道德力量”，这力量使他“按照一个内在的自由原则而自我约束”。德性“远远超过它所带来的任何效用和经验性的目的与利益的价值”，包括幸福。所以，德性自身就应当被看作一个目的：它不是我们自然会抱有的，而是“我们应当有的，纯粹实践理智自有的”一个目的；纯粹理智这样确立这个目的：“德性应当是自身的目的和……自身的报酬”[③]。这是纯粹实践理智为我们确立的“我们直接力所能及的”最高的善，经验的幸福仅仅是这个最高善的“第二元素”[④]。自康德起，德性论伦理学发生了偏转，它不仅摆脱了幸福目的论，而且同幸福论对立起来；德性成为被保留给实践理智的唯一目的，这个目的是纯粹理智使人确立起来的，它同时也就是责任或义务。

二、完善论和自我实现论

德性论伦理学把人自身的品质和品性的完善作为关切的中心。所以德性论伦理学也被称作完善论伦理学或自我实现论。但是，完善论伦理学把人自身的品质与活动的完善作为人的最高目的，不再诉诸人自身的完善之外的任何善。不言而喻，完善论或自我实现论同样是快乐主义的对立面，因为它把“生命的完善发展和训练”，而不是把快乐，看作是目的。[⑤]

中国与西方伦理思想的另一个类似之处也在这里变得明显了。儒家学说把一个人获得德性的过程看作他的成为一个人的过程。在儒家看来，我们虽然生就是一个自然人，但这并不等于说我们自然而然就是一个完全意义上的人。要成为这样的人，我们需要在交往生活中做本分的事，成为伦理的人，并在德性上完善自己，成为道德的人。“成仁”的意思就是成为一

---

① ［德］康德：《道德形而上学原理》，10、61页，上海，上海人民出版社，2002。

② 同上书，62页。

③ I. Kant, *Practical Philosophy*, p. 525、p. 526、p. 533.

④ ［德］康德：《实践理性批判》，130～131页，北京，商务印书馆，2000。

⑤ ［德］包尔生：《伦理学体系》，215页。

个完全意义上的人，就意味着完成上述两件任务。所以德性意味着使自己在获得德性这件事上完善自己。这也是最重要的完善，因为成为伦理的人的要求似乎还出于外部和他人，成为道德的人则完全出于人自身：一个遵循和体悟道或天的有得于内心的人自然要去追求德性，无须外部权威。不言而喻，这种德性学说同快乐主义处于对立的地位。

古希腊柏拉图和亚里士多德的学说中，一个充分意义上的人同样是一个人通过幼年教育向往有德性，并通过不断做合乎德性的事而成为有德性的人实现或完成的。这个过程也就是一个人的德性变得完善的过程。这种完善的过程述说着对一个人作为人的那种好的生活的实现过程，或者说，这两者是同一过程。在康德伦理学中，德性的完善被同那个好的生活的目的分离，被看作唯一的由理智确定的目的和原理。① 康德的主要的教导是，德性如果是为着好的生活的，那么它就似乎不再是德性，因为，我们所追求的德性似乎并不因为它所造成的东西才被我们追求。近代德国，费希特、黑格尔，以及在某种意义上尼采，都可以被看作是循着康德路线的完善论伦理学的主张者。人或自我的道德和精神力量的完善发展是他们的伦理学的主题。黑格尔的学说以最抽象的方式展示了这种发展的历史地展开的精神现象学。

近代德国哲学家中，包尔生似乎是一个特例。他否定康德的命题——德性只能作为纯粹目的本身，而不能作为达到幸福的手段，主张回到德性既是幸福的条件又自身就是目的的亚里士多德德性论观点。因为，德性只有同“一个完善的人的生活”这个目的融合起来才能得到恰当理解：“所有德性都是整体的一个器官，同时又构成生活的一部分……道德精神生活是这样一种有机体，所有力量和功能在其中都既是手段，又是目的……勇敢作为解决某些难题的手段对生活有价值，但它不能被理解为一种孤立的成分，正像眼睛不能为自己，而只能作为一个生物的器官而存在一样。”②

三、德性观念的多元化

许多伦理学理论，不论体系上是不是德性论的，都在或大或小的范围内包含了对德性内容的讨论。在古代中国，孔子谈到“智仁勇”三种主要

---

① ［德］康德：《道德形而上学原理》，61页。

② ［德］包尔生：《伦理学体系》，235～236页。

德性；在古希腊，柏拉图讨论了智慧、节制、勇敢、正义四种基本德性①；柏拉图之后，亚里士多德非常清楚地区分了道德德性与理智德性，讨论了正义、节制、勇敢、温和、羞耻、义愤、慷慨、诚实、对荣誉的适度的爱、友善、骄傲、大度、大方、机智共14种道德德性，以及智慧、努斯、科学、明智、技艺5种理智德性；基督教讨论了爱、信、希望、谦卑等德性；休谟伦理学有一个效用主义的构架，但是包含了从感情主义对仁爱、高尚、勇敢、平静等德性的讨论；康德伦理学体系上是责任论的，但是包含了一种先验的德性目的的目的义务论，在这个体系的最后表达中，我们的德性的目的义务包含两个主要的方面：一个人自身的完善与他人的福利。②

但这只是非常表浅的说明。也许，我们可以借助麦金太尔的洞察使理解深入一步。麦金太尔用人的生活的"叙述整体"这个弱化了的概念转达亚里士多德的目的即最高善的概念。③ 麦金太尔注意到，由于在斯多亚学派对德性的阐释中，善目的或幸福被搁置起来，希腊人关于同好的生活密不可分的德性的丰富内容的讨论变得不可理解。斯多亚学派这种阐释德性的结果是德性被抽象化、整体化，并且不再借助那个原本意义上的目的来解说，由此而来的一个变化是，德性这个词"本质上被看作是单数的表述词"，通常不再以复数的形式使用。④

而一旦德性在思想上和实践上与它们传统的背景条件分隔开来，就有了一种理解德性的特别的新办法，就是把德性作为气质（dispositions）来看待……要么把德性理解成个人自然感情的表露；要么把它们理解成借以

---

① 如果比较孔子的三种基本德性同希腊人的四种基本德性——勇敢、节制、正义、智慧，可以发现，孔子的德目中有而希腊的基本德性中没有的是"仁"，希腊的基本德性中有而孔子的基本德性中没有的是"节制"、"正义"。

② 在人自身的完善之下，康德包含不自残、不自堕、不自我麻痹、不说谎、不吝啬、不卑微6种否定性的完全德性责任，和全面自身的能力、高尚、完善三种不完全德性责任；在他人的福利之下，包含了爱与尊重两种完全责任，在前者之下包含了行善、感激、积极同情三种德性责任，在后者之下包含了不自负、不诋毁他人、不嘲弄三种否定性的德性义务（I. Kant，*Practical Philosophy*，pp. 546-583）。

③ ［美］麦金太尔：《德性之后》，220页。

④ 同上书，212～213页。从斯多亚学派开始，麦金太尔写道，德性的意义被抽象成为"不考虑个人将来的目的，而仅仅做其自身是正当的事，柏拉图和亚里士多德以及索福克勒斯和荷马那种把德性理解为多样性和在好生活中的目的论的等级秩序的论点没有存在余地了；一种单一的德性一元论取代了它的位置"。

约束和限制“同一些自然感情中的某些感情”的破坏作用的气质。[①] 这样，亚里士多德讨论的道德德性被解说为气质倾向，因为舍此人们就无法理解它。人的气质的多样性和可变化性随之进入德性的概念。所以，自斯多亚学派开始，德性被从许多不同方面解说。在斯多亚学派的学说中，它被解说为做自身就正当或适度的事的气质，斯多亚学派认为，如果一个人拥有了德性，他就能够立刻发现他应该做什么并付诸实现。[②] 康德伦理学中，德性被解说为我们的自然气质在纯粹实践理智引导下的良好发展和这种发展所获得的力量，纯粹的、不基于经验的德性被抽象为自身就是目的的义务，斯多亚学派的做适度的事的概念被融入这个纯粹实践理智的目的一义务概念，并获得一种准则主义的解释。在休谟伦理学中，德性被解说为我们试图令我们自身和邻人愉悦的那种气质倾向。

同时，在斯多亚学派与康德的伦理学中，道德德性也在内心的律法的意义上来理解[③]，这恰好同源于犹太教的基督教文明的精神相互吻合。德性也从此被看作内心的律法，对不同德目的选取因此被看作人们所遵循的内心律法的例证。这种对德性的看法或多或少纠正着仅仅从气质角度看待德性所引起的不确定性。但是内心律法与气质的观点的结合并不是轻松的事。自启蒙运动直至新近的西方历史中，正如麦金太尔观察到的，人们从以往的各种德目中选取不同的集合，或在一些德性中选取部分内容，并加上所需要的新德目，包括同实践有关的道德性的和同实践无关的非道德性的，构成他们的德性观念。[④] 德性的观念多元化了，并且这些观念相互匹敌。这些德性观念是古典的（柏拉图的和亚里士多德的）德性论伦理学的一些“残片”，它们并立在“诸如权利或功利这些现代的和个人主义的概念

---

① ［美］麦金太尔：《德性之后》，287～288页。“同一些自然感情中的某些感情”，这一译法的英文原文（*After Virtue*，Notre Dame，Indiana，University of Notre Dame Press，2nd ed.，1984，p. 228）为 some of those same natural passions。

② ［古希腊］拉尔修：《名哲言行录》下，453页。

③ 按照康德，道德或德性（在康德伦理学中，道德与德性获得了相同的意义，参阅《德性之后》，293页）是“自由的”、“自我约束的”律法，不同于外在的律法，但仍然是律法（I. Kant，*Practical Philosophy*，p. 512）。

④ 斯密的德性观，麦金太尔举例说，包括谨慎、公道和仁爱；18世纪共和主义者的德性观除了自由、平等、仁爱和爱国主义外，还有“衣着朴素、居住简陋”以及“勇敢、兢兢业业”，甚至“长发”和“不留络腮胡”；科贝特（W. Cobbett）赞美的德性包括“不嫉妒、爱自由、坚忍、勤奋、爱国、正直和正义”；简·奥斯汀的德性观则包括友善、自知、坚贞，如此等等。

的旁边"①，它们不能解释这些新的概念，也不能被这些概念解释。因为，它们属于一种传统，这个传统还有"残留的"影响力，尽管作为残片人们已经很难充分理解它们。

第三节　义务论伦理学

一、义务论伦理学的历史源流

义务论伦理学是一类关于正当性行为和正当性概念的伦理学。这类伦理学是从德性论伦理学中分离出来的，因为正当性的概念是从德性的概念分离出来的。最初形成的理论系统的目的论伦理学，如柏拉图和亚里士多德的目的论伦理学，都不含有独立的即不依赖于目的的正当和应当概念。这些目的论是古典意义上的。这种目的论伦理学不单独提出关于怎样生活、怎样交往、怎样组织和安排社会才是正确或正当的问题。按照这种伦理学理论，问题仅仅是应当把我们有充分理由认为其自身就是善的事物看作目的，如果这样的事物中有一个是最善的，就应当把这种事物看作最高善或目的。确定了这样的目的，我们就确定了应当作出怎样的行为，或者，怎样的行为是有德性的，正确或正当的。

古典的德性论伦理学，如儒家的德性论伦理学，柏拉图与亚里士多德的德性论伦理学，同样不包含不依赖于德性的正确或正当标准。按照这种德性论伦理学，我们怎样行为才是正确或正当的问题通过我们应当努力做一个有德性的人已经获得解决：有德性的人会像出于本性那样地出于德性的品质找到适合的行为，因为德性意味着出色和优秀，出色和优秀已经包含着正确或正当，并且超出了后者。儒家学说教人从尽伦理的本分做起，遵循道、体悟道，我们所获得的是可以称作"智仁勇"的德性，这些德性自然地教我们以某些方式去做人做事，去看待自己的人生、周围的世界乃至不可经验的宇宙，它们教我们在充满变化的环境中怎样找到适度的行动方案。亚里士多德的学说也教人从小恰当地感受那些善的和恶的事物：对善的事物感到适度的欢喜，对恶的事物感到适度的厌恶，恰当地感受追求善的事物和躲避恶的事物的恰当方式，并且努力按照这种方式去追求和躲避；以及恰当地感受自己的感觉：欲望事物到恰当程度，持有适当的羞耻

① ［美］麦金太尔：《德性之后》，317 页。

感，感受的愤怒与对象的性质相称等等[1]；道德德性通过这种良好习惯养成，这种品质或心态使得我们在具体的环境中近乎自然地去恰当地追求善的事物和躲避恶的事物，做出正确的选择。德性论伦理学不单独地提出正当或正确的行为的问题。正当的概念已经包含在德性的概念之中。的确，亚里士多德的德性概念意味着在所有实践与感情事务上选择两个极端之间的那个唯一的正确（正当），两个极端则是错误或恶。[2]

在中国，儒家的德性论伦理学中并未分离出关于正当概念的伦理学。然而在西方，古典的德性论伦理学的情形则非常不同。前已表明，在斯多亚学派的德性论伦理学中，被剥离了目的之后的德性失去了曾经具有的丰富内容，并由此被抽象化为对适度的行为的选择。同时，来自希腊之外的西方文明的另一脉——希伯来文明的律法主义——在斯多亚学派的思想中找到了发展的土壤：选择适度的行为就是人的世界中的律法，一个人的命运听凭外部力量摆布的世界中，唯有遵守这种律法才能使人获救。在康德的伦理学中，适度被看作与道德无关甚至妨碍着道德觉解的盘算，道德或德性的要求以斯多亚主义的方式被强烈地感受到，并与斯多亚一希伯来律法主义融合起来，以纯粹理智的方式理解为责任或义务。正当仅仅被理解为出于责任的，责任被理解为对道德律法的尊重，并被进一步抽象化为不依赖经验条件的。[3] 德性被剥夺适度、合宜或中道的特性，即亚里士多德学说含有的那种正确（正当）的概念，也被剥离掉它的所有经验的内容，从而被抽象为出于纯粹责任，即出于我们对内心的实践准则的尊重感情的行为所具有的特性。与此相对，正当的行为则仅仅出于我们对于一个仍然无明显的是外在性的律法的尊重的行为。作为责任的正当的概念从德性的概念中分离出来了，并从此成为西方伦理学中同善概念并立的基本概念。

---

① 亚里士多德把恰当的感受和恰当的追求与躲避看作是在过度与不及两种极端之间的适度或中道，认为两种极端是错误或恶，适度或中道是德性（［古希腊］亚里士多德：《尼各马可伦理学》，1106a14－1107a26）。

② 同上书，1106b31。

③ 康德之所以排除亚里士多德的适度或中道的德性概念，是因为他认为这种概念起于一种盘算，并且是把德性看作与恶（两个极端）仅有程度差别的。亚里士多德的确说道，从最高善的观点看，德性是与恶不同的另一个极端。亚里士多德立足于人的经验的连续可分别的性质。这种借助恶来界定德性的方式在康德看来是可恶的经验的。他的努力在于表明德性是出于对内在的道德律法的尊重的善良意志的力量，与恶有本质的而不是程度的不同。

西方伦理学从康德伦理学起形成了以正当概念为核心概念的一脉，并发展成为同样源远流长的伦理学传统。[①]

这些以正当性为核心概念的伦理学理论，通常被称为义务论伦理学，它们有几个相近的主张。首先，它们认为实践决定的问题具有相对独立于目的和德性的性质，所以，应当和正当[②]的概念不能直接从目的概念中引申出来。其次，由于实践决定的问题比关于目的问题具有更迫切的性质，应当和正当概念比目的概念在伦理学中处于更核心的地位。最后，应当和正当概念中包含着责任与权利两个相互联系的重要概念。在这两个概念中，一些伦理学强调责任，另一些则强调权利。

二、先验责任论伦理学

关于正当概念的伦理学有些是基于经验的研究，有些是先验的，即排除经验因素影响的研究。在先验的理论当中，康德的基于先验的责任的伦理学是第一个最为重要的体系。

康德的基本观点可以简述如下。责任的概念即使同善有联系，也仅仅同那个唯一无条件善的东西——善良意志相联系。善良意志是动机而不是其他的善事物，责任就是善良意志的体现，出于责任的行为才是道德的行为，才是应当的或正当的。[③] 责任是善良意志“出于尊重律法而产生的行为必然性”[④]。这种律法是自由的、道德的律法，是享有意志自由的存在物的活动的律法，而不是自然的律法。律法意味着必然性或具有必然性的东西。对自然律法的研究产生的是理论的知识，对自由律法的研究产生的是实践理智的知识——伦理学，即道德学说，因为自由的律法也就是道德的律法。[⑤] 道德的律法如果也是普遍必然的，就不能够从经验中产生。[⑥] 由于它自身没有任何规定性，它就只表达在“行为准则要符合律法的普遍性”这一点上，所以，“要只按照你同时认为也能成为普遍律法的准则去行动”既是道德律法借助行

---

① 的确，权利的概念就是从正当的概念发展而来。这个近代的概念发展于这样的时期：当一个人的行为被单独地加以考察时，他的那些被看作是正当的行为就似乎构成一个范围，他在那个范围内的行为就在法律的意义上被看作是他的权利。

② 应当与正当在伦理学中是同一范畴的概念。关于它们间的联系和区别，参阅第三章第二节第四目。

③ ［德］康德：《道德形而上学原理》，8、11～12页。

④ 同上书，16页。

⑤ 同上书，1页。

⑥ 同上书，37页。

为准则的命令陈述，又是尊重这个律法的责任的命令陈述。① 从这条命令陈述自然地产生了应当或正当的概念：出于责任的行为是有道德价值的，就是说，是应当或正当的。或者，责任的概念自身就是应当或正当的概念。②

这并不是说，责任是康德伦理学的最初始点。责任或道德的最初始点是有意志自由的人的意志自律③，他的伦理学的始点也是如此。但责任是康德伦理学的核心。责任使道德的行为与不道德的行为区别开来。康德在两种意义上理解作为责任的学说的伦理学：泛义上伦理学是关于所有责任的学说，狭义上它是关于外在性的责任之外的那些责任的学说。因为显然，有些责任所尊重的是外在的律法，另一些尊重的是内在的律法。关于前一类责任的研究属于律法学，伦理学严格说来是关于那些基于内在的律法而产生的责任的学说。④

出于责任的是道德的（应当的、正当的），它是否因此就是德性的？德性在康德伦理学中残留的意义（在希腊人赋予的丰富内容被剥离之后）仅仅是“自我控制”。自我控制意味着用理智的力量抵制自然倾向。所以，德性是一种基于自由意志抵制自然倾向的意志力量。⑤ 但是责任的伦理学使德性的概念增添了另一重要的意义：德性也是一个人按照普遍律法而践履其责任的道德力量。⑥ 所以，德性与责任都相关于相同的题材。责任是行为的必然性，德性则是“道德的必然性”⑦。“德性可以仅仅同行为准则的形式的方面有关”⑧，一个人可以有德性地出于外在性的责任而实践，但是这种行为的动机仅仅是责任而不是德性，尽管它可以合于德性。伦理学中的责任概念是指向最终的目的的。⑨ 责任严格说来“只植根于纯粹［实践］理智”，纯粹实践理智同时也给出这种责任指向的目的。或者，这种目的同

① ［德］康德：《道德形而上学原理》，38～39页。

② 同上书，15页。

③ 同上书，60页。

④ I. Kant, *Practical Philosophy*, p. 512.

⑤ I. Kant, *Practical Philosophy*, pp. 524-525. 康德使用的“自我控制”概念，似乎是希腊人的节制与亚里士多德讨论的自制的某种混合物。

⑥ I. Kant, *Practical Philosophy*, pp. 524-525.

⑦ I. Kant, *Practical Philosophy*, p. 533.

⑧ I. Kant, *Practical Philosophy*, p. 525.

⑨ I. Kant, *Practical Philosophy*, p. 514.

时就是一种责任。这种目的就是德性。[1] 所以，我们可以把德性叫作“德性的责任”，因为它既是目的也是责任，人的道德可以期求达到的道德就止于德性。[2] 康德的伦理学中，道德似乎是一个无限广大的精神生活领域，那些“非常神圣的存在者们”的活动处于最高的层次，它们已不再需要德性的学说，因为它们绝不会违反责任，就像孔子所说的“随心所欲不逾矩”；人则仅仅可以期望达到德性的层次。所以，伦理学严格意义上仅仅是“德性的学说”[3]。

康德的责任伦理学还展示给我们它从德性论伦理学发端、与目的论伦理学摆脱联系，并发展成为以责任为关切的中心、因而以正当性为核心概念的伦理学的线索。这种伦理学被从各个不同的方面加以发展，形成不同类型的关于正当概念的伦理学，它们同古老的目的论伦理学的联系在这种演变中变得不可寻觅了。

三、契约论伦理学

在基于经验来研究正当性概念的理论中，契约论伦理学用契约来说明正当概念的根据。在西方，契约论伦理学也同样发生于古希腊，但直到近代才成为真正具有影响力的重要学说。

与康德的责任论伦理学一样，契约论伦理学从斯多亚学派和中世纪基督教那里继承的最重要的遗产是把道德看作是对律法及准则的遵守。但是契约论者在一个重要之点上与康德很不相同，他们把这种律法看作从自然律法那里延续而来，经过某种最初的契约行为而成为道德的或人为的律法或准则，而不是同自然律法截然不同的。更重要的是，这种律法最深远的根据存在于那些自然律法那里。就把道德律法看作自然律法的某种延续这一点来说，他们是斯多亚学派的伦理学学说的继承者，但是又与斯多亚学派不同，因为他们所讨论的自然律法不是宇宙的普遍法则，而是人类的前社会状态的道德律法。这种状态被称为自然状态。霍布斯与洛克对自然状

---

① 康德 *The Doctrine of Virtue* 的 Introduction 第 iv 节的题目的英译 What Ends Are also Duties? 似乎表明，他把下面提到的“我自身的完善（Perfection）”和“他人的幸福”看作与自我控制——践履责任的德性（Virtue）并立的目的，但是在第 xi 节的那份重要表格中，直接列于第 1、第 2 的两个目的目的是“我自身的完善”和“他人的幸福”，这似乎又表明他直接地把德性看作“完善”。对康德的德性的解说似乎由于他本人没有明确地处理而存在这两种可能性。

② I. Kant, *Practical Philosophy*, p. 515.

③ I. Kant, *Practical Philosophy*, p. 512.

态的说明非常不同；霍布斯认为自然状态是人与人都处于战争的状态；洛克则认为自然状态是人与人都处于平等或相近的状况，没有人超出或差于其他人很多，因此也没有高过所有人的裁决者的状态。①

实际上，自然状态是契约论者引出自然律法的论题的一种理论设定。洛克要引出的一个实际的理论起点是，自然法是那个状态下理智教导人要遵守的律法，因此对任何人都具有强制性，人人都要服从。②“任何人不该损害他人的生命、健康、自由或财物”，和任何人都可以对一个损害了他的这些利益的人施行报复，是两条非常显见的自然律法。③ 自然法概念一个不可避免的困难是，由于没有仲裁的权威，“人要保卫他的权利必须依赖自己，所有人是自己的讼案中的法官”④。这意味着，这个状态很容易成为人人诉诸暴力的战争状态。⑤ 契约论者设想，自然状态下的人们避免这种可怕前景的最好方案，就是通过一个一揽子契约建立一个政府，使自己摆脱前社会状态。契约论者接下去的思考变得比较简洁了。人们为设立一个政府而共同同意的那些约定必须被看作普遍的道德律法，包括将每个人以某些共同可接受的方式获得的占有物尊重为他的财产，对任何个人的人身及其财产的侵犯的讼案必须交由政府来仲裁并对侵犯者进行惩罚，这构成了正当的行为概念的基本内容。道德律法同自然律法的两种相关性也变得明显了。首先，它不违反自然律法，而是使自然律法在社会的规模上能够有效地塑造出一种秩序的律法。另一方面，它已经不再是自然律法，因为它产生于人们的共同约定。

所以，契约论者把道德律法看作人们在生活、交往，尤其是在社会组织中约定的东西，认为这种约定构成对缔约各方的后续行为的规约：人们应当遵守约定与承诺，不应当违背约定与承诺，换言之，遵循约定的行为决定是正当的，违反的是不正当的。休谟、洛克、卢梭等是契约论伦理学的重要代表，罗尔斯是这种理论的现代著名代表。在契约论伦理学中，责任与权利成为核心的概念。责任被理解为同外部性事物相关的，即康德所称的外在性责

---

① ［英］霍布斯：《利维坦》，94页，北京，商务印书馆，1985；［英］洛克：《政府论》下，7页，北京，商务印书馆，1986。

② ［英］洛克：《政府论》下，6页。

③ 同上书，6～7页。

④ ［英］罗素：《西方哲学史》下，158页。

⑤ 洛克的自然状态观的预设虽然同霍布斯明显不同，但它可能引向的那个战争状态却与霍布斯的设想殊途同归。

任，这种责任是对于权利的，是为着确定权利而被确定的，有一种权利就有一种对于权利的责任；责任也产生权利，有一种责任也就有一种相应的权利。因为，契约论伦理学产生于这样的历史生活时期：在这个时期之初，人们必须奋力从种种外部束缚中争取自己的政治自由，尔后，他们又必须努力使赢得的政治自由在经济和社会的利益的获得方面发挥作用。

从这里便可以理解契约论理论的一个基本特点，即它的论域是政治学或狭义政治哲学的，而不是哲学和伦理学的全部领域。契约论伦理学研究的道德律法和行为属于国家的政治生活领域：每个人都已经离开了他成长于其中的自然共同体和熟悉的交往共同体，他同其他人并不相识，他们都是并且仅仅是“个人”；他们不得不同其他“个人”打交道，并且不得不就这种交往的总体的制度安排的道德基准达成某种一揽子共同约定，并在具体交往中同对方达成具体的约定。

在这种演变中，一方面，原本内含于德性概念的正当概念以抽象的责任或权利的概念表达，同德性的概念脱离了联系。德性论伦理学，正如麦金太尔指出的，内含两个在先的概念：关于实践的内在善的概念和关于实践活动所整体地述说的好生活的概念。在康德伦理学中，责任同德性还以特殊的方式保持着联系。在契约论伦理学中，由于德性论伦理学传统的“实践”和对于好生活的“叙述整体”两个概念“被替换了”，“主要的德性发生了变化，个别德性的概念发生了变化，甚至德性概念本身也不再和从前一样了”①。除非十分朦胧地，契约论伦理学的正当或权利的概念已经不需要借助德性的概念获得其意义。② 另一方面，正当或权利的概念在公共性的生活结构中获得了可理解的基础，成为获得最大可理解性的政治哲学概念，它因此被当作一个公共论证的理由。③

---

① ［美］麦金太尔：《德性之后》，285页。

② 的确，在罗尔斯《正义论》中，正义同作为德性的正义只剩有十分朦胧的联系：表达着有理性的个人的正义观念需要正义感作为必要基础，正义感是我们作为一个道德的人（尽管这可能十分不同于亚里士多德所说的“正义的人”）必须具备的；这同时也表明，正义已经不再被视为有理性的个人的德性，而仅仅是古老的正义德性在他们那里还“必须”残留的“观念”与“感情”。

③ 另一个常常被当作这种理由的是“功利（效用）”概念。正如罗尔斯在《正义论》（“序言”，1～3页）中所说，在狭义政治哲学中，效用主义是契约论伦理学的一个主要对手，它具有说服力，契约论伦理学必须努力去竞争，获得更大说服力，才能取而代之。

四、程序论伦理学

程序论伦理学是更晚近的一种关于正当性概念的伦理学，我们可以把它看作主张从某种合理实践程序引出正确和正当概念的伦理学。我们来考察罗尔斯阐述的程序论伦理学的概念。一项实践可能有两个重要的相关方面：它是否有一个关于正当的独立标准，以及我们作为实践的参与者是否可能设计出保证结果正当公平的程序。有些实践可能既有独立的正当标准，又能够设计出这样的程序，这样的实践，例如分蛋糕，我们称为完善的程序正义；有些实践可能有一个独立的标准，但不可能设计出保证结果正当公平的程序，这样的实践，例如刑法审判，我们称为不完善的程序正义；还有些实践没有独立的正当标准，但是我们有可能设计出保证结果正当公平的程序，这样的实践，如公平赌博后的分配，我们称为纯粹的程序正义。显然，这三种实践中，具有完善程序正义的是非常少的，多数的实践属于第二或第三种，并且这两者中，只有后者才保证着实践的结果是正当的。① 按照罗尔斯的看法，纯粹程序正义的实践与其他两种实践相比，一个明确特征是由于仅仅有可能保证结果正当的程序，这程序"必须实际地被执行"。这种伦理学中蕴涵的观念是，在某些实践中，结果的正义可能通过设计出可能的正当程序并切实地执行这些程序而达到，换言之，正义或正当的概念同满足某些条件并得到切实执行的程序相关。

如果略去许多复杂的细节，可以说哈贝马斯也基于不同的理论背景提出了非常相近的理论。② 在民主的公共性商谈中，一种程序必须首先经过商议而形成并建制。它之所以具有优先的重要性，首先是因为公共性商谈需要在这个框架下展开和进行，因为，"合理性的公民如果对其实践做经验主义的自我描述，他们就不会有充分的理由来遵守民主的游戏规则"③。其次，这是因为这种商谈的结果的合理性只能来自商谈的过程合于预先商议建立的程序的正确性："合法性力量……是从那些允许在协商过程更好论据发挥作用的交往预设和程序中得来的"④，这个程序使"程序上正确的决定

---

① ［美］罗尔斯：《正义论》，85～87页。

② 哈贝马斯关于正义、正当、合法性同一种公共商谈的程序主义民主模式的建制间的重要相关性的理论以他的交往行为理论和商谈伦理学为背景，我把哈贝马斯的商谈伦理学看作基于语言哲学的普遍的、不依经验的时间地点为转移的契约伦理学，相比较，我将罗尔斯的纯粹程序伦理学看作他的契约论伦理学的直接继续。

③ ［德］哈贝马斯：《在事实与规范之间》，368页，北京，三联书店，2003。

④ 同上书，342页。

从中取得其合法性"[①]。这些需要先行商议形成并建制的公共商谈程序不需要首先是合于理想的，因为这种程序事实上建立起"实用性考虑、妥协、自我理解性商谈和正义性商谈之间的内在关联，并为这样一个假定提供了基础：只有相关信息的流动和对这种信息的恰当处理没有受到阻塞，就可以得到合理或公平的结果"[②]。

程序论伦理学有两个密切联系的主张。首先，这种伦理学坚持，程序的"正确"独立地构成决定或结果的正确或正当的充分根据。按照罗尔斯的看法，这是因为实践事务是非常不确定的，在许多实践事务上我们不可能有独立的正当标准，而仅能依赖于所设计的程序得到正确的实行。[③] 按照哈贝马斯的看法，这是因为在公共性商谈中，借助言语的论证只有在交往预设和程序中才能得到理解、评判，并导向"合理地推动的一致意见"[④]。其次，这种伦理学主张，对程序的"正确"的诉诸必须排除对目的甚至德性的参照。按照罗尔斯的看法，正义或正当是伦理学中更优先的基本概念[⑤]，在他的公平的正义观中，正义或正当的概念只是在很弱的意义上——即在原初地位各方的选择阶段上——参照善的概念[⑥]，它的意义的充分含义是借助原初地位、无知之幕来说明的正义原则阐发的；纯粹的程序正义的一个"巨大实践优点就是：在满足正义的要求时，它不再需要追溯无数的特殊环境和个人在不断改变着的相对地位"[⑦]，就是说，不需要追溯这些个人在这些条件下形成的多样的具体的善观念。就像罗尔斯认为他的公平的正义理论一样，哈贝马斯认为他提出的商谈伦理学是责任论的而不是目的论的[⑧]，这意味着"正义对于善的优先性，也就是关于良好生活的问题退居于关于正义的问题之后"[⑨]；而且，正义也不必诉诸德性，欧洲人过去几十年中"对于德性的期望，［已经］把福利国家……的民主过程推

---

① ［德］哈贝马斯：《在事实与规范之间》，378 页。

② 同上书，369 页。

③ ［美］罗尔斯：《正义论》，82 页。

④ ［德］哈贝马斯：《在事实与规范之间》，379 页。

⑤ ［美］罗尔斯：《正义论》，28 页。

⑥ 同上书，383 页。

⑦ 同上书，83 页。

⑧ ［德］哈贝马斯：《在事实与规范之间》，187 页。

⑨ 同上书，383 页。

进了一种受工具主义扭曲的政治的阴影之中”①。

不言而喻，程序论伦理学在坚持这些主张的同时，致力于使自己成为一种“弱”意义的伦理学，也致力于切断它同古典的目的论伦理学以及德性论伦理学的论题上的联系，从而使自己能保存正当概念上的“一”或某种一致性，并容纳由于善的概念的“碎片化”和私人化而变得“杂多”的具体的善目的。

简短的结论

（1）从目的论伦理学、德性论伦理学、先验责任论伦理学到契约论伦理学、程序论伦理学，在实质性内容方面，伦理学理论经历了一个负载意义从强到弱的演化过程。目的论伦理学是负载意义最丰富的伦理学。目的不仅是实践的指向，赋予实践以意义，而且是人生的归向，述说对于人的整体而言的好的生活。德性论伦理学通常被看作关于第二善事物的伦理学。在其形成之初，德性论伦理学都是意义丰富的，因为德性的意义是丰富的。德性论伦理学的演变大致是这样的：德性的含义先被剥离了原本的丰富含义，德性论伦理学随之被抽象为责任论伦理学，尔后责任被归结为产生出责任的订立契约的行为，责任论伦理学随之演变为契约论伦理学，最后，从契约的概念中再分离出程序的概念，于是有了程序论伦理学。

（2）另一个类似的演变发生在伦理学理论的另一旁支、但同样源远流长的脉络中。这个脉络就是从目的论中的快乐论伦理学到近代以来的效用论伦理学的演变。快乐被普遍承认为伴随着人的活动的愉悦感觉，虽然在强调理智的善的学派那里被拒绝承认为最高的善，在强调感情的学派那里却被承认为这样的善。快乐论伦理学在产生之初也是意义丰富的，但是在效用论伦理学那里演化成了以对对象的效用的计较为关切中心的伦理学。可以说，快乐论伦理学是目的论的，效用论伦理学是效果论的。

（3）西方伦理学经过了这个完整的演变过程。伦理学理论与思想的这种演变过程反映了西方世界随着人类文明历史经历的一种双面性的变化：目的观念从人类早期文明时代的共同的总体性观念“碎片化”、私人化了，与它紧密关联的德性观念也多元化、弱化并且分解了；另一方面，被看作没有共同的善和共同的德性的公共性的政治生活成为生活的中心舞台。古希腊人生活在他们熟悉的城邦共同体中，他们的私人生活与城邦共同体的

① ［德］哈贝马斯：《在事实与规范之间》，340页。

生活有共同的善。尔后的帝国政治时代，共同体生活退缩为私人的秘密结社式共同体的生活。经过中世纪与启蒙时代，随着世俗政治权力的增长，这些共同体的生活边缘化了。同时，自斯多亚学派开始，人们的目的与德性的观念也发生变化。由此，我们看到了所简要说明的伦理学的演变轨迹。

(4) 在中国儒家学说中，伦理学思想在两千年中始终保持着以德性为关切中心的传统。这同中国人所生活的村社社会共同体经两千多年没有根本改变的现实有关。村社社会共同体不同于氏族社会共同体，它以家庭持有私产为基本经济形式。但与古代希腊城邦社会不同，它不是以地域和居民身份组织，而是以血缘与地缘关系组织的：家族是它的基本的社会联系纽带。在村社社会共同体中，人们基于习俗形成共同的德性观念，这些德性的观念在儒家学说中得到理论性的阐发。直至19世纪西方思想发生影响之前，这个思想传统中没有演化出关于正当性概念的伦理学思想。①

(5) 这并不是要表明，我们所说明的伦理学的历史演变具有普遍意义。事实上它仅仅表明，无论在中国还是西方，德性论伦理学作为完备性的伦理学具有较长时期的影响人们作出实践判断和选择的力量。所以在西方，德性论伦理学在已经长久被排挤出政治的领域之后，仍然被呼吁保留在社会中层结构的交往共同体的生活中，并在政治的领域得到尊重。

(6) 从前面的说明也不能引出这样的结论：较早产生的伦理学理论对人们的思想影响较小，只有晚近产生的伦理学才影响着我们的实践判断和选择。因为，思想的存在是一种现实，思想的现实对现实人们的思想发生影响并不受时间远近的限制，尽管时间上久远的影响现实人们的思想的规模可能相对较小。古老的伦理学并未因所说明的这种演变而失去生命力。一方面，目的论伦理学的种种体系，例如幸福论伦理学、德性论伦理学、快乐论伦理学和从它演变而来的效用论伦理学，仍然不断地得到研究与阐释，并获得它们的现代形式，成为伦理学思考与论证，以及实践判断与选择中有效的思想资源。另一方面，这些伦理学的基本概念作为残存的碎片，仍然在伦理学思想和实践的概念中被保留在各种新的伦理学的那些核心概念的侧旁②，来补充晚近形成的体系的概念贫乏的地方，或在缺少必要过渡的地方架设起“桥梁”。自然，它们更多被保留在日常的实践思考中，仍

① 尽管一些学者认为儒家伦理学传统是义务论的，我坚持从“仁”是儒家伦理学的最高范畴和中心关切的立场，把这种传统看作是德性论的。

② [美] 麦金太尔：《德性之后》，317页。

然作为古老概念的“碎片”。因为，人类始终需要在所生活的世界里做出实践的决定。

思考题：

1. 伦理学或伦理学思想在历史上发生过怎样的演变？
2. 伦理学或伦理学思想的历史演变在中国和在西方各具有怎样的特点？
3. 对这些特点我们可以做怎样的说明或解释？

第一编
伦理学的基本概念

第三章　实践与实践理智

第一节　实践

一、人所特有的一种基本活动

人们常说，人是从事生产的动物，是使用语言的动物。但人也是实践的动物。既然伦理学是实践的和对于实践的研究，就需要先对实践的性质做些讨论。

活动是生命存在的方式。活动在最宽泛的意义上是属于每种存在物的。每一生命物都具有特有的活动，并且存在于它特有的活动中。人也存在于他特有的活动，即他运用理智力量来进行的活动中。对于人来说，设想自然的目的是僭越的。但是，既然我们能够观察到，自然赋予每一种生命物的特有活动都令那种活动能够达到一种特别的完善，既然自然界赋予了人运用理智力量进行生命活动的潜能，那么，我们或许可以假设，自然的这种造化也是为着人能够充分、完善地以运用理智力量的方式进行生命活动的。既然一种存在物是什么就在于它的活动是怎样的，那么，人是什么以及是怎样的，就在于人的以运用其理智力量进行的生命活动是怎样的，一个人是什么样的人以及是怎样的，就在于他作为一个人在这样的活动上是怎样的。

植物与其他动物的特有活动是功能性的。这种功能性的活动能力是自然赋予的，或者近乎自然地享有的，不需要学习来获得。它的种属的特性就存在于它正常地运用自然赋予的功能的活动之中。植物的基本功能是摄取营养、新陈代谢与生长，植物的生命功能是最为强大的。动物也具有营养与生长这种植物性的功能，但它还有运动功能和感觉，这两者是它特有的基本功能。人除了植物的和动物的生命功能，还具有精神活动的功能，按照一般的理解，这种功能是运用理智力量的活动，这种活动是人特有的。这三种活动不是截然分离的，它们总是以某种方式混合着的。但是，人可以在理论的反思亦即比较单纯的理智的活动当中，把它们相互分开来思考。

其次，这种理论反思的区分，并不意味着动物性的活动可以不依赖植物性活动这个基础，或理智思考活动可以不依赖植物性活动和动物性活动的基础。这三种活动，与自然界中的情形一样，以植物性的活动为生命的根基，构成自低级到高级的三种活动：

理智思考活动

↑

动物性活动

↑

植物性活动

所以，不言而喻，植物性活动最为根本。如果植物是生命自然界存在的根，如果动物与人的生命存在最终依赖于植物同无机世界的联系，那么在人身上，植物性活动就是人最终从无机世界获得生命的生存必需养分的活动，是人的生命活动的根本。但是在人身上，运用理智力量的活动更为本质。因为只有它才是特别属于人的。动物性活动则在各种意义上都是人的植物性活动与理智思考活动之间的环节。因而，人的理智思考活动同动物性活动的相关程度也远大于它同植物性活动的相关程度。所以，按照亚里士多德的看法，我们无须在伦理学这门研究中费心地去研究我们怎样改善我们身体的营养循环系统的功能活动，也不能仅仅去研究人的相同于动物的那些特性的活动，例如感觉的活动与肢体的运动。因为，从第一个方面，我们只能获得人的植物学（营养学）的研究，从第二个方面，我们只能获得人的动物学的研究，然而它们都不是伦理学的研究。①

按前面采取的观点，人运用理智力量的活动，有理论的、实践的、劳动的三种主要形式。这三种活动同样可以理论地区别开来，尽管在实际的活动中它们常常相互混合和交错。

劳动的活动是人们朝向制作一个或一批具有某些期望性质的产品时运用理智思考能力和身体能力的活动。劳动是人的原初性的生命实现活动。劳动创造了人。劳动既将人同动物联系起来，也将人同动物区分开来。动物也有简单的劳动，但是动物没有劳动活动上的积累性发展，而是停留在简单的重复活动上。人类的劳动活动的累积性发展产生分工和交往，产生了语言，并在这些发展的基础上，产生了交往的生活和理论的活动。

理论的活动是人们出于思考的兴趣和爱好对自然世界与人的社会存在

① ［古希腊］亚里士多德：《尼各马可伦理学》，1097b24—1098a7。

的沉思。理论的活动产生于好奇。在古代，它首先是由人对那些永恒的、必然的事物的好奇开始的。对于这些事物的神奇伟力的玄想产生了最早的神话和宗教。对伟大事物及其存在的思考逐步成为人的一种重要的生命实现活动。从希腊时代起，理论、知识和科学就成为具有同样内涵的概念。理论的活动被看作比劳动活动和实践活动更高的生命实现活动。在理论的活动中，人的本质力量得到最大可能的拓展，获得最大可能的实现。

实践的活动是人们在交往生活基础上，即人们在处理同自身的关系以及日常相互交往关系的活动基础上，发展出来的人的活动。在这三种基本活动中，实践是最重要的活动。实践的活动用中国人的日常语言来说就是做人做事。① 因为，交往生活尤其是同人们日常所说的“人之为人”，即人与动物相区别的东西联系在一起，是一个人被看作一个好人、坏人或不好不坏的人的基本原因。因为具有日常性并且如此重要，交往生活就被我们称作生活。所以，可以将人的这类生活或交往事务统称为生活事务或实践事务。

二、内在目的性的活动

但是，实践却不是人随时随地都进行的活动。人们随时随地都在生活，在发生交往，但不是随时随地在实践。因为，实践不仅是一种目的性的活动，而且是一种内在目的性的活动。交往生活，或生活，仅当它作为一种活动发生了对生活者而言的内属于那种活动的目的时，才具有了实践性，或者，才被我们看作实践的活动。

人的一切活动，总起来说，都指向某种目的。② 一切劳动活动都是目的性的，都是要获得某种善的。我们在一种较为广泛的意义上理解劳动活动。一种劳动活动所欲获得的善是活动之外的某种（一个和一批）产品，这种产品具有期望于它的那些性质，我们称这种活动为制作或生产。对制作或生产活动来说，产品的制成是活动的目的，也是劳动活动的终结。还有一类活动也是为着外在的目的的，例如荣誉、成就、政绩、运气这些一

---

① 做人做事这一用语在汉语日常语言中有些暧昧，原因是它们的所指仅有细微的差别。我在这里暂且假定，所谓做人是指一个人在家庭、交往圈以及政治社会中以恰当的态度和方式对待自己和他人，做事是指一个人对于同他人相关的事务处分适度。

② 广义地说，正如亚里士多德所说，人的一切活动都是指向某种善的。但是理论的活动并非一定要有特定的目的，它可能有某种目的，然而因纯粹理论兴趣而发生的理论活动并不需要这种目的。如果一定要说这种理论活动有这样的目的，那么就只能说这是发现与澄清。

般被看作是善的事物，或财富、身份、权力等通常被看作获得那些善事物的手段的东西的。这类活动的确同劳动活动有非常相似的性质，我们可以把它们一道理解为外在目的性的活动。

然而实践活动的目的有所不同。实践的目的，正如亚里士多德认为的，不是在活动之外，而是在活动之中。这种内在于活动的目的或善是那种活动按其内在标准来说的优秀或出色：一种实践的内在的善或目的就在于那种活动进行和完成得出色和优秀，即它进行和完成得合乎德性或具有德性。这样一来，我们就看到，实践的内在的目的或善与那种实践活动的德性是同一个概念。内在于一种实践的善是特别属于那种实践活动的。这种内在于实践的善，正如麦金太尔在阐述柏拉图与亚里士多德的观点时所认为的，是一种可以随着那种实践活动而发展或拓展的善：在力图达到卓越标准的过程中，实践者就获得了这种善，同时，“与这种活动和追求不可分离的，为实现卓越的人的力量，以及人的目的与善的观念都系统地扩展了”①。

实践的内在的目的或善与那种实践活动的德性是同一个概念。一种实践活动只有当它特有的那种内在善充分实现时才被看作有德性的。然而，一种实践表现出来的德性从实践者方面来说也就是实践者本身的出色实践品质的展示与实现：它既是实践活动本身的优秀，也是参与活动的人的出色品质、品格的展示。这两者似乎是密切联系的：出色的、表现出德性的实践活动本身使参与活动的人的品质、品格得到更大程度的完善。即使它们不是同一个事物，而是需要被看作两种不同事物，我们似乎也必须说，它们也是相互紧密“勾连”在一起，不能够相互分离的。所以，实践者通过实践获得的能力与品格本身似乎也是值得追求的目的。因为，出色的品质和品格会使出色的活动不断重复地展示，而且还会使本来出色的活动变得更完美。就做人来说，体悟、践履对待自身与对待他人的恰当态度与方式的实践以“成为人”为目的②，这种目的不是外在的。所以汉代许慎解“德”字为“外得于人，内得于己”。我们的不断践履使我们获得“仁”的德性，这种品质又使我们更能以适度的、恰当的态度和方式对待自身和他人。

当然，实践活动也可以同时伴随有外在的目的。一个优秀的棋手在追

---

① ［美］麦金太尔：《德性之后》，237页。

② 儒家伦理传统的显著特点，是认为人首先需在家庭中“成为”一个个别的人，尔后才能在一般意义上成为一个人，一个“仁人”。

求出色棋艺的同时可能也期待着赢棋，一个人在作出一个正义举动的同时可能也期待着荣誉的回报。但是，实践已经具有这样的品格：相对于那种活动本身内含的善，那种外在的目的已经不再是活动者主导性的目的。因为，我们会这样地区分：只要内在于那种活动和举动的目的是主要的，这种活动与举动就构成我们所说的实践，如果是相反的情形，它就仅仅是一种生活，一种外在目的性的活动。如果艺术家创作仅仅是为博得名誉或市场，如果棋艺大师下棋仅仅是或主要是为了赢，如果施义举仅仅或主要是为着得报，那种活动或行为就很难称得上是一种实践。一个政治家追求一种好的政治实践的同时也期望取得某种可见的政绩。然而作为政治的实践的目的是那种政治实践的改善，政绩是一种外在的目的，政治实践者的任何获得政绩的立意如果不是从属于政治实践改善的目的，这种实践就将蜕变为一种纯粹的为获得更大权力的政治谋划，一种以政治的技巧谋私利的行为。正如格兰特所说，在本质的意义上，实践自身就是目的，因它——如活动那样——自身就蕴涵着目的（最终完善状态），然而在相对的意义上，它也可以是实现一种外在目的的手段。①

第二节 实践理智

一、心灵或灵魂的三个原理

按照亚里士多德的看法，人的活动在理论的反思中可以区分为植物性的活动、动物性的活动和运用理智思考的活动。理论的意义上，这三种活动是人的灵魂的三个部分的活动：营养与生长的部分、感情欲望部分、理智部分。营养部分的活动是生长与发育这种植物性的活动，感情欲望部分的活动是动物性的，理智部分的活动是思考。② 在这种意义上，这三者构成人的生命及其活动的三个基本原理。

但是，如果我们所要研究的是人特有的活动及其德性，人与动物和植物共有的营养生长活动及其原理似乎不是一个直接相关的原理，因为心灵对这种活动几乎没有调节的力量。所以，我们可以把这个部分的活动及其

---

① A. Grant, *The Ethics of Aristotle*, Longman & Green Co., 1885, Vol. 1, p. 422.

② ［古希腊］亚里士多德：《尼各马可伦理学》，1102a29—b1、b12—13。

原理放在一边。① 人的特有的活动是他运用理智力量的活动。然而心灵的感情欲望的活动及其原理一方面影响到理智的状态；一方面受到理智的状态及其活动的影响。所以，我们的感情欲望的活动和运用理智的活动及其各自的原理都是人的特有活动的原理。②

不过，在所说的这个感情欲望的部分，还需要做进一步的研究。因为，欲望虽然是感情的一种，但欲望与一般感情有很大的不同。欲望是有特别强烈指向的那种感情。一旦欲望因某种具体对象物而发生，柏拉图这样地描述，它就会不顾一切地追求那种对象物，要获得它、占有它。所以，欲望总是有一种抵抗理智的力量，感情则亲近理智，欲望常常是由于感情与理智的共同作用才能够变得与它们和谐。③ 所以，柏拉图在讨论人的心灵或灵魂时，将欲望、感情作为两个有着基本性质区别的原理对待。对此亚里士多德也持相同的看法：在灵魂的这个部分，欲望就像“麻痹的肢体，当我们要它向右时，它偏偏要向左”④。感情则具有实践性质，它不仅仅是人与动物共有的感觉的活动，而且似乎听从理智。⑤ 所以，柏拉图和亚里士多德把欲望、感情与理智看作心灵的，与人特有的实践性的活动相关的三个主要原理。中国的儒家学说也同样充分地阐述了感情与欲望的区别，儒家与柏拉图有非常相似的观察。按照儒家的思想，人的感情与欲望本是同源，总体上都叫作感情：当感情着落于某种具体对象物时，就成为欲望⑥；然而，欲望由于着落于对象物，一旦生成，就容易过度；而欲望一旦过度，便会损害心灵。所以，与柏拉图、亚里士多德的观察一致，感情与理智相近，与欲望有很大不同。儒家学说把理智、感情、欲望看作心灵或灵魂的三种活动方式同样是一种非常古老的传统。

不过，我们心灵的知（智）、情、欲这三个元素或原理原本不能真正分离，它们的和谐也同样是自然本身赋予人的心灵的一种可能。儒家学说一向强调这三者总体上的和谐。儒学省察人的心灵或灵魂的基本方式是从人的动物性向上看、向上说。但同时儒家也坚持认为，欲望若是在适合的范

---

① ［古希腊］亚里士多德：《尼各马可伦理学》，1098a2。

② 同上书，1098a3—5。在亚里士多德看来，人的特有生命活动包括两个部分的活动：有理智的部分的和分有即能够听从理智的部分的活动。

③ 关于这一点，参阅［古希腊］柏拉图：《斐德罗》。

④ ［古希腊］亚里士多德：《尼各马可伦理学》，1102b19。

⑤ 同上书，1098a3—5。

⑥ 《荀子·正名》：“情者，性之质也；欲者，情之应也。”

围内，就与感情、理智是和谐的。它们之所以能够相互和谐，是因为它们原本同属一个“心”。儒家向来强调，感情与理智不可能真正地分离：理智是感情的，它必定伴随着感情，感情也因此是知晓的，或者，知或理智是心灵感情的灵觉；和谐的感情状态使理智的见识成为良知、真知，而且若真要分离，那种理智便会有问题，它的见识也必定不是良知、真知。这类似于柏拉图、亚里士多德的见识：柏拉图认为，当理智良好地发挥着领导作用，感情与欲望各自都发挥良好作用时，我们的心灵就是和谐的，心灵的和谐好像是这三者的一种“和弦”。[①] 这也是亚里士多德所持的观点。[②]

二、什么是实践理智

在绝大多数哲学与伦理学体系中，理智都被从原理上区别于欲望与感情，被看作人的心灵或灵魂及其活动的一个极为重要的部分，并且同人的良好发展的感情有特别亲缘的关系。通常，欲望被看作人的行动的一个主动因。但是，由于感情可以作用于欲望，健全的理智总是与良好发展的感情亲缘，理智的活动可以在心灵中呈现欲望的性质与状态，并发出调整与控制的要求，感情与理智可以被看作人的行动的另一个主动因。

一般意义上，理智是通过概念、判断和推理的思考影响行动的，没有感情与欲望那样直接。但是，理智通过判断和推理的思考，可以影响和矫正感情；通过与良好发展的感情，或感情中那些通过矫正而良好发展的要素结缘，可以调整欲望，从而影响行为。或者，理智通过与感情共同影响心灵的力量，可以去抵制相反的欲望的力量，采取与欲望的倾向相反的行动，直接影响行为。在后一种情形下，理智和那些亲缘的感情共同构成的力量，被特别地称为意志。所以，理智与欲望同样是灵魂中的主动原因。总体而言，如果一个人在幼年形成的行为与感情习惯上获得良好的教养，理智、感情和欲望就并不存在根本对立。因为，这种和谐的可能性自然已经赋予了人。然而在每个具体的人身上，它们可能有时对立，有时又相互一致，甚至可能处于激烈的对抗状态。因为，无论理智还是感情和欲望都

---

① ［古希腊］柏拉图：《理想国》，第 4 卷。

② 不过，基于这种见识，孔子、孟子及其后学倾向把心灵或灵魂的活动作为一个整体来考察，这一点与亚里士多德有区别。因为，亚里士多德倾向于把理智、感情、欲望看作是具有分析性的概念。不过在明清儒学中也发生这种倾向，戴震以概念的方式区分了心灵或灵魂的这三个方面，并把它们看作人的自然即人的“血气心知”生发而来的三个基本原理：“人生而后有欲、有情、有知，三者血气心知之自然也。”（戴震：《孟子字义疏证》下）

可能由于行为和运用的方式而具有不同的倾向。

理智具有一个重要的性质：它是我们必须通过学习和训练才能够具有的一种能力。我们自然地欲望一些事物，如食物、饮水、安适的环境等等，我们也自然地因为各种刺激产生两种相反感受：愉快与痛苦。欲望与感觉是我们不需要学习便具有的能力。① 但是思考的能力不是这样。我们不是生来就会思考，必须通过学习和训练来获得这种能力。思考上的学习和训练有观察、阅读、接受指导、运用等多种方式，其中最重要的是运用。理智是我们必须通过运用才能够获得的能力。

这里所说的理智，都是指人的实践性的理智，即与他必定会作为一种主动因影响的那些事务相关的，或者，与以这些事务为题材的那类理智的活动相关。在这些事务中，最重要的包括一个人与共同体之内或之外的其他人的交往事务，以及一个人独立地面对自己的内心时的理智与感情反省和实践抉择。

人的运用理智能力的活动有三种基本的形式：理论、实践、劳动，它们构成人所特有的三种主要活动。在理论的意义上，可以把这三种活动看作人的灵魂的理智部分的活动形式。因此，理智在这种意义上可以区分为理论理智、实践理智、劳动理智。劳动理智，我们通常可以称为技艺。因为，劳动或生产的活动所运用的理智力量被称作技术或技艺。② 理论、实践与我们在这两类活动中运用的能力之间的联系比较清楚。我们谈到这些活动时容易联想到它们所运用的能力。劳动或生产的情形则有所不同。我们在思考劳动或生产活动时，由于外在目的凸显，不容易立刻在思想上同这种活动所运用的理智力量——技艺联系起来。所以在谈及这种理智力量时，技艺理智似乎是比劳动理智更恰当的说法。

简言之，实践理智是理智的一部分，是我们在实践事务上，即我们独立地面对自己的内心进行反省和抉择时，在同他人进行交往的有关事务上，进行理智的思考的方式，是在思考和决定这些事务上求得正确（真）与善的方式。

---

① 这里所说的不是我们调节和控制欲望和感情的能力，而是欲望与感情的近乎自然地具有的能力。我们具有这种能力不需要理智的力量，我们调节和控制这些能力的能力则需要理智的力量。

② 我把技艺理解为技术与生产性艺术，生产性艺术是为着制作一个产品的各种复杂操作的艺术，我把它区别于审美的，即因审美活动的内在的善而发生的艺术活动。

三、实践理智与技艺理智、理论理智

人类的基本生命活动，人所特有的活动及相应的本质力量的发展，似乎呈现着一种逻辑。如果这种判断基本合理，并且在基本生命活动上，人的植物性活动——→动物性活动——→理智思考活动呈现着这种发展的逻辑，那么在人的理智思考活动以及相应的理智力量中，似乎也呈现着一种相似的逻辑：

劳动——→实践——→理论

技艺理智——→实践理智——→理论理智

同时，正如基本生命活动中，动物性活动是中间性环节，既区别于植物性活动和理智思考活动，又联系着它们，是人生存的生物基础，在理智思考的活动中，实践是劳动与理论的中间环节，在所运用的理智力量上，实践理智是技艺理智和理论理智的中间环节。这些活动以及这些理智力量之间当然不是截然分明的，但我们可以在理论上区别它们各自的性质，以便更确切地理解它们。

一般地说，三种运用理智力量的活动中，最疏远的关系存在于劳动与理论之间，实践同劳动、同理论的区别相对小一些；在所运用的理智力量上，最疏远的关系存在于技艺理智同理论理智之间，实践理智同这两者的区别也相对较小。但是，由于实践和实践理智对于人类的生活极为重要，对于实践与劳动、理论的性质上的区别，对于实践理智与技艺理智、理论理智的区别，仍然需要认真地研究。关于实践与劳动、理论的区别，我们已经在导论中做过说明。对于实践理智与技艺理智、理论理智的区别，需要在这里做讨论。

技艺理智，按照亚里士多德的看法，是理智的“与真实的制作相关的合乎逻各斯的品质”①。所以首先，技艺理智同一个真实的制作活动有关，虚假的制作活动与技艺没有积极联系。技艺是使这种制作活动合乎逻各斯即正确的理智力量。与此对照，实践同制作活动也不同，实践理智也指向真实，但是它指向的是我们在这个世界上的生活的真实，实践理智也要正确，但要求的是我们在做人做事方面的正确。其次，由于劳动或制作活动的目的是外在性的，技艺理智具有对于外在目的的从属性或工具性。外在目的对技艺理智表现为命令者和主人：不仅劳动活动本身，而且技艺理智，

① ［古希腊］亚里士多德：《尼各马可伦理学》，1140a9。

甚至作为动机的意图，都被那个外在的目的要求为之服务。与此对照，由于实践所追求的善或目的是内在于实践之中的，这种目的不仅对实践活动，而且对实践理智，都不具有强制性。实践和实践理智都仿佛是追求属于它们自身的东西。在这种密切联系中，实践理智对于实践的指导性也就不是外部强加的，而是实践本身需要的。[①] 第三，技艺理智关乎实现一可能的外在目的的手段的技巧性，在难于抓住技巧性的地方，便不得已而求其次，以手段当下的有用性作为尺度和标准。技巧就其自身来说依靠训练来获得和掌握，但是技巧也有机巧或偶然性。[②] 实践理智虽然不排除技巧性与实用性，但是它着眼于实践的总体的内在善来引导我们作出判断。所以，实践理智基本的方面同技巧，因而也同机巧、运气或偶然性，没有根本的关系。所以总体上，实践理智是比技艺理智更高的理智力量或品质。技艺理智不是理智德性，但是它包含技巧性这种德性，而实践理智是理智德性，因而不再包含某种别的德性。[③]

我们接下来讨论实践理智同理论理智的基本区别。我们的理论理智是探索我们自身与我们生活世界的根本、普遍的方面的理智力量，智慧和科学是它的两个主要种类。[④] 理论理智的作品是知识或理论。知识或理论是我们意识中那些对我们真实的或具有较大确定性东西的系统表达。理论理智接近着这种真，尽管由于人的存在的有限性不可能穷尽它。实践理智是我们探索生活事务，探索我们怎样对待我们自身以及怎样同他人交往方面

---

① 所以，正如亚里士多德观察的，实践理智同道德德性之间存在着不可相互分离的紧密关系。见［古希腊］亚里士多德：《尼各马可伦理学》，1144b31—32。

② 同上书，1140a16—20：“在某种意义上，技艺与运气是相关于同样一些事物的。正如阿伽松所说，技艺爱恋着运气，运气爱恋着技艺。”

③ 亚里士多德写道，“技艺中有德性，明智［实践理智］中却没有德性”（同上书，1140b21），这句话常常令伦理学学习者与研究者费解。他接下去的一句话“……明智是一种德性而不是一种技艺”（1140b23），甚至可能加深这种疑惑。如果我们理解了他的这样一个前提，在理智的善品质中，智慧、努斯、科学、明智（实践理智）是严格意义的理智德性，技艺就其自身来说则不是，也许可以消除这种疑惑。

④ 如前面的注释表明的，我采取亚里士多德对人的理智品质或力量的分类，他把人的理论理智能力分析为智慧、努斯和科学（《尼各马可伦理学》第6卷第3、6、7章），把另一个部分即“意见的”（1140b26）或推理的（1139a11）部分的理智分为明智（实践理智）与技艺（第6卷第4、5章）。

的事务的理智力量，是“一种同人的善相关的、合乎逻各斯①的、求真的实践品质”②。实践理智的作品是实践思考与决定。我们的实践思考以推理和考虑的方式进行，推理与考虑走向一种判断，并通过这个判断使我们作出一个实践的决定。实践理智帮助我们把握生活或实践对我们的真和我们能够获得的真实的善。

与此联系，我们还可以指出实践理智与理论理智的其他一些区别。理论理智追问事物的本身和本质，实践理智则追索变动的生活世界中的差别的性质；理论理智力图抓住规律，实践理智则力图从差别中把握真实和正确；理论理智是非计较的、沉思的，它沉思被人当作目的的事物，实践理智则是比较的、权衡的，它着眼于一个目的，来考虑、思索、判断和选择总体上适合所确定的目的的行为，引导我们去实现所寻求的目的；理论理智具有超越性，不具有激励性，不直接影响人的感情，实践理智的判断与原则则直接影响人的感情。

总体上，理论理智比实践理智更高，因为实践理智是从理论理智的探究中得到思考实践事务的启发，实践理智比理论理智更属于人的世界，因为理论理智过于缥缈而似乎离开了人们的实际关切。所以，研究人的实践事务的科学不能是单纯运用我们的理论理智力量。的确，伦理学是运用人的实践理智力量来研究人的实践的科学，因为伦理学是一门关于人的实践事务的研究。

第三节　伦理判断在实践理智中的地位

一、什么是判断

目的论伦理学是以某种善为最高目的的伦理学，德性论伦理学是以德性为对于人的目的的伦理学，先验责任论伦理学、契约论伦理学、程序论伦理学则是以正当为核心概念的伦理学。善与正当是迄今为止地球上人类的伦理学思想和理论的历史演变中形成的两个最为基本的概念。这两个概念存在于我们的实践性的判断，尤其是伦理判断之中，通常是我们用来表达一个这类判断，或基于这类判断来表达一种伦理学理论或伦理学观点时

① Logos，这个希腊语词汇有非常广泛的意义。在所引语句中，我们可以把它理解为“所说出的真实的东西”。

② ［古希腊］亚里士多德：《尼各马可伦理学》，1140b20。

使用的概念。

判断是运用概念对事物的性质做出判别的思维形式，例如，“人是一种动物”，“这个会议办得很成功”，“他的工作做得很好”……都是一些判断。

一个判断通过谓词的使用而对主词有所断定。谓词通常是一个概念。判断通过运用概念，使概念展开并落实到一个对象上。例如上面的三个判断中，“动物”、“成功”与“好”的概念被运用到“人”、“这个会议”与“他的工作”上展开。

一个判断可能是一个推理的结论。例如：

他是一个诚实的人

可以是：

诚实的人不说假话

他从来不说假话

的结论。如果将判断看作真值命题，一个判断也可以是推理的一个前提。例如上面这个判断可以是下面这个推理中的一个前提：

这件事需要托付一个诚实的人去办，

他是一个诚实的人，

这件事可以托付他去办。

在这种情况下，判断是推理的前提条件之一。推理有大前提和小前提，这个前提是两个判断。从两个相关的判断中推出的判断便构成推理的结论。

二、什么是伦理判断

伦理判断是规范性判断①的一种。伦理判断是人们在伦理和道德的意义上说a）某个人、团体、派别，b）某种事物、事件，c）某种品质、意图，d）某种行为、活动，e）某种状态、事态，好或坏或者是或非的判断。关于这些题材的好或坏的判断我们称为善判断。关于这些题材的是或非的判断我们称为正当性判断。下面是一些日常伦理判断的例子：

心灵健康是一种善。

他生活得很幸福。

欺骗一个人是错误的。

---

① 规范性判断是所有实践判断和技艺判断的特征。黑尔认为这种特性是这类判断的语言所内具的（［英］黑尔：《道德语言》，5～7页，北京，商务印书馆，1999）。关于这一点，我们暂且存而不论。对伦理学学习者来说，重要的是需要理解，这一类判断具有规范性即在某种程度上影响意愿或动机的性质。

他做事认真。

做人应当诚实。

你应当兑现承诺。

作为对照，我们把下面这类判断看作非伦理的：

张三身体健壮。

这块表走时准确。

你应当把那个螺母拧紧一些。

善判断与正当性判断都可能或者使用“是”这个联系动词，或者使用“应当”这个情态动词。例如：

做人诚实是好的。

（我们）应当做人诚实。

做人诚实是对的。

（我们）应当做人诚实。

但是在日常语言中，例如汉语中，我们可能不需要明确使用这两个动词。例如，我们会说：

谦虚使人进步。

有志不在年高。

他做人诚实。

使用“是”动词的伦理判断，“是”前面的部分通常是被述说者，后面的部分通常是述说谓词。善判断中通常使用的谓词有善的、好的、幸福的、合目的的、合理想的、有德性的、合德性的、值得称赞的、令人愉悦的、快乐的、有益的、有用的、正面的、积极的、有价值的，等等。正当性判断中通常使用的谓词有正义的、合乎正义的、公道的、正确的、正当的、公平的、合理（合法）的、合乎原则（准则）的、合情理的、有理由的、可证明的、可辩护的，等等。使用“应当”的伦理判断，“应当”前面通常是一个被述说的行为主体，后面的通常是一个实意动词，表明判断者认为那个被述说的主体应当做出这个行动。

通常地说，使用“应当”的判断有更强的影响意愿或意图的力量。同时，使用“是”动词的善判断与正当性判断中，正当性判断由于是对非常基本的是非性质的断定，对意愿或意图有比善判断更大的约束力。所以，“应当”的判断同使用“是”的正当性判断的联系要比同善判断的联系要更紧密。①

三、伦理判断在实践理智中的地位

伦理判断是实践理智思考的重要形式。实践理智的思考是对实践事务的善恶是非有所断定的思考。实践理智需要做出这种分辨，以便做出决定。

每个伦理判断都含有一种关于实践事务的、人们通常可以相互理解的确定内容。语言哲学家们注意到伦理判断缺乏物理事实的描述内容。他们由此断定伦理判断没有任何确定的内容，这是错误的。伦理判断不描述事实，但是相关于事实，是应用更广泛的伦理学理由（目的、德性、正当标准［通常被称为伦理学原则］、效用［后果］，等等）于相关事实形成的判断。一个伦理判断可能出错。例如，一个人的“某某是一个诚实的人”的判断可能相关于行为事实A、B、C，但是他可能由于忽视了事实D、E、F（就它们是得出一个那样的判断所必须考察的相关事实而言）而做出了一个错误的判断。当甲、乙两人在相关事实上没有分歧而各自仍然坚持不同的伦理判断时，分歧便存在于他们各自依据的伦理学理由之中。这种伦理学理由是这样获得的：他们基于自己幼年的教育和训练获得某些态度和感情倾向，我们称之为习惯；尔后，他们基于这些习惯获得并发展出某些做人做事的实践性经验，形成初步的伦理判断；尔后，通常在人的中年时期，这些经验经过哲学的和伦理学的阅读和学习变得系统化，他们理解了影响人的实践思考的不同伦理学理由，并尝试基于形成的理解处理它们的相互关系，这个理论化的过程也因此影响到他们形成自己的伦理判断和做出实践决定的方式。

伦理判断能够影响欲望、感情和行为，是实践的一个重要的、主动性的原因，是构成人的意愿性的最重要的因素。理论理智的沉思，例如对“三角形内角和是180度”原理的沉思，通常不会影响我们的欲望、感情，更不会影响我们的实践行为，但是实践理智的判断却有这种影响。② 假如我有贪吃巧克力的欲望，并且常常出于欲望这样做，当我听到一次伦理学

① 西季威克，这位在理论上达到了非常精致的水准的19世纪末叶的效用论者，指出一个重要的观察：应当判断“在理性存在物自身中提供着一种行为冲动或动机”，与此对照，“我们常常感到，承认他人行为中的善性并不伴有一条去同样行动的明确律令”（［英］西季威克：《伦理学方法》，58、135页）。

② ［古希腊］亚里士多德：《尼各马可伦理学》，1139a35：“理智本身［即理论理智］是不动的，动的只是指向某种目的的实践的理智。”

讲座，理解了“放纵自己是一种恶或错误，它将使一个人丧失一个健全的人的基本的自制能力”的伦理学观点，并反思自己的习惯，形成了“我不应当放纵自己贪吃巧克力”的判断，我对巧克力的欲望可能因此而弱化，那种嗜爱的感情也开始改变，并且在这方面逐步变得有自制力。当然，那种伦理判断也可能没有起到这样的作用，因为我事后又由于迁就我的欲望和嗜爱而相信，“既然我如此爱吃巧克力，它就一定对我有益”。重要的是，伦理判断有影响我们的欲望与感情，进而影响行为的可能性，尽管这种可能性也许不会发生，或发生后又被相反的欲望力量消解。

当我们改变一种伦理判断而形成新的伦理判断时，这个实践理智的活动还可能对我们的意愿和行动有更为强烈的影响，仿佛“提供着一种行为冲动或动机”①。如果我原来相信“见什么人说什么话是人的最大优点”，现在却相信“诚实是最重要的”，我可能在内心里产生要对人诚实的动机，因为，后面这个判断建立在对前面那个判断的批评性的反思基础上。历史上，宗教的教理信仰和实践信条的改变常常使改信者产生特别强烈的践行新信仰和信条的道德决断。这种改信对其实践者不啻是一个混杂着痛苦与愉悦的原则性的行动。

伦理判断的这些特质似乎表明这样一种理智的现实：它是实践理智的活动最接近行动动机的环节。概念本身更多的是理解，它是理论性的，它影响我们的欲望、感情程度较小。而且，实践理智纵使依赖于概念的澄清，它的基本活动也是在朝向澄清尚未充分澄清的观念中进行着的。观念中似乎潜藏着许多若明若暗的伦理判断，犹如夜空中的星斗。当我们寻觅时，那些在那个时刻对我们显得最明亮的星斗便成为我们的“启明星”。所以，在实践理智的推理的思考中，形成伦理判断是最重要的环节。

思考题：

1. 什么是实践？它与劳动和理论有什么区别？
2. 什么是实践理智？它与技艺理智、理论理智有哪些区别？
3. 什么是伦理判断？它有怎样的性质？在实践理智中具有何种地位？

---

① ［英］西季威克：《伦理学方法》，58页。

第四章　善

第一节　善在日常语言中的用法

无论在西方语言中还是在汉语中，善（好）都主要是作为一个形容词[①]使用的，并且被用来述说两类事物（事务）。首先，善（好）通常被用来述说事物、事实、事件、事态、活动、关系、性质等等。例如我们说：

这是一块好表；

火车运行平稳是一种好的性质；

青山绿水是令人愉悦的环境；

某某人有一种好生活；

某两个人有一种好关系；

那场比赛非常出色；等等。

其次，它也被用来述说人、团体、制度、品质、意图、倾向、态度、行为等等。例如我们说：

某某是一个好人；

真诚是一种好品质；

他做这件事的意图良好；

扶危济困是一种好行为；等等。

善被用来说一个人和一个团体，或者一个行为好时，它所述说的通常就是那个人、那个团体或做出那个行为的人的品质、意图、倾向上的善（好）。

对于上面的第二类事物，人们通常是在道德意义上说它们是善（好）的，它们因此被看作道德意义上的善。人们在道德意义上说它们善（好）主要是就它们的品质、意图、倾向而说它们善（好）。以这种方式使用善的

① 在汉语中，好作为形容词有时需要以“好的”这样的形式，但常常只需要直接置于所限定的名词之前，如“好人”、“好动机”、“好车”、“好马”，等等。当“好的”在作表语时，我们常常用各种同类词语替换它，例如我们会说，“他的表现是优秀的”。基于这类用法，我们已经非常习惯于将这类词语用作状语，如“他表现优秀”，以便使表达简短而传递的感觉鲜明。

概念的判断是一种伦理判断。

对于上面的第一类事物，即某种外在事物，人们通常在非道德意义上说它们是善（好）的，它们因此被看作非道德意义上的善。但是，正如其中的判断“某某人有一种好生活”、“某两个人有一种好关系”和“那场比赛非常出色”表明的，人们有时既可以在道德意义上说某些事物——即某些实践或活动——善（好），又可以在非道德意义上说它们善（好），也可以同时在两种意义上说它们善。关于这两种意义的区别，我们下面会谈到。

我们关于善的道德意义与非道德意义的区分一方面表现出人类对善价值的辨别力变得日益精致；另一方面则表现出人类古老的综合性的善概念在文明进程中已分解成需要彼此加以区分的不同要素或方面，这种分解已经是西方人理解实践事务的性质的方式。这是文明进程所展示给我们的双重意义。

第二节 善的简单定义

一、“善的”作为性质

一些现代哲学家还要求对善做出进一步的区分。他们指出，当人们说某某事物善（好）时，他们是说它是“善的”。但是“善的”同“善的事物”不是一回事，尽管二者有密切的关联。人们认为“善的”是某种性质，“善的事物”是具有那种性质的事物。但是对于“善的”是不是一种独特的性质，即一种同其他性质分离并独立的性质，一直有不同的见解。一些哲学家将它理解为某种性质，如幸福、快乐、合比例、坚固、耐久、美观等等，或这些性质中某些性质的组合。另一些哲学家则反对这样一种联系，主张善是不同于这些最终可经验的自然性质的另一种性质。① 这两种意见都是偏颇的。

首先，“善的”同某种或某一组自然的或人工的性质有关，但又不能简

① 在伦理学史上，摩尔提出了这样一种著名的见解：善区别于任何一种自然的或人工造成的性质，如果定义是借助某种其他事物而做出的一种陈述，那么善不可定义。按照摩尔，亚里士多德是自然主义者，犯了“自然主义谬误”。但是即使我们在阅读摩尔以后再读亚里士多德，我们也会发觉摩尔的批评非常苍白无力。我们发觉，在摩尔发现的“自然主义谬误”背后，实际发生的只是，在作为目的的善退场之后，善变得多样化并且不可能具有普遍的可理解性了。

化为这种或这组性质。一方面，在人们对哪些事物被普遍地看作是善的不再有共同的观念、共同的判断之后，对于在说一事物善时究竟是指它具有何种性质很难作出明确的说明。因为，人们在说一事物比另一事物更善（更好）时所指的性质可能因人而异，甚至相反。另一方面，我们说一事物是善的，毋宁说是就它的总体状况说的，虽然这可以从某些方面来分析，说这意味着它比其他同类事物更多地具有某种或某一组性质，却不等于说出了这类性质，就是说出了一切，就是表明了总体状况上的差别。因为第一，总体状况的善（好）并不等于一项一项的好的简单相加；第二，可能有某些未明的因而未被列举的性质；第三，还可能有某些不可表达和转达的有关性质；第四，这些性质的相互关系也不是可以清楚地分析和转达的。所以，对我们在实践事务上所说的善或好不大可能"分析到极点"，而且，以分析到的"极点"来理解那种事务为什么被说成善或好，就好比是"盲人摸象"一般，也将导致荒谬。

其次，"善的"也并不因此就是一种独特的性质。说一事物是善的同被述说的事物的状况有关，这种状况又同它具有某种或某一组性质有关；说一事物是善的，是说存在着某种或某一组性质，这种或这组性质同这个事物相关，并且这个事物非常突出的具有这种或这组性质，因而它处在一种总体状况中，作为一般的、正常的人，我们有理由把那种状况看作善（好）的，因为，那是我们期望于那个事物的最好的可能状态，又因为，在那种状态下，我们期望于同那事物的有关的活动能够以最好的方式展示出来。

二、"善的"的第一种类比意义

对于善的概念，我们实际上只能满足于上面的简单说明。这个从两个方面做出的说明，实际上是以人们对于"善的"的基本用法为基础的。哲学家们一直在做类似的努力。我们来举证两个最有价值的例子。亚里士多德认为关于善我们似乎只能通过间接的类比来说明，我们可以说"视觉是身体的善，努斯是灵魂的善"①。概言之，一事物的善在于它的最好部分——可分割的部分或不可分割的要素——的状态和那个部分的活动。那个最好部分的状态和它的活动也就是可以期求于那个事物的最好状态和活动。我们因那个部分处于这种状态而说它是那个事物的善也就是"因它自身的原因"，并且我们不需要分解它可能包含着的这种或那种性质，尽管也许可以做这样的分解以得到某种局部性的理解。

① ［古希腊］亚里士多德：《尼各马可伦理学》，1096b28－29。

姑且把这种“事物的最好部分的最好状态及其活动”观点称为“善的”的亚里士多德式直接（或自身）类比解说。从这里引发的重要问题是，是否所有事物都有它的善？按照亚里士多德的看法，原则地说是这样，但是又不能绝对地这样说。比如，我们不大会谈到一个烂苹果的善。假如你想说一个烂苹果的善是它包含的种子，因为那些种子保持了它的生命力，那么一个早夭的烂苹果呢？希腊人会加上一个他们都理解的“正常状态”的限定：从那种状态观察，最好的状态和事物在那种状态下的活动是人人都理解和称赞的。的确，从这种用法意义上，我们才能够理解柏拉图的那个问题：智慧与快乐哪一个更善？① 智慧和快乐是对我们的灵魂整体的不同述说，前者述说灵魂理智部分的活动状态，后者述说伴随这种活动同时也可以伴随灵魂其他活动的内在感觉状态，两者是从不同水准做出的述说；对活动的述说在逻辑上先于对活动的伴随感觉的述说。如果我们同意，在“正常状态”下，理智的完善活动就包含快乐，我们是否还会坚持，在智慧与快乐中哪一个述说了我们可以期望于灵魂整体的那种最好状态的问题上，它们有并列的地位？显然，如果丧失了从一种正常状态对灵魂的最好总体状态及其活动的理解，对于那个最好部分应当包含哪些性质的问题我们就要陷入无穷尽的争论。②

三、“善的”的第二种类比意义

亚里士多德还提出了一种间接的即与同类事物类比的理解善的方式。一种好的活动，例如建房、航海、竞技等，与其他一般的同类活动不同，与那些糟糕的同类活动也不同。这种好或善必定与那种活动的进行方式的某种或某些性质有关，但我们感觉和领悟的是它的总体状态。当我们说到那种活动的某个方面的善或好时，我们似乎也并不倾向将那个方面“分析到极点”，而是相关于所有相关要素而感觉和领悟那个方面的总体状态的好。我们姑且把这种“一事物及其活动相对于其他所有同类事物的最好状态”观点称为“善的”的亚里士多德式间接类比解说。

罗尔斯在很大程度上接受这一间接类比方式，并作出引申。罗尔斯提示我们，从一事物与所有和它同类的其他事物的比较中引出对“善的”的

---

① 这是柏拉图对话篇《菲力布》中“苏格拉底”向两个年轻人（菲力布和普罗塔克）提出的问题。

② 这种争论显然使摩尔和20世纪元伦理学家们感到了“哲学的厌烦”，这种厌烦使他们决定摆脱那些希腊人式的讨论。

类比的理解。说某事物是善的，我们可能是在说，它突出地具有某种或某一组我们可以合理地期望于那一类事物的性质。① 例如，当人们说

这块表是一块好表

时，他们是说，它出色地具有某种或某一组我们可以合理的期望于一块手表的性质。“突出地”在这里的意思是，这种或这组性质，它具有得比所有或大多数其他手表更多或程度更高，或者这种或这组我们可以合理的期望于一块手表的性质，它具有而所有或大多数其他手表都不具有。

把这种用法式的简单说明应用于我们的实践判断。那么，(1) 人们在说某人、行为等善（好）时，他们通常只是指那个人、那个行为在意图、品质、倾向方面具有某种或某些特别的、在道德上有价值的性质，使那个人在总体上处于一种我们倾向称之为好的状态，但并不能表明是哪种或哪些这样的性质。(2) 人们在道德意义上说某事务（事实、事件、事态、活动、关系、性质）善（好）时，他们通常是在说与那种事务相联系的实践或活动的内在善通过有关人们的活动而出色地表现出来，因而是在间接地述说那些人们在追求那些内在善或推动它们实现时的意图、倾向、品质等等具有某种或某些这样的性质，也同样不能说出是哪种或哪些这样的性质。(3) 人们在非道德意义上说某物或某事务善（好）时，他们所指的可能是那个事物或事务的一些非常不同的性质。仍然以“这是一块好表”这个判断来说明。有人这样说可能指它特别能满足他（她）的审美爱好，有人可能指它特别纤小，有人可能指它在制作的技艺上非常完善，还有人则可能指它特别符合他（她）想作为礼物送给另一个友人的那种标准。

显然，在罗尔斯的解说下，我们的视野已经被限制在一个最好的苹果同所有其他苹果（包括一个烂苹果）的比较上面。智慧与快乐何者更善这个内部的直接比较方面的问题不可能在这个视野中提出来。如果不得不说，我们也将对说出的东西感到质疑。但这是今天人们的现实实践：由于善概念的“碎片化”和私人化，我们不再需要将快乐与智慧加以比较。因为，如果你认为快乐是最好的，你就不必再问智慧是否更好。

我们将采取一种亚里士多德式的方式，即以不充分进入分析细节的方式，提出善的同类事物类比的伦理学概念，以便对罗尔斯的概念作某种程度的修正。在这种方式下，说某事物是善的，我们可能是在说，与所有同

① 我在这里采用罗尔斯《正义论》第3编中（385页）提出的善的第一阶段定义的方法。

类的事物比较，它处于我们可以期望于那种事物的最好状态，这使得我们有理由说在那类事物中它是善的。这并不是要排除出于科学的（物理的和心理的）和技艺的目的对同类事物的比较分析。显然，出于科学和技艺的目的常常需要对被判断物具有的某种或某些特殊性质的程度作严格的比较研究。出于商业的目的更是如此。但是，正如已经说明的，伦理学的研究是实践的研究，却不是狭义的科学的研究或技艺的研究，更不是商业的研究。那些出于科学、技艺甚至商业目的引入的善的类比概念可以作为某些特殊的参照，却不是作为伦理学的概念。

第三节　善的哲学分析

一、目的善与手段善

我们将借助亚里士多德引入善概念的一组分析性概念，以总体状态来解说亚里士多德式善概念的原本的丰富意义。因为这样更能够帮助我们弄清楚善的概念如何在以后的哲学的理解中被简化了。①

借助亚里士多德的观点，首先善可被哲学地分析为目的善与手段善。

按照这种分析，a）一事物（或事务）是因它自身之故被称为善的，如果它处于我们可以期望于它的那种最好状态，因此我们可以期望与它相联系的活动能够以最好的方式展现，并且，我们的这些期望并不是因它可以因此而对我们的其他某种目的有促进作用而产生。b）一事物（或事务）是因它物之故被称为善的，如果仅仅对于我们的其他某种目的而言，它处于我们可以期望于它的那种最好状态，因此我们可以期望与它相联系的活动能够以最有效的方式促进那个目的的实现。c）一事物（或事务）既因自身之故也因它物之故被称为善的，如果我们欲望它常常是因为它处于我们可以期望于它的那种最好状态，因此我们可以期望与它相联系的活动能够以最好的方式展现，并且我们的这些期望并不是因它可以对我们的其他某种目的有促进作用而产生，但有时在进一步的思考下，我们发现我们欲望它乃是因为某种更长远的目的。②

① 我暂时搁置这样一个问题：以亚里士多德式分析概念阐释的善的分析意义是否适合今天的伦理学学术话语。我认为，在最近20年中对德性论伦理学的关注至少表明了亚里士多德的善概念和德性概念的重要性质。

② ［古希腊］亚里士多德：《尼各马可伦理学》，1096b17－19、1097b3－5。

在古希腊人中，只有那些因自身之故被称为善的事物才配被人当作目的，是一种根深蒂固的见解。这类善事物配被我们当作目的，是目的善，另一类则仅仅作为手段才是善的事物是手段善。目的善是后一类事物被我们当作善的原因，因而对后者具有优先性、主导性。在希腊传统的哲学家中间，有一些事物通常被看作自身就是“善的”，即目的善。好的生活或幸福就被看作是这样的事物。但是，在将何种事物视为好的生活或幸福这点上，存在基本的分歧意见。快乐论者认为好的生活或幸福就在于享有快乐，快乐是唯一被人作为目的来追求的善，因为人们追求所有其他事物都是为着快乐。德性论者认为幸福在于人的德性的完善，因为，幸福若离开德性便是全无保证的，而且，德性的完善自身就是有价值的。另外一些人则主张，除了快乐和德性，好的生活还包含一些其他自身就是善的事物，例如荣誉、成功等等。对于这些人来说，既然外在手段也是需要的，它们就也被看作属于好生活的目的善。

希腊时代以后，在西方世界，关于人的好生活的观念渐渐失去了共同观念基础：人们不再像希腊人那样认为他们在这点上自然而然地具有一致的观点。构成这种好生活的那些因素：人的内在善与外在善，连同被看作生活的自然基础，例如生命、意识和活动，健康和力量，真、知识、真意见、判断力和智慧，美与和谐，友爱、互助合作，自由、和平和安全，冒险、新奇和成功，荣誉和尊严①，都逐步地被视为彼此不分高下、并获得了目的善的地位。它们都被看作与德性、快乐、荣誉等相互竞争的。西方人的目的善的观念经历了“碎片化”的演变。

二、内在善与外在善

其次，善可以被分析为内在的与外在的善。

一种亚里士多德式的内在善的概念包含两种意义。首先，内在善是内在于一个人自身的善，这种善由于是内在于我们自身的，对于我们的善（好）生活这个总体目的就最重要。拉尔修告诉我们，亚里士多德认为幸福由灵魂的善、身体的善、外在善三种善构成，灵魂的善就是德性，身体的善包括健康、强壮、优美，外在善包括财富、高贵出身和荣誉。② 按照亚里士多德和他的学派的理解，人的善应当被理解为“一个人的属己的、不

① ［美］弗兰克纳：《伦理学》，172～184页，北京，三联书店，1987。

② ［古希腊］拉尔修：《政府论》上，289～290页。

易被拿走的东西"[1]，灵魂的善即德性就是这样的善，它得自一个人的合乎德性的活动，所以是自己获得的、属于自己的，其他的两种善都是被给予的。亚里士多德对于德性是人的内在的善的看法正与儒家的"德"是"得"于己的"道"这一见识相一致。儒家认为"道"是宇宙世界的根本的"生生"的本原力量，且通达于天地万事万物。当这种力量包含的根本原理通过人的实践的努力而获得于他的内心时，这个力量就叫作"德"，就成为他的内在于心灵并随时见之于他的实践的力量。外在于人的那些善，如财富、地位、名利等等，对于人都不过是过眼烟云，不属于人。儒家学说与亚里士多德学说在德性观念上具有共同的见识。

灵魂的善或德性通常是在道德意义上被称为善的那一类事物，即一个人、团体的行为的良好意图、品质、倾向等等。但是这一类事物也可能在偶然的情况下被在非道德意义上称为善的，例如对于一个行动计划或一个技术的目的而言是善的。在这种情况下，这类事物只是因这类目的才被认为是善，即只是作为手段才是善的。

第二种意义是，内在善是内在于实践的那种善或目的。这种善与活动之外的目的善（产品、政绩、荣誉、奖赏等等）不同。一个优秀棋手的实践的目的是内在于那种实践的善，而外在于实践的那些善，例如奖金与荣誉，是他优秀地展示了下棋的内在善所得到的褒奖。如果一个棋手以获得奖赏为首要目的，我们不可能期望那种实践会以最优秀的方式展示出来。这种内在于实践的善目的不仅是一种自身就值得我们追求的目的善，而且是一种内在善。

我们的确可以说，这两种意义上的内在善是内在地联系的。因为，展示着一种实践的内在善的活动是合乎实践者的德性的活动，反之亦然，只有合乎实践者的德性的活动才可能展示那种实践的内在的善。亚里士多德这样指出，我们不可能，通过故意做错而成就一种实践的善，尽管在技艺上故意的错误可能比无意而成为习惯的错误好改正些。[2] 这种联系甚至是我们愿意将这两种善视为内在的善的一个原因。当然，我们不能将其简单化。一个运动健将并不能每次都打破世界纪录：完美并非是随时可重复的。同时，正如亚里士多德所说，出色的实践通常还需要健康的身体和外在的善。

---

① ［古希腊］亚里士多德：《尼各马可伦理学》，1095b26。

② 同上书，1140b22。

三、“总体上是善”与“对一个人而言是善”

我们来考虑借助亚里士多德引入的第三个分析角度。

一事物可能“总体上是善的”，或者，对于人来说一般是善的，就是说，它在正常条件下，对于所有人或处于正常发展状态而言的人，通常是善的。一事物也在相对于一个具体的人的意义上是善的。一个“总体上是善的”事物可能对一个具体的人是善的，也可能对于他或在他的具体境况中不是善的。或者，一个对一个具体的人而言是善的事物，可能在总体上是善，也可能在总体上不是善，这两者有时不是一回事。① 总体上善的是值得欲求的，相对于一个人的善则是对这个人而言是值得欲求的。②

生活中这样的例证俯拾即是：在正常情况下对一般人而言是佳肴的饭菜，对一个正在犯肠胃病的人来说可能是极大的折磨；正常的体育活动在总体上是善的，然而对一个患极度严重的心脏病人来说则可能是极大的危险。因为，一个具体的人可能处于身体与灵魂生活的非正常状态，因而一种总体上是善的事物可能对于他不是善。而且，一种事物可能总体上是善的、值得欲求的，但作为实现一个当下目的的手段却没有帮助或帮助极小，而一个人可能较为关注更能促进他当下的目的的东西。但是在总体上，自身是善的事物通常也在具体意义上是善。

不过，在今天人们的观念中，一种事物的“在总体上是善”的意义已经被相当普遍地看作是古代人的纯粹虚妄的观念所遗留的痕迹。对于一个具体的人而言的善被看作真实的善的唯一含义。这种演变的发生根源于这样的事实：随着总体的好生活的观念逐步隐退，随着原来被理解为构成好生活的有层级的那些善事物被解除了层级性的理解并被平列起来，关于人的正常条件的观念就自然地消失了，一个人把那个结构中那些事物看作对他是善的就丧失了意义。“总体上是善”的，或者，对正常条件下的出于正常状态的人而言是善的，这样一种理解消失了。被保留下来的仅仅是，善就是对于一个人当下显得善的东西这种意义。

即使这样，亚里士多德的“总体的或具体的善”的分析仍然被保留着一种哲学的合理性：如果需要有所分析，那么一事物对一个人而言总体上的善仍然可以通过哲学的分析获得，而不同于对于他而言的具体的、当下的善，以致我们可以说，有时候总体上善的事物在一个具体情景中不是善，

① ［古希腊］亚里士多德：《尼各马可伦理学》，1155b23－25。

② 同上书，1157b26－27。

反之亦然。

四、“是善的”与“显得善”

一个善的事物还可能被我们判断为“是善的”，或“显得善”，让我们来研究这两者间有何种联系。

一个事物“是善的”，无论是总体上还是对当下情境而言，似乎不同于它对我们“显得善”。第一，一事物是善的，这似乎是一个实践理智的判断，而不是一种直接的感觉。因为，“是善的”似乎是只有借助实践理智才能够形成的断定，尽管这个断定可以有相应的感觉伴随着。而一事物对我们显得善则是一种直接的感觉，不是一个判断，或至少不必然包含一个判断。第二，一事物可能在总体上是善的，但未必对每一个具体的人都显得善，反之亦然。或者，可能对于一个人总体上是善的，但是未必在一个具体的场合和时刻对他显得善，反之亦然。第三，一个人关于一事物“是善的”的判断，可能通过学习、听取别人的教导或劝告而获得，或者由于那种事物持久地对他显得善，并且随着他的实践理智的理解力的发展，他理解了那种善而获得，一事物对一个人显得善，则仅仅是因为由于这个感觉的原因。第四，一个人可能以上述的不同方式获得关于一事物是善的判断，但是，人们爱并追求他们判断为善的事物，却不仅仅是因为这种判断，而且是因为它们显得善和可爱①，因为，即使我们有这样一个判断，它也未必引起直接的感觉，而如果它们没有引起直接的感觉，即没有成为显得善和可爱的，人们就不会去爱和追求它们。

但这并不是说，我们的实践理智关于一事物的善恶判断对我们的选择与行为没有任何作用。一种事物，似乎在我们对它形成“是善的”或“不是善的”的判断之前，就对我们“显得”善或恶。但是，我们通过理智的学习和通过对实践的理解而获得的关于一事物的善恶判断如果是深入到心灵的，就会唤生出相应的感情和感觉，并且，这样一来被判断为总体上善的事物也对我们显得善和可爱，不仅在总体上，而且在每一个实践场合。因为，这些感情和感觉如果足够良好，就是稳定和持久的，就不会在每一个场合都显得不同，至少那些显得不同的方面不会成为主要的东西。

这不啻意味着，对于一事物是否显得善，我们可以有最初的感觉，也可以有某种通过判断和它所唤生的感情而产生的矫正的感觉。一事物如果最初是恰当地被我们感觉为“显得善”的，是心灵的一种幸运。因为，这

① ［古希腊］亚里士多德：《尼各马可伦理学》，1155b26—28。

需要一个人在幼年时期处于正常的生活环境并借助最初的良好感觉事物的习惯训导来获得。而且，这种感觉使得他的实践理智易于随着生活与年龄而发展，并愈来愈清楚地理解为什么把那种事物感觉为善的是恰当的、好的。

所以，正确地感觉事物，把总体上善的事物感觉为善的，是十分重要的，这是人的幼年教育的主要问题。[①] 因为，把它们感觉为善的，并且成为习惯甚或品质，它们就对我们显得善，我们就会去欲求，我们欲求它们，也就是在追求在总体上对我们，泛言之，对人是善的事物。

不过，即使我们由于幼年的不利生活环境和不够正常的生活习惯而不恰当地把一些事物感觉为善的，尽管在此同时另一些事物可能是被恰当地感觉为善的，我们也仍然可能通过在正常的生活环境下培养恰当的感觉习惯，尤其是，通过良好的实践理智的教育引导，来矫正那些不恰当的感觉。如果引导实践理智发展的教育进行的良好，将能够帮助一个人发现他先前已经把某些事物不恰当地感觉为善的，帮助他发现他对这些事物的不恰当感觉与对另一些事物的恰当感觉之间的某种不一致性，即发现他心灵上的某些缺点，如果这种理解已经生长出某些必然伴随的良好感情，就能帮助他去矫正那些不恰当的感觉。

事实上，由于我们只能以类比的方式来理解何为本身就对于人“是善的”[②]，在关于哪些事物“是善的”，我们没有真正的尺度。但同时，由于我们可以借助实践理智的理解力来判断哪些事物接近于“是善的”，或者，它们在总体上对于人“显得善”，我们又并非没有任何东西可作为标准或尺度。[③] 在好人那里，总体上“是善的”的事物，无论道德意义上还是非道德意义上的，与对他“显得善”的东西比较接近，因为“每种事物真的是怎样，就对他显得怎样”[④]。由于它们对好人显得善，好人在追求这些事物的时候也就在追求总体上“是善的”的事物。

---

① ［古希腊］亚里士多德：《尼各马可伦理学》，1103b24—25。

② 柏拉图在《菲力布》篇中的见解，即只有真正善的东西才构成那些接近于是善的东西，即只有最高级的（无掺杂也无参比的）善事物，才是那些接近于是善的即比较善的事物的尺度，在哲学上是成立的（［古希腊］柏拉图：《菲力布》）。

③ ［古希腊］亚里士多德：《尼各马可伦理学》，1113a33。

④ 同上书，1113a30。

五、关于最高善

最后我们来考察亚里士多德的著名理论：存在着最高的善，并且它是特别属于人的一种特殊活动。

如果我们的每种活动都追求某种善；如果我们所追求的善事物或者是因其自身之故而被追求，或者仅仅是作为获得其他事物的手段而被追求，或者同时是这两者，换言之，在我们所追求的善事物中，有些善事物比另一些更完善；如果我们并非选择所有的事物都为着某一别的事物；如果我们有唯一一个最完善的目的，或者有几个这样的目的；如果我们有几个完善的目的，并且其中某一个必定比其他的更完善；那么显然，亚里士多德这样说道，就存在着一种最终的最完善的善，我们把它看作最高善，这种善就是幸福，并且，如果这种活动属于人特有的活动，它就是我们追求的灵魂的最好部分——理论理智的德性即智慧的活动。①

因为，在上面的描述中，善的事物对于一个人就是可以依照总体上对于人而言的善的程度排列的；每一层级的善事物被认为都包含着那些低于它们的层级中的善事物，都对那些低一层级的善事物而言具有更高的完善性，即对它们表现为目的；因此，在这个层级表中，一定存在一个最高的善事物，它包含了所有低于它的各层级的善事物，对它们表现为目的，并且没有一种比它更高的善事物来把它蕴涵于内。这个观点在希腊时代是普遍的见识。亚里士多德说道，那个最高善人们都同意就是幸福或好的生活，尽管如果深入分析构成这种生活的主要内容，人们的见解变得不一致：有的人认为这种生活是沉思的生活，有的人认为是合乎德性的生活，有的人认为是快乐，有的人认为是荣誉、财富以及某种其他的外在善。②

同时，最高善即幸福的实现或获得同样离不开那些低层次善的实现或获得，因为舍此，幸福就没有可能实现。如果德性的生活活动是一个人过一种总体上好的即幸福的生活所必需的，并且是这种生活的主要内容，那么，按照亚里士多德的观点，幸福的实现同德性有不可分离的关系。幸福是目的和原因，德性是第二位的善。但这种意义上的幸福绝不仅仅是获得外在善，而在本质上是灵魂的完善活动，作为完善的活动必定是合乎德性、

① ［古希腊］亚里士多德：《尼各马可伦理学》，1094a19－22、1097a26－b1、1098a7－18。

② 同上书，1095a16－25。

展示着德性的，幸福必定是人的灵魂的合德性的活动。①

合德性意味着合乎道德德性和理智德性。首要的是合乎道德德性。一个人只有在政治的生活中是一个好人才可能过爱智慧的生活。毋宁说，德性是这种活动必备的、最基本的品质要素。从这里才可以说明为什么灵魂的德性被区别于身体善和外在善并被看作内在善。因为，只有这种善才是通过实践学得的而不是被给予的。一个人不依靠自己的努力，就不可能获得幸福。似乎也只有根据这一点，才能说幸福是人人都能享有的。既然幸福在于整个灵魂、尤其是灵魂的欲望部分的合乎道德德性的活动，就需要通过学习来获得这种灵魂的善，否则就算拥有全部的外在善也是枉然。所有没有丧失接近德性能力的人都能够通过某种学习来获得这种善。② 而且，幸福不在于一时一事的合乎德性，不在于不确定的东西，而在于一生中的合德性的活动，一个人就只有不是在一时一事上，而是在一生中都努力合德性地活动着，才是幸福的。③

思考题：

1. 我们用“善的”这一术语述说对象的什么内容？
2. 我们可以对“善的”的用法意义作何种类比的说明？
3. 亚里士多德在善概念中引入了哪些主要的分析性概念？

① ［古希腊］亚里士多德：《尼各马可伦理学》，1098a16—20。这被看作是关于德性的目的论的观点。德性论伦理学是从目的论伦理学产生的，是目的论伦理学的一种，并且在柏拉图和亚里士多德的伦理学中同善自身或最高善的概念是不可分离的，尽管从康德开始德性论伦理学被抽象为同正当性的概念而不是同内在目的相关的。

② 同上书，1099b9—18。

③ 同上书，1101a14—17。

第五章 正当

第一节 正当在日常语言中的用法

正当概念是一个翻译过来的词汇，在汉语日常语言中有两个常用的单字词的表达形式，一个是“是”（与“非”相对），一个是“对”（与“错”相对）。前者在日常书面语言中使用得更多，通常以“是非”连用。① 后者在口语中使用较多，是使用“对”这个词的多种用法中的一种。

与善的概念不同，正当或对的概念在日常语言中并不被用于广泛的题材，而仅仅用它述说前面所说明的（第二章第一节）第二类事物②中的行为。③ 例如人们说，

讲真话是对的。

你这样做是对的。

他这样对待你是不对的。

正当述说人的行为，并且在广泛意义上述说团体和制度的行为（即政策与行政、立法与司法，等等）。例如，

美国（政府）坚持对伊拉克开战是不对的。

某某球队打假球是不对的。

---

① 也许值得考证正当这个翻译词汇最初发生的年代。我说它是一个翻译过来的词语，是说它不是汉语中的一个“本土的”词语。在书面汉语言中，唯一与“正当”接近的是正确这个词，如果可以把正确看作汉语的“本土”词汇的话。汉语日常语言中的“是”、“对”两个单字词，接近于对正当概念的表达，但它们并不是概念，而是对人的行为做出某种日常评论的表达方式。所以，尽管我在这里的说明在很大程度上依赖于对“是”、“对”两个日常单字词的使用方式的说明，我并不认为它们同正当概念在西方的使用方式上是完全吻合的。

② 即人、团体、品质、意图、倾向、态度、行为等等。

③ 20世纪哲学家罗斯非常明确地指出了这一点。他注意到，善被用来述说行为和别的许多事物，在道德意义上以及更多地在非道德意义上，但是正当只被用来述说行为，而且仅仅在道德意义上（就正当比正确更狭义而言）。见他的 *Foundations of Ethics*, Oxford, Clarendon Press, 1939, pp. 54-55。

通常地说，正当不述说一般物品和事物，也不述说人、团体和它们的品质、意图、倾向等。正当在日常语言中的使用范围比善要狭窄。

但是正当并不述说所有行为。我们不用正当来述说仅仅是出于习惯的行为和日常生活行为，例如，一个人习惯用左手写字和拿筷子，一个人喜欢重味而不是清淡，等等。正当也不被用来述说仅仅是偶然性的行为，例如，一个人某日恰好是早上5点醒来而不是6点，等等。正当也不被用来述说仅仅是技艺性的行为。在这点上，正当不像正确（或“对”）那样用法广泛。在汉语中，正确或“对”既可以在道德意义上述说一个行为或操作，也可以在非道德意义上——尤其是技艺的意义上使用。例如，对一幅没有以正确方法使用画笔而画出来的画，人们可以在技艺的意义上批评说“这样画不对”，但是很少有人会说“这样画不正当”。仅当我们要对一个行为从道德意义上述说它的“是非”时，我们才会用正当这个词语。

正当是在道德意义上述说一个行为。如前面所说明的（第四章第一节），善也在道德意义上述说行为。对这两个术语加以区分发生于西方。在古希腊，正当的概念，包含在德性这种内在善的概念之中，同人的好生活的概念不可分离地联系在一起。但自近代以来，尤其是自康德以来，人们对这两个词已经形成了不同的使用习惯。当善这个词被从道德意义上使用时，它述说的是行为的道德状态上的好或德性，即行为所表现出的意图、倾向、态度、品质上的好或德性。正当则述说行为的对或错，即它是否满足我们对那种行为的最基本的道德要求。事实上，人们只用正当述说由于与一个人、团体或制度的先前的行为，或同交往共同体的交往条件，有某种重要关联，因此具有某种特别重要的伦理的、道德的性质的行为，用它来表明这样一个行为对于这些关联不构成伤害的性质。[1]

---

① 在康德的伦理学体系中，正当的学说（Doctrine of Right，或译法权或权利学说）构成体系的第一个阶段，在这个阶段，我的行为所表现的对于道德法则的尊重，或者我对于道德法则的意识给予我的约束，仅仅是外在的；德性学说构成伦理学的第二个阶段，在这个阶段，我对于道德法则的尊重，或者我对道德法则的意识给予我的约束，才是内在的，表达我内在的自由的（I. Kant，*Practical Philosophy*，pp. 353-603）。

第二节 正当的一种说明性定义

一、它相关于一个行为在方式上的某种适度

道德哲学上有两种界定正当概念的主要方式：经验的和先验的。亚里士多德与斯多亚学派的方式是经验的，康德的方式是先验的。如果我们对善的界定需要以可经验地观察的方式来说明，那么正当概念上显然也是如此。对善与正当概念的形而上学的根据的研究属于哲学最初原理的研究，而不属于实践原理的研究。

我们将主要说明使用正当概念的第一种方式。以这种方式，正当述说的是实践性题材，即一个人对待自身的以及同他人相处的行为方式。正当的概念相关于这种方式的适合、适度。实践理智判断相关于对一个行为所采取的那种对待自身和他人的方式是否具有这种适度的判断。但是正如我们会立刻看到的，康德的责任概念仍然可以以相容的方式同作为对适度的选择的正当概念融和起来。

西方近代以来，正当的概念通过康德而经历了一个从被抽象为责任的德性概念中再度抽象出来的历史演变过程。正当或正确在亚里士多德那里是同最高善不可分离的内含于德性的概念，包含着对适度或中道的选择的概念。在斯多亚学派的德性论伦理学中，由于同最高善的密切联系的内容被剥离，德性被抽象化为自然或理智的命令，体现为对适度行为的选择。在康德的伦理学中，德性的要求与律法主义最终融合为责任或义务的概念，正当或正确被剥离了适度或中道的经验性特性和其他经验的内容，进而被抽象为“出于责任的”。这样，通过康德，正当同责任的概念直接联系起来，并且，这种联系沉淀在西方世界的日常观念中。

不过在英美一系哲学家当中，康德关于责任的先验要求与约束的观点一直没有太大的影响力。所以，康德奠定的正当责任的观念非常自然地重新接纳了从亚里士多德到斯多亚学派的选择做适当、适宜行为的内容。不过，这种内容至少在观念上已经离开了亚里士多德和斯多亚学派的德性的观点，而被理解为纯粹经验性的生活内容。以这种方式，正当概念被理解为一个行为在方式上具有的某种特性，这种特性使人们会在一种道德意义上谈论那个行为。

二、它相关于行为对于某种约束性关系的适度

在近代英美哲学家当中，正当的概念已经被这样地使用，它表明所说的行为处在同那个实践的有关行为的一种关系之中，并且那个或那些相关行为对于它具有一种有意义的约束性，因而所说的行为对于那个实践所发生的约束性的关系具有适合性。例如，一个行为可能同a）维持和维护生命所必需的行为，b）行为者所处的交往社会依赖与维系的某种（某些）行为，c）行为者过一种健康有尊严的生活所依赖的某种（某些）行为，d）行为者先前接受的某个（某些）相关行为，e）行为者的先前的某个（某些）相关行为等等，处于某种约束性关系中。

首先，这些相关行为对于当下行为的约束性是实践因果性的而不是自然因果性的。这就是说，尽管这种约束性的关系存在，一个人仍然要出于意愿与考虑而做出满足这种约束性的行为，也仍然可能出于意愿地做出背离的行为。另一方面它又构成有意义的约束性，这种约束性发生于实践的而不是单纯自然的因果性联系。其次，这种约束性关系是一种双重的关系，它首先是一种实践关系，因而是有意识地参与进来的两个行为事实之间的关系。同时，它也是存在于两个物理性的行为事实之间的一种真实的关系，人们感觉到这种关系，实践理智分辨着它，实践理智对于将它看作同事实无关的解说存在严重的抗议。

我们发现，这种约束性关系在康德那里也以抽象的方式得到阐发。希伯来文化的律法主义通过斯多亚学派，成为康德理解道德德性的主要方式，而且在他的先验理智主义框架下。他谈到“道德律法的约束性”，寻求这种约束性从何而来，并且把这种基础理解为“有理智的存在物”的“意志自律”①。在康德使正当性概念同责任与道德约束性概念直接联系起来之后，在西方世界的常识观念中，这种联系变得自然而然：有关行为对一个当下行为的约束性表现的就是当事人的责任，满足这种约束性的行为就是出于或符合责任的，因而是正当的，相反的是违反责任的、不正当的。在康德之后的西方，正当的概念一方面把亚里士多德主义的合宜、适度、中道等；另一方面把约束、责任、义务、要求、承诺等，联系起来，成为一个“复杂概念”。

---

① ［德］康德：《道德形而上学原理》，76～77页。

三、正当的简单定义及应用

如果采用这种已经约定俗成的、基于经验的观念来说明正当的概念，那么，说一个行为是正当的，是说它满足它所处的同其他相关行为的关系的那种（那些）特有的约束性、责任或义务、要求、承诺等等，并且是对待行为者自身或相关他人的一个适度的、合宜的、正确的行为。

这是一个简单定义，因为它没有涉及正当同我们的善的生活的关系。关于这种关系，我们将在下文中讨论。

这个简单定义的应用，如果不从善或德性的方面，而仅仅从正当性的方面理解，那么：

（1）伤害自身和无辜者的行为的不正当性在于，它不能满足它所处的同维持和维护生命所必需的行为的关系的特有约束性，并且不是对于行为者自身和他人的适度方式。

（2）诚实行为的正当性在于，它满足它所处的同交往社会依赖与维系的正常交往行为的关系的特有约束性，并且是对于行为者自身或他人的适度的方式。诚实行为的正当性不在于所能获得的某种更大善。以更大善辩护诚实的正当性的论据同时也辩护着不诚实的行为。

（3）自尊行为的正当性在于，它满足它所处的同行为者过健康有尊严的生活所依赖的某种（某些）行为的关系的特有约束性，并且是对于行为者自身或他人的适度方式。一个身患不可治愈的晚期疾病且无法维持一种有尊严生活的人，出于自尊的考虑而决定放弃生命，可能基于这种关系而得到证明或辩护。

（4）感恩行为的正当性在于，它满足它所处的同行为者先前接受的某个（某些）行为的关系的特有约束性，并且是对于行为者自身或他人的适度方式。

（5）守诺行为的正当性在于，它满足它所处的同行为者先前的某个（某些）行为的关系的特有约束性，并且是对于行为者自身或他人的适度方式。

四、正当与善

我们行为正当是为着某种善，还是仅仅因为那种行为本身？这是近代以来的伦理学提出的一个重要问题。

在儒家学说中，正当没有被从德性中分离出来，成为另一个概念：行为的正当与合德性是一回事，这是一个人成为一个“仁人”的构成部分。在柏拉图与亚里士多德的哲学中情况也是如此：正当不是独立的，而是包含在德性这种内在的善品质中，这种善品质是我们总体的善的生活的必要部分。在康德伦理学中“出于责任的”这一特性同德性、因而同善还保持着联系。但是，在之后的西方伦理学中这种联系渐趋淡化。总体的善的生活由于渐渐失去共识而成为人们各自领悟的善目的，因此不被看作有普遍影响力的。正当被看作是尽责任的或合乎责任的，被看作可抽象化的道德的标准或尺度。然而随着它与德性的历史联系被淡忘，正当也逐渐地与善相互分离了：正当不被看作必定是善的，善的也未必是正当的，这在希腊文明世界里是不可思议的。

随着这种变化，正当与善在日常语言中的用法明显地相互区别了。善述说一对象题材的某种优良的总体状态，所述说的这种状态包含某种或某些物理性质，但并不简单等同于具有这种或这些性质。正当述说的是行为。正当并不直接相关于一个行为的物理性质，而是相关于行为的方式。正当表明行为在方式上的某种适度，这种适度同行为的物理特性有某种关联，但是不直接相关。例如，“某某球队打假球是不对的”述说的并不是一些人以约定的方式造成竞赛中一方进球的假象等一些物理事实的细节，而是述说这件事实在方式上的一种不合宜。

正是在这种历史演变的图景下，西季威克在19世纪末指出，正当与善是伦理学中两个相互区别的基本概念，并且正当是人们实践推理的第一个直接的目标或尺度。罗斯在20世纪初指出，正当是非自然的、复杂的、不可定义的道德特性；正当性可以说是一种“适度”，但无法做出具体的定义；任何企图给正当性做出具体定义的努力，都必定陷入谬误。像摩尔坚持善不可分析一样，罗斯坚持正当也不可分析，但是他所持的理由与摩尔不同：摩尔认为善不可分析是因为它是单纯的性质，罗斯则认为，正当是复杂概念，但同样不可分析，就像“红”是复杂的但不可分析一样。① 但是罗斯认为，可以对令一个行为产生正当性的基础进行讨论，这种基础同正当性的定义本身不同。实际上，我们只能“把道德中的‘正当性’限定为一种‘适度’”，这不是一种定义，但这却是我们关于它所能说出的东西。在罗斯那里，正当已经在分析的意义上不同于善。我们的确可以说，到罗斯的道德哲学那里，正当在伦理学上完成了不仅同非道德意义的目的善分离，而且同道德的善——德性分离的理论的过程。

在简要说明正当概念与善概念相分离的历史轨迹后，让我们回到正当

① W. D. Ross, *Foundations of Ethics*, pp. 54-55.

的简单定义。立基于对这个概念的理解，我们可以说，我们之所以要行为正当，首先是因为我们通常需要以满足那行为所处的同其他相关行为的关系的那种（那些）特有的约束性的方式，去做出那个行为；其次是因为，这样做是对我们自身或相关他人的一个适度的、合宜的，因而正确的行为。

五、正当与应当

把正当在日常语言使用的意义上理解为行为所承载的某种（某些）约束性或责任和对于满足这种约束性或责任关系上的适度或合宜，那么它同应当是不是一回事？不言而喻，在儒家学说和希腊伦理学中，正当与应当不是分析性的概念，区别它们的问题是不存在的。同正当与善的关系问题一样，这个问题也是近代以来典型的伦理学问题，并且在本质上可以看作是正当与德性概念分离之后引发的问题。

在康德伦理学中应当与正当没有根本的区别，应当总体上属于正当概念的范畴。西季威克坚持这种立场，并且把正当与应当看作“表达”着同一个“基本概念”①。这种观察确定了20世纪初西方伦理学的基调。在布劳德、罗斯直到罗尔斯的讨论中，正当（对、正确）与应当、责任、义务等被看作属于同一个范畴。

不过，哲学家们已经开始注意研究应当与正当的可分析的差别。布劳德指出了应当与正当的一个不同：应当的都是正当的，但如果对我而言有几种可能的行为选择同样正当，在它们中间就没有一种是我应当做的；进一步说，在更严格的意义上，我们倾向于把应当用于存在着对抗正当行为倾向的那些场合。② 罗斯赞许地同意布劳德指出的这个区别。他补充地指出，事实上，一个人可能同时存在不同甚至彼此冲突的倾向，所以，应当所表明的限制并不在于我们由于有一种相反倾向而有责任去做那个行为，而在于那个行为是“我们不论有何种倾向都应当作的”③。因为，罗斯论证说，如果我们没有正当行为的动机，我们就没有持有那种动机的责任；如果我们有那样的动机，我们的责任也不是出于那种动机去行动，我们的责任仅仅是做某些行为，而不是出于某些动机来做出这些行为，尽管总体上，我们有一种从没有责任感的品质状态逐步培养这种责任感动机的责任。

---

① ［英］西季威克：《伦理学方法》，49页。

② ［英］布劳德：《五种伦理学理论》，134页，北京，中国社会科学出版社，2002。

③ W. D. Ross, *Foundations of Ethics*, pp. 50-51.

诺维尔—史密斯指出的是另一个差别，当我们说“我应当做某某行为”时，我们基本上是做出或接近做出了一个决定；当我们说“做某某行为是正当的”时，我们或者是在就一个已经做出的行为，或者是在就已决定或接近于决定的一个行为做一个判断，在这种情形下，我们都是在为那个行为在道德上的可辩护性提供一种支持。

总体上，应当概念强调一个行为由于某种约束性，选择那个行为对于某个人而言是一种责任，正当概念强调一个行为对当事人或相关他人的适宜性、恰当性，尽管正当同时也包含行为的受约束性的含义；应当的都是正当的，但正当的未必应当。应当意味着责任，正当却广泛些：某件事虽然不是我的责任，但我做了仍然是对的。如果我把我的病得垂危的奶奶的真实病情告诉她，这并非不正当，但这可能不应当，因为她可能没有足够的身体与精神力量接受这个真实；我接受一份严格按照我的损失核定的赔偿是正当的，但它可能不公道，因而不应当，因为这可能使赔偿者无法支持他的子女过最基本的生活。

显然，辨析正当与应当的差别的需要，是当正当不再被理解为自身是善的、德性时才发生的。这样的辨析，至少在西方世界，表明的是共同的德性观念“碎片化”的过程，是这个“碎片化”过程游离出来的正当或应当概念的“无根”化过程的表征。

附论：对意义理论的评注

(1) 善的概念、正当的概念的日用语言意义，是从人们关于善生活的观念和有德性的活动的观念中逐步地、历史地分离出来并在日常意识中沉淀下来的，因而只有基于真实生活与实践的观点来理解才具有充实的意义。

(2) 意义理论是伦理学研究中以澄清概念为基本研究方式的理论。意义理论是伦理学理论中的重要部分。自从苏格拉底发明以诘问来澄清概念的定义的方法以来，这种研究与理论就在伦理学中产生了。一般说来，一种综合性的伦理学需要有清楚的伦理学概念，也需要有澄清伦理学概念的理论。伦理学的研究只有基于清楚的概念，只有借助概念间的正确联系，才能健全地展开。

(3) 作为实践的哲学研究，伦理学中有两类主题。一类是关于哪些事物我们有理由看作是善的，哪些行为我们有理由认为是正当的，我们怎样才能过一种善的生活等等。另一类是关于什么是善或善的，什么是正当或正当的，什么是德性等等。可以把前一类题材的研究称为伦理学的第一序列的研究，把后一类题材，即澄清概念的研究称为第二序列的研究。正如麦基所说，伦理学研究总是首先碰到第一序列的问题，在讨论这些问题时，我们提出一些更具普遍性的原理，此后，我们才可能反思第二序列的问题。

(4) 20世纪分析哲学家们坚持，伦理学应当仅仅进行第二序列的研究，即对伦理学术语使用的方式的意义的研究，而限制自己不去从事第一序列的研究。但是，伦理学研究第二序列的问题，恰恰是为了更清楚地讨论和研究第一序列的问题。希腊哲学家澄清什么是善、什么是德性，是以解决我们应当将何种事物作为目的，应当怎样地行为以便成为一个有德性的人这一类问题为指归的。我们在前面指出过（第二章第二节第一目），儒家学说始终都是以这一类问题为中心题材。第一序列的研究是伦理学研究发生的原因，因而是基本的和优先的。如果在说明了我们用“善的”述说一些事物（事务），表明它们作为一种事物的最好部分，或与所有其他同类事物的状态相比较，在总体上处于某种最好状态之后，我们不应当接着说明，当我们用“善的”的来述说它们时，我们也有理由欣赏这些事物（事务），期待获得它们，期待着与它们相联系的活动完善地展示和完成，而并不特别地在澄清它们的那种最好状态所可能包含的具体自然性质（物理的或心理的），这是不合理的。

(5) 20世纪元伦理学关于伦理学术语的意义的研究对道德哲学研究的发展很有帮助。元伦理学的研究表明，我们使用伦理学术语的方式与我们使用物理学或心理学术语的方式不同。元伦理学的研究还表明，由于共同的善概念和德性概念的丧失，人们使用伦理学术语所表达的道德态度、倾向和主张是多种多样的，是因时因地因人而不同的，并且，由于这一切表达都像是借助语言实现的游戏，今天的人们在澄清伦理学的概念与术语的意义方面存在着更大的困难。在这些方面，元伦理学使伦理学更接近于对实践题材的真实的理解。

(6) 但仅仅靠意义理论不足以支持一种规范伦理学。伦理学是实践的研究，是关于我们如何做人做事，过一种好的生活的研究。在最好的方面，元伦理学是纯粹的理论理智的在伦理学上的运用和拓出的独特领域。理论理智的活动没有目的、没有方向，也不影响动机。它也许是一种有趣的游戏，但正如罗尔斯所评论的，不可能支撑一种健全的正义理论[1]，当然更不可能支撑一种健全的伦理学。而且，在实践的领域从事纯粹理智的游戏

① ［美］罗尔斯：《正义论》，47页。

甚至妨碍严肃的实践的思考。因为，麦金太尔这样评论说，它不大可能建立所需要的合理性。① 实践不同于理论的活动，理论的活动是对普遍的、确定的事物的思考与系统解说，实践的活动不是为了解说，而是为了获得实践的善。在实践领域，实践理智是更适合的思索者，尽管它仍然应当从理论理智那里获得指导。

思考题：

1. 人们用正当述说哪种事物？
2. 正当的最简单的说明性定义是什么？
3. 正当在何种意义上不同于善？

① ［美］麦金太尔：《德性之后》，336页。

第二编
从常识道德到
交往伦理学

第六章　交往生活与交往伦理学

第一节　为什么从讨论交往伦理学开始

一、实践的研究应从熟悉的事物开始

作为实践的研究，伦理学研究应当从我们熟悉的事物开始。[①] 我们应当从对我们而言是已知的东西出发[②]，正如亚里士多德所说，因为每个人都对他熟悉的事物判断得最好。[③] 如果要我们对一件完全不了解的事情做出判断或决定，我们显然毫无把握。我们需要补充的仅仅是，如果我们想寻求在这种事物上的良好的判断与行为，或许我们只能满足于期求这一点，我们就应当从这里开始。

伦理学是对于实践的，即对于实践性的交往生活事务的研究；交往生活事务是人作为人的最基本的生活事务，因此，作为我们熟悉的实践的研究的题材也是人们的交往生活事务或实践事务。

交往生活事务之所以为人们熟悉的原因是显然的。首先，它们是日常的，每一个人每日每时都离开不得的。人必须要过群居的或交往的生活，亚里士多德这样说。[④] 人唯有在群居的或交往的生活中才能成为一个人——好人或

---

① 我在这里略过对伦理学的讨论应当从关于善与正当的概念的分析的意义开始的建议，和它应当从纯粹理智的“人”的德性—义务概念的澄清开始的建议。第一个建议是分析伦理学的。我拒绝这个建议的主要理由已经在第一编结尾的“附论”中提出。我不打算在这里引申这个讨论。第二个建议是康德的。康德在他最后完成的《道德形而上学》的第二部分，即“德性形而上学”（Metaphysics of Virtue）中，表明了他的道德哲学的这个最高概念的纯粹实践理智性质。我拒绝这个建议的主要理由在于，它不是从人的活动开始来阐释伦理学最初步的原理。如果德性—义务概念在原理上是不能够从对人特有的活动的说明开始的，我们就有理由怀疑其所建立的伦理学是否适用于人类。所以，拒绝康德建议的理由最终是亚里士多德主义的。它表明的是，如果人就是它的活动造成的存在物，那么对于它的从动物界那里发端，并且在人这里有了新的可能的那些活动的说明就具有决定的性质。

② ［古希腊］亚里士多德：《尼各马可伦理学》，1095b4。

③ 同上书，10954b28。

④ ［古希腊］亚里士多德：《政治学》，1253a4，北京，商务印书馆，1965。

坏人或中间型的不好不坏的人。我们不能想象，一个终生独居、与任何人未曾交往的人，竟成为一个好人或有德性的人。其次，正因为它们是日常的事务，它们也是每个人都可以提出意见的事务。每个人只要有自然赋予了人的正常感受生活事务的能力，都会对他耳濡目染的日常交往事务形成自己的看法和意见。人们直接地作为生活者，或者间接地作为生活者旁观地审视人的生活事务与问题，而提出这种意见。

不过，正如人们普遍承认的，有些意见比另一些意见要更健全些。所以，在这些熟悉的事务上，人仍然感到需要听取更好的见解。所以，亚里士多德在《尼各马可伦理学》中引用赫西阿德的诗句：

> 自己有头脑最好，
> 肯听别人的劝告也不错，
> 那些既无头脑又不肯听从的人
> 是最差的人。①

二、关于日常观念

我们对于日常交往或实践事务形成的观念或意见（以下简称为日常观念）首先发生在日常意识，即对每日每时的交往生活事务的观念呈现之中。不过，对于日常观念的性质我们仍然需要做一些澄清。

第一，日常观念是人的实践理智的一种不健全的活动及其结果，是实践理智活动所产生的“碎片”②。这些不健全的活动指向过一种好生活这一目标。说它们是不健全的，是说它们并不是人们有意识地，而是在面对着处理具体的交往生活事务时才被动地进行的；并且，人们在这种日常意识的活动中也不寻求思想的明晰性和系统性。因此，在这类实践理智的普遍运用中，那个目标——寻求好的生活，也变得不那么显著。日常观念可能是一个人在伴随着日常活动的朦胧意识中获得的，也可能是一个人通过谈话、阅读、道听途说等方式从他人那里简单地接受过来的。这些观念通过日常行为的习惯而在一个人的意识之中积淀起来，成为意识的“习惯”，并

① ［古希腊］亚里士多德：《尼各马可伦理学》，1095b9－12。

② 说它们是一些“碎片”，一是说观念与意见常常不完整不系统，是片断的考虑，存在许多“断裂”和“模糊地带”；二是说它们常常是一些偶然性的“集合”，这一部分可能同那一部分矛盾甚至冲突；三是说它们常常是杂多的、零碎的，未经深入的思考。

影响人的行为决定。

第二，日常观念由于其出入日常活动的性质而具有无意识性、相对保守性和可理解性。这些活动由于不断重复而冲淡了意识的色彩，由于繁缛而常常逃避了人的思考与考虑，产生于这些活动的习惯的日常观念也常常由于耳濡目染而由有意识的转变为无意识的。

第三，日常观念是以意识的甚至无意识的方式影响人的日常活动的动机和行为。而且，它由于出入日常的活动的性质而同人的日常行为有相当稳定和直接的联系。由于这种联系，一个人的日常伦理观念甚至可以被看作就是他的日常行为实践的习惯和倾向。观念这个词在广义上包含信念与意见。不过，信念同意见之间又有程度上的不同：信念是一个人自己对实践事务所持的态度和倾向，意见更多的是对于他人提出的相关看法。日常伦理信念同人的行为实践的习惯和倾向的联系更紧密些。

第四，日常观念较多保存在日常言谈语言之中，而不是在思想的讨论之中，尽管当思想的讨论影响到普通日常意识时它当然也在日常实践观念中留下印记。

第五，日常观念是一种伦理传统——广义地说，一种文化传统——的一个重要的层面。一种伦理传统一般可以析分出思想的、制度的和日常观念的层面。[①] 一种伦理学体系是某种伦理传统的思想的形式。人们的诸多日常行为以及人们在对他人提出伦理意见时所依据的则常常是他们所持的日常伦理观念。伦理传统在这三个层面上的内涵和形式既有许多相关性并相互影响，又有一些重要的区别。[②]

---

① 我在这里使用日常伦理观念与意见一词，是要表明这部分信念与意见同人们对自身能力之外的或那些纯粹偶然的自然与社会事件的观念或意见的不同的性质。

② 通常说来，一种伦理传统在思想的或义理的层面上展示得比较清晰。在日常观念的层面，一种伦理传统则常常表现得比较模糊：它常常将各种成分兼收并蓄，未经思想的消化，因而会内含许多不相称的地方和矛盾。在制度的层面，伦理传统的性质似乎处于这两者之间：制度的设立通常要以某种思想与义理的传统为指导，但它同时又要建立在人们的日常观念上，是不同的日常观念及其与思想、义理的某种妥协与折中的产物。因此，在制度中总是可以看出混合的性质和许多矛盾。

第二节 常识道德

一、常识道德的性质

注意到被称为常识道德[①]的日常观念与一般日常观念的不同是十分重要的。我们可以把常识道德看作一个交往社会的交往方式和在其中发生着影响的伦理学思想与理论积淀在人们的日常意识中的那些伦理学信念、观念、判断、意见所构成的综合体，是一个交往社会中人们的实践理智及其伴随感情的普通运用所生成的观念的集合。

在对常识道德的这种表达中，日常观念与常识道德的一种基本联系与区别变得明显了：日常观念是常识道德的本源，常识道德是日常观念的一个特别的部分，这个部分中包含许多确定之点，我们倾向于确信，它们是我们所处的交往社会中人人都持有的观念或信念。所以，常识道德不像我们的日常意识那样具有过强的随意性。反之亦然，我们绝不会认为自己的非常随意的日常意识就有资格充当常识道德，相反，许多这样的意识恰恰被体会为与常识道德相悖的。

常识道德的那些确定之点，或那些信念，我们或者是通过教导、交谈、阅读、聆听讲座或观察邻人的行为，从别人那里听到并接受而获得，或者是通过自己对交往生活事务的观察的思索而获得，并在与其他人的交流中得到印证或赞许，因而被我们的实践理智确信为值得尊重的。十分重要的是，实践理智通常是在正常的环境下，即在我们的感情与意识处于某种平衡的状态时，发展和积累对这些确定之点的理解。因为，在不利的环境下，这种理解不会发展和积累，这些确定之点甚至被感觉为完全不相关的东西。从这点来说，常识道德似乎是我们在交往生活事务方面的那些日常观念的

① 我将在比较广泛的意义上使用常识道德概念，用它指在多种主要文化环境下的人们的普遍意见，尽管我有时也在这样做的同时做一些比较性的讨论。这种泛义地使用常识道德的方式可能受到诘难，说我们只能谈中国人的常识道德、西方人的常识道德、阿拉伯人的常识道德等等。但是，这些诘难者很可能也会面对一个完全相似的诘难，因为一个地方人士，譬如一个北京人，很可能又诘难说我们事实上只能谈北京人的常识道德、上海人的常识道德、河南人的常识道德等等。所以，如果我们认为这个时代的人们的生活环境有某些可以说明的东西，那么这个时代的人们的常识道德也同样有某些可以说明的东西。而且，在以哲学的方式说明并批评地研究常识道德时，我们的主要兴趣并不在于表明它的某种地方独特性。

过滤器。因此，常识道德的确定之点具有非常牢固的稳定性。一个人甚至不因他的不利经历而轻易改变它们。例如，甚至一个偷窃他人财物的罪犯，也可能在内心里认为这不仅是法律禁止的行为，而且是不光彩甚至耻辱的行为。尽管，极其反常的生活环境也可能使得一个人变得反社会，全然蔑视常识道德，并形成完全任性的日常观念。

常识道德的确定之点，即信念，通常成为我们处理日常交往生活事务的准绳。并且，它们具有足够健全的性质。因为，我们通常可以借助对常识道德准则的理解，而不需做更多思索，处理怎样去交往方面的问题。而且，这种方式使我们在日常交往生活中处于内心平衡的状态，以致于我们感觉到，我们是自然而然地做这些事情的。哲学家们习惯以直觉性这个概念来说明常识道德的确定之点的这种性质。[①] 因为，在处理日常交往生活事务时，那些信念似乎是“自动地”联系起来，而无须我们去“寻找”和“思虑”。不过更好的说明是，这些信念是由于其健全的稳定性而成为我们的习惯性的支持。常识道德的直觉性的根源应当从这种稳定的习惯性中寻找。

常识道德的另一个性质同样值得注意。我们在习惯地运用它们时，甚至在发展和积累对那些信念的理解时，并不是批评地、反思地对待它们的。我们常常不会去思索那些确定之点是否具有较大的相容性，以及在何种罕见情况下，它们会相互抵触甚至冲突。甚至，由于这种不经心，或者过分相信这个可靠的向导，我们发现我们对交往生活事务事实上做了不恰当的处理。我们更不会细心地寻找这些确定之点之间的内在关联，持有它们所获得的内心安宁已经给了我们最大满足。因此，常识道德不是一个内在一致的思想体系，而是一个包含不同理论、思想、观点的片断的杂合的、可能存在相互矛盾的观念和意见的系统。的确，一个一向确信自己具有健全的常识道德的人，可能在某个时刻发现他自己面临最大的道德危机，以致他的那些信念竟然令他感到自己处于极大的混乱中并且完全不知所措。

---

① 西季威克在《伦理学方法》中将常识道德区分为“感性的直觉主义”与紧密联系于它的“教义的直觉主义”。常识道德的这两种紧密联系的直觉主义，西季威克说，或者假定我们不需要去“诉诸一般规则”，或者假定“我们不可能通过真正明确的和最终有效的直觉看清某些一般规则”（121、123 页）。西季威克在这一点上是对的：常识道德包含对那些确定之点的确信。但是，这种确信同时包含对这些确定之点同被看作是好的生活的确定联系的确信，以及对这些确定之点是人们普遍尊重的这一点的确信。

二、常识道德的肯定德性的倾向

常识道德具有两个显著的特点：倾向肯定德性，并且对行为的正当性有特殊的关注。

关于常识道德肯定德性的倾向，我们可以做两方面的说明。首先，人们倾向于根据常识道德，赞许地理解人们在日常行为中表现出的可以被理解为德性的东西，并带着强烈感情称赞它。这并不是说，人们出于常识道德的每个称赞都是真实的。的确，人们所称赞的那个动机有时并不是或并不完全是当事者的真实动机。但是，即使一个人对一个行为的可被理解为德性的东西的称赞被证明是失真的，称赞者的动机仍然被看作良好的。因为，出于常识道德而称赞某种德性的动机通常比较真实。因此，这表明，作为生活者，我们出于对常识道德的理解，赞扬一种在我们看来表现了人的生活和行为中值得称赞的品性，我们倾向于认为，这种品性比那个人的活动所获得的外部目标更值得赞许。由于这一点，被称赞的人，如果那种称赞对他的内心而言是失真的，通常都有诚惶诚恐的感受。他感受到赞扬者所表达的常识道德对自己的激励，这促使他去反省和矫正自己在面临类似生活场合时的动机。

其次，常识道德使我们强烈地坚持，交往生活事务中那些最基本的德性是我们作为一个人的基本条件。例如，家庭生活中的互助、亲情与感激，朋友交往生活中的信任与友爱，一般公民生活中的平等与公平，等等。与这些最基本的德性及相应感情联系的关于一个人的行为与品性的判断，无论在中国或西方，都被普遍看作构成良心的东西。良心的观点无疑是沉淀在常识道德之中的一个最基本的观点，构成常识道德的一个确定之点。尽管常识道德的良心观点像常识道德本身那样是非常模糊的，对它的基本的含义或许可以以下述方式加以说明。首先，良心的要求在于一个人不可以忽略、更不可以违反这些基本的德性。中国人的常识道德讲“天地良心”、“俯仰无愧”，中世纪尤其是近代以来，西方人将良心视为内心“法庭”，这都表明如果违反构成我们的良心判断的这些基本德性，我们将无法达到内心的安宁。所以巴特勒认为，良心就是心灵的一种反省品质、行为和意图的能力。① 这是一个非常牢固的确定之点。在中国人的观念中，“天地良心”的观念尤其融会在“做人”的观念中：我们每个人的“人”是要去

① 布劳德在《五种伦理学理论》（66～68页）中对巴特勒的常识的良心学说作了非常深入的阐释。

“做”的，如果由于不努力，而在构成良心判断的那些基本德性方面失败，甚至做出相反的事，一个人就在日常交往生活中，尤其是在他的内心中，被看作没有达到一个通常意义的人，就不具备能够作为一个通常意义的人而存在、而生活的条件。

良心的另一个基本含义就是“相信自己的良心”①。就是说，我们在日常交往生活事务上，要遵循良心即构成良心的基本内容的那些基本德性，而不可以因为外在的诱惑与压力，而忽略甚至违反这些基本德性。的确，常识道德的这条良心告诫是针对财富、荣誉、权力、地位等诱惑和权威胁迫乃至人身伤害等外部压力的。其中，物欲的诱惑是更为经常的。这些诱惑与压力往往使一个人不能够保持操守，或追逐物利，或做出卑贱的事情。所以，中国人将没有做到这一点的人和行为看作“昧良心”的：我们的良心给予我们的指示总是做一个对人友善的人、正直的人、值得信任的人；只有外在的物欲诱惑与权威胁迫、人身威胁，才使一个人做出那样的行为。一个人在迫于外部的诱惑与压力而做出那样的行为后，也往往会失去素有的内心的平静。一个完全没有这种内心经历的人也必定是邪恶的。

三、常识道德对行为的正当性的关注

常识道德的另一个重要特点表现为对行为的正当性关注。

关于这一特点，首先需要说明一种历史的原因。在西方，自康德以后，正当的概念渐渐同德性的概念分离，并积淀在西方人的日常观念中，成为常识道德的更基本的观念。常识道德变得专注于行为本身的方式是否正当，以致它是否表现出可以被理解为德性的东西，因为值得称赞，似乎已经成为不重要的。做正确的事，把事情做对，是西方人日常伦理交谈中十分重要的主题。我们的确可以做这样的观察，西方人的常识道德观念重视行为本身的正当性甚于重视行为表现出来的德性，以致正当观念被视为道德的

① 西季威克，常识道德的一位认真的观察者，在说明常识道德的良心观的直觉性质时说，“任何场合，只有一个人被嘱咐说，他应当‘相信自己的良心’，这句话的通常意思似乎就是：他应当去运用一种从道德上判断这种能力而无须去诉诸一般原则”（［英］西季威克：《伦理学方法》，121页）。西季威克认为如果没有诉诸良心之外的一般原则，良心就是直觉的。但这种说明是不恰当的。常识道德的良心概念是由它所肯定的那些基本德性品质构成的。所以，在常识层面，当我们说“相信自己的良心”，我们事实上是说，要根据我们所肯定的那些基本德性，不可以违反它们而行动。不过，我们将表明，在高层级的良心概念中则包含这种直觉性质。这种直觉性质是对于人可以去追求的人的德性的最高状态的直接体悟。

同位语：正当也就是道德的，反之亦然。

在这种常识道德中，行为的正当性的基础通常被认为在于三个方面。a）有些行为通常被认为是由于行为本身的性质就是正当的或不正当的。例如，尊敬父母与长者的行为、旨在帮助一个人的行为、制止对他人的无端伤害的行为，由于它们自身的性质就是正当的；伤害无辜者的行为则由于自身的性质就是不正当的。b）有些行为是由于同先前做出的一些行为处于某种约束性的关系而是正当的或不正当的。例如，守诺、赔偿、感恩。这些行为如果做，便是正当的，如果不做，便是不正当的。c）有些行为是由于同交往社会的存在条件处于某种约束性的关系而是正当的或不正当的。例如讲真话，或待人以诚，是正当的；欺骗、偷窃，是不正当的。在泛义上，前面两类似乎都可以纳入这一类之中。不过对它们加以区分的认识也有帮助。所以，可以说这一类行为同前两类是交叉重合的。显然，本原的德性观念的一些最重要的东西，现在已经归属于原本包含于德性概念的正当概念之下，被看作是必须由正当概念来解释的。在这个解释下，一个行为同行为者所表现的品性的关联消失了。

在中国，在日常观念中，正当观念并未从儒家的德性观念中分离出来，成为常识道德的最基本的概念，尽管它正在经历着这样的发展。受儒家学说的影响，常识道德使我们倾向于把我们的交往行为称为做人做事，使我们关心我们的行为所表现的我们的“为人”，并倾向于认为通过一个行为首先应当判定的是行为者的“为人”。而一个人的“为人”也就是他的“人品”，即他在交往生活事务上是否具备最基本的德性。因为，我们通常并不用一个人所表现的好的“为人”来述说他的高尚和出色的品质，而是用它述说在日常交往中他表现出的基本德性的行为事迹。在许多情景中，我们在说一个人的“为人”好时，通常是说他做人做事诚实或老实、守规矩或尽本分这样一些彼此连带和相关的意义，简言之，具有我们视为值得赞许的最基本的德性。

其次，常识道德似乎比关心行为的后果的善性更关心行为本身的正当与合宜。对于一个行为是否正当，日常观念倾向于认为判定就在于行为本身，而不在于它的后果是怎样。我们可以注意到，出于常识道德的日常意见尽管有时诉诸一个后果，但所诉诸的后果未必与所说行为的是非直接相关。譬如，我可能说，你尊敬父母与长者才会得到他们的照顾，但是我这样说的意思未必是，你应当为着日后得到照顾而尊重父母与长者，而很可能是因为感觉到这样说你似乎更好理解或更容易接受。这个出于权宜的修辞方式也许不能表达出说者的真实想法，即实际上，你应当这样做：不论日后是否能得到照顾，你都应当尊敬父母与长者，这是由你事实上已经接受了的一些行为决定的。正如西季威克观察到的，常识道德是这样一种推导正当与应当行为的常识方法："人们把某些行为判断为自身即正当或错误的，在做出这类判断时，人们并不虑及它们给行为者或他人带来幸福的倾向，也实际上不考虑它们的后果。"①

再次，我们还可以进一步说，常识道德还似乎把对行为的后果的权衡和慎思看作单纯的技艺，而同道德无关。在西方是康德的哲学，在中国是儒家学说，导引着日常观念的这种倾向。例如，康德的哲学认为，经验的权衡似乎不仅不是道德的，而且与道德不相容。儒家学说也同样把权同谋联系，把权谋看作统治术或军事上的狡诈同类。常识道德关注行为有没有可以说明的正当性，把这种出于心计的盘算、权谋等看作无关于道德甚至是妨碍道德的。

第三节　伦理学的两个主要阶段

一、立基于人的实践的德性论伦理学的主要出发点

我们将从作为人的内在目的性活动的实践的概念，来阐释一种伦理学的体系。但是，我们还没有说明这样做的理由。不过，这个说明已经某种程度地隐含在我们对于伦理学的研究方式以及其他一些部分的说明之中了。让我们试着将这些相关之点联系起来。

伦理学的问题就是人的问题，人的存在和生活的问题，人的生活可获得的善的问题。伦理学是从实践来研究人的问题，它研究的是实践，具有一种实践的目的，是运用实践理智来进行的一种研究。实践是人特有的一种运用理智力量的活动，是一种内在目的性的活动。伦理学包含着一种生活者的观点，实践是人的生活的可能的形式，生活者的观点是一种伦理学的基本的观点。概括这些，我们的确可以说，作为实践的研究，伦理学的研究应当从人特有的活动及他的实践性的生活活动来展开，并且以对这种活动的善的理解为中心线索。

一种实践的内在的善或目的就在于那种活动进行和完成得出色或优秀，

① ［英］西季威克：《伦理学方法》，353页。

即它进行和完成得合乎德性或具有德性，实践的内在的目的或善与那种实践活动的德性是同一个概念，它既是实践活动本身的优秀，也是参与活动的人的出色品质、品格的展示。实践与德性的这种密切联系是很自然的：如果实践被看作人的这样的活动，德性也就被看作属人的这样的品质。一般地说，我们不大可能肯定一种实践的出色性质而否认实践者展示着出色的品质，反之亦然。当一项活动主要是为着获取某种外部的目标时，它就不被我们理解为一种实践。

常识道德倾向于肯定德性，倾向于认为一个人在实践活动中展示的这种品性比他的活动所获得的外部目标更值得赞许，这种倾向是人类道德的根深蒂固的倾向。的确，即使在西方，在行为的正当性概念从德性的概念分离出来，成为独立概念的今天，那些基本德性的内容仍然被作为“恼人的”、似乎摆脱不掉的东西而被归结为由于行为的关系而发生的性质，被归入行为的正当性概念。

伦理学所研究的人的生活的善显然不是同人的实践的内在善或德性分离的，它或者被体悟为存在于这种实践的善之中，或者被体悟为离开了它并不成其为人的生活的善，因而与这种实践的善是密不可分的。

将这些相关之点汇聚为一个总体的观点，对这个总体的观点的合理理解是：我们将阐述的是一种基于人的实践的德性论伦理学。

二、伦理学的两个基本阶段

我们对伦理学的讨论试图沿着这样的路线进行：在对基本的伦理学概念的普通用法做必要的考察和理论的分析说明之后，我们将从常识道德的基本题材——交往实践入手，对常识道德的那些确定之点做系统的审视，并基于这种审视阐述一种交往伦理学；在此阶段之后，我们将寻觅人的实践理智的理解及其伴随感情的健全发展可能共同经历的从常识道德觉解的过程，即基于对常识道德的交往伦理学进行哲学批评的审视的伦理学，从交往伦理学走向哲学的伦理学。

在第一个阶段，阐释朝向建立一种基于常识所肯定的人的交往实践中最基本的德性的理解的交往伦理学目标。在这里将表明，由于规训作为每一代人的幼年教育而存在的必要性，这些最基本的德性不仅在受教者那里，甚至也在教育者那里，往往不被感受为德性，而在私人交往生活中被感受为规矩，在公民交往生活中被感受为规则这两类生活规范，这些规范以及作为它们的日常意识基础的常识道德所肯定的最基本的交往实践德性将得到说明。

在第二个阶段，阐释朝向建立一种基于实践的交往伦理学的哲学的伦理学目标，这种伦理学在向着对人的生活的善的可能理解与体验前进。在这里将表明，哲学的伦理学展开的是一个本于人的生活的理解与体悟的发展的空间，实践理智及其伴随的心灵基本感情的和谐发展是获得这种理解与体悟的基本导引，心灵的这两种能力的发展是自然赋予了人的生命力量的一部分，并且要在对基于常识道德的交往伦理学的不断觉解中获得，心智的健全发展以及它在这个广阔空间中的活动的完善与自由不仅值得期求，而且是可能的。

这个阐释在某种程度上是会通亚里士多德主义与儒家学说的基本义理精神，构建一种基于实践的德性论伦理学的努力。[①] 在进行的过程中，我们将在必要的地方对联系的环节做出必要的说明。

三、为什么从对常识道德的批评性研究开始

伦理学或道德哲学的研究应当从对常识道德的批评性的研究开始，可以把这条意见看作一些重要哲学家的共同建议。

第一个例子是亚里士多德。亚里士多德认识到，伦理学研究的出发点不可能是某一个纯粹的第一原理，而是多种不同的原理，这些原理，“有的是通过归纳，有的是通过感觉，有的是通过习惯而获得的”；对这些原理“应当借助”人们的“普遍意见”来研究。[②] 亚里士多德所说的普遍意见有两类：一类存在于哲学家即爱智慧的人们中间，另一类存在于普通希腊自由公民中间。后一类普遍意见可称为这些人们的常识道德。康德也同意这个见解。《道德形而上学原理》的三章的标题分别是：“从普通的道德理性知识过渡到哲学的道德理性知识”，“从大众道德哲学过渡到道德形而上学”，“从道德形而上学过渡到实践理性批判”。这种安排清楚地表明，他认为道德哲学的研究应起于对常识道德的批评研究，止于对纯粹实践理性的哲学批评。按康德的看法，这个顺序体现着“理性对自由的实践应用”所导致的一种“必然性”。[③] 另一个重要的例子是西季威克。他认为道德哲学

---

① 我必须在此指出这本教材只是在这个方面的一个十分初步的努力。所以上面这个说明在任何意义上都不是说，这本教材在这个方面已经达到了某种精深的程度。相反，它的阐释过程将对一切批评开放。但是，如果它在最基本方面的那些阐述能够比较接近于真实，我就十分满意了。我还将希望，如果力所能及，将对这个版本做出修改，以求它可能包含的缺点尽可能减少一些。

② ［古希腊］亚里士多德：《尼各马可伦理学》，1098b3。

③ ［德］康德：《道德形而上学原理》，89页。

应当从对常识道德作批评的研究开始。常识道德是直觉性的，它以尊重德性的方式提供正确行为的准则，并且在绝大部分情况下提供给我们足够健全的实践指导；但是它存在基本的缺陷：它不能提供一个清晰自明的、内在一致的最初原理。①

但是，为什么我们应当把这条建议看作值得尊重的？

首先，常识道德的题材都是人们熟悉的实践事务，尤其是交往事务。常识道德几乎在任何一种文化环境下都具有这种题材的特点。不言而喻，从对常识道德的研究出发同时就是从我们熟悉的交往实践事务出发。常识道德仿佛给伦理学研究提供一种历经文化历史的积淀与筛选的道德观念和伦理判断的集合，使伦理学更容易确定研究的起点。

其次，常识道德是一个交往社会中人们对于熟悉的实践事务的判断与观念的稳定集合。它集合着人们对实践事物的经验的判断，这些判断中通常积淀着既往的伦理学传统的多种多样的成分。所以，常识道德是伦理学研究的重要依据或检验根据。伦理学研究的基本概念与命题，一方面要消除常识道德的内在的不一致，一方面要合于常识道德的普遍意见。

但是，我们不可能内心空白地对待常识道德。常识道德在历史地变化着，不是直接呈现的，我们需要借助实践的观察和哲学的讨论来说明它。从上述三位哲学家对他们各自生活时代的常识道德进行批评的研究而形成的伦理学是如此的不同，我们就可以知道，对常识道德的批评研究并不是一件简单的工作。而且，常识道德仅仅是伦理学研究的重要根据之一。仅仅依赖常识道德并不足以支撑伦理学所需要的普遍性与系统性。

附论：对三种重要伦理学体系的评论

亚里士多德伦理学体系的首要优点是，它是从恰当的界定人特有的实践性的生活活动出发的，这是一种合理健全的伦理学体系唯一合理的出发点。人特有的实践性活动是自然赋予了人的那些特殊原理或始因的特殊展开形式；它的基础是自然的，但是自然不构成对它的充分阐释；它的充分解释在于它的目的因，即内在于这种活动的完善；这种完善既是活动的原因，同时也是活动所追求的实现状态。同时，实践活动的完善也是人自身展示的品质力量的完善，即人的德性的完善。以这种方式，这个伦理学体

① ［英］西季威克：《伦理学方法》，353～376页。

系建立起人的目的与实践的德性之间的密切联系，提出了值得尊重的意见。德性被区分为道德的和理智的：前者通过习惯训导，后者通过教导而生成；它们能够相互和谐地生成，但是人们常常在道德即习惯的方面存在弱点，因而理解的方面与行动的方面不能一致。肯定常识道德的健全的意见是这个伦理学体系的另一个重要优点：德性通常得到常识道德的肯定，尽管真正具有德性的人很少，尽管常识道德的观念事实上缺乏内在一致性；但常识在这一点上是健全的：德性事实上是人可能获得的主要的善，当一个人充分获得这种善时，他几乎也就实现了人的善即幸福。

康德的伦理学体系的主要优点在于，它肯定常识道德在普通情况下的健全性以及它所肯定的德性。这个伦理学体系最突出的特点在于，它坚持从主观方面把从德性概念中分离出来的行为正当性概念表达为责任或义务，并坚持从这个被抽象了的纯粹实践理智的责任概念出发，来理解人的实践。关于康德伦理学体系或许需要做更多评论。康德伦理学体系的第一个阶段是关于正当性即普通义务或责任的形而上学，第二个阶段是关于德性即高阶的、自身即表现为一个目的的义务或责任的形而上学，两个阶段总体上被命名为道德形而上学。在第一个阶段，由于正当性是出于人的"外在自由"即对于外部性的律法的尊重，因此它涉及实物据有法与交换法，因为国家必须尊重地将常识道德所明确肯定的交往方面的这些最根本的德性直接表达为实体法。[①] 家庭、私人交往、公民交易与国家生活的相关内容因此被归入正当性的形而上学。康德以这种方式表明，日常性的交往伦理学不是德性意义上，而仅仅是普通正当性意义上的生活规范。在第二个阶段，德性的义务是出于人的"内在自由"，具有主观地客观的普遍必然性质，尽管它由于自身实践的性质，在某些方面，例如对自身的完全德性责任方面和对他人的尊重德性责任方面，仍然被表达为否定性的德性要求。在总体概念上，从作为普通义务的正当性的道德到德性的义务的道德，清楚地表明了人的道德完善的总体方向。

黑格尔的伦理学体系中，主观普遍性道德的客观化被明确表达为自我意识完善发展的一个独立阶段，并被命名为伦理。因此，人类道德精神的

---

① 正因为这种主要指涉，也因为它在中文中没有恰当的相应语词，这个概念在中文中常常被直接地翻译为法、法权、权利。我坚持认为，从正当的行为和事务来理解它至少更接近于它的本意。所以，我将只在明确限定了的与法律直接相关的意义上使用权利这个翻译。

完善表现为从仅仅作为意识的道德到主观普遍性的道德再到客观化的普遍性的道德即伦理的总方向。但是，黑格尔把这整个发展置入关于普通义务或责任的正当性形而上学之中。在这个体系中，按照黑格尔的习惯表达方式，第一个阶段被命名为抽象正当性；第二个阶段，即从仅仅作为意识的道德到主观普遍性的道德，被命名为道德；第三个阶段，即客观化的普遍性的道德，被命名为伦理。在伦理的阶段，家庭、公民交往、国家生活被表达为三个基本阶段。① 由此可以说明两个问题。首先，在黑格尔的体系中，伦理学属于关于正当性的哲学，是普通义务学说的一部分。这一点部分地说明了黑格尔为什么在这个体系中很少谈到德性。其次，一个也许值得提出的问题是，由于伦理是主观的普遍性责任的客观化的阶段，高于道德而在正当性形而上学中居于最高阶段，黑格尔可能或者认为德性是不值得以哲学的方式专门谈论的题目，只属于常识的观念或者事实上是精神的前哲学阶段的观念，尽管这种判断与黑格尔在《哲学史讲演录》中的叙述不一致，或者他实际上在内心里准备在关于正当性的哲学之上专门讨论德性形而上学，无论他是否明确地表达出来，看来两者必居其一。

我们将略过对其他伦理学体系的评论。因为事实上，每一个认真表达的体系都是特别的，然而缜密地考察每一个伦理学体系属于一种伦理学体系的比较研究，而不属于对一种伦理学体系的阐释。但我们有理由说，这三个体系属于最为重要的伦理学体系。的确，从总体上说，它们是广泛深入地影响人们对一种伦理学体系的理解的最主要的东西，考察了它们，我们就没有漏过最为重要的伦理学体系。②

思考题：

1. 我们的日常观念和常识道德具有哪些主要的性质？
2. 基于实践的德性论伦理学的主要出发点是什么？
3. 对这种伦理学的阐释为什么从对常识道德的批评性的研究开始？

---

① 如人们熟悉的，这个体系被翻译为《法哲学原理》，也被习惯地理解为法哲学原理。

② 这里所指的，是哲学的伦理学的一种，即规范伦理学的体系。元伦理学，由于一方面使伦理学抽离了生活者的观点；另一方面坚持拒绝研究关于人的生活的善的实质性的问题，仅仅是一种空虚的哲学伦理学的观点。所以，在这两种哲学的伦理学中，规范伦理学更适合哲学伦理学的名称。

第七章　交往

第一节　交往作为基本生活活动

一、何谓交往

交往是人们彼此联系的活动，是人的最基本的生活活动。人的生活可以简单地称为交往的生活。交往的生活具有实践的可能性。就是说，交往的生活对我们来说通常是实践的，我们通常可以感觉到好的交往和坏的交往的差别，并且期望发展好的交往。所以，在这里我们通常称交往的生活为交往实践或交往生活的实践，并且是最重要的实践。实践可以是单个人的，尽管最重要的实践都是人们以通过交往达到的协调进行的。人是既可以独处又可以过群居生活的动物。亚里士多德说，人是政治的存在物，注定要过政治的生活。[①] 在交往即彼此联系的活动上，实践有经济的、政治的和精神或心智的交往等不同的层面。

社会的和政治的生活是交往的。交往是人们借助语言和相关行为彼此交流和联系的活动和活动所产生的关系的总称。就人类的生活离不开群居的或交往的活动这点而言，交往实践，或简单地说，实践，是人的生活最基本的活动。当然，这指的是人的生活的一种最基本的可能发展形式。

交往是人们以相互可理解的方式彼此联系的活动。交往是人与人之间、团体与团体之间借助语言和相关行为以相互可理解的方式彼此联系的活动和关系。交往在任何时候都诉诸交往双方可以理解的背景，借助于相互可理解的方式。在交往中，每个交往者使用着对方通常可以理解的语言、暗示，这些可理解的表达在双方间产生交流互动，使双方的活动彼此联系起来，达到某种协调或默契。

所以，交往活动总是人们为着和平、安全、有秩序的共同生活而彼此联系的活动。交往不是寻求冲突和争斗，而是寻求相互的接近、协调、默契。所以，暴力交往不是本义上的交往。因为，借助暴力的交往，例如一个人对另一个人、一群体对另一群体的侮辱、攻击和剥夺的行为，它们都

---

① ［古希腊］亚里士多德：《政治学》，1253a3。

不是以相互可接受的方式进行的，而是走向冲突和争斗的，这就意味着交往的终结。

交往又是寻求共同理解与感情沟通的活动。这在心智的（感情的和理智的）交往中表现得最为明显。心智的交往尤其是以寻求关于哪些事物是善的、哪些行为是有德性的或正当的共同的理解与沟通为目的。在心智的交往中，协调地行动仿佛不再是一个显现出来的目的，不仅因为它可以自然地实现，而且因为建立共同的理解与感情沟通成了交往者关注的中心，成了唯一或主要的目的。与经济和政治层面的交往一样，心智的交往也是借助语言媒介。不过，在经济与政治的交往中，人们更多的是在坚持自己的中心地位。在心智的交往中，人们更愿意敞开心灵，容纳来自其他心灵的健全理智与感情。由于这种交往除语言（文字的与身体的）外别无媒介物，语言成为这种交往的基本土壤与舞台。①

二、交往的目的

一般来说，人类的交往活动是为着和平、安全和有秩序的共同生活。这是内在于交往活动的一般目的。在没有特殊目的或者特殊目的不具有主宰性的活动中，这种目的被人们意识到并被理解。

但是，交往活动属于具体的事物。具体的交往可能为着某种特殊的目的，例如为着商业的、政治的、军事的目的等等。在这类交往中，我们就看到两种目的。一种是对交往和交谈活动而言是外在的目的，即商业、政治、军事的目标等等；一种是交往和交谈活动本身所含有的目的，即求得共同的理解、沟通与协调。广而言之，寻求和平、安全、有秩序的共同生活，这是内在于交往活动的目的。而在商业、政治、军事的交往活动中，这两类目的交织着，外在的目的表现为主导性的。

心智的交往，例如为着友谊的共同生活，为着心智的沟通或理智的发展的交谈等等，没有特殊的外在目的。在这类交往当中，交往的内在目的，即寻求共同理解和心智的交流和发展，表现为基本的目的，那种更广泛的目的——和平、安全、有秩序的共同生活，也自然地被人们意识到和理解，被看作是实现交往的内在目的的基础。

---

① 我在下述三个基本问题上汲取哈贝马斯的观点：第一，交往的行为以相互可理解的环境因素为背景；第二，交往行为寻求着协调与合作；第三，交往行为也寻求着建立共同的理解（［德］哈贝马斯：《交往行为理论》第1卷，99～100页，上海，上海人民出版社，2004）。关于与哈贝马斯的观点的主要不同处，将在第四章第二节第四目中提出。

但是，有些交往是直接的，有些交往是间接的。直接的交往是指具体的，即在同一时空中两个主体（人或团体等等）的、当下的交往行为。间接的交往，是指通过中介者的交往，例如通过政府、市场和传媒信息的中介而发生的所有同他人的交往。这种交往是实际发生的，但是它是间接而不是具体的交往行为，它诉诸语言和行为，但不具有当下的相互回应。在间接的交往中又包含着交往者同中介者的直接交往。

显然，在每一层交往中，具体的目的都相互不同，外在的目的与内在的目的也以更复杂的方式相互联系。与这种复杂的多层面的立体的交往活动关系相对应，也存在着多重的、多向度的目的的交织与复合。通过国家、市场或传媒的中介，一个商业的交往行为的特殊目的同交往所内含的一般目的，以及中介者所加入的目的，例如管理公共事务的目的或宣传的目的，交织到一起。心智交往行为内含的目的也可能同这类外在性的目的交织和复合，呈现出复杂的状况。

三、交往与语言和交谈

交往是交谈的和通过交谈的。语言是人与人交往的基本媒介。交往行为是通过言语行为进行的。人类的语言是人所特有的具有丰富表达能力的信号系统，这种系统在人类历史的交往生活中经历着自身的发展，成为完善的、但不断在丰富着其内容的体系。

其他动物也有交往活动，并且也有某种信号系统。但是动物的信号系统没有历史地发展，动物使用其信号的能力也没有历史地发展。交往语言和使用语言的能力只在人类中获得了这种发展。

交往在本义上是具体的交往行为，是两个人和更多的人当下共同参与的活动。在本来意义上，交往是交往者借助共同可理解的语言而互动互构共同的理解或默契的活动。在心智的交往活动中，这种特征表现得最为充分。因为心智的交往在寻求建立共同的理解和达到感情的沟通之外，不存在其他具体的目的。在这种交往中，交往者借助语言所共同的理解背景，在以可理解的方式表达和相互理解各自的新鲜见解的基础上互予互补，互构彼此的理解、观念、个性，互构彼此的主体性。

从实践伦理学的视角看，人的主体性基本的构成因素是他的目的系统和他的选择品质。人的目的是人在幼年时从成人社会中通过教育与训练而接受下来的。成年人一方面通过交往和各种学习调整着自己的目的系统，校正自己的选择品质；另一方面将对于这些目的与选择品质的理解传递给下一代人。交谈是人们调整自己的目的系统与选择品质的重要途径。人们不断尝试通过交谈表达对目的系统与选择品质的理解，以及表达就这些理解进行交流和发展这些理解的重要性。

实践的交谈是常识道德积淀的基本方式。这种交谈是对于具体交往事务的，但是我们倾向于通过某些简单的具有普遍性的表达来说出某种道理，使我们的理解获得进一步发展。在日常的实践交谈中，我们更清楚地感觉到所共同理解的东西即常识道德对于我们对交往的日常理解的影响，并且感觉到通过这种交谈，我们实际上相互塑造着对常识道德的新理解。

附论：对哈贝马斯交往行为理论的批评性评注

(1) 哈贝马斯将交往行为与目的（策略）行为、规范行为、戏剧行为相分别，把它单独界定为反思的、旨在建立共同理解的交谈行为。首先，这使得交往行为成为一种哲学的活动，而不是一种日常实践的活动。日常的交往行为并不是反思的。日常的交往行为具有使人们作为交往者互动、互构主体性的作用，但这是基于日常意识，而不是基于反思的。日常意识的特点在于日常的重复性而不是反思。日常的交往行为也不是没有目的、规范内容的。日常交往行为尤其是在日常的经济的、政治的目的性活动方面的交往行为：我们在这些活动中处理怎样对待其他人、怎样与他们沟通并寻求协调的问题。当我们在通过某种相互理解的背景并以某种相互协调的方式从事经济的、政治的目的性活动时，我们并不认为这些活动是非交往性的行为，或是在交往行为的范畴之外。日常交往行为也包括更高的心智水准的交往行为。在这样的交往活动中，我们关切于实践的内在的目的，以及更为广泛的实践问题——应当把哪些事物看作善的，应当把哪些行为看作正当的（一个人应当怎样对待自己、怎样对待其他人），关切于在这些问题上同他人的沟通并寻求共同的理解。但是，哲学的、反思的交往仅仅是交往互动很小的一部分。

(2) 其次，哈贝马斯在目的（策略）行为的概念中，一方面容纳了生产性的外在目的性活动与非生产性的外在目的性活动；另一方面容纳了外在目的性活动与内在目的性活动，这使他不能充分表达亚里士多德表明的劳动生产与实践这两种不同的目的性活动的区别。我们已经基于亚里士多德的看法，把理论、实践、劳动理解为人的运用理智力量的三种基本活动。基于这种理解，实践与劳动的主要区别表现在，劳动的目的是外在性的，实践的目的是内在性的。但是，我们不准备把问题简单化。我们在实践的活动中区别出经济的、政治的、军事的、管理的等等交往行为，并且指出这些交往行为同样具有外在目的性。在具体的交往行为中，通常只有艺术的、教育的、自治社团的、友爱或友谊的和交谈的交往才具有比较明显的内在目的性。但是，我们可以基于一种亚里士多德主义来说明，内在于经济的、政治的、军事的、管理的活动的善并不必定从属于外在目的，因为那种内在的善相对独立地构成目的。例如，一场竞赛可能仅仅是为着取胜的荣誉或报酬，但这种竞赛活动所内含的精彩或完美并不从属于那种外在目的：一场比赛可能实现了取胜的目的但并不精彩。然而在劳动中，内在于劳动活动的技术或技巧则从属于外在目的——产品。在实践活动中，仅当一个与内在目的不同的外在性目的处于主导地位，因此那个内在目的由于不主导行为而被淡化、边缘化时，活动才具有了单纯的技术性、策略性，简言之，才具有了单纯的手段性。在这个意义上，这类活动也不真正构成实践。实践是这样一种运用理智力量的活动：内在于活动的目的构成活动的基本目的，需要我们运用理智力量来完成和实现。

第二节　交往共同体与交往社会

一、交往共同体与交往社会

交往生产着交往者的彼此联系的活动，使交往者获得共同的语言和共同的理解，并协调着他们的共同活动。交往也生产着共同体，并同时生产着共同体与成员的关系。共同体和共同体与成员的关系是一对相互联系的范畴。一个共同体被它的成员看作他们的共享的善观念、德性观念、权威、荣誉、信念和约束的资源。一个人只有当把自己视为其中的一个成员时，才把那个共同生活群体视为一个共同体。他也只有在把他所在的那个共同生活群体视为一个共同体时，他才把自己视为其中的一个成员。

因此，共同体成员之间的交往也塑造着他们共有的善恶感、正义感、社会感情、友爱与忠诚。把自己看作同一共同体的人们都具有共同的爱憎与是非观念。最为明显的例子是部落共同体。家庭也常常被作为这样的共同体存在的印证。

不过，在当代的讨论中，现代生活被普遍认为是缺乏这种意义上的交往共同体的。政治的国家不被认为是共同体，因为人们不再享有共同的善恶感与德性观念等等，更不会承认甚至意识到他们有这样的共同资源。甚至家庭也会被认为是享有不同的善恶感与德性观念的个人聚合的场所。这种观点根源于这样的生活事实：在交往实践的历史演化中，善的概念、德性的概念都多样化、个人化了。交往的共同生活因之丧失了寻求对善和对德性的共同理解的性质，而成为个人的个性自由的表达。这在政治社会的例子中表现得最为充分。政治的社会在今天完全不被看作政治的共同体，因为它的确已经是人们借助公共事务问题展示自己个性的领域。

我们可以把更广泛的交往领域，包括通过市场和政治制度构筑的交往领域，称为交往社会。一个交往社会是一个具有某种共同可理解的文化与制度背景的社会，通常以政治社会的界限为自然的界限，但是的确也存在超出政治社会的交往社会，因为共同的文化是交往发生的重要原因。交往社会不仅包含一些交往共同体，而且包含各种间接性的交往，和各种偶然的、松散的交往。更为重要的是，一个交往社会是一个各种交往，尤其是公共性的交往，可能发展的土壤和舞台。公共性的交往似乎只有在这个土壤和舞台上，通过市场，通过公共权力构架起的制度，通过文化媒体造成的文化联系，才能充分展开。

交往社会与交往共同体的一个重要区别从这里就可以看出。交往共同体的成员不仅有共同的关于行为是非的观念，而且在重要的善恶观念上（首先是在德性观念上）有共同的观点，或者容易达成共同的观点。与此对照，在一个交往社会中，人们在基本的行为是非方面存在或力求获得共同的观点，但是在善恶观念尤其是德性观念上，人们已经习惯于各自持有不同观点，并且，人们不容易也不期求达成一致的观点。的确，在一个共同体之中，人们期求在重要的善恶观念、尤其是德性观念上获得一致的观点，一个共同体的成员以这样的观点将他们自身同共同体之外的人们区别开来；而在一个交往社会的公共交往舞台上，人们以展示自己的个性的善恶与德性观念作为标识自己独特存在的方式，不仅不期求在这些观念上获得一致，而且把善的观念的多样化与独特性作为最重要的价值来欣赏。

二、交往共同体的类型

总体来说，在人类社会从古代文明向现代文明发展的进程中，曾经存在的各种自然的交往共同体，原始人群、部落、家族，都逐步解体了，代之而起的是范围或大或小的政治的交往社会，和在这些社会中以或大或小的范围存在的文明的交往共同体。在最通常的意义上，存在于一个现今交往社会中的交往共同体包括以下的交往群体形式：

(1) 家庭

家庭也是自然的交往共同体。家庭并未在迄今的现代文明进程中解体,但是它已经在这个进程中边缘化了。这是说,家庭在今天的大多数社会,已经不再是生活的主要场所和舞台,这个主要舞台是由现代技术、管理、国家组织、市场和媒体以制度形式构筑起来的现代交往社会。

家庭由三种主要的交往关系——夫妇关系、父子关系、兄弟或姐妹关系构成。家庭共同体具有一些重要的特质:a) 自然的互助关系。由于血缘关系和自然的抚育关系,家庭成员间具有最为自然的互助关系。b) 互爱。由于享有最多的共同生活,家庭成员间享有最密切的互爱感情,共享的家庭荣辱感,并保持着相互间的忠诚和团结,这是家庭共同体的显著特点。c) 自然的不平等。家庭成员间不存在法律社会中公民之间的那种严格的平等关系。相反,主要是由于血缘关系和在自然抚育关系中作用的不同,父代成员与子代成员在家庭中的关系并不是平等的:父代成员通常处于更重要、更具有权威性的地位。d) 特殊主义。家庭中每种相互交往关系都是特殊的、独特的,在每种交往关系中,这一方同另一方的关系同另一方同这一方的关系不同。各成员间的感情关系也都具有个别性和独特的相互回应性的特点。这些特质是构成家庭共同体的本质的东西。

(2) 朋友与伙伴关系

朋友或伙伴群体是从家庭中的兄弟关系中扩展出来的私人亲密交往共同体。朋友或伙伴关系之所以如此,其原因也在很大程度上是自然的:在家庭之外,一个人从牙牙学语时起,总是并且也最容易与自己年龄相近的伙伴们开始交往。在过去的时代,朋友或伙伴关系通常指过着秘密的共同生活以实践某种信念的私人团体的成员之间的关系。在现代社会,朋友或伙伴关系仅仅是指在交往非常亲密的私人之间的关系。这种交往共同体显然不如家庭那样紧密。但是,与家庭的情形相似,在彼此看作朋友或伙伴的人们之间都存在互爱互助的感情和行为,存在着彼此的忠诚、共同的荣辱感,甚至共同的善恶观念与德性观念。同时,在朋友中间,每种交往关系都具有独特的性质并内含着独特的相互要求准则。但是与家庭共同体不同的是,伙伴关系是平等的。朋友或伙伴之间通常都由于共同交往的密切程度而具有某种或某些共同的善恶观念和德性观念。

(3) 村落

这里所说的村落,不是指全由可自由迁徙的人们构成的乡村社区,而是指以家族聚居方式形成的、基本上是非自由迁徙的乡村村落。一个人在家庭和朋友关系之外通常延伸出的由邻里、同事、同乡、亲戚等构成的交往圈是对于一个人来说最为重要的私人交往社会，具有一种准交往共同体的性质。我们说这是一个准交往共同体，是说这个交往圈中的交往关系已经不像朋友和伙伴关系，当然更不像家庭那样密切。但由于交往的频密性，这个熟人圈构成我们日常交往关系的重要部分，因而不同于那些仅仅是偶然发生的交往关系。

在中国，对生活在乡村的人们来说，由家族聚居自然形成的村落通常是最重要的准交往共同体。家庭是私人交往社会的最坚固的内核。在家庭外围是同家族的亲戚与朋友、近邻构成的交往关系。同村人的交往关系是这个交往圈的第三层。它们共同构成着对村落的人来说最重要的私人交往社会。村落构成村落中的人们日常交往的界限，这种交往是经常性的、直接的。所有与生活环境和方式有关的文化要素造就了人们共同的生活经验，这种共同经验甚至使得文字连同语言都在这种交往中是多余的。① 这种稳定的日常交往中塑造出一些共同的风俗习惯，这些风俗习惯，连同构成它们背景的地域性文化，使在这种环境下生活的人们形成一些重要的共同的善恶观念，甚至某些共同的伦理规范和德性观念。

（4）社团

在今天，基于共同利益的经济组织，基于共同兴趣、爱好、信念的社团，和基于共同宗教信仰的教友组织，似乎是人们自愿加入的交往共同体，至少，我们现在习惯于这样看待这类交往组织。这类交往共同体介于日常的交往共同体和政治社会组织这两者之间。在经济组织中，共同的外在目的把人们的行为和活动以系统的方式组织起来，以期实现这些目的。在兴趣、爱好、信念共同体中，外在目的的主导地位让位于基于共同的旨趣与信念的实践所具有的内在善。成员们通常享有某种共同的善观念和德性观念，这是使他们感受到自己的存在价值和使他们自豪的基本源泉。同时，感情是这类自愿的共同体的重要联系纽带，独特的感情联系仍然起着重要作用，尤其是在一个社团最初建立的过程中。但是，由于社团成员间的基本关系是法律的关系，平等的公民身份在这里是交往者的基本的身份，独特的感情纽带尽管存在并起着重要作用，这种感情却在一个持久存在的社团中趋向于隐退，并代之以无个性的联系。

但是，另一个因素在这里发展了。旨趣与信念在社团的活动中成为一种

① 费孝通：《乡土中国·生育制度》，17页，北京，北京大学出版社，1998。

重要实践：这种实践的内在的善成为社团的成员们展示他们个性和品质魅力的舞台。这种善是不断拓展的，因而扩展着成员们发展个性和品质魅力的空间。旨趣性社团在这个基础上形成新的善观念与准则，以及基于这些观念与准则的新的权威。这种属于自愿社团的实践具有双重的性质：它们是内含着某些特殊的善和善观念的，又是基于普遍的公民关系的。

三、交往共同体与交往社会的交往条件的特性

任何以及持久存在的交往共同体，无论自然的还是文明的，以及更广泛的交往社会，都依系于某些基本的交往条件而得到理解和维护。这种理解和维护常常是借助风俗、习惯与教育，而由一代人向下一代人传递，并在这种传递中，也许是以种种不相容的意见、观念和判断的杂集的方式，积淀在常识道德中。不过，我们先来概括哲学家们的考察。

（1）相互性

相互性是指共同体成员或交往社会的人们之间的感情、信息、活动的交往必须在一定程度上具有可转换性，在交往行为中，每一方对他方的要求对自身也同样有效，否则一个共同体就不可能以它原有的方式继续其存在。交往活动，不论在何种水平上，都具有相互性。首先，交往者具有与交往对象互动的意向性。如果不存在此种意向性，交往，至少狭义上的交往，就不会发生。其次，交互性似乎也在某种程度上构成某种目的。因为，交往所达到的相互性构成一种交往的现实性，这种现实性是一个单独的、不交往的人不能够获得的。

如人们所熟知的，哈贝马斯把这种相互性构成的交往的现实性称为“交互的主体性”或者“主体间性”，就是说，这种现实性是交往者各自以主动的方式共同构建的，因为，“一种互动要想成功地付诸实现，参与者相互之间就必须达成一种共识”[①]。在这种相互地构建的主要是精神的、心智的交互关系中，每个交往者都在那种精神性的交往现实性中留下自己的特质的痕迹，并吸纳了来自另一方的某种特质，构建了自己新的精神的现实性，尽管这个交往者精神性的交往的现实性仍然同另一个交往者的有所不同。这种由交往者互动地构建的现实性不同于交往外的解释者所解释的现实性，因为交往者寻求通过沟通互动地建立共识，而解释者并不寻求这种共识。[②]

---

① ［德］哈贝马斯：《交往行为理论》第1卷，106页。

② 同上书，106页。

亚里士多德注意到这种相互关系既可以基于双方对称的社会和精神特质上的要素，也可以是其中一方处于优越地位。平等交往的基本德性是以对等的要素交换，不平等的交往则要交往者通过可调动的资质使交往“平等化”。这在自然的共同体中通常是感情与尽本分的行动，在政治的共同体中通常是荣誉，相互性要求在地位不同的交往双方表现出不同的德性。① 亚里士多德还注意到，对称的要素既可能是本身接近的，例如两个好人的交往中的善或德性，也可能是不近似的，例如两个公民的交往中的利益或有用性；以近似的对称要素交往的人会通过交往达到更大的共同性，以不同的对称要素的交往只达到相对较小范围的共同性。②

（2）真实（诚实）性

真实性是指共同体成员相互传达的信息，必须在一定程度上具有可依赖性，否则在成员间便不可能有任何活动上的相互理解和协同。真实性表现为交往共同体的这样一些要求：a）人们在交往行为中要求获得真实的信息，并且这种要求被看作是共同理解的一个要素；b）真实性同表达者的表达、同他和听者共有的环境的一种真实的、无曲解的关系有关，无曲解至少是就表达者无曲解的故意这一点来说的；c）尽管有表达程度上的差别，真实性同时同表达与表达者的内心世界的一种真实的、无曲解的关系相关，无曲解在这里是就表达对于表达者的内心世界向他真实显现的状态未加曲解来说，这种关系对于听者具有意义。③

上述第三层关系通常被表达为真诚或诚实性，在这层关系中，常常包含有第二层关系——表达同一个生活环境的真实关系，因为，一个人的内心世界包含着对他和他的邻人们同他们共同的生活环境的关系的报道。无论在中国还是西方，真实性的这两重意义在古典文明传统中都是未加分别的。中国人的“诚”的观念是最为明显的例子。按照儒家的学说，“诚”不仅是心灵的未受曲解的状态，而且就是世界本然的状态。质言之，世界的本然的状态正是要借助未受曲解的心灵来显现。④ 亚里士多德也同样认为，

① ［古希腊］亚里士多德：《尼各马可伦理学》，1132b33－1133b27。

② 同上书，1156b33－1157a4。

③ 哈贝马斯把交往中陈述语言的真实性看作交往的第一个有效性要求。哈贝马斯写道，“在交往行为中，互动本身从一开始甚至就取决于，参与者相互之间能否在主体间性层面对他们与世界的关联共同做出有效的评价”（［德］哈贝马斯：《交往行为理论》第1卷，106页）。

④ 《中庸》：“诚则明也，明则诚也。”《大学》：“所谓诚其意者，毋自欺也。”

世界的本然状态恰恰在一个好人的心灵那里表现得最清楚，所以，一事物在好人那里被感觉得怎样，它本身也就是怎样。[①]

在现代思想中，不难理解，这种总体性的真的关系被分析为真实和诚实（真诚）两重关系，因为世界被分解为多重意义的世界。[②] 这样的分析诚然对从科学方面的思考有帮助。但是，如果伦理学研究的就是人的实践的事务，如果伦理学中所研究的真就是人的实践事务上的真或确定，我们就有充分理由回到亚里士多德主义的理解上：客观世界也就是实践事务世界的本然的性质或状态，而实践事务的本身的性质在德性的或真诚的心灵那里被感觉得最真实、最充分、最正确。

（3）正当或适合性

在康德之后，尤其在英美哲学家当中，正当的概念是在所说的行为同那个交往实践环境，同对于它具有某种约束性的相关行为的关系的适合、适宜的意义上被使用的。说一个行为是正当的，是说它 a）满足它所处的同其他相关行为的关系的那种（那些）特有的约束性、责任或义务、要求、承诺等等，并且是 b）对待行为者自身或相关他人的一个适度的、合宜的、正确的行为。

概括地说，正当概念是被这样使用的：正当性是交往实践对于一个行为的要求[③]，是对于行为对一个交往社会的环境的适合、适度、适宜的要求。这种要求是行为的当事人感觉到、意识到的，也是他感觉到其他人也同样感觉到、意识到的。我意识到我如果这样做将是适合的、恰当的，如果以不同或相反的方式去做将是不适合、不恰当的；对另一个人的行为我

---

① ［古希腊］亚里士多德：《尼各马可伦理学》，1113a30－31。

② 最重要的例子是哈贝马斯。在他的《交往行为理论》（第 1 卷）中，对交往参与者而言的世界被分析为三重的——作为一切实体的总体性并使真实的表达成为可能的客观世界，作为一切正当人际关系总体性的社会世界，和作为只有言语者才特许进入的经验的总体性的主观世界；在这种分析中，真实性被分析为表达同客观世界的相合的关系，诚实（真诚）被分析为表达同表达者的主观世界的相合的关系；交往参与者被理解为“对三个世界中行为语境的不同因素进行归整”（［德］哈贝马斯：《交往行为理论》第 1 卷，100 页）。

③ 确如布劳德所说，正当是可以对感情而言的，例如我们说爱是对父母的正当的感情，同情与帮助是对于受到不应得的痛苦遭遇的人的正当的感情（［英］布劳德：《五种伦理学理论》，135 页）；并且布劳德是依据亚里士多德的，因为他说德性同我们正确地感觉事物有关。但由于德性观念的历史演变，在道德哲学讨论中具有最基本的重要性的是行为的正当性。

同样地有这样的意识。同时，这种适合与不适合也是他周围的人们感觉到、意识到的。同时我会意识到，不仅我意识到以某种方式做一个行为是不适合的，我周围的其他人，如果与我同属于一个交往社会，也有这样的意识。因为在一个交往社会里，相反的行为被感觉为不正常、不自然，同时也令人不愉快。在现代社会的生活中，由于正当的行为同一种被共同理解的好生活的联系变得疏远甚至截然分离，行为的正当与不正当在常识的层面就变得仅仅同行为自身有关。而且，正当同任何目的的联系都使它变得专断和任性。

四、常识道德两种特点之间的关系及其含义

常识道德具有肯定德性与关切行为的正当性两个特点。但是，我们还没有解释常识道德这两个特点之间的关系。我们的确需要说明这一点，因为，初看起来，它们并不是对每一个人都显得是必需的。

在我们关于伦理学说的历史演变轨迹的说明之中，已经隐含了一个基本点，它与理解常识道德的这两个特点之间的关系是相关的。这个基本点就是：在人类的实践性观念的发展上，德性观念在总体上比责任或义务观念更古老，当然也比正当观念更古老，因为正当观念，是经康德而从责任概念中抽象出来的。所以，德性观念比正当观念更原初，内涵更丰富，它对正当观念具有说明的意义。

这样，我们就容易理解常识道德的两个特点之间的关系。常识道德倾向于肯定的德性，是人类社会中最古老的关于交往实践的德性的观念留下的印迹。它是这样一种观念，它把交往实践的德性理解为同交往实践的那个基本的目的，即交往所欲获得的那种内在善——和平、安全、有序的交往——直接地联系在一起，或者，把这两者理解为同一个事物的两个彼此联系的方面。今天被分析哲学家分析为人类基本交往条件的特性，在人类开始能领会这种实践之初，是被理解为人类交往实践本身的最基本、最必要的德性，而且，这些德性是同对这种交往的内在的目的不加分离地一道理解的。的确，和平、秩序与安全，是人类交往实践对每个人、每个群体都既被视为这种实践的内在的目的，也被视为这种实践的德性。因为，舍此之外人与人之间，人群与人群之间，国家与国家之间，便只存在暴力与战争，然而这两者向来（除非在非常反常的意识中）不被常识道德理解为交往的实践。相互性，或者这种实践对交往者双方相互有益的性质，在古代希腊人或那个时代的许多其他民族那里，不言而喻地被理解为包含于交往实践的目的与德性之中。的确，在最初的和平交往中，这似乎是必需的。

现在，由于这种目的与德性的理解不再具备，相互性才被仅仅看作交往实践必须具备的一项条件。与此同时，真实（真诚）性则被看作这种交往始终需要具有，并且多少与相互性不同，也一直被人们理解为是使这样的交往成为可能的属于一个交往者自身的品质。正当性则是人们作为交往当事者确认一种交往的行为没有违反最基本的相关德性的观念，显示这个行为并非在德性上是负值的这样一种性质。

这样，在西方，由于不仅关于好的生活的共同观念，而且关于德性的共同观念，都逐步淡出人们的观念，关于人类的交往实践的最基本的德性观念就同样变得淡薄和朦胧了。在理解人类的交往实践方面，它不再是清楚明晰的观念。于是，思想家们感觉到澄清的需要，并且经过一代代的积累，形成了关于被朦胧地领会为德性的东西或者是人类理智所先验地确定的规定性，或者是人类交往实践的条件的性质，这样两种不同的认识。由此产生了这样的后果，合乎这两种条件的行为，不再被看作德性的，而被看作是达到了某种要求的、没有做错的，简言之，被看作正当的。而既然正当都是说行为的，常识道德自然就变得尤其关注行为上的正当。

作为对照，在中国儒家学说中，没有分离出这个变得狭窄的正当性的概念，我们发现相关的是“义”与“直”两个意义上远为丰富的德性观念。在中国思想中，“义”的语源学的意义是以干戈护卫财产，同利益的界分与平衡、越界行为与矫正有紧密联系。儒家以“义”与“仁”共同构成道德德性的核心。“直”在儒家看来是低于德的，所以，孔子说我们应当以“直”报怨，以德报德。① 但是，儒家也依据《尚书》的解说把“直”理解为一种德性，一种表明一个人的心性气质守正不偏的品性。所以在儒家学说中，“直”是比较初步的德，低于以“仁”为核心的那个德，因为“仁”才是心性守正的目的所在。

我们的确只能够从人类实践观念的演变轨迹常识追索它所述说的人类生活史。但是，如果我们上面的说明可能使我们更接近对这些观念演变轨迹与这个生活史的相关性的理解，那么我们对于常识道德的两个特点之间关系的含义的下述理解就得到了进一步的支持，即，既然德性观念更为古老和含义丰富，既然这个观念在西方虽然变得淡薄但是没有从生活的观念中消失，既然这个观念在东方社会仍然是如此有影响心灵的力量的生活观

① “或曰：‘以德报怨，何如？’子曰：‘何以报德？以直报怨，以德报德’。”（《论语·宪问》）

念，那么，常识道德肯定德性的倾向就似乎是更为根深蒂固的，尽管它的确更为朦胧。的确，由于思想家的工作，正当性的概念在西方就如从这个最古老的观念之根上而发生出来的一条“次生根”，它不仅需要时常追溯到它的生命的前史，甚至它的生命力都不能够最终地脱离那条古老的根。

思考题：

1. 什么是交往？什么是交往共同体、交往社会？

2. 共同体与社会的交往活动有哪几个最基本的条件？

3. 试说明共同体与社会的交往活动的最基本的条件与常识道德具有的两个特点之间的关联。

第八章 家庭共同体的性质

第一节 作为自然共同体的家庭

一、家庭在今天的际遇

一种普遍的观察是，家庭在今天不再是我们生活的主要舞台。但是，也许没有人否认，家庭对于一个人，对于一个人的感情与行为习惯的正常发展，对于他学习怎样同他人相互交往，尤其是在他成人之前，仍然是十分重要的。

我们可能倾向于这样来观察：尽管在大多数社会，市场经济与公共交往领域的扩展都是不可逃避的，家庭在今天人类的社会生活中仍然是一个自然的生活共同体；尽管无论东方还是西方家庭在这个过程中正无可避免地在边缘化，家庭仍然是人们的私人生活方面最重要的生活共同体；尽管在今天的社会交往环境下家庭的结构无可避免地在核心化和多样化，家庭也仍然是人们在私人交往生活中最牢固的交往共同体；尽管在这样的变化中由于法律的、社会的因素的渗入，基于家庭成员的亲密共同生活而形成的家庭友爱被削弱、甚至被毁灭，家庭在今天，至少在人们关于家庭的观念中，仍然被看作是由亲情之爱纽带联系起来的交往共同体。

简单地说，家庭被我们看作这样一个自然的、最重要、最稳固的，由亲情之爱联系起来的生活与交往共同体。的确，家庭是人的第一个生活共同体、第一个生活场所，也是人获得他的早期教养的第一个生活课堂。即使在今天的社会生活环境下，家庭对于我们仍然是重要的。我们的确可以说，一个具有正常家庭环境的人在与其他公民的交往方面，在面对和处理社会公共性事务方面具有更健全的品质。大概也没有太多人反对，一个人，无论他可能在科学、艺术、商业或公共政治方面能够展示何等出色的才能和成就，他都仍然与一个家庭的生活联系在一起，并且通常来说，需要一个他自己的尽可能安全和睦的家庭。

二、作为自然共同体的家庭

家庭这个生活与交往共同体发生的原因，是男人与女人间最为自然的相互吸引把他们引向一种共同生活。男人与女人的相互吸引，泛言之，类同于一种生命物中雌雄两性间的相互吸引，是自然界最了不起的创造之一。

在人类文明的一定时期，这种相互吸引非常自然地把一个男人和一个女人引向互助地过一种共同生活的愿望。当一个男人和一个女人由于这种相互吸引而开始过一种共同生活时，当这种共同的生活所创造的必需品及其他被看作财富的东西被社会承认为属于那个男人和女人而不属于其他个人时，一个家庭便开始形成。①

显然，男人与女人以这样的方式开始的共同生活对于他们而言都比单独地生活更好。而且，我们似乎会同意，这样的共同生活通常也意味着在实现着对他们而言的更好的生活。子女是一个男人和一个女人的共同生活的自然结果。当一个新的生命随着这种共同生活而降生时，这种共同期求的好的生活就有了新的内容，即那个新的生命的健康发展和成长：不仅是身体的，而且是心灵和灵魂的。

在多数情况下，家庭是一个人经历的第一个也是最重要的一个生活共同体。我们在这个生活共同体里形成同生养我们的父母的一种最为自然的依恋感情。我们在这个生活共同体里经历同生养者以及同兄弟姊妹的交往生活。我们在这个生活共同体里学会理解自己是一个独立的人，了解人生世界中还存在许多的其他人。我们也最先在这个生活共同体里学习理解，通过父母和其他成年人的引导，我们作为一个人生活就必须同其他人共同生活和交往，并且在这里开始学习同他们交往的方式。此后，我们才开始学习怎样同家庭之外的人们交往。

第二节　与家庭共同体相关的三个重要事实

与家庭共同体相关的第一个自然事实是：家庭对每个人来说不是选择的。每个人都出生在一个未经他选择的家庭里。这个事实当然并没有把家庭与例如国家这样的政治社会区别开来，因为国家也显然是我们未经选择而出生在其中的。但是家庭是一个自然的生活和交往共同体这件事实，使我们未经选择地出生在家庭中与出生在一个政治社会中在重要性上有很大的差别。这种差别至少可以从这方面来理解：家庭对于一个人的生活起点的影响首先是自然的，它决定一个人在天赋资质方面的状态和地位；政治社会对一个人的生活起点的影响是社会的，它影响一个人调整他的社会生

① 我无意排除由两个同性别的人是否能够由于相互吸引而组成一个家庭的问题。我认为这同样是可能的，尽管我不认为这样发生的是非常自然的、正常的家庭。

活地位的努力起作用的程度。

与家庭共同体相关的第二个重要事实是：在这个共同体中存在一个核心部分，即由父母和与子女构成的生活与交往关系，这个核心的部分使其他生活与交往关系相对处于从属性的地位。并且，这个核心的部分由于自然发生的"社会替接"① 而发生着转移。至少在比较发达的农业社会，这个核心的部分始终存在于最年长的直系父母与子女之间的关系中。随着工业时代的到来，也随着伴随这个时代的启蒙（无论在西方还是东方）和现代性文明的发展，家庭中这种核心性关系，随着子女成年和成为新一代父母，转移到子女同他们的子女间的关系上。这种原有的核心性关系随之转变为一个直系血缘家庭的共同生活关系中的非核心的部分。②

基于这个事实发生了第三个有关家庭的自然的社会生活事实：在家庭中发生了基于血缘关系确定人伦次序成为这个生活与交往共同体的一个基本需要。"别人伦"是直系血缘家庭为能够繁衍健康的后代而借助家庭的核心部分确定人们间的辈分关系的习俗规范。在中国，由于我们熟知的家族聚居的历史生活环境，"别人伦"所需要的习惯、规范及其实践理智支持以"伦理"（人伦之理）的概念得到表达。伦理的"理"就是区别人伦关系——首要的是基于一个共同的男性祖先的辈分的关系——的实践的理由；伦理是关于在区别这种关系的次序基础上形成的交往习惯、方式、约束、禁忌及其理解与解释等生活规范的总体概念。

第三节　家庭中的自然的不平等

一、对家庭中的自然不平等的解释

我们会倾向于同意，在原因与结果关系中，原因更为重要，在帮助与受助的相互关系中，帮助者似乎自然处于更高的地位，在爱与被爱的关系中，爱具有更高价值（并且一般说来被爱本身没有什么价值）。所以在家庭

① 我在这里以稍加改动的形式采用费孝通先生使用的一个重要社会学用语（费孝通先生原本使用的是"社会继替"），我认为这个用语表达的是一个自然的社会事实，尽管它的哲学含义还有待阐发（费孝通：《乡土中国·生育制度》，223 页）。

② 即使在农业社会，这种变化也在普遍发生。中国社会的变化可援为一例。在中国，对父母的抚养即使在乡村中也正在逐步转出由社会负责的部分，因为当子女将抚育他们自己的子女视为核心的责任时，对父母的赡养的责任在普通人的实践中不再被看作核心性的责任。

中，生养者处于更为优越的地位。在生养者与子女之间似乎自然地存在这种不平等的地位。

对这种自然的不平等可以这样来解释。首先，它是自然形成的，并且在“社会替接”中自然地改变并得到平衡或平等化。子女在家庭中处于非主导的地位，因为父母是子女存在的原因，是家庭的经济支持者和教化者，尔后，又在成人并成立自己的家庭后，在那个新核心家庭中成为新生命的创造者、经济支持者和教化者。

其次，这种不平等在健全的家庭生活环境下并不妨碍父母与子女间的平等交往和感情交流。亲密的共同生活清除着这种障碍。如果父母带着显明的爱关心子女，子女自然而然地变得依恋父母。如果父母过着互助友爱的共同生活，这种生活自然就对子女有积极的影响，例如，使子女感情发展健康；父母与子女的感情也容易发展得亲密融洽。在这样的关系中，上面所说明的自然的不平等不构成共同生活的障碍。

二、关于家长主义难题

在一个健全的家庭中，人们倾向于肯定某些德性，并期求它们在家庭共同生活中被新一代继承。人们普遍同意，在这种家庭的教育传承中，年长一代扮演着重要的角色，他们是家庭中的教师。通过家庭的亲密的共同生活，年长一代使他们采取的善观念、德性观念和恰当行为的观念易于为子女接受、逐步理解和认同。所以，健全的家庭常常有共同的善观念、德性观念和恰当行为的观念构成的传统。这种传统往往得到家庭成员们的珍视。

如人们熟知的，在这个问题上，自由主义者提出了著名的家长主义难题。按照这种观点的极端形式，一个人把哪些事物看作善的，把哪种行为看作恰当的，应当完全由他自己自主地决定，家长的任何替代决定都有碍子女的道德发展。

自由主义的论点适用于一个已经通过教育与学习而具有基本理智和基本的善观念和正当观念的人。但是不适用于一个理智完全没有发展，没有任何善观念、正当观念的新生生命，也不适用于处在这种教育和学习的非常初级阶段的儿童。否认婴儿和儿童需要初等教育的引导和帮助，就等于从根本上否认教育。

如果道德德性像亚里士多德指出的尽管不“反乎自然”，却“不是由自然在我们身上造成的”，而是需要做出实践的努力①，我们似乎有理由说，一个新生生命不可能自己直接跨越到具有基本理智和善观念、正当观念的生命阶段。儿童在应当把哪些事物感觉为好的，把哪些行为感觉为正当的观念的形成过程中需要得到教育的引导。这种教育首先会在家庭中获得，它恰恰是对儿童的实践品质的发展的最大帮助之一。对儿童的这种教育帮助如果是健全的，它会是着眼于对适合那个儿童的最基本的善和德性的观念的理解的。这种家长主义同那种武断的、缺少健全理智的坏的家长主义不可同日而语。

思考题：

1. 家庭是怎样一个生活共同体？
2. 你怎样看待家庭中的自然的不平等？
3. 怎样看待自由主义者提出的“家长主义难题”？

---

① ［古希腊］亚里士多德：《尼各马可伦理学》，1103a18—19、24—25。

第九章　家庭生活的基本德性

第一节　互助的共同生活

一、健全的家庭

我们需要更深入地说明，在一个健全的家庭，人们倾向于把哪些东西视为这种共同生活中的德性。我们将仅仅限于举出普遍的常识道德归于一个健全家庭的共同生活的最为基本的德性。与家庭共同体的性质一样，这些德性通常被看作自然的德性。

一旦我们来试着指出这些最基本的德性，我们就将发现，它们不外乎一个健全家庭的那些功能性的共同生活和在这些生活中发生的正常感情。的确，家庭生活中的基本德性被人们普遍看作在一个健全的家庭中最为自然地实现的那些德性，被视为正常的感情的德性。

这可以见证于下述的观察：当一个家庭不能正常发挥上述基本功能时，一定会发生各种问题。家庭成员间的感情会破裂，家庭中的精神文化传统无法传承，基本的沟通无法进行。于是，我们可以观察到，由于家庭的共同生活无法继续，人们将不得不使它解体。在任何一个法律的社会，这必须经过必要的法律过程。在这个阶段，显然家庭的成员们不再会自然地把自己视为这个家庭的成员。相反，他们必须尽快通过法律的方式确定他们可以从一个即将解体的家庭中得到的东西。法律也必须尽量帮助他们走完这个过程，并以尽可能少地引起社会纷争的方式做到这一点。

所以，健全的家庭，我们指的是一个在正常发挥抚育与教养功能，生养者与子女处于良好的共同生活之中的家庭。正如那句箴言所说，“不幸的家庭因不同原因不幸，幸福的家庭因相同原因而幸福”。普遍的常识道德理解家庭共同生活的德性，是以与破裂的家庭构成对照的健全的家庭为摹本的，尽管常识道德并不包含对这类家庭的明确的概念。

二、互爱互助的生活

在此，我们可以指出的第一个德性，就是构成了一个家庭的男人和女人之间的互爱互助的生活。因为，我们不难看出，使一个家庭产生的那个原因，即一个男人和一个女人由于相互吸引而开始的互助的共同生活，也就是他们会希冀于一个健全家庭的首要东西。互助的共同生活是以他们的自然的相互吸引即互爱为原因的。一个没有这种自然的互爱的家庭不会有互助的共同生活。显然，仅仅由于财产或地位而成立的家庭常常会发生这样的问题，这样的家庭不仅最为脆弱，而且充满相互的猜疑、算计和怨恨，它的生活对当事的男人和女人，尤其对屈从的一方，将是痛苦的折磨。

作为对照，在由于相互吸引而缔结家庭的男人和女人的共同生活中，男人与女人之间的基于自然差别的互助是自然而然的。他们由于相互吸引，这种共同生活就同这种自然的互助不可分离。当一个弱小的生命以自然的方式来到一个男人和女人身边时，他们对这个生命的关怀和帮助也完全是天然地发生的，我们甚至在许多动物那里也可以观察到这样的关怀和帮助。严格说来这是单方面的帮助，而不是互助。但这种帮助毋宁说是男人与女人的互助的延续。的确，在一个正常的家庭里，男人与女人不仅相互帮助，而且通常互助地关怀和照料那个幼小的生命，这种互助与对那个生命的共同的帮助本身就是无法分离的。

互爱互助地共同生活的男人和女人都有着一种共同的愿望，他们都希望这种互助的共同生活贯穿于家庭共同生活的始终。的确，只有在这样的家庭中人们才会持有这样的希望；在完全不存在这种原因的家庭中，人们至多能够希望不发生争吵和种种不幸。因为，这种互助的共同生活尽管是自然的，却也是脆弱的。因为，家庭生活可能经历变故，由于他们各自的不恰当行为，由于经济的失败，由于种种自然的、社会的偶然事件，由于社会对家庭生活的越来越多的影响，等等。如果良好的家庭生活就依系于两个成年异性间保持互爱互助的共同生活，如果他们对子女的自然关切在很大程度上决定他们之间是否还存在这种共同生活，那么，互爱互助的共同生活就是我们可以归之于一个健全家庭的首要德性。

第二节　亲情之爱

一、从互助的共同生活中“生长”的亲情之爱

在这种自然互助的共同生活中，如我们通常会观察到的，就发生了两

种特殊的友爱感情。首先，男人与女人的友爱。友爱正如柏拉图所理解的，是爱在被爱一方得到的肯定；当爱得到这种肯定时，它被看作是友爱。①由于意识到自己被爱倾向于使一个人去爱对方，友爱总是唤起回报的爱。在互爱的共同生活中，在男人与女人出于相互吸引而互助的共同生活中，这种感情是真实存在的，并且存在于双方中。因为，既然那个最初的相互吸引的原因存在，只要它不被伤害和摧毁，相互的爱就通常都被对方肯定，友爱就会自然地发生。

同时，在这种共同生活中出现一种新的友爱：男人和女人作为创造者对于那个幼小生命，那个被创造者的特殊的友爱。这种特殊的友爱也是男人与女人的那个自然的原因和所产生的友爱的自然延伸。这种友爱被称为亲情之爱，或亲情。亲情之爱毋宁说常常是在孩子长大成人并由于生活阅历而发展了充分的理解力之后才得到子女肯定，才成为友爱的。不过即使是这样，那个被创造的新生命总是由于自然的馈赠，而天然具有接受父母的爱的本能，并亲近父母，这无疑也是自然给予人类的最值得赞美的馈赠。同相互吸引的男人与女人总是互助地共同生活一样，互爱的男人与女人也总是倾心地去爱护和帮助那个舍此便会极度无助的新生命。同时，他们也自然地在共同爱护和帮助这个新的生命这方面互助着：母亲总是倾向关怀新生命的安全存在和健康成长；父亲则总是倾向在关怀孩子身体成长的同时，关注他心灵的健康成长。的确，这种互助的配合似乎也是自然赋予人类的最宝贵的东西之一。

亲情之爱无疑是一个健全家庭的夫妇希冀他们自己构成的家庭中最可贵的东西。父母对子女的亲情之爱似乎是他们的人生的重要经历。呵护自己创造的生命成长，显然是其他经历不能替代的。所以，亲情之爱，尤其是母亲对子女的爱，亚里士多德认为，明显地具有不期求回报的特征。②父母不仅给予了子女生命，而且在子女幼小的生命阶段给予他们最需要的帮助和友爱。诚然，我们似乎也可以倾向于男人与女人从那个幼小生命的成长和它的伴随着成长的自然的欢乐表情中，已经得到最令人愉悦的回报。但无论如何，这种友爱以及那个由幼小生命得到友爱的关爱而展示的欢乐之间，完全无法用付出的爱与回报的爱这类效用主义概念来解说。所以，

---

① 柏拉图关于友爱的观点，参阅他的对话《李思》篇。他在《会饮》篇中讨论了爱，在《李思》篇中讨论了友爱。

② ［古希腊］亚里士多德：《尼各马可伦理学》，1159a29—34。

尽管这种友爱主要是单方面的，它却通常是家庭共同体的最重要的纽带，也通常被看作我们期求于家庭最重要的东西。

二、为什么亲情之爱更为有益

在这种帮助与友爱中，如亚里士多德所说，还有更为有益的东西，这就是父母对这个幼小生命的心灵的抚育。① 父母抚育子女的身体成长的过程同时是父母关怀并引导子女，使他们的心智与实践品质健全发展的过程。父母对子女的友爱不仅仅是对子女的抚育，即使子女得到身体发育所需的营养，使他们正常地发育成长，而且是使他们逐步获得文化知识的教育，并培养正确的、良好的行为和感觉习惯，形成良好的品质。

品质的教育包含两个基本的方面，一个是以正确的方式感觉事物的教育，把好的事物、好的事情感觉和感受为好的、令人愉悦的，把坏的事物、坏事情感觉和感受为恶的、使人厌恶的，这种感觉和感受习惯的培养，正如亚里士多德所说，是极其重要的。② 可以把这方面的教育叫作善观念的教育。关于哪些事物是善的、哪些事物是恶的，一个人首先是在幼年时期通过成年人尤其是父母的引导，而培养起感觉和感受它们的习惯，尔后才在他成长起来并形成恰当的理解能力时逐步获得恰当的判断。所以，善观念的教育与幼年时期的感觉和感情方面的德性的教育密切相关。品质教育的另一方面是引导儿童适度控制自己的欲望，例如在该进食时进食，在该娱乐时娱乐，在该学习做事情时学习做事情，在偏好的食物方面控制过度贪食的欲望，等等；以及培养良好健康的行为习惯，例如有条理地做事情，精神专注地、有始有终地做一件事情，在需要时表现出忍耐与坚持的精神，注意衣着整洁，尊敬长者，等等。这个方面是对心灵的那些自然性的德性行为品质的培养。③ 这两个部分合起来，连同配合进行的一般文化的教育，通常构成人的早期教育的主要内容。它在中国被称为蒙学，在西方被称为

① ［古希腊］亚里士多德：《尼各马可伦理学》，1162a5－7。

② 同上书，1103b24－25、1104b20－24。

③ 康德将这个部分的品质的培养，尽管不十分清晰地，同那些实践性的品质的培养，例如诚实、合群等等，区别开来（［德］康德：《论教育学》，27～35页，上海，上海人民出版社，2005）。

规训或训导。① 没有人否认，在一个人的幼年时期，正是他的父母在这些非常细小的方面对他倾注了最多的心血。更毋庸赘言，在一个健全的家庭，父母更加不会在这些方面有所疏忽。

使子女获得心智上的健全发展是一种半是自然的、半是社会性的目的。由于儿童的绝大部分生活是在家庭之中，这种最为基本的教育的主要场所是家庭。父母要教育子女，就要在他们作为学生进入学校学习之前，先在家庭里受到基本的生活习惯和感觉事物的习惯的教育。父母是子女的第一位教师。

第三节　感恩

一、感恩感情的发生

子女在父母的互助友爱与亲情之爱中成长为男人与女人，并成立他们新家庭的过程中，古老家庭中的互助友爱与亲情之爱也倾向于传递到子代家庭之中。这是一个健全家庭的那个良好原因——父亲与母亲的最初相互吸引的互爱的延伸和投射。

不仅如此，在子代家庭中，夫妇的互助友爱与他们对他们所创造的新生命的亲情之爱似乎也具有姻缘的密切关系。年轻夫妇们，总是倾向于回想他们的父母的互助友爱和对他们的亲情之爱，并把这些感情自然地融于他们与子女的共同生活中。所以，亲情之爱的这种延伸，也倾向于在已经成立自己的家庭并抚育着自己创造的新的生命的子女方面，近乎自然地产生感谢父母的恩惠的感情和态度。这种感情与态度一般地说是随着子女生活阅历的积累，才会自然地发生的。也仅仅是在这个时候，父母的亲情之爱才被充分理解和体会，才得到充分的肯定，才成为友爱。随着这个过程，子女对父母的感情也从单纯的依恋发展到感恩的爱。

因为，通常地说，尽管父母一直爱着他们的子女，子女对父母的爱是

---

① 在英语中 Discipline，在德语中 Disziplin，直接的意义是使一个儿童变得做事有良好习惯与纪律的引导活动。某些古代希腊城邦，如斯巴达，不是由父母，而是由城邦负责儿童的抚育与规训；另一些城邦，如雅典，则在父母对儿童的初步的训导之后，由专门的教师对儿童进行体育的、军事的教育，以矫正孩子的行为习惯，培养做事有纪律的品质。在欧洲，上层社会家庭通常为年幼的子女聘请有教养的家庭教师，与孩子共同生活，在教授孩子文化知识的同时培养孩子的感情与行为品质。

较晚才发生的。[①] 当一个幼小生命识别和感受到父母的帮助与友爱时，它会自然地感到愉悦并自然地表现出这种愉悦，并由此产生对父母的依恋。但这种愉悦感和依恋感还不是对父母的爱。仅当它的实践理智的品质以及伴随的理解与体谅品质随着年龄增长并通过教育发展起来，它才能理解父母的爱，才能出于感激之心来爱父母。这常常是在子女成年并组成自己的家庭之后，当子女成长为男人与女人，并共同为抚育他们创造的新生命而倾心地付出爱时，他们才比较容易理解父母曾付出的爱。正如中国的谚语所说，"养儿才知父母心"。因为，仅当一个人随着生活的阅历而理解到父母曾经为自己付出怎样的爱与心力时，先前一直存在的依恋感才随着感激之心的发生而成为爱，也只有当这种爱真实地发生时，这种理解才是真实的和充分的。[②] 所以，这种感恩感情是父母的亲情之爱的结果，它只能在亲情之爱上，而不可能在恨的感情上生长。

所以，感恩似乎是德性的家庭生活所收获的一种感情。它不是生养者预先期求的，而是由于他们的互助互爱和他们对一个新生命的倾心的关爱而收获的家庭生活感情。的确，这也似乎是一种非常自然的安排：只有在这样的家庭生活中才能够收获这种感恩的感情。所以，这种感情必定是收获它的人非常珍惜的。它似乎是人们会归诸一个健全家庭的第三种主要德性。

二、感恩作为一种重要感情经历

感恩不仅被生养者珍惜，而且被发生这种感情的成年子女珍惜。正如亲情之爱对互爱互助地共同生活生养者是他们人生的一种重要经历一样，在同样分量与程度上，感恩是已经成人的子女的人生中一种极为重要的感情经历。因为，一个在发生这种对自己生命的生养者的感情的人会感到惊诧，他甚至不能清楚地说明这种感情为什么会发生。但是，他清楚地感觉到这是一种他以前不曾有过的感情。当他沉静下来审视这种感情时，他发现他的意识在不断向他呈现他的父母曾经怎样地给予他种种关心和爱护。他还发现，这些印象同对于父母的互爱互助的生活的记忆联系在一起，他

---

① [古希腊] 亚里士多德：《尼各马可伦理学》，1161b27—28。

② 所以，也值得指出，这种感情的发生和发展也是一个人的实践理智及相关品质随着家庭的和社会的教育过程逐步发展的结果。的确，感恩感情总是伴随一种对父母的恩的意识，是对父母的恩的理解和意识的感情。实践理智的理解的发展是发生这种意识和体悟的重要方面。

甚至不能清楚地把这两者分别开来。他惊异为什么以往对这些记忆不曾注意，现在却发现它们已经在自己心灵中积聚了一种非常强烈的感情。这种感情使他领悟到生命对于自己的意义，领悟到父母作为这个生命的给予者和在他还弱小时的抚育者的巨大恩惠。从这点来说，感恩必定是一种基于生命的体验的感情。所以，一个通过这种体验获得这种感情的人必定会比珍视别的感情更多地珍视这种感情。

不仅如此，当这种对自己生命来源的意识成为一种体验时，它还倾向于升华到更广泛、更普遍的层次。我意识到，我生命的来源和我的父母对我的巨大恩惠，我也推及到他们的生命的更遥远的来源和更遥远的恩惠。因为，自然以一条无限绵延的恩惠之链，使我经历着一个独特的生活过程，使我获得一种独特的感情历程。这使我推及到整个自然界对于我的广义的恩，我意识到，自然不仅因造就了我的存在而给予了我莫大的恩惠，还造就了我的邻人，并通过这使我蒙受更大的恩惠。这个意识也推动我形成和发展这样的意识与理解：我事实上也从我的邻人们那里接受到很多恩惠与帮助，这使我感受到对于这许许多多恩惠的回报的责任，使我获得以某些确定的方式行动或做事的理由。这种体验是一个人的道德觉解的重要部分。

思考题：

1. 正常的家庭生活中有哪些品质被看作自然形成的基本交往德性？

2. 父母间互爱互助的共同生活与他们对子女的亲情之爱之间有何种联系？

3. 为什么子女对父母的感恩感情发生较晚，并且与对父母的爱的感情的发生相伴随？

第十章　朋友交往的基本德性

第一节　信任

一、信任的含义

在家庭之外，由朋友、伙伴、熟人、近邻等构成的交往范围，通常被看作是私人性质的。在这个交往范围之内，常识道德似乎将信任与友爱看作这种交往生活中最为重要的德性。我们可以把这看作常识道德关于朋友关系的一个确定之点。虽然信任有非常广泛的意义，可以适用于任何人际关系，但是它用于朋友的相处关系却是最原本的和最重要的意义。

在日常汉语中，"信"已经逐步地演化为信任一词。[①] 信任一词的结构表明，它包含"相信一个朋友"和"任由他去做已经托付给他的事"这两层含义，并且它们之间存在密切关系。"信"表明一种不轻易地怀疑的态度。这尤其是在我们可能听到关于一个朋友的可能令我们怀疑的种种舆论意见的情况下需要的态度。这种态度是这样一种告诫：我们可能听到这些舆论意见，但我们不要轻易听信，还要像过去一样相信一个朋友。因为，如果失去这种相信，就失去了一个朋友。中国人普遍认为，朋友的关系是由于有信的关系才存在的。"任"的态度似乎就是这种"信"的态度的一种延续。既然"相信一个朋友"，那么，就"任由他去做已经托付给他的事"。因为，如果不这样做，实际上就是不相信一个人，就与他不是朋友。这两层意义原本是在"信"这个单字构成的观念里面，慢慢才变得要用信任这个词来做明确些的表达。

非常相似，在英语中，trust 一词也具有这两层意义，并且这两层意义是密切联系的。所以，trust 就意味 trust somebody on something，相信一个人就要放心地让他去做托付给他的事情。朋友是一个值得信任的人，一个值得托付所关切事情的人，一个 trustee。人们都寻求与值得他们信任的人做朋友。一个人也通常会希望被别人看作这样的一个朋友。一个人在要

---

① 我没有考证信任一词的起源。但它看来是近代以来慢慢变得通用的。这个判断似乎是有道理的：现代汉语中信任一词的由"信"和"任"两个汉字表达出来的意义在古代汉语中是包含在"信"这个字里面的。

求另一个人相信他能够做好托付给他的事情时，他仅仅需要说：Trust me!被信任去做一件事是一种良好的感觉，它提高了人的尊严感。

当然，这不是说，这两层意义就是信任的全部意义。在日常的理解中，信任一词衍生了一些更为广泛的意义。比如，信任一个朋友意味着你可以向他倾诉，道出你内心的秘密，而不需担心你会因此受到伤害。的确，人需要倾诉，有一个朋友倾听我们的倾诉而不会对我们造成任何伤害，这是人生中极大的快慰。因为，由于生活与交往的重负，我们常常需要通过倾诉而暂时在心里“放下”某些过于沉重的负载。此外，信任意味着忠诚，因为忠诚意味着不辜负朋友的信任。所以陆九渊主张忠与信不是两个东西，而是同一个东西。①

二、关于信任德性的常识道德观点

信任涉及两个方面的品质。一方面，信任一个朋友，不轻易怀疑他。信任一个朋友，是相信他不会去做不应当做的事情；因为，如果一个人常常做不恰当的事，我们也不应当信任他。不过这常常是相对于我们在听到关于朋友的行为的某些负面舆论而说的。信任在这方面的意义就是，如果我们相信一个朋友，那么在这种情形下，也仍然应当信任他。常识道德确定这样一个基本观点的理由在于，我们的信任会使朋友更加珍惜，这种态度甚至能够纠正他可能已经发生的不恰当的动机。坚持去信任一个人，并且在听到非议时也坚持这样做，常常会使得一个原本不珍视我们的信任的人变得珍视它。所以，我们发现，信任一个朋友与另一个方面，即朋友方面珍视这种信任，努力不辜负这种信任，是相互作用、相互促进的。珍视朋友的信任，不辜负朋友的信任，不失信，是信任品质的另一个重要方面。如果珍视一个朋友的信任，我们在做任何事情都会想到朋友的信任，就会提示自己以正确的方式去做。朋友之间的友情会因为我们不辜负朋友的信任的努力而发展。如果要做一个人的朋友，那么最为重要的就是信任他；而如果要不失去一个朋友，最重要的就是不辜负他的信任。孔子教导弟子“谨而信”②，以“朋友信之”③ 为志，就是告诫我们应当珍视朋友对我们的信任。

---

① 《陆九渊集·主忠信》：“忠与信非有二也。特由其不期于中而言，则名之以忠；由其不妄于外而言之，则名之为信。”

② 《论语·学而》。

③ 《论语·公冶长》。

在普遍的常识道德看来，这两个方面同样重要。的确，在朋友之间，信任是相互的，不失信，不辜负朋友的信任也是相互的。孟子讲“朋友有信”①，就是说在朋友交往中这种相互的信任与对信任的珍视是最为基本的品质。的确可以说，没有相互的信任和珍视信任的态度和行为倾向，人们就不会成为朋友。两个人只有具有相互的信任，相互珍视这种信任，并且这种相互的态度能够基于互信而保持和发展，才会继续做朋友。

值得追问的是，常识道德关于朋友交往的信任品质是对于什么的信任。不过这一点也似乎是明确的，朋友间的信任尤其是对于一个人的基本品质（即他的为人）的信任：信任意味着相信一个人的为人，或者我们的基本品质得到信任。荀子说，“匹夫不可以不慎取友。友者，所以相有也。道不同，何以相友也？”② 孔子教导人要“友谅，友直，友多闻”③。罗马思想家西塞罗认为应当选择那种“坚定、稳健、忠贞不移的人”④ 所以，信任意味着要考察一个人的为人，意味着我们必须能够判定好的品质与不好的品质。无论去信任一个人，还是获得一个人的信任，都要对对方的人品做这种考察，这同时也是对自己的人品的省思。所以，选择朋友并不是一件简单的事。

不过，关于这种选择是否应当在结交一个朋友之前，人们似乎看法不一致。依清代学者王韬的看法，最好选择在先，结交在后：“取友之道，人品为先。择而后交则寡尤，交而后择则多怨。”⑤ 但是按照西塞罗的看法，在结交前做出选择似乎比较困难，“人们只有在友谊实际存在期间才能进行这种考验。我们应当通过一种尝试性的友谊来检验朋友的品性。”⑥

三、信任的两重品格

没有人会否认，信任常常是难得的。生活中有太多事件和因素会使得

---

① 《孟子·滕文公上》。

② 《荀子·大略》。

③ 《论语·季氏》。

④ ［古罗马］西塞罗：《西塞罗三论》，70 页，北京，商务印书馆，2001。

⑤ 《弢园文录外编·择友说》。

⑥ “常常会出现这样一种情况”，西塞罗接着这样说道，“有些人在小额的钱财问题上完全暴露出他们是不可信赖的；又有一些人，虽然经得住小额钱财的诱惑，但如果是大额钱财，就会暴露自己的真面目。”（［古罗马］西塞罗：《西塞罗三论》，70 页）不过，当着眼于一种健全的常识道德观点时，西塞罗又认为，如果能够，“在爱慕一个人之前应当先对他进行评判，而不要先爱慕后评判。在选择朋友和培养友谊方面尤其如此”（同上书，77 页）。

对一个人倾向发展的信任遭受挫折，也有太多东西会使一个朋友丧失对我们的信任。因为，人是复杂的。正如亚里士多德所观察的，在为了相互有用而结成朋友的人们中间，信任是很难建立的，因为事实上，只有好人之间才存在相互的信任。① 另一方面，信任又是我们期求于朋友交往生活的最基本的东西。这看起来有些矛盾：我们普遍地期求与朋友发展相互信任的关系，但是这种信任的真正生长又非常稀少。

但是，信任似乎丝毫不因为这双重性的品格丧失它对于朋友交往生活的重要性。毋宁说，它帮助发展了一些健全的常识道德的实践性的观点。最重要的建议是我们自己首先要信任朋友，以信待人。唐代杜牧将这种实践命名为“治友”，认为“治友莫若诚信”②。西晋傅玄做《信义篇》说，“以信待人，不信思信，不信待人，信思不信”③。以信待人似乎是使信任能够在朋友的交往生活中生长的最重要的东西：它最初可能是脆弱的，但是，我们珍视信任的行为可能使它变得有力量；它甚至会促使一个辜负了我们信任的人对自己的所为感到愧疚，因而做出改变。所以《论语》记述曾子的话说，他每天要反省在朋友交往中是否珍视信任。④ 中国武侠文学中“义”的观念尤其是就朋友间要坚守彼此的信任而言的，所以，见诸于朋友交往的这种观念又被称作“信义”⑤。这种观念包含这样的观点，在朋友之间有一种基本的、默契的信任，在朋友身处险境时，无论自己处境如何、会遭遇什么，都要伸出援助之手。这种观念表达出常识道德关于信任的一个确定之点：它首先应当是我们在朋友交往生活中的一种实践态度。

其次，常识道德的实践性箴言还包括要容忍、不去苛求一个朋友辜负了我们的信任行为的建议。“金无足赤，人无完人”，健全的常识总是这样地劝告。我们必须要求自己珍视一个朋友的信任，不辜负这种信任。但是对一个朋友，即使他有时候没有珍视我们对他的信任，甚至辜负了这种信任，我们也必须原谅他。因为，他或者是因为忙碌，或者是因为疏忽，而

---

① ［古希腊］亚里士多德：《尼各马可伦理学》，1157a23－24。

② 《樊川文集·送卢秀才赴举序》。

③ 《傅子·信义篇》。

④ 《论语·学而》：“吾日三省吾身——为人谋而不忠乎？与朋友交而不信乎？传不习乎？”

⑤ 我认为，区分武侠文学中“信义”与“侠义”两种观念是重要的。“侠义”观念是对于处于危难中的路人（陌生人）的施手援救的实践态度，“信义”观念是对于一个朋友的坚守信任、不计危险援救朋友于危难的实践态度。

忽略了我们的托付。这常常需要被看作可以原谅的原因，而人总是有缺点的。而且，我们需要时常反省，是否要求了一个朋友去做一件不恰当的事。如果是这样，那么朋友没有去做我们托付的事的责任在我们本身。所以西塞罗说，最重要的准则是“只要求朋友做好事，并且也只为朋友做好事。”[①] 当然，我们必须注意判断，一个被我们视为朋友的人是否在我们所托付的并无不妥的大事上背弃了我们的信任。如果经验告诉了我们这一点，那么显然，我们不再适合把他看作一个朋友，因为他似乎完全不珍视我们的信任。不过，常识道德也劝告我们不要去宣扬一个邻人的缺点，所以即使在这种情况下，我们似乎也不应当公开宣示对于一个这样的朋友的不信任。而且，这也是因为，对于朋友间的信任，一个人也是需要通过生活的阅历才会懂得它的重要的，或许那个朋友也会慢慢变得懂得了这一点，作为朋友，我们至少也要给一个朋友留下这样的空间。

第二节 友爱

一、关于友爱德性的常识道德观点

从常识道德的观点看，朋友交往方面最为显著也最受到推崇的德性是友爱。友爱似乎就是朋友或伙伴关系开出的花朵：它是两个发生在相互体会到对方的爱与关切的朋友之间的友好感情，是一种亲密的感情。

对常识道德关于友爱对于人的生活而言的善的观点，有许多重要的讨论。不过，举出其中最重要的一些，也许就足够了。在这里，我们可以主要借助亚里士多德、西塞罗的一些非常出色的观察。[②]

第一，友爱似乎是我们作为人过人的生活最必需的一种交往德性。即使我们拥有天下所有善物，我们也仍然需要有朋友一起过友爱的生活。一个人独享哪怕是最丰富的外在善物的生活也不值得向往，因为这种生活已经缺少交往、缺少朋友，并且是孤独的。

第二，友爱是朋友间基于共同生活而发展的一种亲密的友好情感。所

① ［古罗马］西塞罗：《西塞罗三论》，63页。

② 关于友爱德性的善的观察，我在这里参照了亚里士多德《尼各马可伦理学》和西塞罗《西塞罗三论》中那些著名的段落（［古希腊］亚里士多德：《尼各马可伦理学》，1155a1—12、1169b9—10、1171a2—3、10—11、22—24、1171b35—1172a1；［古罗马］西塞罗：《西塞罗三论》，53—55页）。

以，不言而喻，友爱的感情是确定的朋友交往关系最显著的标识。如果我们可以凭据有无相互的信任来判定一种确定的朋友交往关系是否已经建立并存在，那么，友爱显然更加是这样，并且更为显著。

第三，友爱似乎是对我们有最大帮助的善事物之一。因为，朋友是人生最大的外在善，是一个我们可以期求能够与我们在获得人生的善这方面彼此增益的人。设想一下，处在窘迫困境中的人需要朋友充满友情的关心与帮助；只要这种关心与帮助不是出于令人厌恶的傲慢，它在被帮助的人那里总是引起友好的感谢，没有人会将它当作毒害。处于幸运中的人需要有朋友来分享幸运带来的快乐；只要不是为了炫耀，朋友们总是为这种幸运而充满喜悦，这也使得幸运的人的内心更加喜悦。老年人需要青年人的关心与照顾，年轻人则需要中年人和老年人的丰富的人生阅历经验来帮助他们观察和理解生活。

第四，友爱是只要存在着就总是让我们感到温暖、欣慰的善，也因此总是吸引着我们，为我们所期求；事实上，它必定是一个人最为期求的善事物之一。我们怀念曾经存在过的友爱，为一个故去了的朋友而感伤，因为我们期求仍然拥有这种人的生活的宝贵的善。我们愿意以开放的心胸接待那些与我们友好相处的人，因为我们期求我们珍视的那种友爱能够在将持续下去的友好的共同生活中生长。

所以，正如西塞罗所说，友爱“无疑是一个绝好的东西”，如果它存在着，它就“无处不在，而且永远不会不合时宜，永远不会不受欢迎”①。

二、友爱与信任的联系与相似性

这也是常识道德的普遍的观察：牢固的友爱总是与信任共同发展的。没有信任，友爱就将是短暂的；没有友爱，信任则难于发展。所以，信任与友爱似乎是在良好的朋友交往生活中同时存在的东西。

所以，友爱在另一个方面也与信任相似：确定而牢固的友爱既是我们最为期求的交往生活的善，又是难得的。一个人在童年与少年时期最容易结交朋友。但是，童年与少年时期的朋友很少能够成为一生的朋友。人们常常叹息在落难时受到过去朋友的冷落：过去亲密交往的朋友现在似乎都在躲避自己。人们似乎只在这样的时候才对友爱有了更清楚的理解，所以有句话说“患难逢知己”。

常识道德对于友爱上的这种矛盾常常有老练的观察：这往往同一个人

① ［古罗马］西塞罗：《西塞罗三论》，54～55页。

交怎样的朋友以及怎样与一个朋友相处有莫大的关系。我们常常误把童年、少年时期的朋友当作终生的朋友，至少常常怀着这样的希望。只有经历生活的磨砺我们才会理解，终生的朋友不可能仅仅建立在某种快乐的爱好之上。所以西塞罗说，一个人应当等到自己的“性格业已成形且达到一定年龄之后，再决定友谊方面的事情”①。另一方面，我们可能在幸运时没有注意谦逊地对待朋友，尽管可能没有意识到，在朋友陷入困境时表现得过于冷漠，使一种在发展中的友爱未能成长为牢固的友爱，如此等等。

西塞罗把消除友爱上这种矛盾的实践态度扩展到一种更为广泛的意义上：与好人做朋友，自己也努力做一个好人。关于怎样判断一个好人，他主张我们只能够用通行的常识道德的德性观点，而不可以去苛求完人。因为，就我们的日常生活来说，常识道德意义上的好人“已经是够好的了”②。而且，这两个方面更为重要的是后者：“首先自己做一个好人，然后再去找和自己品质相仿的人做朋友。”③

第三节 朋友与伙伴交往关系的过渡性质

人们倾向于把家庭共同生活中的三种基本德性，即互爱互助的共同生活、亲情、感恩，看作自然的德性，把朋友交往生活中这两种基本德性，信任与友爱，看作半自然、半社会习俗性质的德性。这是基于这样一个事实：在家庭交往生活与朋友交往生活之间，存在一些有意义的差别，尽管只是在相对的程度上。这种差别就是，与家庭生活领域相比，朋友与伙伴交往活动和关系具有更大程度的双重性。因为，这个领域的私人交往活动具有更大的过渡性质，并且公共性交往的诸多问题已经在这个领域同私人交往关系交互重叠。关于自然与社会，或自然与习俗的区分及其含义的问题，我们将暂且搁置。这个问题，以及总体上关于自然的问题，属于形而上学需要处理的问题。在基于普遍的道德常识来讨论人们的交往生活的伦理学时，指出常识道德常常在自然的东西与社会习俗的东西之间的一些差别，就已经足够了。

但是需要做两点澄清。首先，说朋友交往领域的活动具有更大的过渡

① ［古罗马］西塞罗：《西塞罗三论》，74页。

② 同上书，54页。

③ 同上书，76页。

性是指，一方面，这个领域中的交往是私人的、有特殊感情纽带的，在这个方面它与家庭交往生活的特质相同；另一方面，朋友相互间是平等的或可以平等化的，并且他们都是这样的公民，朋友间交往都是作为私人来交往，但朋友对自己的和对方的公民身份的意识比在正常的家庭中要清晰得多。

其次，基于这一点，公共性交往的问题已经在这个领域同私人交往关系交互重叠就容易得到说明。朋友交往生活涉及的常常不仅是私人生活的问题题材，而且是公共生活的问题题材。设想两个政府公职人员，或者一个企业家与一个公职人员，或者其他类型的两个人成为朋友，他们交往生活涉及的题材就常常会包括公共生活的问题。事实上，这是朋友交往中非常重要的题材。公共交往的诸多问题就以这种私人交往的方式进入私人领域，私人交往活动也以相同方式加入到公共交往领域。当这种私人交往将很大程度影响他们各自在公共交往领域的行为方式时，就尤其是这样的。

思考题：

1. 朋友交往生活中有哪些品质被看作基本交往德性？
2. 信任与友爱有何种联系，又有何种两重品格？
3. 为什么说朋友交往生活与关系具有过渡性质？

第十一章　规训与教化

第一节　教化的需要：哲学的与实践的理解

在一个没有发生内部战争的交往社会，在私人交往领域中，交往生活通常都是长久持续的。在这样的交往共同体生活中，常识道德公认的基本交往德性由一代人向下一代人传递成为一种经常性的需要。这些德性是那个交往社会基于常识道德的观点认为适合正常发展的人的总体的好生活，并且是过这样一种生活必需的。当一个交往社会要把这样一种生活目标传递给对于它没有任何理解的新一代人，它所能够做的仅仅是使倾向于这种生活目标的基本生活行为方式成为新一代人的习惯，因为这种生活行为习惯使一个人把总体的好生活这个生活目标感觉为好的。这种习惯被普遍地看作良好的习惯，被看作基本的德性。即使这些基本德性只是比较罕见地表现在成年一代的人们的交往生活中，只要这些德性被常识道德普遍地肯定，这种传导的需要就是非常确定的。一般意义上，可以把这种需要理解为教化的需要。

基本交往德性由一代人向下一代人传递有两个重要问题：通过什么方式或途径传递？谁可以作为传授者？柏拉图就这两个问题提出质疑的哲学视野是人们所熟悉的：如果基于经验来研究，对于这两个问题我们实际上不可能有真实的解答。① 关于第一个问题，我们试着来想象：一个还没有发展对什么是一种品质，以及为什么有的习惯性倾向被看作是好的品质等问题的理解的心灵，怎样获得一种对于那些好的品质的倾向性？如果这样一个心灵可以在不理解它们的情况下获得它们，我们如何能够说所获得的东西是德性？柏拉图认为，人们误以为他们已经获得的德性不过是关于德性品质的一些未经反思的意见，就像洞穴墙壁上反映的洞穴外的真实存在的事物的影像。但是，更具有颠覆性的是第二个问题上的质疑。因为，如果被视为可以传授德性的人仅仅是依据他们的“影像”意见向

① 关于柏拉图的观点，请参阅柏拉图的《理想国》、《普罗泰格拉》、《美诺》等对话。

其他人作某种“转达”，他们如何是在“转达”作为真实存在的德性品质？而且，如果这种品质根本上是实践性的，他们的行动又仅仅是在某些时间和场合与这种品质类似，因此他们认为可以作为德性的教师的意见就显得更加荒谬。

不过，缜密地考察与柏拉图质疑的这两个问题相关的哲学前提的工作属于形而上学的更专门的部门。作为实践的研究，在这里我们将从普遍常识道德的观察出发：在持续存在的共同体交往生活中，存在着使某些基本交往德性传递下去的需要，这种需要是足够真实的，即使这种传递被确定为是从还没有通过生活发展必要的理解能力的心灵获得某种非常类似的倾向开始的。同时，即使人们关于这种倾向性只能获得一些“影像”性的意见，即使希望把这种倾向性传递下去的那一代人往往只能在非常有限的程度上实践它，只要在那个共同体的交往生活中人们仍然普遍持有那些意见，并普遍肯定这种传递的需要，这种传递活动就仍然是足够真实的。

第二节　规训或蒙学

一、早期教育的性质

然而，在将这些实践性的品格向下一代传递的活动中，即使教授者由于生活或阅历和理解能力的发展，能够比较彻底地了解这些基本品格为什么被看作德性的，受教者却是在理解能力尚未发展的情况下就被引导去模仿这些品格的外部行动特征，并被引导将它们感觉和感受为好的。

这是人的早期的一般行为品质和实践品格教育特别具有的一种基本的矛盾性质：一方面，新生的一代需要在他们形成理解之前初步养成恰当的行为与感觉、感受事物的方式，这需要他们在家庭和直接的生活环境中受到这样的教育引导；另一方面，由于理解能力还没有形成和发展，这种传递的教化，至少在最初的阶段，不能借助理解来进行，而只能以能够影响感觉和能够控制行为的方式进行。

尽管早期教育必定存在这种性质，却没有一个文明社会轻视这种教化活动。这个阶段的教育在中国被叫作蒙学，在西方被叫作规训。所谓蒙学或规训，是在人还不能理解时开始的培育心灵、培养好的行为和感觉、感受事物的方式的学习。所以这种学习是学着做和学着感觉。由于自然赋予人的一种特殊的自然——实践性的生命活动不是自然地在我们的生命过程中展开，而必须通过学习获得和发展的，因此人在正常的生活与交往中必定要经过这样的学习。

蒙学或规训是使自然赋予我们的气质协调平衡地发展，使它不致因严重的失衡或发展的闭锁造成对我们的自然气质基础的严重挫伤而进行的训导性教育。康德这样说，“人必须受到规训”，“规训意味着力求防止动物性对人性造成损害——无论在个体的人身上，还是在社会性的人身上。”①

但是早期教育的另一阶段，即蒙学或规训基础上的实践品格培养，也同样重要，甚至是一个人终生品格塑造的基础。一个人的实践品格培养通常是在学校与家庭两个主要的环境中实现，自然仅仅赋予了我们潜能，实践品格使这种潜能通过运用而健全地展开。所以非常明显，第二个阶段在许多方面依赖于第一个阶段，在这个意义上，它是蒙学或规训阶段的继续，或者是它的一个部分。但是，与第一个阶段不同，这个阶段的教育帮助活动虽然是蒙学或规训的，却必须同时以儿童能够逐步积累的生活理解来支持。在诚实与友善待人的教育中，以儿童能够获得的理解帮助他们获得实践的体验是极为重要的。所以，培养儿童获得对实践品格的体验的过程同时是促使他们的实践理解力随着生活观察与体验的积累而发展的过程。不言而喻，这个阶段是与早期教育的第一个阶段密切联系的，它们对一个人初步养成恰当的生活与交往习惯都是不可缺少的。

当存在于成年社会中的共同体自然纽带被普遍看作必要的并且健全地发生作用，当那些基本德性还被成年社会普遍看作共同体交往活动的值得称赞的品质时，由他们实施的早期教育不大会在受教者心灵上造成严重伤害。但是，当这些纽带变成单纯的刚性的人身束缚，当这些德性蜕变为抽象的观念并被施教者虚假地坚持时，伤害就是必然的。

---

① ［德］康德：《论教育学》，10页。

二、从“别人伦”到“制礼”

在中国社会，基本交往德性的传递还有一个更为根本的问题。[①] 由于家庭之外是家族聚居的社会环境，由于日常的交往常常存在于或远或近的亲戚关系之间，如何使一代人同下一代人的关系变得清楚了然，使不恰当的婚姻，尤其是乱伦与近姻，得到有效禁止，就成为极为根本的影响共同体持久存在的问题。因为，共同体交往生活的基本德性都要以人伦关系的厘清为前提来确定和诠释。

家族聚居的社会环境使“别人伦”以确定家庭和家族中长幼次序的社会需要渐渐变得强化。当这种需要必须以制度形式确定并表达时，“礼”制便产生了[②]，并成为具有准法律性的权威。在某种意义上，“礼”的确可以被看作“德”的外部制度的表达形式。因为，“礼”事实上是一个家族聚居的社会所必需的最基本也最重要的“德”。一旦“礼”区别的人伦关系被打乱，一个家族聚居社会中的家庭、家族的关系秩序就被打破，家庭生活和朋友交往生活的所有其他德性便不复存在。当“别人伦”、“辨伦理”满足所需要的实践变得更为现实并成为更强的要求时，它们被以外在化的制度的形式表达出来就具有实践的必然性。实践品质的教化在这种环境下首先演变为对外在地表达着“伦一理”的“礼”的符合或遵守。

我们可以把“道”→“德”→“伦一理”→“礼”看作儒家疏解或表达人的基本德性的义理的路径，并把合“礼”→合“伦一理”→合“德”→合“道”看作儒家解说人的基本德性的实践功夫的教化的路径。义理的路径是把“道—德”表达出来的路径，教化的路径是教人达到“道—德”要如何用功夫

---

① 在这一节的讨论中，我从许多方面受益于余纪元（Jiyuan Yu）教授新近的著作 *The Ethics of Confucius and Aristotle*（New York，Routledge，2007），他在牛津大学中国研究所 2006 年 6 月主办的主题为 Topics in Comparative Ancient Philosophy：Greek and Chinese 的会议上提交的论文“Ethos and Habituation in Aristotle”，以及他新近发表的“新儒学的《宣言》与德性论伦理学的复兴”（《山东大学学报》，2007 年第 1 期）中的思想。这些文献对孔子伦理学与亚里士多德伦理学的非常有益的比较研究，把我们的注意力带到这样一个基本之点：孔子与亚里士多德同样地都认为，道德德性的习得需要一些基本途径，这种学习的途径通常是从家庭的和朋友交往的生活，一个人需要通过在这些日常性的生活中逐步形成确定的习惯与倾向，这些习惯与倾向才能通过公共政治生活成为道德德性。我在下文中将使用“合礼化”与“习惯化”两个词替代他所使用的“礼教”与“习性”两个词，尽管“礼教”与“习性”两个词都是人们熟知的，我仍然坚持做这样的替换，理由是“合礼化”与“习惯化”更恰当地表达了这种教化的过程的性质。

② 这种礼制首先在周代形成完备而严格的体系。

的路径。在义理的路径中，在从“德”→“伦—理”环节中，从内心或内在之性向外在方面表达的过程尚未充分完成，只有在“伦—理”→“礼”的发展环节上这种表达才完成了。在孔子看来，先王“制礼”使得人伦有别，至少使得人伦之理得到明确的表达，使得人的性情得以调治。[①] 荀子也说，先王制定礼义，使贵贱、长幼、贫富分而有序，使人们的行为可以有依循。[②] 按照这种理解，“礼”是最基本的“德”向外在的方向表达出来的形式，是外在化了的“德”；同时，也因为它已经外在化了，它似乎又失去了“德”本来的性质，似乎不再是本来意义的“德”。

三、合礼化

“制礼”最初既是为成年人也是为年轻一代确定交往的规范，尤其是为防范发生乱伦与近缘家族成员间的性行为。但是在中国的历史生活中，“礼”慢慢地演变为主要为着年轻一代得到适合家族聚居社会所必需的实践品质教化而“制”的。这一方面是因为年轻一代较迟才理解父母对他们的爱，才发生以感谢的心回报父母的爱的行动。因而，在获得这种生活感悟之前，年轻一代被引导要对父母和长辈们表现出孝敬的态度，并且行为举止要合乎礼节和礼仪。另一方面，在制度的实践上，也只有每一代新的成员承认并接受这种制度，它才能够被坚持下去。这两层原因中，第一层是直接的，第二层是间接的。

由于这两层原因，在家族聚居的社会环境下，遵循“礼”和使行为至少在外部表现上合于“礼”的要求，成为向下一代传递基本交往德性的教化的必要途径。所以，在制度性的实践上，儒家把引导新一代人以“礼”所要求的方式去感觉和行为，并引导他们习惯于这样的感觉和行为方式，当作人的早期教化的重要内容，当作使一个人学习和获得基本的交往德性的起点。儒家教化学说的理想是：在共同体的自然纽带和基本交往德性有效发挥作用与影响的社会环境下，人们能够“通过遵循父母和其他监护者的指导，通过仿效榜样和英雄，通过学习记录社会礼仪的典籍，来进行这种学习”[③]。

儒家的这种理想主义也不无道理。因为，德性的获得是实践的问题。

---

① 孔子曰：“夫礼，先王以承天之道，以治人之情。”（《礼记·礼运》）

② “先王案为之制利益以分之，使有贵贱之等，长幼之差，知愚、能不能之分，皆使人载其事而各得其宜。”（《荀子·荣辱》）

③ Jiyuan Yu, *The Ethics of Confucius and Aristotle*, p. 97.

所以德性的教化必须有实践可以遵循的道路或途径。这条道路或途径的起点必须是足够清楚，并且我们容易做的。孔子认为，这个起点就是在家庭、家族和国家的生活里，先遵循先王们制定的交往行为规范——“礼”，这是一个人获得初步教育的必要步骤。在一个人还没有能力判定什么是适度的，什么是不适度的时，孔子认为，先遵循这些“礼”，使他的行为合于这些“礼”，他就在接近交往的基本德性；之后，通过学习（小学、中学和大学），一个人就通过理解“礼”而理解了德性，并逐步获得德性。孔子教导，不进行这样的学习，一个人就不能成为一个人。[①]因为，如果不从这里开始，我们就不能走上获得德性的道路。而且，“学”绝不是仅仅记住，而是要通过“学”而行，事实上只有在行、在实践，我们才是在“学”；只有在行或实践上达到自然的程度，我们才可能获得更完善的发展。[②]

四、习惯化

古代希腊社会多少是循着一条相当不同的道路发展的。最初的部落联合成为城邦社会，渐渐失去血缘纽带的性质；部落社会式微之后，在家庭之外，希腊人面对的主要是城邦共同体，而不是家族聚居的近亲社会。[③]因而，在古代希腊社会，家庭、朋友交往和城邦政治生活成为公民的一个相互贯通的交往生活领域。

因而，基本交往德性的传递问题就呈现为一个人如何通过家庭生活、朋友交往生活以及与此直接联系的城邦公共生活获得这些德性的问题。亚里士多德这样向我们说明：人注定要以群居的方式生活；这是自然特别赋予人的一种潜能，但是这种潜能并没有充分确定人们过群居的生活的性质与样式；人怎样过这样的生活，就获得怎样的相应的品质；人们可能以好的或坏的方式过这样的生活；这些方式是人为活动的结果；好的生活方式的充分实现要靠人自身实现他们的好的潜能的努力；这种自身的努力就是使正确的行为方式和好的感觉方式成为确定的习惯。“我们所有的道德德性都不是由自然在我们身上造成的”、“因为，由自然造就的东西就不可能由

---

① 《论语·季氏》：“不学礼，无以立”；《尧曰》：“不知礼，无以礼也。”

② 《论语·学而》：“弟子入则孝，出则悌，谨而信，泛爱众而亲仁。行有余力，则以学文。”

③ 这个历史过程似乎发生很早。根据普鲁塔克的记述，在忒修斯的时代，城邦就已经形成，并有了公民大会的制度。

习惯改变”[1]。显而易见，自然仅仅给我们提供了德性可以实现的基础，习惯才使它们成为实存。

亚里士多德的观点因此被称为德性教化的“习惯化”观点。早期教育是这种教化的最重要阶段，在这个阶段，教化表现为规训和随后的实践品格培养。一个人通常是先在家庭或共同抚育中形成最初的感觉事物的良好习惯：他被引导亲近某些事物，把它们感觉为好的，尽管他并不理解为什么多数成年人把那些事物看作好的。其次，他在教师的引导下接受行为的训练，学会忍耐某些痛苦，对某些欲望的东西只在特定的时间和适度的程度上满足它们。再次，在即将成长为公民时，他还必须在发展理解力方面受到引导的同时，通过仿效，学习坚守岗位和履行公民的责任。最后，一个人还要学习在同伙伴和其他公民的交往中，通过履行公民责任的行为，学习做正义的事情。这可能需要这样的过程：开始，这样做并不使我们愉快，我们先向别人学习这样做，通过不断重复地这样做，我们才从这样做中感到愉快。一旦从这样做中感到愉快，我们就通过养成习惯，成为一个好人或有德性的人。

五、从合礼化、习惯化到德性

所以，对孔子和亚里士多德来说，“合礼化”与使恰当的感觉和行为方式“习惯化”，是一个人在生命的早期从成人社会获得基本的教化的最初入手处。它们是最初的，所以又是无法跨越的。在这一共同的见解背后，还隐含着一些更为深层的共同点。

首先，它们都是一个社会培养新的社会成员具有交往实践所必需的最基本德性的必要过程。在这个过程中，新一代社会成员的行为方式与他们感受这些方式的方式都同样需要这个交往社会，主要是通过成年的一代人，恰当地去培养。一个稳定持续地存在的交往社会不可能不存在这种基本关切。

其次，它们都是在新一代社会成员的理智力量尚未发展的阶段进行的教化，所以后续发展的理智始终同这种先培育起来的倾向与习惯处于一种紧张关系中：一方面，这种理解要基于某种方式和习惯感受和观察生活，积累生活阅历，才能比较健全地发展；另一方面，这种后续发展的理智又要理解已经培养起来的倾向与习惯，并要反思它们，使它们基

① ［古希腊］亚里士多德：《尼各马可伦理学》，1103a17－18。

于理解而升华，或者，如果它们被察觉出不健康，使之基于理解而得到矫正。

再次，它们也都是基于人要在交往的生活中才成为一个人这种基本的理解，对孔子来说，交往的生活首先是家庭、家族社会的生活，通过这样的交往生活一个人在家庭、家族成员关系中成为一个人；对亚里士多德来说，政治的生活是最为重要的，人是过政治生活的动物。通过这样的交往生活，一个人才能真正成为获得了这种教养的人。

最后，它们也都把家庭作为重要的培育基本德性的场所和主体：家庭不仅为新一代人的肉体生命的抚育，而且更重要的也为他们的德性的培育而存在。夫妻共同地承担着造就子女成为具有基本甚至高尚德性的人的使命，并且，他们在这个共同的努力中不仅各具有自己的独特作用，而且通常能够很好地合作。①

第三节　基本交往德性何以被看作规矩

一、早期教育的演变

在西方，随着德性在文明进程中失去作为共同的善的地位和随之在伦理学理论的演变中被淡化、“碎片化”和忘却，“习惯化”至少在表面上，渐渐失去了直接的德性的目的，被看作是纯粹的外在权威的导入。而在中国，随着在家族聚居的社会环境下“礼”逐步被看作是由年长一代单向地管束年轻一代的外部性的制度规范，“合礼化”的教化也越来越显现出它的武断、伤害年轻一代的心灵和扼杀他们的个性的特征。于是，我们看到，尽管有不同的社会背景，并经历着特点不同的过程，在中国和西方，早期教育出现非常相近的问题：这种教育所欲传递的那些基本交往德性，不再被人们看作德性，或者，由于人们已经变得默然或这些僵化的规范已经时间久远，人们已经忘记了这些规范原本是交往生活中的一些必需的基本德性。

① 对这四个重要之点的概括，我参照了余纪元教授在牛津大学中国研究所2006年6月主办的主题为 Topics in Comparative Ancient Philosophy：Greek and Chinese 会议上提交的论文“Ethos and Habituation in Aristotle”，以及他新近发表的“新儒学的《宣言》与德性论伦理学的复兴”中的有关表述。

当德性被普遍看作一种重要的善，当人们普遍相信自己身边存在着德性的人，当“合礼化”与“习惯化”被同一种德性的观念直接地联系时，教化者与受教化者都处于一种非常特别的境况中。教化者必须不断以所传授的东西矫正自己的行为甚至感情，因为他需要首先说服自己所欲传授的东西是重要的价值，成为一个有德性的人是重要价值；另一方面，受教化者尽管还不能理解什么是德性以及成为有德性的人究竟包含何种生活的含义，他也倾向于随教化者一道认为那是一些重要的值得去追求的东西。在这种境况下，遵循礼和按所教导的方式培养习惯会自然而然地被看作是在做正确的事，尽管在这个过程中仍然不免具有外在性。

但是，当这些重要的环境因素发生改变之后，教化者与受教化者的情况都发生了根本性的改变。一方面，教化者不再感到自己需要以所传授的东西矫正自己，因为那些东西在他看来仅仅是一些规则，不需要去信服；我们也许不得不需要它们，但它们本身谈不上好或坏，同好的生活没有很大关系，因为人们对好生活的理解已经变得千差万别。另一方面，受教化者已经从教化者以及身边的环境了解到所传授给他的东西实际上并不是重要的价值，因为教化者自己也并不尊重和信服它们，并且时常做着相反的事；这些东西成为他被要求接受的纯粹外部的权威，他找不到接受的任何动机，它们对他而言变成了毫无影响力的东西。

在这种历史地积蓄境况下，发生了今天人们熟悉的早期教育的困境。这种教育失去了目的，就只有或者蜕变得粗暴，或者从技巧上寻求弥补。在前一种情形下，早期教育将在受教化者心灵上留下严重创伤：它仅仅是“否定性的”①，扼杀他们的自发性，在他们进入成年社会之后产生痛楚的感受。在后一种情形下，教育蜕变为教育技法的发明。这种教育，当受教化者长到一定年龄时，便被他们看作完全虚伪的东西并抛弃，这时反叛的时期便到来了。伴随这个时期的普遍性的问题，新的教育技法，无论较为强制性的还是细微的心理诱导式的，便不断地被发明出来。教育走入了这样的怪圈。

二、从基本交往德性到规矩的蜕变

这些基本交往德性，在西方已经被习惯地理解为习俗或制度（con-

① 关于早期教育不能仅仅是否定性，而且必须与肯定性的“培养”结合（［德］康德：《论教育学》，24～39页）。

vention，institution)，或者更一般的意义上，被理解为规则。因为，习俗与制度在西方被看作由规则构成的体系；在中国，当一个人已经不再习惯于把它们看作基本德性时，其常常被理解为规矩。① 当然，这种演变在历史上是缓慢地发生和积累的。作为结果，常识道德尽管承认互助、亲情之爱、感恩、信任、友爱这些基本交往德性，但已经不再倾向于把合于或看似合于这些德性的行为和事情看作德性。常识道德似乎变得这样：在发现这些德性的值得称赞的表现时，它似乎被唤起对这些德性的古老的回忆，把它们仍然当作德性来肯定和称赞；而在一般的情景下，它已经把它们仅仅看作合乎规矩的即并非不对或不正当的行为和习惯。相应的，基本交往德性在一般的场合中，已经被习惯地看作对行为具有某种约束性的东西的表达，无论书面的还是口头的，都仅仅被看作单纯的规矩。

常识道德已经习惯了这样的观念：规矩是必要的，在交往生活中做事合乎规矩是正当的，即使有很多人违反它。这种发展至少产生了这样一个结果：由于规矩这个被塑造起来的新权威与我们还倾向称赞的家庭交往生活中的那些自然或接近于自然的德性，和朋友交往生活中的那些更加被看作社会性的德性，变得相距遥远，由于这些规矩是见之于日常生活，我们每天都要去面对的，关于那些德性的观念就变得模糊和逊色了。再者，由于这些规矩是我们不倾向称赞却又不得不重视的，并且要向其他人表明我们对它们的重视，它们对我们似乎失去了任何激励心灵的力量。

不言而喻，这种观念由于被普遍地持有，也成为哲学的一种根据。让我们举一个例子。在经验研究的基础上，正当性现在常常被非常抽象地解释为行为对环境的某种总体上的适合或合宜，就像动物的行为适合它们的环境，我们的技术性的行为适合行为题材的性质一样。在这种解释中，正当性诉诸在那种具体环境下的规矩或规则的系统。这样，正当性同德性，同我们作为人的另一种重要的自然，即我们的行为与感觉事物的方式会因为我们的实践潜能的发展而变得对我们而言是自由的实践品性，失去了基

① 我在下面将用"规矩"来指称在中国同样也在西方已经被普遍忘却了它们的德性起源的日常交往生活的主要规范，并且把"规矩"在汉语中的基本意义理解为在人们的日常意识中的、作为要求的而且必须照着去做的那些日常交往生活的主要规范。

本的联系，并且，这种“失去联系”已经被现代哲学当作一个当然前提。[①]

第四节　为什么感恩始终得到常识道德的肯定

尽管在义理层面，“礼”和“德”在儒家学说中有明确的联系，常识道德却把“礼”看作外在的东西，看作必须去遵循，或者不去遵循就会招致舆论的严重指责的规矩。家庭在根源上可能具有和发展的互助、亲情、感恩，朋友交往可能具有和发展的信任、友爱，所有这些尽管仍然被常识道德肯定为德性，但是，日常的基本交往习惯，即使是合乎这些德性的，由于已经在日常意识中变得麻痹和默然，而被“礼”模糊了、遮盖了。但是，与互助和友爱相比，感恩德性似乎是一个例外。它很少被完全忘却，很少有人否定感恩这种自然的德性。无论在西方还是东方社会，感恩都被视为一种重要的自然德性而肯定。[②] 人们感恩的行为也很少被忽略，它总是被常识道德当作德性的行为来赞扬。

可以这样来做一个说明。首先，常识道德是一个交往社会的成年人群的稳定的道德意识积淀。一个人常常由于生活阅历的积累在成年之后理解了父母对自己的爱，并变得爱父母。同时，他比处在生命的其他阶段的人更容易感受到父母曾给予自己的恩惠。这两种感情的确常常是自然地相互联系的。所以，成年人常常从自己的生活经验中不仅理解了这种恩惠的巨

① 但哲学始终具有另一方面。它的反思精神总会在一定范围中起作用，因为哲学向来有在思考的头脑中传递的特质。所以罗斯指出，正当性是一种道德的适度性或合宜性，这种合宜性不同于效用的合宜性，不可能以效用的合宜性来解说。如果我们说“正确的道路”或“正确的钥匙”，我们涉及的是效用的合宜性；“对于这两种合宜性我们必定会说，就如亚里士多德说‘善’的不同意义时所说的一样，它们表明的不是一个词语的纯粹的模糊性，然而，我们在这种表达中找不到真实的共同点”（*Foundations of Ethics*，p. 53f.）。罗斯把正当性解说为行为对那个环境的总体上的道德的适合或适宜，是在正当性的德性含义已经被淡忘的背景下，使德性的正当不致堕入效用的范畴而迷失的一个必要的哲学步骤。然而，我们的讨论已经间或地表明（参阅第一编“附论：对意义理论的评注”），它仍然非常不够，不足以重建适合当代人的哲学的伦理学。

② 在基督教世界，感恩似乎已经摆脱了自然德性的特点，获得了宗教的意义。依照基督教的观念，我们感谢造物主创造我们的生命之恩，感谢造物主所造的大自然给我们丰富食物和栖身之所之恩，感谢造物主所造的邻人的帮助之恩。在这种感圣恩的观念下，一切同我们的生命和生命的发育繁荣相联系的恩惠都被置于造物主的名下。与此对照，东方社会的感恩观念还保留着感谢自然之恩的朴素特征。

大，而且理解了回报的责任并体验到回报的艰辛。这使感恩在成人社会倾向于被肯定为德性。由于感谢父母恩惠的话题通常仅仅是成年人的，年轻人的生活没有这样的主题，这种意识在某种意义上是一个人人生的某个阶段通常会自然形成的，因此由这种意识所积淀的常识道德极少有强有力的反对者。

另一方面，在年轻一代中间，尽管对于父母的恩惠和回报这种恩惠的意识产生较晚，但是对于日常私人交往中与朋友或伙伴间的帮助和回报的经验的体会，使得这种意识在一个人的意识中产生时不会遭遇严重的抵抗。通常，对于一个在正常的家庭环境中成长的人，当这种意识与伴随的感情真实地产生时，他会感到这种体验与他已有的关于帮助和回报的理解经验是一致的，并且似乎使这种理解极大地提升，这使他开始有意识地通过具体的实践来表达感谢，并使他开始注意有关的思想，以加深这种体会，并且在可能的范围内同周围的人交流这样的体会。他以这样的生活经验和体验，开始加入成人社会的讨论。

我们对来自家庭之外的其他人的重大帮助的感谢意识与情感也具有类似的性质。当一个人的家庭遭遇到意外不幸或重大挫折，并得到其他人的重大帮助时，如果他是在一个尽管缺乏能力但正常地发挥着其功能、因而具有正常的感情联系纽带的家庭中生活和成长，如果他在这种环境中生活和成长并始终抱有积极的生活目的，他就自然倾向于对这种重大的帮助产生感谢的意识，并将以某种实践来回报这样的帮助。

简言之，由于感恩德性是人们需要基于对重大恩惠或帮助的体验的意识才能够实际加入讨论的主题，它很少在一个稳定的交往社会的常识道德中受到否定。

我们还可以指出，朋友和伙伴交往生活中的信任也始终被常识道德看作是德性的品质。诚然，真正的友爱也同样如此。不过，人们总是感叹真正的友爱，即不是出于实利与地位的考虑，而是出于亚里士多德所说的对于彼此的德性的欣赏的友爱①，是毕生难求的。但是，信任的情形有些不同。尽管它也是稀少的，但是人们只要相互还是朋友，似乎就可以相互要求它。而且，朋友之间似乎都把它当作首要的东西来要求。这或许是常识道德也将朋友间的信任始终看作德性的一个原因。

① ［古希腊］亚里士多德：《尼各马可伦理学》，1156b7－31。

思考题：

1. 交往共同体中为什么存在教化的需要？
2. 人的早期教育存在哪些困难，为什么？
3. 为什么感恩总是得到常识道德的肯定和赞扬？

第十二章　公民交往生活及其基本德性

第一节　公民交往的基本性质

一、平等的公民地位和不平等的经济—社会地位

我们将从这里转入对公共交往领域问题的讨论。

人们作为公民是平等的，这是在一个政治社会的政治—法律地位的意义上说的。人们作为公民在他们同属的那个政治社会的政治—法律地位上是平等的。我们通常所说的公民地位就是指人们作为公民的平等的政治—法律地位。平等在这里的意义是同等，是指每个公民享有同等的一份同所有其他公民相同的基本政治法律权利。

当前多数社会依据一个人的出生承认他在那个社会的公民地位。这件事是意义重大的，是人类漫长的政治文明进程的一个结果。人类曾长久经历这样的时期，一个人不是因他出生在那个社会，而是因他出身于某个社会等级而被承认为它的成员或公民，某些等级则被完全排斥在政治社会之外。这种进步或多或少是以这样一种逐步发展的共识为自然基础：自然赋予了每个人非常相近的体力与智力潜质；尽管每个人的出身、运气和努力等可能影响这种潜质的发展和是否达到繁荣或所达到的程度，但是一个人只要是由于自然的恩惠而出生在一个社会，同样，任何一个由这样的个人构成的人类群体，只要不是以伤害其他人群的生存为生活，就不应当被排除在那个政治社会之外。① 无疑，在这个历史进程中，人类的常识道德也在发生着进化。事实上，这一共识是今天人类的常识道德的一个确定之点。当一部分人出生在一个政治社会却不被承认为公民，被排除在这种基本的政治法律权利之外，这个社会就被认为从根基上是不正义的。因为，一个使一部分人生来就被排除这种基本的政治法律权利的社会，将无法消除冲

① 的确，这个共识初看起来是自由主义的。但是，我更倾向于认为，它是人类政治社会的进化的常识道德的一个确定之点。我不准备采取一种明确的现代政治哲学。我认为，一种哲学的伦理学的范围倒要比政治哲学广泛得多，它所诉诸的支持性论据也比政治哲学的广泛得多。所以，现时代的一些主要政治哲学的论点，例如社会主义、自由主义、社群主义等等，都可能在表达这种广泛的常识道德的基本点方面有所贡献。

突，也无法形成良好健全的社会生活秩序。

但是，这种平等的政治—法律地位并不是一个人在那个社会中的经济和社会地位。作为公民，人们在经济地位上和社会地位上往往存在不平等。经济的地位表现为一个人实际占有的可支配的物质福利手段的总量。社会的地位表现为一个人在社会中所处的相对位置，这种位置通常受他的教育水准、经济能力、参与公共事务与一般社会文化进程的能力等要素的影响。每个公民总是占有不同总量的可支配的物质福利手段，并由于不同的教育水准、经济能力、参与公共事务和社会文化进程的能力而在社会的生活中处于不同地位。

毋宁说，就政治—法律地位而言，人们作为公民是平等的，而就每个人的实际能力和实际的经济、社会地位而言，他们又是不平等的。

二、公民交往的主要类型

作为公民，人们同与他们不具有私人关系的其他公民是以这样的地位相互交往的。一个人对于同他具有一种私人关系的另一个人的交往，例如同父亲的交往、同一个朋友的交往等等，也可能成为主要是以公民的身份进行的交往。这种情况表明的是那种交往的私人交往性质已经下降为次要的、从属的性质。因为，在那种交往中，私人交往关系是主要的关系。

我们所讨论的公民的交往，主要是指具体的、生活的交往。具体的交往是相对于总体的或纯粹精神的交往而言的。一个人可以在思想与精神上同所有人、所有公民，同民族或国家作为一个整体，发生一种思想的交往，也可以同所有存在物，同作为总体的存在世界，发生思想的、精神的交往。我们同先人、先哲以及，对宗教信仰者来说，同神的交往是纯粹思想的、精神的。这种交往是我们作为人的生活的一部分，并不特别属于我们作为公民的交往生活，因而是属于其他学科的题材。

我们作为公民的具体的交往可以从许多不同的角度进行分析。然而我们在这里将仅仅从这种交往作为可能的实践的角度，来区别它们的一些主要类型。公民的具体的交往可以大致区分为：政治的和法律的交往；经济的交往；社会的交往。

公民的一般政治的和法律的交往，包括我们在一般公共生活中同其他公民偶然发生的各种交往，以及参与公共政治法律实践的活动。后一类活动，又包括我们参与公共政治事件和运动时同其他公民发生的交往，和我们在参与公职的获得与辞让的过程中同其他公民，同时也是同所有其他公民发生的交往，因为在某种意义上，这是在同我们所处的政治的社会的全体公民发生一种交往。公民的经济的交往，包括我们为满足正常的消费生活的需要同其他公民发生的交往，以及我们为获得更多可支配的物质福利手段和资源，以及属于私人的更多的时间和空间、闲暇和娱乐，而同其他公民或公民团体发生的交往。公民的社会的交往，包括我们同其他公民处置可共同支配的那部分资源和共同参与并影响公共生活的交往。因为，对这部分资源的共同支配和对这部分公共生活的共同参与和影响一旦发生重要的争执，它们就成为民事的问题。

当一个家庭的共同生活发生这样的问题，并且对它的处置需要借助法律来处理时，它就演变为所有当事人作为公民的相互关系的问题，就成为民法的重要题材。所以，一个政治社会的法律如果足够成熟，就必须充分发展两种看似相互逆反的考虑：一方面，它必须重视那个社会中的家庭作为基本生活单元的重要程度，以适合的方式避免过多的此类问题转变为当事人作为公民之间的民事的问题；另一方面，它又必须提供足够清楚的法律指导，帮助法官较为清楚地确定当事人作为公民对那些资源的支配权，并尽可能使这种法律的析分与当事家庭保持基本的共同生活这个目标相协调，或者，当不可能与这个目标协调时，使当事家庭在不得不解体因而当事人的关系将演变为单纯的公民的关系时，不致在所有相关当事人，尤其未成年的当事人那里，产生过大的相互怨恨。

三、社团中的公民的交往

在公民的社会的交往中，除了民事的交往，还有社团的和心智的交往，它们同样是公民的具体的交往。社团的交往又可以区分为基于兴趣的和基于志愿的。基于兴趣的社团交往以共同从事活动并培养那种活动内在的技艺为重要内容。在基于志愿的社团交往活动中，人们积极参与一项表达着他们某种共同志愿的活动，这种活动在他们看来是使社会的生活朝向某种改善，他们把参与并推动这样的活动当作自己的使命。

古典文明时代，人们出于兴趣的交往，例如出于对哲学的爱好的交往，被看作朋友间的私人的交往。西方基督教时代，出于共同宗教兴趣的交往越出了这个范围，成为教会兄弟间的独特的共同生活。现代社会，出于共同的关切和兴趣的交往被看作人们作为公民参与的一种社团性的交往，尽管这种交往常常与私人的关系交互重叠，因为朋友之间很可能有某种共同的兴趣。

在这种交往中，共同的关切、共同的兴趣、志愿，无论宗教的还是非宗教的，成为交往的基本原因，人们相互的交往是为着所共同关切的那种活动以令人满意甚至赞赏的方式展开。并且，人们通常期求这种活动能持续地进行，以便他们可以把自己的时间与空间、体力与精力，乃至情感和其他可支配的资源，投入到这种活动中，使自己的个性在这种共同关切的活动中留下印迹。由于内在于共同关切的活动的善成为人们的具体交往的目的，人们在这种交往中即使持有具体的外在的目的也不再彰显，同时，那种活动以持续的方式的展开和在这种展开中的不断完善，使每个成员都获得益处。

因此公民间的社团的交往与他们之间的经济的和民事的交往不大相同。在公民间的经济的和民事的交往中，每个公民都有一个居于主导地位的外在的目的，交往行为是为着那个外在的目的，仅仅在行为的那个方面，即他们相互对待的方式的方面，我们可以作为与实践有关的事务来探讨。在这种交往中，公民需要以同等的东西交换，或者确定一种交换比例①使交往平等化，或者确定对某些共同资源的各自单独的占有份额或享有方式，从而确保每个人作为公民的权益不致受损。

在公民间的社团性交往行为中，由于内在于所关切的活动的善是主导的目的，交往行为是一种基本的实践。这种实践成为参与的公民们的共同事业，他们也倾向于把自身看作实践者。同时，由于在这种交往行为中，每个公民的经济的、社会的地位通常是不相关的要素，人们既然不是进行直接的交换，也就不需要确定交换的比例。这种交往是完全平等的：每个公民参与这种交往都不受他的经济、社会地位的影响。

心智的交往是公民们在那些存在共同的探索兴趣而又与自己的切身利益无直接关系的问题上寻求共同的理解、知识，或者是每个参与者都能够使自己的理解得到澄清的交往活动。教育的活动，即教师与学生之间的活动是这种交往活动最典型的形式。

不言而喻，心智的交往与社团的交往常常自然而然地交融在一起。因为，在社团的交往中，寻求共同意见、培养某种共同关心的技艺，探索某些共同关心的知识与理解的心智的交往最容易发生和发展。并且，这被看作是兴趣的、志愿的社团交往生活中极为重要的内容。当一个这样的社团发展良好时，人们在共同的兴趣和志愿的活动中相互交谈、探讨，分享相互的理解与体验，以形成和促进共同的意见、技艺、理解和知识的积累，

---

① ［古希腊］亚里士多德：《尼各马可伦理学》，第5卷第5节。亚里士多德在那里讨论了公民的交换关系，即他们基于比例相互回报的关系。

成为他们共享的精神资源，似乎是这种实践中再自然不过的事情。

第二节　公民交往的基本原理

一、平等和可平等化原理

在一般政治法律交往和公民自治社团的交往中，平等构成交往的基本性质。公民在这些交往中的地位是完全平等或基本平等的。这种交往中的私人关系或者不存在或者仅仅具有次要的地位，并且这种交往不涉及属于他们私人的时间和空间、体力和精力，和他们实际占有的可支配的物质福利手段的支配和运用。例如，人们是作为完全平等的公民参加一次选举、关于公共政策的公民投票表决，参加社团中的一次兴趣活动竞赛，以及加入一次随意的交谈，等等。

但是，公民们在具体的经济、民事的交往中，地位却并不总是完全平等的。在这些交往中，平等获得“可平等化”这层意义。因为，他们是以属于他们的私人的时间和空间、体力和精力，以及他们实际占有的可支配的物质福利手段来相互交往，以改变这些要素的某种属有格局，形成某种不同的新的属有格局。这种交往可能发生在两个经济、社会的地位都相似的公民之间，在这种情形下，我们看到的是一种平等的交往。① 它也可能发生在两个经济、社会地位不平等的公民之间，在这种交往中，不同的经济地位和社会地位使他们处于不平等的交往地位上。但是，他们可以依据社会的惯例，商业的或非商业的，找到使这种交往可以进行的适合比例，并按照这个比例来进行交往，他们的不平等的经济地位和社会地位在这个具体的交往中平等化了，在这个意义上他们做了一次平等的交往。在这种情形下，我们看到的是一种可平等化的交往。②

公民是一些平等的或可以通过比例达到平等的人③，因为他们之间的具体交往是平等的或可平等化的交往，或者，必须以这样的方式来交往。可以把这种性质称为平等或可平等化原理。这种交往之所以具有这样的特质，首先是因为，公民间的具体交往是双方都有所得的交往。这种交往，亚里士多

---

① ［古希腊］亚里士多德：《尼各马可伦理学》，1158b1－3、1158b29－31。

② 同上书，1133a7－b27。

③ 同上书，1134a26－27。

德说，是基于有用即具体用处的。[①] 双方都要在具体的用处上得到益处，但是，他们所属有的时间和空间、体力和精力，与他们实际占有的可支配的物质福利手段不同，所需要的用处不同，所以他们可以通过相互交往提供对方所需要的用处，并都有所得。其次，他们提供的东西尽管不同，但都接近，因为尽管经济、社会地位有差别，但他们总体上都是能力上相差不很悬殊的个人，并且可以通过惯例的方式找到适合的比例。

二、自愿性原理

狭义上，交往区别于战争，是战争的反面。人类的交往活动是为着和平、安全和有秩序的共同生活。在一个政治社会中，公民间发生的交往，有些是出于自愿的，有些是不自愿的，或至少就其中一方来说是不自愿的。不必再详加说明，在公民的自主的政治法律实践中，在公民的社团性交往中，有更牢固的自愿性基础。我们以社团性交往为例。首先，人们自愿地加入一个这样的社团。其次，人们加入的动机与极其易变的经济动机无关。再次，对于共同关切的活动的内在善的共同兴趣使这种相互交往令他们愉悦。最后，在这种交往共同体中容易建立起具有共同意见的民主机制。当然，难于建立这种机制的社团所立基的共同兴趣的基础常常是脆弱的，因而常常会自然地解体。

在经济、民事的交往中，由于把公民们彼此联系起来的是平等的或可平等化的交往[②]，依照亚里士多德的看法，这些交往必须是基于自愿的。[③] 可以把这看作公民的交往的第二个基本性质与原理。某种意义上，平等或可平等化使公民间经济的和社会的交往关系成为可能，基于自愿使得这种交往成为可以持续的。这尤其可以从它的反面看出来。因为，一种交往如果不是基于自愿或直接就是违反自愿的，如果制度与法律没有足够的矫正力量，人们就会看到，这种交往总是引向暴力和战争，引向它自身的毁灭，引起社会交往纽带的断裂。所以，只要制度与法律还能够有效发挥作用，一种不自愿的交往就只有通过法律得到矫正，使受损一方的损失以某种方

① ［古希腊］亚里士多德：《尼各马可伦理学》，1132b33－34、1156a11－12。

② 同上书，1132b33－34。

③ 亚里士多德仅仅在谈到矫正的正义时提到公民交往的自愿性质，并把自愿等同于“出于意愿”这个比较宽泛的说明（同上书，1130b30－1131a8）。他在文本另一处（1163a2－3）说，“若一个人不愿意，我们便不能与他交朋友”。如果我们注意他在这里谈到的是两个相互进行商业交往的人，就可以明白，这种自愿涉及的是对一个希望从交往中获得期望的实际用处的公民而言的。

式得到补偿，从而使交往的自愿性得到某种恢复，才能够结束。对它的法律矫正是朝向交往的自愿的恢复。所以，不自愿的交往不是政治社会的联系纽带，它的自愿的方面才是这种纽带。

一种交往是出于自愿的，是说在它开始时交往的双方是自愿的。[①] 公民间的交往，尤其是和平有序的经济的、民事的交往，既大量发生又十分脆弱，显然要依靠这种自愿的性质才能持久地维系。但是显然，一种开始是自愿的交往可能在交往的过程中变得不再是自愿的，或至少其中一方是不自愿的，例如提供某种商业服务的交往。当它对于双方都变得不自愿时，双方可以共同同意结束它。当交往的过程对一方变得不自愿（在公民间经济的交往中这是大量存在的）时，情况就比较复杂。如果引起变化的原因对当事人是纯粹意外的、重大且并非他通过自己的调整就能够克服的外部事件，这种原因可能被对方承认为终止或改变那个交往的正当的理由；当他们在这一点上存在严重分歧时，他们就会求助于法律，并且同意当双方的理由都同样充分地表达之后，接受法律的最后裁决。如果引起变化的是当事人的主观意向的改变，这种理由常常难于被另一方接受，当人们因此诉诸法律时，法律也通常要尊重双方交往之初所表达的那种意愿。显然，在这两种情形下，交往的公民双方以及所诉诸的法律，都把交往的自愿尊重作为交往的基础。

三、预先同意原理

无论两个在经济和社会地位上平等的，还是两个在这种地位上不很平等的公民间的经济的、民事的交往，他们确定的交往条件都似乎必须是双方都预先同意的。后一种情形中，这一点显然更为重要。因为，链条总是从它最脆弱的那个环节断开：地位较低的一方在各个方面都处于较不利境地，如果没有预先同意的条件，交往对他们而言就将失去自愿的基础，就无异被剥夺。此外，经济的交往这种公民间最普遍的交往发生在两个实际占有的可支配的物质福利手段非常相同的公民间是非常罕见的，因为，这样的两个公民间常常不需要发生经济的交往。

设想要在他们之间确定一种适合的交往比例这件事。亚里士多德提醒我们，进行一桩交易时，如果双方不预先就交换的比例达到一致意见，交易事实上就无法进行；所以，双方绝不能等到交易之后再订出一个比例，而应当在他们还占有各自的产品时订出这个比例。这种约定的正义具有这

① ［古希腊］亚里士多德：《尼各马可伦理学》，1131a4－5。

样的性质：最初是这样规定还是那样规定并不重要，但一旦定下了，就变得十分重要。[①] 在这种交往是由一方提供商业性服务、另一方付给服务报酬的情况下，预先同意的重要性似乎更为突出。因为，当下的交易可以由交往的一方当下终止，要终止预先确定的商业性服务则涉及复杂得多的因素。所以，流行的实践是依照习俗“先讲好报酬”[②]。如果没有预先讲好，那么，报酬最好是在双方看来相当于所提供的服务的。[③] 但既然这常常不容易做到，更为常见的实践就是，把这种预先同意的比例以书面形式确定下来。除了共同同意的比例，即将提供的服务的报酬，在这些条文中，最为重要的显然是关于“延迟付款的补充条款”，它必须对双方尤其是付款方足够清楚的。[④]

另一个与此相联系的环节也同样重要。既然预先达成同意是维护一种交往的自愿性更有把握的条件，由哪一方来提议确定一种服务的价格就至关重要。总体上，这将是公民间的一个讨价还价的领域：提供服务的一方会强调那种服务的稀缺和品质的优越，接受的一方则会在这两个方面提出相反的意见。[⑤] 不过，既然这种交往是基于对接受者而言的用处或经济的，事先由接受者来确定这种价格就“不仅必要，而且公正”[⑥]；因为显然，需要才是这种交往发生的原因：“是他需要那好处，施惠者提供给他是为得到同等的回报。所以，受惠者应当按照他得到的好处的大小来偿还”[⑦]。

---

① ［古希腊］亚里士多德：《尼各马可伦理学》，1133b3－4、1134b20－21。

② 同上书，1164a27。

③ 同上书，1164b7。

④ 同上书，1162b23－26。

⑤ 同上书，1163a10－14。

⑥ 同上书，1164b8－9。

⑦ 同上书，1163a16－20。在这点上，一种可能提出的看法是：人们之间的商业性交往关系并不以公民关系为前提，事实上它是相当普遍的存在。这种见解当然是对的。人们在成为严格意义上的公民之前，早已相互发生商业的关系。但是，这种见解并不构成对把“预先同意”作为公民交往的第三个基本性质的反驳。的确，契约经济关系（这是许多著作家对这种交往须经“预先同意”的性质的理论概括）是更普遍的；但是，一个政治社会的公民交往生活似乎与它是不可分离的。如果是这种“预先同意”的商业交往最终在一种政治社会中催生出公民社会，把它归结为后者的基本性质也没有什么不合理。而且，显然在公民社会中，“预先同意”是同两个更为优先的基本性质——平等和“可平等化”、自愿性紧密地结合在一起的。

第三节　公民交往的基本德性

一、守法

如果公民的交往本义上是他们作为平等的或可平等化的人、自愿地、必须经过预先同意来确定方式的相互交往。作为一种实践，当这种交往以它的本性的方式进行时，显然也展示着交往者的一些品质，一些基本的人们会看作德性的品质，它们使得这种交往成为和平的、有秩序的、对所有人都有益的。至少从亚里士多德的谈论，我们看出，被看作构成一个好公民的那些德性也被看作一个好人的那些德性的最基本的、不可或缺的部分。一个人幼年的训导就朝向着他将来可以作为一个自由公民在公共生活中表现得具有德性。要成为一个好人，首先要在公共生活中成为一个好公民，当然，之后还要研究哲学。所以，古代希腊人把通过公民交往生活使自己具备公民的德性看作成为一个有德性的人必经的也是主要的一步。

然而，一个好公民的德性总体上就是正义德性。正义不仅是我们作为一个公民的德性，也是我们作为一个好人必备的德性。但是公民的正义主要是政治法律生活中的，以及与其他公民间在经济的、民事的以及一般社会的交往方面的正义德性。在亚里士多德的谈论中，正义德性是政治的，即存在于平等和可平等化的公民间。亚里士多德谈论公民的正义德性时，谈到总体的守法正义和三种具体正义。不过在公民的直接交往方面，我们宁可把守法的正义与具体正义中的回报的正义看作直接相关的。

公民交往的第一种基本德性是守法正义。守法似乎是一个公民对所有其他公民的，或对每一个“另一个人”的，约束自己的承诺。首先，这种承诺是，我作为公民将仅仅做法律允许的那些行为。[①] 法律允许的行为是人人都可以做并且这样做不会互相妨碍或伤害的行为。所以，这些行为是在促进那个政治社会的共同的利益。[②] 其次，这种承诺是，我将不去做法律所不允许的行为，在交往方面，这意味着我将不会擅离岗位、临阵脱逃、

① ［古希腊］亚里士多德：《尼各马可伦理学》，1129b12－13。

② 同上书，1129b12－14。

羞辱他人、通奸等等。最后，这种承诺是，我将努力做法律要求的其他有德性的行为①，例如对人有礼貌，待人温和，或许，我们还可以加上，公共场所注意衣着整洁，公交车上为需要座位的老弱病残乘客让座等等。

守法德性有三个特性值得注意。首先，守法是一种最基本的，如果做不到就根本谈不上有或合乎德性的公民交往德性。事实上它主要是以否定方式表达的，它确定的是公民交往中一个公民不可做的那些行为的界限。不去做那些行为，他就是守法的，就有正义的德性，做了便不再是守法的，不再是有或合乎正义德性。其次，这种德性是我同每一个"另一个人"的关系上的，就是说是对于所有其他公民的。如果一个人做那些行为，他就不可能对某一个"另一个人"正义，对另一个"另一个人"不正义，而是对他们之中的任何一个都不正义。最后，这是一个人同每一个"另一个人"的交往行为上的总体德性，不是一种具体德性。但它又是首先必须做到的。如果做不到，则其他具体德性都无从谈起。如果做到守法，一个人在他同一个公民伙伴的关系上就是有正义德性的，即便有一次曾由于疏忽踩到过他的脚。

简言之，守法是每一个有德性的公民的最基本的东西，它包含公民行为的所有方面，却不专门指某一方面。当我们说张三是一个守法的人时，我们不是说他没有贪污公款，没有以权谋私等等。而是说，在我们所看到的所有相关方面他没有做违法的事情，因此对他的一个公民伙伴，对所有其他公民来说，他是一个守法的人。

二、回报与施善

但是这样来谈论公民间相互交往的德性显然是相当贫乏的。既然公民间的自愿的交往要靠每个在交往中得到益处的人都以预先同意的方式回报对方来维系，既然公民间的交往主要是一些具体的交往，当在具体意义上谈论公民交往的基本德性时，我们就需要谈回报的正义这种直接同公民交往相关的基本德性。

狭义地说，回报的正义是把一个政治社会的公民彼此联系起来的纽带。② 显然，如果没有人回报或付报酬，就没有人会自愿地提供物品与服务，就不会有自愿的交往发生，即使人们存在交往的需要。在这种状态下，一个社会就只有相互战争和抢掠，这至少在一个社会内部是很难被设想为

① ［古希腊］亚里士多德：《尼各马可伦理学》，1129b20－25。

② 同上书，1132b33－34。

可以持久的交往方式。

这表明一个原理：至少当回报或付酬的责任在我这一边时，回报是公民交往的德性对我首要的要求。如果我从一个小贩那里买了香蕉，我应当当场付钱来回报他；如果我请一个工匠为我盖了房子，我应当按约定的价格和时间付钱来回报他；或者，如果我曾经从一位公民那里接受善意的馈赠，我应当在适当的时间，例如他后来陷入困顿时，以适当的方式回报他，而不是或者表现得似乎忘记了那份馈赠，或者把本可用来回报的一份财物作为馈赠给予另一个人，这种做法意味着不正义。

后一种情况引出一个进一步的原理：回报的正义优先于施善。如果欠一个人的钱并且现在能够还他，我就应当先还欠他的钱，而不是先借钱给别人。[①] 如果我欠造房工匠的工钱，这不等于我不可以把所制作的5双鞋先卖出去，因为出售它们并不是在施善，而是同另一个公民做一次商业的交往，这使我可以换得钱来付给那个工匠；但如果我把这5双鞋作为礼品赠送给五位朋友，而不是用它们换钱来付工钱，我就没有尊重回报的正义这个优先的交往德性，就在做一件不正义的事。[②]

紧接着的问题是，满足了回报的正义之后，施善是作为公民的一种基本交往德性吗？[③] 也许是希腊或雅典的生活环境使亚里士多德认为，一个公民如果生活足够富裕，施善是一种重要的德性，但这似乎是他作为一个好人而不是作为一个公民的德性。例如，如果有能力，他可以拿出一部分财物与朋友分享，或帮助陷入困顿的朋友[④]；如果有更大能力，他可以为城邦提供祭神的用品、为合唱队义务提供设备、修建三层舰或举办体面的公共宴会等等，并且这种举动通常需要与他的经济－社会地位的优越程度

---

① ［古希腊］亚里士多德：《尼各马可伦理学》，1164b32－33。

② 亚里士多德已经注意到不同交往德性的相对次序的问题。在同样地方，他接着说道，如果你现在需要用这笔钱去赎回你的父亲，那么也许应当先这样做，因为使自己的父亲恢复自由似乎是出于自然的德性，所以更为优先（1165a1－3）。不过，我将暂时放下在亚里士多德伦理学框架下解决在一个当下场合的相关德性的可能冲突的问题。我将暂时假定，在我们同另一个公民交往时，我们具备的作为公民的基本交往德性在大多数情况下不会令我们陷入非常难于解决的困难。

③ 在当代西方哲学家中，我们听到诺齐克（R. Nozick）坚决反对这是一种正义的要求的看法，罗尔斯则强调这是我们可能预先同意的制度原则要求的，而且，如果制度是按这些原则安排的，我们对于这些制度的安排会有一种正义感。

④ ［古希腊］亚里士多德：《尼各马可伦理学》，1169a26、1171b21－23。

相称。[1]

我们可能倾向于同意：回报与施善这两种德性的确不是同等优先的。回报是公民的基本交往德性，没有做到它是不正义。施善不属于公民的基本交往德性，除了罕见的例外，它仅当我们做到守法和满足回报的要求之后才同我们有关。表现出它的行为是高尚的，没有表现出它的行为是一种卑琐的小气，尤其是如果我们把一个交往社会看作一个社会合作的系统的话，尽管不是不正义。

第四节　公民基本交往德性何以被看作规则

一、公民交往德性是何时“消亡”的

今天西方社会的正当性概念是经康德对希腊德性的责任或义务的解读，并从责任或义务的概念抽象而来的。这个正当性的概念还有一个直接的来源，即希腊人的正义德性概念，尽管这种演变的源流显得更为遥远和曲折。对公民的正义德性的阐述已经或多或少提供了这样一个复杂的说明，但我们还需要作进一步的解释。

当公民把他们之间的交往生活看作这样一个领域：这个领域的活动具有真实的实践性质，因为他们每个人是作为一个政治共同体的成员相互交往，他们的这些交往活动是平等或可平等化的、基于自愿与同意的，这种实践性的活动促进着将令每一个人受惠的内在的公共的善，或许我们会看到这样的普遍风气：公民把在公共生活中表现出来的守法态度、回报以及施善的行为看作他们作为公民的德性，这些德性总体上被看作正义德性，这种德性是他们在希望促成或维护的优良政治秩序下可以通过好的习惯获得的。在那种风气下，公民看来不会倾向于用正当或正当性的概念来述说他们的这种交往活动的性质。只有当这个领域不再被看作这样的领域，正当性才由于是这样一个适当的描述词，成为一个主要是从正义德性概念演变而来的概念。因为这时，守法与回报不再被看作德性，就像在希腊城邦社会那样；没有人再把这样的行为看作德性的。对这些行为有了新的解释：它们是那些公民做出的遵守法律和规则的事情，是履行责任或义务的行为；一个公民的确应当这样做，因为只有这样做，他才能自我辩护说，我做了

① ［古希腊］亚里士多德：《尼各马可伦理学》，1122b19－26。

正确的事，没有做不正当的事。

由于中国尚未真正经历这个和公民的交往生活密切相关的概念的历史演化，或者，如果说经历了，比较确切的意义也是说它目前仍在经历着，我们真正可援为例证的仅仅是西方的历史。

我们很难确切地说出公民间最基本的那些交往德性，首先是基本的正义德性是何时“消亡”的，就是说，是何时不再被公民们普遍地看作可以从一种他们希望促成或维护的良好政治秩序下通过好的习惯获得的、属于他们自身的正义品质。我们仅可在伦理学理论的表达中寻觅到一些可能有意义的零星的间接例证。这种演变当然首先决定于政治共同体的消解并演变为一种政治的社会的历史。但是，思想观念的演变常常并不同这种演变直接同步。当休谟把德性看作与人们的私人生活和交往生活有关的性情加以说明时，他仍然把正义看作一种对社会即他人有用的德性来讨论。[1] 但是，当康德把道德的行为，包括公民交往的行为，看作仅仅出于对道德律法的尊重的行为[2]时，这种观点就提供了一种以遵循律法来解释交往行为的正义或正当性的观点，这种观点在康德以后就变得越来越无须联系正义德性来加以说明了。随着在这段历史中逐渐成为有力传统的契约论的发展，公民间的交往行为的正义或正当性就借助他们的某种同意得到说明。并且，契约论的权利论走向使正当性的概念成为一个更为广泛的、正义德性的概念反而需要借助它来说明的概念。与此同时，在快乐主义脉络中，正当性被用来说明那些能够产生快乐对于痛苦的最大差额的效果的行为的基本性质。

公民间交往的正义德性的概念渐渐“消亡”了，通过从康德责任或义务概念获得它的基本的理解内涵，它被正当性概念替代，并且或者在契约论传统中被理解为基于同意的责任与权利，或者在发端于最早的快乐主义学说的效用主义传统中被理解为能带来最大效用的实践决定。

二、从公民基本交往德性到规则

我们现在更加容易说明，为什么正当性概念事实上是一个公共交往领域的概念，即一个关于政治社会中的公民交往活动方面的概念。正义德性

---

① ［英］休谟：《道德原则研究》，35页，北京，商务印书馆，2001。

② 康德的这种观点，如多次提到的，见他的《道德形而上学原理》与《道德形而上学》第二部分“德性学说（The Doctrine of Virtue, Part Ⅱ of the Metaphysic of Morals, I. Kant, *Practical Philosophy*, pp. 509-603）。

原本主要是同人们作为公民的共同生活，尤其是他们的相互交往活动相联系。由于这个原因，从正义德性演化而来的正当性概念显然也主要是同这个领域相联系。当然这不是说，希腊人不用正义德性概念，或今天的西方人不用正当概念去说明私人交往活动的性质，而是说，尽管也被用来说明私人行为和私人交往行为的性质，这两个概念却主要是用来述说人们作为公民基于需要，包括具体的需要和干预公共事务的需要，必须进行的那些交往行为的性质的。①

在西方，自帝国时代以来，公共交往的领域，即人们作为公民的交往生活的领域，不再具有希腊时代的真实政治共同体的性质，公民们感觉自己不再是作为政治共同体的成员，而是作为帝国中彼此陌生的公民相互交往，他们之间的关系也变得不再适合用共同体成员间的友爱来加以说明。尽管他们作为公民的交往活动是平等或可平等化的，交往环境的这种基本变化，使得公民们普遍感到他们在这些交往活动中不是表现着他们作为公民的正义德性，而是在遵从由一个外在的强大的帝国颁布的法律。

尔后，在各民族建立民族政治国家的起义之后，公民间的距离感与生疏感和对强大帝国的警觉这两件东西依然保留在公民们的精神记忆之中。所以，一方面，在各个民族的政治国家中，公民们感觉他们是彼此生疏的，并且坚持这种生疏的关系是必然和必须保持的；另一方面，公民们也不把国家看作自己的政治共同体，公民与国家间存在的紧张关系使公民们倾向于把公民相互交往生活中的所有约束性关系都看作或者来源于国家，或者来源于变得陌生了的公共利益，或者在康德的意义上，来源于道德律法。由于康德已经把正当阐释为我们对于道德律法或规则的责任，这样，自然地，在一个民族的政治国家中，与公共生活相关的习俗与制度就仅仅被看作规则的体系，与公民之间的交往德性无关；公民间的交往渐渐被看作是仅仅遵守律法或规则的，而不是出于正义德性或一般德性的。正当性的概念渐渐远离了它最初的根源，被看作基于规则而不是基于德性的。

---

① 我们从罗尔斯对于正义、正当概念的用法和他对于善概念的对照的用法中得到一个清楚的例证。罗尔斯用正义和正当概念说明的是人们作为公民相互交往的政治领域，在这个领域，公民们的某种他们可能预先同意的原则构成正义或正当性的基础，适合于对一种制度安排的正当性的证明的是基于公民们的重叠共识的公共理性；另一方面，善概念被用来说明公民们的私人的目的性的生活。

思考题：

1. 人们作为公民的相互交往具有哪些基本的性质？
2. 公民的基本交往德性有哪些基本内涵？
3. 为什么人们更习惯于把公民的基本交往德性看作规则？

第十三章　社会合作

第一节　三种关于政治社会的观念

一、政治社会的重要性

我们需要深入研究，政治社会为什么是最重要的一种交往社会。就是说，为什么公民们要以平等的或可平等化的方式自愿地、基于预先同意的方式相互交往，并且那些违反平等或可平等化的非自愿的交往行为能够得到矫正，一个稳定的、组织良好的政治社会是重要的。

这似乎首先因为，政治社会是我们现实的交往活动的最大范围。现实的政治社会即通常所说的民族的政治国家，是一种现实的政治与法律体系的最大范围，所以通常构成每一个公民和客居移民的由法律关系来确定的现实交往活动的最大范围。其次，政治社会的性质与状态，即它的政体形式和运行状况，对每个公民的福利至关重要。(1) 政治社会的那些核心的制度安排确定着所有公民享有的基本政治法律权利的水准。每个公民的基本政治法律权利的范围可能大一些或小一些，这当然总体上受到社会合作的效率水平的限制，但同时也取决于政治社会那些核心的制度安排。(2) 在一个适合其成员的性质的、组织良好的、稳定的政治社会中，人们的合理的生活期望得到鼓励。(3) 政治国家是社会的公共实践事务和公共领域发展的舞台，因而是现代社会中个人发展的最大舞台。现代社会，个人主要在公共实践事务和公共领域中寻求发展。最后，政治社会采取何种形式对人们的私人交往生活，即对于家庭、伙伴关系和社团共同体的存在形式与状态具有重要的影响。

此外，我们还可以说，政治社会的法律规定着行为的方式与研究的范围。政治社会通过法律规定了什么样的行为、研究或理性运用方式是受到鼓励的、允许的，什么样的行为、研究或理性运用方式是不允许的。例如，它通常规定，偷盗他人财物的行为，以及对于如何偷盗他人财物的技巧的研究是违法的，不允许的。

二、政治社会作为思想的对象

同政治社会有关的一个重要事实是，它是由同我们不可能都发生直接交往的、大量“陌生人”或“他者”构成的，而不是一个由“熟人”构成的狭小交往共同体。

从这个事实我们可以引出两个进一步的事实。(1) 政治社会及其实践具有“思想”的性质。它是思想的对象，因为这个交往社会的边界我们只能借助思想去想象，或借助像“全体公民”、“每一个社会成员”、“所有的人”、“人民”这样的抽象化的集合性概念去思考。(2) 由于这一事实，一个人在政治社会中同他人的大量的交往是间接的，即通过政府、市场和文化的中介而发生的交往。并且，政治社会的任何一个成员都不可能同共同体内所有的其他成员发生实际的交往，无论是直接的还是间接的。按照我们所采取的交往的概念，政治社会是我们每个人同其他人可能发生的潜在交往的最大现实范围。

由于这些重要的事实，政治社会及其实践事务是生活在其中的人们的观念和意见的重要题材。人们借助想象和抽象概念对政治社会进行的思考形成一定的观念与意见，这些观念与意见通过直接的或间接的交往成为社会的可获得的思想资源。这种资源反过来又成为人们形成其观念与意见的重要来源。实际的情形是，每个人在一个政治的共同体内降生到长大成人的过程中，通过教育和学习接受了教育者和其他人们关于这个政治社会的观念，他也逐步基于自己的生活经验，并通过同他人的直接的和间接的交往以及通过阅读，修正和充实着这种观念。他的修正和充实了的观念又成为关于这个政治社会的思想资源的一个部分。

三、关于一个政治社会的观念

我们还需要研究，如果我们适合于把公民间正常的交往看作平等的或可平等化的、基于自愿的交往，把守法正义与回报正义看作这种交往内含的、使这种交往能够持续进行的基本德性，即使人们今天更习惯于把它们看作规则，那么我们作为公民适合于怎样来看待一个政治社会，才符合健全的常识道德的基本点。

我们可以把人们关于政治社会及其实践事务的观念，看作是他们关于那个交往社会的实践事务的基本性质的观念。因为，政治社会是交往社会的最重要的构架，是人们关于社会组织的观念与意见的最重要的题材，是人们通常具有某些基本的共同理解背景的最大和最重要的范围。因此不言而喻，一个政治社会的公民关于这个政治社会的观念具有重要的意义。一个公民怎样看待自己所处的交往社会的实践事务的基本性质，他就倾向于以与这种观念相应的方式参与这种交往。这种观念表现为政治的思想、观点、理论、意识形态，它们在很大程度上影响人们参与公共实践事务以及他们相互交往——具体的经济－社会交往与社团性交往——的态度和倾向，并影响着人们思考与他们的相互交往有关的问题的方式。

显然，政治社会对于我们的意义与我们对于这个政治社会的观念是密切相关的。观念和信念是具有确定性的意见。对于政治社会的观念，是我们的政治生活的意义的重要根源。我们对政治社会具有什么样的观念，政治社会就以什么样式和投射角度对我们具有意义。反之亦然，政治社会对我们具有什么样的意义，就表明我们对一个政治社会具有何种特定的观念。同时，我们对于一个政治社会的观念，或者政治社会对于我们具有的意义，也影响到我们看待现实的政治社会的方式，我们会按照这样的观念评价它，并期望它按照我们认为有意义的这种方向来改善和发展。

四、三种主要的观念

我们可以在理论的思考上区分公民对于政治社会的三种主要的观念。在这三种观念中，每一种都含有对公共交往的社会组织的性质和这种组织的权力和权威的性质的某种观点，对这些要素，它们都既有共同的理解，又有彼此有所区别的理解。我们在这里关注的是它们相互区别的那些重要之点。

（1）政治社会作为某种“工具”的观念

这种观念又通常包含两种具体观念。a）政治社会是实现某种特殊利益的工具，一般来说，是实现少数有权力者的特殊利益的工具；b）政治社会是实现某种外在目的的工具。

对政治社会性质的“工具”的理解，把交往的社会组织看作是人们不得已而构成的社会架构，把交往的社会组织的权力看作是“强者”实现其特殊目的，或某种理智力量实现其目的的手段。

（2）政治社会是某种妥协的产物的观念

这种观念将政治社会看作几种特殊利益由于各自垄断政治权力失败而相互妥协的政治结构，所以在某种意义上是上述的第一种观念的变体，并且更侧重于政治权力的性质。

这种“妥协”的理解同样将交往的社会组织看作是消极的产物，把交往组织的权力看作是仅仅几个最强的集团竞争垄断失败后妥协的产物。对基于这种理解的理论来说，政治社会只对部分的社会成员才有意义。

（3）政治社会是某种社会合作体系的观念

这种观念也含有不同的具体观念。有两种主要的具体观念。a）将政治社会理解为某种通过分工来实现合作的体系。b）将政治社会理解为某种由所有成员分享社会合作的利益并分担其负担的体系。

同前两种理解不同，这种“合作”的理解将交往的社会组织看作人类生活的实践的积极产物，并且将交往组织的权力或权威看作是来自属于这个交往社会的所有人的。

五、关于一些观念的不适合性的简要说明

我们在这里仅限于简略地说明，前两种观点，包括第一种观点的两个亚种，即 1a、1b 和 2，不可能适合公民的交往是平等或可平等化的、基于自愿与预先同意的方式的交往的理解，第三种观点中的第一种具体观点，即 3a，也因为不能充分表现交往的实践性质而是不适合的。

首先，观念 1a 完全否认公民交往的平等或可平等化的性质，以及它的自愿性基础。关于这种观点的一种系统反驳的例证，是柏拉图在《理想国》第一卷做出的。柏拉图指出，对政治社会的这种见解既不合于通行的常识，也经不起哲学的省察。

其次，观念 1b 把公民交往的平等或可平等化的性质看作仅仅是从属性的，把自愿性这个基础也看作是与非自愿性没有重要差别的，这违反常识道德的基本点。关于这种观点的一种系统反驳的例证，是罗尔斯在《正义论》第一章至第六章各个部分中做出的。罗尔斯指出，这种见解否认公民交往的这两个基本性质，不符合我们深思熟虑的判断，并且它把适用于个人的某种善选择原则简单地扩展为适用于社会的原则。

再次，作为观念 1a 的变体，观念 2 把公民交往的平等或可平等化的性质看作非普遍性的并且无足轻重，把自愿性基础看作不必要的。柏拉图和亚里士多德对于寡头制的批评性评论中包含对这种观点的一个反驳。他们的共同见解是，这是来自不再能理解德性的少数人的任性的、不可能具有普遍可接受性的关于政治社会的观念。

最后，观念 3a 或者把公民的交往看作一种生产性的活动，或者把它看作一种准实践的活动，一种为着一个主导性的外在目的的活动，它没有面对公民交往的平等或可平等化性和自愿性的问题的领域。所以，我们基本上可以把这种见解搁置不论。

总体上，观念 3b 是一个同公民的交往是平等或可平等化的并基于自愿

的交往的理解相适合的观点。[①] 而且，如果注意的话，我们会发现它是一个常识道德的许多基本点都倾向于指向的一种理解。但是，这种理解仍然需要小心地从哲学上阐发。

第二节　社会合作的观念

一、社会合作的观念在一种德性论伦理学中的地位

在政治社会的社会合作的观念的两种形式——“分工”与“分担与分享”——中，我们将“分担与分享”观念看作是社会合作观念在实践上更具有代表性的形式，看作是狭义上的社会合作观念。

社会合作的观念是人们对于一种政治社会的性质及其实践事务的观念，与其他观念比较，它更加适合关于公民间的交往是平等或可平等化的并基于自愿的交往的理解。但我们还没有说明，社会合作的观念在我们主张的德性论伦理学中具有何种地位。

我们主张的德性论伦理学以人的实践事务为题材，努力在恰当的说明人的实践事务性质的基础上提出伦理学的基本的规范性内容。我们已经说明，实践是一种有主导性的内在目的的活动，交往是最基本的实践，政治社会是人们作为公民而交往的土壤和最大舞台，因而政治社会是最重要的交往社会。我们还需要说明，社会合作观念与政治社会的公共实践事务性质的关系。

政治社会的公共实践事务是相关于政治社会的所有成员的，长久的和世代相继的公共善的，因此其权力和权威最终根源于所有成员的授予。公共善在这里被理解为这样一种善：它们同每个作为成员的人——不论是现实存在

---

① 关于把一个政治社会视为一种基于自愿的由平等或可平等化的公民组成的社会合作体系的观念，我得益于罗尔斯在他的一系列著作中对这个观念所做的讨论（［美］罗尔斯：《正义论》，第 1 章第 3 节；《作为公平的正义》，第 1 讲第 3 节；《政治自由主义》，第 1 部分第 2 节）。我认为《正义论》这一段表述是经典的：“由于每个人的幸福都依赖于一种合作体系，没有这种合作，所有人都不会有一种满意的生活，因此利益的划分就应当能够导致每个人自愿地加入到合作体系中来，包括那些处境较差的人们。”（《正义论》，13 页，文字略有改动）事实上，在罗尔斯的“公平的正义”的理论体系中，社会合作是支持它的整个理论表述，连同公平的正义的两个原则的一个基础性的观念，“公平的正义”依赖于这个观念，而不是相反。关于这一点，如果可能，我将在其他地方专门讨论。

的还是将要存在的个人——都相关，我们有理由认为每个成员都会把它们看作善的而不是相反的，并且每个成员都会把它们看作政治生活中最重要因而不可以缺乏的善。基于对公民的交往实践的性质的理解，我们有理由认为，使公民间的平等或可平等化的并基于自愿的交往活动能够和平地，因而能够安全有序、持久稳定地进行，是公共实践事务的一种基本的公共善；此外，伴随着这种交往持久进行的那种东西，即人们能够同时单独享有而不致相互妨碍和伤害的政治自由，也因此被看作公共的善。因为，这些善显然是我们理解的好的公共生活的最重要的要素。

社会合作观念恰当地表达着政治社会的公共实践事务的这些基本性质以及我们对它的公共善的理解，并且把这种公共善理解为在公平的分担合作的负担的前提下每个成员都应当公平地分享的。

所以，社会合作观念同政治社会的公共实践事务存在积极的联系。毋宁说，社会合作就是我们作为公民可以期望于政治社会的公共交往生活的内在的善，关于社会合作的观念就是我们对这种善的观念的总体的表达。诚然，我们不能够说它是某种作为最终目的的善。因为，由于作为最终目的的善在西方人历史生活的进程中“碎片化”、私人化了，因此这种善的概念只存在于每个人自己的不断发展的理解之中。但是，我们的确把社会合作看作公共的政治生活领域的最重要的善。当一个政治社会的公民不仅对一般意义上的政治社会采取社会合作的观点，而且把他们所处的那个政治社会看作一种社会合作，那个政治社会的公民交往生活就具有真实的公共实践性质，社会合作也就是这种实践的内在善的总称。

所以，我们主张的德性论伦理学把社会合作的观念作为政治社会的公共实践事务的理论思考的核心观念。因为，同其他观念相比，社会合作的观念同这种实践事务所内涵的公共善之间存在更多的积极联系。我们把社会合作观念看作这样的观念：它诚然是一个古老的观念，但是同人们的常识道德有特别紧密的联系，它已经从人类社会的历史演进中不断吸纳了新的成分，因此是我们在今天的环境下讨论政治社会的性质时仍然适用的观念。

二、社会合作观念的一些特点

我们可以把社会合作观念的一些特点做一概括。

首先，对政治社会的性质的社会合作观念的理解，关注社会合作的利益的公平分配与负担的公平分担。社会合作观念将这两者看作是不可分离的：分享利益以共同分担负担为条件，反之亦然，并且把对这两者的确定看作一种社会合作真正开始的标志。社会合作产生的善，一是公共善，二是通过劳动和交换所产生的利益。一个政治社会范围的社会合作的核心的内容是这些利益的分享方式与条件。

其次，社会合作观念虽然古老，但由于自身的特性，它同宪法民主政体有密切的联系，正如罗尔斯认为的，是内含于宪法民主政体的公共政治文化之中的。[①] 宪法民主政体的基本观念是，政治社会的权力来源于它的全体成员，每个成员都是平等的，无人可以被合理地排除于政治社会之外，除非他在行动上同这个共同体公开对抗。所以显然，社会合作观念同宪法民主政体的观念是同类的，它们本身相互契合。

最后，从上面一点就可以看出，社会合作的观念是普通人的常识观念，而不是极少数精英的观念。精英们由于权力、地位和才能优越于普通人，倾向于将政治社会限制于较小范围，倾向于贵族制和寡头制。他们具有这种倾向，或者认为普通人参与治理会使社会的效率降低，或者认为普通人由于才能和德性的低下不配参与治理。近代以来，社会中这两种力量达到彼此相当的状态，结果产生了越来越多的共和制政体。社会合作观念如我们所说的具有吸纳性。在最近几个世纪中，甚至在古代社会已经有这样的演练，它也成为宪法共和制度的观念，并且在实践上成为了宪法民主制度的观念。无论作为宪法民主制的观念还是宪法共和制的观念，它都是不仅为普通人所持有而且也为“上层人士”所接受的观念。

三、社会合作观念的深层含义

这种社会合作观念表明，如果我们承认公民间的交往是平等或可平等化的并且基于自愿的，我们就倾向于把一个政治社会看作一个“持久公平的合作体系”，或者倾向于同意一个政治社会成为这样一种合作体系，或朝向它改进和发展。

首先，这个更深层的“持久公平的合作体系”的观念表明，我们对政治社会作为一个合作体系的第一个期望是公平。公平在这里有两个含义。

(1)“无人可以只取利益而不担责任”。这一命题表达的是分享利益与分担负担不可分离的观念。这是社会合作观念所内含的一个观念。因为，如果有人可以只取利益而不分担负担，并且，如果一个社会明确宣示这一点，它显然就不是一个合作的体系。

(2)“无人可被无理地排除在合作之外”。社会合作观念的一个基本点是：每个按照合作条件承担了合作体系的负担的人都不可以在分享合作产

---

① ［美］罗尔斯：《政治自由主义》，16页。

生的利益方面被排除。这个观念意味着，一个合作体系属于所有实际地参与了合作的成员，而不只属于它的一部分成员。一个人获得合作体系的成员资格的含义是，他按照合作条件分担了共同体的负担。一个人做到了这一点，便不可以被排除于合作体系之外，便不可以被剥夺分享合作所创造的公共善的权利。

但对上述理解需要做出限定。按照社会合作观念，儿童和青少年是在正常情况下未来将能独立分担社会合作的负担的成员，他们应当被允许以适合的方式，最重要的是教育，分享社会合作的利益，以便发展他们参与合作的能力。他们生存的供养主要是通过家庭的自然的互助生活获得的。那些由于自然的和人为的原因而失去正常活动能力的人们，被看作是若其发展不遭受挫折便能够正常分担社会合作的负担的成员。基于这一理由，他们以适合的方式分享社会合作的公共利益的权利也同样不应当被排除。显然，按照社会合作观念，只有能够却故意逃避分担合作的负担的人，因而只有极少数的人，才可以被取消分享的权利。

其次，我们还倾向于政治社会作为这样一个合作体系是持久的，而不是一种权宜之计，一种临时性的安排。一种权宜之计的安排将使公民不能发展需要在持久的制度安排下才能够发展的对于能够从合作体系获得的善的合理期望，也将使公民不能发展更高层次的善观念和德性观念，因为这些观念只有以基本的善和德性能够在实践中获得为基础才能发展。

我们倾向于同意，一个合作体系的公平性要在它的持久的存在中体现，甚至要接受这种持久性的检验。就是说，一个初看是公平的合作可能在持久的存在中变得不公平，正如公民间的具体的经济交往和社会交往可能发生的情形那样。[①] 当一个合作体系在持久的存在中变得非常不公平时，那个政治社会的公民们就需要通过预先确定的程序对它做出必要的调整。一个社会合作体系似乎需要在公平性与持久性之间达到平衡。

---

① 罗尔斯详细阐明了这种理由：若社会合作是持久的、世代相继的，我们就不能说，某种最初的总体的公平协议，即使是政治社会的成员们的自由的选择，并且从各方面来看是公平的，所产生的任何长期结果都是合于公平的社会合作条件的。因为，在这个总体协议下，发生着个人和团体的大量具体的协议与交往，它们本身可能都是公平的，但是它们长期累积的结果可能会“破坏自由和公平的协议所需要的背景条件”（［美］罗尔斯：《作为公平的正义》，85页）。

第三节 从社会合作中产生的责任

一、守法与回报作为责任

社会合作的观念可以使我们所做的讨论变得更为简洁。因为，我们的确可以把守法的正义与回报的正义看作从一个合作体系中产生的对于合作参与者的责任。显然，要以平等或可平等化的、自愿的和经过预先同意的方式来进行社会合作，要获得持久公平的社会合作这种公共的政治生活中最重要的善，每个参与者都需要承担这样的责任。假如我们把它们看作公民交往的基本德性，我们可以依循亚里士多德的方式认为，这种重要的善就存在于合乎这些基本德性的交往活动之中。[①] 在我们今天的直接的公共生活中，我们可以满足于仅仅把它们看作是履行我们对一个希望持久公平地存在下去的合作体系的责任或义务，看作遵循这样一种制度安排的规则。不过，即使仅仅把它们看作规则，我们也可以说，这些规则似乎有某种朦胧的公民交往德性的根源。情况仅仅是，在我们今天的公民生活中，要使我们的行为正确，我们似乎并不需要时时去追溯那个根源。

关于施善是否是公民的基本交往德性的难题现在也似乎变得更清晰了。一方面，我们将继续坚持，施善不属于公民的基本交往德性，回报的正义则属于这种德性。因为，如果我没有去施善，我也不会在具体交往的意义上受到谴责，但是如果我没有去回报，我就会受到这样的谴责。所以，回报的正义是社会合作参与者的直接责任，施善则不是。另一方面，按照更广泛的社会合作观念，我们每个人作为参与者都从这种合作中受惠，都离不开同其他人的合作。所以，如果我们有足够能力帮助那些处于某种困难中的人，我们这样做也是某种回报，即回报我们从社会合作体系中获得的善；在恰当的场合，以适当的方式施善于人就表现了我们的更为广泛的回报正义德性。在这种意义上，施善是公民的——当然也是我们作为一个人的——更高的交往德性，是高尚的德性。

---

① 幸福存在于合乎德性的活动之中，亚里士多德这样说。对作为善的社会有序合作与守法正义和回报正义这两种基本交往德性之间的关系，我们的确也可以这样看。

二、诚实作为责任

作为被理解为交往共同体和交往社会的交往条件之一的诚实，现在也获得了一种更为简洁的解释。诚实也是以自愿的交往来维系一种持久公平的社会合作所必需的。作为合作的参与者，我必定不愿意被欺骗。如果人们用欺骗手段使我加入一种合作，当我识别时，我必定退出这种合作。一个具体的合作是这样，总体的合作体系也是这样。这个事实表明，以自愿的交往维系的社会合作体系在总体上排除欺骗或不诚实，每个参与者必须基于真实的公平条件参与合作并在合作中有所获得。

当然，我们所说的公民诚实德性的可能性，仅仅存在于一个政治社会的公民交往生活还具有基本真实的事件性质的条件之下。因为，只有在这样的公民交往生活中，人们才把诚实地维护一种社会合作的体系看作德性的公民行为。在这种对于诚实的社会合作观念的解说中，我们并没有诉诸一种诚实行为的后果，没有把诚实的约束性看作是来自对某种后果的算计。但是，一个人是否可能为了某种好处而做事诚实？似乎没有人否认，一个人可能为了某种好处而这样做。但似乎也没有人会认为，这样做是真正的诚实。诚实如果是面向并且不曲解呈现在当事人内心的真实，当把它当作策略时它就不再是诚实了，因为这显然已经使它扭曲了。这种“诚实”仅仅是表面的，它实质上是为获得一种外在目的的技艺性的盘算。

那些从作为理智游戏的“囚徒二难”例证得到启发的人们会提出另一驳难：如果在孤立状态中做决定时，人们总是朝向获得自己的由理智来确定的最大利益来做出决定，就没有人会真正诚实。① 首先，人们在孤立状态中做决定时，并不总是面对一种理智的直接冲突。其次，即使许多做决定的状态常常被看作是孤立的状态，它们也常常并不真正是孤立的。例如，一个做过某种承诺的人尽管是自己孤立地决定是否要遵守诺言，这种环境也并不被理解为是真正孤立的，即使是对决定者自己而言。再次，关于与其他公民交往时不可以违反对方的自愿性，关于合作对于任何一方都不可以借助欺骗来进行等问题，是一个现代政治社会的公民通常意识到并要纳入实践考虑的，是常识道德的一些基本点。假定一个人如果有理智就会全然不考虑这些基本的交往要素，是不合理的。最后，对于诚实的社会合作观念的解说并不假定普遍服从，它陈述一个人们根据其直接的生活经验可

---

① R. D. Luce and H. Raiffa, *Games and Decisions*, New York, John Wiley and Sons, 1957, pp. 94-102.

以理解的常识道德观点。所以最重要的是，这种常识道德的基本点是一个人不可能凭据简单经验就能推翻的。

三、从持久的公平观念产生的进一步的责任

不过，如果我们承认，自愿的社会合作需要是持久公平的，我们作为公民必须肩负的责任还不止这三个。因为，从这个观念中还产生了一个进一步的责任：维护社会合作的公平的责任。

一个社会合作体系的参与者承担起这个责任是重要的，因为，正如罗尔斯认为的，社会合作体系可能因为一些偶然因素的累积后果而变得对一部分成员是任性的、不公平的。一个政治社会，一般地说，是一个人终其一生要在其中的社会组织。由于这样一种性质，社会合作观念就要求我们思考，什么样的不平等是一个组织良好的社会能够容许的，或者哪些偶然的不平等是这样的社会应当尽可能减轻的，既然不可能根除其过分任意的影响。有两种主要的偶然性会给人们带来这种任意的影响：自然的偶然性（天赋等）、社会的偶然性（出身、运气等）。如果我们承认社会合作观念所内含的关于持久公平的合作的观念，就应当承认，这些偶然因素非常任性地影响着一个人的社会地位的出发点，默认这些偶然性的任意影响会使一部分成员的社会地位受到不公平的影响，使他们的合理生活期望受到挫折，而这种影响造成的不利的出发点从道德的观点看并不是他应得的。[①]

如果一个合作体系需要所有人参加，如果它要是自愿的就必须是公平且持久地公平的，如果公平意味着每个人都必须从社会合作所产生的经济利益中受惠，如果才能是自然天赋的偶然分配的累积结果，公民们就必须承担起维护公平合作的责任。

公民们可能通过商谈获得的共识而同意做一些事情，因为显然，当这种问题成为问题被提出来时，对此不做任何事是不合理的。首先，公民们可能确定某些调整社会基本制度的原则，并根据这些原则做出一些基本安排，使这些偶然因素的任性的影响下降到较低的程度，使它们不能对一个人获得经济一社会地位的努力产生严重影响。公民们可以通过确定义务教育、分等累进的税收等制度安排，来做到这一点。基本制度是将这些旨在保护持久的公平合作条件的合理社会调整考虑在内的背景制度。其次，公民们可能由此发现，一个合作体系是否持久地公平，与交往所借助的那些制度安排有重要的关系，人们因此需要研究制度安排的正义，即制度安排

---

① ［美］罗尔斯：《正义论》，97、99页。

对于维护一种持久公平的合作体系的意义。当公民们以这样的方式参加有关的讨论，并努力通过商谈达成共识，使这些共识落实到相应的制度安排上时，他们就是在负起维护公平合作的责任。如果我们把社会合作看作基于自愿并且应当持久公平的，我们必定会承担这种责任。

思考题：

1. 关于一个政治社会有哪三种主要观念？
2. 社会合作观念具有哪些重要特点与含义？
3. 为什么从社会合作会引申出公民的维护公平合作的责任？

第十四章　制度与社会正义

第一节　社会合作观念同社会正义观念的内在联系

社会合作观念的一个重要优点是，当从社会合作观念审视社会的基本制度安排时，它直接把我们关于政治社会的公共实践事务的思考引向社会正义问题。它所内含的“持久公平的合作”观念、公平分担或分享观念和全体相关观念表明，社会合作同社会的正义是密切相关的。

持久公平的社会合作观念具有这样的含义：社会正义是持久公平的社会合作的基本性质，社会合作观念就内含着社会正义的观念与原则。因为，“无人可以只取利益而不担责任”和“无人可被无理地排除在合作之外”这两个命题表达的就是社会正义的要求。它们表明社会合作被我们看作是各个公民在这样一种制度下的协调的活动：它是一个持久而公平的因而组织良好的合作体系；在其中，这些个人公平地分担着合作所产生的负担并分享合作所产生的共同利益；没有人被不合理地排除在这个体系之外。这些观念构成一种正义的观念。这样，公平持久的社会合作的观念把我们引向关于那些基本的制度安排更能够使一个合作体系成为持久地公平的思想和观念。

在今天的公共政治领域，我们无须时时地去回溯正义概念的充分含义。不过，我们无须假定，社会正义的观念穷尽了正义的概念。因为，事实上它不是这样的。全幅含义的正义概念，按照亚里士多德的看法[①]，是一个人、一个团体，作为生活者、实践人类的公民生活德性的人，在对“另一个人”、“另一个团体”的关系上的总体的德性。在引申意义上，它扩展到公民之间、公民团体之间的交往的那些中间性结构，尤其是政治社会的结构。所以正义可以从制度、法律等的稳定的行为方面理解。在一个政治社会中，制度等是对正义的理解非常重要的方面。

我们现在可以指出，制度之所以是正义的如此重要的方面，首先是因为它是一个确定着社会合作的条件的背景结构，尽管它是由参与合作的人

① ［古希腊］亚里士多德：《尼各马可伦理学》，1129b26—33。

们共同确立的。其次，制度是远比个人和团体影响更广泛的“行为者”。制度如果正义，就将极大减少具体的不正义；制度如果不正义，就无法阻止具体交往中的不正义大量发生，一个社会合作的体系就将陷入普遍战争状态而解体。最后，制度因此极大程度上塑造着每个公民对于一个社会合作体系的公共政治事务的正义观念与正义感。

第二节 制度作为社会正义的主体和题材

一、制度的概念

我们需要表达一种关于制度的概念。这里所指的制度是政治社会的基本的政治性安排，即构成各个公民的自愿的具体交往的背景的，安排社会合作所产生的利益与负担的那些框架制度。这些框架制度不是指人们在进行具体交往时的规则或程序，例如先付款还是先提取物品，什么时间付款，是当下还是延迟一段时间。具体交往的规则性制度显然是直接建立在习俗上并且经常变化的。

从实践伦理学的角度，我们把这些基本制度理解为由人们在政治社会范围内公开地制订和宣示的一组政治性、法律性的基本正义原则和程序所构成的系统，它构成每个个人的那些在政治社会的公共实践事务中的具体行为和活动的框架背景。一种制度的基本要素包括：制度被人们建立时的基本观念，即基本正义原则；被理解规范的基本程序与准则系统；制度的附设设施（外部设施等等）。

这样理解的基本制度构成一个政治社会的公民那些自愿的具体交往的背景结构和最重要的中介。作为背景结构，它影响着那些自愿的具体交往的样式与特点，约范着这些交往。同时，它提供着人们进行这样的交往的重要动机，一个组织良好的政治社会的基本制度鼓励着这样的动机，并在此意义上生产着这样的具体交往。作为重要的制度中介，基本制度的目的是使那些通过制度发生的具体交往具有较为复杂的性质。当一笔公共税收通过政府组织被用于一个具体项目，因而同一些特定的公民人群发生关系时，情况便是这样。例如，当它的使用指向贫困地区的初等教育的发展时，那些地区的儿童作为未来将参与社会合作的成员同纳税人公民就产生了间接的交往，尽管这种交往仍然是在不知名的人们之间。

二、在什么意义上制度是社会正义的主体

制度不仅仅是中介，而且是一个行为者，或用哲学的语言说，一个主体。我们说制度是社会正义的主体，是说制度同个人与团体一样，也是承担着正义责任的“行为者”，也产生着正义与不义，制度不仅是正义的对象题材，也是正义的主体。

但是，制度作为正义的主体显然不同于个人主体和团体主体。首先，制度不具有人格性和准人格性。由于具有非人格性，制度通常对于具体的个人表现为外在权威。其次，制度是远比个人影响更广泛的主体，因为制度产生的正义与不义是重大的、大量的，而且，制度的正义与否塑造着制度下的每个公民的正义观念与正义感。

正是由于制度的这种性质，我们将这样的制度——它的基本框架是正义的，它产生着大量正义的行为，并且塑造着从公共交往立场看来是正确的正义观念与正义感，看作是正义的，将相反的制度看作是不义的。

制度“有”哪些行为？

首先，制度的最重要行为是它的调整与变更。一种制度要基于那个政治社会的成员们尽可能广泛的直接参与（例如通过投票）来决定对它的基本正义原则与基本程序的公开宣示，这通常表达在那种制度的宪法中。同样，一种制度也要基于这种直接参与来决定对这些原则与程序的必要的修订。其次，政策是制度的重要行为，是制度作为基本正义原则、程序与准则体系的朝向某个方向的延伸和应用。所以，政策是延伸了的制度观念、程序与准则体系。政策是通过一些个人提出的，正如制度的制定和宣示是通过许多个人的活动进行一样。最后，制度的“日常的”行为是政府的治理行为。制度仿佛是主人，政府是它的执行者。好的、正当的政府行为是制度的，或按照制度的程序与准则进行的。政府的组织的行为，如已经说过的，是每个个人的交往行为的最重要的中介之一。

所以，制度的行为比公民间任何具体的交往行为都更广泛地影响着那个政治社会平等公民地位的实质内涵的水平，公民在相对经济社会地位方面的社会起点，以及在这种相对地位方面获得改善的前景。

三、基本制度作为社会正义的题材

谈过制度作为正义的主体的含义后，我们还需要说明把制度作为社会正义的题材，即把制度看作是需要由政治社会的成员们来决定它的核心正义原则和基本程序，并基于此把它看作我们的正义观念应用的一个基本题材的主要理由。

我们仍然需要用社会合作这个"整理性的"核心观念来说明，一旦我们把社会合作观念看作公共实践事务上的根本观念，并且把基本制度看作社会合作的背景性的安排，我们就会承认，基本制度需要用社会合作观念所内含的正义原则来调节，以便它成为一种持久公平的、世代相继的合作体系。当一个政治社会发展到适度充分时，就是说，当一个政治社会已经比较广泛，并且比较多的人们认识到，每一个人的存在与发展都离不开其他人的存在和发展，无论人们之间在获得必需品和体面消费品方面存在怎样的竞争，在相对的经济社会地位方面有何种差异，人们都会产生一种倾向，即认为他们之间的出于自愿的、和平的交往比不自愿的、诉诸暴力的交往更好，并且这种交往最好建立在他们共同认为是公平的条件之上。当这样一种交往的可能性被意识到，一种希望这种交往是持久的、世代相继的交往体系的一部分的倾向就发展成为主流的意见与观念，这种观念又逐渐发展成为（通过理论家们的讨论）对于一种持久公平的社会合作体系的观念。在这种发展中，一个自然而然的观察是，政治社会的基本制度被当作是表现着这样一种观念的外部制度表征，并被比照这种观念来审视。以这种缓慢地积累的理解的方式，这样的制度以及它的被普遍评价为改善的那些改变，就被看作一个这样的政治社会的公共政治法律实践最大的内在善即社会合作的外部制度表征，这种表征显然加强着人们对这个制度的正义性的信心。这些观念的积淀过程自然主要的是通过理论家们的思想的表达进行的，但它的能够为常识所接受和理解的部分日益积淀在常识道德观念中，尽管仍然以片断的、缺乏系统性的成分的杂合的方式。

在这种观念的发展中，制度的重要性一方面被理论家们，另一方面被普通大众理解。这种重要性也尤其被理解为一个交往社会的交往的正义或正当性的。同时，由于德性的观念在文明进程失去作为共同的善的地位，和随之在伦理学理论的演变中被淡化、"碎片化"和忘却，正义德性渐渐地不再被理解为一个人在同"另一个人"关系上的总体德性，而被理解为制度的正义德性或原则①，或者，被理解为仅仅相关于制度的。这显然一直在相互作用的两种演变共同地促成一种常识的并且在理论家那里得到广泛讨论的观点：制度是社会正义的主要题材。罗尔斯对这一主题做了迄今为

① 当罗尔斯说"正义是社会制度的首要德性"（［美］罗尔斯《正义论》，1页），我在此将"价值"改回到"德性"［virtue］时，我们就最为清晰地感觉到了这种历史演变所造成的观念现实。

止最为经典的哲学的讨论。[①]

第三节　社会正义的原则

一、制度基本正义原则的社会合作观念的阐释

众所周知，罗尔斯对作为持久公平的合作体系的政治社会所适合的制度正义的原则做了非常经典的讨论，并且把它表述为两个相互联系、以先后次序排列的原则。

平等的自由原则：每个人都有同样的不可剥夺的权利，要求一份同所有人同等自由相称的、充分完整的平等的基本自由。

差别原则：社会的和经济的不平等应当满足两个条件：第一，它们同在机会公平平等条件下公职与地位向所有人开放这一点相联系；第二，它们适合社会最不利的成员的最大利益。[②]

现在，如果我们把基本的自由理解为社会合作所创造的一种最基本的公共善，如果我们用社会合作这一核心观念来说明从社会合作中产生的这种基本自由[③]，并且用“公职的薪俸和地位的荣誉与利益”来说明同公职和地位相联系的“社会的和经济的不平等”，罗尔斯所阐述的两个正义原则就可以非常自然地被容纳到基于社会合作观念的社会正义观念之中：

---

① 《正义论》所作的是包含这一重要主题的一种哲学的讨论。我十分尊重罗尔斯在《政治自由主义》和《作为公平的正义》中所表明的这样一种立场，即整体说来，他所表述的是一种政治的学说，而不是一种哲学的或伦理学的全备的学说。

② ［美］罗尔斯：《正义论》，56页；《政治自由主义》，309页；《作为公平的正义》，70页。

③ 这里，公共善尤其是指社会合作所创造的，可以划分给各个个人的基本权利与自由。但是，我们必须指出这部分公共善的一个基本性质，即对这个部分的公共善的分享通常必须具有互不妨碍的性质。就是说，一般来说，一个公民对这个部分的分享必须不妨碍另一个公民对于它的分享。这使得这种狭义的公共善至少在理论上具有可以同时被所有公民分享的性质。但是在这里，“同时”是需要在秩序的意义上加以适当限定的。例如，享受公共服务、享受公共交通的便利，在通常的理解上被理解为这种公共善的一些具体形式，但是这种可以被“同时”分享的公共善仍然需要有秩序地安排。在广泛意义上，分享与公共善有关的秩序就是对公共善的分享。

平等分享原则：在公平地分担合作的负担的条件下，每个人对于社会合作所产生的、为所有人所分享的公共善都有同样的不可剥夺的权利，即享有一份同所有人相同的、充分完整的公共善。

差别原则：公职的较高薪俸和地位的较大荣誉与利益应当满足两个条件：第一，公职与地位在机会公平平等条件下向所有人开放；第二，薪俸、荣誉与利益的差别适合最不利的社会成员的最大利益。

这一表述的一个特点是，它引入了对社会合作产生的公共善或公共利益的一种分析：它将一般意义上的公共善和公共利益区分为两个部分。(1)狭义的公共善（不论产品形式的或非产品形式的）。这部分公共善被理解为基本自由，因为，这些善既然是每一个人都可以享有的，享有它的权利就是每个成员的自由。这部分善最重要的特性是：每个人的享有不妨碍他人的同等的享有，尽管在某些场合有次序的问题；同时，每个人的同等的一份自由也不能以任何理由被剥夺，例如，被社会组织以同某种更大的目的善交换的理由剥夺。(2)公职及其报酬（薪俸）、权力及其荣誉和其他利益。这部分公共善和公共利益被分配给一些个人，因而它们的利益方面被个人化，某个人占有了别人就不能占有，所以它们意味着社会的和经济的不平等。这部分公共善的重要问题是以何种方式分配。差别原则的两个条件是：这些公职与权力地位要在机会公平平等的条件下向一切人开放，并且由它们所带来的不平等要适合社会中最不利者的最大利益。

这一表述的另一个特点是，它直接用持久公平的社会合作的观念来说明制度的基本正义原则，使这种原则的根源变得更为清晰了。显然，当罗尔斯用“原初地位”的理论社会来说明公平的正义的两个原则所表达的公平的正义观念如何产生时，他在使用一种假设的前政治社会地位状态来说明一种公平的正义观念如何比其他正义观念更适合那些人们，然而这种纯粹论证的设计给他带来了多方面的困难。但是我们发现，关于一个持久公平的合作体系的观念，是人们基于现实的政治社会的地位状态来设想一种健全的、持久公平的政治社会的地位状态时会倾向于产生的观念，并且当人们以这种方式来设想和思考时它的确比其他正义观念更有说服力。这使我们有理由把持久公平的合作体系的观念直接用于对制度的正义原则的表述。

二、持久公平合作的两个正义原则的进一步说明

我们需要深入讨论持久公平的合作的两个正义原则的内涵。

持久公平的合作观念中公平的一个重要含义是“无人可被无理地排除

在合作之外”，持久地公平的主要含义是一个合作体系需要在世代相继的延续中经得住公平的检验，这包括它能够减轻自然的和社会的偶然性对人们获得经济的、社会的地位的起点的任意性影响，使得这些偶然性不致使合作体系失去公平性。我们将看到，这两个基本含义在这两个原则中得到了充分体现。

首先，如罗尔斯坚决主张的，持久公平的合作的正义的第一个原则要求，任何公民分享的社会合作所创造的基本的公共善在水平上都不可以比任何一个其他公民更低，并且这种分享的基本公共善比有区别的分配更为根本和优先。第一，这意味着，对于这种公共善（狭义上的），每个人所拥有的一份与任何一个他人的一份相等，没有任何一个人的会更少一些；同时，这份由他分享的公共善，即所谓权利或者他可以去做并且如果去做将不会是不正确、不正当的事，必须是全面的，包含同样多的内容。就是说，制度不可以在被称为基本自由的这部分公共善上，比如，享受安全的自由、参与和决定怎样投票的自由、思想的自由等等，给这部分成员多一点，给其他的少一点，当然，更不能使一部分人有，另一部分没有。第二，这意味着，一种持久公平的合作的社会基本制度首先要保证，在公平地分担了合作的负担之后，每个成员对合作中产生的基本公共善的分享都不能被剥夺，即使这种剥夺将使一部分成员获得更大的基本自由和经济一社会利益。如果享有基本自由是一个履行了其负担的分担的成员保持成员资格的最基本的东西，正义的第一个原则就是要确保一个尽到对社会合作的责任的人所享有的这些基本善不会在持久地延续的社会生活中变得比其他公民的少些。因为，这种衰减如果发生，就可能最终使一些公民，尤其是他们的后代人，被无理地排除在社会合作之外。显然，没有这条保证，持久公平的合作是不可能的。

其次，如果一个合作体系必须能够减轻自然的和社会的偶然性对成员的生活起点的任意性的影响，才能够是持久地公平的，它的基本制度在使用一部分公共善来支付从事公职服务的报酬时，就必须让这种支付，即从事公职服务的人得到的较高薪酬等等，具有这样的性质，即从受到以往的自然与社会的偶然性的影响而处于不利地位的成员们的观点看，付给那些人这样的报酬是对他们最为有利的。因为，这样的安排将最有利于他们，即那些地位不利者们，将提高他们的能力和合理期望。从社会合作观念的角度看，正义的重要问题是不能够有社会成员由于没有能力而自己放弃掉他的成员资格。他需要有基本能力，这样他才能运用他可以分享的基本公共善，这种基本自由才不只是字面上的东西。所以，只有当那些从事公职的人的服务是那些地位不利者提高能力最需要的服务时，他们得到较高报酬才是合于正义的。这是持久公平的合作条件的稳定性产生的要求，一个正义的制度也需要满足这一要求。

第四节　社会正义与正义德性

一、社会正义与正义德性的积极联系

最后，我们来考察社会正义同正义德性的关系。

正义德性是一个人作为生活者、实践者选择在公民生活中做正义的行为，不做不正义的事的品质。在公民的直接交往方面，正义的行为指的是守法、正当地回报、诚实交往，和维护公平的合作，正义德性是公民交往实践方面的德性的总体。正义感是伴随正义德性的形成而生成的感情，并同时是正义德性的感情基础。这种感情的一部分是做正义的行为的快乐感，和对不正义的事物的反感和厌恶感。正义的行为给正义的人快乐，亚里士多德这样说，因为一个不喜欢做正义的事的人就没有人称他是正义的人。①一个人可能最初只是学别人做正义的事，但那并不让他愉快。② 当他不断地这样做，同时体会自己的心灵状态并逐步地出于那种心灵状态③而这样做时，这种感情便产生出来，在他做出正义的行为时就伴随着那行为。简言之，正义的行为、正义德性、正义感是内在一致的。这是正义德性的原本含义。

由于正义德性的这种性质，我们就不难说明，一个正义的人也倾向于肯定他人的正义德性、正义感和正义行为。从而，一个正义的人倾向于肯定一种正义的环境，倾向于肯定社会的正义。他人的正义行为和那种行为表现出来的德性，使一个正义的人的正义感得到响应，使他的正义德性和他对正义德性的信念得到支持。同样，社会基本安排的正义也具有同样的作用。一个正义的人不会对一种不正义的社会环境感到满意，因为这样的

① ［古希腊］亚里士多德：《尼各马可伦理学》，1099a10、19。

② 这大概是康德特别注意的情形，他把这种情形下做正义的事的行为看作出于责任的。

③ 亚里士多德将出于这种心灵状态看作一个人被看作正义的人的必要条件（［古希腊］亚里士多德：《尼各马可伦理学》，1105a31－b2）。

环境将压抑他的正义感，诋毁他倾向于支持的正义行为。一个正义的人同这样的环境会处于紧张的关系中。他也相信，这是许多具有正义德性的人，甚至仅仅向往成为这样的人对那个社会环境的共同的感受。所以，他希望社会的环境，包括社会的基本制度安排和周围人的行为，是正义的。他会发现这种正义的环境同他的正义感是相互契合的。如果一个这样的社会的基本安排不那么正义，一个正义的人会推动使它变得更加正义的运动。如果它已经相当正义，他就会努力维护它，使它不会在这方面倒退。显然，在这两种情形下，他都乐于去做正义的事，并把这样做体验为他作为一个公民的德性。

再者，社会的正义也倾向于支持正义的人。一个正义的环境倾向于肯定正义的行为、正义德性和正义感，倾向鼓励一个人支持他人的正义行为、正义德性和正义感，而不是相反。所以，一个基本安排是正义的社会环境会使更多的人发展正义感，使相当多的人成为正义的人，因为，在这样一个社会，做一个好人对一个人的确是一种善。[①]

二、这种联系同社会合作的正义观念的积极联系

既然我们作为一个公民的基本正义仅仅是守法、回报、诚实交往、维护公平，而不涉及更广泛的内容；既然这些是一个具有正义德性和正义感的人不难做到的；既然这些内容也是我们作为一个公民根据常识就可以理解和思考的，尽管我们如果没有注意理解就不容易获得对于这些内容的明确的认识；既然如果对于它们做一些哲学的思考就可能使自己的理解获得更大的一致性，一个具有正义德性和正义感的人，在倾向于做正义的事的同时，就尤其会对作为那个交往社会的政治社会的正义概念的含义做深一层的思考。

如果他相信，一个出生在一个政治社会的人就理应被视为这个社会的公民成员，而不是被拒斥在外，如果他把人们彼此作为公民发生的交往理解为平等或可平等化的、基于自愿和预先同意的交往，如果他基于这种理解倾向于把一个政治社会理解为在其中出生与生活的人们的一种社会合作，他将倾向于把社会的正义看作一个良好的、持久公平的社会合作实践所必定具备的最主要的优点。

进一步说，如果他倾向于从一个具有正义德性和正义感的生活者和公民实践者的角度，把社会的正义看作是如果把这个社会合作体系的基本制

① ［美］罗尔斯：《正义论》，564页。

度看作一个行为者它就需要具有的德性，如果这种德性的最根本之点在他看来就是在这个合作体系中没有人被无理地排除，并且这个合作所创造的利益和产生的负担是合理地分配和分担的，那么显而易见，他就会发现他对正义德性的理解、对正义感的感受，同这样一种社会合作的正义的观念是非常自然地联系在一起的。他也将坚持这样的信念，一个持久公平的社会合作才能够是正义的，反之亦然，唯有一个正义的社会合作实践才能够是持久公平的。

这样，他就在公共政治领域，引出了一个同他对于正义德性和正义感的总体的理解一致的理解。即使他从生活的观点，与周围人的交谈时，仅仅把守法、回报、诚实交往、维护公平作为规则和规则的行为来谈论，这并不妨碍他在一种更具系统性的理解中将它们理解为公民交往生活中的基本德性。

三、社会正义与正义德性间的复杂情况

但是，一个人的确可能处于从社会合作的正义观念来看是不正义的，或者至少，一个社会正义状态令人担忧的社会环境中。

首先，例如，在一个奴隶制度下，那个政治社会的通行的正义观念是奴隶不是正常的社会成员，他们应当服从统治。如果一个人持有"一个政治社会不应当排斥并奴役一部分人类成员"这一常识道德的基本点，他必定把那种社会连同那种通行的正义观看作不正义的。一个坚持公民间的交往是平等或可平等化的并基于自愿与预先同意的常识道德观点的人也会把一种寡头制的政治制度看作不正义的，因为这种制度不是建立在这样的交往基础上，并且在大众与精英两端都未获得自愿的支持。类似的例证还有种族歧视、性别歧视制度等等。

麦金太尔指出了这种冲突在历史上的普遍程度：自古代共同体解体以来，共同的正义德性观念便分裂成为观念的碎片，为各个群体的人们各自持有，人们各自坚持着自己的正义概念，不同的正义概念相互对立。的确，我们甚至可以看到，就是在一个对整个社会公开使用暴力的犯罪者社会中间，也存在某种形态的正义观念。这类正义观念是古老的正义德性观念残存的"碎片"，已经被极大地扭曲。所以，这类正义观念已经丧失了在一个政治社会中缔建和平的可能性，在这类不同的观念之间也不能够有和平。

从作为实践的研究的哲学伦理学的观点来看，这种情形恰好从否定方面表明，正义观念中的这种冲突只能基于社会合作观念的正义观念来消除。哲学伦理学将社会合作观念看作人类的一个重要的关于社会组织的性质的

常识道德观念的基本之点。近代以来的宪法制度已经内含着这种观念。一个宪法社会的常识道德倾向于支持这种观念及其正义观念与原则。社会合作观念内含的正义观念与原则是一个组织良好的宪法社会的观念基础。在这样的社会里，社会的正义与公民们的正义德性和正义感相互肯定，并且相互鼓励与促进，尽管它们的范围不尽相同。

但是，一种宪法或准宪法的制度也可能由于制度的正义原则不够清晰，或者这种原则不能充分成为安排社会制度的原则，而是不正义的或至少是令人担忧的。

如果把公民间的交往理解为平等或可平等化的并基于自愿和预先同意的更加是常识道德中更为根本的东西，如果社会合作观念如我们所说，是基于对公民交往的性质的这种理解来理解一个政治社会的更加适合的观念，在上述两种情况下，社会合作的正义观念都将是更具有影响力的社会正义观念。但是，这种观念只有通过公民间的政治商谈才能逐步获得这种影响力和说服力。

思考题：

1. 什么是基本制度？
2. 为什么说制度既是正义的主体，又是正义的题材？
3. 社会合作观念的正义观念有哪些基本原则？应当怎样理解？

第十五章　商谈、重叠共识与公共理智

第一节　社会合作观念在公民政治商谈中的地位

一、公民的政治商谈

在以社会合作观念作为组织性观念的公民交往伦理学中，公民不仅被理解为平等或可平等化并能够基于自愿和共同同意的规则而相互交往的，而且被理解为能够以平等的公民地位进行政治商谈的。在以政府和媒体为媒介的那些政治领域，这是公民非常重要的特征。同时，在市场社会中，一旦公民开始就构成市场的那些背景性的规范进行协商，相互交往的关系就转变为公共政治的，在这个范围内，公民的这种地位和特征就成为最重要的。亚里士多德认为，公民需要的是能够去治理并能够接受治理的人，并且因为都具有这样的能力，他们是平等或可平等化的个人，相互关系可以由法律来调节。①公民的相互关系的这种性质在民主制度中被表达为平等，公民交往的自愿基础也同时被表达为自由。② 共和制度实际上把平等接受为公民交往的基本性质。近代以来，民主制度与共和制度，甚至与君主或僭主制度产生了许多交融混合的形式。随之，公民是自由平等的个人的观念在宪法制度③的历久发展中成为常识道德的一种基本观点。④

公民的政治商谈⑤是公民间的政治交往的重要方式。可以把它看作公

---

① ［古希腊］亚里士多德：《尼各马可伦理学》，1134a26—27、b15—16；《政治学》，154 页。

② ［古希腊］亚里士多德：《政治学》，1310a25—36、1317a40—b17。

③ 我把现代宪法制度的主要形式理解为包括君主立宪制、宪法共和制和宪法民主制度。这些制度的一个共有特点是它们的建立都从一个制宪的立法过程开始。

④ 这种常识道德的根本观点表达在霍布斯、洛克、卢梭、康德、边沁、密尔、罗尔斯等人的著作中，也许最清晰地表达在罗尔斯对原初地位各方性质的界定中。

⑤ 我从哈贝马斯的商谈理论中借用商谈的概念。在他的理论框架中，商谈是公民间的私人的和公共的交谈的交往行为，内含一些程序和普遍的有效性的要求，这些要求预设了每个商谈者的自由和平等交谈的地位，某种被相互视为民主的程序性规则，和某种可被看作有效证明的推理（［德］哈贝马斯：《在事实与规范之间》，第 3 章，尤其是第 3 节）。我在这里将在政治性的范围内使用这个概念，在这里政治性是同公共性事务有关的。

民间的具体交往的继续。① 公民们通过这种方式寻求获得某种共识并在此基础上做出某种共同的决定。公民间的政治商谈不论是否具有某些明确程序，都必须以某种普遍化的方式进行。用哈贝马斯的话说，“每个一般地参加论证的人，原则上都在行为规范的可接受性上达到同样判断”②。通过这种商谈确定的东西必须被看作是经过论证的或可以得到论证的。③ 重要的是，一次商谈需要是在达到了一种参与者们都视为可以得到论证的共同结论或决定时才终结。

作为一种重要实践，公共政治事务似乎永远是实践思考可以去接近的一种政治生活现实。公民们在政治商谈中达到的论证，事实上是他们共同认为最接近于所考虑的公共实践事务的性质的认识或解决办法。所以，这种论证意味着，参与者们认为暂时并且从某种长远观点看，到目前为止没有更有力的理由使他们共同同意支持其他的选择。④

社会合作的观念下，儿童和失去正常理智能力的公民将被看作这样一个公民人群：在政治商谈中，需要由最适合代表他们的人来代替他们系统地表达他们的可能的政治意见。但儿童与丧失理智能力的公民的情形存在区别。丧失理智能力的公民不能健全地表达政治性意见。儿童能够表达意

① 郑召利：《哈贝马斯的交往行为理论》，85 页，上海，复旦大学出版社，2002。

② 薛华：《哈贝马斯的商谈伦理学》，6 页，沈阳，辽宁教育出版社，1988。

③ 图尔明（S. E. Toulmin）这样说明这种可论证理由：“每一个参与论证的人都显示出要么具有合理性，要么拳法合理性，而且依靠的是在面对要求时提倡赞同或反对理由的行为和反应方式。如果他‘乐意接受辩论’，那么，他不是想承认那些理由的重要性，就是试图对它们做出回应”（*An Introduction to Reasoning*，New York，Macmillan，1979，p. 13）。我在这里，将把那些基于某种普遍意见而推理地提出推理者认为合理的结论的实践性的思考活动称作论证的或辩证的，并把它们一方面与一般是在科学意义上说的从某种或某些公理演绎地推导一个具体结论的证明的概念区别开来；另一方面与在实践性的思考方面从一个或几个未成为普遍意见的出发点来推理地提出一个具体结论的讨论方式称为论辩的。这种基本区分来自亚里士多德《论题篇》第 1 卷第 1 章开首处。

④ 哈贝马斯借助波尔纳（M. Pollner）说明了一个共同体内的政治商谈所具有的这种性质：“一个共同体把定量的世界作为自己的行为指南……它为共同体准备了追问的有效依据，其中的一个典型问题是，‘怎么出现的，别人看到了，难道你没有看到？’……对世俗（mundane）推理者而言，存在着某种公共世界这一设想并不具有论断的功能，但实际上并非无稽之谈。相反，它是作为对诸种关系进行相近阐述而发挥作用的，这些关系存在于维持这个世界的可感知实践团体的原则之中。”（‘Mundane Reasoning’，Philosophy of social Sciences，Vol. 4（1974），p. 40，47f.，转引自［德］哈贝马斯：《交往行为理论》，第 1 卷，13 页）

见，但是他们不能区别政治性意见与一般意见，并且由于缺少生活经验很难系统地表达他们的意见。

二、社会合作观念作为公民的政治商谈的基础

社会合作观念的另一个突出特点在这里可以看得更清楚：它使得公共政治事务成为可商谈的。

显而易见，在把政治社会理解为实现某种特殊利益的工具的人们中，公共政治事务是不可商谈的。在君主制度下，公共政治事务被君主视作实现一个外在目的的工具，在它的蜕变形式僭主制度下，公共事务被僭主或某个强权者视作实现他自己的特殊利益的工具，同时，这些事务也被受治理者看作君主、僭主或强权者实现其目的的工具。所以在这些制度下，即使存在具有公共性的事务，它们也是不可商谈的。另外，在把政治社会看作几种特殊利益由于各自垄断政治权力失败而相互妥协的政治结构的人们中，公共事务事实上也是不可商谈的。在贵族制度及其退化形式寡头制度下，由于制度被看作少数贵族或寡头的特殊利益的相互妥协的产物，公共政治事务商谈即使可能，也只能在极少数人中进行。

但是，在以社会合作观念理解政治社会的性质的人们中间，公共政治事务被承认为可商谈的，并且可以在所有能够实际地参与的公民中商谈的。在宪法共和制度和宪法民主制度下，公共事务至少理论上被看作这样的事务，并且，这种观点已经积淀在宪法制度的常识道德即它的公共政治文化中。

并且，在这种政治传统中，社会合作观念是公民政治商谈的基础。在进行一种商谈时，公民们都预先假定着那个政治社会不仅被自己，也被其他公民看作一个他们作为公民参与的社会合作体系。他们也会假定，他们是作为政治法律地位平等的公民参与这个合作体系的，尽管他们在经济—社会地位上存在差别。他们也会假定，尽管存在这样的差别，这个合作体系还是总体上使每个人都有所受益，尽管他们也许仍然需要通过政治的商谈，使这个体系变得更好些。显然因为存在这些共同的理解，宪法制度下的公民会认为，所要进行的政治商谈是可能进行的，即使它未必达到一种共识或共同决定。

第二节 社会合作观念作为重叠共识

一、作为公民政治商谈方面的一种重叠共识

我们现在可以从另一个方向说明社会合作观念的性质，即它是公民在公共交往事务方面的一个基本的重叠共识。①

社会合作观念是这样一种观念和意见，生活在现代宪法制度下的人们在考虑他们生活于其中的政治社会的公共政治事务时，会发现这种观念或者是他们已经持有的一种观念，或者是他们在听到其他人将它说出来时，认为自己实际上也持有——尽管朦胧地——的一种观念。并且，人们会发现，周围的人也都持有这种观念。他们会发现，他们在其他观念和意见上可能有许多分歧，但是在社会合作观念上却不存在什么分歧，至少是不存在重大分歧。人们还会发现，他们的那些其他观念和意见中凡是同这个观念有某种内在联系的，都仿佛构成对它的一种支持，尽管一个人观念中的这种联系和支持可能同另一个人十分不同。这样，人们会倾向于同意，他们之间的政治商谈，广义地说，他们对于公共事务的讨论，如果是寻求获得某种新的共识，而不是仅仅要陈列出他们之间的分歧，就必须从这样的共同持有的观念开始。

自然，在宪法制度之下，公民们还可能存在其他一些重要的重叠共识，因为，他们在基本制度的安排上还有一些重要的关切，这些关切被看作公共性的，就是说，同每个人都潜在的相关，而不是当下同这一个人或那一个人相关，尽管在提出这样的关切时，公民们可能用这一个人或那一个人的具体境遇作为说明的例证。但我们不难发现，其他那些重叠共识，不论范围或程度怎样，都事实上要以政治社会的社会合作观念为基础，或者，

① 我从罗尔斯的先后大致连续的讨论中借用他的重叠共识的概念。罗尔斯把重叠共识理解为宪法民主制下的公民从对宪法原则的同意引申的进一步的关于公共政治权力的合理运用的同意，这种同意已经预先假定了每个人基于正义原则的权利及其优先规则，各个公民可能持有的不同善观念甚至不同的完备性学说的现实，和某种使公共性权力的运用成为合乎正义原则的可能性，这种同意可能在不同政治社会中具有不同的深度、广度和具体性等等。罗尔斯明确地把重叠共识限定在政治的即公共事务的领域（[美] 罗尔斯：《正义论》，第59节；《政治自由主义》，第4讲；《作为公平的正义》，第11节）。

都是同这样一个观念相联系的。这可以由这一观察来支持：公民们会把那些共识的来自社会合作观念的支持看作直接的，而把来自某种宗教、哲学、社会科学学说的支持看作间接性的。

如果这种对宪法制度下的公共政治讨论的观察基本真实，我们就有理由说，社会合作观念是宪法制度下公民们的一种重叠共识。这是他们可能存在的重叠共识中的一部分。但正如罗尔斯坚持的，这是一种非常重要的重叠共识。

二、在各种综合学说之间的公民的重叠共识

但是，如果一个公民持有某种宗教的或哲学的、伦理学的学说，他是否会发现自己同公民们基于社会合作观念进行公共事务的商谈发生冲突？如果会，他会不会发现这种冲突无法解决？

公民仅仅是人们在一个政治社会中的一种政治法律身份。我们把现代宪法制度下的公民看作这样一些个人，他们对日常交往事务，对他们生活于其中的政治社会及其公共事务，甚至对更为广泛的问题，例如什么是值得人追求的善，人类活动和人类社会的一般性质，人类活动同自然界的关系等等，有各种各样的观点和意见。在这些观点和意见方面，一些公民可能达到更为抽象的水平，即接触到或获得某些宗教的、哲学的、伦理学以及主要的社会科学的系统学说。① 但是，正如罗尔斯注意到的，即使在宪法制度下，许多公民实际上并不持有表达清楚的完备性学说。② 这是因为，获得一种清楚并具有一致性的完备性学说需要更为复杂的学习。大多数情况下，多数公民往往处于对自然、社会与人自身的事务具有某些不甚完备和系统的观念与意见的状态。有些人持有的观点和意见具有某种程度的系统性和稳定性，有些人持有的则缺乏系统性并且常常发生变化。

宪法制度下的公民的重叠共识具有这样的性质，一个人一旦达到某种完备性的观点，他很可能倾向于认为，公民间的重叠共识，至少是那个最基本的部分——社会合作观念，是必需的、正确的。他可能发现，他所持

---

① 宗教的、哲学的、伦理学以及主要的社会科学的学说是一些关于自然、社会和人的具有完备性的理论学说。启蒙时代以来，随着许多政治社会公民成员的范围的扩大，越来越多的人获得了平等的政治法律地位，并且赢得了获得某种程度的闲暇和发展的可能性。这种可能性使得更多的人有可能通过教育、阅读以及同他人交谈等接触宗教、哲学、伦理学或社会科学的对于自然、社会和人自身的完备学说，或接触一些这样的学说的某些部分、某些概念、观念。

② ［美］罗尔斯：《作为公平的正义》，56页。

的完备性观点需要这样一种政治社会的基本观念，尽管他还会有对于这个观念的更复杂的思考。事实上，他发现他所持的完备性观点对于那种基本的社会合作观念从更高观点上构成一种支持，尽管他的这种支持理由同另一个同样具有某种完备性观点的人可能很不相同。

对于持久公平的社会合作这个进一步的观念，他很可能需要作为他对政治社会的更综合的理解基础。如果对这个观念发生疑义甚至形成相反的观念，他也认为他需要提出能够真正为其他公民接受的理由，使人们改变对这种观念的接受态度；这对他意味着复杂的哲学、伦理学、政治学的理论工作，在完成这种工作之前，他必定会对其他公民所持的观念保持尊重。

第三节　作为论证的公共理智

一、政治商谈的结果为什么被看作需要得证的

前面已经说过，常识道德的第二个特点是关注行为的正当性。这种正当性主要是公共交往生活领域的概念，即一个人们作为公民的交往活动方面的概念。这个现实是这样地造成的：在西方社会，随着政治共同体的解体，共同的目的善“碎片”化、私人化了，人们渐渐地习惯于把公共交往实践领域的共同的善——和平、安全和社会合作，看作最主要的善或目的，尽管它们失去了目的善的地位，与此同时，关于这个领域中的正当性的概念也已经通过康德同德性的观念分离。现在，正当性是公共交往领域的最为重要的评判行为的标准这一点可以从另一个方面得到说明。

显而易见，在一个政治社会，公民间的政治商谈对于人们的生活举足轻重。所以，尽管私人间的商谈和公民间的非政治商谈引出的结果也时常被看作需要得到论证的，这种特点却是公民基于重叠共识的政治商谈特别突出地具有的，这种商谈产生的结论或共同决定必须被参与者们看作是得到论证的。但是，我们需要深入研究原因是什么。

首先，平等理由。每个公民既然是平等地加入政治商谈的，一种结论或决定如果是未向他说明理由的，将被看作是对他的蔑视。所以，除非他自愿地置身事外，否则一种结论或决定对他来说就必须是得到恰当论证的。而且，一种政治商谈必须假定所有那些能够参与的公民都可能参与商谈。就是说，这种论证必须是能够面对所有公民的、具有普遍性的。

其次，自愿性理由。既然一个政治社会被理解为基于公民自愿加入的一种社会合作，既然每个公民都持有不同的观念和意见，要使公民们能够自愿地继续合作，政治商谈就必须吸引每一个可能参与商谈的公民，不论他持有何种意见和观念（只要不与公民的平等或可平等化的、基于自愿的交往相悖），就必须基于他能够接受的、可以得到论证的理由。

最后，程序规则理由。既然在宪法制度下人们习惯于把基本交往的有效性要求仅仅看作规则以及确定规则的程序，显然，政治商谈必须向每一个潜在的参与者表明，所要引出的结论或决定是基于有关的规则和程序的。在这种简化的观点下，一切违反规则和程序的结论或决定将直接被看作是不能得证的。

二、作为论证的公共理智的运用

所以，宪法制度下的公共政治商谈，广而言之，公民的公共性交往，必须借助人们作为公民在公共事务有关的交往中可以作为普遍有效的理由而接受的理智的力量，这种理智我们称为公共理智。① 公共理智是公共性交往方面的实践理智，是人们过政治生活的理智。它显然在宪法制度下的公共领域中得到了最为充分的发展，所以它是宪法制度下（严格地说，是宪法民主制度下）的公共政治文化的基本要素。

这种实践理智对于我们在公共事务方面运用理智力量的方式即推理有一些重要的限制。首先，这些推理必须首先被表明是基于公民的重叠共识的，即公民的社会合作观念和在基本政治安排的原则方面的其他共识的。可以诉诸这些重叠共识的理由被看作直接的公共理智理由，诉诸宗教、哲学等的理由被看作是间接理由。在对公共事务的商谈中，直接的理由将被看作最重要的。

其次，这些推理必须被表明是依照公民们普遍承认有效的方式进行的。它们类似于古代希腊人的必须摆在法庭上经受相互质证的那些推理和考虑。公民们评判这些思考的过程，就如他们评判着各种不同的理由一样。不合乎普遍承认的有效方式进行的推理将在公共性商谈中被拒绝。

最后，一种公共理智的推理还必须被表明是具有普遍性的。尽管每种推理显示的考虑角度都同另一种的不同，但是它需要具有这样的性质，一个人如果进入这种思考角度，他就很难拒绝那种推理。公共理智的这种性

① 我从罗尔斯的先后连续性的讨论中借用他的公共理智的概念。他的表述见于《正义论》、《政治自由主义》、《作为公平的正义》等。

质被看作是能够在很大程度上确保它引出的结论和决定具有普遍可接受性的。

思考题：

1. 什么是公民的政治商谈？它具有怎样的性质？
2. 什么是重叠共识？什么是公共理智？
3. 政治商谈、重叠共识、公共理智之间具有何种相关关系？

第十六章　从常识道德达到的交往伦理学

第一节　基于常识道德的交往伦理学的一些特点

一、守规则的责任

为简明起见，我们已经把基于对常识道德的那些确定之点的系统审视的交往伦理学径直称为常识的交往伦理学。现在，我们将把这种伦理学的特征从总体上概括为尊重规则或守规则，把我们在交往生活中的责任看作是来自某种规则的，尽管对于私人交往伦理学，更恰当的表达是守规矩的而不是守规则的。

我们已经做了这样的说明，由于规训教化在私人交往生活中的必要性，由于这种规训在长久延续的代复一代的实践中显得似乎是年长一代对年轻一代的单向约束，常识道德倾向于将所肯定的德性仅仅看作规矩。所以，不言而喻，常识道德把私人交往生活中的那些约束性的生活规范，即那些义务，看作来自这些规矩。常识道德因此表现出这样的特征：在私人交往生活中，除了已经指出的感恩与信任两个特殊例子之外，常识道德把人们日常互助的、亲情的、孝敬父母的、友爱的交往行为仅仅看作不值得赞扬的守规矩的行为。常识道德赞扬那些被看作更值得赞扬的高尚行为，而不是这些普通的日常行为。但是，这不等于说常识道德不重视这些行为。相反，常识道德把履行这些行为看作一个人的本分，一个人应当做的事。所以，当一个人由于自己的疏忽或不够努力而没有做到这些时，常识道德就会给予最严厉的指责。

由于在公民交往生活中平等、基于自愿、基于预先同意的性质仿佛是由某种外在律法要求的，常识道德倾向于将这种实践所肯定的公民基本德性仅仅看作规则。所以，常识道德把我们在公民交往生活中的那些责任看作来自这些规则的，而不去追问这些规则成为规则的原因。所以同样地，在公民交往生活中，常识道德不倾向赞扬守法，给一个公民伙伴恰当的报酬，诚实地与一个公民伙伴交易，和无论在具体的交往还是关于公共政治的商谈中坚持公平的人。这些对于常识道德仅仅是规则，仅仅是遵守了规则的行为。这些行为总是得到肯定，但通常不受赞扬。

人们把赞扬给予那些施善的行为，为公共利益做出杰出贡献的行为，或者至多，在这些规则的行为方面表现出特别可敬的品质的人。同样，这些行为在常识道德看来仍然是非常基本和重要的。至少，在一个公共生活组织得良好的社会，如果一个人在公民生活中违反这些基本的规则，将受到最严格的批评。

事实上，我们看到的是这样一种缓慢发生的历史演变：私人交往生活中那些基本德性，那些他们曾经相信同人的好生活密切相关的主要德性，渐渐地被人们，也被常识道德理解为规矩，并渐渐成为私人交往生活的规矩；公民生活中那些基本德性也渐渐地被公民们，被常识道德理解为规则，并渐渐成为公民交往生活的规则。规矩和规则也渐渐在常识道德中被理解为交往生活的条件，因而，被理解为责任与义务的来源。

由于常识道德的这种性质，由于基于常识道德的实践理智的活动的性质，从常识道德达到的伦理学也具有这样一个总体的特征：它基本上是以守规矩的义务或守规则的责任为核心观念的交往伦理学。

二、常识的交往伦理学的其他一些主要特点

我们从常识道德可以达到的是一种基本的交往伦理学。除了上面概括的总特征，这种基于常识道德的交往伦理学还具有其他一些重要特点。

第一，基于常识道德基本点的交往伦理学同时又包含对常识道德观念、意见、判断等初步的批评性反思。常识道德是随着交往方式和伦理学思想与理论的演变而积淀在人们的日常意识中的伦理学信念、观念、判断、意见的综合体，它不是一个内在一致的思想体系，而是包含着不同理论观点的片断的杂合的、存在相互矛盾的观念和意见的系统。常识道德的这些成分经过普通经验的过滤。经历时间是这种过滤的主要方式：在交往生活的历时持续中，某些观念、意见及基于它们的流行意见死亡了，某些新的观念和流行意见沉淀进来。从实践理智的普通运用引申的交往伦理学是基于常识道德的基本点、力求摒弃那些相互矛盾的成分。所以，交往伦理学是对常识道德那些基本点批评地进行筛选，并初步阐发其内在联系，达到基本的一致性的伦理学。

第二，常识的交往伦理学是一种基本水准的伦理学。首先，它涉及的是基本实践范围的交往事务。交往伦理学就是基本实践的伦理学。其次，它是关于人们的基本交往实践事务的基本责任的伦理学。① 因此，基于常

---

① 国内学者中，何怀宏教授首先使用了“底线伦理”这个术语，来指称基于常识道德的交往伦理学(何怀宏:《底线伦理》，3页，沈阳，辽宁人民出版社，1998)。

识道德基本点的交往伦理学是我们首先需要的一种伦理学。我们可以把这种伦理学看作一切具有合理综合性的伦理学体系必须立基的基础，把它包含的关于基本交往实践的责任或义务看作我们关于自身的善目的观念和德性观念必须优先满足的基本责任。因为显然，我们只有在家庭、朋友、村落、社团等共同体的交往中通过履行这些基本责任成为一个负责任的人，在公民的交往中通过履行公民的基本交往责任成为一个负责任的公民，才可能接近和持有一种具有合理综合性的伦理学体系。同时，也只有在持有并履行着这样一种伦理学时，我们才可能理解，为什么某些伦理学体系不可能与这样一种基础相适合，不可能建立在这种基本的交往伦理学基础上，基于常识道德的基本点的交往伦理学事实上把这样一些伦理学学说视为不合理不健全的，并排斥着它们。①

第三，交往伦理学由于在日常实践事务的思考上达到基本的一致性，能够在日常交往实践事务上给我们以指导。交往伦理学以对交往实践的规则的理解帮助我们达到这样的理解与判断。这些规则是常识道德反思之下能够获得相容性和一致性的那些确定之点。交往伦理学把这些规则看作良好的交往实践所必需的生活规范。由于排除了常识道德中许多明显的矛盾与不一致性，借助于常识的交往伦理学，我们可以有把握地判断一个行为的对或错，可以就面对的实践事务做出正确判断与选择。

第二节　对常识的交往伦理学的一种主要责难

一、对常识道德的一个重要批评

对于常识的交往伦理学，广义地说，对于所有肯定德性和责任的伦理学，一向有一个主要的根本性的指责，就是它们使用众多的规则，并且缺乏一种明确的规则来解决所尊重的各种责任间的冲突。当边沁致力于提出效用主义学说时，他是想解决基于对责任的认识的伦理学观念无法解决的各种责任的先后次序这一问题，并试图做出一种理智的努力来清除道德哲

① 例如，一种坚持把交往社会的一部分成员视为这个交往社会的必须牺牲掉的受奴役者的观念，和建立在这种观念上的伦理学学说，将同这种立基于常识道德的基本点的交往伦理学不相适合，并将被这种交往伦理学预先排除。我在这里还暂时假定，快乐主义的两种形式——利己的快乐主义与普遍的快乐主义，都不能与基于常识道德的基本点的具有合理综合性的伦理学学说相适合。我将在后面讨论这个问题。

学对直觉的依赖，至少，这是他内心中的目标之一。① 不过对边沁来说，常识的责任都是对于德性的。

西季威克也许是更为生动的例子。他在对常识道德的批评性的考察中发现，“把常识道德诸准则（甚至最强烈、最严格的准则，如诚实和守信）与我［西季威克——作者注］已经获得的直觉（即康德的原则……）与功利主义［即本书中所说的效用主义——作者注］基本原则的区别显露出来”②。就是说，他发现，不仅常识道德的，而且康德确定责任的直觉性原则仍然是不健全的，需要依托在效用主义的目的原则——普遍幸福原则之上，才能成为明确的理性的原则。③

伦理学思想史上，西季威克最为明确地提出了对常识道德的伦理学观念的这样一种责难：这种伦理学是直觉性的、诉诸众多的规则，由于缺乏明确的关于正当行为的规则，因而是不健全的。西季威克之后，这成为对义务论伦理学和德性论伦理学的最具典型性的批评。

作为一个严格的思想者和实践者，西季威克提出的责难是值得尊重的。肯定德性与责任的常识的交往伦理学在今天的生活语境下已经不可能具有它原本可能达到的那种程度的清晰性。在任何努力中，人们所作的仅仅是尽可能减少它可能伴随的模糊性。西季威克提出这种责难时抱有的动机也值得赞赏。他希望获得一种明确的理智规则，使我们既保持良好的道德直觉，又在每一个具体境况中都可以根据明确的理性规则确定出健全的决定。

---

① ［英］边沁：《道德与立法原理导论》，“前言”，北京，商务印书馆，2000。边沁把他自己写作这部著作时抱有的目标描述为：“通过像数学那般严格、而又无法比拟地更为复杂和广泛的研究，……发现那构成政治和道德科学之基础的真理”。

② ［英］西季威克：《伦理学方法》，19页。

③ 西季威克这样描述他寻求一种健全理智的伦理学过程：对他的老师休厄尔(W. Whewell)讲授的直觉性的道德哲学的不满使他转向密尔（J. S. Mill）的理性主义；对这种普遍快乐主义缺乏一种必要的直觉的认识促使他去理解康德的普遍性原则；与此同时，对这种普遍快乐主义未能充分审视一个人追求对自己而言的最大善的行为的合理性的认识促使他去请教巴特勒（J. Butler)；对巴特勒关于良心的可靠性的过于乐观的信任的怀疑又促使他求教亚里士多德，并对常识道德进行反省；这种反省使他相信，直觉主义伦理学所能获得的最重要的直觉——康德的原则必须建立在一种清晰的理智的原则的基础上，这种理智的原则就是效用主义的普遍快乐主义原则（西季威克为《伦理学方法》英文第6版所写的一份思想自述性的前言，同上书，11～20页)。

但是，我们将在下面说明，这种动机可能过于乐观因而不切实际了。①

二、对伦理学的精确性的过高要求及其造成的问题

人类的生活，也许我们不得不借用柏拉图的形而上学的语言来说，是混合性的而不是单一性的。② 所以，如果我们说它是有尺度的，也是在限定的意义上说的。因为这绝不意味着，所有行为都能够有适合确定其是非的尺度。最有说服力的例证是法律。法律似乎是可以确定出尺度的，它衡量行为，确定一个行为在何种范围内是合法的。但几乎在所有政治社会我们都看到，即使在有成文或习俗法条的行为领域内，人们时常为断定一个具体行为是否属于一个法条所限定的领域而苦恼。这就是为什么法官的司法成为复杂的专门业务的原因。如果法律明确规定的行为方面都如此，显然我们在法律无法限定的由伦理与道德的德性或责任观念来判别的更为广泛的行为领域，就更加无法确定一个具体行为与某种规则间的相关性。儒家讲经与权，就是因为，有些行为不能够仅仅靠义理原则来确定是非，还需要在具体情景下判断。实践判断时常具有这种复杂的性质。正如亚里士多德认为的，人的实践事务是不十分确定的，所以对伦理学不能够期求像几何学那样的精确性。③

---

① 我将略过对常识的交往伦理学的其他重要批评，例如同样是西季威克以及罗尔斯对这种伦理学必定是诉诸直觉的这一批评（［英］西季威克：《伦理学方法》，118～123 页。［美］罗尔斯：《正义论》，36～42 页）。我认为，直觉是人类理智与充分发展的感情体悟伦理学最终始点的智慧活动的一种可能方式，那个始点因为不可能有任何论证，以理智的理解和感情的体悟或两者共同的活动来把握它的性质的活动就非常可能具有直觉性质。但是，常识的交往伦理学没有这样彻底，它没有去追究伦理学的最初始点的性质。常识的伦理学的特点仅仅是满足于一种大致的一致性，不去试图（像西季威克和罗尔斯那样）追求绝对无误的清晰性，并且把规则作为理解这种大致的一致性的基本出发点。

② ［古希腊］柏拉图：《菲力布》。

③ “正义的行为……包含着许多差异与不确定性。善事物也同样表现出不确定性。……所以，当讨论这类题材并且从如此不确定的前提出发来谈论它们时，我们就只能大致地、粗略地说明真；……因为一个有教养的人的特点，就是在每种事物中只寻求那种题材的本性所容有的确切性。只要求一个数学家提出一个大致的说法，与要求一位修辞学家做出严格的证明同样地不合理”（［古希腊］亚里士多德：《尼各马可伦理学》，1094b15—21）。不过，过多的哲学家都希望在伦理学上达到道德的几何学。例如西季威克认为，常识的交往伦理学让他非常不满意的是，“它的基本假设是，我们不可能……看清某些一般规则”（《伦理学方法》，123 页）。罗尔斯也写道，“我们应当向一种有几何学全部严密性的道德几何学努力，不幸的是，我将做的推理离此还差得很远”（［美］罗尔斯：《正义论》，116 页）。

在人们还存在共享的目的善观念和德性观念的古代文明社会，西季威克所指出的这种困难也许不如今天的人们感觉到的这样大，尽管不是不存在。尽管随着文明的进步，德性的观念被责任与正当性的观念替代，并且被不断引申为各种原则和规则，人们判断一个具体行为的正当性的困难却更大了。显然，原则与规则变得更多，但这并没有使判断变得更为轻松和清晰，反而增添了如何平衡这些原则与规则的问题。

多少是出于对伦理学的一种理智主义的乐观看法，自由主义者与效用主义者都试图以理智的方法减少复数原则与规则造成的困难。一般自由主义者通过赋予某些原则或规则以优先性来减少这种困难。但是他们发现在说明派生的优先规则的理由方面存在困难。① 与一般自由主义者不同，效用主义者通过确定一条理智计算的规则——对提高快乐对于痛苦的净余额有最大效用的行为是正当的，来简化那些需要依靠直觉来把握的正当性规则。效用主义者的方式具有简洁的优点。但是，除了其他问题，效用主义只是用这条简洁的规则把实践判断的困难遮盖起来。例如，效用主义无法解释，为什么我们有时知道去做一个行为会带来这种最大净余额却选择不去做，或者，知道不去做一个行为会招致较大损失却选择去做。如果效用主义者坚持，为了能够实际地获得最大的善余额，可以去伤害无辜者的生命，就表明，近代以来的哲学已经走错了方向。②

不过，我们在此将搁置这些问题，并以指出这样一点为限，即对于伦理学的理智主义的过分乐观态度会使人们对基于德性和责任的解说的伦理学提出不恰当的责难，无论它们是基于对常识的反省还是哲学的。

第三节　自然义务是否始终优先

一、作为例证：在回报父母和回报其他公民之间

我们将回到问题本身，来考虑被常识的交往伦理学视为出于规矩或规

---

① 我们看到，除了“词典式次序”只是为减少并存的一些基本规则的先后次序问题上的困难而人为设计的“简化”设置之外，罗尔斯在《正义论》中并没有对把两个正义原则按“词典式次序”排列的理由做出充分的说明。罗尔斯的目的是减少对所说的“直觉”的依赖，但是这些“直觉”事实上都回到对这个次序的设计的解释之中，甚至是以更复杂的方式（［美］罗尔斯：《正义论》，39～42页）。

② G. E. M. Anscombe，“Modern Moral Philosophy”，Philosophy，1958（Vol. 33）.

则的责任或义务之间是否经常处于尖锐的冲突之中。不过，为讨论的简明起见，我们首先直接把问题放在我们作为私人交往共同体一员的出于规矩的自然义务与我们作为公民的那些出于规则的责任之间来考察这两者之间是否经常有严重冲突，以致我们经常感到自己不知所措。

因为，在自然共同体内部，作为规矩或出于规矩的义务，互助的共同生活、友爱和感恩之间，以及在朋友、伙伴交往关系中，信任与友爱之间，似乎极少会发生尖锐的冲突。仅当一个自然共同体不能够发生正常的功能或作用时，这样的问题才会发生：对于一个不曾对子女的抚育尽到责任的父亲是否还应当感恩或回报？实践的普遍性的问题似乎不是在自然义务之间提出的。我们看来可以合理地略过这个方面的讨论。

可以观察到，实践的普遍性问题是关于对共同体成员的义务和对其他公民的责任之间的矛盾与冲突的，而且，最重要的冲突出现在回报的义务和责任之间。我们来考虑亚里士多德在《尼各马可伦理学》中提出的三个冲突的例子：a）抢一个伙伴的钱比抢一个公民的钱更可恶，拒绝帮助一个兄弟比拒绝帮助一个外邦人更可憎，殴打自己的父亲比殴打他人更可耻。b）我本应当把一笔钱还给借钱给我的人，但是如果我父亲被绑架，我仍然应当先用那笔钱赎回父亲。c）尽管我应当尊敬父亲，但选举将军时，我不应当只投我父亲的票，而应当选举我认为有军事才能的人，即使是一个不熟悉的人。

按照我们所表述的交往伦理学，例子 a）涉及守法与对一个共同体成员的互助、友爱、感恩的要求间的关系。这个例子似乎表明，违法或破坏了自愿性基础的交往发生在共同体成员身上比发生在同陌生人的交往中更严重，因为它不仅是总体的不正义，而且伤害维护自然共同体的互助、友爱和感恩的纽带。“拒绝帮助”不是违法，但是如果它发生在自然共同体成员之间就构成不正义，因为互助的共同生活是自然共同体成员之间关系的基础。所以，“朋友关系越亲近，不公正就越严重”[①]。这似乎是判定违法的性质的一种基于文化习惯的常识观点。

显然，例子 b）涉及对一个公民的回报与对父亲的感恩或回报间的关系。按亚里士多德的观点，作为一种自然义务，对父亲的感恩或回报具有更强的要求。因为，父亲是我们的生命的给予者，而且对我们有最大的帮

① ［古希腊］亚里士多德：《尼各马可伦理学》，1160a5。

助。[①] 所以，对共同体成员的回报的自然义务的要求总体上强于对其他公民的回报责任。不过我们又必须处理复杂情况，在出于自然义务的回报和对一个公民的回报之间，绝不是自然义务始终优先。因为，对父亲的回报和对父亲的帮助之间不可能有明确的区别：事实上，对父母的任何帮助都仅仅是对一种巨大恩惠的回报。另一方面，回报是公民的基本交往责任，回报优先于帮助或施善。所以，除非对父亲的一种帮助回报是重大的，例如帮助他恢复自由，"在一般情况下，我们应当先归还所欠的"[②]。

例子 c）涉及公共政治交往中公民的诚实交往责任和维护公平责任同对父亲的感恩或回报义务间的关系。在这个例子中，生活的场景是公共政治生活的一个典型事件——选举公职人员，而不是两个公民间的一次具体交往。显然在这个交往领域，自然义务不是优先的要求，因为在这里没有相关的自然义务。因此，在这个领域，行为的正当性需要借助交往的最基本条件的要求和维护一个公平的合作体系的要求来确定。重要之点在于，这种基本要求在一个人心灵中的呈现不会受到特殊利益的影响与曲解。

二、舜"窃负而逃"：另一个说明性的例子

我们将《孟子》中关于舜"窃负而逃"的讨论作为另一个说明性的例子，来说明一个人对父亲的责任与对一般公民负有的守法责任之间的相互关系。当学生问，如果舜的父亲瞽瞍杀人，舜会怎样做？孟子的意见是，舜将"窃负而逃"[③]。

孟子的意见或可做这样的解释。作为圣君，舜把他订立的法看作对每一个人都有效的，包括他本人和他的父亲。因此，如果舜的父亲犯法，舜的自然义务与他准予法律执行的责任就要发生冲突：作为儿子，他应当尽孝，这是作为一个人的首要义务，这意味着他不应去告发[④]，或者应尽可能使父亲免受或减轻法律惩罚；作为法律订立者，他应当尊重法律，这意味着他应当准予他的父亲被判与其他同类犯罪者同样的刑罚。要避免这样

---

① ［古希腊］亚里士多德：《尼各马可伦理学》，1162a5－9。

② 同上书，1165a4。

③ "舜视弃天下犹敝屣也。窃负而逃，遵海滨而处，终身䜣然，乐而忘天下"。(《孟子》)

④ 按儒家的观点，不去告发父亲的罪与隐瞒父亲的罪并不相同，一个人可以承认他的父亲犯罪，但并不去告发。儒家学说主张在父亲犯罪时不去告发，是坚持做子女的不可以毁坏对父亲的尊敬。但这种学说似乎并不妨碍一个人在法律公正地对他父亲定罪时同意法律的审判，尤其是在内心里。

的冲突，舜只能选择携父逃跑。以此种举动，舜使自己从立法者身份中解脱出来。他不再是那个立法者，而还原成一个儿子，同时，还原成一个在那个法律治理下的臣民。这使他可以首先以一个儿子的自然身份来以可能的方式对父亲尽孝，完成这个优先的责任。在舜所处的情况下，这种方式就是带着父亲离开那种法律有效的社会，在法律效力不能鞭及的地方孝养父亲。所以，以此种方式，舜没有违法，也没有不尊重他所订立的法律，而仅是从自己身上卸去了批准法律执行的责任，并且能够完成对父亲尽孝这个首要的责任。

我们可以看出，孟子与亚里士多德关于这个问题的不同但又有联系的观点。按照孟子的观点，对父亲的自然义务表达为尽孝这样一个总体的义务，这个义务始终优先。但是，它同我们对其他人的责任并不总是处在冲突之中。仅当发生了这种冲突，才需要首先考虑怎样以恰当的方式尽孝。自然，孟子讨论的与尽孝义务相别的责任也不是一个人作为公民的责任。按照亚里士多德的看法，对父亲的回报义务表达为具体的回报行为，这些回报行为在重要性上并不同等：有些是重大的，有些是微小的。最重要的回报优先于我们对其他公民的具体回报。对父亲的回报也总是比与之匹配的对其他人的回报更优先。但是，对父亲的微小的回报并不比对其他人的重大的回报优先。而且，在公共交往领域，既然不存在对父亲的自然义务，也就不存在对父亲的回报是否优先的问题。孟子讨论的一个人对于家庭或家族之外的人们的责任，泛义上又相关于对一般公民的守法责任。孟子的处理是，假如我们能够去一个这种守法责任不再有效的地方生活，那么，对一个犯了罪的父亲我们仍然需要尽赡养责任，这是我们对父亲的最为基本的回报责任。

我们也许至多可以引出这样一些结论：在自然义务与公民责任同样相关的事务上，自然义务通常是优先的，但是，这并不意味着每一种自然义务优先于每一种公民责任；我们作为公民的责任通常不应当违反我们的自然义务，但是，最重要的公民责任可能应当优先于那些并非根本性的自然义务；在公共交往领域，自然义务不是恰当的交往责任，因此也不可能优先于公民的交往责任；所有这些都不可能成为完全清晰的实践规则，但是私人生活与公共交往之间关系的复杂性，似乎使任何更为明确的、一成不变的实践规则成为不可能；我们可能有时会陷入困惑，但并不总是如此，这些困惑也并非都难得无法解决；一个人借助他对常识的交往伦理学的健全的理解，常常能够走出困境。

第四节　公民的基本交往责任之间

一、诚实与其他责任的关系

但是，在我们作为公民交往的基本规则之间，或者，在我们基于这些规则的那些基本责任之间，即在守法、正当地回报、诚实和维护公平的合作的责任之间，是否会有严重的冲突？或者，在这些责任之间，是否有某种近乎自然的次序，使这种冲突即使可能出现，也不致变得不可解决？

守法、正当地回报、诚实和维护公平的合作这四种基本交往责任中，诚实交往的责任，如已经说明的，往往被思想家表达为一个交往社会的基本交往条件的要求。如果交往比任何人为的社会组织更为根本，如果前法律的交往比法律基础上的交往更为根本，我们就倾向于认为，诚实比那些产生于一个政治社会的守法和正当回报责任，以及比从我们看待一个政治社会的社会合作观念中产生的维护公平合作责任，都更为根本。我们的确倾向于说，一个人履行诚实交往责任似乎是守法或正当地回报的可能条件。不能设想，一个不诚实的人可能真实地守法而不是仅仅表现得守法，或者，可能真正恰当地回报而不是仅仅表现得在恰当地回报。

在这点上，康德是富有启发的。保存生命是一个人对自身的严格的责任，自杀违反这种责任；追求完善是一个人对自身的泛义的责任，自我懈怠违反这种责任；诚实交往是同他人交往上的严格的责任，欺骗违反这种责任；帮助是同他人交往上的泛义的责任，伪善违反这种责任。[①] 所以推论是，保存生命是比完善更优先的责任，自杀是比自我懈怠更大的错误；诚实是比帮助更优先的责任，欺骗是比伪善更大的错误。我们在这里将暂时搁置康德谈到的对自身的两种责任——保存生命和完善。在诚实与帮助两种交往责任（我们也许有理由把它们看作公民交往责任）中，康德认为诚实比帮助更为优先的理由是，我们不可能把欺骗准则当作普遍律法，更不可能愿意它成为这样的律法；与此对照，帮助的反面“伪善”并非不可能被我们当作普遍律法，但我们仍然不可能愿意它成为这样的律法。[②] 另一个例证是，在罗斯列出的七条自明责任中，诚实责任同样位居首位，这

① ［德］康德：《道德形而上学原理》，39～41 页。

② 同上书，42 页。

七项责任是：诚实、赔偿（一种矫正性的回报）、感恩、正义、仁爱（施善）、自我完善、不作恶。①

然而，对生活的观察又的确使我们注意到，与守法责任和恰当回报的责任相比，诚实的责任似乎更容易受到人们蔑视。在从守法向相反方向迈出一步时，一个人也许会有很大的迟疑，而当存在违反诚实的实际需要时，人们常常不会犹豫。如果我恪守对朋友的一项帮助承诺意味着实际上帮助他违法，我当然有理由不再兑现这项承诺，或者，我将把帮助转移到一项不具有违法性的项目上，在所承诺的事情上，我的诚实将要求我向被承诺者说明这种改变的理由，即使这种说明将结束一种友谊。如果我由于重视这种友谊而不能够诚实地说明原因，我似乎也必须做出上述的改变。因为，不兑现承诺是不诚实的，但是对不诚实的制裁远不及对违法行为的制裁。

所以，诚实更加是一个观念上优先的责任，而不是实际约束力上更强的一种基本交往责任。事实上，设想一种关于公民的基本交往责任可以避免所有矛盾与冲突是不切实际的。

二、守法与回报

在守法与正当地回报这两种责任之间，如亚里士多德认为的，守法是总体的责任，正当地回报是具体的责任，正当地回报是守法的一个部分，正如它们的反面，具体的不正义是总体的不正义的一个部分。②

因此通常说来，守法责任与正当回报责任是一致的。这或许从它们各自的方面看得更清楚些。在公民的交往中，对所获得的善物不做正当的回报本身就是或倾向于是违法。一个不守法的人也不大可能对他所接受的善物作正当的回报。毋宁说，守法与正当地回报既是两种责任，也是同一种责任。这种关系甚至表现在人们对司法实践的看法中。因为在司法实践中，人们也倾向于把对一种违法的恰当的刑罚制裁看作对那种违法行为的正当回报。法官首先要依据事实确定一个人是否违法，然后再依据具体法条来确定他违法的程度并根据这种程度裁定矫正的数量或量刑的轻重，我们通常并不认为这里面包含两种不同的司法行为。

但是，即使在这两种最接近的责任之间也存在复杂情况。我应当偿还一笔债务，但是我获知债主很可能用这笔钱来做违法的事，例如贩卖武器、贩毒，甚至雇佣凶手杀人。回报的责任要求按期还钱，守法的责任要求至

---

① ［英］罗斯：《正当与善》，76页，上海，上海译文出版社，2008。

② ［古希腊］亚里士多德：《尼各马可伦理学》，1130a14、22—24。

少拖延这样做。柏拉图说，如果曾借给我一件武器的人后来变得精神不正常，我按期归还武器的责任应当打折扣，因为这样做很可能是不正义的。[①]亚里士多德还进一步认为，回报甚至可能是不平等的：如果你从一个坏人那里借过一笔钱，你一定会还，他也知道你一定会还；但是如果他向你借一笔钱，情况就不同了，因为你知道（假设你是有根据的）他不会还，因之拒绝回报地帮助他也并没有什么不合情理。[②]

所以，守法是一种普遍的严格责任，回报是一种具体的严格责任，但是回报因其具体，我们仍需要审视它是否与守法，甚至是否与一个正义的人的一般所为相冲突。

三、维护公平责任的位置

维护公平的责任是一个观念性的、引申出来的责任。似乎很明显，维护公平的责任是当我们考虑一个合作体系的总体性的问题时需要充分尊重的责任。这种责任意味着我们有责任把那些最为重要的要素和问题考虑进来，提出自己的意见，说明自己的理由。拒绝把这些已被人们的普遍观察表明是重要的相关要素和问题考虑进来是不合理的。

所以，维护公平的责任似乎是公民们在关于社会合作体系的原则与基本制度安排及政策的政治商谈中需要承担、并不可以忽视的一种责任。然而，它是一个可能与某些公共事务的协商、决策和公共性事务的安排与实施的程序有关的场合中有关的责任，又不是一个任何类似场合都具有必然的相关性的责任。可以说，作为公民，我们时时都负有维护合作的公平的责任，但是我们又不是事事都负有这个责任。

我们甚至可以说，维护公平的责任是一个思想性的公民责任，因为，它可能与我们作为一个公民思考公民交往生活事务的恰当方式有关。作为公民，我们需要学习以公共理智即公民们在政治的交往生活中能够理解和运用的理智，来思索社会合作体系的公平的问题和我们维护这种公平的责任。甚至应当说，作为公民，我们负有学习这样地思考这些问题的责任。

所以，维护公平的责任同诚实这个在公民交往方面最为基本的责任有关。因为，我们必须诚实地这样思考维护公平的问题，它才成为我们的责任。所以，相比较来说，守法责任、正当回报责任都是具体交往行为方面的责任。维护公平是公共政治交往和商谈，尤其是就这种交往与交谈是否

---

① ［古希腊］柏拉图：《理想国》，331c。

② ［古希腊］亚里士多德：《尼各马可伦理学》，1165a5—15。

在维护社会合作的公平方面的责任。诚实责任则既是具体交往中的，也是公共政治交往中的公民责任。所以，诚实责任与维护公平的责任在公共政治商谈中有更多的关联。

思考题：

1. 对责任的伦理学的一种主要批评意见是什么？应当怎样看待伦理学理论的性质？

2. 在自然义务与公民责任都相关的领域，自然义务是否始终优先？

3. 公民的几种基本交往责任之间存在怎样的基本关系？

第三编
从交往伦理学到哲学的伦理学

第十七章　道德觉解

第一节　在交往伦理学与具有合理综合性的伦理学之间

一、交往伦理学为什么不可能是充分完备和系统的

我们不主张停留于常识的交往伦理学。因为，基于常识道德的基本点的交往伦理学不具有我们期望于一种伦理学的完备性和系统性，而且，如果深入思索人的问题，我们就会合理地期求更好地理解人的实践理智理解与相应感情的发展，就会发现，基于常识的交往伦理学不具有我们所企求的恰当说明。

首先，伦理学所面对的是人的问题，然而常识道德的交往伦理学并没有对于人的生活目的的适当说明，因而是不完备的。因为，人的目的，人所追求的好的生活，与他的一些生活行为具有直接或间接的关系。诚然，今天的人们关于一种生活目的的观点，即关于好的生活的观点，与古典文明时期的人们的类似观点可能在很多方面不同，并且，在持有这种观点的状态上呈现出相当不同的情形。例如，一些人可能终生都没有发生对生活的最终目的的思索，即没有发生一种关于生活的总体善的目的的观点，或者，他们只是偶然地遭遇或萌发这样的思索。他们关于自身的善的思索仅仅停止于对眼前所需的事物和当前交往事务的考虑。所以，他们仅仅持有一些关于人所需要的外在善的观点。这些考虑和基于这些考虑的生活行为可能是一个人的理智活动的全部。另一些人则除了应付当前所需和解决必需的交往事务，还发生了对有意义的生活的最后目的的思索。所以对他们来说，有些人可能会把某一种事物（无论是什么）当作生活的总体的善，即目的；更多的人则会把一组事物当作这样的目的，它们被看作是同样具有最终的、总体的性质，并因此不能区分高下。最后，在把一组事物视为有意义的生活的最后目的的人们中，这组目的中有些目的可能是不协调甚至不相容的，有些则可能是相互协调或至少显得是这样的。所以，人们或者是在将偶然需要的外在手段当作目的本身，或者在自己的生活经历中形成了某种或某些目的的观点。但即使人们在只有某种目的的观念方面的情

况变得多样而复杂了，既然目的在人的生活中有重大意义，一个没有系统讨论目的概念的伦理学也是不全备、不彻底的。

其次，十分显然，常识道德的交往伦理学没有对交往实践的内在善以及对我们的交往行为和品性的德性的适当说明，因而它对交往实践的说明就不可能是足够系统的。尽管倾向于肯定德性，常识道德由于日常实践及其基本德性的教化实践的性质模糊以致往往遗忘了被视为规则的那些生活规范的德性的来源。由于这种“遗忘”，常识的交往伦理学不可能期望成为对人的交往实践的足够有系统的阐释。因为，这些守规则的行为之所以被看作是尽本分和责任的，深层的解说在于我们对交往实践的那个“好”或“善”的理解中，而这种“好”或“善”总是同我们作为实践者的品性上的某种或某些“好”或“善”联系在一起的。

最后，常识道德的交往伦理学不能包含对人的实践理智理解及相应感情的发展轨迹的恰当说明，因而是不彻底的。目的的观点是实践理智的观点，是随着人的实践理智的理解的发展才发生的观点，并且，这种理解的发展似乎自然而然地伴随着某些相应的感情，两者如影随形。如果是这样，如果人被我们理解为一种实践的过程中生成着的人，那么显然，如果一种伦理学不能适当地说明这种发展的过程及其性质，它对于我们深入地理解人的问题就没有帮助，或帮助甚小。

二、在交往伦理学与哲学的伦理学之间

交往伦理学不是直接面对人的问题这个总体的问题。它毋宁说是为着另一个目的，即每个时刻和每个场合能够帮助我们作出大致稳妥的当下决断与行动。某些时刻和场合，我们不可能充分地去思索人的问题，但是我们必须作出决断与行动。尽管实践性的决断与行动不是在每个场合都如此紧迫，但的确有大量的实践决定我们必须随时做出，否则它们就会积累成永远无法解决的重负。而且，微小的偏失甚或失误不足以困扰我们。因为，许多这样的问题通过不断做出的新决断和行动得到矫正。所以，只要通常是稳健的并且没有过大偏失，一种常识伦理学就是足够恰当的。况且，我们还反思着自己所理解的常识道德的确定之点，并不断寻求对它们的一致性的恰当理解。

显然，由于这个目的，交往伦理学要力求具有简洁性。这包括确定某种简洁的起点和基于它们而当下决断和行动。这或许就是为什么常识道德将那些基本交往德性看作仅仅是规矩和规则。规矩和规则只要在反思中是基本一致的，对交往伦理学来说，就是足够清楚的起点。它使那些当下决

断与行动变得简洁。它无须去追究为什么是这些而不是另一些基本交往德性被常识道德径直当作规矩或规则。它也不会在这点上变得格外武断和任性，因为，这些确定之点是经过漫长的人类实践才沉淀到常识道德之中的，而且它已经反省地思索这些确定之点之间是否具有基本一致性。所以，这样的交往伦理学帮助做出当下的实践决断与行为，一个人的心灵将是坦然的、平静的，不会时时处于冥思苦想的重负之下。

作为对照，哲学的伦理学是具有某种合理充分的完备性与系统性的伦理学。我们还要补充说，它还要具有某种适合的彻底性，即对于人的实践理智理解及其伴随感情的发展的恰当说明。所以，哲学的伦理学不是交往伦理学，而是在交往伦理学之上形成的更完备和系统的伦理学。非常明显，基于常识道德基本点的交往伦理学仅仅是一种具有合理综合性的伦理学的基础，而不是它的全部。一种具有合理综合性的伦理学需要在这种交往伦理学的基础上确立。这种伦理学不仅需要一个人预先获得一种具有基本一致性的交往伦理学，而且需要有必要的闲暇和足够的兴趣来思索人的问题，并借助那些有价值的资源获得比较明晰的理解与体会，来哲学地、反思地审视我们已经形成的常识道德的交往伦理学。所以，这种交往伦理学与具有合理综合性的伦理学体系之间显然还有很大的实践理智的思想空间。

所以，如果可以这样地借用亚里士多德的话①，我们就可以说，要求一种交往伦理学充分的完备性、系统性与彻底性，与要求一种哲学的伦理学充分的具体性、个别性与直接性，同样都是不合理的。② 不过，很可能需要补充说，我们首先需要获得一种具有基本一致性的交往伦理学。然后，如果可能，我们往往还需要去追索一种具有合理完备性、系统性与彻底性

---

① “只要求一个数学家提出一个大致的说法，与要求一位修辞学家做出严格的证明同样地不合理。”（［古希腊］亚里士多德：《尼各马可伦理学》，1094b26－27）

② 我们现在可以看出，那种过于乐观的理智主义对常识的交往伦理学不具有所要求的精确性这一批评，是从某种哲学的伦理学提出的。这种哲学的伦理学要求交往伦理学对每一种具体实践决断和行为都提出最充分且没有任何矛盾的哲学概念上的说明。这种哲学的伦理学所提出的这一批评包含两个层面的错误。首先，充分完备和系统的哲学的伦理学不是直接具体的，它对于一个具体的实践决断与行为所提供的说明和阐释始终只是总体上相关的。其次，交往伦理学仅仅是一种从哲学的观点来看还不够完备与系统的伦理学，要求交往伦理学提出这样的哲学的解说是过分的。事实上，仅仅在一个政治社会的私法和公共法已经申明的领域，才可能基于概念的解释提出类似的说明，而且，这种概念是交往实践的而不是充分哲学的。

的哲学的伦理学。

第二节 人的道德觉解

一、我们为什么会需要具有合理综合性的伦理学

我们是否有对一种具有合理综合性的伦理学的需要？如果是，我们为什么会需要它？

我们的确可以说，当一个人在正常的生活中基于常识道德的基本点发展了这种交往伦理学，如果他又基于某种自由的教育，无论通过学校的学习、成人社会的讨论或自己独立进行的学习，获得某种关于人的有意义的生活的最后目的的观念，或者，不论与这种关于目的善的观念有无联系，如果他又基于对人类行为的观察获得某种关于人的优良行为与品性的观念，如果他在发生这些观念之后期求获得对它们的一种合理完备的、有系统性的理解，并把这种理解贯彻到生活活动中，他就会需要一种具有合理综合性的伦理学或者宗教学说。

我们之所以会需要它，主要是由于两方面的原因。

首先，我们的实践理智，在理论理智的诱导下或者由于其自身的理解发展的倾向，倾向于努力向我们自己展开理解人类生活的更广阔的视野。我们已经获得的理解总是使我们去追寻新的理解。理论理智虽然是不行动的，但是它引导我们去发现。随着生活经验丰富起来的实践理智在理论理智的诱导下，总是努力去扩展我们已经获得的理解，寻求对人的世界和人的问题的具有更大综合性的观点。这种扩展的理解使我们的生活不断增添着新的内容。

人这里产生了实践这样一种具有内在的目的善的活动，内在于实践的善是不断扩展的。我们现在可以说，实践的内在善在人这里的发生与不断扩展的倾向，同人的实践理智的寻求对生活的新的理解，以及他的充分发展的心灵感情对生活的体悟的倾向，是紧密联系、互为因果的。正是实践理智和我们的心灵感情的这种倾向，促使我们去发现内在于一种实践的善和它的不断丰富的内容，也正是实践的内在善和它的不断丰富的内容，不断丰富着我们对实践的内在善的理解和体悟。

一个人的一生，即他的生命活动的完整过程，对于他就是最广泛意义上的实践，包含着无数具体实践的实践。在这种实践中，我们实践着我们

的生命活动，或者说，我们的生命活动是实践性的。这种生命活动从总体上理解的内在善，需要我们的实践去丰富和实现它，而通过实践去丰富和完善它，又需要通过我们的不断丰富着内容的实践理智的理解，通过心灵的不断丰富的健全感情去体觉，这种理解与体觉介入着这种实践的生活活动的丰富和实现。而且，我们还借助邻人的优秀活动所表现的内在的善，具体的和总体的，拓展着我们对人的实践能够获得的充分完善的价值的理解与体觉。这种理解与体觉不是倾向于否定我们自己的活动，而是倾向于鼓励我们在自己能够驾驭的实践方面做得出色和优秀。

简言之，实践的善的获得，我们对它的不断丰富的内容的理解与体觉，我们的实践理智的相应发展和实践性的感情的相应丰富，需要通过一种具有合理综合性的伦理学体系把它们融通为一个整体的观点。获得这样一种观点也因此是我们的实践的生命的一个重要部分。

二、道德觉解释义

我们可以把通过实践的生活逐渐获得这样一种具有合理综合性的伦理学的观点看作一个人的道德觉解的过程。

觉解即体觉（体悟、觉察）与理解（了解）。人的觉解①是人对他的，以及泛义地说，对人的生命活动与整个世界及这两者内在关联的体觉与理解。我们把人的觉解理解为人的两种理论理智，智慧与努斯（亦即理智的直觉），与心灵的实践理智，以及伴随的感情的共同活动达到的直觉性的体觉与理解，更广泛地说，对宇宙与人生的一种豁然贯通的体悟与认识，和伴随着它的那种感觉的总称。道德觉解是人的觉解的一部分，是人的实践理智的理解及其伴随的健全感情对人的存在、人生实践的总体的真与善，对实践生活的意义，即一个人通常要在生命的一定阶段上才能达到的对生活实践的人与事、伦理与道德的一种觉悟和理解。这种觉解，主要是通过一个人的随着他的生活阅历的积累而发展的实践理智的理解与伴随的心灵健全感情的发展不断获得的。

我们对熟悉的实践生活事务未必理解，未必觉察，这叫作出入日用而不知、不觉。所以，一个人始有理解与觉察时，就有醍醐灌顶的感受。或

---

① 冯友兰先生在他的《新原人》中阐发了关于人的或人生的觉解概念（冯友兰：《三松堂全集》，第 4 卷，郑州，河南人民出版社，2001）。我在这里采用他的这个概念，并把它理解为人的生命活动的整体的觉悟与理解（了解），把道德的觉解理解为对人的区别于理论活动和劳动的实践生活的整体的觉悟与理解。

者，我们有理解和觉察，但理解与觉察的程度有很大不同。有些理解和觉察是很初步的，有些是达到很高程度的。在初步的理解与觉察上，由于对实践生活的积年续久的观察与积累，我们会觉察到理解与觉悟突然间有显著的提升，这种显著的提升使我们有豁然开朗的感觉。这两种情形，都是道德觉解的表现。

伴随对实践生活事务的理解的发生与提升的体觉就是体察、觉察、觉悟，即突然获得的感觉与省悟、省察。省悟是对突然获得的理解的觉察。内省能力是人对于生命活动的觉察省察的能力，是人的一种特有的能力。正如亚里士多德说的，我们看就感觉到我们在看，听就感觉到我们在听，走就感觉到我们在走，思考就感觉到我们在思考，这种感觉和省悟使我们感觉到我们在活动，我们存在着。① 冯友兰先生说，人与动物同有某些活动，如禽兽吃，人也吃；鸟筑巢，人也造房；一群蚂蚁与另一群打架，一国人也与另一国人打仗，等等，不过动物虽有某种活动却不了解、不觉察那是怎样一种活动，有某种活动时，也是不自觉在从事那种活动。②

在中国与西方理解都被看作属于心灵的知的能力。心灵的两种能力——知与觉虽然常常同步同行，但并不始终都如此，至少当我们有意识地追寻它们时显得并不始终如此。所以我们有时候会感到它们的差异，例如知而不觉、觉而不知的情形。而且，对这种差异，我们有时有所觉察，有时无所觉察。道德觉解关乎心灵的这两种能力的活动及其状态。首先，人自身的生活实践可以被人自己作为对象题材来反观。这种反观可以达到思考，并且可以在思考的程度上积累、提升。这是人通过语言的发展才有可能的。借助语言的交往使人们能够相互转达自己的想法，也使思想可以得到发展。语言是思想的载体。借助语言人自己的实践生活事务可以成为思想的题材。其次，人具有伴随他生命活动的内在的感觉与省察，伴随理解的感觉与省察具有纯粹的内省特征，所以当理解初始发生或有显著擢升时我们有清晰的感觉与省察。道德觉解也因此是人特有的，是属于人的道德精神现象。

三、道德觉解作为一种可能性

中国思想与西方思想很早都注意到人类灵魂的这种特质。儒家讲的“省察克治”、“居敬”、“良知”、“格物致知”；道家讲的“虚静”、“清修”；

---

① ［古希腊］亚里士多德：《尼各马可伦理学》，1170a28－31。

② 冯友兰：《三松堂全集》，第4卷，472页。

佛家讲的"禅"、"慧"、"顿悟"；古代希腊人讲的"努斯"、"智慧"、"沉思"，都是讲人的道德觉解的方式与状态。[①]

中西方思想的共同之处是，人的觉解都是从不觉不解的状态开始的。不觉不解的状态与动物所居的状态相近，这种状态下，思想的理解活动，即在理论的与推理的层面展开的理智活动，以及所伴随的内在的省觉活动，都未开启。我们寻觅食物，寻求遮挡庇护物，躲避危险，都处于心灵无觉的状态，也没有对于那种活动的理解。这一种活动与那一种活动也没有明显区别，活动是自然地依需要的迫切性形成先后的次序。仅当思想的活动借助语言的发展而发生时，所进行的活动和活动的对象题材才进入思想的范围，一方面在理论的水平，一方面在推理的水平获得理解。与此同时，这种理解的活动由于使理解者的心灵获得新的感受，伴随这种活动的感觉与省察便格外清楚，使当事者有豁然开朗的感觉。这种活动在心灵中便显得同别的活动不同了。它好像是一束理智的光，或者由理智传递的光，使其他的活动和活动的对象显现出来。[②]

道德觉解是只有对于人才有的一个可能性。它"照亮"我们的实践生活事务，使这些事务对我们产生一种意义，对我们显示出一种生活意义的世界。不啻说，这就是人生实践的一种最广义的内在善。广泛地说，一个正常发展的人在道德上都会有所觉解。但是人的道德觉解可以在程度上有极大差别。"高一层底觉解，并不是一般人皆有底……一般人觉解吃饭，觉解打仗"，有的人则还能觉解更高等的活动，觉解其觉解。[③] 因之实践生活事务及其道理对一些人明朗和澄明，对另一些人则朦胧和暧昧。

道德觉解作为一种可能性对人是敞开的，但又不是一个人随意地就可以获得的。孔子说人七十"随心所欲不逾矩"，内含着这样一种意义，一个人在道德上需要积年的学习与磨炼的功夫，方可获得道德觉解的自由。它

① 诚然，不同的学说，由于它们的体系与方法的不同，有些较多地从理解（知）的方面，有些较多地从体觉（觉）的方面，诠解人的道德觉解，但总体上，鲜有一种学说在这两个基本要素中全然地排除其中一种要素。

② 柏拉图将智慧喻作心灵的视觉，可看到理智世界的光源——善理念（《理想国》）。冯友兰先生也将人的觉解喻作室内的灯光："如一室内有桌椅，有灯光。就存在方面说，灯光与桌椅的地位，是相等底。但有桌椅不过是有桌椅而已。有灯光则室内一切，皆被灯光所照。宇宙间之有觉解，亦正如是。"（冯友兰：《三松堂全集》，第 4 卷，475 页）

③ 冯友兰：《三松堂全集》，第 4 卷，475 页。

为我们展开着一个可能的精神世界。这是一个主观的精神世界，然而广博且永无边际，我们的心灵可以在其中自由地游弋和探寻。在这个世界，我们的道德觉解可能同另一个人的交汇、相遇。这时就犹如两束光相遇，放出更炫目的光来。觉解又可说是理智的光，理智的直觉的视觉。相互的砥砺中，有些东西被相互吸纳：自他人那里吸纳得来，而后可以去光大。从这种意义来说，道德的觉解是可借理智传递的。但是，这种传授又不是单纯知识的。因为，觉解是智慧、努斯、实践理智与心灵的内省感觉的共同的活动，包含着直觉与心灵感情，它一定要在内心的呈现上活动。

第三节　道德觉解的轨迹

一、常识道德作为初步的道德觉解

人的道德觉解是非常个人、主观的理智直觉性的活动。但不可以因此就说，人的道德觉解是完全无踪可寻的。事实上，常识道德是最为初步的道德觉解，尽管它初步得使人们已经不习惯于称它是一种道德的觉解。例如，我们可以感到一些流行的行为不合于普通的道德观点。这种观点虽然是未经省察的，但是似乎潜在于我们的意识中，并且当遇到与之冲突的观点、意见尤其是行为时，便会在意识中凸显出来。

在这种意义上，我们的确可以说，流行的意见还不是常识道德，至少还没有成为常识道德的一部分。事实上，它的确需要经过时间的沉淀和讨论的磨砺这种初步的筛选，其中的某些成分才被自然地纳入常识道德。

所以，我们需要区别常识道德中那些普遍承认的基本之点与那些比较杂冗的成分。那些基本点往往经过普通道德意识的比较广泛的磨砺和时间的长久沉淀，我们因之可以从中辨认出比较清楚的从普通道德意识的觉解。常识道德的那些杂冗的成分可能比较少地经历道德讨论的磨砺和时间的沉淀，可能不含有道德觉解的因素，或者即使有，程度也低得可以忽略不计。

然而，我们绝不可以忽视常识道德的重要性。即使就人的道德觉解而言，我们也应当说，正是常识道德的初步的觉解唤起人们对进一步的道德觉解的追求。每个人初步获得的准则性的行为与判断标准就是常识道德。从这里我们开始感到被理解为道德的东西同实际流行的东西的区别。对这种区别的体会教会我们辨别是非。这种初步的辨别能力使人的真实的道德觉解可能发生。①

二、道德觉解的三个主要阶段

道德觉解主要是人通过生活阅历的积累而正常发展的实践理智的理解及其伴随的心灵感情的发展而发展的一个过程。因此，它由于生活和理解及伴随感情的发展的过程而呈现出阶段性。大致可以说，人的道德觉解有三个主要的阶段：从实践规矩与规则的观念的觉解，从正当性观念的觉解，从德性观念的觉解。

（1）从实践规矩与规则的观念的觉解

交往共同体和交往社会中的基本交往实践规则通常是道德觉解的第一个对象。我们的常识道德的观察提出这样的问题：为什么有许多违反规则的行为？为什么遵守规则是我们的责任？

当这些问题在道德的思考中真实发生时，规则表现为一个整体，它们是武断的、外在的、刚性或不通情理的，甚至是没有区别的。我们甚至不能区别家庭等交往共同体中的规则与一般交往社会中的交往规则。或者，即便能够区别这两个交往的领域，家庭等共同体中的规则也对我们表现为枯燥乏味的、但不可以不遵守的日常规矩，一般交往社会的交往规则却表现为似乎更容易逃避遵守责任，并且一旦逃避了也不致受到在共同体中那样严重的指责。

对共同体和交往社会的交往生活的观察使我们渐渐发现必须遵守规则的两个理由：首先，它们是交往生活可以维持和继续所必需的；其次，它们在道理上对每个人是同样的。在这两个可理解的理由中，尤其是第二个理由的思考把我们引向某种普遍化原理。这是这样一种理解：实践的规则及它们的正当理由根据必须是具有普遍性的，尽管我们对这种普遍性根据的理解可以不同。而且，这种普遍性是我们如果作为订立规则者和公正的旁观者就倾向于承认的，是我们如果作为规则的订立者或旁观者就会同意以那样的形式订立的。事实上，如果实践规则是对我们每一人都同样有效的，采取立法者观点与中立的旁观者观点对我们就是可能的。我们发现，

① 如果我们必须以适合学习者的方式对道德觉解的最一般的要素，或者这些东西中的一些重要的要素，做一个说明，这种说明将不得不是某种道德的精神现象学的。这样一种说明将非常简略，而且并不是从原点展开。我将尝试着做这样一个说明。由于我的精神现象学学养的欠缺，这种说明将不免有许多的缺点。所以，它至多可以被看作一种提示性的说明。

当以这种观点审视时，规则就不再显得是由外部权威强加给我们的，而是我们自主地订立的实践规则。

（2）从正当性观念的觉解

这种思考使我们发现，我们已经理解的对每个人都将同样有效的规则只有在这样的理解的条件下才能成为这样的：我遵守它事实上是以每一个其他人都同时承认和遵守它为条件，反之亦然，每一个其他人遵守它也必定是以我以及所有其他的人都这样作为条件的。这不啻是说，每一个这样的规则都是以所有的个人相互讨价还价并做出适当让步达到的折中方案。在这种观点之下，前一个阶段上被理解的规则的正当理由，原来不过是这种折中方案中确定的那部分得到公认的、有效的要求，即每个人必须承担对所有其他人的同样要求的尊重承诺的同时还保有的那部分要求。这种一个人有权要求的东西就被表达为正当性，也即政治与法律意义上的权利。它必定有两种这样的属性：首先，我们每一个人都是有权利的，这权利是其他人应当尊重的；其次，我们每一个人都负有尊重他人的责任。对每个人的其他属性的阐释不足以支持一种规则成为普遍性的两个正当理由。这两种属性被以一种非常简明的方式联系起来：他人的权利是我的责任，我的权利是他人的责任。

但是，如果我们把人对于规则的责任仅仅理解为以相互讨价还价商定的东西为基础，又似乎不合理。因为，这样确定的东西似乎又成为反对它本身的：它不可能再具有我们相信为普遍性的任何东西。而且，这种解释无法辨别合乎责任的行为与真正出于责任的行为正当性上的不同。基于责任或责任的行为概念的对自主的实践规则约束性质的解释似乎比权利论更好地解释了这种实践规则的正当性。因为，责任论的解释表明，自主的实践规则责任之所以对我们——实践的参与者，具有约束力量，是因为我们对于这些实践性规则产生了尊重的感情。而且，这种解释表明，这种感情与理智一道，使得这种规则成为我们内心的准则，成为我们作为一个自主的道德人对我们自身的约束。自律的或自我约束的实践规则或道德律法，更适合我们作为一个实践的参与者，一个自主的道德人的自由本质。

然而，一旦实践理智的对内心实践准则的理解及其伴随的尊重感情指向心灵由于这种发展而产生的那种力量，来理解这种力量的性质与含义，这种理解及其伴随的感情就将走出责任的概念进入德性的概念。一种新的视野展开了：责任是从尊重内心的实践准则中发生的心灵力量，德性是这种力量向完善方向的发展。责任与德性间的坚固“隔墙”被打开了。

（3）从德性观念的觉解

这样一步跨越使我们感受到心灵的自由力量，这种力量是我们在规则的概念和规则的正当性的概念下不曾感受的。不过，进一步的省察又使我们发现，被我们感受为心灵的自由力量的是我们在实践中表现出来的那些出色的实践品质。人的实践不是单纯或纯粹的活动，我们把一些实践看作是比另一些更好的。当我们在这样的实践中表现出出色的品质，它们就被看作可称赞的、完善的。我们称赞优秀的、完善的实践活动与品性，是因为那种完善的发展状态虽然罕有，但对我们而言仍然是可能以某种方式接近的，因此也值得向往。

这类品质首先是一个人在行为的、感情的事务中表现出来的出色品质，最重要的包括友爱与仁爱、诚实与正义。它们是良好的行为品质，同时也是良好的感情状态。当我们的实践理智的理解随着生活阅历的积累理解了这些品质的善时，它们就在我们的理解中被看作德性。那些被理解了的良好的感情就变得彼此不可分离，构成心灵的健全感情综合体，它被我们感觉为良心。而且，我们发现，实践理智的理解与这种健全感情不可分离的生长在一起，并且随着实践的努力，随着对德性这种心灵的自由实践品质力量的觉解，我们的这种理解与伴随的感情都在发展。

这样，当一步一步深入的觉解心灵的德性力量时，我们事实上也同时觉解着那个在此过程中发展着的觉解的力量，那种不能相互分离的心灵健全感情与实践理智的理解。对于心灵的健全的基本感情，即良心或德性的感情状态，伦理学中很少有根本分歧的解说。对于那个理解的方面，则可能有两种不同的觉解，我们将它们分别称为明智与良知。然而，心灵的这两部分力量毋宁说就是心灵的整体。对心灵的这两个部分的自由的觉解使我们真正领悟到德性也就是心灵的自由，是我们实践地获得的心灵自由力量。对德性的觉解也就是对我们的人生实践的觉解。

这种思考使这样一些问题被提了出来：我们为什么倾向把德性看作内在于人自身的善？它之所以被看作善的是否有着更深远一层的原因？或者，德性的生活是否还有某种或某些目的？如果没有，这种生活是否就是对人而言的好的生活，因而就是目的？如果有，它（们）与德性的生活之间有何种关系？或者，德性是否确定着某种或某些目的？我们是否需要选择并确定我们的目的？这些问题将把我们对人生实践德性的觉解引向对人的目的的思索。

这种思索使我们重新达到理智的肯认，我们的确有充分道理把德性看作内在于我们自身的；但是德性之所以善，是因为获得并实践它的生活不仅使我们接近一种善的生活，而且在这个生命历程中真实地拥有了一种善的生活。德性与德性的活动是不可分离的，我们不可能离开我们的实践生活谈论德性。同时，道德德性与理智德性的区别，以及几种理智德性之间的区别，都似乎假定着某种获得一种就会欲求去获得更高等的另一种的层级式的结构。这似乎表明，德性得到完全发展与运用的活动表现为一个层级的发展系列，并追随着某种目的。

这种思索也使我们重新肯认了我们作为人的自由：我们是自由的，因为我们可以去追求这种目的。尽管它在一个人这里可能同在另一个人那里十分不同。并且，它可能是一组事物，而不是某一个单独的事物。

简单地说，这种思考使我们发生了从德性观点的道德的觉解，把我们的思想引向对更遥远也更广阔的道德形而上学问题——为什么我们有了目的而同时又是自由的？——的思索。当存在可能的条件时，越是意识到人的生命活动的有限性，那些问题就越会唤起我们思索的兴趣。

思考题：

1. 基于常识道德的交往伦理学具有哪些基本特点？我们为什么需要合理健全的伦理学？

2. 什么是道德觉解？在何种意义上它是人特有的一种可能性？

3. 人的道德觉解有怎样一些主要的阶段？

第十八章　从规则的觉解

第一节　尽责任与守规则

按今天的一种非常简化的观点，道德有基于规则的和基于行动者的，这是两种不同的表述道德的观点。基于规则的道德观点认为，道德的基本观点是遵守规则，尽责任（义务）的行为和为着某一后果而做出的行为都是守规则的行为，面对的问题是“我该怎么做”。基于行为者的道德观点认为，道德的基本观点是行为者做出的行为所由出发的是何种眼界、意图、品质，面对的问题是“我该成为怎样的人”。[①]

借助这种简化的概括，对基于常识道德的交往伦理学的总特征的概括，即具有前面说明过的那个总体特征，即它是一种尊重规则或守规则的，把我们在交往生活中的责任看作是来自某种规则的交往伦理学，就得到进一步的印证：它表达的是一种基于规则的道德观点。事实上，我们已经在有关部分初步说明了这个特点。互助、亲情与友爱等自然义务在启蒙以来的整个历史时代，倾向于被常识道德看作共同体生活中的规矩。在这同一时代，诚实、守法、正当回报、维护公平等公民的基本交往德性，也倾向于被常识道德看作公共交往方面的规则。但是，我们在那里还没能以现在的方式把这些有关之点联系起来。所以，不言而喻，交往伦理学表达的这个道德的观点就是常识道德的观点。

这个特点现在可以这样来说明。基于规则的责任是基于常识道德基本点的交往伦理学的核心概念。交往伦理学把这种责任看作是基于或来自规

---

① 最早做出类似区分的是效用主义者。布兰特（R. B. Brandt）在 Some Merits of One Form of Rule－Utilitarianism（University of Colorado Studies，Vol. 1967）一文中区分了与基于场合或行动的效用主义不同的规则效用主义。之后在西方哲学家们的讨论中，形成了意义更广泛的一组范畴——基于行动或规则的道德和基于行动者的道德。黄藿先生 2007 年在北京师范大学的讲演中采取了这种概括。应当指出，国内一些学者将基于规则的道德或伦理学译解为基于规范的道德或伦理学是不妥当的。因为在道德哲学概念上，基于行动者的道德或伦理学（例如德性论伦理学、自我实现论伦理学）也属于规范伦理学。

则的。但是，这种交往伦理学不是关于责任的全部内涵，而是关于我们怎样做才是尽了责任的。日常意识中，尽责任与尽本分是同一个意思。它所表明的要求是尽到责任要求做的最基本的事情。这也是我们阐述家庭共同体中的基本自然义务和公共交往中的基本责任的意思。现在我们看到，共同体的交往和公共交往中的尽责任的交往伦理学在普遍意识上常常表现为一种更简单且更易于被理解的守规则的意识。我们所意识到的责任似乎是某种或某些规则要求的，尽责任就是守规则；规则就是被称为规则的东西，我们只需要遵循，不需要思考。尽管这些规则，也像那些被叫作制度的东西，本原上是被看作基本交往德性。

我们看到了近代以来的生活使我们的道德意识变得简化、片面化的另一个例证。遵守规则的意识，至少在西方世界，是通过康德以道德律法主义来解读被希腊人看作基本交往德性的那些品质而获得的。以道德律法主义解读的基本交往德性是规则或准则概念隐含的主要含义，正是它构成责任或正当概念的一种基本资源。在近代生活逐步获得的这种“碎片化”的理解中，这种丰富的意义退去了，留下的只有“规则就是规则”这样的由于含义的分解而变得简单的意义。

第二节　规则的两个自明的论证

一、“无规矩，不成方圆”

人们最先接触的规则都是具体的生活规则。儿童时期被要求尊重父母、帮助父母做家务，对邻里长辈有礼貌；少年时期被要求上学要按时到校、认真听讲，对父母、老师和同学诚实，学生宿舍晚上10点要熄灯，如此等等。这些准则常常对他们来说显得武断、不通情理。并且，这些规则对于他们来说是没有什么区别的，都是一些由某个或某些成年人向他们宣讲的外在性的要求，年轻一代被教导去遵守这些规则。在这些规则中，有一些可能在他们能够成熟地思考实践生活的问题时仍然觉得是武断的、没有道理的，例如，过年时不可以说出在大人们看来不吉利的言词、写字不可以用左手、受到老师批评时不可以申述等规矩与规则。对于这些规矩和规则，甚至成人社会也希望对它们做出修正。不过我们先把这些问题搁置起来。

随着生活经验的积累和实践理智的发展[①]，年轻一代会逐步改变对规则的看法。他们会发现，有许多规则曾经对他们显得武断和不通情理并且纯粹是外在强制的，是因为他们在那个时期对那些生活规则缺乏健全的理解。他们开始能够区别有道理的规则和仍然显得没有道理的规则，并且同意应当遵守有道理的规则，即使它们似乎是外在性的。这样，一个人进入成年社会前后常常会从反叛所有被教导遵循的规则，变为开始对规则的合理理由做些思考。

第一个在实践理智的发展中变得突出的合理理由是，这些规则是交往生活所必需的。我们把这个理由称为一个显得自明的[②]论证。年轻一代从这时开始理解并接受成人社会中那句著名谚语——“无规矩，不成方圆”。正如一些教育学家观察到的，最有帮助的生活经验可能是年轻一代在儿童时期的游戏实践。[③] 在这样的实践中他们学会懂得规则的意义。从对游戏的规则的理解中，年轻一代逐步理解了交往的生活，无论是在家庭或朋友共同体之中还是在这之外，都需要一些规则来维系。并且，对这些规则的需要是经常性的。没有它们，交往生活就会变得紊乱无序。

与违反行为造成的理解一种交往生活规则的困难相比，年轻一代遭遇的最大困难常常是理解诚实规则。父母要求孩子说话和做事诚实。但是他们常常会发现父母同其他人交往时有时不诚实，甚至有时在有些事情上欺骗他们。这使他们对于诚实的信心和感情受到极大挫折。多数儿童和少年会慢慢地从这种挫折中恢复过来。与对游戏规则的理解一样，他们也首先从与同学和伙伴的厌恶欺骗的共同态度中得到力量。此外，也许是从老师的解释中，或者是观察到父母多数情况下不仅对他们关切和友善，而且努力对他们诚实，他们逐步意识到父母的偶然的欺骗行为并非出于本意，而

---

① 亚里士多德说理解和体谅的品质是随着年龄而在一个人身上生长并且会在某个年龄“自然地获得的”（［古希腊］亚里士多德：《尼各马可伦理学》，1143a5—9）。

② 我在罗斯的意义上使用“自明的”这个术语。“自明的”是指，在一个典型的经验的环境下，由各种要素总体地构成的那种环境的状态使所说的总体性质凸现出来，为人们的普通经验所观察。这里的例子是，一种需要持续的交往生活的环境的总体状态使规则的必要性质为年轻一代的普通经验所观察和理解。

③ 例如在皮亚杰和科尔伯格的著作中，儿童同伙伴的交往被看作促成他们的道德发展的重要生活经验。在儿童的道德发展中，对游戏的规则的学习和理解是极为重要的部分。

是由于有时有一些不便直接说出的真实不易被他们理解的原因。①

在这样的生活观察和理解的发展中，有序交往生活的需要成为交往规则的一个自明性的理由，构成对规则的第一个论证。使有序交往生活的需要得到年轻一代的理解，使他们基于对生活的观察把这一理由接受为交往生活规则的一个合理理由，是从成人社会向年轻一代进行的道德传递，和一个交往社会保持健全的伦理道德传统的第一个重要环节。通常，在一个稳定存在的交往社会，这种需要会被年轻一代逐步接受并被当作交往生活的规则的一个正当理由。

二、"同等情况同等对待"

规则的第二个看上去非常明显的合理理由是：规则必须是对所有人一视同仁。事实上这个理由是包含在前一个理由之中的：如果我们需要一项规则，它显然必须满足一个条件，即对我们每个人一视同仁。

这个理由也随着年轻一代生活经验的积累而易于理解。如果我应当帮助父母分担部分家务而我的兄弟却可以不这样做，我必定觉得不公平；如果我必须按照学校的规定参加晚自习而与我情况完全相同的另一个同学却可以不参加，这项规定就必定被我看作是不合理的。所以，如果交往规则只要求一部分人遵守，而允许另一些人不遵守，它就似乎是不合理、不正当的。这是我们的实践理智在普通运用中就可以达到的认识。这就是说，实践理智的普通观点倾向于把交往生活的规则的要求看作普遍性的，对所有人有效的。

法律的规则更加明显。如果一个法律条文仅仅对一部分人有效却对其他人无效，我们就会认为它不正义。法律明确把法律规则适用于每一个人的普遍特性表述为"同等情况同等对待"规则。这条规则意味着，如果我的某种行为是违法的，你或任何一个人，当处在同样的境况中并做了同样的行为，就都是违法的。这既是法律的一项充分正当的要求，也是一项法律可能被看作公正的最重要的原因。

家庭中的经验似乎具有相反的方向。因为，家庭中，父母仿佛是立法者，他们提出各种要求，要子女听从，而他们自己似乎不受他们订立的规矩的约束。作为子女，我们似乎始终要听从父母，对父母表现出更多敬重。

---

① 我们自然承认，成人社会尊重诚实规则的程度对儿童和少年的早期教育有重要的影响。一个成人社会越尊重诚实规则，年轻一代就越能够接受这种基本交往规则。成人社会与年轻一代在这个基本规则的观点上建立积极的联系。

但这是非常表浅的观察。首先，一个正常的家庭共同体中，自然义务不是单方面的，由于存在自然的不平等，一种自然义务对这个方面的要求与对另一个方面的要求不同，每一种都具有特殊性。互助的共同生活的义务对父母的要求是养育和帮助，对子女的要求是学习参与在成年时独立支持家庭的经济，并在父母年老力衰时帮助并赡养父母。友爱自然义务对父母的要求是关心子女获得一种好的生活，对子女的要求是学会理解父母的爱与关心，并在逐步理解了这种爱与关心时适当地回报。规矩是自然义务在日常意识中的表达，这种意识之所以会形成，主要是因为这些义务的活动的重复性见之于日常，并且由于“制礼”的人为的强化而变得远离其原本的自然性质。

其次，即使在传统的礼制的约束下，家庭共同体中的规矩也具有同样适用于家庭中的权威者的一面。因为，这种规矩即使有很多变化，也通常都是以祖宗之名继承和沿袭的，家庭中的权威者（通常是父母）必须率先奉行。“一视同仁”、“一碗水端平”等日常箴言正是来源于家庭的日常交往生活。所以，至少家庭共同体的规矩的这一面事实上常常被看作这种规矩的公正性的表现。

第三节 从规则的觉解

一、从规矩、规则到伦理

规则[①]的两个自明的论证是一个人进入成人社会前后他的实践理智的正常发展就使他容易理解的。因为在这个阶段，当生计的操劳不致占据一个人的所有精力，当他能够意识到他与他人的交往中事实上有某些规则存在着，他的实践理智首先感到这样的需要：要求说明他们被要求去赞同并遵循的交往生活规则的理由，并且表明这种规则的要求不专门是对于他们的，而是对所有相关的人都适用。

这种追寻后来使人们发现，事实上这两个显得自明的理由都是在表达交往生活的某种普遍性的道理。这种道理被理解和解说为伦理。在中国，家族成员聚居的社会环境使人们把这个道理首先理解为不同辈分的家庭与

① 我在一般情况下将用规则一词概括私人共同体（主要是家庭）交往中的规矩与公共交往方面的规则两个方面的规范内容，并在需要对两者作分别说明时分别使用这两个词。

家族成员间的相互交往关系的道理。但这个道理也自然地被推广到近邻的非家族成员。因为，近邻的非家族成员也非常可能同家族的成员通婚并形成血缘关系。这样，区别人伦关系和明确同辈分与不同辈分的人们之间的交往关系的道理，就被看作交往生活中必须要求于每一个参与这种生活的人的东西。在西方社会，伦理被首先理解为一个人同他的邻人们的相互交往关系的道理，它是一个被理解为共同体的群体普遍必需的习惯或习俗。自然，邻人中首先包含着他的家庭成员，但这种邻人的观念可以把一个人周围的一切人包含进来，一个人会很自然地把周围的所有人，不论发生交往还是没有发生交往的，看作他的邻人。①

作为交往关系的普遍性道理，伦理规范存在于两个领域之中：家庭或广义而言的私人共同体中的私人交往伦理，和公共交往生活方面的公共交往伦理，或者，明确确定了每个社会成员的基于出生的公民地位的政治社会中的公民交往伦理。这个似乎隐藏在规矩与规则“背后”的道理，是必需的，而且是把每一个人包括在内的，因而，对每个人是一视同仁的。我们对实践理智的追寻会近乎自然地达到对这些伦理的“理”的认识与理解。

二、外在性的伦理

不过，这种实践理智的理解仍然会把这种普遍性的道理看作我们自身之外的规范与要求。我们会感觉到，虽然这些道理是普遍的、重要的，但它们似乎是由有权威的人向我们发布的，就像法律是这样发布的一样。这种外在性的要求仍然令我们不愉快，而如果它是武断的，就更加如此。

这种外在性的伦理要求在我们身上引起两种可能的倾向。首先，我们有时会基于权宜的考虑而服从它。有两种主要的考虑。我们由于社会替接将来会担当的角色可能是这种权宜的考虑中的一种。在这种考虑中，那个未来将担当的角色被视为主要是提出要求的人，而提出要求似乎是仅仅要服从要求才更值得欲求。另一种更为狭隘的权宜的考虑是，遵循这种规则将为我们带来长远的好处。所以，一项规则越可能带来长远的好处我们就越愿意遵循它。着眼于这种好处而遵守规则的考虑时常会遭遇冲突。因为，一项我通常认为会对我有利的规则在当下的境况可能不是这样甚至相反。而如果我相信眼下的境况中遵守规则对于我是不利的，我似乎就没有理由

① 我们会发现，中国与西方在伦理观念上存在一种区别：中国人注重家庭的伦理关系，西方人注重公共的伦理关系；中国人的公共伦理关系发展较为迟缓，西方人在保持家庭的感情与传统方面已经缺少丰厚的文化资源。

遵守规则。

其次，我们可能出于对它的普遍性的道理的尊重而服从它，但是这仍然是对一种外在的权威性规则的尊重。基于实践理智的理解，我们承认它的道理具有普遍性并且值得尊重。但是这种权威性的规则仍然没有同我们自身发生积极的联系。我出于尊重而遵循它时没有感觉到我是自由的，并且在出于自由而做一件我希望做的事情。所以，如果我认为出于自由地行动比不是出于自由地行动更好也更让我愉悦，仅仅出于尊重一种外在性的权威而遵循一种规则就似乎不值得欲求。我在这样做时也没有一种愉悦感，如果我重视这种愉悦感的话。

总体上，对于规则的理由的实践理智的理解会达到这样一个阶段：我们意识到有正当理由的规则事实上含有某种普遍性的道理，在这个阶段，规则连同它所包含的普遍性道理构成一种有根基的外部的权威。

思考题：

1. 基于常识道德的交往伦理学的责任概念为什么在日常交往生活中呈现为一种“守规则”意识？

2. 实践理智通常会基于哪两个主要的理由论证规则的正当性？

3. 伦理之“理”为什么对我们表现为一种外在性的道理？

第十九章　可普遍化原理

第一节　“立法者”观点

一、实践理智对道德自主性的诉求

道德的觉解主要是实践理智及其伴随的内在省觉与感情向着更高阶段的发展。一旦我们理解了那些有理由的规则之所以有理由，是因为它们似乎是必需的和一视同仁的，我们对实践理智的理解就倾向于将所有这些相关的理解汇聚成一种观点。这种观点，如我们将说明的，具有强烈的要消除实践规则对于我们的外在性倾向。因为，在规则的普遍道理对我们显得具有外在性这点上，我们感觉到自己的实践理智会经历一种不安的“躁动”：它期望由我们自己提出实践的原则（原理）或规则，又时时遭遇并非由我们自己提出却被要求去遵循的原则或规则。

因为，我们倾向于这样的看法，按照我们自己提出的要求来要求我们对我们具有更大的合理性。实践理智的这种倾向并非意味着，我们期望一种出于我们自身的要求将仅仅适用于其他人而不适用于我们自己。毋宁说，我们期望一种适用于我们的要求是出于我们自身的。所以，如果一种规则的道理仅仅具有外在性，我们就倾向于认为它不值得欲求。如果我们重视伴随着我们的实践理智以及伴随着实践的感觉，我们就会认为它是让我们不愉悦的。如果我们逐步地体会到，我们的交往社会的基本规则或原则是我们愿意作为我们自己提出来要求我们自己的，或者接近于是这样，我们的这种倾向就得到鼓励，道德信心就得到支持。

现实性上，一个交往社会的实践规则是我们获得道德意识时已经面对的。我们不可能期待由我们重新开始制定这些规则。但是，我们将期望这些规则是我们愿意接受来要求我们自己的。并且，我们希望加入关于实践规则的讨论，通过讨论改变我们与其他人共同认为已经变得不适当的规则，并建立新的规则。我们可以把这看作我们的实践理智对道德主动性的一种诉求。道德被我们看作是主动的，而不是被要求的。用康德的术语来说，道德是自律的、自主的、我要求于自己的，而不是他律的或由他人要求于我的。一个人的道德觉解似乎注定要经历这样的阶段。一个人在道德觉解上遭遇上面所描述的“躁动”正表明他感觉到他尚不能实现，并且殷切地期望体验到这种自主性。

如果一个交往社会处于正常的状态，即它的内部交往生活是以正常的、非暴力的方式持续的，多数人会较为顺利地渡过那个“躁动”的时期。诚然，一个熟谙世事并已经理解人类道德的不完善性的人甚至在分裂的、充满暴力的恶劣社会状态下也能够确定他的原则并坚守这种原则。但是，当年轻一代经历实践理智的这个发展阶段时，恶劣的社会交往生活环境使得多数人对道德自主性的诉求遭受致命的挫伤，他们十分敏感的道德信心就会在挫折下丧失殆尽，他们的道德觉解就会因此停止。①

二、“己所不欲勿施于人”

我们来考察一个更为重要之点：我们尤其不愿意被强加一种我们不愿接受的要求。当这样的要求被强加给我们时，我们会有被奴役的感觉。我们确知，奴役是每一个人都不愿意接受的，没有人愿意被奴役。在思考实践的原则或规则问题时，实践理智倾向于在这些最基本的事实方面把每一个人设想为同我们自己相似或接近的。实践理智的这种思索是健全的、合理的。的确，作为一种具有感觉和理智力量的存在物，人与人之间尽管有许多区别，但在不愿被奴役这一点上似乎是共同的。

如果的确如此，如果被强加所不愿接受的东西的确就像是受到奴役，如果我们不愿意受到欺骗，不愿意别人欺骗我们并把这当作对待我们的一种规则，我们可以推知其他人也是这样。我们还可以推知，其他人也同我们一样，不愿意受到伤害、侮辱、不公正的对待，如此等等。

实践理智可以有把握达到的这种推理规则被称为“金规则”。这条规则，用先哲孔子的话说，就是“己所不欲勿施于人”②。凡我们自己不愿意的事情，别人必不愿意我们强加给他们。这是一个非常明确的理解，表明人类有基本共同的憎恶。希腊哲学家中，柏拉图把这个规则表达为做自己的事而不去干涉别人的事③，亚里士多德把它表达为守法的正义，这意味着不去侵犯

---

① 从这点上说，道德的觉解对许多人而言都是极容易在某种水准上停止的。而且，一个人在道德信心上遭受的严重打击还会激发道德冷淡主义、悲观主义、厌世主义和反道德主义的倾向。

② 《论语·卫灵公》。

③ ［古希腊］柏拉图：《理想国》，432b—434c。

别人，或把别人不愿意的事强加给他们。[①]

我们不无惊讶地观察到，这条规则在不同文化，尤其是不同宗教中，都有非常接近的表达。[②] 例如：希勒尔拉比说，“你不要别人对你做的事，就不要对别人做”[③]；耶稣说，“你们愿意别人怎样待你们，你们也要怎样待别人”[④]；穆罕默德说，“你们当中，谁若不想要兄弟得到他自己想要的东西，谁就不是信徒”[⑤]；蓍那教教导，“对待此世的一切生灵，应该像自己想要得到的对待那样”[⑥]；佛教教导，“在我为不喜不悦者，在人亦如是，我何能以己之不喜不悦加诸他人?”[⑦] 印度教教导，“人不应当以己所不悦的方式去对待别人：这乃是道德的核心”[⑧]。

这个事实表明，人的实践理智的发展会相当普遍地达到这样一点，即实践理智从否定的方面明确地确定出人不可接受的东西，并同时表明，对于实践理智可接受的东西是存在于什么范围之内的。人的实践理智的发展，或人的道德的觉解，首先在这个否定的方面达到了明确的共同结论。

三、“每个人作为立法者”

既然我们愿意把自己看作立法者，把规则看作我们愿意自己来订立的并且我们自己将受其约束的，我们必定也知道，其他的人（既然他们同我们相似），也是如此。但是，我们如何能知道，我们愿意由我们自己来订立的并且我们自己将受其制约的规则，是别人也愿意这样订立的？这是实践理智的肯定性的普遍原理需要经受的检验。诚实是我愿意订立的并愿意受它的约束的普遍律法，但是对其他人而言，是否他们中的每一个也愿意通过这条律法？

孔子以他特有的隐约风格，把这种肯定的普遍规则表达为“己欲立而立人，己欲达而达人”[⑨]。孔子表达的是一种总体的精神：我欲望某种善，欲通过努力获得这种善，我必须许可其他人也欲望这种善，并通过努力获

① ［古希腊］亚里士多德：《尼各马可伦理学》，1129b12—15。

② 下述宗教引文都转引自孔汉思编的《全球伦理》，75～76、149～152页，成都，四川人民出版社，1997，所取的文献名采用何光沪先生的译名。

③ 《安息日》，31—a。

④ 《马太福音》，7—12；《路迦福音》，6—31。

⑤ 《纳瓦维四十圣训集》，13。

⑥ 《克里檀戛经》，1、11、33。

⑦ 《相应部》V，353·35—342·2。

⑧ 《摩诃婆罗多》XIII，114—8。

⑨ 《论语·雍也》。

得这种善，无论是成就事业还是提高社会地位。因为，如果人是感觉上、理智上相近的存在物，这是可以推想的。

但是实践的规则的那层特定含义，即如果我们说，“要确立这样的规则”，是说我们自己，作为它的订立者，也要按它确定的方式约束自己，在相关事情上，按规则确定的方式去做，而不是按别的方式去做，还需要专门地阐发，才能够使它在实践理智中扎住根。在这点上，康德的阐述更为明确些。康德说，实践的规则是这样的规则，即“要只按你同时认为也能成为普遍律法的准则去行动”①。我认为合理并愿意接受其约束的一条准则，也即规则，如果我的确关切我是否可以期望它成为普遍的规则，第一条限定在于，我是否认为它可以成为这样的规则。如果它在我这里过不了这一关，显然我所欲表达的只是未经省察的意见。它对严肃的思考将没有价值。

第二节　道德人观点

一、不可以把他人只当作手段

康德似乎把我们带到了道德的真正核心之处。记住这一点是重要的：我们这里讨论的交往，是在一个交往社会中我们与我们的邻人们都愿意在自愿基础上继续下去的交往。

如果我不考虑我愿意确立并接受其约束的一条准则是不是其他人也愿意确立的，我是仅仅把他们当作手段。因为，这仿佛在申言，我的目的就是他们的目的，或者，他们不可以有目的，只能把我的目的当作他们的目的，或者，只能为我的目的做手段，他们的意愿不值得考虑。如果我考虑的是他们的福祉，这似乎可以辩解。质疑主要在于，如果他们的精神与身体的发展需要参与到被理解为他们的福祉的东西中来，我的这种替代作用在何种程度之内是合理正当的。因为，他们的自主的参与事实上是我替代不了的，至少在这种参与达到一定水准时。

如果我仅仅把我的福祉，或许常常是一种具体的利益，当作确立一条这样的准则根据，并且认为不需要考虑他人是否也愿意这样，这种决定难于得

① ［德］康德：《道德形而上学原理》，38～39页。我在这里将“规律”一词改为律法，以便与前面的讨论一致。

到辩解，上面谈到的紧张就将达到尖锐的程度。康德举证这样的例子：

“一个人，在困难的逼迫下觉得需要借钱，他知道得很清楚，自己并无钱归还，但事情却明摆着，如果不明确的答应在一定期限内偿还，他就什么也借不到。他乐于做这样的承诺，但他还良知未泯，扪心自问：用这种手段来摆脱困境，不是太不合情理、太不负责任了吗?”①

这不合理、不合乎责任是由于他仅仅把另一个相关的人当作手段，不考虑这一行动表达的准则是不是那个人愿意确立为准则的。如果他深知这不可能是那个人的所欲，并且如果那个人以这种方式对待他，他必定是不愿意的，他就是把自己的“不欲”施于另一个人。这是一种不正义。这种不正义，不论是不是法律的，显然是破坏着人们之间的我们已经谈及的基于自愿的交往的。

我们来考察复杂些的情况，他这样做是对那个人的一次报复。因为，那个人曾经这样对待过他。我们暂且放下这样的问题：如果有这样的前史，他的这次策划是不大容易成功的。即便获得成功，我们看到了一次以恶报恶：他被仅仅当作过手段，现在他试图仅仅把那个曾仅仅把他当作手段的人当作手段。即便他成功了，也许这还需要他运用其他手段，我们看到的是不正义的又一次积累，这将孕育更大的不正义，至少，这将使他与那个人之间的任何基于自愿的交往成为不可能。

二、想象一个公正且明智的“旁观者”的需要

但是，每个人都自主地确定不仅对其他人而且对自己也同样适用的规则，而不把任何一个其他的人，包括在确定这种规则的过程中，仅仅当作手段，这种实践如何可以得到保证呢？甚至，它如何可以被判定，以致我们每个人都确信那个判断是不偏不倚的？我们如何可以，如果我们要致力于在可依据经验的观察来理解的范围之内，来思考和说明实践规则与人的自主性的这样一种积极联系，来思考和说明这一观察的事实，即我们可以合理地把它理解为出于人的自主的意愿而又不会陷入致命的矛盾，而避免使用先验的与超验的概念结构？就像一切试图立足经验的研究一样，这种理解与说明的路径依然面对一个著名的难题：任何人类经验事实上都是狭隘的、片面的。尽管我们已经表明，我们以经验观察来理解的人的理智活动可以面对超越经验的题材。

这一困难至少是一个主要的原因，使希望立基于狭隘理解的经验建立

① ［德］康德：《道德形而上学原理》，40页。

普遍理论的学说，在说明实践规则所需要的普遍性时去设想一个公正的或审慎的“旁观者”。① 这种努力也许是从希腊哲学家毕达哥拉斯关于人的不同类型的生活观念②中获得最初的灵动。对休谟来说，这个“旁观者”是“慎思的”，这使“他”能够在称赞与谴责某种品质和行为上达到一般判断：“我们责备或赞美一个人，乃是根据他的性格和性质对于和他交往的人们发生的一种影响。我们不考虑那些性质的影响的人是我们的相识还是陌生人，是本国人还是外国人。不但如此，我们在那些一般性的判断中还忽略去我们自己的利益；而且当一个人的利益特别地牵涉在内时，我们也不因为他反对我们的任何权利要求而责备他。”③

休谟特别值得注意的地方不在于他认为感情是道德的行为与规则的起点，甚至也不在于这样一点：使我们与其他人可能达到“明智的旁观者”立场与态度的，是我们不仅具有对共同生活的人们的“生动的”同情，还具有对可能不相识的人们变得稀薄了的同情，这种同情使我们与其他人能够对共同的道德规则与行为达到相同的肯定或否定态度。休谟的特别地方是他坚持认为这仅仅是感情，而不是实践的理智。休谟没有像亚里士多德那样，自然也没有像康德那样，提出实践理智的概念。④ 从感情是道德的充分原因这一前提出发，休谟坚持认为，稀薄的同情仍然能够对我们与其他人们能够达到“明智的旁观者”的共同态度与倾向构成足够的支持。

我们倾向于把休谟看作一个例证，表明如果没有对人类实践活动的充

---

① 休谟使用“审慎的旁观者”（judicious spectator）这个术语，斯密使用“公正的旁观者”（impartial spectator）一词，表达与休谟相近但多少有些不同的思想。休谟使用 deliberation 作为表达 judicious 的活动的名词形式。这个词通常被译为“审慎”。自休谟与斯密始，亚里士多德的 phronisis（明智）和康德的 practical reason（实践理智）在英语世界常常被翻译为 prudence 或 deliberation。但是事实上，这两个英语词汇已经完全不足以转达明智或实践理智的丰富含义。

② 拉尔修写道，毕达哥拉斯把生活同比赛做比较，有些人是运动员，有些人是商人，要把东西卖给他们，有些人是旁观者；毕达哥拉斯认为在这三种人里最好是做旁观者（［古希腊］拉尔修：《名哲言行录》下，505 页）。

③ ［英］休谟：《人性论》下，625 页，北京，商务印书馆，1980。

④ ［美］罗尔斯：《道德哲学史讲义》，49 页，上海，上海三联，2003。参阅罗尔斯“休谟讲座”第 2 讲和第 5 讲中对休谟的观点所做的详细的分析。我在这里不可能展开对休谟的进一步讨论。限于本书的目的，我在这里将仅限于指出，休谟的这种限于感情经验之内讨论道德规则与行为的根据方式同对于人的活动的狭隘经验主义的理解有关，这种理解没有展开对人的实践活动及其内在的善的实践理智理解的视野。

分意义的理解，理论在诉诸经验的方面狭隘到何种程度。当亚里士多德指出，实践上重要的是要说明我们能够做某件事时何以有时候不去做是高尚的、正确的，能够不去做某件事时何以有时候去做是高尚的、正确的①时，他对人的实践活动的理解是更健全的。这种理解，用康德的术语来说，表明了人的实践活动超出“自然的必然性”的可能性。这种可能性构成我们理解的人的自由的经验观察的依据。显然，在这种自由中，实践理智的发展与随着这种发展而展开的对实践的内在善的理解，这种理解始终有人们能够共同理解的东西，尽管对于它们的感觉、体悟又因人而异，是基本的要素，与感情的伴随的发展同时构成我们称为心灵的东西。

第三节　自主的实践规则

上文已经表明，实践理智寻求一个由我们自己而不是由一个外在于我们的权威订立来约束我们自己的实践准则的思考，走向两种对实践准则的可普遍化原理的推理观点：“立法者”的观点和“道德人”的观点。

这里只需要补充，这两种推理观点是基本相容并可以相互补充的。因为，在我们尚能做决定我们行为的实践场合，做一个这样的决定，即不把其他的相关者仅仅当作我们的手段，正是我们期望能够被其他人接受为他们愿意接受其约束并期望能够成为普遍律法的准则。甚至，当我们做了相反的决定时，我们也能意识到本当作出的这个决定是朝向这样的方向的。这一点可以作为对“立法者”观点与“道德人”观点可以作为实践规则的可普遍化原理的合理支持理由的另一支持。

而且，这两种推理倾向于汇聚成一种总体的关于我们寻求的实践规则的观点：自主的实践规则即表现着我们实践自主性的实践规则，并发现这就是我们寻求的实践规则。我们之所以在总体上寻求这样的而不是别样的实践规则，是因为我们倾向于把自己看作一个与他人共同参与的实践的参与者。的确，即便我们一出生就处在一定的交往实践规则体系之中，除非

---

① ［古希腊］亚里士多德：《尼各马可伦理学》，1113b4—11：“德性是在我们能力之内的，恶也是一样。……如果做某件事是高尚的，不去做是卑贱的，那么如果去做那件事是在我们能力之内的，不去做就同样是在我们能力之内的。如果不去做某件事是高尚的，去做是卑贱的，那么如果不去做那件事是在我们能力范围之内的，去做就同样是在我们能力范围之内的。”

是终生都无法摆脱基本匮乏、疾病或发展障碍的情形，当生活阅历与理解力正常地发展，使我们能够理解人类的实践规则，我们总是倾向于把自己看作这样的参与者。我们通过去参与塑造将影响新的实践的规则，通过反思、讨论已经有的具体实践的规则，通过参与某种政治的进程去订立新的法律或修改现有的法律，因为法律就是一个政治社会公开宣布的最基本的实践规则。很少有人会真正自愿地把自己排除于一个共同的交往实践的参与者的范围之外。

思考题：

1. 实践理智的发展为什么会走向寻求实践规则的某种可普遍化的原理？
2. 怎样理解“立法者”观点的可普遍化原理？
3. 怎样理解“道德人”观点的可普遍化原理？

第二十章　利己主义的不合理性

第一节　什么是利己主义

一、利己主义与对人类实践的不充分理解

一旦我们要对关于实践准则的两种理由——“立法者”观点和“道德人”观点，简言之，一旦我们要对以初步哲学的方面来理解的实践准则的普遍性形成某种总体的观点或观念，我们便达到某种更具有综合性和抽象性的道德的观点或观念。伦理学研究，以及泛义地说，人类的常识道德和不背离常识道德的各种道德意见与学说，都表达一种道德的观点。这种道德的观点，是着眼于实践的意义上对于人可能的善的理解。

不过我们也许需要先来讨论一种看似是作着这样的表达，在思考的追究之下却完全不是对这种普遍性的道德的表达，然而又常常纠缠着普通人的思考的一种具有某种综合性的观点。这种观点就是下文中要讨论的利己主义。这种观点通常都会在一定的生活阶段在人们的头脑中形成。不过，有些人能够通过更深入的学习与研究克服它，有些人则终身摆脱不掉。原因就在于，如果离开对人类实践的观察的理解，局限于对人类劳动或生产活动的狭隘经验的理解，或者，如果仅仅从人类获得必需品的活动，或者仅仅从人类追求其他某种外在善的活动，来理解实践，这种活动或者仅仅是劳动，或者，当人们对那种活动的某种内在善的理解产生并且那种内在善也同时被理解为某种从属的目的时，是一种准实践性的活动，我们就会陷入被叫作“利己主义”的著名的思维陷阱。

这是一个难于自拔的陷阱，由于对人类实践缺乏一种健全的理解，或者仅仅有某种不健全的理解，利己主义的主张者对于实践规则的观点陷入这样的困境：一方面，他们声称利己主义是事实上的普遍实践准则，并且是正当的；另一方面，他们又会以种种方式承认，作为这样的准则它存在严重缺陷，事实上无法确立它作为可普遍化的实践准则的地位，或者，如果不准备承认这一点，他们也不得不承认他们对这种正确准则的可普遍化性质的论证存在许多困难。即使是温和形式的利己主义观点，也事实上默认了实践和实践规则的某些特性，却没有从所默认的东西中引出对于人的

实践和实践理智的恰当观点。

接下来的讨论不是对利己主义的全面讨论，而仅仅是从普遍实践准则的视角展开的，对于利己主义是不是可普遍化的、正确的实践准则的问题的讨论。在我们开始涉及对产生于实践规则的责任的正当性的概念讨论时，这样一个讨论适合本书的基本目的。

二、对快乐主义的批评性说明

利己主义是快乐主义的一种，是利己的快乐主义。我们首先需要对快乐主义做一些批评性的说明。

快乐主义作为一种伦理学说，不仅仅主张快乐是一种善，而且主张快乐是最高的和唯一的善。但事实上，快乐常常或者是人们获得所欲求的善——某种外在善、身体善、灵魂善的活动所伴随的愉快感，这种愉快感的发生与那种善的获得是分不开的；或者是获得一种特殊的身体善——青春期的性爱活动的愉快感。所以，快乐因它们所伴随活动的不同而非常不同。快乐伴随着活动，活动是使我们感到快乐的原因。但是，当下的内心伴随的快乐感可以在意识经验中以某种弱化了的形式留存下来，成为想象这种可回忆性的表象。在意识现象中，表象比概念和判断具有更大的生动性。所以，在想象和基于想象所形成的观念中，伴随一种活动的快乐可以成为促动我们去进行那种活动的动机。

快乐主义是这样一种伦理学主张：由于对于获得一种善的想象的快乐常常在意识中具有生动性，常常成为促动我们行动的动机，快乐是活动的最原初的原因，所以，如果快乐是一种善，它就是最高的（作为原初原因的）善。

快乐主义作为一种伦理学说有两个基本的困难。首先，实存的快乐是伴随着获得某种善的活动的，而不是活动的最原初的原因。设想一下，如果没有任何获得可实践的善的活动，一个人也就不会有任何快乐。一个囚徒不可能仅仅靠想象的快乐便获得快乐。一个把成为百万富翁当作唯一目的的人也不可能仅仅从经历的失败和破产中获得快乐。其次，就如柏拉图指出的，尽管我们都同意某种快乐（不包含痛苦的快乐）是一种善，我们也不能表明它是比智慧更高的善①，尽管我们并不认为追求智慧的活动可以缺少快乐。还可以补充说，我们也不能表明，它是比理智的其他那些善——努斯、科学、实践理智、技艺等更高的善，而且追求这些理智善的活

① ［古希腊］柏拉图：《菲力布》，后半部分。

动，以及追求实践品质的德性的那些活动，都自然地包含着使我们愉悦的感情。

人之所以会把某种或某些事物视为善的，本原的原因乃是这种或这些事物能够成为内在于人类的活动——劳动、实践、理论的活动，这些活动在文明的进化中成为基本的活动方式——的善或优点，人类在这些活动中发展着他所理解的善，并且追求和获得这些善的活动总是使人愉悦，就是说，也使我们同时获得快乐这种善。所以，快乐主义以抽离人的活动的方式来说明作为一种善的快乐，并把它说明为人的所有活动的最后动机，亦即最原本的原因，是相当褊狭的。这种伦理学显然不可能深入说明人类活动的丰富意义与复杂性质，也不可能深入说明伴随不同人类活动与行为的不同快乐的丰富意义与复杂情况。

三、利己主义、利他主义与效用主义

我们回到利己主义这个熟悉但需要加以说明的概念。我们需要借助已经变得同它有典型对照意义的两对概念来对它做些说明。

人们熟悉的一组对照是利己主义与效用主义。它们主要是在伦理学理论意义上构成一组对照。利己主义在理论上被理解为利己的快乐主义[①]，它主张一个人的快乐对痛苦的最大余额是活动的最后目的。效用主义则通常被理解为普遍的快乐主义，因为它是把总计所有相关者的快乐总量，或快乐对于痛苦的最大余额，作为一个人活动的目的。

另一组对照，利己主义与利他主义也是人们熟知的。利己主义与利他主义的对立表现在它们对何种行为是正确的、具有道德价值的这个问题的正相反对的主张上。利己主义主张：一个人把自己的最大快乐净余额作为行为的唯一目的的不仅是可允许的，而且是道德上必需的。利他主义则主张：把自己的最大快乐净余额作为行为的唯一目的行为恰恰是不正确的、没有道德价值的，只有当行为由利他主义动机决定时它们才是正确的、具有道德价值的。

简单地说，利己主义是一种目的论伦理学说，主张“最大限度地提高对自身而言的快乐对痛苦的最大净余额是一个人的唯一合理的目的”。利己主义也可以表现为义务论的伦理学主张，如果它主张“一个人的唯一义务就是依照最大限度地提高对他自身而言的快乐对于痛苦的最大净余额这一准则行事”。但这仅仅是表面，因为这种责任仍然是通过它的目的来解

---

① 西季威克在《伦理学方法》中（119页）最明确地表明了这一点。

释的。

四、伦理利己主义与心理利己主义

利己主义又常常被区分为心理利己主义与伦理利己主义。心理利己主义主张，所有人事实上都追求着对于他们自己的快乐的最大净余额，并且这一点是建立一种伦理学主要的社会心理基础。伦理利己主义是这样一种学说，它主张所有人都应当追求对于他们自己的快乐的最大净余额，并且，一个人应当把他的所有行为和决定看作这个唯一目的的手段。伦理利己主义可能诉诸心理利己主义的支持，但并不必然建立在心理利己主义的基础上。

伦理利己主义又有极端利己主义与温和利己主义的分别。温和利己主义即通常所说的合理利己主义，它主张每个人应当在合理智的范围内，这意味着，在不伤害或损害他人的条件下，追求对自己而言的快乐的最大净余额。与此对照，极端利己主义主张所有的人任何时候都应当追求对他们自己而言的快乐的最大净余额。

下面的讨论将把伦理利己主义的两种形式作为分析与讨论的重点。因为伦理利己主义是一种伦理学说，表达了对于普遍实践准则的一种理论的观点。当然，在两种伦理利己主义之中，我们的讨论将集中于对温和即合理利己主义的批评性的说明，因为这是对普通意识产生过较大影响的伦理学意见，并且仍然具有影响普通人的日常意识的力量。日常意识与观念似乎是各种观念的简单汇集，它是实践理智的不健全的、“碎片化”的活动，并不寻求一致性与清晰性。另一方面，心理利己主义是基于对实践活动的不充分的理解对人类行为的一种心理学的说明，并没有引出关于人类实践的可普遍化的正确准则的明确观点，所以下面将略去对它的考察。

第二节 利己主义作为实践准则

一、利己主义实践准则相关于哪些目的性活动

伦理利己主义坚持，每个人都应当最大限度地提高对他而言的快乐的净余额，把这作为他的行为或活动的最后目的，即把他的所有行为和决定看作这个唯一目的的手段。利己主义是将这一主张作为一种普遍的实践准则提出的，正如效用主义与利他主义是把它们各自的主张作为这样的准则提出的一样。

我们需要研究利己主义主张的这个实践准则有怎样独特的含义。如果一种学说主张，每个人都应当把与获得理智的善的活动相联系的对他而言快乐的最大净余额作为活动的最后目的，并认为每个人都应当根据这个最后目的决定他的每一个行动，我们不会把这种主张叫作利己主义。设想一个人把从事科学的研究、获得理智的科学品质当作他的最大快乐，并且认为应当根据这个目的设计他的生活，我们必定不会这样做。我们也很少把一个努力通过艺术的活动获得艺术创作的理智德性，并把这种活动看作快乐的人看作一个利己主义者。如果一个人把与努力通过做正义的事而使自己成为正义的人相联系的快乐当作他的最大快乐，我们更不会称他是一个利己主义者，事实上，我们在很多场合倾向于称他是一个利他主义者。

此外，人们也不把一个仅仅把肉体快乐当作最大快乐，把每一个行动都当作为着获得这种快乐的人称为利己主义者。人们称这种人为放纵的人，即过度追求性的快乐而没有通过发展其他活动而发展其他的快乐的人。

那么，我们究竟把一个伴随怎样一些活动的独特快乐作为行为或活动的最后目的的人称为利己主义者？是否并不是其他的活动或行为，而是获得某些独特的稀缺外在福利手段的活动，例如获得财富、收入、较高地位或官职、额外好处、机会和其他福利手段的活动？利己主义者是不是把与获得这样一些独特的稀缺外在善的活动相联系的对他们而言的快乐的最大净余额，并且根据这一点来决定他们的每一个当下行为，看作最重要的实践主张？人们是不是把这样做的人，而不是其他一些人，才看作利己主义者？

在这个问题上，人们事实上很少有实质性的分歧。因为，人们并不把一个仅仅把追求成功甚至追求荣誉的活动所伴随的快乐当作自己的最大快乐的人称为利己主义者，人们称他为“爱荣誉者”[①] 或“好大喜功的人”。如果一个棋手仅仅向往获得“国际大师”的头衔并且他的全部快乐都仅在于此，我们会称他是一个过分看重名誉的人。仅当他把获得每一种荣誉，以及他的每一次下棋、每一项其他的活动，都看作获得金钱的手段，并且把自己的每一个活动都当作需要精心计算来获得金钱的手段，这种活动才可能同利己主义者这个名称发生关联。

二、“立法者”观点的检验

作为一种伦理学说，伦理利己主义主张这种实践准则是可普遍化的、

① ［古希腊］亚里士多德：《尼各马可伦理学》，1125b6－7。

正确的。但是我们要来说明，这种准则由于其内在的困难，不大可能成为这样的准则。

首先，伦理利己主义不可能是每个人同时也期望所有其他人都采取的实践准则。因为，这对一个持有伦理利己主义主张的人来说将是一种不利的环境。如果我是一个伦理利己主义者，并且我正常地运用我的理智，那么，每个其他的人都把他们的每个行为和决定作为获得尽可能多的福利手段，并因而获得对他们而言的快乐的最大净余额，对我绝不是福音。我将倾向于把这一准则当作我的“秘而不宣”的准则，甚至会“对别人提倡利他主义”①。因为，我将合理智地期望他人成为我的这一准则的“牺牲者”：如果没有任何牺牲者，显然我只能获得同别人接近的福利手段，这将不会令我快乐。所以，伦理利己主义不可能经受住实践理智的“立法者”观点的检验，成为可普遍化的实践准则。

极端的伦理利己主义者可能坚持说，伦理利己主义可以成为这样的准则，因为伦理利己主义者欢迎普遍利己主义的博弈。对这种立场的一个解释是，伦理利己主义者“欢迎”对自己获得最大快乐净余额不利的环境。但这种解释与伦理利己主义的基本概念相矛盾。或者，另一种解释是，伦理利己主义者并不惧怕因这种理智的博弈产生的后果，包括冷静的、理智的、甚至必须暴力的战争。对这种解释，我们不大会认为这是一种健全的伦理学说。

另一方面，合理利己主义者也可能坚持，人们可以不仅自己奉行，也可以对他人倡导这种利己主义，因为，这种利己主义以不伤害其他人的同样的活动和行为为条件。但是，即使我们暂时放下这种解说中可能包含的其他问题，我们也会看到这样一点：许多合理利己主义者的活动和行为表面看来不伤害他人却可能总体上对每一个人，包括对自己都是有害的。例如，如果我大雪后故意不清扫我门前人行道上的积雪，这种做法并没有伤害我的邻居，并且我也不反对他们也这样做，但这样的结果是使我们自己的出行，以及每一个路过的邻人的行走变得困难。如果我非常精巧地独自制造伪币，我并没有伤害这一个或那一个具体的人，伤害的是所有人对公共交往媒介手段的信任。我可以不反对其他人做同样的事，但我不能否认，这样做的总的趋势是一种信任的彻底崩溃，这种结果将对每一个人，包括对我自己不利。所以，如果我意识到这一点，我的作为一个合理利己主义

① ［美］弗兰克纳：《伦理学》，37页。

者的理智将使我不赞许其他人与我一样去制作伪币。

三、“道德人”观点的检验

其次，伦理利己主义也显然通不过“道德人”观点的检验。

显然，对极端利己主义者而言，理想的环境是每个其他的人的行为和活动都成为他的目的的手段。我们于是看到一种真正的奴役制观点。除了我的目的即我的快乐净余额的最大限度的提高之外，其他一切都只是手段，其他的人及其活动都仅仅是为着我的目的而存在。所以，他们不可以有目的，因为我就是他们的目的；他们不可以有利己主义，因为只能有我一个人的利己主义；他们应当是利他主义者，或至少奉行利他主义，因为他们是我的“食料”。如果极端利己主义者不得不面对这样的局面——每个其他的人同他一样是极端利己主义者，我们就将预见一种不可理解的交往行为的“无协议点的利己主义”社会。① 在这种社会中，健全的、可持续的交往将不可能。显然，这种观点不仅为实践理智关于普遍实践规则的“道德人”观点所排除，而且为在先的基于常识道德的基本点的交往伦理学的一般观点所排除。

合理利己主义的情形稍有不同。因为，作为一个合理利己主义者，我可以合理地，即不加伤害地，把另一个人及其活动当作最大限度地提高对我而言的快乐的净余额，我也不反对另一个人合理地、不伤害地把我和我的活动当作最大限度地提高对他而言的快乐净余额的手段。这里，重要的问题是，当我被用作最大限度地提高另一个人的快乐的净余额的手段时，我应当把那个人的那个目的当作我的目的，还是我仍然应当把最大限度地提高自己的快乐净余额作为我的目的。因为，如果我不再坚持这样一个目的，我就不再是我坚持认为的合理利己主义者，这便产生了自我不一致。如果我坚持这样一个目的，我为他人做事时着眼于最大限度地提高自己的快乐净余额又是否可能、是否合理呢？因为，我肯定觉得，为他人做事时，我事实上没有努力提高我自己的快乐的最大净余额，并且，如果我坚持做一个自我一致的合理利己主义者，这将让我不快乐。这就将使我陷入又一层矛盾：我必须以让我不快乐（姑且不说让我痛苦）的行为来最大限度地提高我自己的快乐的净余额。换言之，我必须用我自己的牺牲来提高我的快乐的净余额，以加大快乐的负值来提高它的正值。我们不可能认为，合理利己主义者以这种可能方式提出的辩护是充分合理的。

---

① ［美］罗尔斯：《正义论》，130页。

第三节　合理利己主义的“合理性”

一、合理利己主义所合乎的四种理智

作为一个合理利己主义者，我应当最大限度地提高对我而言的快乐对痛苦的净余额，我因而应当使自己的每一个决定、每一个行为成为实现这一目的的手段。我们把这一要求表达的理智称为合理利己主义的“基本理智”。在这点上，西季威克认为，合理利己主义含有一种清楚的“合理性”①。他写道，“我愿意承认，当另一个人不得不痛苦地在他自己的幸福和普遍的幸福之间进行选择时，作为一个有理智的存在物，他必然乐于选择他自己的幸福；就是说按照我的原则他这样做是正当的。诚然，由于我对于他的同情不比对其他人的更多，因而作为一个无利害关系的观察者也许愿意他为普遍善而自我牺牲，但是我并不能期待他那样做，就像我若置身于他的地位也不愿意那样做一样。”②

我们借西季威克的例子与前面两节中的两个例子来研究合理利己主义学说的“合理性”概念包含的问题。姑且把第二十章第二节第二目中的两个例子所表达的理智称为“一般情况下不伤害”的理智，把第二十章第二节第三目中的例子所表达的理智称为“非冲突情形下被迫作为手段”的理智，把西季威克的例子表明的理智称为“冲突情形下的选择”的理智。这样，我们获得了合理利己主义通常表达的四种理智：

a）基本理智；

b）“一般不伤害”理智；

c）“非冲突情形下被迫作为手段”的理智；

d）“冲突情形下的选择”的理智。

我们似乎可以认为，这四种理智正按照它们各自的相对重要程度排列着。因为，基本理智决定着这种对普遍实践准则的伦理学主张的基本性质。失去这一条理智，合理利己主义似乎就不再是这种主张了。“一般不伤害”理智是一种一般性的即尚未应用到事例上的理智，所以优先于后两种理智。

---

① ［英］西季威克：《伦理学方法》，141～142页。本书中，我在“合乎理智”这层意义上解说“合理”这个术语，所以“合理性”在这里的意义是“合乎理智的性质”；同理，我在其他一些地方使用的“合理的”一词的意义也是“合乎理智的”。

② 同上书，15～16页。我在这里将“有理性的”改译为“有理智的”。

关于后两种理智，我们的合理的理解似乎是，冲突是少见的典型例证，因而它在重要性上不及非冲突情形下的实践考虑。

二、四种理智的性质

基本理智似乎属于推理的实践理智的范畴。但是我们可以观察到，由于不是基于对人类实践活动的充分意义的健全的理解（第二十章第一节第一目），这种理智只发展它所包含的一个技艺理智的成分，而这个成分不是实践理智本身。

可以这样解释，作为与理论理智相区别的推理性理智，实践理智与技艺理智不是完全相互隔绝的。实践理智也包含技艺上正确的方面，但本质上相关于我们的决定与行为在方式上对于那个环境的适合、适宜。技艺理智也包含态度正确的方面，例如认真，但本质上相关于我们的操作行为的技艺、技巧上的正确。由于所理解的仅仅是人的准实践，即没有发生对其内在善的理解，仅仅被理解为追求着某种外在目的的人类活动，合理利己主义所表达的基本理智仅仅是一种技艺的理智。甚至，由于缺少实践理智的健全发展，它所包含的这种技艺理智也已经蜕变了。因为，这种理智关注的仅仅是获得一种外在善的手段在技艺、技巧上是否有效，并不关心这种技艺、技巧本身是否正确。

似乎同样可以表明，其他三种理智也都是某种不健全的实践理智。伦理利己主义的基本理智下的“一般不伤害”的理智仅仅是一个权宜性的设定，没有确定任何超出策略的考虑的东西。由于这一原因，霍布斯的和平，休谟的正义似乎都是建立在极其不稳固的基础上，或者需要一个巨大的力量，或者需要一种稀薄而普遍的感情来作为辅助的支持。所以，如果当伤害一个人能够给我带来快乐净余额的最大限度的提高时，基本理智就会要求我不去遵守这条权宜性的限定。而如果这种理智成为比基本理智更为根本的理智，这种理智会自然地引申一些重要的思考，我们也不会把以这种方式发展的实践理智看作利己主义的。所以，伦理利己主义的基本理智与“一般不伤害”理智似乎处于一种很不自然的关系中。

其次，“非冲突情形下被迫作为手段”的理智似乎自身就表现出不适合基本理智的性质。显然，以增加我的不快乐来尽可能提高我的快乐净余额是不合基本理智的。即使这能够实际地提高这种净余额，它所提高的也似乎是包含着痛苦的快乐，因为它把不快乐也一起带给了我们。

最后，“冲突情形下的选择”的理智似乎使合理利己主义者陷入矛盾。作为当事人，我倾向于选择我自己的最大快乐净余额而不是总计所有人的最大福利。所以，如果我非常同情地考察一个处在那种冲突境况下的人的情形，我将认为他选择他自己的快乐的最大限度的提高是合理的。但是，作为公正的旁观者，就是说，作为一个能够同情地考察所有人的快乐与痛苦的旁观者，我将希望他选择普遍快乐而不是他自己的最大快乐。①

简言之，合理利己主义所合乎的是尚未健全发展的推理理智（主要是技艺的理智），这种理智中所包含的不同成分并不一致，这使合理利己主义在对不同环境下的行为做出合乎合理利己主义的说明时陷入困难。

第四节　作为道德劝诫的伦理利己主义

一、一个利己主义者是否真的会劝导另一个人成为利己主义者

的确，伦理利己主义者提出伦理利己主义主张时，与其说是力求表达一种自我一致的伦理学说，不如说是对听者做一种劝诫：你（们）应当像我这样做一个伦理利己主义者，应当像我这样，使你（们）的每个决定、每个行为适合最大限度地提高对你（们）而言的快乐的净余额。

弗兰克纳提出了这样的问题：一个伦理利己主义者做这种劝诫时是着眼他自己的快乐的最大净余额，还是他的听者的？② 因为，这里的情形与我们本章第二节第三目中列举的情形是相近的：如果我着眼于我的听者的快乐的最大净余额而提出这种劝诫，或者，如果我把着眼于他的最大快乐而提出这种劝诫当作我自己的最大快乐，人们不会认为我是一个伦理利己主义者，相反，他们会倾向于认为我是一个利他主义者。

然而，如果我仅仅着眼于最大限度地提高对我自己而言的快乐净余额向另一个人提出道德劝告，这种劝告对于那个人显然将没有任何意义。③如果我预先向他声明我的这种出发点，或者，如果他从我的主张里真正了解我是这样的一个伦理利己主义者，他甚至根本不会听取我的劝诫。在两个伦理利己主义者之间事实上也不会发生道德劝诫这样的活动。他们之间

---

① ［英］西季威克：《伦理学方法》，16 页。关于伦理利己主义主张所隐蔽地包含着的“当事人”观点与“旁观者”观点间的区别与矛盾，以及这种主张如何事实上是以“当事人”观点为基本的观点的，参阅［美］弗兰克纳：《伦理学》，36 页。

② ［美］弗兰克纳：《伦理学》，38～39 页。

③ 同上书，39 页。

会进行冷酷的相互盘算。一个彻底的伦理利己主义者将满足于不对任何人提出道德劝告或建议。事实上，他将期望其他人不是伦理利己主义者。因为，如果他身边的人们是像他一样的伦理利己主义者，他的这种盘算将非常辛苦，就是说，将给他带来较大的不快乐。

二、“利己主义的劝诫”何以发生

然而，在实际的社会交往中，在日常的谈论中，不是普遍存在着相互提供这种“伦理利己主义”的劝诫或建议的活动吗？

对此只能有三种解释。第一种解释是，所有的人都知道其他人对自己提出的建议是毫无意义的，然而又都普遍地这样做。这个解释似乎不很合理。第二种解释是，提出建议的人和邀请别人提出建议的人都没有假定自己或对方是伦理利己主义者。显然，彼此没有把对方看作利己主义的两个人之间，尤其是彼此看作朋友的人之间，邀请和提供道德的劝诫或建议是非常自然的，即使他们将彼此提供的劝诫和建议理解为伦理利己主义的。第三种解释是，这种劝诫或建议只是普通的、日常的道德劝诫或建议，但是，许多人没有充分了解什么是伦理利己主义，没有了解伦理利己主义的推理思考的性质，却假定自己或对方是伦理利己主义者，假定他们相互提供的道德劝诫或建议是利己主义的。我们来研究这第三种可能的解释意味着什么。

一个人可能认为自己以及周围的人都是利己主义者，而没有深入地从理论上思考清楚什么是利己主义，尤其是，什么是伦理利己主义。常常是这样：他从日常的道德谈论中熟悉了利己主义这个名词，并且观察到，这个名词都是同人们追求获得那些熟悉的外在福利手段的活动联系在一起的。如果他并没有开始伦理学的学习和思考，就是说，还没有开始获得对常识道德的某些熟悉但包含矛盾的表达作批评性的思考，或者，如果他的这种学习和思考还停留在非常初步的阶段，他就很容易产生一种联想：凡是追求获得那些外在福利手段的活动都是利己主义；既然每个人都需要这样的福利手段，都在某种程度上要努力获得它们，所有人就都是利己主义者。于是他习以为常地认为，既然人们相互间常常进行道德的讨论，并相互提供道德的劝诫和建议，人人都是利己主义者这一点并不妨碍这种讨论和相互提供道德劝诫和建议的活动。所以，当对于应当作出怎样的决定、应当怎样行动缺乏有把握的判断时，他就会邀请别人提出道德的劝诫或建议。

三、日常道德劝诫的实质

人们在相互提供普通的道德劝诫或建议时究竟是在做什么事？

我们可以观察到，当甲邀请乙提供一项建议时，非常可能的是，甲所希望的是乙站在旁观者的角度来设想，若乙处在他（甲）的境况，会希望怎样做。因为，他（甲）或许有一种感觉，作为当事人他未必能把自己长远的事情想清楚。或者，当乙，也许作为朋友，向甲提出一种劝诫时，乙所希望的是甲像乙那样站在旁观者的角度，看一看他（甲）自己的境况，再想一想他（甲）应当怎样做。因为，乙认为甲作为当事人未必能把他（甲）自己长远的事情想清楚。

人们提供普通道德劝诫或建议时，通常是提出一种从当事人观点看将是审慎的选择或决定的观念。这种观念是当事人需要的，但时常又难以清楚地获得。我们可以把审慎的观念看作是实践理智的一种普通运用。就是说，它属于常识道德的范畴，是常识道德的一部分，尽管它与我们所谈到的常识道德的一些重要的基本点存在矛盾。这种审慎是当事人对于所欲获得的某种外在福利手段，或当事人对于与某个或某些其他人的交往的方式的。通常，这种劝诫或建议仅仅是基于对可能的后果的考虑。它很大程度上是权宜的、技艺性的。日常活动与日常思考都在很大程度具有权宜性。显然，当一个人所欲求的只要是他的活动之外、作为某种外在善的福利手段，当同他人的交往仅仅是他不得不应付的事务时，这种活动还不是充分的实践，需要借助实践理智的发展来理解的内在价值还没有在其中发生，实践理智也就不是充分发展的理智力量。由于活动仍然被看作获得这些外在福利手段的工具，对于这些活动的思考就具有权宜的、临时的、策略的性质。正如弗兰克纳所说，把审慎的准则说成是道德生活的全部内容是不合理的。① 我们的确不可能认为，审慎准则说出了我们理解为道德的全部的东西。相反，我们会认为，把审慎准则理解为道德的全部反而妨碍我们对道德的理解的发展。

如果日常的道德劝诫或建议的审慎观念仍然是实践理智的普通运用，人们习惯于从利己主义的观念表象理解这种日常的道德劝诫或建议，是非常自然的。因为，人们关于利己主义的观念常常是比较表层的、未经哲学审视的。这种表层的利己主义观念极容易被看作与审慎的观念是同一个观念。显然，基于这种表层的利己主义观念只能产生一种虚妄的意见：如此理解的利己主义的审慎准则就是普遍的实践准则。借用弗兰克纳的话来作结语："如果确是如此，那么，即使伦理利己主义者希望使利己主义的原则

① ［美］弗兰克纳：《伦理学》，39 页。

成为一种普遍的法则，他也必定被看作是这样一种主张：他企图用某种其他的东西……来代替我们所说的道德。”①

思考题：

1. 什么是利己主义？什么是伦理利己主义？
2. 合理利己主义的“合理性”可以分析为哪几种理智？
3. 为什么伦理利己主义者不可能真正提供道德劝诫？

① ［美］弗兰克纳：《伦理学》，40页。

第二十一章　权利论

第一节　对实践规则的正当性的理解是怎样形成的

一、正当性概念的律法主义的奠基

道德的觉解，或实践理智思考的健全发展，也就是实践理智向深层实践问题的思考的开展。在第二个阶段上，道德觉解表现为从对自主的实践规则的正当性概念，也就是，从对自主的实践规则的普遍道德理由的总体的理解的觉解。因为我们发现，在这个阶段，实践理智倾向于形成关于自主性的实践规则的那些被看作恰当的理由或原理的一种总体的观念。一旦我们能够把“立法者”观点和“道德人”观点融汇为一个关于实践规则的正当理由的总观念时，我们就不会停止。在形成这种观念的过程中，实践理智关于实践规则的责任或约束性的思考已经摆脱了常识道德的那些简单的概念。非常有趣的是，我们还发现，塑造这种总观念时，存在着两种非常不同的理论路向：权利论与责任论。这两种理论都试图使实践理智对实践规则的正当理由的理解，尤其是对基于这样的理由的责任或约束性的理解，变得更明确或至少深入一步。此外，我们还发现，从这个正当性的概念中已经被逐步剥离掉的基本交往德性，经过抽象化与形式化处理之后，事实上作为最基本的条件、标准、程序、某种优先要求等进入到正当性的概念中，尽管关于它们的内容的理解已经发生了非常大的变化。说明这些之前，我们还需要做一些预备性的说明。

近代以来西方社会的正当性概念是由康德奠定基础的：康德以斯多亚—希伯来律法主义为思想基础①，把从苏格拉底一直到斯多亚学派那里被

① 在使用斯多亚—希伯来律法主义这个术语时，我想表达这样的理解，即斯多亚学派的“遵循自然或理智”的律法主义与希伯来的“信约”的律法主义，构成康德律法主义的主要思想资源，并事实上在他的学说中达到一种汇合——非自然、非圣约的道德的律法主义。它是非自然的，是说它并非出于外在于人的任性力量，自然的律法对于人表现为外在的任性力量，道德的律法仅仅出于人自身的任性。它是非圣约的，是说它不发生于自然赋予人的潜质之外，神的本原是非人的，自然没有赋予人这样的本原。道德的律法仅仅出于自然赋予了人的最好的那种潜质——理智的，但是理智的任何一种呈现与任性的作用，都是人在自然所赋予的东西（predisposition）的基础上发展出来。

保持的德性概念，解读为发生于理智的责任概念，并且从责任的概念中分离出了仅仅出于对外部性的律法的尊重的正当性概念。

但是这个说明显然过于简单，为了说明正当性概念的性质，我们需要对康德以这种律法主义方式对正当性概念的阐释做更详细的说明。康德的阐述可以概括如下。律法或法则至少可以被理解为某种人无法探明其原因的伟大力量的活动。道德律法不同于自然律法：自然律法是纯粹因果性的，道德律法是同人的实践以及人可能通过实践获得的自由相联系的。① 就像自然这种伟大的力量引起我们的敬畏一样，道德律法引起我们的理智的一种类似的感情——尊重。尊重不同于敬畏之处在于，它已经不是一种自然情感，而是一种由理智自身产生出来的感情，一种真正名实相符的道德感情。② 这种尊重也就是责任，因为，它使理智得到规定，并获得行动的必然性。③ 不过，我们所尊重的或许是对我们显得外在的，即还没有进入心灵的道德律法的权威。当它是如此的时候，它对我们的约束显得是外在的，尽管如此，我们的尊重使得它能够约束我们。④ 我们做出的行为是合乎责任的，因为它仍然出于对道德律法的尊重，但是它们仅仅是合乎正当责任的。

现在，让我们基于实践理智对于实践规则的责任的第一阶段的觉解所获得的那个主要的观点，即自主的实践规则的责任的观点，来简单地指出康德以这种方式阐述的正当性概念⑤的主要特点：首先，正当性概念述说的是一个人在道德律法成为他内心的实践法则之前与其他人作为公民的相互交往行为与事情。其次，由于这些行为与事情上非常容易发生人们相互妨碍甚至侵犯的情形，人们发现，作为公民来交往的那种道德的实践性规则要求他们确定出不致相互妨碍的交往行为和占有财物的方式。第三，作为这种实践者，人们将发现，他们这样做时仿佛是被外部的力量约束着的，尽管这种力量不外是他们感受到的实践规则的普遍性要求。第四，人们仍然倾向于把这样的行为称为合乎正当的责任的，因为他们仍然是出于对那

① ［德］康德：《实践理性批判》，30页，北京，商务印书馆，2000。

② ［德］康德：《道德形而上学原理》，22页；《实践理性批判》，42页。

③ 同上书，16页。

④ I. Kant, *Practical Philosophy*, pp. 524-525.

⑤ 我的确不认为，基于自然状态的契约论者提出了对正当性这个概念有哲学系统性的阐释。

种力量的尊重而那样做的。第五，“正当的”在这种实践的理解之中，就意味着有可靠理由和根据的，因为这些行为与事情是出于对一个值得尊重的力量的尊重的。

二、两种不同的路向

现在，在康德奠基的基础上，实践理智寻求的对自主的实践规则的正当理由的总观念可能沿着两种非常不同的路向形成。因为，在第一种方向下，我们被引向思索我们怎么会发生对于那些普遍必然性的要求的尊重的感情，我们疑惑这种感情如何会在自然赋予的理智能力的发展的引领下发生，以及这种感情的发生对于我们的意义。尤其是，当这种尊重发展成为我们感觉到是已经成为内心的那种权威的感情时，我们更加体会到，这正是这种特别的感情能够在我们身上发生的目的所在。在这样的追索中，实践理智的理解没有离开过责任，尤其是出于对已经成为内心的那种权威的责任。因为，责任就是我们的意愿在感受对于这种权威的尊重时形成的行动的确定决心。所以，责任就是尊重，尊重就是责任。当我们尊重着我们视为内心的权威时，我们不会需要用别的描述语来说明它。

实践理智的理解的第二种方向是这样地发生的。当我们所尊重的东西仅仅在我们看来是我们不得不去尊重的外部性的权威时，我们的感受是与上面所说的不同的，即便这种权威是我们自主地订立的实践规则。它仍然是尊重的感情，因为这完全是由于对那种权威的理智的理解才发生的一种感情。如果没有这种感情，我们的行为将完全不同。但它所尊重的权威不在我们的内心中，而是表现在我们自身之外。既然出于对实践规则的要求的尊重也就是出于责任的，我们出于这种尊重的行为仍然是出于责任的；但是，既然我们所出于的这种尊重似乎是不得不持有的，就像我们对于完全在我们力量之外的自然伟力不得不持有的敬畏一样，出于这种尊重的行为又似乎只是无奈地出于尊重，因而不是真正地出于尊重；所以这样的行为也不是真正地出于责任的。

所以，在第二种方向下，实践理智寻求的对自主的实践规则的责任的理解已经发生在正当性的概念之下。不过我们看到，在这种理解方向下，对律法或实践规则的尊重，以及产生于这种尊重的责任概念，由于显得过于遥远，都已经失去了说明的力量。并且，由于这一点，它的原本意义极大地弱化了，以致于一方面，尊重不再被看作是根本性的；另一方面，与它相联系的责任也不再被看作责任。一个原本由于康德的工作而包含在责任概念中的更抽象的概念——正当，现在游离出责任的概念，被看作是对实践规则的普遍性的唯一可能具有说明性的概念。于是，那些出于对实践规则的普遍性要求的敬畏而受到约束的行为，现在仅仅被看作是正当的，就是说，仅仅被看作是有可靠理由和根据的。更弱的意义上，它仅仅意味着可以辩护并且不易被驳倒的。因此，当我说我做的这件事情是正当的，在最弱的意义上，我是在向你和其他人说，它是我可以辩护的，并且你和其他人不容易提出更可靠的理由或根据来加以反驳。这样的行为与事情，被实践理智的理解纳入正当的行为与事情的范畴。我们将会看到，在这种方向下，被看作有可靠理由和根据的正当的事情也仅仅意味着，它们在人们讨价还价的争论之后还同意把它们看作正当的、相互可以接受的。

现在，我们在与其他人作为公民的交往中出于对我们显得是外在的律法的尊重而自我约束地做出的行为，被包含在这个抽象了的正当性的概念里，并被抽象为正当性的责任。下面，我们将采用汉语中已经习惯的译名“权利”来讨论实践理智所形成的这样一种理解，尽管我们已经说明，这不是一种很恰当的翻译。①

第二节　作为正当性理由的权利

一、权利与讨价还价的折中

循着对自主的实践规则的那些正当理由的理解，权利是这样一些行为与事物，无论我还是任何一个其他人做这样的行为或享有这样的事物，都被看作有可靠理由或根据的，或至少可以辩护的。当我们说我们每个人有一些权利时，我们实际上是说，有这样一些行为和事情，我们认为每个人，作为一个实践者，都可以去做，而且去做是正确的，即没有错误的。例如，如果保持与维护人的生命是一种权利，那么，我们每一个人做这样的行为就是正当的、正确的。

当权利或正当的事情以这种方式来阐释时，它显然必须是复数的。因为，有许多这样的行为和事情被我们看作是正当的。事实上，权利或正当的行为和事情作为一个概念产生时，它就被理解为每个人都可以去做，并

① 第六章第三节附论“对三种重要伦理学体系的评论”注释。

且去做是正当的那些行为和事情构成的一个范围，在这个范围内，每个人做出的一项行为不会妨碍其他人做同样的行为。习俗或默契地建立的实践规则至少是朝着这个方向，否则它们将经常被看作不正当的。在法律的确立过程中这一点表现得更为清楚。一个政治社会建立其基本制度时，确定和每个人有关的这些行为的范围是其中非常重要的要素。这些行为被宣布为权利或正当的事情。显然，如果一个人的一项行为将会妨碍其他人做同样的行为，这项行为被列入权利的范围就将包含极大危险：它将使一个人的权利成为某个或某些其他人的“所不欲”。

我们的实践理智很容易接着做出这样的发现：我做出这个行为或占有这个事物，我的这个权利，必须要被其他人看作这是我所做的一件正当的事；同样地，任何一个人做这样一个行为或占有这样一个事物，都需要我和除他之外的其他人承认，那是他所做的一件正当的事。如果仅仅我自己认为我所做的是一件正当的事，显然是不够的。不过，这也就是表明，被我们每个人看作必须是我们自主地确立的实践规则的适用于每一个人的那种性质，事实上仅仅意味着，那是在它们将对每个人都同样有效的规则只有在这样的理解的条件下才对我成为这样的要求：我遵守它事实上是以每一个其他人都同时承认和遵守它为条件，反之亦然。同样地，每一个其他人遵守它也必定是以我以及其他的人都这样作为条件的。没有一个人是先行地接受这样的约束，而不管其他人是否会跟着接受它。

然而，这不啻是说，每一个这样的规则所获得的普遍性的效力，都是以所有的个人相互讨价还价并都作出适当让步而达到的一个折中方案。这意味着，不论每个人原来要求其他人些什么，他们相互提出的各种要求，最后都通过讨价还价，集中到这样一些要求上面：每个人做这件事，都不能妨碍其他任何一个人做这件事；每个人都要承诺，其他任何一个人做这件事，或提出这样一个要求，被看作正当的，因为他自己也可以做同样的事，提出同样的要求。用更形象的语言来说，所有的人提出的各自不同的要求，经过这种讨价还价而去掉了那样一些可能相互妨碍的要求之后，最后集中到这样一些要求：一个人提出一个这样的要求时，所有其他人都必须尊重他的这个要求，或者，他们负有尊重那个权利要求的责任。所以，A 的一项权利是除 A 以外的其他人的一项责任；B 的一项权利，同样，是除B以外的其他人，包括A的一项责任。以这种方式，“权利”被发现了。①

二、变得疏远了的实践规则

不过，随着这个发现，权利所尊重的那个对象，即我们虽然不情愿，但却不得不尊重的那个显得是外部性的权威，似乎也在理解中改变了模样，它不再是从常识道德那里理解的自主的实践规则的普遍性的要求，这种要求“消失”了。因为，它不过是我们必须容忍的其他人都可以去做的同样的行为和事情，不过是他们的权利。假如我要确立一件事情成为我的权利，这个立法行为所要尊重的原来不过是我将要尊重其他人的同样权利。

但是，我们马上陷入了一种非常有趣但仿佛根本无法寻解的“鸡蛋与鸡”的游戏。因为，如果我要确立权利A，那么我必须尊重的就是其他人的A’。但是，如果A是A’的原因，而不是相反，我就没有道理说我要确立A是出于那个尊重的。因为在我决定确立A之前，A’是不存在的。作为第二个方案，如果你坚持其他人的权利才是A，我的同样的权利只是A’。那么，一个更深刻的问题是，一种自主的实践怎么会以这样的方式普遍地发生：我为着其他人而确立一种权利，尽管作为伴随结果，我也会拥有同样的权利。如果它的确可能这样地发生，那么，关于权利所说的这一切就都显得是不必要的。如果你将提出第三个方案，坚持我与其他人的权利是A，我与其他人对这个权利的尊重是A’。那么显然，那个最初的问题，即权利A是出于对某种我们不得不尊重的外部权威的，因而是有牢固理由和根据的，就无法得到说明。因为，A的说明显然不在A’之中。②

---

① 如人们熟知的，这个发现是一些契约论者，特别是洛克，做出的。洛克认为，一个人如果通过劳动使共有的东西中的任何一部分脱离它的自然安置状态，就对那部分事物具有道德的占有权。不过洛克还认为，一个人可以合理地将一事物作为财产来占有还需要另一个道德的理由，即他能在一件东西败坏之前尽可能地使用它来满足生活之需：如果他能够在那件东西败坏之前将它消费掉或将它转变为不会腐败的储藏物，他就可以由于他在那件东西上付出了劳动而获得对它的财产权。所以按照洛克，劳动与享用能力的限度确定着一个人的有权利获得的事物的范围（［英］洛克：《政府论》下，第5章）。

② 我在这里将略过罗尔斯在最近几十年的著作中提出的这样一个方案：人们先确定将平等分配基本权利与允许不平等分配经济利益的原则，然后再在立法过程中确定那些基本权利和经济—社会的权利的内涵。对这个理论涉及的内容的评论超出了本书的目的。我只在有限的范围内，即在结合对社会交往的社会合作观念的理解时，引用了他的正义原则这两部分的内容。

显然，由于与对人们作为公民的交往实践及这种实践的规则的理解失去了联系，实践理智在这个方向下构建的解释没有一种是充分的。的确，就它自身的理解结构来说，权利并不出于对在先的权威的尊重。因为，在这种权利论的观点之下，被赋予权利规则的全部正当性仅仅取决于每个人与其他人在讨价还价之后，在相互地取消那些不能成为每个人都接受的东西之后，还保有的那部分要求：它们既是权利，也是责任；一面是权利，另一面是责任；我的权利是你的责任，你的权利是我的责任；只有它们才是正当的，其他的要求，包括我们对基本德性的要求，都不是权利，不是正当的。

所以不难理解，在这种理论中，无论基于常识道德的关于实践规则是一些我们愿意自主地订立的并承认它将具有普遍性的要求的规则的观点，还是康德的与对哪怕是外在性的律法的尊重相联系的对实践规则的责任的观点，抑或从康德那里游离出来的关于权利或正当的行为仅仅是一些有可靠理由和根据的要求的观点，最终都失去了对实践规则的理由的总观念的地位。所剩下的仅仅是那个经过讨价还价保留下来的要求的观念，以及与这个观念联系的，抽象化了的单个的人的概念。这个人只在两种非常抽象和苍白的性质上被理解：每一个人都是有权利的，这权利是其他人应当尊重的；每一个人都负有尊重他人权利的责任。

三、权利的优先性与有限性

但是，我们需要研究，我们无须诉诸对外部性的权威的尊重来解说的权利，或者，可以看作我们与其他人经过讨价还价而最后剩下的那些要求的权利，为什么是公民们易于理解的？它们又究竟意味着什么？

要说明这个问题，让我们先来说明，权利作为政治的、法律的生活规范或规则是一个人作为公民的交往生活规范或规则的优先的但又有限的一部分。守法、恰当地回报、诚实交往、维护公平的合作条件，是公民交往实践的最基本的规则，它们是公民间的平等的、基于自愿和预先同意的交往的实践性规则，尽管它们原本被看作这种实践的基本德性。人类政治文明进程的基本事实是：由于这些实践性规则越来越多地被违反，在一个法律的社会，人们需要通过预先的商谈和同意把越来越多的交往行为通过政治的和法律的过程规定为法律的行为；这部分私人行为最初或许不致妨碍他人，但是随着交往使私人的生活范围越来越缩小，它们变得容易相互妨碍；政治与法律需要非常小心地将这些行为以可以不相互妨碍的方式界定出来，将它们形式化，使之获得明确的形式，使它们成为公民们预先同意为可允许的、一旦被违反时法官们可以有依据去追究并做出矫正；法律通过宣布它们为公民的权利而完成这个过程。

但是毋庸讳言，通常来说，这仅仅是人类交往行为的极小一部分。即使是公民的经济的、社会的交往，也仅仅有很小一部分能够被法律以这样的方式加以规范，成为他们法律生活的一部分。法律仅仅是一种治疗，如果一个政治社会需要在每一种可能的交往行为上都界定出公民们能够不相互妨碍的行为的方式，这个社会的公民们将没有任何希望保持平等的、基于自愿和预先同意的交往生活。谁希望在法律已经规定了一切的国度中生活，谁就等于放弃了他作为人的生活。

这也附带地说明了，为什么这些实践性的规则会变得易于被人们以权利的概念来理解。显然，公民们的政治的、法律的生活要求简化的、易理解的原理，它们必须是每一个人的日常意识容易了解的。讨价还价的权利论提供了对公民的政治、法律生活的规则的理解的一种简化的、易理解的解说。

如果正当的行为和事情只有很小一部分会落入政治的规范和法律权利的范畴，如果关于这个部分的公民生活，我们最好满足于比较简单并且容易理解的关于最基本的规则的解说，那么显然，如果期望权利论是对人类全部交往生活及其实践规则的性质的一个恰当说明，我们就陷入了一种严重的误解。因为，这种迁就对每一个人的日常意识而言的易理解性的理论甚至完全不期望自身成为这样一个说明。它是一种政治和法律的理论，而不是一种伦理学理论：除了公民的政治、法律的交往活动的非常狭窄的方面，它甚至没有真正面对人和人的实践问题。而且，即使在表明权利或正当的行为或事情作为公民交往实践的规范必须是基于人们预先同意的这一点上，它也只表达非常有限的合理含义。

第三节　权利之中善与德性的贫乏

一、权利与自尊

但是，即使日常的观察也注意到：权利似乎同我们的自尊的感情有最为密切的联系。自尊是一个人伴随着他的实践理智的发展而产生的肯定自己的道德人格的感情。① 的确，当我们的权利与每一个人的权利一样受到尊重，我们有一种自尊的感情。这种感情使我们感觉到自己作为一个人，作为一个实践的参与者的尊严地位。这是一个人道德的尊严和地位。它只有在我们政治社会中的那些权利得到制度以及其他人的尊重时才会产生。如果仅仅制度承认一个人的政治和法律的权利，但是社会中其他的人仍然蔑视这种权利，他的自尊就仍然难于建立。反之亦然。正因为此，它是更为重要的尊严和地位。

当我们的权利受到蔑视甚至损害时，我们的自尊感情也受到伤害。而且，我们可以观察到，自尊感情受到的伤害甚至比权利本身受到的伤害更为严重，也更难恢复。邻里社会和私人交往的范围内，例如村落社会中，这种自尊被叫作“面子”，自尊受到蔑视和伤害叫作“丢面子”。在私人交往中，“丢面子”是对一个人最严重的伤害，甚至比经济上蒙受的损失还要严重。在政治社会中，这种自尊的感情是同我们作为一个公民的地位联系在一起的。对一个人的公民地位的蔑视和伤害会严重伤害他的自尊。基于这一原因，一个政治社会依据出生承认每个人的成员资格，并使他的基本权利得到尊重是极为重要的。

但是，自尊的感情并不是只同我们肯定自己的公民地位的意识相联系。事实上，它也同我们作为一个自主的道德的人的地位联系在一起。它是我们作为一个自主的道德的人肯定自己的道德人格尊严时产生的那种感情，与我们对于自己的道德人格尊严的关切联系在一起。这是一种深层的关切。正因为这样，一个社会必须关切每个成员的基本自尊得到普遍的尊重，不仅在社会的基本制度中，而且在社会的广泛人群中。因为，人们受到的伤害会持续地积蓄，待它积蓄到一定的程度，社会就将陷于分裂甚至对抗，正常的交往便无法维系。

自尊感情是一种平等的或趋向于平等地位的感情。因为，我们所肯定的作为一个实践的参与者的尊严，或我们的道德人格尊严，被常识道德看作平等，这是常识道德的一个确定之点。尽管一些社会成员会将与维护他

---

① 我将采纳康德的观点，在与一个人的道德人格相关的意义上使用自尊的概念，把它看作我们在肯定自身的道德人格尊严时所产生的那种感情（I. Kant, *Practical Philosophy*, pp. 556-559）。尽管原始人有某种自尊感，例如基于英雄业绩的自尊感，这种感情与原始人群中的光荣和骄傲的感情是联系在一起的。在文明社会中，我们发现了不依赖于英雄业绩的自尊感情。一个人的成就、荣誉与较高地位虽然倾向于肯定人的自尊，但是这些似乎并不是自尊的直接表征。当它们促进一个人的虚荣心时尤其如此。

们的特殊权利联系在一起的虚荣视为他们的自尊，这种感情事实上与他们维护自己的为其他人共有的同等公民地位与道德人格地位时的感情是完全不同的。只有后面这种感情才显得道理充足，并能够赢得其他人的感情共鸣。在这个意义上，自尊是在一个健全的交往社会，即在一个其中的每个人作为实践的参与者的道德人格地位得到尊重的社会中，才能发展的重要的社会性的感情。

二、自主的道德人观点：权利论怎样失去了与它的关联

我们来尝试思考这种作为实践的参与者的道德人格地位的观念。事实上，它已经表达在对第一个阶段的即从常识道德的守规则的观念的道德觉解的阐释之中。

在这个阶段的觉解中，对实践规则的新的理解的一个含义是，我们愿望一种我们愿意它适用于我们的要求是出于我们自身的；另一个含义是，我们倾向于同意，在订立这样的规则时，不可以把任何一个人仅仅当作手段。现在，我们的确倾向于与康德一道说，这两种观点似乎是自然地相互契合的，并且共同构成一种对实践规则性质的自主的道德人的观点。这种观点似乎只能这样地解说，我们更愿意把我们自己，作为实践的参与者，看作在道德上自主或主动，不愿意我们自己仅仅被当作手段，也不愿意把他人仅仅当作手段。并且，我们愿意周围的人也是这样的人。并且，我们也有理由认为或合理地推断，周围的人也愿意我们是这样的人，而不是别样的人。这就是说，即使我们自己还不是这样的人，或者，周围的许多人还不是这样的人，在与实践准则有关的事情上，我们还是希望我们自己，以及周围的人，会是或成为这样的人，并且这一点是我们就实践规则问题同其他人交往或讨论时能够相互理解并愿意相互表明的。

这样一种关于我们自身和周围人的观点，我们会发现，不是简单的。它事实上已经隐含地假设了我们每个人作为交往实践的参与者的某些普遍的属性。这些属性不同于我们作为一个自然人所具有的属性，因为这样的属性通常也不可改变。这里所说的是我们每个人作为交往实践的参与者的、与普遍或可普遍化的而且是正确的实践准则相关的属性。这种已经隐含地被假设了的属性，或许我们可以这样解释，就是作为交往实践的参与者，每个人都能够同交往实践的规则的普遍性要求发生积极联系，这种能力是在自然赋予他的那些自然的属性的基础上他能够通过交往实践和发展他的实践理智的理解和相应的内省感觉和感情能力获得的。

然而，权利和权利论的观点，同这些深层的含义失去了关联。权利仅

仅标识着我们交往生活非常狭窄的一部分；权利论的观点仅仅提供给我们从那个狭窄的方面看待人和人的生活所获得的东西。康德是对的，人的这样一种道德人格能力在属于权利或正当性的交往生活的范围内是无法充分地得到运用和发展的。在那个范围，我们只能发展不会使自己做出将会妨碍其他人做同样事情的能力，而不可能发展我们作为人的更高等的能力。

三、权利为什么不使我们骄傲

权利使我们感到自尊，但是似乎没有人会因为权利而对我们作为实践者的人格感到骄傲。我们把骄傲理解为一种一个人会因自己的行为而对自己的道德人格感到自豪的感情。与自尊相比较，骄傲是同某种更值得我们重视的行为和活动联系在一起，所以更让我们愉悦。因为，更值得我们去从事的活动通常伴随着更使人愉悦的感情。

如果一个人坚持了权利，我们会认为他做了正确的行为，并且其他人这样做也是正确的。我们尊重他的自尊，但是我们不会为这个行为感到骄傲。如果一个人坚持维护了另一个人的权利，我们会认为他做了正义的行为，这使他的行为受到称赞，但是我们未必为这个行为感到骄傲。我们需要研究其中的原因。

维护权利似乎不是一种主动进行的活动。当我们的某种权利，即我们的某种不致妨碍其他人的相同活动的行为，受到不恰当对待时，这种活动的动机才会自然产生。但是，这种活动也因此是范围窄小、眼界窄小的。我们在维护权利的活动中很少感觉到我们作为自主的道德人的道德主动性。在权利得到了可靠保证之后，我们还有更值得做的事情。把眼光仅仅局限在使权利得到维护是狭隘的。维护权利带给我们的自尊也具有相同属性。我们在这样的时刻对我们的道德人格尊严的关注受到限制，那个原因使我们只关切自己的公民地位。这并不是说我们不需要关切我们的公民权利得到维护。当它受到了侵犯或者面临这样的威胁时，我们首先必须做出努力去维护它。但是，如果能够，我们不仅应当关心我们的公民权利，还更应当关心我们的道德人格。因为，与我们的公民权利得到维护这件事比较，使我们的道德人格得到维护更为重要。

而且，甚至对我们的道德人格的自尊也仍然是眼界狭小的。因为，它仅仅关注着我们的道德人格尊严不受到伤害和侵犯。然而，它所维护的我们作为实践的参与者的自主的道德人格能力恰恰需要通过运用而发展。而随着这种能力通过运用而发展，我们的内在感觉与感情也在发展。显然，仅当实践理智的发展能够帮助我们去理解那些具有更高价值的活动，并且我们同时去从事那样的活动时，伴随那些活动的感情，其中也包含骄傲，才能为我们内在地感受。

骄傲所伴随的活动并非意味着不平等。事实上，每个人都可以不仅在自己的行为和活动中感觉到自尊，也为自己的某些出色的行为活动感到骄傲。仅仅满足于维护我们的权利的活动，仅仅满足于获得自尊，我们的实践生活还不具有充分的内容。当然，这种充分的内容，只有借助实践理智及伴随的内省感觉和感情的健全的发展，才能进入我们的体觉与理解的视野。

思考题：

1. 试说明正当性与权利两个概念间的联系。
2. 为什么说权利既是优先的，又是有限的？
3. 试说明权利与自尊的关联。

第二十二章　责任论

第一节　责任论中的尊重感情

一、对规则的尊重感情的性质

我们可以把责任论看作我们获得对自主的实践规则的正当性根据的觉解的另一条道路，一条与权利论非常不同的道路。我们将会看到，在这个方向下，对实践理智的理解会比较顺畅地发展。自主的实践规则的责任之所以对我们——实践的参与者，具有约束力量，是因为我们对于这些实践规则产生了尊重的感情。这种感情与理智一道，竟使得这种规则成为我们内心的准则，成为我们作为一个自主的道德人对我们自身的约束。

让我们从康德的这样一个重要观察谈起：我们对于自主地订立实践规则的责任是出于伴随对那种实践规则的理解而发生的尊重感情。这种感情不是我们通常具有的自然感情，不同于“因外来作用而感到的”恐惧和爱好。[①] 外来作用引起两种自然感情：敬畏和爱好。使我们感到危险、紧张、压抑的东西引起恐惧的感情；使我们感到安全、轻松、愉悦的东西引起爱好的感情。

当实践规则的约束力量显得是外在于我们的力量时，我们对它的尊重有些类似于对自然伟力的敬畏。它们都引起我们的紧张感。但是，它又与那种敬畏不同，因为，我们会感到，不论有什么个人打算，我们都要尊重它。因为，我们尊重的可能是一个依然具有外在性的实践准则，即使在实践理智的理解中，它已经消除了我们前文中提到的作为简单规则的武断性。这个准则使我们的实践理智要求我们作为我们愿接受其约束，并且判断为每个其他人作为实践的参与者也将愿意作为这样的准则而确立的，但是它

① ［德］康德：《道德形而上学原理》，22页：“虽然尊重是一种情感，只不过不是一种因外来作用而感到的情感，而是一种通过理智概念自己产生出来的情感，是一种特殊的、与前一种爱好和恐惧有区别的情感。凡我直接认作对我是律法的东西，我都怀着尊重。这种尊重只是一种使我的意志服从律法的意识，而不需通过任何其他东西对我的感觉的作用。”我在这里将“规律”改译为“律法”，将“理性”改译为“理智”，以便与整个讨论中使用的概念一致。以下引自《道德形而上学原理》的引语时的改动亦同。

仍然对我们具有外在性。

这不啻表明，实践准则的外在性是在道德觉解或实践理智的相当长久的积累发展中逐步消除的。仅当我们理解地尊重实践规则的约束性，随着这种理解与尊重本身的发展，已经对我们显得不是外在的，而显得就是我们对自己的约束时，这种理解与尊重才成为对我们内心的道德准则的理解与尊重，出于这种规则的行为才呈现为出于内心准则的行为。①

我们的确倾向于与康德一道承认，对实践规则的尊重感情是一种特别的、使我们的实践理智的选择活动确定了方向的感情，由于这一点，它使实践理智产生了“行动的必然性”②。相比之下，我们对其他事物或人的尊重却未必会引起行动。比如，我们可能对一个素不相识的人，或者一个与我们同样作为自主的道德人的实践者伙伴，表现出尊重，但不打算进一步做什么。因为，对我们的一个伙伴的尊重通常仅仅提醒我们不去做损害他的人格的事情并尊重他的自尊。③

我们是不是可以依据这一点说，对实践规则的尊重与我们的实践理智对那个实践规则的理解共同构成行动的原因？这看来是有道理的。但是，我们对实践规则的尊重感情又是由对那个实践规则的实践理智的理解引起的。所以，从这种分析中引出的适当看法就是，我们对实践规则的理解倾向于产生一种叫作尊重的特别感情，它是区别于爱好的一种一般感情，但恰恰是这种感情，与我们的实践理智的理解一道，产生出按照那种实践规则行动的必然性。

二、尊重与自主的道德人格的密切关联

我们还可以做出这样一个观察：在与我们的自主的道德人格的关系上，尊重是比自尊更为重要的感情。首先，自尊不是我们自己主动产生的感情，它是受动地产生的：只有当我们的道德人格得到尊重，我们才感受到自己被尊重，才产生对自身道德人格的肯定。当我们的道德人格受到蔑视，乃至我们的公民地位和权利受到他人伤害，我们产生了自尊心——对我们自身的公民地位和道德人格不致继续受到蔑视和伤害，并使它得到尊重的关切。不能设想，我们在自己的权利处处受到蔑视的环境下会强烈地感到自

① I. Kant, *Practical Philosophy*, p. 512.

② ［德］康德：《道德形而上学原理》，16页。我在这里将“行为必要性”改译为“行动的必然性”。

③ I. Kant, *Practical Philosophy*, p. 569.

尊。相反，我们在那种环境下感到的是自尊心不能实现的压抑与不满。自尊是同不能实现自尊的自尊心不同的感情。在得不到尊重的环境中，我们可能把两者混淆。

其次，自尊与尊重两种感情中，尊重才充分体现出自主的道德人观点的两个方面：道德上的自主性和道德观点本身。因为，自尊并不意味着道德上的自主性和主动性。不仅如此，一个人甚至可能以伤害他人自尊的方式来表现自己的自尊心，所以，当自尊需要实现时，它似乎不排除把其他人仅仅当作手段，尽管这样地实现的自尊并不是真正意义的自尊。当这样做可能提高一个人的自尊心，尤其是可以使一个人从不能实现自尊的压抑与不满中摆脱出来时，自尊的感情内不存在抵制将另一个人仅仅用作手段的因素。相反，以伤害甚至虐待他人的方式满足自尊心的事情在人类历史中俯拾即是。与此对照，尊重不仅是主动的感情，而且，由于同对自主的实践准则的理解的发展联系在一起并且不可分离，它内在地抵制仅仅将他人用作手段，因为，它是一种“使利己之心无地自容的价值觉察”①。所以，表现出对我们伙伴的道德人格尊严的尊重是一个德性的要求。②

甚至可以进一步说，尊重似乎是自尊的原因，而不是相反。但是，如果有人坚持认为，只有自尊的人才会去尊重，我们仍然可以同意，这一定意义上是对的。因为，只有由得到尊重而感到自尊的人才懂得尊重他人的重要。设想，一个人得到尊重但是没有感到自尊，他可能不会充分懂得尊重他人的重要。这不啻表明，得到尊重不等于自尊，两者之间还有一段距离。只有理解了所得到的尊重因而肯定自己的道德人格的人，才会产生自尊也才会去尊重他人。而理解所得到的尊重，尤其重要的是理解这是对我们作为自主的道德人、作为这样的实践者的尊重。因为这种尊重，我们产生了自尊，对我们自身作为自主的道德人，作为这样的实践者的自尊。所以，我们仍然可以坚持尊重是自尊的原因。

三、尊重作为相互性的感情

如果对于我所受到的尊重的理解倾向于使我产生对他人的尊重，这似乎可以说明，尊重倾向于成为相互性的感情，相比之下，自尊则仅仅是一个人对自身的一种感情。这与人们的常识是一致的：人们在日常谈论中常常会谈到相互尊重，但是不会谈到相互的自尊。

---

① ［德］康德：《道德形而上学原理》，22页。

② I. Kant, *Practical Philosophy*, p. 579.

所以，尊重使人们相互肯定他们作为自主的道德人的尊严，因而倾向于鼓励人们作为自主的道德人的相互交往实践。这更表明，即使是在我们对于邻人的关系上，尊重也不是一种自然的感情，而是一种基于实践理智的对于人作为自主的道德人格的理解的感情。康德的一个启示在于，尊重的感情既是对于我们“加之于自身”的实践规则的，也是对我们的同样作为自主的道德人的实践者伙伴的。因为，我们把其他人也看作自主地参与订立实践规则的人时，也就把他们看作与我们一样的自主的道德人。我们把他们当作与我们同样的自主的道德人来尊重，尊重的是他们作为自主的道德人的人格，而不是他们的某种其他特性。

我们可能质疑，我们是否真正能把一个人作为自主的道德人的特性同他的其他特性区别开。例如我的一个同事酷爱酗酒，我具有对他作为自主的道德人的人格的尊重，但不欣赏他的酗酒，但是这种尊重是否能同他的酗酒爱好这个特性区别开来？我所尊重的是不是暂时被“撇开”了这种特性的那个抽象了的人？关于这一点，我们可以说，尊重是对于一个人作为自主的道德人这个基本的特性的。这个特性是每个人通常都具有的，甚至一个罪犯也可以具有，即使是在非常有限的意义上。所以尊重是一种普遍化的道德性的感情。对一个素不相识的人，我们难于产生亲密的感情，但是可以尊重。在把一个人作为自主的道德人、作为一个实践者伙伴尊重时，我们无须把他预先加以抽象。事实上，我们仅仅是，就像通常发生的那样，暂且不去关注他其他方面的特性。例如尊重一个不相识的人时，我们显然不了解他的除了作为一个自然人之外的其他方面的特性。

康德的另一个启示也同样重要。尊重感情的确倾向与实践理智对实践和实践规则的恰当理解共同生长，以至，我们的确可以把尊重看作是实践理智的理解的发展会有一种伴随感情的发展的一个例证。如果是这样，我们就有把握说，从自主实践规则的责任的觉解恰恰是要在伴随实践理智的理解的发展，尊重感情也健全地发展了的条件下，才成为可能的。就是说，它事实上是我们作为实践参与者的整个心灵的一种发展获得的。

四、责任论与权利论

说明了尊重感情的性质后，我们就可以说，责任论比权利论更好地说明了我们自主确立的实践规则对我们具有约束力量的原因，因而，是对于自主的实践准则的普遍性的更好的总体观念。首先，责任论更好地说明了，这种约束力量之所以发生，是因为我们对这样订立的实践规则的理解也产生了尊重感情，这种感情与实践理智的理解一道，确定了我们的选择。而权利论中，这种约束力量仅仅是其他人的同样要求加给我们的外在要求。其次，责任论更好地说明了这种尊重感情的性质，它是对于我们视自己参与了制定的实践规则的，它随着对这种实践规则的理解而发生和发展。在权利论中，尊重只得到非常狭隘的解说：它仅仅是对于我们与其他人讨价还价之后保留的其他人与我们同样的要求。再次，我们也已经看到，权利论与自尊感情有更密切的联系，责任论与尊重感情有更密切的联系；而且，与自尊的感情相比，尊重感情与我们作为实践参与者的自主的道德人格尊严具有更积极的联系：尊重使这种内在价值发生，自尊则仅仅使它得到肯定和维护。

我们还可以从另一个方向，即事实上责任论已经包含着权利论，做出一个补充的说明。因为事实上，任何对权利的声明都要以人们预先的对那种行为表明的实践规则的理解与尊重，无论默契的还是明确表达的，作为基础，法律仅仅是把这种普遍尊重或承认宣示出来。人们可能提出这样的反驳：权利比责任更根本，因为责任是对于权利的。但是这只是表浅的观察。显然，对权利的责任仅仅是对权利所标明的实践规则的理解和尊重的派生物。权利只是得到理解与尊重的行为要求与自由，得不到理解与尊重的要求，或者没有人履行尊重责任的要求，不是权利。①

表现对这种权利的理解与尊重的，是对于我们每个人自主地参与订立的一条必要实践规则的理解与尊重。这条实践规则是必要的，因为在公民交往实践的方面或领域，如果不确定出一个人可以去做、其他人也同样可以去做的相互不妨碍的行为方式，公民间平等的、基于自愿与预

① 洛克在说明人类共有的自然物如何通过劳动成为权利时，显然也假定了人们对施加在自然物上劳动的默契的承认：如果我从泉水中汲取一壶水，或从“仍为人类所共有的海洋中”捕获一条鱼，假设那种鱼不被法律禁止捕捞，不被承认为我付出了劳动并得到尊重，我的权利便不能成立，因为一个身体更强壮的不承认我的劳动的人可能随时抢掠并占有它。洛克认为，在自然状态下，以劳动获得的自然物不需他人同意为财产，但他认为，在这种状态下，经过劳动的自然物与未经过劳动的自然物会被人们普遍承认为不同的。洛克写道，“即使在我们中间，无论是谁只要在围场时紧赶一只野兔，那只野兔就被认为是他的所有物。因为野兽仍被看作是共有的，不属任何人私有，只要有人对这类动物花费了这样多的劳动去发现并追赶它，他就使它脱离原来共有的自然状态，而开始成为一种财产。”（［英］洛克：《政府论》下，第5章，21页）

先同意的交往就将是不可能的。我们可以说，一种活动或行为所包含的实践规则被一个社会默契地承认为可以允许的、不妨碍他人的，是法律社会的基础。

所以，总的来说，即使在公民交往领域的基本活动的解释上，与权利论相比，责任论没有停止在表面的观察上，而是把权利论所要表明的内容向更深一层，向所包含的实践规则的理解与尊重的方向做出了阐释。正是由于这个原因，责任论比权利论更能把一个人作为实践参与者的那种特别的尊严，作为自主的道德人的人格尊严，作为人的基本内在价值加以尊重。

第二节　责任的行为

一、出于责任的行为与合乎责任的行为

现在，循着上面的讨论，我们将对责任与责任的行为做出一种阐释。责任是这样一种内心或心灵力量：我们由于理解地尊重一种我们把自己看作参与了订立的实践规则，而使它的约束力在我们心灵中发生转化，而由此产生这种力量；责任的行为是基于这种理解的尊重的，或这种理解的尊重近乎自然地引向的行为。我们将采取康德的方式，把这种行为称为出于责任的。[①] 这种转变大约是这样发生的。这种实践规则，由于我们不仅仅把它看作必要的，而且把我们自己看作参与着它的制订的，我们自然地把它理解为对我们具有约束力量。这种理解使心灵产生一种尊重的感情。这种理解与尊重，事实上总是以它们发生和发挥的作用，使得这种实践规则对我们的约束力量在意识中发生了转变：我们倾向于觉得，这种约束力量是出于我们自身的，是我们对于自己的约束力量。

不过，这种转化可能有很不相同的情形。也许有三种主要的可能性：一种可能是，在这样的场合与时刻，对这种规则的约束力量的理解的尊重是意识之中唯一的动力性因素，我们出于它而做出行动。第二种可能是，它是主导性因素，伴随它的，还有对于其他一些对象的爱好，但是它们并不与它相抵触或冲突。第三种可能是，它是主导性因素，意识之中的确还同时存在与它相抵触或冲突的对其他对象的爱好，但是这种理解的尊重已

---

① ［德］康德：《道德形而上学原理》，第1章。不过，我在下面将表明，关于出于责任的行为为什么不大能同时出于对于它的爱好，我将不采取康德的观点，而坚持认为这是因为出于责任的行为对我们尚未表现出吸引并激励心灵的德性优点。

经获得足够强大的力量，使得它能够战胜或克服那些因素。无论在其中何种情况下，当一种责任的行为是出于这种理解的尊重而做出时，实践理智的理解就生发出一种新的理解，即这种一直看似不得不接受的约束竟也能够成为我们对自身的约束。这种新理解与伴随的尊重的发生使得它们自身得到一种擢升。

显然，人们的交往生活中，正如我们借助对实践的经验观察就可以注意到的，与责任相联系的行为，或者，被常识意识看作尽责任的行为，更多的是这样一类行为：在那个场合与时刻，虽然行为者的意识中某种程度地发生了这种理解与尊重，但是它们没有成为主导性的动机，而那些主导性的意识因素，由于不直接引向与这种理解的尊重相反或大相径庭的行动方向，引向了一个相近或类似的行为。例如，康德所举证的商人从长远利益考虑而不向陌生人索取高价的行为。所以，普通道德意识也恰当地把大部分与责任相联系的行为说明为合乎责任的。这意味着，常识意识把它们看作由于某种或某些其他因素而合乎我们如果出于对实践规则的约束性力量的理解的尊重就会做出的行为，或与它们在方向上非常接近的，因而不违反的。常识道德表现了这样的稳健：它不会把表面上合乎责任的行为与出于责任的行为相混淆，相反，它挑选出出于责任的行为，把它们看作真正值得肯定的，并且把其中尤其出色的径直看作高尚的、有德性的，或如康德所说，具有道德价值的①，并加以赞扬。

二、责任的行为与爱好

在所提到的责任的行为的三种可能中，或许正如康德所见，正是第三种可能，即对那个实践规则的理解的尊重遭遇与它相抵触或冲突的对其他对象的爱好，并且战胜或克服了那种爱好的影响力的情形，在人的生活中最多见，也特别为我们注目。的确，一个人完全出于对实践规则的理解的尊重而行动，而意识当中没有其他因素，这种情形是非常罕见的。第二种可能，即对实践规则的约束性力量的理解的尊重是主导性的因素，其他一些伴随的意识因素，即对于其他对象的考虑，并不与它直接抵触或冲突，尽管也是常见的，但也许它们不像第三种可能那样为我们注目。事实上，我们使用责任的行为这个词汇，所指的主要是第三种可能的情况。

让我们举一个例子。如果一个人意识到，经常回去看望年迈的父母是一种责任，一种产生于家庭共同体的共同生活实践的回报的责任，而不仅

---

① ［德］康德：《道德形而上学原理》，15页。

仅是一种规矩；他可能同时感到安排这件事情占去较多的时间与精力，以致他不得不减少一些外出旅行，尽管他对外出旅行有很强烈的爱好，他的行为就是出于责任的，而不仅仅是表面上合乎责任的。

或许，正是由于意识中存在着直接与它冲突或抵触并且有力量的其他爱好，由理解的尊重引导我们做出的责任的行为才让我们特别地感到它的力量。同时，如果责任使我们感觉到的是自身的力量，内心的力量，那么，抵触或冲突的爱好力量越强，责任和责任的行为使我们感觉到的内心的力量就越强。诚然，理解地尊重一种实践规则，并不是任何时候和任何场合都同我们对于其他善事物的爱好相抵触或冲突。那些对其他外在善事物的爱好只要不是过度的，并且那个特定场合对时间与精力的安排会带来很大冲突的，往往不会被我们感受到。仅当某种爱好是对于恶的事物，并且它在意识中十分强烈时，责任的行为才使我们感觉到自己的内心具有这种力量。①

另一个原因或许是，一个人有时候能做出责任的行为，有时候又不能做到，尤其是这种责任是一个人要在一个比较长的生活时期始终面对的。我一直要求对朋友诚实，这在我看来是要对朋友交往实践负起的一种重要责任，大多数时候我也这样要求自己。但是某些场合，或者是碍于脸面，或者为赚到一笔非常想得到的钱，或者为得到一种期求已久的荣誉，我也对朋友讲过一些假话，尽管我非常清楚，这甚至会对朋友间的信任与友爱实践带来致命的伤害。或许，正是由于我们时时感到这样或大或小的冲突，并且有时在这种冲突中未能做到，当我们这样做到时，这样的行为才令我们印象深刻。

责任的行为本身并不让我们觉得引人入胜。一个人做出责任的行为主要是出于对那种实践规则的理解与尊重，而不是对于它的引人入胜的性质的某种爱好。我们对它的尊重与对它的爱好不同，尽管想象时或许

---

① 我们在亚里士多德那里得到一种间接的佐证。亚里士多德，或许同时是他那个时代的雅典人，理解的一种重要的责任的行为（用康德的术语）是自制（egkrateia）。亚里士多德这样说明雅典人的观点：自制所抵抗的其他爱好越是恶，越是强，自制品质也就越是值得一个人骄傲（[古希腊] 亚里士多德：《尼各马可伦理学》，1146a10—15）。值得指出，在康德的理解中，希腊人说的德性在总体上的要求就是自制（I. Kant, *Practical Philosophy*, pp. 535-536）。这是对希腊人的德性观点的一种不很恰当的看法。至少在亚里士多德的著作中自制（或自我控制）仅仅是在快乐方面接近于节制德性的品质。

有些类似。因为，我们对实践规则的意识和尊重与对某种事物的爱好和对某个人的依恋是不相同的。的确，我们或许要承认，对一种规则我们很难去爱好，而只能做到出于尊重地去遵守，去达到它的要求，哪怕这要求已经是我们内心的。① 我们会对一种显得善的事物和一种显得有趣的活动发生爱好，但对于一种实践规则，我们能够理解与尊重，却很难发生爱好的欲望。② 它带给一个人的是一种内心的坦然，即使这些内心感觉伴有某种特殊的满足与愉悦，也似乎是十分微小的。但是，这种内心的踏实与坦然却总使得我们的责任意识，连同它的那个原因，即实践理智对于自主地参与订立的实践规则的理解的尊重，在力量上愈加强大。

第三节　责任与“自由”

一、“自律”为什么值得期求

我们上面已经说明，对这种实践规则的约束力量的责任论阐释更恰当地解释了我们的实践理智及其伴随的尊重感情的发展，我们也已经说明，这种阐释更加表达着我们作为实践的参与者，即自主的道德人的人格尊严。但是，我们还没有真正面对一个核心之点：为什么这两个被阐释的方面会是相互适合的，或者，为什么由于这种发展，我们更倾向于把我们参与订立的实践规则看作表达着我们作为自主的道德人格，把它的约束力量看作

① 不过，对我们自主地订立的实践规则的遵守与对技术或行政的规定的规则也一定是不同的：一群少年对他们自己商量确定的游戏规则的感受，与他们对被告知的要每天 6 点起床的规则的感受，必定非常不同。

② 爱好是对于责任的行为的“后果”的，康德这样说，对于这种后果，“我可以爱好，然而从来不会尊重”（［德］康德：《道德形而上学原理》，16 页）。当一种活动是产生一种外在善的活动时，爱好常常是对于那种外在善所带来的愉悦感的。但是，对于一种实践是否同时成为我们的爱好，则取决于它对我们是否具有一种内在的善。我在这里已经与康德一道，把责任的行为假定为是对实践规则的理解与尊重。我与康德不同之处在于，康德认为，一个人可能对于责任的行为的后果，例如内心的满足或坦然，发生爱好，但出于这种爱好的行为将不是责任的行为，所以最终说来，一个人不可能出于对一种责任的行为的爱好而做出这种行为。我将坚持，责任的行为不大会成为对一个人非常具有吸引力的，因为它对我们还不表现为具有突出内在优点的，因而值得向往的，一个人不大可能出于对一个责任行为本身的爱好而做出这样的行为；只有德性的活动才具有这样的可能。

我们对自身的约束。

实践规则，或道德律法，正如康德所说，不同于自然律法，它是自律的而不是他律的。因为，自然律法的原因是在人之外的，而道德或实践的律法的原因在人的自身。的确，实践规则的原因就在人的交往生活与实践之中，而不在其他地方。但是，自然律法的原因是不同的：纵使人能够通彻地了解自然的律法或法则的原因，那个原因也不在人自身之内。所以，自然的律法不可能是一种实践研究的题材。康德说，道德律法是自律的，是因为一个人可以把自己同时设想为一个本体世界的成员。① 但是，人的世界里不存在一个超验的本体世界，人的世界是这样的是因为人是这样的。然而另一方面，人的世界可以变得更好些，人的世界的事务存在一种对于人可能的改善，因为人的整个生活活动是实践性的。

我们也立基于人的直接现实的与可能的交往实践，采纳康德的人"是自由的"的观点。人"是自由的"，就是说，我们可以也应当把我们自身看作是自由的，因为，即使我们处于一种不甚合宜的交往实践环境中，我们也总是能够设想它的改善并把我们自己看作一个可能更加好的交往实践的参与者；人"是自由的"，就是说，一个人在这个范围之内，始终是他将要采取的行动的一个自主的决定者。简言之，我们是自由的，因为我们是，也的确应当把自己看作一个实践的参与者，一个实践者；我们是自由的，因为我们是，也的确应当把我们自己看作一个自主的道德人，一个我们自己的行动的自主的决定者。至于人为什么是这样的问题，则是属于形而上

---

① 自律或自我约束的道德规则更适合我们作为自主的道德人的自由本质，康德说，是因为我们除了把我们的经验的生活看作属于这个现实的经验世界之外，还把我们精神的生活看作可能属于一个本体的世界。我们倾向于把我们自己同时看作属于本体世界的一个成员。作为这样一个成员，我们在意愿上是完全自由的，所做的决定都出于自由的意愿，所确立的规则（准则）都出于自由的意愿。自律或自主的规则适合我们作为那个世界的一个成员的本性（康德解说这一段所扼要概述的思想，参阅［德］康德：《道德形而上学原理》，79～83 页）。

学的研究，不属于伦理学。①

如果这样阐释，那么很明显，我们对自主的实践规则的约束力量的理解及伴随的尊重感情的发展，与我们作为实践的参与者或自主的道德人的尊严，就的确是相适合的。因为，我们作为实践的参与者或自主的道德人的尊严，就是我们作为一个自由的人的人格的尊严。而且，这种理解与尊重感情越发展，它就越能够表达我们作为一个自由人格的尊严。所以，自律的或自我约束的实践规则或道德律法，更适合我们作为一个自由的人的本质。不过，显然也只有当这种本质力量在一个人内心中生长起来，即当他能够把那种自主的实践规则看作自己的实践意愿，把那种规则的约束力量当作他自己内心的约束力量加以尊重时，这才成为真实的可能。

二、外在的自由与内在的自由

我们不是说过实践理智可以理解地尊重对我们仍然表现为外在性的实践规则的权威吗？我们在尊重这类显得是外在的约束力量时竟不是“自由的”吗？

我们在尊重一种我们视自己参与了订立但依然显得是外在于我们的实践规则的权威时，的确也是自由的，但是这种自由，用康德的语言来说，仍然是“外在的自由”。② 我们可以出于对这种责任的尊重，支配我们的肢体去行动，遵守它或达到它的要求。我们是出于我们作为一个实践的参与

---

① 所以，我把康德的先验设定——我们必须把我们自己看作超验的本体世界的成员才会认为我们有充分的自由意愿，仅仅看作对“人何以可能是自由的”的一个形而上学解释的建议，而不是一个伦理学体系的一部分。康德说，他建立这种体系的目的是以纯粹（理论）理智来拓宽实践理智通往自由的狭窄“小径”，而且这只能由纯粹（理论）理智来拓宽，因为实践理智不可以“超越自己的界限”（参阅［德］康德：《道德形而上学原理》，80～83页）。康德的一个启发在于，包括理论理智在内的理智全部力量的充分发展与运用是没有限界的，经验并不是它的最后限界，它可以越出经验。狭隘经验主义者反对这一点，坚持理智力量的任何发展不可能越出经验。我们在这点上赞同康德。理智力量连同经验的性情、感情力量的充分发展，从题材上是越出经验限界的。当我们思考“为天地立心”（张载：《西铭》）或“天地境界”（冯友兰：《三松堂文集》第4卷，500页）或殉道者的精神世界时，我们倾向于承认那精神所面对的题材是超出经验限界的，尽管精神的活动本身仍然是一种主观的精神现象。康德的另一启发是，关于这种超验的题材的研究、探索，及关于这种研究的可能性与可能意义的研究，属于纯粹（理论）理智——智慧、努斯的形而上学、神学研究的范围，实践理智的研究如果将这些列入自己的范围，将不知所云。实践理智对自己的研究必须设界。

② I. Kant, *Practical Philosophy*, pp. 534-535.

者，作为一个自主的道德人的自由而这样做的。但是，这种自由由于所理解与尊重的权威的外在性而仍然具有外在性质。的确，人仅仅把出于对内在实践准则的尊重的行为看作真正自由的。因为，事实上只有我们作为自主的道德人加给自己的约束才被看作是出于自由的意愿的。自主的实践规则首先表达为一种普遍性的命令或要求。这表明，得到尊重的实践规则仍然对我具有外在性。我认识到这是我愿意从外部加给自己，并且是其他人作为自主的道德人也愿意这样的一个规则。但是就具体的行动而言，我们接受这种约束仍然是不自愿的。[①] 仅当这种规则，由于理智的理解感情的发展，成为内心的实践准则时，这种尊重才是对内心的权威的尊重，我们出于这种尊重的自由才不再具有任何外在的性质。我们可能出于对这两种不尽相同的规则的尊重做出责任的行为，这两种行为都表达着我们作为实践的参与者或自主的道德人的自由，但是唯有出于对内心的实践准则的尊重的行为才表达着我们内在的自由。

这种发展，即我们所说的道德觉解，以及人成为这种意义上的自由的存在物，仿佛就是自然赋予了人这种理解能力与感情能力的一个目的，一个我们必定称为自由的目的。这个目的解说起来就是，自然赋予了人这样的潜质，使他能够自主参与订立普遍实践规则的实践，并且使他在这种实践的进程中能够发展实践理智的理解与相应的感情，使他能够通过这种发展，将实践规则转变为内心的准则，一个人能够获得这样的发展，这种发展本身对于他而言，是一个目的，一个他作为人这样一种自由的存在者的一个目的。在这种意义上，仍然用康德的话说，人自身是一个目的。的确，这个星球上其他存在物得不到这样的荣耀。

第四节　在责任与德性之间

然而，当实践理智对内心实践准则的理解及其伴随的尊重感情指向心灵由于这种发展而产生的那种力量，来体觉和理解这种力量的性质与含义，这种体觉和理解就将走出责任的概念进入德性的概念，并且随着这种体觉和理解的发展，伴随它的感情也不再是尊重，因为尊重的感情仅仅伴随我们对一种自主的实践规则的理解，是对人的德性的实践品质的欣赏与向往。

---

① I. Kant, *Practical Philosophy*, p. 513.

德性或道德德性是一个人在行为与感情两方面表现出来的对于他自身的，尤其是交往实践方面的良好交往实践品质。我们将区别两种意义上的德性：严格意义上的德性是指人的实践品质的完善意义上的，即作为他的内心道德准则的充分自由的、无障碍地运用表达的德性；泛义的德性不仅仅指这种德性，还包括人通过抵制或克服某种不恰当的欲望与感情表达的德性。换言之，严格意义的德性是指充分意义上的，即没有对立的意识力量要去抵制或克服，没有外在于它自身的障碍力量作为参照的实践品质，不包含已经被常识视为交往实践的规矩或规则的、始终有某种或某些其他力量要去抵制的那些基本德性，泛义的德性则包含那些德性。但是对于一种实践品质的完善，我们这里是指它开始被我们倾向于看作完善的，而不是指它自身已经完善到极致，不可能更完善。事实是，人的实践品质的完善只有一个起始点，而不会有一个终止点：它是一个无限广阔的空间。

但是，不再有需要去抵抗的对立力量的德性，是否自身就不再有力量了？乍看起来事情仿佛是这样。但心灵力量是这样一种内心自由力量：一旦它面对一种强大的外部权力，例如政治、军事或经济的强大压力，它就会充盈起来，外部的力量即使强大，也不足以阻挡它做出决断。① 一个德性的心灵力量是柔性的、韧性的，如果遭遇强大的外部力量，它就变得比那种力量更为强大。只有从这种意义上，我们才能够体觉和理解孔子所说的“随心所欲不逾矩”，孟子所说的“浩然之气”，张载的“为天地立心”，以及历史上一些殉道者为坚持信守的教理而平静地赴死所表现的巨大精神力量，这些力量正是从德性的心灵产生出来的。

责任的行为，或者用亚里士多德的说法，自制的行为，总是使得我们的实践理智对于自主参与订立的实践规则的理解的尊重，力量上愈加强大。这种得到增强的力量是我们作为自由的道德人的自由的实践品质，所以责任的行为、自制的行为，是广义上的德性，而不是狭义上的德性。当这种力量获得足够发展时，即当它不再有必须去抵制的力量时，就是充分意义的德性。这种朝向充分力量的德性的发展之所以可能，是因为对内心实践准则的理解与尊重，尤其是出于这种理解与尊重的行动，使我们倾向于针

① 正因为这样，亚里士多德把德性看作这样的当下选择的心灵力量：它必定伴随有正常状态的快乐，而不是从一种反常状态转向正常状态过程中的快乐；康德把德性看作心灵的从零开始的正直的力量，即没有因对立的力量打折扣的心灵力量（［古希腊］亚里士多德：《尼各马可伦理学》，1154b2—3；I. Kant, *Practical Philosophy*, p. 516）。

对它必须去抵抗或克服的那些力量——出于不恰当的欲望、感情或某种偏失而固执的意见的力量，并把这种理解与尊重所焕发的内心力量肯定为我们自身的力量，肯定为我们作为自主的道德人的人格力量。通过不断的肯定和增强，这种心灵力量最终能够成为心灵最重要的力量，或用儒家的话来说，心的本体。

假如我曾经想以某种方式欺骗一个诚实的朋友，最后由于对交往实践规则的理解与尊重而抵制了这种欲望，没有去欺骗他，我就做出了一个责任的行为，如果从心灵力量方面看，这个行为就表现了一种德性的力量，并这种心灵力量使我做了一件合乎德性的事。同时，这个行为也肯定这种力量是我自身的力量，并把那种不恰当的欲望的力量看作负面的力量。如果我继续这样做，并且有了这样的体觉与理解，心灵的这种力量就愈加增强，渐渐地，我不再会产生以欺骗的方式获得一个朋友的友爱与帮助的想法，与朋友的交往变得既相互信任又轻松愉快，这种交往就变得具有德性。

不过，这种发展很困难。所以只有极少数人通过了这道窄门，被我们看作有完善德性的人。尽管肯定德性，多数人大概仅仅在某些时候，在不存在明显的要去抵制或克服的欲望、感情与意见的力量时，能够表达他们的充分自由力量的德性，多数时候表达的只是抵抗着某些对立或间接对立的力量的德性力量，甚至有些时候任由那些自己知道是不恰当的欲望、感情与意见左右自己的感情与行为。的确，人就是这样的混合体的存在，人在实践品质上的完善始终是有限的。

总体上，我们可以说，责任与德性相距不远，但从责任到德性仍然需要通过坚持不懈的实践努力才能实现转变。

附论：对康德责任论的概括与评论

我们已经间或地把康德看作对自主的实践规则之所以对我们具有约束力量的责任论理论的主要阐释者。但是，我们还没有从总体上对康德阐释的责任论，以及我们上面阐述的责任论与康德责任论的关系，作出评论。我们现在对此扼要地做些说明。

(1) 我们把康德的责任论作为对自主的实践规则的普遍性要求，以及对我们作为自主的道德人观点的责任论解释的代表。这不仅因为，他是责任论最重要、最系统的阐述者，而且因为，在大多数例证上，由于康德对实践理智的普通运用的谨慎而健全的批评性反省，我们可以合理地把康德的阐述看作对实践理智的可能的健全发展的一种表达。

（2）我们一直尽可能在可以经验观察的范围之内，阐发康德关于责任的实践理智思考的意义。所以，除了在十分必要的地方，我们没有反复地说明康德本来依托的哲学体系的先验主义形式。这并不表明，我们认为这一性质可以忽略不计，而是希望将有限的讨论空间集中在对实践理智的推理思考最值得关注的问题上。

（3）我们事实上已经将康德的责任论阐发为三个阶段，这三个阶段各有其核心的命题。第一阶段：从尊重到责任。核心命题：尊重是责任的起点和原因。第二阶段：从仅仅合乎责任的行为到出于责任的行为。核心命题：唯有出于责任的行为具有道德价值。第三阶段：出于对内在实践准则的尊重的行为不同于出于对仍然是外在实践准则的尊重的行为，唯有出于对内在实践准则的尊重的行为是德性的，另一种仅仅是责任的。核心命题：唯有自律的实践准则或律法最能够表达自主的道德人的自由本性。

（4）在这种对康德责任论的概括的理解中，我们把德性阐述为责任范畴的实践理智发展的最后一个阶段，在这个阶段，我们看到，责任自身被最终超越了，它在德性所欲实现的目的中消失了。我们把这看作道德觉解的一种可能性，或实践理智的理解及伴随感情的一种可能的发展。

（5）康德关于实践理智对实践规则或律法的理解会在我们的自然感情基础上发展出尊重这样一种内在、积极的感情的原理，在这里得到进一步阐发。理智的理解的发展被阐释为必定有某种同样发展着的感情伴随的，并且两者处于一种自然的相互亲和的关系之中。对内在实践准则的理解与伴随的尊重感情被阐释为共同构成心灵的力量；并且，当实践理智的理解开始理解这种力量本身时，发生了这样的转变：一方面，这种力量被视为德性或人的实践品质的优点；另一方面，伴随着的感情不再是尊重，而是对这种优点的欣赏与向往。

限于他的先验主义哲学，康德坚持德性仅仅是纯粹理智为自身确立的一个目的。因为，我们通常经验地看作目的的东西不能成为这样的目的。由于这种先验主义的逻辑，康德的讨论具有非常抽象的性质。他不能走出抽象的纯粹实践理智概念的范围。这种褊狭的基本原因在于，康德没有从人类全部生命活动的观点来理解实践。即使人的实践主要是混合性质的，着眼于对人类充分的生命活动的理解对这种实践的说明，也将比仅仅限于从抽象的非经验的观点来讨论在内容上更为充实。与康德的主张不同，我们在讨论中一直坚持的是，实践理智的理解及其伴随感情的发展，使心灵能够获得德性的力量，能够把德性确立为一个目的。这种发展能够在可借助经验观察的范围内以哲学的方式得到适当的解释。

我们将从这里转向对道德觉解亦即对实践理智的可能发展的德性阶段的讨论。

思考题：

1. 试说明尊重感情在对自主的实践规则的普遍性要求的责任论阐释中的重要地位。

2. 为什么责任论比权利论更好地解释了自主的实践规则的普遍性要求?

3. 试说明出于对内在实践准则的尊重的行为和出于对外在实践规则的尊重的行为的一些主要区别。

第二十三章　德性与活动

第一节　我们的活动的性质

一、人作为有限理智存在者

现在，实践理智的理解与伴随的感情面对的题材，已经可以自由地从内心的实践准则转换到心灵的力量本身，并且，内心实践准则与心灵的力量本身似乎总要结合到一起来被体觉与理解。不过这样地体觉与理解，就是从总体上体觉和理解人的生活本身或人生实践。

如果我们必须把人作为这样一种存在物来谈论，它以地球为家园，即使它有不断的知识积累和种系进化，作为一种有机存在物仍然依系于使无机物转变为有机物的有机机体而存在，我们就需要承认，它作为能够运用理智力量活动的存在物，仍然是有限的，它运用其理智力量的活动也同样是有限的。①

这种有限性首先是就它的整个存在依赖于使无机物质可以转化为有机物质的有机机体而言的。人命定地首先是一种有机的、自然的存在物，它的有机机体的有生命的存在，是它的全部动物性活动和理智性活动可能展开和实现的现实基础。如果它不是一个有机的、自然的存在物，它也就不会具有属于人的运用理智力量的一切活动：它的活动（运动）将不是人的活动。所以，即使人未来能够造成具有有机头脑和不朽身体的“人”，这种“人”也不是我们所谈论的地球人类，并且，甚至这样的存在物的理智力量

① 马上可以提出的一个问题是，人作为有限的理智存在者的对照物是什么？我们需要假定一种完善的理智的存在者的存在吗？在这点上，哲学的确也像科学一样缺少回答的能力。哲学看到科学的局限，但它同样看到自身的局限。作为一种实践的研究，道德哲学必须从它能够开始谈论的地方开始。关于这里提到的以及其他的形而上学问题，是道德哲学不能够发出抱怨的领域。设想我们身体中的微生物有理智。它们是否会认识到我们是比它们更高等的理智存在物？这个问题将是在它们的“理解”之外的。同样，这个宇宙甚至其他可能存在的宇宙是否是或者同某种完善的理智存在物相联系的问题也是在我们的理解之外的。道德哲学必须明智地搁置这些最终性问题，把它们留给形而上学，尽管我们完全可以预见，形而上学将难免在这些问题上陷入困难的歧见。

的发挥功能也仍然依赖于那个头脑保持其有机性的生理存在。[①]

其次，与第一点相关，这种有限是就每个人类个体在有机机体的生命限度内所能实现的理智力量的发展而言的。如果人类的每个个体都依赖于它的植物性、动物性机体的存在，作为有机的、自然的存在物，它的理智能够获得的发展受它的有机身体的生命限期的限制。人类每个个体的理智力量只能在这个限期内通过运用获得发展。它能够通过运用而发展和实现的理智力量必定是有限的。即使现代信息技术可以令每个个体都能够最便利地获得最重要的信息，由于理智的活动（就思想方面而言）仅仅是在每个个体的头脑中发生的活动，每个个体通过学习和训练而获得的这种发展仍然受到上述所说的限制。

最后，与第一、二点相联系，这种有限是就它能够借助理智力量来把握确定性程度的环境的限度而言的。即使未来人类可以产生生活于月球或其他星球的亚种，人类似乎命定地要以地球为主要家园，直至这个星球彻底毁灭。人借助科学与技术发展的装备虽然极大扩展了人类所能认识的宇宙空间，但是这种认识所能达到的范围在整个宇宙中仍然是微不足道的。毋宁说，理智力量越来越帮助人类发现了这种环境的限制。

二、人的有限性的另一种意义

人是有限的理智存在物同时也是在另一种意义上说的，即甚至对于人类自身的生活活动，人也可能只见其表不见其里，难于有充分的了解。对于这种意义我们需要做些说明。

人类或至少人类的某些部分，就像我们今天仍然局部地看到的那样，常常处于匮乏状态，因此人类需要为维持基本生存而竞争。在这种状态下，至少在前文明时期，人类生活活动表现为动物性的相互残杀，仅仅是获得必要生存资料的手段——食物、饮水、住所和直接生产它们的物质资料等，交往主要是战争的、诉诸暴力的，总体上不具有实践的性质。即使在能够以非暴力的交往来谋求基本生存资料的文明时期，由于中等匮乏仍然是大

---

① 毋庸赘言，一个不仅身体、而且物质头脑都全然是无机地构成的存在物更不是地球人类。人类的科学与技术正在畅想它们未来将会造就的这种存在物，仅仅是一种人造的存在物，即使它可能具有比人更高的存储和加工信息的智能。人类赋予这种无机存在物的智能，就像人制作它的那种能力一样，也仅仅是技艺的。我将把一个由这样的存在物构成或统治的世界，假设它的确能够被造成的话，看作非人的，因为它的确不是一个由地球人类构成的社会。

多数人时常陷入的境况，并且这意味着谋求基本生存资料是一项经常性任务，交往仍然是获得基本生存资料的手段。同时，初步和自然的分工、合作以及互通有无的交换，也促进了交往活动的发展。交往共同体与交往社会的发展，使得和平的、自愿的、使感情得到沟通的交往被肯定为更好的、正常的交往。我们的确可以说，文明就是从这里开始的。

交往中的因素——和平、自愿、友爱、安全、合作、团结等等，就随着这种交往逐步发展起来，并逐步为人类所期求，并在观念中被表达为新的需要。但是，由于持续存在着获得生存资料的任务，这些因素首先被看作对于获得这些资料有益的东西。当暴力被看作更有帮助的手段时，它就常常会被采用。仅仅当获取必需生存资料的压力变得不那么紧迫，采用暴力手段即使有效也被看作恶的方式时，这些要素才被看作自身就是善的。在文明发展进程中，它们逐步地被看作交往活动所内具的善，被看作实践的善。表现这些善以及那些与它们相联系的技艺的善的生活活动，也逐步被看作优良的生活活动。随着这些善被视为活动的一部分目的，这些活动也就被理解为实践。

但是，这种发展离不开实践理智的理解及相应感情的发展。因为，这些因素被看作交往活动的内在善，即一些活动被看作表现着这些善，另一些则不被看作这样，都是借助人的实践理智的理解的发展。实践理智的理解是人类能够发展的最重要的理智力量。在中国思想中，它就是理智本身，它的功能是使我们能够辨认、权衡、把握和获得总体上有益、有利的事物。在西方思想中，实践理智是比理论理智更可能在一个人的有限生命中随着年龄与生活经验的积累而发展的理智力量。无论在中国还是西方，实践的善在我们的理解中的展开与实践理智力量的展开都是不可分离的。

人的有限性也在此意义上具有了两重含义：一方面，人的生活活动是存在着中等匮乏状态的，这种活动仅仅在消除了紧迫的生存压力的水平上才在人与人的交往方面表现为实践。另一方面，人的生活活动又是由于这样的事实，即在有限生命内，通过摆脱了紧迫生存压力的交往活动的经验的积累，人的实践理智及相应感情也相应发展，才表现为或被理解为实践。人的生活活动，以及理智力量的发展，都表现为朝着这样的方向展开的一种可能性。这种展开的可能性本身是受到这种活动的经验性与理智有限发展的限制，因此它不可能在任何一个单独的人类个体上达到整个存在世界的彻底揭示。然而它是一种重要的可能性，因为它表明，既然这种展开可能在展开链条的许多环节上停止，某种更充分的展开就对一个人的生活具有意义。

三、实践的混合性质：目的

我们从这里切入了一个重要主题，人的实践的混合性质。说人的实践是混合性质的，是说它不是单纯性质的，不是属于某个单一的范畴。但是对这一点同样需要做些说明。

首先，人的实践是人在一定程度上摆脱了获得必需的生存资料的紧迫压力的基础上才可能发生的。这恰恰表明，实践不是可以完全离开获得生存资料的活动。实践必须以具有基本生存资料和能够以某种适当方式获得基本生存资料为前提。因为，不言而喻，实践是人首先要作为人生存才有可能发生的一种交往活动。所以，无论实践对我们展现着何种内在的善，基本生存资料对我们来说都是基本的善。基本善不足以构成实践的内在善，但是它是那些性质、关系、状态、方式等能够对我们表现为实践的内在善的必要条件。

从这一点，对于已经说明过的实践的目的上的混合性质，我们就能够做出一种进一步的说明。财富、荣誉、成功、名望、地位、权力、机遇等之所以被看作是善的，或者是因为我们常常可以直接用它们来交换那些基本福利手段，或者是因为对它们的获得总是附带着对那些基本福利手段的占有或强烈的心理满足感。一种交往行为可能仅仅是为着获得这些外在善，或者是既为着获得这些外在善，又同时是为着那种行为作为活动完成得良好和出色的，或者仅仅是为着后一种目的；当一种交往行为是同时为着这两种目的时，仅当后一种目的表现为主导性的目的时我们才倾向于把那种生活活动看作一种实践。如刚刚说明的，我们说一种交往行为仅仅是为着那种行为作为活动完成得良好和出色，并不意味着行为者不需要任何基本福利手段。我们是指，在从事那种活动时，对获得基本福利手段的考虑没有发生作用和引起关注，实践者关注的是活动完成得良好和出色。这发生于这样一种可能：获得基本生存资料对于他已经是得到保障的、安全的，或者由于已经做出的生活安排是不会发生危险的。

多数实践是混合性质的，在这些活动中，对活动完成得良好和出色的关注成为主导性的因素。实践的确只有在这种基础上才可能发生，即使从表面看来它不是完全不同的另类交往。试举两例：

a）政治可以成为实践，如果作为政治家，良好的治理成为我主导性的关注。因为在这种活动中，活动的内在善——善治是我的主导目的，即使我同时也把实现某种政绩作为一个目的。然而，如果把实现某种政绩或获得更高的权力地位作为主要目的，这种活动就仅仅是一种外在目的性的活动而不是实践。诚然，我们必须考虑所说的政治总体上是否仍然具有对于我成为一种实践的可能性。某些极端恶劣的政治下，这种可能性几近丧失。但许多情形下，对于一个能够局部地掌握政治的人来说，这种可能性在或大或小的范围内存在着。

b）私人合作组织的管理也可以成为实践，如果作为管理者，我主要关注的是通过良好的管理实现这个组织内部的合作。如果对利润、财富的关注成为主导性的，就像许多企业管理者事实上所做的那样，这种管理仅仅是一种外在目的性的活动。至少就企业的活动来说，它本性上是这样的一种活动。但是管理活动的确具有成为一种实践的可能性。

可能提出一种反驳，我作为管理者的确追求良好的管理，但总体上不仍然是为着实现某种外在性的目的吗？如所说过的，人的活动不能免除混合的性质。并且，实践如亚里士多德所指出的，适合被看作属于具体的而不是抽象的范畴。① 如果在具体的管理活动中，我着眼的是实现良好出色的管理而不是外在性的目的，我们有理由假定这两者的不同在经验观察下是能够相互区别的，那么基于这一点，这种活动本质上就是一种实践。

更为广泛的意义上，由于实践是对于人可能的生命活动，甚至劳动也都因为实践的可能性而可以成为一种实践。如果在劳动中我唯一关注的是那种劳动活动完成得良好，而这对于我意味着我需要出于良好的身体和心灵的状态来完成这项活动，并且我需要与同伴们进行良好的合作，那么我的劳动活动就具有自由、审美、伦理的品质，对我而言就成为一种实践。不过，由于在职业分工条件下，获得外在性的福利手段多少明确地是活动的主要的目的，劳动通常对我们表现为操劳的、我们不得不去从事的活动，因此我们通常不把劳动看作实践。正是由于这种区别，我们把在劳动中发生的与他人交往的活动看作一种可能与劳动不同的生活活动。因为，当寻求相互间感情和理解上的交流和沟通成为一种目的，它就可能成为相对独立于获得外在善手段这一目的的目的。这可以见证于这样的生活事实：我们可能出于交往的目的而做的一些事情，如果仅仅出于获得外在善手段的考虑，我们可能不会去做。

四、实践的混合性质：意愿

实践的混合性质的另一个非常重要的方面，是实践常常在意愿方面具

① ［古希腊］亚里士多德：《尼各马可伦理学》，1110b8。

有混合性质。正如亚里士多德观察到的，我们时常很难说明，我们做出一个行动究竟是出于自愿还是不是出于自愿。人的意愿上的复杂性也许是人的世界中最为复杂的事物。

要说明这种混合性质，首先需要从这一点谈起：构成我们的意愿的因素是多样的，这些因素并不经常和谐一致。① 我们可能出于这些因素中的这一种或那一种，或者同时出于其中某几种因素的组合，而做出一个行为。例如，如果我们出于欲望做一件事情，这未必是同时出于选择的。出于感情或某种意见而做出的行动也可能如此。出于选择而做出的行动可能同时出于某种感情，也可能不出于通常被理解为自然地产生的感情。

我们以亚里士多德的方式，把选择理解为一种已经通过习惯的训导而接受实践理智考虑引导的欲望，即欲望与实践理智的结合。② 基于这样的理解，当我们出于选择，这并不必然意味着违反欲望或感情等等，而做一件事时，我们是在充分意义上出于自愿的，因为它们出于"经过考虑的欲求"③；而当我们仅仅出于欲望、感情或意见中的这一种或那一种④，或它们的某种组合而做一件事情，我们当然并不是不自愿的⑤，因为这些因素都是意愿的重要构成因素，但这种行为严格意义上不是出于自愿的。一个

① 亚里士多德区分了这些因素：欲望、感情（激情）、意见、希望、选择（[古希腊] 亚里士多德：《尼各马可伦理学》，1111b4—1112a17），把希望看作是意见中对于目的的意向性，尽管这种意愿未必强烈地影响到行动。选择被理解为欲望与实践理智的考虑的结合。所以在这个意愿性要素的列表中，柏拉图的理智或知识被排除了，影响到行动的是实践的而不是理论的理智。康德在这份表中包括了亚里士多德指出的欲望和感情，并加上了爱好、意图（目的）和意志（[德] 康德：《道德形而上学原理》，第1章）：目的或意图在康德看来是欲望、爱好施加在实践理智上的经验的痕迹，意志则是实践理智的不受经验影响的那种行动的决心和力量。儒家学说区分性命情才：性与命是人的意愿与活动中最自然的因素，其中命即使表现为我们的主动要素，也并不是人自身可以主导的。情与才是我们在自然或道赋予的性与命的基础上，经过自身的努力发展的身心状态。性命情才汇合起来，构成人的主观意愿的天地世界。

② 在《尼各马可伦理学》中，亚里士多德把选择解说为"经过考虑之后的对力所能及的事物的期望"（1113a10），"经过考虑的欲求"（1139a24），"欲求的努斯"或"理智的欲求"（1139b4—5）。按亚里士多德的观点，在选择中，经过训导的欲望已经是听从实践理智的考虑的，是与实践理智结合在一起的。

③ [古希腊] 亚里士多德：《尼各马可伦理学》，1139a24。

④ 假定这样一点似乎是合理的，即我们通常会有多种欲望，尽管不是同时，也会有多种感情和意见；它们中间的这一种或那一种可能共同构成实践的意愿。

⑤ [古希腊] 亚里士多德：《尼各马可伦理学》，1111a24。

儿童仅仅出于欲望贪吃一大块巧克力时并不是在做一件不自愿的事，但是这个行动严格意义上似乎又不是自愿的，因为他并不愿意使自己过度肥胖和不适合运动。我们的确更倾向于把一个经过考虑之后决定控制自己的巧克力食量的儿童的行为，当然，也把一个出于培养起来的兴趣而认真进行音乐或体育的训练的人的行为，看作自愿的。

与这一点相联系，亚里士多德还提出一个进一步的观察：这种混合的性质还需要从实践环境的性质方面做出说明。当我们不得不两恶中权其轻时，一个行动可能就那个具体情境来说取决于我们去做还是不去做的实际决定，因为支配我们肢体的能力在我们身上，我们既可以决定去做那件事，又可以决定不去做那件事；但是，从更大的环境来考察，整个环境对我们来说具有强迫的性质，我们可能非常不情愿陷入那种环境中。① 实践属于具体范畴②，因而我们应当依据那个具体情境中当事人是否能够支配自己的肢体行动这一点来判断。然而，更大环境的强迫性又是实践的考察不能够忽视的。人的实践行为本性上就具有这双重的品性。

生活的观察使我们倾向于同意，这种混合型的行为处境是人类经常面临的处境。即使并不总在两种实践的恶中权衡和决定，我们也常常要在一种实践的善与一种外在的善，以及一种实践的恶与一种外在的善之间权衡和选择。权衡和选择是实践理智的普通运用经常面对的问题。在这种权衡中，我们的行动常具有混合的性质：它们对我们来说不是不自愿的，但又不是出于选择的；它们就具体情境来说取决于我们的决定，就更大的环境来说却具有强迫的性质。

第二节　德性作为使实践完成出色的品质状态

一、实践与德性

既然人的存在被理解为人的生活，即他的生命所经历的活动，并且主要是他的交往的实践活动，既然人的实践具有这种混合性质，实践尤其是我们可以做得好一些或差一些的活动，我们，或许是由于许多哲学家所说的人的本性或自然，就尤其倾向于把好的实践看作我们即我们的生命自身，

① ［古希腊］亚里士多德：《尼各马可伦理学》，1110a2—7。

② 同上书，1110b8。

也尤其倾向于把这些活动表现出来的我们作为实践者的品质看作属于我们自身的。一些实践被我们看作是完成得出色，表现出德性的；一些实践被我们看作是一般的；另一些活动则被我们看作是卑贱的、恶的。我们倾向于不把后面这些活动称作实践，不把这些活动表现的我们的品质看作属于我们自身的，因为实践被看作实现活动自身具有的某种善的努力。

一项实践可能由于两种原因完成得优秀：实践者自身的努力和外部的幸运条件。在那些最重要的实践上，正如亚里士多德所说，我们尤其会自然地把我们自身作出的努力看作一项完成得出色的实践的原因。① 的确，尤其是实践活动方面，我们倾向把有利的外部条件看作某种偶然性的帮助成功的因素。出色的实践所表现出来的德性，即它完善地实现的内在目的，则被我们看作属于实践者方面的。由于我们把实践的德性归于实践者，或者，把实践的实践者方面的因素看作那种表现出德性的实践的原因，我们就习惯于把优秀实践的实践者方面的那种原因，那种心灵力量，称为德性。在中国、西方以及几乎所有主要的文明社会，这种实践者方面的因素被称为德性的品质。

说明这一点是必要的：德性虽然在中国和西方都不仅用于说人，也用于说广泛的事物，但是它的主要意义是实践的，并且在这种意义上主要是用于说人的品质和人的实践性质。中国先哲习惯于用“德”这个字而不是“德性”这个语汇，“德性”这个词虽然汉语中有其实存，但主要被用作对希腊词语 αρετη 的翻译。② 这表明的一个事实是，德或德性这个术语在中国和西方都是很早并且很广泛使用的。泛义上，德性不仅用于说人，也用于说物。例如，中国人会说“天德”或“上天之德”，即宇宙和自然界的德性。这个德通于道，是道演化而来的。庄子说，最初的存在是无，无后来引出一，一即无形

① 亚里士多德说，我们倾向于把幸福这种神圣的福祉看作“德性的报偿”而不是“运气的恩赐”，“因为在自然中，事物总是被安排得最好”（[古希腊] 亚里士多德：《尼各马可伦理学》，1099b15—21）。

② 较早使用德性这个语汇的似乎是陈淳，他把德性用作从德字引申派生的一个语汇，表达“在我所得于天之正理”（《北溪字义·德》）。德性一词在上个世纪主要被用来翻译希腊人的 αρετη 这个词语，它在我们原本的语言中使用得较少。希腊人的 αρετη 一词，其实译作德是非常妥帖的，因为它所述说的正是各种事物，尤其是人的优良的状态、行为与品性。我在这里将仍然延用德性这个译名，因为它既是中文中本来已有的一个词，又在含义上与德这个词没有什么不同。

的道，及至它变化而具性，便有物生，使这物得以生的就是德。① 希腊哲学家把德性的概念用于所有生命物及其实现活动。例如他们谈论马的德性、刀的德性，甚至眼睛的德性，等等。依亚里士多德的看法，德性是使得一个事物状态好并使得它特有的活动完成得出色的那种状态或品质。② 德性表明的，不仅是一事物具有人们可合理地要求于那类事物的性质，而且意味着具有“优点”，即在具有这种性质上远远优胜于其他同类事物。

毋庸赘言，无论在中国还是西方，德性这个语汇主要是用来说人的品质和人的活动、行为的性质。用于说人时，德性述说的题材不离这两个方面。中国人的思想中，尤其是重视教化的儒家学说中，德的观念具有很中心的地位。儒家、道家等等，都是用德来述说我们作为人的品质的状态和我们的生命和活动的优良状态的。在中国人的日常意识中，这两个不能脱离的方面沉淀为“人”和“事”的观念。这种理解在古希腊思想家中得到最深沉的共鸣。德性，用亚里士多德的话说，是“既使得一个人好又使得他出色地完成他的活动的品质”③。

简言之，德性的概念既述说一个人的好，例如我们说一个人好；也述说他的行为即实践进行得好、完成得好，例如我们说某件事做得好。

二、德性的主要性质

我们也许首先需要从实践的实践者方面的因素来讨论德性的一些主要性质。因为尽管已经反复地提到它，我们还没有直接对它做出必要的说明。

但我们首先需要简要地说明研究德性的两种不同方式：一种方式可以称为概念，这是希腊哲学奠定了基础的研究方式；另一种可以称为直觉体验，这是中国先哲讨论德性的方式。这两种方式尽管很不同，但是可以发现，人们以这两种不同方式言说的德性的主要特性却极其相近。这一事实的重要性不可低估。因为，如果以相当不同的思想方式却对德性的性质获得相当接近的理解，这种接近的理解就表明了人类道德文明的某种共同方向。事实上，德性的观念或概念正是中西方道德哲学或思想可以比较充分沟通的地方。

我们需要深入研究我们和我们的先哲用德述说的状态的主要性质，当

① 《庄子·天地》:“泰初有无，无有无名。一之所起，有一而未形。物得以生谓之德。”

② ［古希腊］亚里士多德：《尼各马可伦理学》，1106a15—16。

③ 同上书，1106a21—22。

然，做这样一种尝试时必须非常小心。[①] 首先，我们可以说，那种状态使我们的状态和我们的活动总体上好。当孔子称赞泰伯之德为“至德”[②]，甚至，当庄子称“知其不可奈何而安之若命”为“至德”[③] 时，他们所说的都是使一个人总体上好的那种品质。其次，德性虽然本原上为自然（天）所赋予，却一定要通过我们自身的实践，即我们的自觉的努力修为才能获得和发展。中国思想向来注意德的这两重性，并将德的本质落在人的实践和修为方面。所以老子以“道生之，德畜之”[④] 表德与自然本原——道的关系，将德表达为人对自然造物的“畜”、“长”、“养”的实践功夫。之后的思想家中，朱熹明确将德的功夫诠为“行道底”，且要通过“讲”与“学”而“得之于心”[⑤]；陈淳以“就人做功夫”解德：“道是天地间本然之道……德是行是道而实有得于吾心者”[⑥]。第三，德性是通过这种实践和修为而在我们内心获得对自然万物和人的生活的根本道理（道）的体会才发生的状态。管子讲“德者得也”[⑦]，一是说德在于生，二是说德在于我们在实践中有所得，有所体会，并且尤其在后者。朱熹所谓德是“己之所独得”的，并且要“得之于心”的[⑧]；陈淳讲德要“是有得于吾心者”的[⑨]，就是对这一点的明白的诠释。第四，德性是要成为我们心灵中的不竭活力，使我们主动做有德的事，事事努力才算是达到了德，否则，德就会得而复失。中国思想家素以“失德”自警和教人。如《左传》警示，“我之不德，民将弃我”；《国语》也说，“无德而福隆，犹无基而厚墉也”；《墨子》也这样劝诫人，“不慎厥德，天命焉葆？”

为便于讨论，我们姑且以使一个人在总体上好；需要他本于自然，然而要实践地获得；使他获得某种内心的状态和使他具有实践的主动性与一贯性，来概括上面所列举的德的观念所述说的人的品质状态的四种主要

① 德在中国思想中的意义十分丰富，这里的分析恐挂一漏万。但就德所述说的状态的主要性质做一分析性的讨论，也许对这个观念的澄清有所裨益。

② 《论语·泰伯》。

③ 《庄子·德充符》。

④ 《老子》，第51章。

⑤ 《朱子语类》卷六。

⑥ 《北溪字义·德》。

⑦ 《管子·心术上》。

⑧ 《朱子语类》卷六。

⑨ 《北溪字义·德》。

性质。

我们可以发现，这些重要特性也存在于希腊人对德性概念的理解中，并且希腊人的这些理解对西方后世思想影响深远。首先，希腊哲学家们把德性看作一种内在的、属于灵魂的总体的善。在亚里士多德的伦理学中，德性是使一个人状态好，使人的活动完成得出色的品质。① 其次，希腊哲人，例如柏拉图和亚里士多德，也把德性看作既是自然赋予我们的潜质，又必须是通过实践的功夫养成的品质状态："自然赋予我们接受德性的能力，这种能力通过习惯而完善。"②同时，亚里士多德也最清楚地表达了这样的思想：德性不仅仅在于行为具有某种性质，而且在于它出于某种心灵的状态。③ 最后，关于德性的主动性和一贯性，亚里士多德也作了非常明确的表述。例如，他说德性是灵魂的进行选择的品质，我们必须"不断重复"地做合德性的行为，才能成为有德性的人。④ 我们可以引出一个结论，在人类古典文明时期，中国与西方思想对德性的看法事实上有很多相同之处，它们的基本方面是可以相互沟通、相互印证的。

三、为什么德性得到称赞

上面的说明也表明，人们使用德性这个词语，也是表明对于出色的实践行为及所表现的心灵实践品质的力量的称赞。⑤ 但是，这个事实本身，即人们倾向于称赞这样的实践行为和品质，而不是相反的行为和品质，却需要我们做出说明。

总体上，我们可以说，我们之所以倾向于称赞这样的行为和品质，是因为人的生命活动有一种向上发展的倾向，它倾向于向更充分、更完善的

① ［古希腊］亚里士多德：《尼各马可伦理学》，1106a21－22。

② 同上书，1103a25－26。在之后的斯多亚派哲学家的学说中，德性被看作灵魂的遵从理性在我们身上所指示的自然的品质。拉尔修写道，按照斯多亚学派的看法，自然的规则就是遵从冲动的引导。但是对理性存在物来说，"依据理性的生活就正当地成为一种自然的生活方式，因为理性……科学地塑造了冲动"（［古希腊］拉尔修：《名哲言行录》下，438页）。

③ ［古希腊］亚里士多德：《尼各马可伦理学》，1105a32。

④ 同上书，1139a22、1105b5。亚里士多德之后，德性的主动性与一贯性成为康德德性学说的基本主题（I. Kant，*Practical Philosophy*，pp. 509-603）。

⑤ 德性的概念，正如奥斯特沃特指出的，在所有希腊伦理学体系中都是根本性的概念。在希腊人的最初用法中，它被用来指武士的高贵行为，例如在荷马史诗中，德性的意义几乎等同于勇敢，以后它也被用来指那些卓越的公民在城邦生活中表现出来的公民的美德或品质，并逐步地用来指任何人、生命物或器物的突出拥有的优点。

状态发展，而不是相反。德性品质和表现着这些品质的出色的行为是被我们看作更优秀、更完善的，因而我们倾向于称赞它们。观察和判别出色的品质和活动同普通的甚至坏的品质和活动的区别并不十分困难。即使是普通人，只要他的实践理智有正常的发展，都能够辨别这种区别。由于人的实践，是混合性质的而不是纯粹的，并且，由于优秀的、完善的品质与活动是少有的，我们就自然地倾向称赞这种罕见的完善发展。混合性质的实践与品性是一个容有极大变化和区别的范围，就像具有连续性而呈现极大变化的光谱那样。纯粹高尚的实践和品性，如我们的先哲所称道的圣人和贤人，或柏拉图谈论的神人，是非常少有的。多数的实践和多数人的实践品性都是目的上、意愿上，以及其他方面，混杂有不同因素的。

所以，我们称赞优秀的、完善的实践活动与品性，是因为那种完善的发展状态虽然罕有，但对我们而言仍然是可能以某种方式接近的，因此也值得向往。因为，人不是一成不变的，他的实践的生命活动不是一成不变的，而是有极大的改变和发展的空间。实践始终是人的生活活动的一种可能性。人可能通过实践的活动变得更好，他的实践品质，同这种活动相联系，也可能变得更好。优良的、出色的实践活动，因而，实现优秀的生命活动，获得优良的、德性的品质，始终对于人是可能的、在他能力之内的。

我们或许可以在这里更深入一步。因为我们称赞出色的实践和品质为德性的，绝不仅仅要表明那种发展状态对我们是可能的。我们更在于表明，尽管很少，那些获得了那种发展的人所做出的实践努力是可嘉奖的。因为，我们的实践活动和品质虽有朝向好的、有德性的状态的发展的可能，但这种发展并不是自然地实现，而是以实践的即积极活动的方式获得的。我们通过做正义的事成为正义的人，通过做节制的事成为节制的人，亚里士多德这样说。[①] 在与欲望、感情相关的事务上做出这种实践的努力，尤其是一贯地这样做，是难能可贵的。我们用德性来谈论这样的实践努力时，我们是把这些努力看作值得效仿的，是默认我们自身在这件事上有值得反省的地方。我们甚至会感到，这唤起一种起而仿效——也许是以某种适合我们自身的方式——的动机。

简言之，我们的生命及其活动的趋向完善发展的本性使我们不仅肯定对于我们可能的完善发展，而且使我们称赞朝向那些发展的实践努力。

① ［古希腊］亚里士多德：《尼各马可伦理学》，1105b10－11。

第三节　道德德性与理智德性

以下讨论中，我们将采取亚里士多德的一种理论分析框架，把人的德性区分为道德德性与理智德性两个范畴。[①]

儒家先哲与希腊哲学家柏拉图和亚里士多德，同样把欲望、感情、理智看作心灵的与人特有的实践性的活动相关的三个主要的原理，并且，在这三个心灵要素中，他们都同样认为感情与理智存在亲和的关系。但是，还应当说明，儒家先哲与柏拉图、亚里士多德也同样将感情归于欲望的范畴，且与理智对照。这是因为，感情与欲望同样发生于我们的动物性的感受性，理智的发生根源则距这种感受性稍远些。

所以，按照中西方先哲的共同看法，我们可以说，欲望、感情和理智虽然是三个原理，理论上却可以归入两个大的范畴。心灵或灵魂这两个主要范畴或原理，理智与欲望感情，在亚里士多德的理论分析下，共同地构成人作为人活动的动因：理智是按照道理思考和判断的能力，是人最高等的能力，欲望和感情是无理智的，但是感情可以听从理智，欲望在理智与感情的共同作用下也可以被训导得服从，因而这个欲望感情部分也可以算是分有理智元素的。[②] 由于欲望感情部分的感情与理智有这种亲和的关系，理智如果与感情都是健全地发展的，并且获得这种亲和性，对欲望的必要矫正就变得比较容易，这样，理智与欲望和感情就处于一种和谐的状态，而这也就是人的灵魂或心灵的完善的状态。[③]

依照对心灵或灵魂的这两种最基本的活动的区分，人的德性可以分为理智德性与道德德性。理智德性是灵魂的理智的活动上的德性，可以由教

---

① 我把亚里士多德关于道德德性与理智德性的分析框架看作迄今为止理解人类德性的最好的方法。他在《尼各马可伦理学》第2～5卷讨论道德德性，在第6卷讨论理智德性，在第7卷中讨论合道德德性的生活方面的问题，在第10卷中讨论合道德德性与理智德性的生活（幸福）中的问题。关于他讨论友爱的第8～9卷的相关性质，一个合理的解释似乎是，对于朋友这样一种过社会的生活最为重要的善，我们具有并且需要有一种专门的德性，这种德性不仅为合道德德性的生活所必需，而且尤其为合理智德性的生活所必需。

② ［古希腊］亚里士多德：《尼各马可伦理学》，1102b13。

③ ［古希腊］柏拉图：《理想国》，435b—445e；亚里士多德：《尼各马可伦理学》，1102a25—1103a4。

导生成。理智德性又可以分为理论理智的、实践理智的和技艺理智的，与我们运用理智力量的三种主要活动——理论、实践、制作相应。理智德性总体上要通过运用来巩固和获得。但理论理智德性的运用就是理论地思考。实践理智德性的运用一方面是实践品质的锻炼；另一方面是实践理智的理解与伴随感情的健全发展。这两个方面总体上说都需要基于实践的活动的发展。技艺理智德性的运用就是运用技艺的制作或创作活动。

道德德性是灵魂的欲望与感情的活动上的德性，道德德性是我们欲望与感情的发展上的优良状态。它原本的生成原因是习惯的训导与矫正①，它的最终形成也需要实践理智的理解及伴随感情的健全发展。因为，仅仅当一种被感觉到是好的实践品质也被健全发展的实践理智理解为好的，被伴随着这种理解的感情体觉为好的，道德德性才算是最后形成了。因此，实践理智是与道德德性密切相关的理智力量。

需要说明，我们所说的道德德性与理智德性的区分是一种理论意义上的区分，是说当我们把它们当作一种理论思考的题材时，可以做这样的区别。在实践的意义上，我们不会感觉到这种区别的需要。因为，感情与理智的理解如果健全地发展并形成亲和关系，就很难清楚地确定，区别于那种理解的感情是什么，或者区别于那种感情的理解又是什么。还需要说明，我们下面行文中所说的德性，一般情况下是指这种理论地区别的意义上的道德德性，除非在需要特别与理智德性区别的情况下，我们不再专门地注明这是道德德性。

思考题：

1. 什么是德性？它与我们的生活活动有怎样的关系？
2. 德性具有哪些基本的性质？
3. 道德德性与理智德性怎样相互区别？它们又有什么联系？

① ［古希腊］亚里士多德：《尼各马可伦理学》，1103a4－16。

第二十四章　道德德性

第一节　感情、行为与德性

一、行为

德性的性质或特点需要从实践的题材方面说明。因此我们首先需要说明实践的题材。从这个方面来说明德性，我们会发现，中国先贤与希腊哲学家亚里士多德的学说有一个十分明显的相通之点，即他们都认为行为与感情是实践的主要题材。

行为是实践的第一个主要题材，也是最重要的题材。行为是我们处理交往事务和私人生活事务的、表现着我们的某种意愿的具体活动过程，是我们可以用某种方式反思和调整的活动。我们意识到自己的行为，通过实践的思考调整着自己的行为。由于这类具体活动是我们每日每时都要进行的，行为是同我们的德性最密切相关的。在这种意义上，可以说，行为是实践的基本要素和题材。的确，我们说一个人的为人或品质如何，最基本的意义说的就是他的行为上的总体性质。因为，德或德性不只是一个知的问题，而首先是相关于行为的。一个人如果想具有德性，亚里士多德说，除了按有德性的方式去做事之外别无他途。① 按中国先贤的思想，在实践领域，行比知更困难。《尚书》说“非知之艰，行之惟艰”②。道家学说教导我们遵循自然之道生活，认为德性不过是我们在这种生活或行为中自然地获得的东西。儒家德性学说的基本教导就是对于成为一个人（“成仁”）来说行比知更重要，所以儒家学说教人首重践行而切戒空谈。可以说儒家学说和道家学说都是重行的。

行为并不是一种简单的实践题材，因为我们通过行为形成行为的习惯，并通过行为习惯塑造着我们的品性。我们通过一个个行为形成的最初的东西叫作习惯。习惯是由许多单个行为累积而成的惯性的行为方式。

---

① ［古希腊］亚里士多德：《尼各马可伦理学》，1105b10－12：“所以的确可以说，在行为上公正就成为公正的人，在行为上节制就成为节制的人。如果不去这样做，一个人就永远无望成为一个好人。但是多数人不是去这样做，而是满足于空谈。”

② 《尚书·说命中》：“非知之艰，行之惟艰”。

由于习惯的积累而生成的东西称为品质、品性、习性。品性等是一个人通过习惯潜移默化而养成的稳定的行为倾向。由于这一点，我们通常会对品性的形成毫无察觉。品性等因此显得完全是自然赋予的。诚然，一个人的品性中有自然的因素，例如亚里士多德把西徐亚各位国王作为“天性柔弱”的例证①，但是它显然基本上是一个人通过习惯潜移默化而养成的品质状态。

从这点来说，我们的每一种品质都开始于一个具体的行为，坏的品质如此，好的品质也是如此。养成良好的品质，荀子认为，只有从一点一滴的事情做起，日积月累，才能“积善成德”，他劝诫人们从做一件件事开始培养良好的教养。② 柏拉图认为，一个人从幼年开始受到良好的行为训练对于形成良好的品质至为重要，这种训练可以使一个人在培养良好品质方面少走弯路，因而是幼年教育极为重要的内容。③ 亚里士多德把我们通过良好习惯获得的品性解说为过一种良好生活的一个重要起点。④ 有没有这样一个起点是重要的，亚里士多德因此指出，一个人从小养成怎样的习惯绝不是小事，因为他养成怎样的习惯，往往就形成怎样的品质。⑤

作为行为的某种结果，品质或品性还有一个更为重要的性质，即它也像自然造成的东西一样难于改变。亚里士多德借诗人的话警告，习惯可改，本性难移，所以一个人要注意自己形成的习惯，如果是不良习惯，就要注意矫正，以免它生成为自己的品性。⑥ 我们的先人对于这一点有同样的警觉。“江山易改，本性难移”，这句话可以这样解说，如果一种不良习性久而久之通过习惯而形成，我们就难于纠正它，所以，我们应当慎于最初的行为。

二、感觉

我们每做出一个行为，都联系于某种外在的善事物或某种活动的内在的善，都伴随着对那种事物和与那种事物相联系的活动的令我们愉悦的感

① ［古希腊］亚里士多德：《尼各马可伦理学》，1150b14－15。

② 《荀子·劝学》：“积土成山，风雨兴焉，积水成渊，蛟龙生焉；积善成德，而神明自得，圣心备焉。故不积跬步，无以至千里；不积小流，无以成江海。”

③ 柏拉图关于人的早期行为训练的讨论可以分析为心灵（感情）的培养、身体的锻炼和行为的训练三个方面（［古希腊］柏拉图：《理想国》，第3、4卷）。

④ ［古希腊］亚里士多德：《尼各马可伦理学》，1098b3－4。

⑤ 同上书，1103b24－25。

⑥ 同上书，1152a33－34：“朋友，习惯是长期养成，它最后就成为人的自然。”

觉；我们每做出一个行为，就有一种感觉使我们感觉到自己在做那个行为。① 这里所说的是我们心灵的内省的感觉。② 它不同于直接的感官感觉，例如视觉、听觉、味觉、触觉等等，而是一方面伴随着对事物的感官感觉，另一方面也伴随着我们基于这类感官感觉的活动或行为的心灵的内在感觉。这种感觉虽然并不独立存在，但是它非常重要。正因为这样，我们可以恰当地说，这种感觉或感受③是实践的第二个主要的题材。因为，对恰当事物的恰当感觉使我们追求这些事物，正确的、恰当的感觉使我们恰当地行动，错误的、不恰当的感觉往往使我们做事不恰当、不正确。同时，愉快的感觉使我们轻松地完成一项活动，不愉快甚至痛苦的感觉则使那项活动变得困难和不顺利。

感觉所伴随的活动和行为中有许多是我们追求所需要的外在事物的。我们的生命有一些自然的、对外在事物的需要，例如食物、饮料、性生活、健康等。另一些事物则是我们在共同的、社会的、彼此交往的生活中自然需要的事物，例如财富或福利手段、机会、成功、运气、荣誉或名誉等等。当这些需要发生时，那些事物就吸引我们，就引起追求它们的活动，使我们获得这些事物并满足这些需要时感到愉悦或快乐。我们的生命活动和交往活动也自然地躲避某些事物，例如匮乏、早夭、灾祸、破产、毁誉、厄运等等。这些事物以及躲避它们的活动都使我们反感和恐惧。伴随这些行为或活动的感觉是否恰当对行为的习惯有十分重要的影响。我们身体的某些状态也被我们看作值得追求的，例如健康、美丽、强壮、敏捷等等，当我们运用健康等的身体进行活动时，这些活动总是令我们感到愉悦。我们在追求这些身体的善时，也有一种感觉和感受。

此外，我们在追求所需要的外在事物以及身体的善并感觉我们追求这些事物的行为和活动的同时，也感觉着我们同他人的交往，也追求交往活

① 亚里士多德写道："一个人看他就感觉到他在看，听就感觉到他在听，走就感觉到他在走；同样，在进行其他活动时也都有一个东西感觉到他在活动。"（［古希腊］亚里士多德：《尼各马可伦理学》，1170a28—30）

② 广义上，我们可以把我们在上文中提到的亚里士多德所指出的那类感觉，以及他所谈到的我们对一个朋友的感觉的感觉（［古希腊］亚里士多德：《尼各马可伦理学》，1170b11）看作对这种内省感觉的最初提出方式。这种内省感觉，如人们熟知的，是后来英国情感主义者们所讨论的"道德感"的一个基本来源。

③ 在这一点上，我采取亚里士多德的方式，把感觉看作灵魂的当下发生的感受性。感觉是我们的动物生命的基本活动。

动方面的善，并感觉着我们追求这种善的活动，只要我们的实践理智经历着正常的发展，交往活动会被我们看作更重要的行为，交往行为的善也会被我们看作更重要的善。那些在我们之外的、即使我们不抱有任何外在目的也令我们感到愉悦和美好的事物也是如此。我们会感觉到，交往活动的善表现着一个人灵魂的善，表现着这些善的活动，以及与那些在我们之外始终令我们感到愉悦和美好的事物相联系的活动，例如注视、欣赏、思考、想象等等，就是构成我们的好的或有意义的生活的最重要的东西。而且，即使作为人，在由于缺乏而发生某种紧迫需要时也能够局部地感觉到这些善，我们越是想摆脱这种紧迫需要，就越会感觉到这类善吸引我们，越会感觉追求获得交往活动和灵魂的善的活动，以及注视自然及人类创作的那些伟大而美好作品的活动，吸引我们。

三、感情

我们在这里需要引入对感情与感觉的某种区分，因为感情无疑是实践的另一个主要的，毋宁说更重要的题材。

随着一项具体的活动或行为失去当下性并成为记忆，伴随那种活动的所有感觉和感受也都失去当下性和直接性，并通过内省感在我们意识的经验中积淀成为感情。感情也就是间接的、通过印象在意识中呈现的感觉，它仿佛是由感觉拨动的琴弦，经过良久才能缓慢消逝的震颤。① 感情绝不因为它是已经失去当下性和直接性的感觉而在意识中变得沉寂。相反，它在意识经验中“顽强”地保持其存在。② 的确，感情是固执的，甚至当一种相反感情发生时，它也不轻易退场。所以，我们的感情仿佛是我们曾直接获得的感觉的留存物的储备库，在这里，性质不同、强度不同的各种感受通过记忆与在反省时浮现的印象汇集起来，内容极为丰富、复杂。我们可能对同一个人、同一件事、同一个活动或行为怀有不同的

---

① 就把感情看作间接的反思印象的感觉经验而言，休谟是完全正确的。“如果我们考究人类心灵”，休谟写道，“我们将发现，就情感而论，心灵并不如管乐器似的，在依次吹出各个音调时，吹气一停，响声就停顿了；心灵倒像一具弦乐器，在每次弹过之后，弦的震动仍然保留某种声音，那个声音是不知不觉地逐渐消逝下去的”（[英] 休谟：《人性论》下，479 页）。休谟将感情区别为“直接的感情”与“间接的感情”，直接的感情如人的快乐与痛苦感、好恶感、恐惧感等等，间接的感情如骄傲与谦卑、野心与虚荣、爱与恨等等，以便在这个概念下容纳较多的东西（同上书，310、476～479 页）。

② [英] 休谟：《人性论》下，479 页。

感情，因为我们曾经在不同的时间、地点、场合对它们有过不同感受，这些不同感受都会积淀为一种感情。不同感情彼此并不是不相关的，它们在我们的意识经验中此消彼长，相互影响，或相互排挤，或相互交融，并伴随着生命的时间性而发生和存在。丰富的感情是人类最为宝贵的精神财富之一。

然而，我们在这里所关注的是感情作为实践的题材的重要性质。不言而喻，在这个方面，首先相关的是我们每个人都在自己独特的“感情的世界”过着“感情的生活”，并且这种生活是我们作为人的生活极为重要的部分。随着人生经历的增加，一个人的感情会变得更加丰富和复杂。由于这些经历都是独特的，这些联系就塑成我们非常独特的私人感情。另一方面，正如中国与西方先哲都指出的，人类，甚至某些动物，似乎具有某些会普遍发生和发展的感情，例如爱护下一代、对邻人的自然的关心等等。但更重要的是感情与感觉本性上就是相互作用的，并且都伴随着行为。感情常常通过记忆，尤其是通过新近的感觉印象，而重新活跃起来，使一个人获得特定场景中的情绪。有时，我们对不同的人、事、活动，甚至对那些看起来风马牛不相及的事物的感情，会由于一些莫名的原因以奇特的方式联系起来。感情也通过影响我们对当下活动或行为的感觉而影响我们的活动。正是由于这一点，我们常常说一个人如何如何“感情用事”。我们甚至很难区分，例如一个出于巨大怒气而在一件小事上发过大脾气的人是由于感情还是当时的感觉而那样做。

在感觉与感情之中，感觉始终是最为生动的经验。感觉拨动感情的“琴弦”，感情由于当下的感觉而产生种种变化。所以，尽管已经有某种感情，我们能够感觉出一个人追求或躲避某种事物的方式的好与坏，以及伴随着那种活动的感觉和感情的状态的好与坏等等。所以，年轻人常常认为自己仅仅生活在当下的感觉中，他们甚至分不清楚感情与理智，而只能区分感觉和与之不同的其他东西。此外，我们也通过一种内省感来感觉着感情。我们感觉着我们的感情是否强烈以及强烈的程度，感觉着一种感情是否由于时间的推移而淡化了、消失了；而每种感情都是由于我们感觉到它才变得更为生动。同情、良心、负疚、自责等感情是最为清楚的例证。这些感情似乎只有在我们感觉到它们时才是真正存在的。这种内省的感觉即便不是只在人类心灵中存在，也只有在人类中才能够充分的发展。尽管如此，如已经指出的，感情却由于它在心灵中远为持久的存在和构成心灵活动的主要因素，而在心灵中具有更为重要的地位。所以我们说，作为人我们过着“感情生活”，而不说我们过着感觉生活。

四、德性作为行为和感情方面的中道或恰好

中国的先哲与古希腊杰出哲学家亚里士多德几乎同时指出了，人的德或德性的品质是在行为和感情事务上做到中道、中庸①或适度、适宜的那种心灵力量，这种适度或中道既相对于那个特定的场合和时刻而言，又相对于我们的心灵而言，或者为我们的心灵内省地感觉到，德性是以这种中道或适度为特征的。这在人类伦理学思想史上意义重大。它表明，人类思想对于人的德或德性有相当接近的观察。出于上文刚刚指出的理由，并为着简化讨论，感情在这里将在一种宽泛的意义上使用，在这种意义上，感情中也包含着感觉，并且是由感觉积蓄而成的心灵要素。

包含在德性概念中的中道或适度概念向来很难精确的确定，因为它述说的是行为与感情事务，这种中道或适度既相对于一个特定场合与时刻的环境，又相对于追求着这种实践的善的那个心灵。在行为与感情事务上的相对于我们的心灵的适度或中道，按照儒家与希腊先哲们的观点，都具有对于那个相关环境总体上的适宜性，这种适度是因时因地因事因人的，是具体的，但又是就所有这些方面而言总体的。但更为重要的是，这种适度或中道要同时在一个追求那种实践的善的心灵上呈现。这两个方面不仅不被看作矛盾的，而且被看作必然一致的，因为行为与感情的在一个场合的总体的善只在一个追求那种善的心灵上呈现。对这种适宜性的一个最为贴切的说明是“恰好”：它是一种行为与感情事务上的好或善，既相对于那个场合、时刻和特定的事务，也相对于我们的内心。而且，在那个特定的场合和时刻，相对于那个追求着那种具体的实践的善的心灵，只有那一个好，而不会有另一个与它同样好的好。② 儒家把这种适宜性称为“时中”。我们不无惊奇地发现，亚里士多德也同样谈到对这种适宜性的“命中”③。出于

---

① 这一小节对中道或中庸的讨论是非常有限的，我仅仅在关注儒家的观点与亚里士多德的观点的一些基本的共同精神。我仅仅在非常必要的地方指出了一些区别或差别，以帮助理解。所以，这并不是对这两个学说的全面的讨论。下一小节关于心灵和谐的讨论也具有大致相同的性质。

② ［古希腊］亚里士多德：《尼各马可伦理学》，1106b31—32。

③ 同上书，1106b31—32。

这种心灵状态的行为，既不会过度也不会不及，它总是一个既正确又合宜的正好、恰好。[①]

关于这种行为与感情事务上的恰好，关于它既不是过度，也不是不及，亚里士多德的讨论非常著名。他指出，人类的行为与感情都属于某种连续而可分的、可以掌握得使它多一点或少一点的事务，在行为与感情上我们都可能过度和不及，适度或中道就是这两端之间的唯一一个恰当或正确，未达到的就是不及，超过的就是过度，但是这个适度或中道却不是两端之间的几何值意义上的中点，而是泛义上对人而言，具体意义上对一个具体情境和状态下的人而言的。[②]

不过，在作为题材的行为与感情之间，亚里士多德一方面认为德性同这两者都相关；另一方面却把行为即实践看作更重要的。因为，实践是人特有的一种基本活动，它决定我们的品质的基本状态。感情同感觉一样，属于我们身上的动物性原理。感情之所以重要，是因为对事物和活动的感觉、感情，以及对感情的感觉始终伴随着我们和我们的活动，因此同我们通过行为和活动而培养德性密切相关。感情方面的良好状态，或者，我们同"感情的好的关系"[③]，是使德性成为可能的预备性条件。通过早期训练培养的同感情的好的关系，毋宁说是德性生长的良好土壤，只有在这种土壤上，我们才能在政治的生活中通过不断地做（实践）而培养起道德德性。

在感情与行为这两者之间，儒家先哲更注重的是感情。因为在对内心实践准则和心灵力量的道德觉解中，儒家更偏重于对后者即心灵的力量与状态的觉解。同时，在这种觉解的那两种主观力量——理解与伴随

---

① 司马迁："君子之心与喜怒哀乐之未发，未始不存乎中，故谓之中庸。庸，常也"（《司马文正公传家集》66卷）。亚里士多德：道德德性"是以求取适度（即中道）为目的的。道德德性同感情与实践相关，而感情与实践中存在着过度、不及与适度"（[古希腊]亚里士多德：《尼各马可伦理学》，1106b14—16）。我没有把全面地研究儒家的中庸学说与亚里士多德的适度或中道学说当作在这里的目标。这项工作应当由专门的研究来完成。因此，我在这里可以合理地从这两种学说的一些基本相同或相近的基本点出发，来讨论道德的最基本的特点。我这样做并不意味着我认为它们之间没有任何重要的区别。

② [古希腊]亚里士多德：《尼各马可伦理学》第2卷是对道德德性的性质的专门讨论。这里概述的各点，参阅该卷第2、6章。

③ 同上书，1105b29。

的感情之中，儒家也更为重视伴随理解的感情。儒家把透过感情对心灵力量的觉解，看作对人的存在或人生实践的觉解的最根本的东西。所以，心灵感情的状态被看得比行为更重要，道德觉解首要的事就是使心灵感情的状态得到矫正、改善与滋养，而心灵的状态在儒家看来主要就是感情的状态。① 我们的基本感情所构成的综合体就是心或心灵的主体或本体。对一种感情事务的觉解同时也就是对觉解者自身的心灵感情状态的觉解。

之所以需要这种反省和觉解，孟子认为，是因为心灵的基本感情是人自然地具有但可能迷失的感情，所以，孟子要求人“求放心”，将失去的本心追索回来。② 由于把心看作感情的，看作人的内在的根本，自然地，按儒家的学说，修德（“学”）首先就在于养心，即保持人本来具有其根据的那种内省感觉，努力使其按它本然的方式发展繁荣，因为它非常可能夭折或停滞；如果它已经迷失，就要寻它回来，并小心使它发育起来。然而按照儒家的学说，养心或立心的要旨，同样是在种种可能发生偏失的情况中，使心即感情居于两个极端之间的一个“中”。“中”的本义是内。③ 心也是内在的，所以“中”可以与心相通，“中”所述说的就是使心即感情居于正位。这种正位的思想恰可与亚里士多德的思想接通，因为它同样是感情方面唯一的正确状态：两个极端之间没有两个以上的正位。④ 简言之，心灵的感情达到这样的状态，就是中庸。虽然同时有相对于场合与对象的含义，

---

① 参阅王云萍“儒家伦理与情感”，她指出，“儒家的立场是：要使行为成为伦理的行为，行为作出之前和之时就不能离开情感反应”（《哲学研究》，2007年第3期）。

② 《孟子·告子上》。我将在此搁置关于孟子提出的人类的某些普遍的善良感情是自然发生的方面的问题。我将停止于无论是否是自然发生的它们都相当普遍地在人类心灵中存在，并且我们也许可以把我们也能在某些动物那里看到的类似情形，或者可以以这种方式解说我们的理解，这一点作为某种支持性的论据。同时，我认为对道德哲学而言十分重要的是指出，这种善良感情极其容易由于人类同样具有根源的种种恶的感情的倾轧和排挤而摧残。关于这一点我们将在后面的良心（良知）部分进行讨论。

③ 《说文解字》：“中，内也。”

④ 所以朱熹引二程的话说，“不偏之谓中，不易之谓庸，中者天下之正道，庸者天下之定理”（《四书集注·中庸章句序》）。按朱熹与二程的理解，“中”是一个唯一的正，并且稳定而持久。

相对于心灵的感情的那个正好、恰好是儒家的中庸学说特别强调的。①

五、德性与心灵和谐

我们还可以指出中国先哲与希腊哲学家柏拉图、亚里士多德的一个与此直接相关的、进一步的共同观察，即他们都认为，德性意味着灵魂或心灵的和谐状态，或者，德性也就是和谐的心灵所具有的那种自由力量，它们是内在联系的。

按照柏拉图的解说，德性虽然被冠以节制、勇敢、智慧、正义这些不同名称，但它们其实是同质的，因为，节制是欲望的德性，勇敢是感情的德性，智慧是理智的德性，如果在灵魂中理智、感情和欲望都良好发挥各自的作用，心灵就是正义的，正义就是理智、感情和欲望各自发挥好作用而达到的总体和谐状态。② 关于德性是灵魂的理智、感情、欲望这三个基本要素的和谐状态，困难的是说明理智与欲望如何可以和谐。亚里士多德是这样说明的，欲望可以在感情的引导下接受实践理智的判断，从而成为理智化的欲求：在这种欲求中，理智（或努斯）与欲望变得相互和谐，实践的“选择也就是经过考虑的欲求”，“可以或者称为欲求的努斯，或者称为理智的欲求”③。这样一种发展的可能性是自然赋予的。“自然赋予我们接受德性的能力，而这种能力通过习惯而完善”④。所以，理智与欲望的相互渗入不违反欲望的自然，而是使欲望以合乎自然的状态得到满足，通过

---

① 所以，如果不加牵强，儒家的中庸概念并不含有与两端等距的几何值的含义，尽管它不如亚里士多德的中道概念明确。不过，亚里士多德的中道学说也仅仅是稍稍明确一些，不可能像尺度那样精确。正如亚里士多德在他的《尼各马可伦理学》开头部分就特别指出的，由于研究的是人的实践事务，伦理学的研究只能“大致地、粗略地说明真”（[古希腊］亚里士多德：《尼各马可伦理学》，1094b20—21）。甚至，正是因为只是朦胧地说出了我们可以依循来培育德或德性的途径，儒家中庸的学说，依朱熹的看法，才成为古代先贤中长久授受相传的教导：“自上古圣神继天立极，而道统之传有自来矣。其见于经，则‘允执厥中’者，尧之所以授舜也；‘人心惟危，道心惟微，惟精惟一，允执厥中’者，舜之所以授禹也。”（《四书集注·中庸章句序》）孔子虽然只说过“中庸之为德也，其至矣乎！民鲜久矣”（《论语·雍也》）一句，他要伸张中庸的学说的立意已明。依据朱熹，也正因为孔子的立意可鉴，又说得如此简约，后人才专作《中庸》一文述孔子思想。

② ［古希腊］柏拉图：《理想国》，435b—444a。

③ ［古希腊］亚里士多德：《尼各马可伦理学》，1139a24、b4—5。

④ 同上书，1103a25—26。

习惯的训导而获得的良好发展状态。①

由于以感情为心灵的本体，儒家学说讲“心灵和谐”最为重视的是心灵感情综合体的和谐，并用“中和”来描述心灵感情的和谐状态。“中和”有两种可能的解说：一是“中”之“和”，即人的内心感情的和谐。人有喜怒哀乐爱恶欲，这些感情都有自然的根源，它们协调发展，各得其所，就是内心的和谐；二是“中”与“和”。“中”是内心未发的感情，“和”是协调良好的内心感情在发生作用时的良好状态。后人申述先贤尤其是孔子思想的重要著作《中庸》说，“喜怒哀乐之未发谓之中，发而皆中节谓之和”。“发”就是表达、抒发，就是内心感情作用于行为，就是心见于行。《中庸》说“和”在于“发而皆中节”，是说内心和谐的感情在发生作用时必定处处适合、恰到好处：适合那个特定的场合、对象等等，也适合抒发者自身，事实上适合抒发者自身这一点在儒家看来可能更重要些。② 所以，心灵的“和”或“和谐”一方面是对协调发展并相互处于良好关系的内心感情状态的描述；另一方面是对这种内心感情的活动的适合或恰到好处的性质的描述。孔子讲“从心所欲不逾矩”③，就是在说出于这种内心状态的行为上的自由：当一个好人（君子）表达适合他的内心感情时，他就是在表达适合那个环境的正确的东西。亚里士多德的看法也非常相似：“事物对一个好人显得是什么样，它本身也就是什么样。”④

总的来说，我们可以合理地把德性表现为行为与感情的某种适度或中道，把这种表现为适度或中道的感情与行为品质也表征一个人内心感情的和谐，并且这种和谐状态与行为表达的适度、适宜有积极联系，看作儒家学说与希腊哲学家柏拉图、亚里士多德的学说的一些主要的相通之处，看作古代中国和希腊思想家对于德或道德德性的非常接近的共同观察。当然他们之间并非存在无关紧要的区别：在感情与行为之间，两位希腊哲学家把行为，儒家学说把感情，看作更为重要的。儒家思想把感情与行为看作直接联系并且以感情为主导；柏拉图与亚里士多德则认为良好感情的培养

① “德性不仅是合乎正确的逻各斯的，而且是与后者一起发挥作用的品质”（［古希腊］亚里士多德：《尼各马可伦理学》，1144b26—7）。

② 所以，儒家思想解决行为问题的方式与亚里士多德不很相同。亚里士多德的解决是要感情听从实践理智，矫正发生于欲望的行为方式。儒家的解决是使内心感情处于和谐或平和状态，因为儒家相信人的行动直接受感情影响。

③ 《论语·为政》。

④ ［古希腊］亚里士多德：《尼各马可伦理学》，1176a14—15。

虽是重要的土壤，但更重要的却是使实践理智发展起来，并领导感情一起影响行为，把灵魂的和谐看作由理智主导的。儒家思想把这种状态的主导的力量（本体）解说为感情（心）。但他们可以沟通的地方似乎更为重要些。按照这种基本的共同理解，德性品质和它所表征的心灵和谐状态总是使一个人通过习惯获得的东西与他的自然的东西协调和谐，因而，使一个人状态好，并使他作为人所特有的那些活动完成得好。

第二节 快乐与痛苦

一、什么是快乐和痛苦

快乐与痛苦是与一对象事物相关的活动，或者是由一种已有感情，在我们身上引起的两种主要的彼此相反的当下的内在感觉或感受，以及直接基于这种感觉或感受而发生的感情。① 快乐与痛苦是一组基本的感觉和感情，也就是说，当我们怀有某些其他感觉或感情时，我们也常常把它们感觉为快乐或痛苦的。快乐是令人愉悦的感觉和基于这种感觉而发生的感情；而且，我们感觉这种感情的感觉也是快乐的、愉悦的。痛苦是令人厌恶的、不愉快的感觉和感情；而且，我们感觉这种感情的感觉也是痛苦的。感觉和感受是当下的。当我们从事一种活动时，那种活动由于运用我们的理智、欲望和感情的方式而令我们产生愉快或不愉快的感受。快乐与痛苦既是感

---

① 在我们习惯于概括的喜怒哀乐爱恶欲这七种主要感情中，乐最接近于快乐，哀最接近于痛苦。孔子说“知之者不如好之者，好之者不如乐之者”（《论语·雍也》）。就是说，仅仅理解道不如爱好道，仅仅爱好道不如对追求道感到愉悦；因为显然，仅当我们成为追求道并以此为快乐的人时，它才令我们愉悦。不难看出，这个讨论同亚里士多德在《尼各马可伦理学》中关于“公正的行为给爱公正者快乐”的讨论，是出于完全相同的观察。我将在以下的部分，以一种亚里士多德式的方式，把快乐和痛苦看作两种最基本的感觉和感情。这样做似乎同上述的概括并不冲突。并且，自中国与西方学术思想交汇以来，快乐与痛苦已经一方面被学术思想，另一方面被文学乃至日常意识广泛理解为相反且含义广泛的两种基本感觉和感情。以痛苦为例，这种感觉和感情今天已经在人们的理解中包含了一切令人不愉快的感觉和感情，例如一个人在受到肢体摧残和侮辱时的感觉和感情等等。爱与恶这两种感情似乎与快乐和痛苦有密切联系：一种事物如果通过我们以往的获得它或者欣赏它的活动是我们爱好的，那种事物和获得它、欣赏它的活动显然就令我们快乐，反之亦然。欲望在中国与西方的思想中都被理解为一种发生在我们严重缺乏一种需要的外在物时感受到的特别强烈的感情。也正因为特别强烈，欲望常常被思想家们以区别于人的其他感情的方式加以讨论。

觉也是感情：它们在根源上是由于某种活动和感情而当下发生的心理感觉，在意识中呈现为感情，即通过对于以往经验的心理感觉的印象而成像的感觉、间接的感觉，并且在意识活动的经验中沉淀为更为间接的关于快乐与痛苦的观念。

亚里士多德说，一种事物、活动或实践，由于所具有的性质，在一个人身上引起三类主要的感觉经验，使他去追求或躲避它，即它对多数人而言或具体对他而言是否善（本身是善的还是恶的），是否有用（作为手段是善的还是恶的），是否令人愉悦（是带来快乐还是痛苦）。[①] 总体上善的事物通常也有用（有帮助）和令人愉悦，有用的事物也常常令人愉悦，但令人愉悦的事物并非都对人有帮助或总体上善。对于一事物及其活动是否令人愉悦的感觉经验，即我们通常所说的快乐和痛苦的感觉和感情。通常，一种对我们显得善的事物就对我们显得可爱，追求获得它的活动就令我们愉悦。那些看来有用的事物也是如此。但是，同一对象事物相关的活动或实践事务在一个人身上引起的感觉并非不是快乐的便是痛苦的。除了快乐与痛苦的经验外，一种活动或实践还可能仅仅引起中性的经验，例如引起一个人的注意或惊奇。一个人可能感觉到它，但既不快乐也不痛苦。[②]

在与德性相关的方面，快乐与痛苦具有一些重要性质。首先，在根源上它们具有受动性。快乐和痛苦是被感受到的感觉。作为感觉，快乐与痛苦不是无因自生的。相反，快乐与痛苦同对象（事物、生活与交往事件、事实的关系、状态等等）具有的某些性质相关，同与那个对象相联系的活动或实践事务具有的某些性质相关，与感觉者的心灵状态即心灵的品性相关。一个人常常是因某个人或某件事而快乐或痛苦。对象物和与它们相联系的活动和实践的性质引起这两种感觉。在这个意义上，快乐和痛苦自身不是主动的原因。但是，作为一种基本感情，快乐和痛苦伴随着活动与实践，并影响活动与实践。一种活动或实践越使我们愉快，我们就越能使它完成得出色；我们越是完成得出色，它也就越能给我们带来快乐。

其次，像其他心理性的感觉一样[③]，快乐与痛苦的感觉具有不确定性。同一对象在不同心灵上可能产生不尽相同、甚至很不相同的感觉。一种一

---

① ［古希腊］亚里士多德：《尼各马可伦理学》，1104b30－32。

② 坚持把人的所有感觉和感情区分为快乐的和痛苦的，是效用主义的一种主张和倾向。如果读一读儒家的重要著作，读一读亚里士多德、休谟，人们也许就会得出这样的结论：这种看法是一种不合理的简化。

③ 即使是感官感觉，例如柏拉图认为最可信任的视觉，休谟这样说，也不总能够提供对存在的真实的印象报告（［英］休谟：《人性论》上，132 页）。

般说来令人愉悦的事物或活动可能令一个具体的人不愉悦甚至痛苦，一种一般说来令人不愉悦甚至痛苦的事物或活动则可能令一个具体的人愉悦。因为，除了对象呈现给心灵的环境会变化外，心灵的状态也因时因地、因事因人而发生着变化。所以，亚里士多德写道："同样一些事物，有些人喜欢，有些人则讨厌；有些人觉得痛苦和可恨，有些人则觉得愉悦和可爱。"① 甚至在同一心灵中也是如此。一种曾经令一个具体的人愉悦的事物可能在当下一个具体场合令他不愉悦甚至痛苦。

第三，快乐与痛苦有性质与程度的差别。质的差别表现在：a）同有些事物相联系的活动有时是令人愉悦的，同有些事物相联系的活动则有时是令人痛苦的，例如成功引起快乐，失败引起痛苦。b）同有些事物相联系的活动或实践比同另一些事物相联系的引起更高等、更大的快乐，例如，亚里士多德这样说，思考的快乐高于感官感觉的快乐。② 量的差别表现在：a）在同类的活动或实践中，有些活动或实践引起的快乐或痛苦比另一些活动或实践引起的更大、更强烈，例如一场出色的比赛比一种平常的训练更令人兴奋和愉悦。b）一种事物，我们越是紧迫地需要，它就越是显得令我们愉悦，而当我们不那么需要它时就显得不那么令人愉悦。我们可能由于对一种外在善事物的需要程度而夸大它令我们愉悦的程度。

第四，快乐与痛苦具有混合性。尽管快乐自身是一种完满的感觉并且倾向于排除痛苦，但人的快乐通常是同某种痛苦的感觉混杂着的。例如，成功的快乐里常常有奋斗的艰辛带来的苦涩。③ 因为在灵魂中，理智、感情、欲望并不总是和谐稳定的。心灵（欲望与感情）常常会经历某种冲突，我们甚至在感觉快乐时都能够觉察这一点。但是，人们似乎普遍承认，有德性的人的心灵通常呈现着某种一贯性。因为在这样的心灵中，有些快乐比另一些更为纯净，例如，柏拉图所说的，学习的快乐、沉思的快乐、记忆的快乐等等④，并且，这些快乐也比另一些更稳定。

二、快乐、痛苦与人的活动

快乐与痛苦伴随着人的活动与实践。首先，当我们在出色地完成一项活动，例如在出色地演奏一首优美的乐曲并感觉到我们在从事这项活动时，

---

① ［古希腊］亚里士多德：《尼各马可伦理学》，1176a10－11。

② 同上书，1176a1。

③ 这一点在柏拉图的《菲力布》中做了最为清楚的讨论。纯粹的快乐是一种善，是完满的，但人的快乐通常是混杂着痛苦的。

④ ［古希腊］柏拉图：《菲力布》。

我们也同时感觉到一种愉悦。并且，我们可以通过印象再现这种愉悦，并当再现它时会感觉到这种愉悦感情。而当我们由于意外事件而丧失这种能力时，意识的再现总是令人痛苦的。其次，当我们出于正常的需要追求一种外在善事物时，追求和获得它的活动都使我们愉悦，因为先前获得那种事物的经验使我们愉快，并且我们可以通过印象再现这种愉悦，并在再现它时感觉到这种愉悦感情。当我们处于严重匮乏而追求一种必需的外在善事物时，追求和获得的活动总是快乐与痛苦参半，对于这种经历的感情也是如此。再次，有些活动通常使人愉快，例如，注视一个美好景致、解决一道困难的数学题，或真诚地帮助一个朋友等等，因为我们从小通过自己的经验或感觉令人愉悦的经验把它们感受为愉悦的。有些活动则通常使人痛苦，例如，看到一种悲惨的景象、经历一次失败，受到一次侮辱，或做了一件自己认为是不应当做的事，等等，因为我们从小由于直接或间接经验把它们感觉为痛苦的。

正如亚里士多德指出的，每种活动都有它特有的快乐。所以，伴随着一种活动的快乐都不同于伴随着另一种活动的快乐。例如，做数学演算的快乐不同于享用一次美食的快乐；性的快乐不同于获得某种事业成功的快乐；运动的快乐不同于思考哲学的快乐，等等。① 一般地说，越复杂的活动伴随的快乐就越精致。例如完成一项科学发现的快乐比满足一种食欲的快乐更为精致；灵魂的快乐比肉体的快乐更为精致。

活动不同，伴随它们的快乐也就不同。好的活动，就伴随着好的快乐；糟糕的活动，就使得那种活动特有的快乐打折扣，没有任何努力的活动几乎不给人任何快乐。坏的实现活动，就伴随着坏的快乐，例如，虐待无辜者的快乐就是这样。的确，如果有充分的生活观察，我们就会承认对以施虐为嗜好的人来说那种活动使他们得到一种快乐。活动所特有的快乐与那种活动之间具有某种亲缘的关系，就仿佛是属于那种活动自身的，仿佛是它的一个属性。

一种活动，也如亚里士多德指出的②，为它特有的快乐所加强，而为另一种活动特有的快乐所妨碍。演算数学题目的活动为数学思考的快乐所加强，而为欣赏音乐作品的快乐所妨碍；思考哲学问题的活动为对哲学感兴趣的快乐所加强，而为打电子游戏的快乐所妨碍。同样，每种活动也有

① ［古希腊］亚里士多德：《尼各马可伦理学》，1175a25—29。

② 同上书，1175a30—b1。

它特有的痛苦。这种痛苦或者同一种不适合那种活动的能力或功能相关，或者同恶劣的活动相关。让一个低智能的人演算复杂的数学题目或思考哲学的问题会使他感到痛苦；让一个出色的运动员时常同一个初学者进行比赛也会令他痛苦。

但是，快乐的经验不仅需要使一种活动完成得好的能力与品质，还需要完善的感觉能力。只有当完善的活动被具有完善的感觉能力的活动者充分的感受时，一个人才获得完善的快乐经验。① 所以，伴随着活动与实践的并非都是充分快乐或充分痛苦的经验。人的许多经验可能是中性的。因为一方面，活动与实践的目的有时不具有或不明显具有愉悦性。一个人可能领悟到它们是某种善，但是它们显得不是非常令他愉悦，或者不如另一些不那么善的事务令他愉悦。另一方面，一种活动或实践的快乐与痛苦，可能被不完善地感受。一个人可能通过活动与实践获得了那种善，但是由于感觉能力不完善而不能充分感觉到活动与实践的愉悦性。也正是由于这种原因，人追求着伴随完善活动的完善快乐。然而，完善的快乐尽管为我们追求，但如果我们把它单独地作为目的追求，就像一般快乐主义坚持的那样，我们反而会离开而不是获得它。这是快乐追求上的一种悖论。

三、快乐作为一种善

我们来考虑这样一个问题：在何种意义上快乐是一种善？因为，除了极少见的例子②，无论在人们日常的观点还是哲学的思考中，都没有人坚持认为快乐根本上是恶的。但是，常识道德将反对我们仅仅把虐待者自己的快乐感（假设的确存在如此）看作是一种善的充分根据。道德哲学，基于常识道德的这个基本点，也同样坚持这一点，并且从这种立场走向哲学。我们似乎不可能尽全地列举人们把快乐看作善或一种善的所有理由。因为，

---

① ［古希腊］亚里士多德：《尼各马可伦理学》，1174b19－20。

② 希腊时代的斯彪西波学派因提出了快乐是恶的哲学观点而著名。这个学派的观点在基本的方面是从柏拉图的观点的退步。他们仅仅限于考察出于肉体快乐的匮乏的情形，并基于这一点建立关于快乐的这个学说。无论西方还是中国，人类思想的主导倾向并不是否认所有快乐，而是把快乐看作属于善的事物之列。道德哲学中产生不同理论的问题主要是 a) 是否是最高的善，b) 如果不是，什么才是最高的善，c) 如果存在被称为德性的品质，快乐与德性之间存在怎样的关系。在前两个问题上，发生了快乐主义与非快乐主义的目的论的分歧，在后一个问题上，发生了许多派生性的分歧，例如效用论与德性论，感觉论与理智论，经验主义与非经验主义（如果将德性的根据置于经验之外的话），等等。

在普通意见中这种理由呈现得无限多。甚至在哲学的讨论中，得到理论考察的理由也是大量的，超出我们可以列出并加以讨论的范围。所以，这里讨论的仅仅是少数几种具有典型性的理由。

首先，一位柏拉图和亚里士多德时代的希腊快乐主义者，欧多克索指出，所有感觉生命物都追求某种快乐，这证明快乐是善的。因为，既然人和动物的活动都追求某种善——尽管水平上有很大差别，如果快乐不是一种善，便不会被所有人和动物追求。① 我们承认，欧多克索指出的是一个事实。不过我们需要补充地说明，他没有表明，动物的快乐总是伴随着饥饿时满足对食物的需要和紧迫的性需要时满足性需要的活动。诚然，动物也有嬉戏娱乐的快乐，但我们可以注意到那只存在于非常有限的范围。所以，欧多克索指出的事实尽管构成一个论证，它所能够支持的结论却是有限的。快乐总体性上是善的，是某种善，或至少不是恶。但是，它并不像欧多克索认为的就是最高的善，或如快乐主义所认为的是唯一的善。在人的例子中，快乐是伴随着正常生命活动与实践的那些快乐。这些快乐是原本意义上的快乐。它们之所以是善的，是因为它们所伴随的人的实践的生命活动总体上具有这种向善性。

其次，亚里士多德认为，我们的确可以把快乐作为痛苦的反面，并且这构成一个逻辑的理由，支持快乐是善的看法：如果痛苦是恶，伴随着人们所躲避的东西和活动，并且快乐与痛苦相反，那么快乐就是善的。② 但是，这种相反者论据毋宁说也表明了快乐可能是非常不同的。如果所躲避的东西是极其偶然甚至反常的，亚里士多德指出，所追求的东西和伴随的快乐也就是偶然的、反常的，因为这种快乐仅仅在于伴随着例如匮乏和疾病等痛苦的被排除；如果所躲避的是我们在正常的生命活动与实践中会躲避的东西，所追求的快乐也就是伴随正常生命活动与实践的、不包含痛苦的快乐。③ 我们因此需要考虑，与哪一类痛苦相反的快乐是一种善。事实上，后一类快乐才是我们通常所说的快乐。因为，这样的快乐不是出于紧迫需要和长期匮乏，而是伴随着人的生命力量的"未受阻碍的"活动的。④

第三，亚里士多德还做出这样一种观察：每种活动特有的快乐都使它所伴随的那种活动和实践进行得更轻松、更有趣、更有效，使活动者

① ［古希腊］亚里士多德：《尼各马可伦理学》，1172b9—16。

② 同上书，1154a8—15。

③ 同上书，第7卷第12章。我在这里采取了亚里士多德关于"回复性的快乐只是在偶性上令人愉悦"的观点。

④ 同上书，1153a16。

更充分地实现那种活动和实践所追求的目的，因而使之更完善。[1] 这个观察看来是合乎普遍经验的。这个事实可以作为支持快乐是一种善的观点的一个理由。当然，在一种善的事物上加上一点恶是可能的，但没有人会认为那会使那种事物完善。如果每种活动的特有快乐都使它更为完善，而不是使它的善更少一点，那种特有的快乐就是一种善，一种使活动更完善的善。快乐被视为与那些通常被我们看作善的事物并立的一种善事物，它与这些善事物的关系可以这样来理解：由于这些事物都自身便是善的，同这些善事物相关的活动与实践通常是善的，并且被感觉为令人愉悦和快乐的。

第三节 正常的快乐与不正常的快乐

一、快乐的分类

对快乐常常有不同的区分方法，例如从生物学上分为生理的快乐和心理的快乐，从一种哲学概念上分为物质的快乐和精神的快乐。“心理的快乐”和“精神的快乐”的概念常常会引起思考上的混乱，因为它们似乎在概念上排除了与身体的视觉、听觉等相关的愉悦感，然而，与视觉、听觉、各种心理感觉的潜在力量的充分实现的活动相联系的那些快乐恰恰构成了灵魂的精神快乐的重要内容。

我们将采取一种亚里士多德主义的方式，把快乐区分为伴随着我们的肉体生活如营养、成长、进食、性生活等活动的肉体的快乐，和伴随着我们获得外在善手段、交往、审美、沉思等活动的灵魂的快乐。这也是道德哲学中一种相当普遍的观点。[2] 其中，肉体的快乐又可以称为必要的快乐，通常指与人的触觉、味觉的活动相联系的那些快乐，是人在满足对食物和性的正常需要时感受到的快乐。[3] 说这些快乐是必要的，是说它们是我们

---

① ［古希腊］亚里士多德：《尼各马可伦理学》，1174b31—34：快乐“不是作为感觉者本身的品质，而是作为［活动］产生出来的东西而完善着它”。

② 灵魂的快乐与肉体的快乐的区分在下述意义上是亚里士多德主义的：当我们谈到灵魂的品质时，我们主要不是在谈论（除非在明确地包括进来的意义上）我们的身体的品质，例如健康、敏捷等等；同样，当谈到灵魂的快乐时，我们也主要不是在谈论我们的狭义的肉体的快乐，即主要同我们的触觉、味觉相联系的那些感觉快乐。

③ ［古希腊］亚里士多德：《尼各马可伦理学》，1147b25—26。

作为人过一种正常的生活所必需的。这类快乐通常伴随着肉体的感觉能力中的某种能力的活动。但是肉体的快乐是必要的并不意味着无论怎样享用这类快乐都是必要的。正如亚里士多德所指出的，必要的快乐是可能多一点或少一点的，我们在通过满足的活动获得这种快乐时可能过度，因此只是在一定范围之内才是必要的。①

在下面的讨论中，灵魂的快乐的概念将包括从低到高的不同层级的非常广泛的内容。首先，灵魂的快乐包含我们在获得出于爱好而追求的那些外在善事物的快乐感。这些事物中包括我们所熟悉的财富、荣誉、地位、权利、成就等等。我们姑且把这称为爱好的快乐。其次，灵魂的快乐包含与视觉、听觉、内省感觉的潜在力量的充分实现的活动相联系的那些快乐，例如一个人在看到美丽景色、欣赏一件出色的艺术品，或聆听一场优美的音乐会时所获得的快乐。我们将这称为审美的快乐。再者，灵魂的快乐还包括伴随着对实践理智与身体力量的充分实现的活动相联系，且视觉、听觉和各种心理感觉都最好地实现着其自然的和特有的活动时所获得的快乐。我们将这种快乐称为实践的快乐。最后，灵魂的快乐还包括伴随着理论的、沉思的活动的那些快乐。沉思的活动较少涉及视觉、听觉等的活动，但却较多涉及内省感觉的活动。我们将这种快乐称为沉思的快乐。沉思的活动也包括我们学习沉思和理论思考的活动，例如一个学生学习数学原理和思考哲学问题的活动。所以，理论的、沉思的活动的快乐也包含学习的快乐。所有这些感受灵魂的快乐的活动中，最完善的快乐就是当最好的感觉能力指向最好的对象时的快乐。

在道德哲学和伦理学上区分肉体的快乐和灵魂的快乐，并不意味着需要把这两者看作断然分离的：肉体的快乐不含任何灵魂上的快乐感，或灵魂的快乐同肉体的快乐全然无关。心理学的研究已经表明，在正常情况下，肉体的快乐都有某种程度的灵魂上的快乐感，灵魂的快乐也常常伴随着生理组织活动上的某些变化。例如，一个人可能因某种成功而血液循环加快，体温升高，甚至动作更敏捷。

二、正常的快乐

在肉体的快乐和灵魂的快乐方面，我们可能处在一种自然的、正常的状态而追求和获得这些快乐，也可能处在一种不自然、不正常的状态而追求和获得它们。我们已经谈到过这两种情形，但是还没有直接讨论正常的

① ［古希腊］亚里士多德：《尼各马可伦理学》，1150a16—20、1173a17。

快乐和不正常的快乐的性质。

人的出于正常发展状态的活动是人正常地运用其能力或功能，并通过这种运用使这些能力实现出来的活动。一般来说，一个人倾向于运用而不是闲置他的各种感觉能力或获得的其他能力。人正常地运用各种能力的活动都带来快乐。而且，人在正常状态下向往以更复杂的方式运用自己的能力的活动，更具复杂性的活动使人产生更大的兴趣，因而使人感受到更大的快乐。① 正常的快乐是指这种活动与实践未受到阻碍时伴随着这种活动与实践的那些快乐。"未受阻碍"一是指未受到活动能力的发展障碍或遭遇实践的挫折，二是指未受到对于一种正常的活动或实践的外部的限制。未受阻碍的活动，就它同时是人的视觉、听觉和各种内省感觉能力的运用而言，是人的感觉能力的完善的活动；就它所运用的是人所获得的其他某种能力而言，是人的那种能力的与相关的感觉能力的完善的活动，简言之，是人的自由的活动。

在肉体的快乐方面，人们通常把在必要的范围内满足必要的肉体快乐看作是正常的。必要的肉体快乐，不论是触觉的还是味觉的，是人正常的生理、营养的需要。但是，一个人掌握自己不超出必要的快乐的范围，需要从小培养对待快乐的良好习惯。因为在肉体的快乐上，人的本能不是倾向于不足，而是倾向于过度。例如在进食上，满足正常需要的进食使人得到必要的快乐。但是，一个人在进食时常常不仅仅出于正常的食欲，而且出于口味上的爱好。口味上的爱好可能使一个人在满足了正常的事物需要之后仍然贪食，因为对于某种美食的爱好使得吞咽那种食物的感觉令他愉快。

其次，健康的肉体的快乐也需要视觉、听觉和各种心理感觉能力的运用。肉体快乐可能仅仅在动物的肉体感觉水准上，在这种情况下，它仅仅包含对触觉和味觉能力的简单运用。但健康的、正常的快乐是伴随着人的正常的生命活动与实践的那些快乐，是人在不存在紧迫需要或严重匮乏的状态下的伴随着他的正常的生命活动与实践的那些快乐。在这种正常的发展状态下，人的感觉力量会得到全面的运用。所以，在人的健康的肉体活动中，不仅触觉与味觉，而且其他感觉能力，尤其是心灵的内在感觉能力，都得到充分运用，这使人的肉体生活的快乐具有更丰富的内容。

---

① ［美］罗尔斯：《正义论》，415页，他在那里把这称为"亚里士多德主义的伴随效果"。

在我们所说的初级层次的灵魂的快乐方面也存在一个正常的范围。因为，我们所说的正常的生活，是指一个人不仅摆脱了紧迫需要，而且与作为爱好对象的财富、荣誉等相联系的活动对于他具有实践的性质的生活状态。一旦我们处于正常的生活状态中，由于我们不仅仅有对那些令人愉悦的外在善（例如财富、荣誉、成就等等）的爱好，而且与这些善有关的活动也对我们产生了内在的善，从而成为实践，因此我们对这些外在善的爱好就仅仅在一定范围内（就它们作为必要手段而言），获得这些善所带给我们的快乐就只是在一定范围之内的，而不是过度的。

与此作为对照，仅仅当这些外在福利手段对于我们是唯一一些显得善的事物，就是说，仅仅当我们由于生活的狭隘，例如经常处于紧迫需要的状态，或者虽不是如此，我们的实践理智的理解和伴随感情却同样未能发展，因而我们不能够理解和体验作为人的生活活动的实践意义，仅当在这样的状态下，它们才显得是唯一一些值得我们去追求的事物，获得它们的活动才显得会带给我们超出正常的快乐。所以，亚里士多德把追求过度的这类善所得到的快乐称作不必要的，并且他注意到，人们在追求这类快乐方面容易过度。

另一方面，在灵魂的其他几种快乐方面，例如实践活动的快乐，在审美活动和记忆、学习、思考等活动上的快乐方面，我们也倾向同意亚里士多德的观察，人们通常认为在这些活动上不存在任何过度，因而任何更高程度的快乐，就它所伴随的活动或实践是正常的而言，都是适合的。

三、不正常的快乐

总体上，不正常的快乐与痛苦产生于人在不正常的发展状态下的活动。在这种状态下，活动是出于某种反常的习惯，或为着解除某种在正常情况下不存在的障碍。

不正常的快乐可以大致分为两种主要的类型：产生于反常的生活习惯的快乐和产生于严重匮乏或紧迫需要的快乐。产生于反常习惯的快乐中有一些同人童年时的一些不良的、恶劣的习惯相联系。例如，有咬手指甲、啃泥土的习惯的人可能变得以这些活动为快乐。① 有一些这样的快乐是同一个人在某些反常的、受到严格约束或限制的生活条件下养成的习惯有关。例如，一个囚犯可能由于没有任何消遣的条件而以解鞋带和系鞋带为快乐。

① ［古希腊］亚里士多德：《尼各马可伦理学》，第7卷第5章，亚里士多德在那里谈到这类以及其他一些出于病态的生活习惯的快乐。

产生于紧迫需要或严重匮乏的快乐常常表现得与某种偶然获得满足的手段为对象，并且伴随非常强烈的、时常给人带来痛苦的欲望。因为，在这种环境下，一个人对他在正常状态下会欲求的那些满足手段的欲望会被极度夸大，因而不能获得这种手段所带来的痛苦也变得极端强烈。再者，作为替代或临时的解决办法，他不得不以某些能够获得的东西，这些东西对于他通常具有很大偶然性，来满足给他带来强烈痛苦的欲望，以便使这种欲望暂时平静下来。这种状态最终造成这样的现实，即他逐步以那种偶然的手段来平息痛苦的欲望为最大快乐。

事实上，这两种情形常常是相互关联的。因为，反常习惯或习性总体上都发生于一个人曾经历的某种严重匮乏。一个人可能由于儿童时期在向往的食物方面或青春期与异性交往方面的极度匮乏的生活，或者，一个人可能由于曾长期生活在受到极端限制的环境中，而形成某种不良习惯和对某种低劣的事物的偏好，所形成的古怪快乐常常是用作他正常需要的快乐的替代物。① 在存在着紧迫需要或长期匮乏的情形下，一方面存在着需要和匮乏的痛苦；一方面存在着对补充物的想象和向往而引起的痛苦。在这种情形下，人们可以注意到，一个人对正常需要的食物、性生活等的欲望会变得格外强烈，甚至在他得到正常需要的食物与性生活时，这种曾经历过的得不到满足的痛苦的欲望也长期地残留着，并且需要时间与实践的努力才能治愈。

另外一种不正常的习性与快乐是兽性的。这不仅因它超乎人的行为的野蛮和残酷，而且因这种超乎寻常的野蛮和残酷习性似乎已经成了本性或自然。这种兽性的快乐尽管在人群中非常少见，但仍然存在。例如亚里士多德指出过剖杀孕妇、吞食胎儿的兽性。② 这类习性可能来自早期人类在食物匮乏的环境下以同类为食的习性。在动物中，无论在初生还是成年阶段，杀食同类以维持自身生存的行为都大量存在。某些兽类甚至可能由于可正常获得的食物急剧减少，而从通常不相残相食而变得如此。如一些科学家新近观察到的，北极熊的行为就似乎在开始发生变化。邪恶的快乐在某种意义上也非常接近于这种兽性的快乐。例如近年来的媒体报道中我们不断听到以连续杀人为嗜好的例子，以及虐待狂在实施虐待他人的行为时

---

① 一位朋友曾向我讲到，在20世纪60年代，某一地区的农民曾习惯于以用盐炒石子替代他们本来需要用来下酒的盐炒花生米，并从以这种替代物下酒中获得快乐。

② [古希腊] 亚里士多德：《尼各马可伦理学》，1148b20—23。

的嗜好，都属于这一类。

不正常的快乐是一个人，由于这些原因中的一种，在向正常状态回复的过程中感觉到的快乐。① 人在这种活动中感受的是他在正常状态下对于他不是快乐的那些快乐，即不是在总体上令一个人愉悦的，而是由于偶然的满足手段而获得的偶然的快乐。因为，如亚里士多德说的，这些快乐不是对于“总体上令人愉悦的事物”的。② 因此，不正常的快乐具有极不确定的性质。它因各种偶然的不正常条件而千差万别。向正常状态回复过程中的快乐都混杂着痛苦。因为，那种强烈欲望即使在被平息的过程中也始终令人感觉到苦涩。而且对前种痛苦的每一步解除，都不仅引起快乐，而且引起苦涩的回忆。

第四节　德性与快乐和痛苦

一、德性何以尤其同快乐与痛苦相关

德性尤其是同我们把什么样的事物感觉为善的，把怎样获得这类事物的活动感觉为快乐的并发生对获得这种快乐的欲望，以及，我们把什么样的事物感觉为恶的，把怎样躲避这类事物的活动感觉为可怕的或痛苦的并发生躲避这种痛苦的恐惧，以及，我们在何种程度上把这些活动感觉为快乐的或痛苦的，在何种程度上发生这种欲望与恐惧，相关的。并且，这一点会随着我们的实践理智的发展对我们变得越来越清晰和具有可理解的性质。我们需要探讨其中的原因。

首先，我们倾向于追求显得善的事物，这些事物和获得它们的活动也通常令人愉悦；我们倾向于躲避显得可怕的事物，这些事物和躲避它们的活动也令人痛苦。前一类事物和追求的活动引起的愉悦感在我们的意识中成为表象的愉悦感或快乐感，后一类事物和躲避的活动则成为表象的痛苦感。这两种经验的感觉在意识中产生后，也成为我们追求和躲避的感觉。我们不仅因为一种事物显得善，而且因为获得那种事物的活动令我们愉悦而追求它们，我们也不仅因为一种事物显得可怕，而且因为躲避那种事物的活动令我们痛苦而躲避它们。获得快乐感的驱动力是欲望这种强烈的感

① 关于这一点，柏拉图与亚里士多德是最早作出经典阐述的哲学家（柏拉图：《菲力布》，亚里士多德：《尼各马可伦理学》，1152b35—1153a9）。

② ［古希腊］亚里士多德：《尼各马可伦理学》，1153a4—5。

情，欲望不仅是对显得善和愉悦的事物的，也是对表象的快乐感的；躲避痛苦感的驱动力是恐惧，恐惧不仅是对显得可怕的事物的，也是对表象的痛苦感的。

显然，如果习惯于把不适当的事物，例如我们处在病态或不正常发展状态下对我们显得善的事物，感觉为善的，把获得这种事物的活动感觉为快乐的，并产生获得这种快乐的欲望，反之亦然，如果习惯于把不适当的事物感觉为可怕的、恶的，把躲避这种事物的活动感觉为痛苦的，并产生躲避这种痛苦感的恐惧，我们就没有同我们作为人的感觉和感情处于一种好的关系中，简言之，就不是有德性的。所以德性的确同我们是否把适当的事物感觉为善的和恶的，把获得和躲避这种事物的活动感觉为快乐的和痛苦的有关。

诚然，这里有许多问题需要澄清。让我们选择两个比较重要的问题。首先，正常状态通常只能就一个稳定的交往社会而言。“我们是世界公民”，这无疑是正确的，但是迄今为止我们还不可能形成一个关于世界公民的正常生活状态的健全的观念。政治社会通常是我们可以理解其确定范围的最大交往社会，因此是这里所说的正常生活状态的相关范围。其次，对一个处于病态或不正常发展状态下的人来说，还是否可能把在正常发展状态下对他显得善的事物感觉为善的，把获得这种善事物的活动感受为愉悦的呢？人们都会承认，毒品对一个吸毒者显得善，行善对一个有德性人显得善。那么，行善对一个吸毒者意味着什么？可以设想，如果一个吸毒者还能够理解正常发展状态下的人和人的生活，他就会把行善看作其他人可能达到的一种善，尽管这种善对于他自己来说绝对不比毒品更善。我们甚至可以假定，这个吸毒者非常希望他能够有条件对其他人行善，甚至有时候在有限的程度上能够实际地做到这一点。从这点上说，一个吸毒者仍然可以在某种程度上有德性。不过，一个由杀人得到最大快乐的杀人狂通常不大可能把行善看作一种善，即使同自己无关，或者，即使有时把它看作一种善，也是在非常偶然的环境下。

可以自然引出的一点结论是：除了理智潜能的发展有严重障碍的人和品质极其邪恶的人，在一个交往社会中，人的正常发展状态是对生活有正常观察的人能够理解的，尽管对正常发展状态的人显得善的事物可能对他不显得善。另一点结论是：把在正常发展状态下显得善的事物感觉为善的，把获得这种事物的活动感觉为快乐的，才更接近人的生活的真实，在获得这些事物的活动方面养成良好习惯的人才可能具有德性。德性与人的生活的真实的善是相互印证的。正如亚里士多德所说，对怎样的事物是善的，好人判断地更正确，“每种事物真地是怎样，就对他显得是怎样……好人同其他人最大的区别就在于，他能在每种事物中看到真”①。

二、德性作为对待快乐与痛苦的良好品质

儒家学说和亚里士多德的学说都主张德性是在感情与行为上既不偏于过度又不偏于不及的适度、适宜，或者中道、中庸。现在我们来说明德性在快乐与痛苦的感觉和感情方面的这种性质。

由于对表象的快乐感的欲望和痛苦感的恐惧，我们在追求显得善的事物和躲避显得恶的事物上容易过度，尤其是在肉体快乐与痛苦的方面。这种追求过度快乐和躲避所有痛苦的倾向从小就伴随着我们，因而是根深蒂固的，需要通过训导来矫正。人同所有动物一样，倾向于趋乐避苦。动物的快乐是简单的、自然的，而人的快乐则演化出了复杂的形式。在快乐上，我们由于欲望而倾向于在追求获得肉体快乐的满足手段上过度，由于爱好而倾向于在追求获得外在福利手段上过度。爱好虽然不像欲望那样出于自然，而是出于习惯，但如果成为习性，就成为我们的茫然而时常不易察觉的倾向，影响行动的程度就很深。动物的肉体快乐以满足自然的需要为限度，人由于其欲望与爱好的发展，在对待快乐与痛苦的态度和方式上，倾向于追求过度的快乐和躲避所有的痛苦。所以，赫拉克利特说，战胜快乐比战胜脾气更难。② 意思是说，在肉体的快乐和爱好的快乐方面，战胜追求过度快乐的倾向比控制好脾气更困难。

脾气，例如怒气，也发于自然，是自然的激情，但它不含欲望。③ 没

---

① ［古希腊］亚里士多德：《尼各马可伦理学》，1113a30—33。

② ［古希腊］赫拉克利特：《残篇》，105 页。原话是：困难的是战胜怒气无论你想从这种胜利中获得什么，都要以灵魂的损失为代价。这在亚里士多德的时代可能是流传甚广的名句。亚里士多德在《欧台谟伦理学》（1223b23）和《政治学》（1315a30）中都引用了赫拉克利特的这句话或类似的话。

③ 所以，亚里士多德说，脾气就好像一个“没有听清命令就冲上去报复”的急性子的人（［古希腊］亚里士多德：《尼各马可伦理学》，1149a30—31）。根据这一点，我们可以认为，怒气在亚里士多德伦理学中属于感情而不是欲望范畴，不过它是一种最为自然而且强烈的感情。《尼各马可伦理学》的著名英文译注者莱克汉姆（H. Rackham）说，怒气（θυμω）在荷马（Homer）史诗的意义上也就是欲望（*Aristotle*：*The Nicomachean Ethics*，London，William Heinemann，1926，p. 82）。在荷马那里，这很可能是对的。但是亚里士多德很注意表明怒气与欲望的不同，这一点值得注意。

有人出于欲望而发脾气，也没有人出于爱好而发脾气。此外，怒气和脾气虽然近乎发于自然，但是它似乎与我们的潜在的理智有亲缘关系。从这点来说，它近于感情而不是欲望。我们在发脾气时常常还能够感觉到理智力量的主导，并且有时候还能够控制。但我们出于欲望而做一件事时则可能完全不理会理智，甚至感觉不到理智。

在脾气或怒气上，人同样容易过度，而且这种过度尤其显得自然。在这方面不及的人当然也很多，但人们更倾向于把在这方面做得过度的人看作自然的。这种人被称为易怒的人。他们在其他人不大发怒的事情上也容易发怒，而且怒气不适当地过大。这样的人的怒气好的地方，正如亚里士多德说的，是它来得快也去得快，发泄完了就过去了。[①] 而且，他们在冷静下来时听得进道理。所以这种习性的人，比那种长久憋着怒气的人和会因为莫名其妙的原因而发脾气的人[②]更好相处。

总体上，同对于快乐的感觉或感情方面的情形一样，在掌握感情与脾气方面，德性是好的品质，与过度或不及的状态不同。

三、德性与习惯的训导

德性是对应当快乐的事情感到快乐，对应当痛苦的事情感到痛苦的心灵品质力量。不及的人对应当快乐的事情也不感到快乐，对不该痛苦的事情感到痛苦；过度的人则对不当快乐的事情也感到快乐，对应当痛苦的事情都一概躲避。显然，我们在感觉、感情与脾气方面的好的品质要通过对感觉习惯的训导而养成好的习惯才能形成。

这种习惯的训导首先在于，在我们的肉体生活和交往生活发生正常的需要时，我们把那些满足这些正常需要的事物，把正常地追求这些事物的活动感觉为善的、愉快的，并且使这种感觉保持在适度的范围内，以满足我们肉体生活和交往生活的正常需要为满足，使对这种快乐感的欲望处于适当的程度，例如，使对它们的追求不超出满足正常需要的程度等等。在相反的方面，这种训导在于我们把自己在正常状态下自然地躲避的事物看作恶的，把正常地躲避这些事物的活动感觉为痛苦的，并且使这种感受和对这种痛苦感的恐惧处于适当的范围和程度。这意味着对于应当面对的东西要去面对，不把它感觉为可怕的或痛苦的，或者，即使是痛苦的也要去

---

① ［古希腊］亚里士多德：《尼各马可伦理学》，1126a15—16。

② 亚里士多德将这两种习性的人分别称为愠怒的和怪癖的（同上书，1126a20—21、28—30）。

承担与经受，等等。

其次，我们还需要这样地训导，即在所有这些事物上，我们把上述的感觉方式和这样地发展的感情感觉为好的，同时，把我们以尊重、和平、友好、合作的方式同他人交往的行为感觉为善的、愉快的，把相反的行为感觉为恶的、不愉快的、痛苦的，并且，把使我们良好地以这种方式同他人交往的品质感觉为德性的，把相反的品质感觉为恶的，如此等等。

再者，我们也需要这样地训导：把我们自己以及其他人的身体的健康、力量、优美、健壮、敏捷等状态感觉为善的、令人愉悦的，把相反的状态感觉为恶的、令人痛苦的；把我们和其他人追求健康等的活动感觉为善的、愉悦的，把相反的活动（例如自残等等）感觉为恶的、使人不愉快的。

最后，如果有可能，我们还需要这样地训导，即我们把自然界创造的和人类创作的伟大事物感觉为值得敬畏的、伟大的、美好的、令我们愉悦的，学习去观察、注视、体会、想象、思考它们，而不是狭隘地仅仅从我们的直接和紧迫的需要来感觉它们，并把这样地感觉它们感觉为适合于感觉它们的方式，把这样的活动感觉为好的、愉悦的。

但是，一个人可能会处于某种紧迫需要或长期匮乏之中，并且这可能不是他自身的原因，例如出身门第的原因，或不仅仅是他自身的原因造成的。不是每个人都如此幸运地处于有利的生活境况中。处在这种境况中，一个人会以某种或某些偶然的、不正常的快乐为快乐。这会不会成为德性的习惯？

从道德哲学的观点看，这里重要的问题在于，如果一个长期处于这种状态下的人仍然能够理解对一个正常发展状态的人显得善的那些事物①，他在摆脱了这种状况之后会以何种方式对待他所形成的快乐习惯。如果这种习惯是偶然的，却不影响任何他人，且不妨碍健康、不妨碍他去追求在正常发展状态下对他以及正常的人们显得善的事物，便无妨作为口味的爱好保持它，它甚至可能成为他个性兴趣的一部分。如果这种习惯在上述这些方面是妨碍的，或在某个重要方面是妨碍的，我们便应当基于对它的偶然性的理解而戒除它。

① 我们或许可以假定，孔子称赞的颜回就是虽然身处陋巷，却仍然能够理解并追求对一个正常发展状态的人显得善的那些事物的人。因为，按孔子的看法，“行”与“学文”是对一个正常发展状态的人显得善并值得他追求的主要的事物：“弟子入则孝，出则悌，泛爱众而亲仁。行有余力，则以学文。”（《论语·学而》）

最重要的在于，我们能否有意识地发展自己对于那些在正常状态下对我们显得善的事物以及同这些事物相联系的活动与实践的兴趣，从而能否从这些活动或实践中得到快乐。总体上说，就这种发展对一个人始终是可能的而言，德性对于每个人都始终是可能的。

第五节　德性与实践理智

一、德性是否可教

对德性的这种反省自然地引向柏拉图曾经提出的问题：德性，具体地说，道德德性，是可教的吗？① 所谓“可教”，柏拉图指的是可以传授，即教者能够使自己的理解为受教者所理解，例如，对一个几何公理的理解。基于柏拉图的唯有知识可以传授的前提，这个问题可以以这样的简化方式②来理解：如果德性是知识，那么它就可教；但是即使那些最有德性的人也似乎未能把自己的德性传授给别人，而且，那些声称能够教授德性的人却在被诘问之下表明自己对于德性毫无所知；既然没有人可以教授德性，德性就不可教。从相反的方向来说：如果德性不是知识，仅仅是人为的习惯，那么它就不可教。所以，按柏拉图的观点，问题在这两个方向的答案似乎都是否定的。

柏拉图的问题是有意义的。德性作为心灵自由的实践品质力量是否可教——仍然在可传授的意义上，本身是一个重要的实践的问题。

作为对他们各自学说的一种基本解释③，我们可以说，孔子和亚里士多德分别开启了一方面从合礼化或习惯化，一方面从实践理智理解这两个原理来理解德性的生成原因的道德哲学，以非常相近的方式回答了柏拉图的问题。在第一个方面，德性作为实践品质，尤其是交往活动的品质，最初就是一个人幼时形成的恰当的感情和行为的习惯，这类品质通过早期良

---

① ［古希腊］柏拉图：《普罗泰格拉》。在某种意义上，柏拉图的这篇对话提出了这个问题，但没有引出明确的结论。

② 对柏拉图问题的全面讨论远远超出这本教材的范围。我在这里的目的只限于指出德性的养成同实践理智的相应发展之间存在积极联系这一点。

③ 当然，这也就表明，可能对孔子的学说和亚里士多德的学说做出与下文不同的解说。不过，我在这里将不去追寻那些与此非常不同的其他解说，因为这远远超出了本书的范围。

好的习惯训导而形成。在第二个方面，通过良好的训导和教养形成的良好行为与感情习惯还仅仅是“类似德性的品质”，还需要心灵的更为丰富的发展（“学文”），其中包含实践理智（“良知”、“明智”）的良好发展，因为过良好的生活需要实践理智的帮助，甚至，只有当实践理智也相应发展并且把那种良好习惯理解为一种善时它才成为“严格意义的德性”①。

就前一个方面来说，德性是不可教、不可传授的，因为养成行为与感情的良好习惯不是只与知识有关的问题。在这个方面，就苏格拉底和柏拉图都主张德性要么是知识、要么是习惯这点而言，他们的主张是片面的。尽管不是知识的传授，一个人要从幼时开始养成行为和感情方面的良好习惯，也离不开身边的人，例如父母、老师等的帮助。这种帮助主要是指区分哪些事物以及哪种行为方式是好的，哪些是不好的，等等。适合的帮助加上一个人从幼年到少年时期的努力，使得他能够确立一个好的生活的目的。这个过程严格地说是训导而不是教育，因为其中必定发生对不良习惯苗头的矫正。

就后一个方面来说，德性是可教、可传授的，或者包含着一种可教、可传授的重要因素——实践理智的理解。但是，关于这一点也只能够泛义上这样说。因为对于绝大多数问题和概念，受教者所形成的理解都不会与教者的相同，至多是可能接近的，这是由行为和感情事务的性质决定的。而且，实践理智本身就是同行为和感情这些实践事务相关的。但是这种活动如果是以适合的方式，例如通过辩证的对话以求得接近实践事务的真实的方式进行，将能够帮助受教者的理智力量，尤其是实践理智的发展。②这将使得受教者能够体会对实践事务的正确理解（“言”、“判断”）的重要性，并基于这种体会矫正自己的行为与感情的习惯，努力达到心灵的和谐发展。就这种帮助是帮助一个人理智力量的发展这种意义而言，这种与德性的生成同样有关的帮助活动可被称作教育。

二、在什么意义上德性与实践理智相辅相生

如果像我们刚刚说明的，德性作为习惯的品质要靠训导与教养来培养和矫正，它的最终形成又需要实践理智的理解及其伴随感情的发展，那么不言而喻，德性与实践理智的关系就是密不可分的。这也是儒家学说和亚

---

① ［古希腊］亚里士多德：《尼各马可伦理学》，1144b13－14。

② 就这种真实只能够接近而言，这种对话是互动的、教学相长的。这是道德哲学的讨论本身具有的性质。

里士多德学说的共同观点。

首先，实践理智如果离开德性和德性的实践就有问题，就将不是实践理智。因为，理智力量如何去运用并不是确定的，如果这种力量朝向一个好的目的去运用，它就是理智力量的有德性的运用，它才是实践理智。实践理智就是为着获得善或好的生活的理智力量的运用。所以孔子问，一个人如果选择不仁的人和事相处，怎么能够有理智呢？①而且，就算我们在理智上获得一些有益的东西，如果在仁这个德性的根本上不坚实，所得的东西也必定会失掉。② 因为，按孔子的看法，仅仅是理智地获得的东西，是不确定的意见，它朝哪个方向去运用，完全是不确定的，只有在德性的根本确立上，所获得的东西才会朝好的方向去运用。亚里士多德讲的道理也非常相似。他说，实践理智不是单纯自然的理智能力，它要向好的方向运用，就要先做一个好人。因为，那个好的目的或目标，只在一个好人的心灵上才显得善；理智这只灵魂的"眼睛"如果离开了德性的心灵就不再可能是实践理智；所以，最终说来，"不做个好人就不可能有"实践理智。③一个人只有不断做合乎德性的事，成为好人，才能真正具有实践理智："离开了德性不可能有"实践理智。④ 因为对于实践事务，好人才判断得正确："好人同其他人最大的区别似乎就在于，他能在每种事物中看到真，他仿佛就是事物的标准和尺度。"⑤ 所以，只有在感情上、行为上努力养成好的习惯，努力使自己的活动合于德性，我们才能在实践理智方面健全发展。在实践理智的发展方面，人似乎无捷径可走。

更为重要的是，我们在良好的训导与教养下形成的良好行为与感情习惯和倾向，如果没有被随后发展起来的实践理智理解为人生实践的好的品质，并得到这种理解的帮助与指引，我们的良好行为与感情习惯所指向的生活目标，如果没有被随着生活阅历的积累而发展的实践理智理解为总体的好生活，这种习惯与倾向就无法帮助我们获得好的人生实践，就仍然不能成为德性。亚里士多德这样地讲这番道理：良好的教养习惯仿佛是人生实践的健壮身体，虽然它在朝着一个好的方向走，但如果没有一种同样好

① 《论语·里仁》："择不处仁，焉得知？"

② 《论语·卫灵公》："知及之，仁不能守之，虽得之，必失之。"

③ ［古希腊］亚里士多德：《尼各马可伦理学》，1144a29－36。

④ 同上书，1144b31－32。

⑤ 同上书，1113a30－33。

的视觉来帮助，“他在行动时摔得更重。”① 依照孔子的说法，作为一个人，我们的最好状态是不仅仁，而且智和勇，尽管仁就是德的根本②，因为实践理智与勇敢可以在人生实践中帮助德性达到它的目标。儒家学说的“知”的根本含义是明道、知道，即在心灵中澄明宇宙人生的根本原理，落到德上就是知德、知仁。德或德性只有被“知”、被理解和体会了，才真正成为德。所以孔子讲“知”总要落到不远于人的地方即从德讲起，并从“处仁”、“利仁”处解说“知”③，因为对于人要“知”的首先是德、是仁，仁也就是德的根本。例如，当樊迟第一次问孔子，孔子径直地说“知”就是“务民之义，敬鬼神而远之”④；当樊迟另一次问他，他又说“知”就是“知人”⑤。“务民之义”和“知人”的最后的解释都是仁。孔子认为，一个人如果有理智就会向往并努力去获得仁。⑥ 因为，按孟子的解释，德性的根基即仁就是我们作为人的，当然也是我们的实践理智的“安宅”⑦：离开它，理智就无栖身之所，就行无定向。按儒家的看法，“知”是同基于使我们在感情和行为方面获得良好品质的努力（“学”）不可分离的。儒家思想不在实践德性的范围之外提出关于理智的观念。⑧

所以，德性与实践理智是相辅相生的：实践理智的生成离不开德性的生成，德性的生成也离不开实践理智的随着生活经验积累的健全发展；智无德则乱，德无智则盲。在人生实践中，仿佛是这样：良好的教养与习惯先使我们大致地确定一个朝好的生活走的方向，但又只有在朝这个方向走的过程中，逐步地发展起智的理解，理解了为什么要朝这个方向走，并判断好一步一步怎样去走好，我们才变得既有德性，又有实践理智。在这个

---

① ［古希腊］亚里士多德：《尼各马可伦理学》，1144b10—11。

② 《论语·宪问》。

③ 《论语·里仁》。

④ 《论语·雍也》。

⑤ 《论语·颜渊》。

⑥ 《论语·里仁》：“仁者安仁，知者利仁”。朱子云：“利，犹贪也，盖深知笃好而必欲得之也”。(《论语集注》)

⑦ 《孟子·离娄上》：“仁，人之安宅也。”

⑧ 我们似乎可以说，老子、庄子哲学中的“知”除了这个实践层面外，还有更高的智慧层面。这个更高层面的智慧是使我们可以领悟和把握宇宙与人世的大变化的原因的智慧。领悟这种大变化的始因，按老子、庄子的看法，不是实践性的智慧，而是宏大的智慧。这种智慧是我们不仅识辨人的生活，而且识辨宇宙的生生不息大变化才可以获得的理智的理解。

过程中，实践理智使德性变得澄明，德性使实践理智成为理智的德性。

思考题：

1. 什么是快乐？什么是痛苦？什么是正常的快乐？什么是不正常的快乐？

2. 为什么德性尤其与快乐和痛苦相关？

3. 在什么意义上德性与实践理智相辅相生？

第二十五章　友爱与仁爱

第一节　友爱作为德性

一、感情方面的德性

我们将搁置这样一些问题，例如，怎样看待一些思想家阐发的儒学以及其他学派的道德觉解，一种道德觉解究竟在何种意义上是可以理解或可以说明的等等，这些问题更为专门，也更为复杂，远远超出了本书的范围。因为，道德觉解，在对心灵的德性自由力量的体觉与理解这个阶段，必定是个人的实践体验，毋宁说它属于个人的实践的领域。

我们将从这样一点出发：对心灵的德性自由力量的觉解通常是通过实践理智的理解及其伴随的感情的发展获得的，这种理解和伴随的感情能够随着一个人的正常的生活历程发展，并且，它总是使我们把德性感觉为真正属于我们的自身和生命活动的，因此构成我们生活意义的根源。

对德性的一般性讨论就到这里。我们将转向讨论，在通过实践理智理解德性对于生活的意义方面，我们会普遍遇到哪些德性要素，即转向德性阶段的道德觉解的实质内容的讨论。这一环节的讨论是十分必要的。一方面，这是一种实践的德性论伦理学体系不可能避开的。另一方面，这似乎也是一种德性论伦理学体系不得不止步的地方。因为，道德觉解的最终领域属于实践者自己，那里将不存在太多需要共同理解的东西。在我们会普遍遇到的那些德性要素这里，“会普遍遇到的”是说，无论是我们中国人，还是西方人、印度人、阿拉伯人等等，都会碰到的，因此在这种意义上，这些要素虽然构成道德觉解的实质性内容，却依然具有普遍性质。

我们将首先讨论感情方面的德性要素。的确，在人的感情方面，有一些德性的品质似乎是不同的德性论伦理学体系都非常重视的，尽管它们可能被赋予不同的地位，它们之间的联系也会得到不同的解释。我们不难观察到，有一些基本的感情状态，例如下面将谈到的友爱与仁爱，在不同的重要文明体系中都被看作具有德性的，并且，有许多学说主张，这些有德性的感情状态是人们通过努力实践都能够获得的。

不过，需要指出的是对感情方面的德性与行为方面的德性的划分仅仅是一种理论方式的和大致的。因为显然，行为的动机里面已经包含理智的理解、判断、考虑的方面和感情、倾向的方面，感情之中也包含对行为的记忆和对行为的动机与方式、效果等等。对问题作完全机械的理解无益于德性问题的讨论。

二、友爱德性的性质

我们从这一点谈起：在古代中国、希腊，阿拉伯和印度，简言之，在人类主要的文明体系中，友爱都是一种被普遍称赞和推崇的有德性的或伴随着有德性的朋友交往活动而发生的感情。

友爱是两个人基于交往和共同生活而发生的相互友好的感情①，是相互交往和共同生活的感情方面的一种重要德性，友爱总是使人们的相互交往变得友好、愉悦和有益。广义上，友爱就是两个人相互吸引、依恋地共同生活或交往的感情。友爱是仇恨或恶毒与奉承或逢迎之间的适度或中道。仇恨或恶毒是交往与共同生活的友好感情方面的不及或缺失。通常情况下仇恨和恶毒被看作坏的和恶的感情。当一个人心中充满对另一个人的仇恨和恶毒时，这个人的心灵便失去阳光，充满黑暗。交往与共同生活的感情方面的另一个极端是奉承。亚里士多德说，奉承的人表现出过多的友好，但常常是为着某种特别的目的，谄媚的人则出于习性才努力讨好别人。②在生活中人们都鄙视这两种人，奉承人的人被看作是居心叵测，谄媚的人被看作是奴颜婢膝。

友爱就是一般所说的爱。友爱必定包含着友善并出于友善，但是比友善多了一份爱。但是一种出于友善的爱未必被承认为出于友善。家庭中常有这样的情形：父亲和母亲对子女的爱是出于友善的关切，但是子女由于年幼在感情和理解还未充分发展时，这种爱并不总是被子女理解。按柏拉图的看法，友爱是被承认为出于友善或善意的爱。③ 所以亚里士多德说，

---

① 我将采取一种符合今天人们理解习惯的方式，把友爱理解为相互交游和有某种共同生活的两个人之间的友好亲密的感情。有某种共同生活在这里是泛义的。两个有下棋爱好的人在一起下棋、切磋，夫妻之间的在同一屋檐下的柴米油盐生活，都是一种共同生活。与这种感情相区别的对于关系更远、更广泛的人们的友好感情，我将称为仁爱。仁爱，也被广泛称为博爱或兄弟爱，例如在基督教文明体系中。但是，仁爱一词同儒家的仁的概念有直接的关联，并且在儒家仁的概念中得到一种典范的表达。事实上，儒家视为德性的核心的仁就是指这样一种广泛的友好感情。

② ［古希腊］亚里士多德：《尼各马可伦理学》，1127a7－8。

③ ［古希腊］柏拉图：《斐德罗篇》。

友爱只有发生在两个地位平等的人之间才是相互的：在这样的友爱中，两个人都爱对方，都被对方所爱，并且都认为对方的爱出于友善。① 所以相互的友爱似乎是从兄弟和伙伴的友爱扩展而来的。②

与其他许多德性不同，友爱根源于自然感情。也就是说，它根源于动物伙伴之间相互吸引、依恋的感情。这在某些动物中间，例如亚里士多德观察到的禽鸟，是非常普遍的。友爱在根源上是共同生活的伙伴间的相互吸引和依恋的感情。作为德性，友爱是友好的交往和共同生活的感情方面的品质，并且只有当双方都充分意识到并有意识地努力这样来相互交往和共同生活时，才是友爱德性。在这种意义上，友爱又不同于动物性的相互依恋感情。动物的这种感情会随时被相互间的争斗取代。友爱，至少严格意义上的友爱，我们将在下面谈到，通常是比较稳定的。

这同时也表明，友爱离不开相互间的交往和共同生活。因为这种亲密感情是交往和共同生活的产物。所以亚里士多德说它是在共同生活中磨砺结成的共同道德。当两个朋友不再交往或者长久远离，友爱就会被淡忘。③我们常常会怀念曾经拥有的一段友爱，并惋惜生计的忙碌或地理的阻隔竟使它枯萎。今天互联网似乎提供给我们克服这两种障碍的技术手段，但是这些间接的交往造成的虚拟感觉似乎更加脆弱，通常经不住面对面的真实交往的检验。友爱是由真实的共同交往生活造就的。

三、三种友爱

爱总是有原因的，是因显得可爱的东西而发生的。像其他事物一样，亚里士多德说，在一个人身上，有三种东西显得可爱：他的善，他的令人愉悦，他能提供的用处或帮助；因此友爱便可区分为三种：基于善的友爱、基于快乐的友爱、基于实用的友爱。④

善的友爱⑤是两个人因彼此的善或品质的优点而发生的友爱。这种友

① ［古希腊］亚里士多德：《尼各马可伦理学》，1158a1—2、b1。

② 同上书，1161a25—27。

③ 同上书，1157b11—12。

④ 我采取亚里士多德在《尼各马可伦理学》第8卷中对友爱作的区分，因为它似乎迄今仍然是最好的。

⑤ 这一自然段和下一自然段的内容，是对亚里士多德对三种友爱的说明的概括（同上书，第8卷第2、3、4章）。

爱是因对方自身的原因，因对方自身的善也就是因对方自身。① 同时，在这种友爱中，亚里士多德说道，每一方都为着对方好，都愿望着于对方是善的或认为于对方是善的东西，而不是只把对方当作自己达到某一目的或令自己快乐的手段。② 快乐的友爱是两个人因彼此能够带给自己的快乐而发生的友爱。这种友爱不是因对方自身的原因而发生，每一方所爱的都是对方能带来的快乐，而不是对方本身。这种友爱最多见于青年人的生活中，青年人的友爱多是因为快乐。快乐都是当下的感觉，所以年轻人重视当下的快乐。然而由于年轻人的口味会很快改变，他们的友爱也很快发生，又很快结束。随着年龄的增长，这一点也会有所改变。实用的友爱是两个人因对方对自己实现某种目的有用而发生的友爱。所以，这种友爱也不是因对方自身的原因，不是因为对方是那种人而发生的。每个人只因对方能给自己带来好处才觉得对方使他愉快，所以除非相互能期望对方会带来好处，否则也没有必要相互来往。

这三种友爱中，善的友爱既是自身就善的，也是快乐的和相互有用的。快乐的友爱、实用的友爱则只具有那一种特别的性质。因为这两种友爱中，每一方爱的都是对方的那一种偶性，而不是他自身。不过，快乐的友爱并不像实用的友爱那样具有功利性质。善的友爱也是稳定的、持久的。双方的愿望着对方的善的相似的品质和共同从事的善的活动使这种友爱经得住时间的检验。快乐的友爱和实用的友爱都是不稳定、不持久的。因为，互爱的双方都只是为着对方所能提供的快乐和用处，一旦这种快乐和用处不存在了，友爱也就终止了。善的友爱不会受到离间，两个相互愿望着对方的善的人必定相互信任，因此不会相信关于对方的坏话，也不会去做对对方不好的事。快乐的友爱与实用的友爱则无法避免相互的怀疑和离间。善的友爱中不会有斤斤计较，所以也不会有相互的抱怨。快乐的友爱也不会

---

① 在日常语言里，人们常说这是“因某某人好”而发生的友爱。“因某某人好”就是说，因为他的活动和感情品质的优点。因为，人们通常都把财产、荣誉、身份这些东西看作外加在一个人身上的东西。

② 朋友是这样的人，亚里士多德写到，他“为另一个人愿望他认为于那个人是善的事情，不是因他自己，而是因那个人自身之故，并根据他的能力尽力去那样做”（[古希腊]亚里士多德：《修辞术》，1380b36－1381a1）。“一个朋友是因对方自身之故愿望并且实际地做于对方是善，或看起来是善的事情的人”（[古希腊]亚里士多德：《尼各马可伦理学》，1166a2－4）。

有计较。因为，如果双方的快乐就是共同相处，那么任何人抱怨在相处中没有得到所向往的东西就是没有道理的。但是在实用的友爱中却充满着计较和抱怨，因为每一方都是为着自己得到好处而利用对方。

亚里士多德对友爱的看法在基本的方面与儒家学说旨趣相合。如人们熟知的，儒家在体悟有德性的人交往的含义方面阐发了丰富的内容。孔子的教导比较简约，他只说要交有德性和见闻广博的朋友，如果所交的朋友不及于此，就吸收他身上的优点，不吸收他的缺点。[①] 他的学生曾子将此概括为，有德性的人交友要“博文”、“辅仁”[②]。所以按儒家学说，只有有德性的人（“君子”）之间的交往是基于善的，值得我们期求的。

四、善的友爱为什么令我们期求

的确，我们似乎倾向于把基于善的友爱看作真正的友爱：我们愿意用爱去缔结这种友爱，但是又总是或者伤感错失了它，例如宋代陆游晚年曾感伤，许多有德才的人他曾有交往机会却失之交臂[③]，或者感叹这种友爱求而不得。然而，我们为什么会期求这样的而不是其他的友爱？

在对这样的实践问题的理解上，道德哲学所能够做的讨论将非常有限。除了我们谈到的倾向于称赞德性的感情与行为品质的那个一般性的原因，即我们的生命活动具有一种向上发展的倾向这一点，这种讨论很难找到其他参照，然而，这样一个一般性的解释仅仅表明，随着人生经历的丰富，实践理智的理解和体悟的正常发展往往能够使我们辨别，有一些友爱确如亚里士多德描述的那样，比别的友爱更好，它虽然少，却是存在的。这样

---

① “友直，友谅，友多闻。”（《论语·季氏》）“三人行，必有我师焉，择其善者而从之，其不善者而改之。”（《论语·述而》）

② “曾子曰，君子以文会友，以友辅仁。”（《论语·颜渊》）后世儒者大抵依此说，主张慎重交友，主张交友讲信重义。所以儒家学说讲“友”而不大讲“爱”。这是儒家学说同亚里士多德学说的区别之一。在这点上，中国士阶级的观念是接近的。这种观念坚持，有德性的人的交往是淡泊的，亲密甘厚是小人之交。例如庄子说，“君子之交淡若水，小人之交甘若澧”（《外杂·山水》）。王充说，“人之交友，不能常欢，欢则相亲，忿则疏远”（《论衡·累害》）。中国士阶级的共同的倾向是，有德性的人的交往无须过多的物上往来，友爱首要在朋友有共同旨趣和坦诚相处。

③ “吾少年交游，多海内名辈，今多以零落，后来佳士，不以衰钝见鄙，往往相从，虽未谋面而无定交者亦众，恨无由遍识之耳。又有道途一见，心赏其人，未暇从容，旋即乖隔，今既屏居不出，遂不复有邂逅之期。吾于世间万事，悉不贮怀，独此未能无遗恨耳。”（陆游《放翁家训》）

一个说明必定是不充分的。因为，人们把善的友爱体会为对人生真正有意义的、因而值得珍视的友爱的经历，可能有各种独特的生活经历的原因：他们可能是由于很独特的个人生活的原因，而体会到上面所说的这种区别。

例如，我们可能有幸经历过一种这样的友爱，非常可能是在成年之后的生活中。在那种友爱的交往和共同生活中，有真正善的东西令我们倾心地爱，并且这种爱被毫无保留地接受为友爱。同时，在那种交往和共同生活中，我们自己增益着真正希望会属于自身的那些品性优点。由于有这样幸运的生活经历，即使在那种交往中仍然有一些是我们可望而不可即的优点，我们也从欣赏那些我们曾经交往的朋友所具有的那种优点中得到极大的教益与快乐。

其次，我们可能曾经幸运地经历这样的友爱，最终由于生计的忙碌或迁徙而未能保持，但或许就是由于这种失却，这样一份真挚的彼此没有任何对自己的利益的计较的友爱的记忆才使我们印象深刻。或者，我们可能曾经在某些邻人之间观察到这样的珍贵友爱，并且这记忆就留在我们的心灵上。因为，生活的观察使我们了解，其他的友爱，尤其实用的友爱，远远不能与之相比。即使我们不得不进入许多实用的友爱，因我们的有用令别人愉悦，且因别人对我们有用而与之交往，这种交往和共同生活并不能拨动心灵感情的琴弦。因为，实用的友爱尽管在满足紧迫需要这一点上令我们愉悦，却不能在记忆和感情深处唤起心灵的愉悦。而且，甚至当此之时我们也准备，一旦这种相互有用的关系结束，一切友好和愉悦就将结束，除非某种这样的交往开启了我们希望的那种好的交往关系。

最后，我们还可能倾心地把一种交往和共同生活当作基于善的友爱，曾经倾心的爱护它，努力地像西塞罗说的，“只要求朋友做好事，而且也只为朋友做好事”①，或者，由于朋友的非常友善的表示，曾经努力使与朋友的一种经济交往不陷入利益计较的泥沼，而成为朋友间的真诚合作。但是，我们最终意识到，对方仅仅把我们当作有用的朋友，因为他把最初相互给予的帮助看作可以要求我去做一件他不该要求我为他去做的事的筹码，或者，当合作的经济陷入困境时，他要求他不承担任何损失，而求不折不扣的经济利益。在这种情景下，我们或许不得不如亚里士多德所说的只有责

① ［古罗马］西塞罗：《西塞罗三论》，63页。

备我们自己犯了错误，并以有用的友爱方式结束这次交往。然而，我们实践理智的理解与感情对一种好的友爱的交往似乎变得更加期求，因为我们的心灵似乎总在向往它，不因实践上的一次失误而放弃。

第二节 仁爱作为德性

一、仁爱德性的性质

仁爱也称为博爱，是一种普遍的积极的友爱感情。说它是普遍的，是说它是无指向或者不要求特定指向的。说它是积极的，是说它体现在出于关爱态度积极地做促进他人的善的事情。

儒家所说的仁就是仁爱。依儒家学说，仁爱是德性的本体、本原：仁爱心越深厚，德性就越深厚，它的力量就越强。① 仁爱是一种内心的状态，是产生于人自然具有的关心同类的感情，并可以分布到所有的人身上：一个人对于邻人的善的关注态度便是仁。仁爱又是一种内在的精神律动，一个发动者。孔子说“己欲立而立人”②，孟子说“老吾老以及人之老”③，说的就是这种积极感情。这种积极的感情，虽然它的最初根源是伦理的，就是说，是亲亲之爱，但是这种感情作为根源已经变得遥远，它的直接的基础是从那种感情发展而来的友爱感情。仁爱的确就是在友爱感情基础上发展而来的一种对于更广泛的邻人的德性感情。具有仁爱的精神，一个人就会自然而然地做促进邻人的善的事情，而不是相反。由于这种感情不像友爱那样亲密强烈，它可以传播得非常广泛，就好比生出了轻盈的翅膀。所以，当一个人可以体觉、理解心灵的这种德性力量时，他就会发现，这种仁爱的精神是通达一切的。所以，仁爱的感情具有普遍性的品格，是推展开来的友爱。一个遥远的陌生人，一个微不足道的小生命，由于我内心的仁爱，我都可以与他联系起来。由于这些性质，在儒家思想中，仁爱是人实践的一个能动的原则。从这里我们也可以理解，为什么儒家学说把仁爱看作是心灵的感情综合体的核心，因而是德性的本体或本原。

在西方，博爱是中世纪基督教留给人类的一种独特的精神文化遗产。

---

① 《周易·坤》：“君子以厚德载物。”

② 《论语·雍也》。

③ 《孟子·梁惠王上》。

基督教的博爱是对仁爱的一种表达。[①] 从罗马被压迫民族中产生的兄弟爱观念是一种无力与强大帝国对抗却又表现着精神抗争的普遍主义感情。这种观念一方面同基督教时代的存在于家庭之外的私人团契式的密教生活结合在一起；一方面又不同于古代世界的伙伴关系，而在自身中含有一种普遍主义的观念。这种普遍主义的精神要人不分贵贱贫富向需要的陌生人尽力提供帮助，解除其困境。例如《圣经》要人们对陌生人以衣食相助，分享己之所有。在它的最高形态上，基督教的博爱是与普遍救赎相联系的感情。世间所有的人都是我们的兄弟姊妹，我们要像爱自己一样爱所有的人，做正义的人，使这个人的世界得到救赎。所以，在基督教教义的形式下，博爱是一种普遍性的积极实践的感情。

我们现在可以进一步说明，在道德觉解的开始阶段，即从规则的觉解的阶段，仁爱为什么不是一个可以通行的原理，“己所不欲勿施于人”则可以。因为，当我们开始理解我们同他人的交往为什么要遵守某些规则时，我们最初的倾向就是这种规则必须是我们愿意订立的，并且同样的原理使我们也理解这必须是别人也愿意订立的。这使得只有“不允许别人把我们不愿意被强加的事情加给我们”这条原理可以通过检验。这条原理从我们的角度来表达就是“己所不欲勿施于人”。然而在我们现在谈论的阶段，道德觉解的关注已经转移为我们怎样可以成为一个有德性的人，因为基于实践理智的理解，德性同我们把自己作为人的活动进行得好、完成得好，从而使自己成为一个好人密切相关。在这个阶段通行的原理已经不关乎别人是否已经把我们关切的那些活动进行得好并表现出德性，而关乎我们是否把它理解和体悟为属于一个有德性的人的那种善。在这里，这种德性同这种感情联系到一起，或表达在这种感情里：“我们可以获得的善物与自由其他人也不可以被排除，使他们被排除的那种不利境遇是我们愿意帮助消除的。”对这种原理的一种表达，就是“己欲立而立人”。的确，道德觉解的这种进程也许在这里表现得更为清楚。

---

① 人们可能提出，仁爱的起点仍然是亲亲之爱，博爱则没有这样一个起点，所以博爱似乎与仁爱不同。我在总体上同意这两者在起端上存在这样的区别，但是正如在上文中表明的，我认为仁爱的更直接的根源是友爱或兄弟之爱，是推展开来的友爱感情。正由于有这样一个更为直接的根源，我们通常将仁爱看作与亲亲之爱不同。我同时认为，当一个人的仁爱感情发展起来时，亲亲之爱，以及友爱，事实上就成为一种与仁爱友好地联系在一起而不大能够自然地将它们相互分离的感情。

二、仁爱德性的实践上的两重性

仁爱或博爱在实践上具有双重性。一方面，它是一种具体的实践的可能性。例如，我可能对一个从媒体上了解到的处在某种紧迫困难中的陌生人提供某种帮助，表达我的关怀与善意；或者对一个不幸而伤残的青年提供教育的帮助，使他能获得某种谋生的技能。作为具体的实践，仁爱始终有各种可能性。它是不定向的，它可以是对于这个人的，也可以是对于那个人的。在理论上，它可以指向任何一个人。

另一方面，一个人又不可能把他的仁爱分配给所有的人。分配其仁爱的范围必定是有限的。我显然不可能去寻访每一个存在特殊困难的人。而且，如果人人都真的试着这样做，那么政府该做些什么？这样是否会造成一个在这方面什么都不做的政府？有一点是显然的，由于这两种原因，每个人都希望社会中处于紧迫困难中的人少一点。所以，普遍的常识道德是，首先应当通过社会的基本制度的安排使处于意外的紧迫困难中的人们能得到基本的帮助。但显然任何政府都不可能使所有紧迫困难不发生。而且有许多事政府不应当做，而应当是社会的事情。所以，一个人在可能的条件下促进另一个（些）人的善是值得称道的。这种行为可能总是在某种偶然的情况下或由于某种偶然的联系而发生。但是一个存在这种仁爱精神的社会必定是人们更愿意在其中生活的社会。

我们在这里可以解释从责任的观点对于仁爱的一个与此有关的重要理解或体悟：仁爱超越责任而又离不开责任。首先，回报父母并在他们变得衰老时尽力照料他们，关怀并帮助子女成长，珍视朋友间的信任友爱并在他们需要时尽力帮助，公平地与一个公民伙伴交往，是我们的内心准则和责任，帮助一个素不相识的人解除他紧迫的困难则超出这种责任，因为向所有存在这样紧迫需要的陌生人提供这种帮助不可能在我的能力之内。所以，当这样做时，我是以超出本分的方式做促进另一个人的善的事，这是对责任的超越。如果我停止对自己的亲人、朋友尽责任，忽视同他们过友爱的生活，这当然不是仁爱。假如一个人让家人生活在贫困中，对父母疏于照顾，忽视朋友的重要期望，把全部精力放在慈善事业上，他当然是一个慈善家，但他是否是一个仁爱的人则是有疑问的。所以，仁爱是超越责任的，但是又不应当离开责任：我们要先“老吾老”，然后才去，如果力所能及，老“人之老”。①

① 在西方也有“施自亲始”（Benevolence starts at home）的说法。

但是，如果我已经非常自然地与家人关爱地相处，与朋友有德性地交往，并且不会忽视这些生活，却对一个我意识到处于紧急需要中的人的境况视而不见，虽然这也许是为了同家人或朋友的一次安排，就不是自然的。它可能成为我心中的一个阴影：如果曾适当地注意过，我会时时回想起那个人的那种境况；我会不断自问对一个人的这种境况视而不见究竟意味什么。当一个人以这种方式感觉这种事情时，我们也自然地会同儒家先贤、同亚里士多德一道认为，他已经是一个有德性的人，一个君子，一个仁爱的人。① 所以，按照仁爱的人自己的观点，当他出于爱帮助一个偶遇的人摆脱一种真实的紧急需要的境况时，他是在做一件对他来说完全是出于自然的事。从这样的观点来看时，在与仁爱相关的事上，无须提出这是不是责任的问题。因为，在“老吾老”与老“人之老”之间，已经不存在那种坚固的障碍。

三、仁爱与实践理智

爱一般说来是一种有指向的强烈感情。如果我把感情分配给世界上的每一个人，这感情自然不会像家庭亲情和私人友爱那样强烈。所以，仁爱是一种普遍的但不很强烈的感情。但是这种感情是同实践理智的思考联系在一起的，无论实践理智被看作不同于感情的根源的还是心灵感情的一种特别的功能。实践理智的思考补足了这种薄弱的感情的力量。做促进他人的善的事情并不需要强烈的感情，例如同情。包尔生认为，对于同情心的某种程度的抵制力量恰恰是仁爱德性的一部分，例如医生的同情心会模糊他的判断并妨碍动作的坚定性。②

那么这种实践理智的思考是什么？它是否就是对这世界上每一个生命都实际上是与自己同等或同样地具有生命的意识，是对于那些自身便是善的事物的判断，对于消除一种重大的恶（例如，一种紧迫的困境和一种严重挫折的不利影响）的善的恰当判断。这种判断，如所说过的，是引起行动的重要动因。并且，伴随着这种判断，有一种对于普遍的善的仁爱感情，和对这种感情的内心感觉。这种特殊的判断及其伴随的感情是仁爱行为的间接但根基深厚的动因。一个人如果有了这种内心力量，他在做这样的事时也必然伴有直接的内心快乐。但这种快乐感是这种行动的令人愉悦的结果，而不是它的动因。当这种快乐感渐渐失去其当下性时，它发生着一种

---

① ［古希腊］亚里士多德：《尼各马可伦理学》，1105a30－32。

② ［德］包尔生：《伦理学体系》，第3编第8章。

潜移默化的作用，使上面所说的那种感情更加深厚。因为，它们是同类的感觉和感情。

但是，判断是一件复杂性的事。我首先要判断哪是一种真实的紧迫需要。当我把一种微不足道的困难夸大为紧迫的需要时，我可能由于发生的行动而阻碍了那个人通过逐步学习和自己的努力来克服那种困难能够获得的进步，而"依靠自己是一种健康的正常的生活的基本前提"①。当以帮助一个人摆脱一种真实的紧迫需要的方式促进他的善时，我必须谨防破坏他的独立性、伤害他的自尊心以及侵犯他的隐私权。在所有这些方面，我都需要对具体的情节做出清楚的评估。所以，我如果观察到一位邻人处于紧迫的困境中，我首先要慎重判断他在多大程度上期望一种帮助，以及这种帮助是否会损害他的独立性等等。只有当我判断这个行动将合于他的期望，并且将真实地促进他的善，这样做才是仁爱的。我们有理由认为，一个仁爱的人尽管有这样的负担，由于他的实践理智的理解也同他的那种实践的内心自由力量一道发展了，他在做一件仁爱的事时是"随心所欲"的，至少不致遭遇过大的困难。

第三节　仁爱的种类

一、公民之爱，友邻之爱

严格意义上的友爱，正如亚里士多德所说，不可能存在于一个人同许多人的交往关系之中。② 近代以来，公民的交往远远超出私人交往的可能，法律与政治便需要对大量的公民间的关系做各种公开陈述。公民的友爱因而变得淡薄，不被看作友爱的主要形式，渐渐地演变为一种仁爱。但是，这种感情仍然是重要的，并且依然如亚里士多德所说，是把城市社会联系起来的一种主要纽带。③

我们把公民之爱和友邻之爱理解为基于人们作为不相识的公民和邻人的友好交往的那种感情。这种交往是基于自愿的交往。公民间的自愿的交往有两类：一类是通过市场和服务契约同许多陌生人进行的日常的交换，另一类是同一个陌生人的个别的交往。前一类交往是人们出于有

① ［德］包尔生：《伦理学体系》，555页。

② ［古希腊］亚里士多德：《尼各马可伦理学》，1158a9—10。

③ 同上书，1155a20—21。

用的目的的交换。这种友好感情也类似私人交往中实用的友爱。当我们通过一次自愿的交换获得一种所需要的善时，如果把这种交往感受为一种我们都需要的友好的交往，因为我们感觉到接收的物品和服务由于满足某种需要而让我们愉悦，同时我们提供的东西（钱）也适合对方并且让对方愉悦，这种感情就似乎是我们的一种内心愉悦的自然流露。我们感觉到它是友好的，因为它在对方那里引起自然的友好回应。感觉到它使对方愉悦的这一点同时也使我们自己愉悦。后一类交往一般说来没有专门目的，它是一个人同不相识的人偶然发生的友爱。例如，我偶然同一个在体育赛场上与我邻座的不相识的人交谈，向一位我尊敬的学者请教一个我长久思考倍感困惑的问题，为一位偶遇的陌生人指路，在公交车上为一位年长者让座，等等。一个社会的人们处理这类偶然而大量的公民交往关系的方式就构成所谓"社会风气"。在公共场所友善对待老人、妇女与儿童，作为公开宣布的规则是外部的，它只有出于一个人的内心才是友好的感情。

一个人不论财产地位如何，作为公民同另一人是地位平等的，因而，公民之爱这种我们作为公民与其他公民交往时产生的友好感情也是平等的，使他人在这种交往中受到屈辱的感情绝不是友好的。也因为这一点，公民之爱才能够成为一个政治社会的纽带。一个在这个方面养成了良好"社会风气"的政治社会中，人们对于社会就会有基本的共同感情。在这样一个政治社会中，如已经说过的（第十五章第二节），社会的构架才更加会被公民们看作一个合作体系所需要的基本制度的支持而得到肯定。

虽然公民之爱作为感情已变得比较稀薄，但近代以来，它一方面由于公民之间的通过慈善活动（无论官方举办的还是民间的）；一方面由于公民之间的另一种同样普遍的感情发展起来，而多少得到弥补。这两者虽然同样重要，但真正具有普遍品格的却是被称为尊重的感情。对一个公民伙伴的尊重是基于对内心实践准则的理解与尊重的，是这种尊重感情的延伸。所以，对这个公民的尊重才与对另一个公民的尊重没有区别。而且，它也应当就是相同的，既然每个公民有同等地位，那么他们就也应当得到同等的尊重。这种尊重意味着，你要意识到那个你不相识的人的在场，而不是无视他的在场。如果你在图书馆或音乐厅里做着不体面、不卫生的动作而完全不考虑一个邻人的在场，就没有表现出这种应有的尊重。另一重要形式是礼貌。礼貌是尊重态度的延伸。① 一个不尊重其他公民的人当然也不讲礼貌。礼貌同样可以是一个人内心的对他人的尊重感情的表露。对一个不相识的人的讲礼貌更能表明一个人内心的品质。

团结是同公民之爱类似的一种品质。团结不仅仅是意见，而且是感情的一致。它伴随有一种共同意识到的由目的激发起的共同感情，但是它不只是这种感情，而且是做实现这种目的的决心。亚里士多德说，团结是一种政治的友爱。② 当一个民族遭受外来侵略时，团结抵抗便是这个民族的成员们的一种重要的政治的友爱。这种德性同公民之爱有密切的关系。一个缺乏公民之爱的社会不会有团结。

友邻之爱是对自己紧邻的相识或不相识的人的友爱。友邻之爱同公民之爱非常接近并且相互重叠，它们都不需要以强烈的私人感情和密切的共同生活为条件。但它们又有重要区别。公民之爱在于对公民伙伴表现出基本的友善态度，以及在不影响自己的利益的情况下给予偶然发生交往的人（尤其是弱者）一点照顾，例如过路时礼让等等，并以尊重和礼貌作为必要补充。友邻之爱则在于以帮助解除困境的方式促进一个邻人的善。友邻之爱比公民之爱更积极。

由于上面谈到的仁爱的性质，我对于友邻的爱不可能施于我所接触到的每一个人。友邻之爱也仍然要借助偶然的机遇，这样的机遇使一个人能够确认一种紧迫需要的性质以及是否有适当的帮助方式。实践事务始终是这种具体的事务。

二、同胞之爱，人类之爱

作为一种具体实践的可能性，一个人理论上可以同他的任何一个同胞甚至这个星球上的任何一个人联系起来。同胞之爱是一个人对于他的同胞可能持有的友好感情。认识到我同一个素不相识的人是同种同文的同胞，常常会激起这种特殊的同胞感情。同样，认识到一个同我肤色不同、生活在极度贫困中的儿童与我同是这个星球上的人类大家庭的一员，也会激起一个人的人类之爱的感情。但是，这种同胞的感情和人类的感情是一种稀薄的感情，通常并不引起直接的行动。

---

① 按康德的看法，公民间的尊重是对于内在实践准则尊重感情的一种延伸：它使得人们“相互之间保持距离”，另一方面，仁爱感情则拉近他们的相互距离，两者同为一种道德世界所必需（I. Kant，*Practical Philosophy*，pp. 568-569）。

② ［古希腊］亚里士多德：《尼各马可伦理学》，1167b4—5。

当我选择以希望工程的捐助方式帮助一个山区的孩子，或者以人道主义的捐助方式帮助非洲的饥饿中的孩子时，我自然意识到，这种人道主义行动的作用是杯水车薪，我帮助了一个、两个、三个孩子，但是不可能让每一个需要帮助的孩子都得到这种帮助。问题还在于，本来不该有这么多的孩子由于得不到父母的照顾、由于遭遇意外事件或家庭陷于饥馑而失学。因为，尽管一个组织良好的政治社会未必富裕，却不难满足温饱并普及教育。所以，我有时似乎在做本来应当由一个能够不断改进它自身的政府来做的事，并且包含这样的含义：当政府不能够做到我们期望做好的事情时，我们由于对自己的同胞和人类伙伴的自然的关切，也不应当对它们的紧迫需要视而不见，尽管我们的努力所起的作用相当微小。所以，在这样做时，我也只有以使少数几个偶然地同我发生了联系的同胞或异族人减轻了困难为满足。

因为，不可能发生这种情形：在一个社会里，每个人都期望立即将自己的所有分与所有同胞。这将使政府或大量民间人士终年忙碌于确定需要帮助的人群以及分配和派发转移财物的工作——这本身将是社会的一个沉重负担和发生腐败的一个温床。而且，这将造成无意义的循环，许多人将既是给出者又是接受者。最后，这还最终将使得没有人能够提供真实的帮助。显而易见，更合于人们期望的是这样一个社会：每个人首先尽自己努力使自己和家人有一种正常的生活，每个家庭持有它们合理占有的财产，由社会的基本制度预先作出减轻意外事件对社会成员不利影响的安排，由健全发展的个人和家庭对由于偶然或意外而处于紧迫困境中的人自愿地提供适当帮助作为补充，表达他们的仁爱。

所以，除了选择在具体的人群中提供能切实促进他们的善的事业，仁爱的人也许还应当促进不同地区和不同民族的人们之间的了解与沟通，以及促进各个民族发展适合其文化特质的健全的社会制度。

三、生命之爱

如果我们能恰当地感觉这些感情，并基于此理解或体悟这种感情和感觉，我们就会发现，这种感情，以及对这种感情的理解或体悟，也自然地突破了一种在近代以来的道德哲学家们看来完全无法逾越的障碍，即如果我们对自己的同胞或每一个人类的成员持有真实的友好感情，我们就无法同时对自然界，包括对动物伙伴持有一种友好感情。这些哲学家们提出的论据常常耐人寻味。一种对康德伦理学的解释的论据似乎是，康德阐明的最伟大的真理是人是目的，这意味着人的道德关切，甚至友好感情，都只限于人类，尽管可以借助某种类比推及到动物界。一种效用主义的论据似乎是，促进全人类的福利这个目标将使我们必须去最大限度地把自然界和动物伙伴看作实现这个目标的手段。一种科学主义的论据坚持，科学以及应用它而发展的技术都立基于人类对自然界的征服和获取，所有主张同自然界的友好关系的思想都是前科学的。一种从科学主义派生的哲学则坚持，所有这些理论所坚持的仅仅是一些命题和言语形式，然而这些命题和言语形式都没有说出任何真实，甚至不是在尝试说出任何真实。诸如此类的学说已经使人类社会的思想陷入持久的分歧和论争。每一代人首先从前一代人那里学习怎样确定自己在这种论争中的一种立场，以及怎样同持其他立场的人们争论。这构成了西方启蒙运动以来、中国最近两百年左右的思想历史。

就人自然的感情体验和理智理解而言，这即使构成一个障碍，也至少是一个自近代以来由于人类对自身的不恰当的看法而被过分地放大了的障碍，这种障碍，假如人类能够智慧地纠正这种看法，事实上并不比前面提到的那个从友爱到仁爱的障碍更难于跨越。因为，人类感受自身与自然界的友好关系比感受同它的敌对的关系要更容易些。古代人似乎在理解人类同生命世界的关系方面没有什么障碍。例如，中国古人把人看作天与地构成的这个充满变化的自然世界的一个要素，并作为这种要素参与这个自然的世界。所以在理解德性时，很自然地把“生生”理解为不仅属于人，而且属于整个自然界的最重要的德性。所以，儒家会自然地把人在这个世界的生活，和人以适合这个生命界的方式成就人为事物的活动，解说为“成己”、“成物”。① “成己”，就是使自己“成仁”，成为一个人，一个有德性的人，就要以友爱和仁爱的心与其他人交往和共同生活；“成物”，一种意义是使我们的生命伙伴有适合它们自己的良好状态，不要毁伤；另一意义是施加人为的努力时，无论生命物还是非生命物，要因循事物的本来性质(“性”)来成就它。张载在抒发这种与世共生的情怀时说，众人都是同胞，万物都是伙伴。②

古代希腊人理解人同这个生命世界的关系方式也与此相近，一个并非不重要的区别在于，他们把看到的世界领会为一个周而复始地永恒运动的世界，把看到的生命界领会为这个存在的一个有限的、充满变化的部分，

① 《中庸》：“成己，仁也；成物，知也。”

② 《西铭》：“民吾同胞，物吾与也。”

把人的存在领会为其中更为有限、也有更多变化的部分。有限不能超越永恒，这对希腊思想家们而言是最为显然的真实。按亚里士多德的看法，人的活动不能超越自然；人为的努力、人的创造也不能违反自然，因为自然的创造有更深厚的根基。就生命世界而言，植物、动物、理智是自然创造的层级序列存在，这三个原理在人的身上同时存在：人不过是在他的植物性生命和动物性生命基础上能够运用自然特别赋予了他的理智力量展开其生命的活动的存在物。①

所以，人类对整个生命世界的依赖，人需要同这个世界的友好关系，在古代人看来是不成问题的。我们对自己生命的感情和对这种感情的理解都倾向于扩展到自然界创造的所有生命物，尽管以不同于那些亲密感情的方式，因为这是一种更为“轻盈的”感情。这种倾向自然是十分朦胧的。但我们的确有理由说，我们不需要把这种感情，连同对这种感情的理解或领悟，看作必须十分清晰的。因为，我们在这种感情中感受的是我们作为一种生命物同所有其他生命物的相互关联的关系，而不是例如我与正在叮咬我因而在妨碍我的思考活动的一只蚊子的关系。这种关系只是在所谓现代思想的图景中才被再现为人必须不断征服敌对的自然界的关系。②

关于感情方面的德性就谈到这里。我们仅仅谈到友爱与仁爱这两种最重要的德性。当然这是不全面的，还有其他一些重要的德性需要讨论。限于本书的目的，我们不可能一一讨论。

思考题：

1. 什么是友爱？
2. 善的友爱与快乐的友爱、实用的友爱有怎样的区别？
3. 什么是仁爱？它有哪些主要种类？

---

① 因为，自然既然赋予了人这个特殊的原理，人的活动就特别地在于这个原理的展开，然而它的展开又是在第一个原理和第二个原理展开的基础上的。亚里士多德的伦理学不能离开他的动物学来理解。考察他的研究所展示的各个环节，我们可以看到在物理学之后的植物学——→动物学——→伦理学——→立法学（政治学）这样的进程。

② 正是由于现代思想把古代人的文明过程理解为人类不断征服一个可怕而敌对的自然界“祛魅化”进程，在现代思想中才发生了人同自然界的友好关系不可修复的问题。限于本书的目的，我在此将搁置这个问题，对它的进一步讨论显然超出了本书的范围。

第二十六章　诚实

第一节　诚实作为德性

一、行为方面的德性

关于行为方面的德性，或者，我们的心灵在行为事务上能够表达的自由力量，我们将讨论诚实和正义两种德性，它们同样最为重要。诚实被看作交往方面最重要的德性。正义被看作在一个人同他人的关系方面最重要的德性。但是，人们今天已经习惯于把正义仅仅作为社会制度的品质来谈论，而忘记它在根源上首先是个人的品质。

说诚实与正义“最为重要”，一方面是说，它们是所有重要的伦理学体系都重视的；另一方面是说，只要谈到行为方面的具体德性，我们就需要提到它们，并且，在今天的生活环境下谈论德性，也需要提到它们。但是，在任何意义上我们都不是在提出一个适合今天生活的基本德性表。在任何一个文明社会，提出或解说一份这样的表都需要“社会风气”的基础。基于这样的风气，人们能够形成对基本德性的共同观点和信念。我们今天的生活显然没有形成这样的风气。

对感情的德性与行为的德性的区别仅仅是大概的。因为，有些德性虽然被归纳为感情方面的，我们在理解它们时并不是不关心由于它们的影响而发生的行为；有些德性虽然被归结为行为方面的，我们也不是说，伴随它们的感情和感觉就不重要。把友爱和仁爱作为感情的德性，把诚实和正义作为行为的德性来讨论时，我们仅仅是确定一个讨论它们的重心。指出这一点对于本章的主题来说非常重要，因为诚实作为德性既是感情的又是行为的。

二、诚实为什么通常被看作行为方面的德性

关于诚实德性，我们不难基于生活的经验体会到，如果离开人内心的状态来谈论就将让人不知所云。另一方面，我们在以通常方式谈到这种德性时，又似乎总是就人们在交往活动方面的某些品质说的，例如表达时不说假话，交易时不欺骗，等等。这样看，诚实品质的确有一个内心的方面，在这个方面它当然与感情的良好和谐状态有关，又有一个行为的方面。

不过在儒家学说中，我们看不到这种分别。因为，儒家学说中的“诚”[①] 是一个贯通天地人的本然真实状态的形而上学概念，既是宇宙万物的存在之道，也是人自身的存在和立身之道，在人这里仅仅是指一种内心纯净澄明的状态。这种内心状态是我们自身的心灵向我们显现的，我们不加任何曲解的。在这种心灵状态中，存在世界的总体面貌，实践生活事务的总体面貌，都能够显现的最为真实。儒家学说不是不关乎行为，而是认为如果重视这样的心灵状态，我们就不会在行动上违背它。所以儒家说到行为上的表现，也要回到内心的方面来说它。这种对“诚”的理解似乎适合少数我们称为圣贤的人的实践的独特可能性。但在达到这种可能性之前，同样按照儒家学说，我们可能仍然先要在具体行为上努力，并通过这种努力逐步从内心体会。

与儒家的讨论相比，亚里士多德的讨论主要发展了对诚实的行为方面的理解。当然，亚里士多德同样认为诚实同内心状态相关。首先，诚实是存在世界与实践生活事务在心灵中未受到曲解的呈现状态，因为，我们的确可以说，事物在不同的心灵中呈现得不同，它在一个好人的心灵中呈现得最真实或最接近真实。[②] 其次，与儒家的主张不同，这种呈现主要是在我们的理智中，而不是在那个可以称为内心状态的感情综合体中。当然，在一个好人那里，理智与心灵感情综合体总是处于和谐的关系中。而且，即使存在世界与实践生活事务同时在我们心灵的感情与理智中呈现，它们在理智中的呈现也更清晰些。因为，尽管感觉与理智（努斯）都是把握真的，却只有理智才不会向心灵曲解存在的真实。[③]

但是，亚里士多德认为，诚实作为德性主要是同行为相关，是我们行为上的稳定的良好习惯的生成物。一个好人的心灵，或内心的良好状态，

---

① 在这里，我将把儒家的“诚”看作与通常所说的诚实属于相同范畴的德性。关于“诚”，孔子只讲“正身”（《论语·子路》），“为己”之学（《论语·宪问》）。孟子继以“尽心”（《孟子·尽心上》）讲“诚”，并以“诚”为天人的根本道理：“诚者，天之道也；思诚者，人之道也”（《孟子·离娄上》）。《中庸》的作者接孟子以“尽心”讲“诚”，并有所发挥，区别“自诚明”之性与“自明诚”之教，并主张“诚”并非只在于“成己”，还在于“成物”：“诚者非自成己而已也，所以成物也。”后世儒者讲“诚”都本于此。

② ［古希腊］亚里士多德：《尼各马可伦理学》，1176a14—15。

③ 同上书，1139a17—18、1141a4—5。亚里士多德的这一论点基本论据是对灵魂的植物性部分、动物性部分和理智部分的不同活动的区分。关于这个论据，参阅同上书，1102a25—b24。

是伴随这种习惯的品质而生成的感情状态，由他在行为上的良好实践习惯奠定基础。所以，良好的行为是最终原因。我们称赞一个人诚实，主要是就“同语言、行为和外在表现的诚实与虚伪有关的那些行为”[①] 来称赞，而不是根据他的内心状态，尤其不是根据他的理智状态。因为，一个人可能保持着一种真实的理智判断而没有付诸行动，例如不能自制者的情形。但是，我们说一个人有德性就是指他在行动上做得好，而不是仅仅说他具有某种能力，这两者是很不同的。[②] 亚里士多德指出讨论德性的方式必须同人们谈论它们的通常方式吻合是重要的。的确，人们称赞一个人诚实，或者批评另一个人不诚实，主要是就他的语言表达行为与交往行为而言的。这并不是说，人们普遍认为行为的诚实同一个人的内心状态没有关系，而是说，人们首先是在相互表达和交往的活动方面关心一个人的诚实品质。因为，通常来说，没有人愿意同一个在言语和交往行为上不诚实的人打交道。

所以，我们可以说，诚实是一种同人的内心状态密切相关的行为的德性，它的外在行为上的状态恰恰是人们在相互交往的活动中尤其关注的。由于这一原因，诚实被看作一个交往社会的基本交往条件之一。

三、诚实的种类

我们将尝试阐明诚实德性在这两方面的内涵。

首先，诚实德性相关于世界与生活事务呈现给我们的心灵或内心的真实。在这个方面，诚实德性指一个人依照事物与实践事务呈现于理智与感情上的真实状态而接受它并且不加任何曲解的品质。这种品质总体上可以称为内心的诚实。内心的诚实是对内心的真实的选择，其反面是虚假。虚假是内心的真实上的不及。在内心的真实上，人们似乎很少谈到过度的状态。

在内心的诚实中，一种可以称为理智的诚实，是我们在灵魂的理智的活动中选择真实的品质。理智活动上不及的状态称为蒙昧，理智的活动上不讲或无视真实的品质可以称为愚蠢。人们似乎不认为，以理智把握存在与生活世界的真实方面有一种过渡状态。另一种可以称为感情的或信念的诚实，或者，在感情方面可以称为真挚，在信念方面称为真诚。

---

① ［古希腊］亚里士多德：《尼各马可伦理学》，1127a19—20。

② 同上书，1098b32—33。

人们的确常常以这两者称赞在这方面品质表现出色的人。这方面的不及的状态，在感情方面被称为虚情假意，在信念方面被称为伪信。感情的诚实上过度常常被称为迂腐，信念上过于拘泥严苛的品质则常常被称为教条、刻板。

内心的诚实中，还有对于自身的诚实，这种品质可以称为率真或儒家所讲的“率性”。不及的方面没有什么名称，可以说是一种自欺。过度的方面似乎有两种品质：一种人们称之为老实；另一种则被称为冷酷或对自身的严厉。与对自身的诚实相对的是对他人的诚实，不过这主要相关于表现我们对他人所持善意上的真实。表现对他人所持善意上的恰当的真实就是友善，不及的方面有两种情形：伪善或逢迎的人在表现对他人的善意方面不够诚实，表达的善意超过真实所持的；另一方面，厚道的人是诚实的，表达的友善也是内心真实持有的，但表达的诚实超过恰当的限度。

其次，在行为或交往活动上，诚实德性相关于我们按事物呈现于心灵的真实状态而向他人表达或转达的行为，以及与他人交往的行为，相关于在这些行为上的真实。向他人表达或转达事物呈现于自己心灵的真实状态的品质，可以称为表达行为方面的诚实。表达行为上诚实的肯定的方面是“说真话”，否定的方面表达在“不说假话”的要求中。按照事物呈现于心灵的真实状态与他人交往的品质，可以称为交往行为的诚实。交往行为上诚实的肯定的方面是诚实交往，否定的方面是“勿欺骗”。

在表达行为中，一种是表达对自己评价的行为，这种行为上的诚实称为自知，诚实的不及称为自夸，诚实的过度称为自贬。另一种是与他人交谈中表达对人、对事的看法。这方面的诚实称为坦诚。人们都称赞坦诚的人。这方面诚实上不及的品质称为虚伪，虚伪的人通常是说谎者。过度一端的品质有三种，第一种称为刻薄，这种人在表达对他人和事情的真实看法上言辞苛刻且攻其一点不计其余。第二种称为忠厚，这种人根据一点就持肯定的意见。第三种称为木讷，这种人讲的是真话，但不善表达。

交往行为中的诚实，一种称为讲信，另一种称为守诺。这两种诚实交往行为的品质非常接近。交往行为上诚实不及的品质一种被称为无信，一种被称为欺骗或狡计，总体上称为欺骗。在这种行为方面，有一种品质状态被看作是过度的，不过不是在诚实上过度，而是在如何做得诚实上死板，这种品质状态可以称为呆板。①

第二节　内心的诚实

一、理智的诚实

无论我们是把理智看作不同于感情的，还是像儒家学说那样把它看作心灵感情综合体的一种思考的功能，在理解人的德性的意义时，我们都不仅会坚持，存在一种理智②的诚实，或者，诚实存在一个理智的方面，而且会坚持，理智的诚实与心的诚实是完全一致、统一的，与心的诚实不可分离，并且一道构成心灵和谐的极为重要的因素。忽略这个基本的心灵的事实，我们将会陷入心灵的不和谐，因扭曲心灵而造成自我不一致或自我荒谬的状态。这种情形是我们熟知的，因为，我们甚至能够在日常生活的小事上见证理智的活动必须与心灵的诚实一道才能令心灵安宁这一事实。如果我们陷入自我不一致甚至荒谬的状况而不能自拔，唯一可能的解决方式通常地说就仅仅是自我麻痹。

这种与心的诚实不可分离的理智的诚实的第一个基本的意义，是这种理智的活动就其本义而言是向着事物本身的真实并保持关于这种真实的观念。理智的活动自身不可能是为着获得虚假的观念，也不可能是为着保持这种虚假的观念，尽管它所能获得与保持的仅仅是对于我们而言接近真实

---

① 将诚实的上述分类整理如下表或许对愿意进行更深入思考的学生有所帮助。

分类			不及	适度（中道）	过度
内心的	1)	理智的	蒙昧，愚蠢	诚实	无名
		感情、信念的	虚情假意，伪信	真挚，真诚	迂腐，教条
	2)	对自身的	自欺	率真	老实，冷酷
		对他人的善的	伪善，逢迎	友善	厚道
行为的		表达的：对自己的评价	自夸	自知	自贬
		对人对事的（交谈的）	闪烁其词，虚伪	坦诚	刻薄，忠厚，木讷
		交往行为的	无信，欺骗	讲信，守诺	呆板

② 我们在这里谈论的主要是实践理智，尽管这种讨论也在某种意义上适用于理论理智。

的东西。不过正是由于这一点，理智的活动就必须以对我们的心灵同时也对理智诚实的方式来进行，也就是说，必须对自身的理智保持真实或诚实，这种活动必须以这样的方式才能为理解同时也为心灵的和谐开辟道路。因为，舍此便没有接近事物的对我们的心灵和理智的真的道路。

在理智自身方面，或许可以说，理智要保持它自身的真或诚实的一种意义，是它要引出诚实的思考所得出的判断结论，因为判断毕竟是理智活动的主要结果。理智自身会不会有什么东西妨碍甚至阻止它的这种活动？如果理智自身就是要把握真实的，从原理上说不会有。但是，我们有时候会由于一种已经形成的意见，或者由于不愿意思考，而不去引出一种正确判断。但是，这是理智活动未充分发展的情形，与我们现在关心的问题无关。人们可能由于始终有一些紧迫的需要而没有发展理智活动的旨趣。这种情形造成的可以说是某种程度的蒙昧，但不是理智的虚假。

或者，我们有时候会由于一种具体的感觉或感情，而不去引出这种结论，或者使自己躲避到某种我们已经明白是虚伪的判断中。这是在许多人的生活中都会发生的情形。例如，我因为在刊物上发表一篇文章将使我感觉的快乐，而不去引出“抄袭别人的文章就是剽窃”这样一个在理智上非常明白的结论，而躲藏于“抄几段话不算剽窃”的虚假判断中。在这种情形中，我们就不难看出，问题是在于理智本身的失真或失去诚实，而不在于引出一种结论上的失真。而它本身的失真又是由于它立基的心灵不诚实。一旦失去心的诚实，在上面的例子中，显然我们连什么是抄袭都不得不陷入争论。因为，正如儒家的思想家与亚里士多德都认为的，这件事也只有在一颗诚实的心中才能够显现得清楚。①

附论：儒家学说中的“诚”与知

我们在儒家看似朦胧的学说传统中，恰恰可以多少一致的引出关于理

---

① 毋庸赘言，科学的诚实同样是进行科学的活动所必需的。科学是寻求确定性并基于具有确定性的前提进行系统的思考和这种思考所达到的体系。科学的诚实，指的是科学的思考活动上的诚实，即得出所应当得出的结论的品质，和对于在这种思考中已得到验证的东西的诚实，即在思考中明确地接受这一结论并把它作为进一步思考的出发点的品质。科学上无机巧。科学上的成功靠的是点滴研究的积累，这种积累以理智自身的真或诚实为条件。正是因为科学成果是诚实的研究活动的结果，窃取科学成果的行为才被看作同盗窃财物的行为属同种性质的。科学社会交流科学研究信息的活动是一种互惠的、可以合理地互享信息资源的活动。这种活动同单方面的窃取行为是不相容的。

智的知与“诚”的密切一致关系的观点。而且，以下面这个例子来做这样一个说明，也许就更加具有说服力。

儒家思想家中，在与“知”联系非常密切的那些方面，孔子主要讲“学”，很少谈及“性”。[①]孔子的学说就是教人去“学”的学说。孔子说，多数人要“学而知”，而不是“生而知”，所以“学”是获“知”的基本途径。“学”不是仅仅获得知识，而是“知”与“行”统一的人生实践。一个人首先要诚实正直地实践，然后才能够“学”。要“学”，又首先要“志于学”，并“学”之后“笃行”，且始终如一，这样才能够达到“而立”、“不惑”、“知天命”等等。

在这个基础上，孟子以“知性”概括孔子的“志于学”、“而立”、“不惑”，这是一个通过身体力行体会自然赋予我们的善良本原（“四端”）并理解它们的发展对于人生的意义的“学”的阶段。在这个阶段之上，在孟子看来，我们可能达到一个“知天”的更高阶段。“知天”也就是孔子所说的“知天命”、“耳顺”、“不逾矩”。这是一个体会到自然造就人类，造就我们的独特生命所欲造就的那种善的境界与阶段。孟子将“知天”看作“知性”的一种自然的发展。[②] 儒家的“性”的学说是由孟子提出的。“性”在孟子的学说当中是指自然与人的本然的性质状态，所以也是人生的最根本的道理。它是最根本的，然而却不是我们不经实践的努力便能够体会与理解的。我们唯有通过“学”这种实践的努力，才可以使这道理在自己心灵上“映照”，获得这种体会与理解。这就是“尽性”。在孟子看来，要“尽性”，就要“诚”，就是要“尽心”，因为，“尽心”才能够体会“性”。“诚”按照孟子本义，指心的诚实。依照孟子的看法，宇宙自然人生本然之真实是向着诚实的心敞开的。所谓诚实的心，就是向着宇宙与自然的真实或本然的心。“知”是要依靠诚实的心“知”，有此心才有此“知”，无此心就无此“知”。

之后，《中庸》的作者又依据孟子，把“诚”解释为宇宙与自然的真实本身，依这个解释，宇宙自然是真实无欺的，但是它的真实只在本身真实无欺的心灵上才能不被曲解地“映照”和“显现”。诚实的心便是向着“诚”的心。人运用心灵去把握这种真实的活动。《中庸》又用“尽性”引申孟子的“尽心”“知性”概念，将我们作为人的这种“学”的努力解释为

---

① 子贡曰：“夫子之文章可得闻也，夫子之言性与天道不可得而闻也。”（《论语·公冶长》）

② “知其性者，则知天矣。”（《孟子·尽心上》）

"诚之"，也就是使宇宙自然人世的本然的"诚"对我们显现出来。[①] 引人注目的是，对与孔子、孟子的心灵之"诚"与"知"密切相关的基本思想，《中庸》的作者做了一种系统化演绎：少数圣贤生来就有诚实之心，并且这心灵时时随着生命良好地发展，这诚实且良好的心灵总是"映照""显现"着宇宙自然的"诚"（真实），所以他们"尽性"便可以"看"明一切，这是"自诚明"之途；多数人则可通过启蒙而"学"，通过"学"而使心诚明起来，逐步体会人的善本原及其道理（"人之性"），进而体会万物的道理（"物之性"），宇宙的道理（"天之性"），使这些宇宙自然的根本道理（"性"）在心上"映照"、"显现"，这是"自明诚"之途——

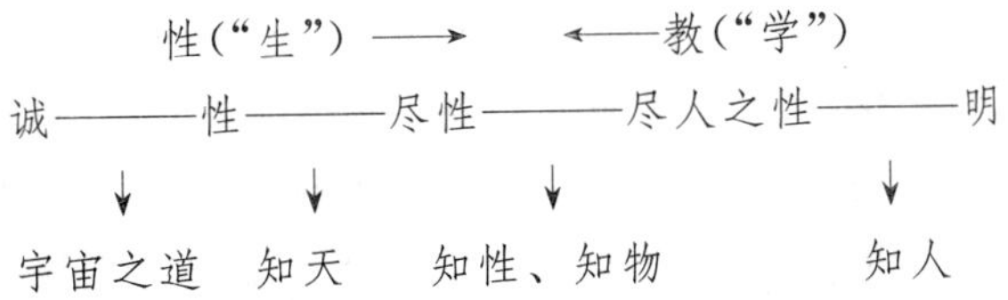

其中，"自诚明"也就是孔子的"生而知"，孟子的"性也"；"自明诚"也就是孔子说的"学而知"，孟子说的"尽性"。

所以，按照儒家的学说，理智（"知"）的诚实与心的诚实是完全统一的，但是理智（"知"）又显然是心灵的值得专门说明的一个方面。理智要基于一颗诚实的心，是因为理智思考活动自身是追求把握真实，而它只有基于一颗诚实的心才能把握这种真实。我们姑且可以说，理智要基于诚实的心来活动就是理智自身的真即它的诚实，这种真或诚实是它把握所欲把握的事物的真的首要条件。而它要把握的事物，首先就是人的实践生活事务。这样地看，儒家的学说，竟与亚里士多德的学说不谋而合。因为，按照亚里士多德的看法，如已经多次指出的，实践理智是帮助心灵把握具体的真实的，而它要做到这一点，就要在一个已经获得良好的习惯的心灵中来活动，因为在这样的心灵中，具体的真实才显现得清楚。

① 《中庸》："诚者，天之道也；诚之者，人之道也"；"唯天下至诚，为能尽其性；能尽其性，则能尽人之性；能尽人之性，则能尽物之性；能尽物之性，则可以赞天地之化育；可以赞天地之化育，则可以与天地参矣。"

二、感情或信念的诚实

内心的诚实中，有一种主要是同我们的感情、意见和信念相关的。① 我们可以简单地把这方面的诚实称为信念的诚实。信念的诚实也就是真诚，是一个人基于内心感情对于自己所确信的意见的诚实，即一个人坚持自己确信为真和对的信念的品质和态度。就观念、信念的活动包含某些理智的思考和考虑而言，信念的诚实也可以说是一种理智的诚实。它甚至要求一个人在通过思考而得出与流行意见不同甚至相反的意见时坚持这种意见。但是，在基本的方面，信念的诚实是感情的。它建立在我们的某些普遍的、根深蒂固的感情和观念之上。

显而易见，信念的诚实对于感情的和谐，从而对心灵的和谐，至关重要。按照儒家学说，毋宁说这就是心灵的和谐本身。的确，我们日常意义上说内心的和谐主要是感情的和谐。但我们需要说明内心感情的和谐的意义。按儒家的看法，那些自然赋予了我们根源的基本感情协调发展，各得其所，就是内心的和谐。按照亚里士多德的看法，这种和谐协调在于我们的基本感情是由于良好的感觉事物和我们的行为习惯而生成的，并且它们处于良好的关系状态。诚然，人的感情常常是丰富、复杂的，不同的感情常常相互矛盾、冲突。但毋庸置疑，有些感情是人们普遍会感受到的，尽管这些感情在不同心灵中并不同样稳定，并不居于同样的地位。信念的诚实基于感情的诚实，并且包含一种诚实的感情。这种感情对于心灵感情的和谐是非常基本的，以致我们可以说，没有它，心灵感情不可能和谐。因为，当我们不是出于这种感情而持有一种信念时，不仅我们持有信念这件事失去真实性，我们的感情的和谐的根基也被破坏了。仅当一种信念建立在这样的感情的基础上，我们才有可能实现内心感情的和谐。

显然，如果离开诚实的感情，所称的信念就仅仅是伪信。所以，信念的诚实与伪信对立。一个人可能对任何事情都不具有确信的意见。但这样的生活是不丰富、不充实的，因为它缺少一种重要的生活经验——持有某种信念的生活。更多的情况是，一个人可能因为自身的道德的缺点、流行意见的压力、政治环境或经济的压力、某种实际的利益，或同时几种这类因素，而不能坚持他所确信的意见。在实践理智的范围之内，一个人坚持

① 意见是我们基于感情、观念和某种程度的理智考虑而形成的看法，信念是我们确信的、比通常的意见更为确定的意见。

他确信为真的意见或信念的态度是诚实的。的确，一个人既可能诚实地基于一种信念而坚持一种奴隶制度，也可能诚实地反对一种他认为不义的战争并拒绝上战场。一种流行的意见可能是多数人真诚持有的、合理的意见，在这种情形下，一个真诚的反对者就面临着一种深刻的信念上的对立。一种流行的意见也可能仅仅是偶然地聚合起来的意见，在这种情形下，一个真诚的反对者就面临着同利益的对立。伪信者将自己没有持有的信念说成是自己真实持有的，伪信的行为通常与回避某种迫害的意图有关，但是伪信者通常会伙同其他人对真诚坚持不同信念的人施行迫害。所以这种品质非常低贱。然而，诚实的德性究竟在何种程度上是正确，只有结合具体行为环境才能确定。因为，与德性相关的事务都是具体的。[①]

另一方面，迂腐的人拒绝通过吸纳新鲜的生活经验内容，拒绝经过思考形成新的信念，而过于拘泥严苛地坚守已经过时的信念。然而更大的问题在于，当一个人改变了信念，他摈弃原先的信念是否同样诚实？而且即使是这样，他是否能够在新的信念下获得内心感情的和谐？如果一个人通过吸纳新鲜的生活经验内容、经过思考形成新的信念，摈弃先前的信念就是必要的，因为坚持一种对他已经显得虚假的信念必定陷入感情的冲突。但他在新的信念下重新获得内心感情的和谐也需要时日。因为，伴随新信念的感情需要逐步地同其他根深蒂固的感情协调起来。但这是属于个别实践的问题。对于这个问题我们只能满足于提出这些一般的看法。

三、对自身的诚实

一个人内心中的对自身的诚实同样既是思想的，又是感情的。借助我们的内省感觉和理智反思，我们每个人至少可以在一定的时刻在内心里面对自己。孔子说，“吾日三省吾身”[②]，就是讲这样的内心面对。在内心里面对自己，一是面对自己的思想；二是面对自己的品质或人格。在前者，推究自己的思想，澄清其中的不彻底性和矛盾之处，有时会引起痛苦。在实践事务上推究自己的感情和行为上的不一致更是这样。所以一个人可能没有勇气面对真实的自我，甚至逃避它。但是，当我们变得能够体觉和理

---

① 我认为，即使信念的诚实要靠运气才能恰好正确，它仍然有道理。总体上，理智的诚实是更好的判断者。但关于信念同实践理智的判断、同智慧的关系，应当是理论理智研究的问题。

② 《论语·学而》。

解心灵的德性这种自由的力量时，这种自省便成为可能的，并且它又使我们在内心里建立起这种一致性——对自身的诚实。如人们熟知的，儒家学说非常重视以自省方式面对自己的修养。人非圣贤，孰能无过？以这种内心的诚实面对自己可以使我们少犯错误，进而磨砺我们的品行，使我们身心得到滋养。儒家所谓“养心”的一个重要的意义就是指磨炼这种内心的品性。

对自身的诚实似乎是自欺的对立面，它是对自己心灵澄明不欺的品质。这样的人坚持对自己“一是一，二是二”，缺点就是缺点，优点就是优点，是自己做的就是自己做的，不是自己做的绝不当作自己做的。既不放过自己思想和感情、行为方面的缺点、弱点，也不故作严格，将很小的问题故意夸大。他这样做不是为了向别人显示，而完全是为着自己的内心。所以他没有一丝对自己故作姿态的必要。对自身诚实的人在很多方面类似亚里士多德所说的大度的人。大度的人在自己配得的重要荣誉上诚实①，对自身诚实的人对自己的品行诚实。所以这种品质常被称为率真。自欺则是向心灵的欺瞒。另一端的品质有两种：一种是冷酷，一种是老实。冷酷的人与诚实的人的不同在于，诚实的人懂得品质与行为上的一致与不一致是一个实践地统一的过程，人自身就处在这个过程当中，冷酷的人不能容忍自己品质和行为上的不一致，用冷酷的态度对待自己。另一方面，老实的人是循规蹈矩的人，在对自身的估价上这种态度常常也妨碍自身的发展。但是老实的人同诚实的人最为接近。所以诚实的人常常被称为老实人。

对自身的诚实同对他人的诚实之间存在联系。亚里士多德认为一个人对他人的关系是从他对自身的关系引出来的：一个人怎样对待自己，也就怎样对待他人。② 在诚实问题上，似乎可以这样说：一个人对自己诚实，才能对他人诚实；对自己不诚实，也就不会对他人诚实。但是，对自己诚实又并非一定对他人诚实。在对邻人的诚实方面还存在更多的复杂问题。

四、对他人的善意上的诚实

一个人对其邻人的善意与恶意也同内心状态相关。但是，在对他人持有恶意方面不存在适度或中道，我们不可能对邻人持着一种恰当的恶意。

---

① ［古希腊］亚里士多德：《尼各马可伦理学》，第3卷第3章。

② 同上书，1166a1－2。

对邻人持任何恶意都是感情和意图上的恶。这正与亚里士多德指出的在幸灾乐祸、无耻等恶的感情中没有适度或中道的状态一样。[①] 但是，我们可以对一个得到了不应得的好事情的人感到义愤。义愤是一种恰当的愤怒，但不是恶意。

毋宁说，我们对邻人的善意只有发自内心才是善意，而发自内心的也就是发自仁爱的感情。如果我们内心中已经培养起仁爱感情，对邻人的善意就会自然地发生。善意毋宁说就是对我们内心的仁爱感情的一种注意。发自内心的善意也常常会自然地表现出来，有时也许仅仅是一个微笑、一个注意的眼神、一个手势等等，它以一种方式表现出来时就是友善。友善的人，亚里士多德说，"同熟人和生人，同亲近的人和不亲近的人交流，都举止适度，只不过是相应于每一种人的适度。因为，对陌生人和亲朋好友表现出同等程度的关系是不适当的。"[②] 但这一切似乎都出于自然，出于一个感情和谐的心灵，而不需任何人为的修饰。[③] 友善的人的善意表里如一，他既不需要故意夸张它，也不需要有意地压抑它。这种善意有时候仅仅是善意，而不引起什么行动。但它只要流露和表达就都是自然而真实的。而这恰恰是表现我们对一个邻人的善意的最好方式。

所以，我们可以理解，当一个人内心缺乏这种基于仁爱感情的善意时，为了在外表上显得对一个邻人，亲近的或陌生的，抱有善意，人为的修饰就要被充分地运用起来。生活的观察和理智的成熟使我们不难理解，这种人为的修饰因此成了一种特别的艺术。因为，没有善意时要表现得有善意，没有强烈的善意时要表现得有强烈的善意，都需要纯熟圆滑的掩饰和表现艺术。这种以人为的修饰来刻意表现对邻人的善意的品质通常被称为伪善。所以伪善常常被看作友善和善意的对立面。伪善可能出于某种特别的目的，也可能不出于具体的目的而只是出于品质的倾向。这两种伪善中，后一种尤其被称为伪善，前一种则接近于逢迎。

另一方面的品质被称为冷淡。冷淡的人在对另一个人存有某些善意时也不愿适当地表现出来。人们通常不会故意贬低对他人的善意，但可能隐藏。冷淡的人不是对他人持着敌意或恶意的人，但是不愿意表现出善意。

---

① 亚里士多德关于在幸灾乐祸、无耻等恶的感情方面不存在适度或中道的观点，[古希腊] 亚里士多德：《尼各马可伦理学》，1107a9—10。

② 同上书，1126b24—27。

③ 所以庄子说，"真在内者，神动于外，是所以为真也"（《庄子·渔父》）。

老年人常常会对他人抱着冷淡的态度，一是因经历世事而感情复杂，二是因身心疲惫。部分中年人或在感情交往上经历过某种伤害的人们中间也存在这种倾向。

第三节　交往的诚实

一、什么是交往的诚实

在外部行为表现方面，诚实品质特别与交往相关。我们总体上把这个方面的德性品质称为交往的诚实。在日常用法上，诚实首先是就这种诚实说的。如果培养了内心的诚实，我们在同他人交往时也会以一个诚实的人的方式，这将是最为自然的方式。需要思考时，我们也不难理解和体会为什么要这样去做。除非在一些罕见情况下，我们通常不会感到有什么困难。因为事实上，以诚实的方式交往通常都会使人内心坦荡和轻松。① 而且，就是在那些罕见情况下，内心的诚实也常常会帮助我们找到适合的办法。②

然而，人们首先关注一个人交往活动上的诚实，却包含这种意味：不管你内心是否诚实，你都要在交往上诚实。诚实在这个基本水准上的主要意味是“勿说谎”和“勿欺骗”两条诫命。这是一个交往社会的必然要求。一个内心不诚实的人也可能由于这种酷似强制性的要求而在交往中做到诚实。不过，我们这里要讨论的不是这种诚实，而是出自内心诚实的交往的诚实。它的最一般含义可以表达为“诚实地向邻人表达和与邻人交往”：“诚实地”是与我们的内心状态相关的，指按照符合事情、信息和一种交往活动等呈现于我们自己内心的真实状态的方式；内心的真实状态也就是内心诚实的状态，这种状态立基于那些普遍感情由于良好习惯形成和谐友好关系的心灵状态。这种诚实需要我们借助德性的品性和实践理智的理解来理解和体会。如果已经通过实践获得了这些，我们不难发觉这两种交往的

---

① 孔子在说“君子坦荡荡，小人常戚戚”（《论语·述而》），荀子在简约地说“致诚则无他事”（《荀子·不苟》）时，应该都表达有这种体会，作为其中一义。

② 如人们熟知的，西方人的谚语“Honesty is the best policy”就是在说，诚实就是最好办法。

诚实行为之间的区别，而且有许多做出这种发觉的方式。①

但同时，如果我们的实践理智的理解已经指向基于内心准则的尊重而产生的心灵力量，我们也不难发觉，对我们来说，从出于交往的酷似强制性的要求的诚实到出于内心的诚实之间不存在根本的障碍，的确，人生实践中，没有什么可以真正阻挡一个人，除了自己。有一个这样的劝告："如果你这样做，你就会倒霉。"我们先来讨论这种劝告的一种含义："必定有人会利用你的诚实使你遭受损失。"在这种含义上，这个劝告具有某种真实性。作为一个诚实的人，我可以做到不去欺骗，但是让我自己不受任何欺骗，却并不完全在我的能力之内。所以，另一则箴言说，"害人之心不可有，防人之心不可无"。人的世界是复杂的，不断有许多诱惑使一些人产生欺骗的意图，即使注意提防也不可能确保始终不被欺骗。人生有一些受欺骗的经历似乎不足为怪。卢梭说得很对，或许豁达是一种更好的品性，豁达有助于消除这类经历在我们心中的阴影。②

同时，对诚实的人来说，这种经历还有多方面的帮助：它使我们更生动地懂得谎言和欺骗是怎样的一种恶；使我们懂得诚实并不意味着任何时候、任何场合都说出一切（并且这事实上不可能）；它还会使我们懂得，要诚实地生活和交往，我们还需要不断观察和理解生活，这本身就需要我们随着生活阅历的积累培养实践理智的理解，并致力于不断提高它。

让我们再回到刚才的话题上。如果我们具有内心诚实的品性，如果我们已经能够体觉和理解内心诚实这种德性力量，我们的确倾向于肯定，出于内心的诚实与我们的邻人交往要比始终处于虚伪、谎言、欺骗、诽谤、陷害的交往中要好，并且倾向于使交往的活动进行得好。我们将区别交往在这里的两个主要方面：表达的和具体交往的。"表达的"我们指的是要借助语言的，这种交往包括向他人表达或转达某种事情。"具体交往的"我们

① 例如，亚里士多德发觉了"守约的或涉及公正与不公正的那些事务的"诚实和"出于品质的"诚实（[古希腊] 亚里士多德：《尼各马可伦理学》，1127a32—b3），康德发觉了作为避免长远的不利后果的策略的诚实与"出于责任的"诚实（[德] 康德：《道德形而上学原理》，17～18 页），包尔生发觉了"无条件"的诚实和某种有条件的、尤其是在进行"真理的社会交流"方面的一种着眼于"教育的考虑"的诚实（[德] 包尔生：《伦理学体系》，591、597、609 页）间的区别。似乎无须过多地说明，我们在这里对"出于内心的"诚实与"出于交往的酷似强制性的要求的"诚实在上述三种区分方式中非常接近于亚里士多德的方式。

② [法] 卢梭：《爱弥儿》上，326 页，北京，商务印书馆，1983。

指的是与他人从事一项具体的交往，例如一次合作、一次交易、一种活动或服务上的交换，等等。在表达的行为方面，我们还可以区别一个特别的方面，即向他人表达我们对自己的某种评价的行为。这种行为似乎是我们经常经历的，有时候是出于表达自己的需要，有时候是以这方面继续别人开始向我们谈论的一个话题。表达的行为方面，更为普遍的是我们几乎每日每时同他人交谈时的表达的行为，这可以直接称为交谈行为。

二、表达自我评价上的诚实

我们常常需要在同他人的交谈中表达我们对自己的评价。内心的诚实，如亚里士多德所说，总是使我们倾向于诚实地表达对自己的评价。“这样的人”，他写道，“在无关紧要的时候都爱讲真话，在事情重大时就更会诚实。他会拒绝不诚实的行为，认为那是耻辱，因为他以往不论后果怎样都不曾做事不诚实。我们所称赞的正是这样的人。”① 而且，这种诚实仿佛使我们能够找到某种尺度式的东西，使我们表达的这种评价适度和恰如其分：“对于自己，他在语言上、行为上都实事求是，既不夸大也不缩小”；而且，他对自己会“少说几分”，因为他感觉得到“说过头是讨人嫌的”②。这诚然需要锻炼，例如恰当地使用语言的或修辞学的方式。但是这种能力的掌握也只有在保持着内心的诚实时才对我们真正有所帮助。

显然，如果没有这种内心诚实的品性，一个人表达对自己的评价就容易滑向两端。自夸的人，正如亚里士多德所说，倾向于把自己具有的某些受人称赞的品质的程度夸大；另一方面，自贬的人则倾向于贬低这种程度。③

有一种被称为自大的品质与自夸相似。自大的人是从内心里把自己估价得过高，而不是故意通过表达的言辞抬高自己。但是自大的人不重视内心的诚实，没有养成这种品性，所以不理解对自己的恰当评价。所以自大的人不是不诚实，而是不自知。自夸的人则出于故意在表达时夸大自己的优点，不是为了什么特别的目的，而是出于品质。通过言辞夸大自己优点的行为看来不仅使他们心理上得到快乐感，而且使他们从夸张的表达本身得到满足。通常，人们对自夸的人更反感，称他们是“吹牛皮的人”。

自卑的品质也同自贬有些相似。但自卑的人不是故意贬低自己，而是

① ［古希腊］亚里士多德：《尼各马可伦理学》，1127b5—7。

② 同上书，1127a25、b8—9。

③ 同上书，1127a20—24。

从内心里过低估价自己。他认为自己在某些好的品质上具有得比别人认为的更少，虽然别人也认为他具有得比一般人少。所以自卑的人不是不诚实，而是内心里把自己看得过低。这也许是由于经历过某些重大的挫折，也许是由于反感自大的人的品质而形成这样的倾向。自贬的人则像自夸的人一样是出于故意，但显然不是故意抬高自己，而是故意贬低自己。自贬的人这样做有时是为了娱乐。因为，自贬在某些谈话的场合会有一种喜剧性效果。但在某些场合，自贬的人不是为获得喜剧性效果，而是出于幽默，这种幽默也使人愉悦。还有些人故意自贬是出于无奈。亚里士多德认为苏格拉底在同他人谈话中的自贬是为了避免张扬①，但是苏格拉底的自贬似乎更多的是出于对他的思想不能被人理解的无奈。这种自贬也不表明一个人的不诚实。

三、交谈的诚实

交谈总是令人愉快。人们需要共同生活必定也是因为需要交谈。交谈上的诚实指一个人在交谈中的表达，包括语言、表情和动作暗示，符合他内心的真实，即所说的事情在他内心呈现的真实状态。一次具体交谈的话题范围的大小和程度的深浅通常同交谈者们的相互关系的紧密程度和相互信任程度相关。所以在不同的交谈共同体中，诚实所意味的交谈范围与深度是不同的。在最紧密的朋友之间，诚实可能意味着无话不谈；在一个陌生人向我问路时，诚实可能只意味着不告诉他虚假的信息。但是，在不讲假话这点上，诚实的意味是相同的。

就内心来说，多数人大概更愿意作坦率的交谈，尽管并不容易有机会作这样的交谈。唐朝王勃曾说，“人生百龄，促膝是忘年之契”②。人们会同意，这种交谈在内心诚实的人中间更容易些。的确，内心诚实的人倾向于坦率地相互交谈。他们被称为交谈上坦诚的人，这种交谈上的品质也被称为坦诚。坦诚的人甚至在彼此开玩笑和娱乐时都不失诚实。但是坦诚的人并不是在一起便喋喋不休地说话。他们会选择与那个谈话场合相适合的题材来交谈，而他们所说出的意见、观点、感情等都是符合其内心真实的。人们都称赞坦诚的人，愿意同坦诚的人交谈。

坦诚的人对自己的评价都出于诚实。所以他们不怕向别人承认自己的过失和缺点。相反，这种诚实的表达总是使他们赢得更大尊重。当对方要

① ［古希腊］亚里士多德：《尼各马可伦理学》，1127b23－26。

② 王勃：《送李十五序》，《全唐文》卷一百八十一。

求时，一个坦诚的人也会向对方提出适合那个场合的诚实的评价。这在一种坦率的交谈中是常有的事，因为一个诚实的人的坦诚同时是友善的即出于善意的，人们愿意听到一个坦诚的人对自己的友善评价，哪怕是批评。所以，人们愿意同坦诚的人交朋友。因为交谈得比较多的人最容易成为朋友，尤其是坦率的交谈。显然，两个坦诚的人成为基于善的朋友是最为自然的。而且，这样的朋友也最能经受别人的挑拨离间。因为，坦诚的朋友在共同交谈中形成了对事物的“共同感觉”①，他们也彼此信任，这使他们都不会相信那些离间者的话。②

交谈上缺乏诚实的人有两种。一种人是交谈上欠缺坦诚。人们可能出于很多原因而不够坦诚。他们在交谈中更愿意作一个听者，如果加入谈话就常常欲言又止，闪烁其词。人们认为这样的人城府太深，但这样的人大多愿意同坦诚的人交谈。另一种人是在交谈上虚伪、讲假话。讲假话的人在表达意见、评价他人或转达信息时，有意歪曲真实情况。讲假话的人或者出于习惯，或者出于特定的目的。出于习惯说谎的人未必都出于恶意。这样的人有能力诚实，但由于养成了说谎的习惯而做不到诚实。出于某种目的而说谎的人同样有能力诚实而做不到。这种说谎被看作比出于习惯而说谎更大的恶，因为出于某种目的而说谎是意图上的败坏。但和伪善的情况一样，出于习惯的虚伪更被称为虚伪，因为这是品性的败坏。

相反的一端存在三种情形：刻薄、忠厚和木讷。刻薄的人严格地说并不是在交谈的诚实上过度，而是诚实上缺少友善。这种人说的是他的真实看法和意见，他对事务的看法、对信息的转达、对内心感情等的表达也不是不依据真实，但往往言词刻薄，而且往往抓住真实的某一点加以放大而不计其余。所以这种品质被称为刻薄。忠厚的人与刻薄的人正好相反，他是抓住自己所肯定的那一点或那一方面的真实，而不去理会其他同样相关的真实。忠厚的人由于具有肯定事物与关系的现有存在状态的倾向，他的心灵比刻薄的人平和。所以交往上忠厚的人比刻薄的人得到更多肯定的评价。人们认为虚伪、刻薄、忠厚这三者中，忠厚离诚实最近。此外，木讷的人也不是在交谈的诚实上过度，他们也是在说自己的真实想法和看法，但不善表达，言辞上不及。所以木讷的人很难加入交谈。

---

① ［古希腊］亚里士多德：《尼各马可伦理学》，1170b12。

② 同上书，1157a23—25。

四、交往行为的诚实

交往行为的诚实中，一类是同另一个人的信任相关的行为，例如我们同另一个人交易的行为上的诚实，即讲信；另一类是同先前的行为，例如曾经签订的一份合同，发生的某种约束关系相关的行为上的诚实，即守诺。讲信的诚实与守诺的诚实关系到人们之间大量基本的交往活动，所以都直接与交往共同体的存在条件相关。这两种诚实品质非常接近。显然，讲信的人通常也是守诺的，守诺的人也通常讲信用。欺骗是交往行为上的不诚实。呆板被看作是交往上过于诚实，不过它不是诚实上的过度，而是在怎样做得诚实上过于死板。

一个内心诚实的人在同一个陌生人做交易时，是否会大诚反失，感觉不到什么是诚实，欺骗对方赚不应得的钱，或随意推翻曾经做出的许诺，对于对方不应遭受的损失也毫无所感？显然，一个人如果这样提问，他就还不是内心诚实的人，还不能基于真实的生活理解和体会内心诚实是怎样的。因为，如果我们已经是一个内心诚实的人，已经能够理解这种内心力量，我们就必定产生了对它的欣赏和向往，就不愿意用相反的方式作任何事情。内心的诚实和心灵中那些处于良好关系的基本感情如果这样容易丢失，它也就不是内心的诚实了。

但是，人们为什么如此强调交易的诚实、守约的诚实，似乎这正是人们最难做到的？的确，我们必须承认，内心的诚实并不容易达到。除了良好的早期训导培养的感情与行为习惯，还需要实践理智随着生活阅历而发展，并产生影响心灵、矫正自己的感情与行为习惯的作用。从而，一种基本感情方面良好和谐的关系状态在心灵中形成，并且同行为的良好习惯自然地结合在一起。所有这些通常都要在有利的生活和教育环境下通过一个人自身的努力，用孔子的话即“学”，才能达到。多数人通常仅仅是或多或少处于这一发展的某一阶段。他们并不拒绝这种发展，但是常常会由于生计或摆脱紧迫需要等的压力而逗留在某一阶段。并且，不仅“学”严格说来没有止境，而且它极容易遭受挫折。的确，每一个人的德性的发展，以及他对这种发展的理解和领悟，都像他的生活一样是一个故事，每个人的故事都不会相同。

当这些有各种不同的生活故事的人们聚在一起，过一种公共性的生活时，显然，不可能指望每个人都已经是内心诚实的人，并且诚实地交往。市场和政治法律制度的设置都不可能立于这种基础之上。相反，人们必须这样地来维护一种交往的生活：即使一个人内心还不诚实，他也必须明白，法律和市场的设置都不允许他靠让另一个人不正义地受损失来获得利益，正如另一人也不被允许这样做一样。这样，人们自然把警惕的眼光放在注意彼此的交易行为上，并且会发现，尽管大家都十分警惕，仍然有人会不时地那样做，尤其是在市场和法律设置存在漏洞的地方，尽管人们已经不断在完善这些设置。结果是，从公共生活的观点来看，最困难因而也最重要的是使每个参与交往的人都不通过说谎和欺骗来获得不应得的利益。

这种公共生活的观点并非不正确。但它不是对我们的心灵的全部生活的观点。我们必须以相互警惕不诚实行为的方式来使我们自己以及邻人，得到行为习惯上的训导，走向诚实的品质。但是获得诚实品质的活动需要更多的努力。我们只有沿着培养诚实德性的道路继续前行，逐步感受到内心的诚实状态时，才能够感受和理解诚实生活的丰富内容。我们只有从那种内心状态中才能体会，在这些基本的交往行为上做到诚实并非那样困难。

第四节　几个相关的问题

一、关于“交往无诚实”信条

我们来讨论“如果你这样做，你就会倒霉”这个道德劝告的进一步含义，即“交往无诚实可言”。这是人们关于实际交往生活的一个普遍信条。但这个信条从实践理智的理解来看并不合理。

交往共同体的存在依赖于语言的交往与行为的交往。交往活动具有某种程度的真实性是一个交往共同体或交往社会持续存在下去的一个必要条件。真实性是指，共同体成员间相互传达的信息，必须具有一定程度上的可依赖性，否则成员间便不可能有任何活动上的相互理解和协同。诚实同交往共同体的交往条件处于某种约束性关系中。诚实的这个基本行为方面要求，这个“酷似强制性的要求”，并非必定对一个具体的人始终是外在的约束。但是，关于这两个重要之点，我们还需要从一个以这种方式来感觉诚实的要求的生活者的方面作进一步的说明，尽管对这个生活者不得不通过实践理智的理解来加以说明。

具体的人是具有两重性的：他既是具体生活环境的产物，又在一定程度上具有并能够运用理智来思考。这样一种思考是普通的人们在正常情况下都能够作出的：一个仅由欺骗维系的社会不可能持久存在。假设存在着这样一个社会，那么显然没有人能够通过交换获得真正需要的东西。在这样的社会里，将没有交换的可能，没有表达的需要，人与人之间的任何交往将无法继续。所以，如果一个交往社会要存在下去，它就不可能仅仅由欺骗维系。但是，如果一个社会尽管不是由欺骗来维系，但处在其中的多数人都在欺骗，它也必定是不合意的。因为，假如我去买盐，我不可能期望买回的是砒霜。如果一个社会的多数人进行交换时都只能得到这样的结果，这个社会同样不能使基本的交往保持下去。这样的思考将使人们不得不承认：一个多数人都在欺骗、很难进行真实交往的社会是不合理想的；一个健全的交往社会更好些，在这样一个交往社会，至少某种基本的交往的诚实是必要的。①

获得这样一种实践理智的理解很可能是一个人矫正自己的交往行为习惯，并逐步能够感受内心诚实的品质的开端。情况很可能是：他开始能够不是偶然，而是经常诚实地同他人进行交易，进而开始改变对交往行为的诚实的“酷似强制性的要求”的感觉，并开始肯定和欣赏一贯做事诚实的品质，从而感觉到这种行为品质与内心的诚实之间的一致性。一个人如果愿意认真努力，从这里走向养成内心的诚实并没有不可跨越的障碍。而一个人在逐步养成这样的品性之后，交往行为上做到诚实就将变得比较轻松。

当然，一个人可能真诚地持着“交往无诚实”的信念。但是，他无法真实地向别人转达这个真诚的信念，因为任何这样的表达都在思想上破坏那个信念本身。不仅如此，他也不可能基于这样的信念同别人交往。因为，根据他所持的信念，他将不能指望通过交易获得任何实际需要的东西。所以，一个人可能持着这样的信念，但是不大可能以与这个信念一致的方式真实地生活，更不需说在理智的活动上获得这种一致性。②

二、关于诚实是否意味要说出全部真话

如果内心诚实，我们是否必须任何时候、对任何人都说出全部真实？这是否会成为沉重的负担，令我们无法承受？提出这个问题将遭到常识的

---

① 西方哲学家中，康德把普通的道德理智所能够获得的这样一个认识，解释为我们对完全不依赖经验的普遍责任的认识。从人的特有活动和生活出发的伦理学不需要康德的先验假设，尽管它仍然需要一种形而上学。中国先哲把“诚”看作贯穿宇宙与人生的根本的道理时，也表达着某种形而上学。

② 显然，我在这里提出的论证与关于利己主义信念作为实践准则或道德劝诫的不合理性的论证具有相似性质，因为这两种信念具有相似性。我将搁置在这个方面可能提出的进一步问题。的确可能提出更复杂的问题，但我认为这类问题与我们在这里关心的问题，一个人对道德德性可能展开的觉解，没有多大意义。

嘲笑，任何一个有健全常识的人都不会提出这个问题。但是，我们又似乎不能满足于仅仅指出这一点，仍然需要提出确切的根据来表明这一点。

首先，这样地提出问题是未作省察的。人不可能说出他能够说出的全部东西，更不用说说出全部真实。无论关于存在世界还是人的生活事务，人只能说出他所能说出的东西的一部分。在这个意义上，一个人不可能说出他能够说出的全部真话，也不存在一种说出可能说出的全部真话的责任。内心诚实只意味着，如果要表达，比如通过交谈，你只说内心中认为是真实的且适合那个场合的事情。这意味着，有些相关的事尽管真实，但不必去说，例如，对于一个注意自己的面部修饰的同事，不必告诉他你知道他的真实年龄。一个人也不需要告诉身边的每一个人，他的某种生活习惯是不科学或不卫生的。而且，在一些同样适合的话题中，我们也不得不有所取舍。例如，当大家的兴致都在于观看一场电视直播的球赛时，似乎最好不去提及准备在下周举办的一次会议。我们常常需要找到适合那个谈话场合的话题，这意味着我们不得不错过一些其他的也许同样可能适合谈论的话题。而且，人们必定同意，在一个具体的交往场合还需要关注其他一些事情，例如尊重他人的习惯与意见，尤其是其他人都认为是好的习惯和真实的意见——这些习惯与意见至少对他们来说具有我们的好习惯与真实意见对于我们同样的权威，倾听和适当地加入那些正在进行的有趣、机智的谈话。所以，即使是我们关心的适合那个场合的话题，也不能期待总能使交谈进行到合理想的程度。

其次，一种不无稳健的常识认为，一个人在接受、表达和转达关于某事物或某种实践事务的真实信息上可能做得过度。这类信息，有些可以看作是必要的，有些则是不必去接受、理解、表达和转达的，尤其是在表达和向他人转达方面。必要的信息常常也会因场合不同而不同。如果我和一位朋友去打网球，我发现他的鞋带是松开的，我就应当告诉他。然而当他在一个社会场合向众人讲话时，我就不必向他指出这一点，而不妨事后再告诉他。人们由于共同生活活动而注意的方向使得一些事情在这种场合成为必要的相关信息，在那种场合则不是，因为另外一些信息在那些场合成为必要的相关信息。

所以，在这些方面，我们似乎也需要略过一些已经了解的事情，以便我们还能够保持足够的精力去注意那些更值得关注的事情。事实上，对已经了解的事情，我们仅仅是了解了那件事情的一个情节。故事都是历史的，故事也都在继续。我们每个人的生活，身边的每个生命物甚至无生命物，也都如此。对这种历史和继续我们只能有概略的理解。所以我们不可能说出全部真实，也不可能去追踪全部真实。人们为什么说“难得糊涂”?[①] 其道理不就是在于，对于许多不可能去追寻的故事及其不可能追踪的续事，我们不得不就此打住，把对它们的了解保持在已经获得的水准上，并且不刻意去追求对细节的进一步了解，保持某种“糊涂”，以便能够有适当的时间与精力，在自己所欲完成的事业上和实践生活的学习上获得更多一些的进步？的确，人是有限的存在，“人生百年，如驹过隙”，对于过诚实的生活，这难道不是一种明智的劝告吗？

三、关于“必要谎言”

但是，是否不仅“说出适合的真话”，而且“不讲假话”，都是一个诚实的人事实上不可能真正做到的，至少在那些困难的场合下，因而，一个诚实的人也在必要时说谎？康德受到广泛的批评，因为他认为任何谎言都不可能是善意的。“每个人都承认‘必要时说谎’的可能性”，包尔生说，道德学家对必要谎言采取严格态度或者是由于相信道德的体系“越严格就越对人类道德有益”，或者是想“强调诚实的价值”[②]。

为确定“必要谎言”的问题的意义，让我们来分清两种情形。一种是正常持续的交往社会之内人们之间的交往，另一种是处于两个相互敌对的交往社会人们之间的交往。两个国家陷入战争，或者当一个社会完全分裂并发生内部战争都是后一种情形。在这类状况下，既然处于对抗状态的公民之间完全无正常交往可言，他们之间的诚实也就不再可能，除了在非常狭小的纯粹私人事务的范围内。同样，“必要谎言”的问题也完全没有意义。不过，当一位衰弱无力的老人独自在家并面对手持凶器的强盗时，情况也是相似的。[③] 简单地说，“必要谎言”所提出的问题只能这样理解：在一个合理持续的交往社会之内，一个内心诚实的人是否在某些交往场合也不得不说谎？关于这个问题，我们已经说过，即使在那些困难的场合，内心诚实也总能帮助找到办法，这是否也包括在必要时说谎？

伦理学讨论中举证反例已经成为反驳一种理论的最有效方法。我们来分析德国哲学家包尔生提过的几种例子。第一种可以称为紧急需要。一个剧院在演出过程中出现火情，舞台监督不得不用某个演员突然生病这个

---

① 语出郑板桥。

② ［德］包尔生：《伦理学体系》，582、591、594 页。

③ 同上书，583 页。

"必要谎言"隐瞒实情，使观众在平静中安全散离。[①] 在这个例子中，舞台监督如果解释说"由于不便说明的原因，演出不得不提前结束，并向观众诚恳地表示歉意"，他就没有说谎，却似乎同样能够避免危险。诚然，对那个说了一个"必要谎言"的舞台监督，人们并不会谴责，但是不会谴责似乎并不是他必须那样做的充分论据，因为他的确可以采取其他措施。第二种可以称为职业需要。医生都不得不"常常欺骗地回答他的病人提出的问题、唤起病人的希望"[②]。但是，像上面的例子一样，医生有许多不说谎而做到这一点的办法。他绝不是别无选择的。而且，一个内心诚实的医生总是做得更好些。第三种称为特殊关怀需要。例如，"我们不得不做出一些与我们年老的父母的意愿相反的安排"[③]。我们有时的确需要这样做，并且有时是出于这样的考虑，由于他们已经变得心理脆弱，我们不便于把病情直接告诉他们。但是我们往往可以通过设法使他们把注意力放在他们仍然有兴趣的事情上来避免谈论他们的病情，或者，当不得不谈到这点时，只谈论他们已经有所了解的那些病情，这样做时我们并不需要说假话，我们没有说出一种与他们相关的重要的真实。然而我们之所以没有说出它，是因为在我们看来，了解这种真实可能已经不适合他们。

我们的确需要区分"说出真话"与"不说假话"之间的某种区别。内心诚实意味着我们在可以"说出真话"的场合说出适合那个场合的真话，在不可以"说出真话"的场合不去说，但仍然不去说假话。诚然，后一种情形中，编造某种假话可能是更方便的，但内心诚实的人关心的不是怎样更方便，而是怎样才是一个诚实的人适合做的。而且，对于"不可以说出那个真话"，也只有基于一个诚实的心灵才能判断得清楚。对一个内心诚实的人来说，对所关注的人的善意和友爱，对所关注的事与所关注的人的相关影响的考虑，是最基本的关心。诚实的心灵总是可以帮助他在这种考虑中做出恰当的判断，并找到诚实地进行交流的恰当方式。

显然，包尔生的"必要谎言"论证并提出了一个反对康德的完全出于责任的诚实概念的论据，即在诚实的实践中我们事实上不可能完全不考虑一个行动的后果。这个论证对我们阐述的德性论伦理学构不成反驳。这种伦理学没有假定康德完全出于责任的诚实概念，在把这个实践事实考虑进

---

① ［德］包尔生：《伦理学体系》，583 页。

② 同上书，582 页。

③ 同上书，587 页。

来这方面也没有任何困难。在这些有关诚实的疑难问题上，这种德性论伦理学确定的仅仅是，成为一个内心诚实的人将是基本的帮助。这不是一个非常清楚的结论，但是在实践事务上不可能有完全清楚的结论。

思考题：

1. 什么是诚实德性？它有哪些类型？
2. 交往的诚实有哪些主要的类型，各有哪些基本的性质？
3. 一个内心诚实的人是否能够在实践上做到不说假话？

第二十七章　正义与正直

第一节　正义与正直的关系

一、应得与正义

我们接下来讨论正义这种极为重要的行为德性。正义是交往和共同生活中最重要的德性。守法与回报是公民交往的基本德性，但是正义德性不仅仅关乎我们作为一个好公民，而且关乎我们作为一个好人与邻人的交往和共同生活。正义是一种品质，使一个人倾向于做事公正，并愿意做正义的事；不正义是相反的品质。[①] 每个人都希望自己是一个正义的人，都愿意被别人看作正义的人。德性本身都相互一致、相互包含，因而一个正义的人也是诚实、友爱和仁爱的，与其他德性相比，一个正义的人更把正义看作属于自身的德性。

正义，亚里士多德说，是一个人在与邻人的善有关的事情上的最重要的德性。[②] 它是一个人在交往与共同生活中给邻人应得的善物的那种品质。应得的善通常是指一个人应当得到的利益、职位、荣誉、奖赏等与人命运有关的善事物。正义是说：把属于一个邻人的善物给予他，该多少是多少，既不要给的过多，也不要过少。希腊语中，正义一词来源于女神狄刻的名字，狄刻是正义的化身，主管对人间是非善恶的评判，她是宙斯同忒弥斯之女，忒弥斯是司法律和秩序的女神，在希腊人的雕塑中忒弥斯手执聚宝角和天、眼上蒙布，以示不偏不倚地将善物分配给人类。[③]

应得是正义德性包含的一个根深蒂固的观念。这是一个常识道德的或

① ［古希腊］亚里士多德：《尼各马可伦理学》，1129a6－10。

② 正义与不正义有同样多的意义，并且在这些意义上彼此相反（同上书，1129a25－27）；不正义相关于一个人对“同好运与厄运有关的那些善事物”的取得，正义也同样（同上书，1129b1－3）；守法的正义是“对于另一个人的关系上的总体的德性”（同上书，1129b27－28）。

③ 拉丁语中正义（Justice）一词得名于古罗马正义女神禹斯提提亚（Justitia）。禹斯提提亚是同希腊正义女神狄刻和忒弥斯等同的神（《希腊罗马神话词典》，北京，中国社会科学出版社，1984）。

者在常识道德中积淀而成的观念。按照这种观念，对于与命运有关的外在善物，我们应当把一个人通过自己努力获得的东西看作他应得的。[①] 例如，亚里士多德表达他同时代的雅典人的常识道德观点说，“如果幸福通过努力比通过运气获得更好，我们就有理由认为这就是获得它的方式。因为在自然中，事物总是被安排得最好”[②]。当洛克说一个人如果通过劳动使共有的东西中的任何一部分脱离它的自然安置状态，就对那部分事物具有道德的占有权时[③]，他也是在表达这种常识道德的观念。

的确，这是常识道德的一个相当普遍的观念：与一个人相关的外在善物可以依据是否经过他自己的努力而获得来区别他应得的与不应得的，应得的也就是属于他自身的东西，正义就是对应得的尊重。这个观念是一种德性论伦理学必须尊重的。

二、裁决的正义与当事人的正义

我们的确可以说，正义德性是从区分出并确定一个人的应得开始的。依荀子的看法，正义起于对人和人事的“分”，他说的“分”的一种意义或许可以理解为：要区分出什么是属于一个人的东西，使属于一个人的东西归于他。[④]

但在人的生活的范围之内，区分和确定一个人的应得有两种情形。一种是，把属于你的和属于他的东西区分开，由我来做法官，把属于你的给你，把属于他的给他。这种情形下，法官是主持正义者，他必须在两个人之间不偏不倚。另一种是，把属于他的和属于我的东西分开，把属于他的给他。这种情形下，我是主持正义者，我必须在他和我自己之间不偏不倚，尽管正义德性的含义依然是“把属于一个人的东西给他”。

---

① 诚然，常识道德有不明确、不确定的一面。在不同政体下，如亚里士多德指出的（［古希腊］亚里士多德：《尼各马可伦理学》，1131a27—30），人们以不同标准看待公共善物的分配。对基本必需品，常识道德倾向于紧急需要是确定应得的优先依据，这是人们在施善时普遍倾向的观点。但是，对于一个有正常活动能力的人，常识道德似乎倾向于上面指出的观念。

② 同上书，1099b19—21。

③ ［英］洛克：《政府论》下篇，第5章。

④ 《荀子·王制》：“人何以能群？曰：分。分何以能行？曰：义。故义以分则和，和则一。”当然，荀子所说的分的主要意义是区分人的贫富贵贱地位，这是等级制度的狭隘观点。

我们把第一种称为裁决的正义，第二种称为当事人的正义。对实现裁决的正义而言，重要的是法官把自己的利益排除在裁决的实践的考虑之外：一个这样的法官的内心是正直的，他的裁决将是正义的。

对实现当事人的正义而言，重要的是当事人公正地对待另一个人的应得，并充分尊重它。这情形下，我给予他的当然可能超过他应得的，但更容易发生的则是给予他的少于他的应得，尤其是在这样做而别人不易发觉的时候。这时候，一个不正义的人往往会这样做。因为，少给别人，他自己便可以多得。但一个正义的人不会。所以，正义是指一个人在能够给予一个邻人少于他应得的东西时也坚持给予他所应得的东西的品质。

三、“义”外“直”内

引申来说，正义也是一个人在那些被看作某种善的事物上取自己应得的份额而不多取多得的品质。在这种意义上，正义是一个人在与邻人相关的善物上，在能够取超过应得的东西时也只取自己的应得的品质。因为，如果完全不可能多取，所取得的正好是应得的，也就算不得正义。这种意义的正义虽然是引申意义的，它同我们的实践的关系却绝不因此更小，毋宁说，它反而与我们的生活有更大的关系。因为，一个人如果不能够把属于一个邻人的善物给予他，或者给的少于他的应得，常常是因为这个人作为当事人想要多得。而且，我们常常要根据对自己的应得的判断，从公共善物中，或从与一个邻人的合作获得的利益中，取自己的一份。

所以，这种仅取自己的应得的实践品质似乎更加关乎我们的内心。因为，当一个人能够多取而仅仅取他应得的份额时，这种行为更表现他的正义品质。正义与诚实一样，同样有外在行为和内心状态的方面。我们可以把这种仅取自己应得的品质看作正义的内在的一面，称它为正直，因为正直①这个词通常是用来描述一个人的正而不偏的内心状态；把给一个邻人以他的应得的品质看作正义的外在的一面，仍然按照已经采取的方式称为正义，因为正义本义上就是说这种品质的。它们总体上都叫作正义，细致地来说又有“义”外“直”内两个方面。像诚实的情形一样，这两个方面

① 在汉语中，正直一词起源于《尚书·洪范》：“三德：一曰正直，二曰刚克，三曰柔克。平康正直，强弗友刚克，燮友柔克。”在英语中，正直一词有两种主要形式——integrity 和 righteousness，righteousness 来自基督教，意义是心或良心的正直。

是非常密切地相互联系的。

在与一个邻人相关的善物上，仅取自己应得的实践品质当然是多取多得和少取少得两个极端品质之间的中道或适度。但是，并不是这两端的品质都被称为不正义，只有多取多得的品质才被称为不正义。因为显然，很少有人会不是出于特别的目的、仅仅出于品质而放弃自己的应得，或使它受损。当一个人这样做时，他常常是把自己的应得或其中的一部分转让给那个与之相关的邻人，或者出于仁爱，或者出于公道，这些都是比正义更高尚的意愿。那些出于意愿地从公共善物中仅仅取少于自己的应得的东西的人的意愿也同样高尚，他们是为着这些善物能够服务于更高尚的目的。所以，这样的品质当然不是不正义。

在与他人有关的或公共的善物上只要能够就取超过自己应得的份额的人则必定是不正义的人。这种品质并没有别的名称，人们直接称它为不正义。贪婪也许是接近的品质，不过，我们说到一个人贪婪时所指的善物，比方说金钱或荣誉等等，并没有与他人的、与公共的善物相关的应得意义。不正义则有这种意义，它是就相对于一个人的这样一种应得而言的，而不仅仅是对一种具体事物来说的。所以，这里只存在正义与不正义或正直与不正直的对立。

第二节　怎样才是一个正义的人

一、对守法德性的进一步阐释

守法是总体的正义，是我们作为一个公民对所有其他公民的一种承诺，即“我将不做法律所不允许的那些行为”。作为一个正义的人的对待他的邻人的总体品质，守法的正义还有比不违法承诺更丰富的含义。

我们从这一点谈起：守法的正义是一种尊重邻人的应得的良好态度品质。尊重包含着不做违法行为的承诺，但不止是这种承诺。所以，一个正义的人的守法是比仅仅承诺不做违法行为的公民的守法正义有更丰富的含义。一个正义的人守法绝不仅仅是某种消极的态度，而是意味着他同意，每个邻人也应当得到属于自己的东西，正如他应当得到属于他的东西一样，因此他不应当在相关的善物上拿任何超出自己应得的份额，因为这样就等于剥夺他人的应得。当康德说责任是由于尊重道德律法而产生的“行为上的必然性”[1] 时，他也是以先验的抽象方式说，一个正义的人必定会由于对他人的应得的尊重而阻止自己去做任何剥夺他人的应得的事情，因为这不合乎他内心的准则。我们还可以进一步说，一个正义的人的这种守法表现的是他不愿意忽略他人的应得，非常尊重他们与自己同等的应得，并按照这种内心的约束而行动的态度。

正义的人的守法还因此引发了进一步的意义：它也是尊重一个人尊严的良好态度品质。因为，尊严也被一个正义的人自然地看作属于一个邻人的应得，或这种应得的一部分。一个邻人的尊严尤其是他的内心的诚实与正直，能够在我的诚实和正直的内心中显现[2]，也因此在我的诚实和正直的内心得到尊重。这种相关的含义只是在现代思想中才被表达为狭隘的权利—义务的关系：你的权利是我的义务，反之亦然。但尊严不仅是先于权利—义务的，而且是相应于人的心灵，确切地说，相应于人的内心诚实与正直精神的。一个人自己的诚实与正直的尊严同样也在这个心灵上呈现给自己。所以，亚里士多德认为一个大度的人“是自视重要，也配得上那种重要性的人”[3]。这样的人，如果“自视微渺”，就是一个最谦卑的人。

不言而喻，一个人的心灵乃至灵魂的整体所到达的状态，同他的道德觉解与实践努力的程度相关。每个人的心灵的内在尊严，即获得的内心诚实与正直，并不是同等的。我们可以见证，有些心灵是卑贱的，有些是高尚的，因而一个人与另一个人的内心尊严是不同的。一个正义的人将会这样做：对每一个公民伙伴，作为一个人，给予他与他的同等公民地位相应的同等人格尊严以同等的尊重；对于在我们的内心显现了更高诚实与正直品质的公民伙伴，在内心里保持对他的德性品质的更高的尊重。正义的品质将使我们也能够按照每个人的内心尊严去尊重他，因为这种尊严是每个诚实正直的心灵都能够确定的。

---

① ［德］康德：《道德形而上学原理》，16页，苗力田先生在此处译作“行为必要性”。

② 在英语中，integrity既指人的尊严，也指人内心的诚实与正直；一个人的尊严在于他的内心正直，这种尊严在另一个人正直的内心中显现，是这个词的内在含义。

③ 在希腊语中，这个词的确切意义就是“伟大的心灵”（［古希腊］亚里士多德：《尼各马可伦理学》，1123a35—b3）。

二、分配与应得

当一个正义的人与一个邻人有一种共享的善物要分割时，他对对方应得的尊重将引向一个具体的方面。这时，按照亚里士多德的说法，正义就成为一个具体的正义[①]的问题。显然，这种尊重自然地转到与那种善直接相关的方面。我们来引证亚里士多德的观察，他在具体的正义问题上的讨论是最经典的。

我们假定共享的善是两个人共同投资所获得的一笔收益。在这种合作中，一个正义的人会像一个普通人一样同意，他们各自的投资与他们各自在运作这笔投资方面付出的努力是直接相关的，收益的分割应当按照这些因素的比例来进行。分配的正义首先在于每个人不取自己不应得的利益，因为"人们都同意，分配的公正要基于某种配得"[②]。

在这里，亚里士多德认为，基本的关系是两个人和分割出来的两份善物的关系，分配的正义就在于使两份善物的比例与两个人的比例相等。[③] 设A、B是这两个人，Pa、Pb是分割出来的两份善物，正义的分配就是使

$$Pa : Pb = A : B$$

因为按这种比例分配的结果与两个人的比例仍然一致：

$$(A+Pa) : (B+Pb) = A : B$$

两个人的比例，在这个例子中，是他们的投资比例和投入运作的努力的比例综合。从这种比例来说两个人是不平等的，但是这样的分配使他们都获得了符合自己的应得的善物，从这点说，这样的分配使两个人达到的平等，当然是"成比例的"平等。

这里值得注意的是，与把最终的分配看作公民个人之间就怎样分配所作的讨价还价的结果的观点非常不同，一个正义的人将把这种分配看作可以依循某种类似尺度的东西（因为，即使作为德性正义也不是一个尺度），并且，如果对方也被看作一个正义的人，把最终的分配看作他们关于最为接近那种类似尺度的东西的共同意见的结果。即使当这种分配非常明显地

---

① "具体的正义"的概念是亚里士多德的概念。亚里士多德在《尼各马可伦理学》第五卷中对具体的正义及其三种基本形式——分配的正义、回报的正义、矫正的正义做了最清楚也是迄今为止最好的讨论。

② ［古希腊］亚里士多德：《尼各马可伦理学》，1131a27—28。

③ 同上书，1131a20—23。

发生在一个正义的人和一个不正义的人之间时，一个正义的人也将把按照预先说好的比例来分配看作所能实现的最好结果，即便那种比例在他的心灵内呈现为不那么正义的。因为至少，这样一个结果使他没有去占有原本属于别人的东西。

三、正义的人为什么重视回报与感恩

同样地，对一个正义的人来说，即使能够做到，在接受一个人的善物时不做出回报，也无异于抢掠，如果回报是少于那个人应得的，也就无异于不正义地多取多得。正义的这个方面，属于回报的正义。这是一种具体的正义。当从一个小贩手里买东西时，我们一定要付他钱，而且要按说好的价钱付给他相应于我们从他那里接受来的善，因为这是他的应得。这通常不会有什么困难，因为市场制度能帮助我们找到回报他的应得的类似尺度的东西。例如一个最好的陶匠一天可以做四个陶瓶，一个初入道的陶匠一天只能做两个，中等或多数陶匠一天做三个，那么当从一个陶匠手里买一个陶瓶时，按照市场已经确定的回报比例，付给他相当于一个中等的陶匠一天工钱的三分之一的报酬，就大致是符合他的应得的。

但是，如果我们与一个远比自己优越、在许多方面给了我们很多帮助的人交往和共同生活，给他以适合他的应得的回报就不是一件这样简单和容易的事。因为，内心的诚实与正直会使我们看出，我们所做的回报很难相称于他的应得，更不用说适合他的尊严。例如，父母赋予我们生命，在我们的生命最为脆弱的时期抚育我们，并使我们获得教育发展的条件，这种恩惠是巨大的。对于这种恩惠，我们无论怎样回报都不能与之相称。如果我们曾在遭受重大厄运时从他人那里得到重大帮助，对这样的恩惠也应当这样说，因为我们的回报将很难与之相称。就父母的恩惠来说，一个人怎样才能回报赋予了他的生命的那个来源呢？

简单地说，一个正义的人重视感恩，是由于他的诚实正直的内心能够向他呈现出这种生命来源关系，并且不会扭曲这种呈现。这是他的内心对他的生命故事的述说，是他的生命的非常重要的真实。由于这样的原因，一个正义的人必定会尽力回报父母的恩惠。因为，对于正义的人来说，不回报必定是不正义的，而他不会去做不正义的事。既然这种回报不可能与那种恩惠相称，一个人所能做的只能是尽力回报。所以，就像亚里士多德所说的，“一个尽能力地回报的人”就被看作是有德性的。①

由于同样的原因，一个正义的人也会怀着感恩的心对待自然界这个赋予了人类和人类的许多生命伙伴的生命之源。② 他会敬畏地对待它，尤其是因为他充分意识到在这方面他所能做的非常渺小，完全算不上什么回报。这种敬畏之心是我们的诚实正直的内心会自然生发的感情。

四、守诺

泛义上我们把守诺理解为坚持对于邻人做出的约定的品质。通常，这样的约定是对将提供或偿还一种善，将作出某种交往的安排等的许诺。许诺建立在两个人的信用关系基础上，并且使受诺一方基于这种信用关系而发生某种期望。在这种意义上，守诺包含了朋友或相互交往的公民之间基于口头或默契的信用关系而发生的大量交往行为。

我们不难在生活中做出这样的观察，正义的人很自然地也是讲信和守诺的。但是正义的人为什么会倾向于守诺？首先，正义的人显然会把守诺看作一种健全的交往所需要的。在这点上，正义的人的观点与普通人的观点没有什么不同。但是，正义的人在下面这点上不同：他出于品质而尊重邻人的应得，也出于品质而尊重一个许诺；他不会轻易做出许诺，一旦做出后，只要守诺不与在他看来是某种应得或有同样重要性的东西冲突，他就会坚持对邻人做出的约定。

关于可能的冲突，让我们举证几个重要的观察。柏拉图说，如果一个人按照许诺把武器还给一个已经变得疯狂的人将是不正义的，因为这会使无辜的人受伤害。③ 亚里士多德说，如果一个人在按约偿还一笔钱的时候，发生需要用这笔钱将他父亲从歹徒手中赎回的紧急需要，他或许应当先把自己的父亲赎回来。④ 包尔生举证说，如果一个人为了按照许诺与朋友散步而不去拯救一个溺水孩子的生命（我们假定他有能力做到这一点），我们并不会把这看作一种诚实守诺的行为。⑤ 对包尔生的看法，我们还可以补

---

① ［古希腊］亚里士多德：《尼各马可伦理学》，1163b17—18。如我们熟悉的，儒家学说教导人把父母的生养之恩看作天地人世的最大恩惠，把感受父母生养之恩，以孝与敬回报父母看作一个人做人诚实正直的基础。

② 现代思想把人类关于生命来源的感恩意识看作愚昧，这种思想丢失了人类生活的一种重要的真实：人类是自然界的一种创造物并且依赖自然界生活。

③ ［古希腊］柏拉图：《理想国》，335B—E。

④ ［古希腊］亚里士多德：《尼各马可伦理学》，1164b35—1165a2。

⑤ ［德］包尔生：《伦理学体系》，584页。

充说，我们也不会把这样一个行为看作是正义的。这三个观察的说服力在于，仅当坚持一个许诺同某种应得或同等重要的东西发生冲突，一个正义的人才会推延去兑现一个许诺。

这样看来，正义的人或许是把受诺者基于同自己的信用关系发生的对自己实现许诺的期望看作类似应得的东西。与尊严的情形一样，正义的人似乎也把邻人产生的这种期望看作属于那个邻人的应得，如果没有兑现这个许诺，他就感到自己没有给予那个邻人应得的东西。尊重这种期望是重要的、正义的，但是对这种期望的尊重不可以与邻人的应得冲突。这绝不是说，正义的人的许诺也像不正义的人的许诺一样是不可靠的。不正义的人会由于某种更大利益而拒绝兑现许诺，但正义的人不会。而且，一个正义的人在做出一种许诺时是郑重的，他会审慎的注意这种承诺是否会妨碍任何相关邻人的应得。所以，一个正义的人的许诺是最为可靠的。只有在出现罕见的紧急意外事件时他才会不得不推延对一个许诺的兑现。这种紧迫性会在一个诚实正直的心灵中显现得最为清楚，并且它总是同心灵的对邻人的应得的尊重相关。所以，通常说来，在一个正义的人那里显得是紧急的事情的原因甚至在因那个许诺的推迟兑现而未能实现一个预期期望的人那里，都具有最大的说服力。

五、矫正不正义的正义

我们接下来要谈到的另一种具体的正义——矫正的正义——一种裁决的正义。

私人交往和公民交往中都可能发生不自愿的交往。一种含有一方对另一方损害的交往可能由于受害者的抗议或不正义的多得者的检讨而以私人的方式得到矫正。这种矫正的方式也包括通过一个中间人（伤害发生在私人交往范围的情况）进行仲裁来确定多得一方应当退回的利益。以这种私人方式实现矫正的正义时，双方如果在受损方的应得权利方面有一致的意见，矫正的正义就似乎更接近这种具体的应得的观念。显然，矫正的正义同样是尊重应得的。

但是双方可能对于伤害的程度存在不同意见，在这种情况下，人们便常常求助于法官。因为法官是在一种法律制度下专门负责提供裁决的正义的人。通常，法官必须依照法律确定受损一方的应得权利。在确定这种受损的应得权利时，法律是诉诸一个正义的人对于应得的观点的。通常地，伤害或损害包含着利益的损失，并且，至少从理论上可以说，一方的所失就是另一方的所得。所以，在这种交往中，有一方已经不正义地多得了。

矫正这种不正义的标准，就是将双方交往前的利益，不论各自是多少，都看作是同等的，再确定受损害的利益的比例，然后将损害者不正义地多得的利益归还受损失的一方。但是，法官必须公正无私的援引法律所诉诸的正义的观点，把它运用到具体的案例中，来做出这样的裁决。我们看到，审视一个法官是否公正无私地提供这种裁决，同样只有一个正义的人的观点。这种观点被看作是可以在一种诚实正直的心灵上呈现的。

在法无明文的地方，人们就只能依赖法官的正直。法官的正直就在于不受自己私人利益的影响，同时也须借助某些只具有间接相关性的法律作为参照，来合理公正地推断出双方的应得利益，将损害者多得的利益收回，以法律之名恢复一个人“应得的东西”。由于法无明文，这自然困难更大，需要小心确定受损利益的大小，既不夸大，也不缩小。因为若夸大了，便会造成对另一方的新的损害。所以，法官要小心确定应得的适度的界限。而一个法官在这点上做得是否充分诚实正直，只有正义的人的诚实正直的心，才可以审视和检验。至少，人们都会希望，一个法官能够具有这种诚实正直的心。

六、公道为什么受人称赞

人们都称赞公道的人。公道有广义与狭义的区分。广义上，公道指一个人做事有恰当的分寸。在这个意义上说一个人为人公道、做事公道，就是说他有德性，或者品质上诚实正直。所以，公道的人也就是有德性的人、好人。

具体意义上，公道是一种与具体的正义同类的品质。一个人的利益在不自愿的交往中受到损害后，要求以私人的或法律的方式恢复自己的应得，即受损失前的利益状态，这是正义的。当利益受到另一个人损害时，公道的人也是以他应得的利益作为判断的依据。但是，在法律做出了公正的纠正之后，公道的人还有另一个尺度，他内心的尺度，即他会希望这个纠正行为不致给那个曾损害他的利益的人带来太大的消极影响。比如，如果损害者将全部多得的利益交还会对损害者正常的生活造成严重影响，或者损害者侵占他人的应得利益的部分的原因是处于某种窘迫的处境，公道的人会出于选择的品质而适度地同意法官让对方少归还一部分自己的应得利益。所以，一个公道的人有时会放弃一些东西，而不是要求毫厘不差地恢复自己的应得利益。这种品质是具体的公道。人们更多的是在这种意义上说一个人公道。

所以，虽然严格地说讲公道不是正义，但正如亚里士多德指出的，它同正义有密切关系。[①] 正义都要求法律明文申述，都同法律已构成的依据相关。矫正的正义尤其如此。法律总要以一般的语言陈述，总要考虑一般的情形。但是，有些事情不可能只靠一般陈述就能解决。因为，人的实践事务是非常具体的，法律不可能面面俱到。所以法律的陈述可能比较僵硬，在解决具体案例时，可能偏离开人们对那个事例的具体的正义感。错误不在于法律，不在于立法者，而在于人的行为的性质。人的行为的内容是无法精确说明的。

所以，正如亚里士多德所说，公道的品质是对法律正义的某种矫正。[②] 公道不是法律的正义。法律的正义由于其一般性而难免有缺陷，公道的品质有助于补足这种缺陷。成文法的许多条款的陈述都包含对某种例外的说明，这种说明有许多是出于公道的考量。但是成文法必须坚持条款本文的基本适用性。所以，它不可能完全免除僵化的缺点。在这个意义上公道优越于法律的正义。它优越于具体的法律正义，尤其是矫正的正义，而不是总体的或守法的正义。

第三节　正义感

一、什么是正义感

我们现在需要来说明正义感的性质。正义感是一种道德感情，它不是正义德性，但是同正义德性有密切的关系。正义感是正义德性的感情基础和重要支持力量，也是正义行动动机的一个重要因素。

但正义感不是别的，它正是伴随着对我们一直谈论的内心的诚实与正义品质的理解的一种当下的内心感觉和感情力量。作为当下感觉，它被称为正义感。作为一种道德感情，可以直接把它称为正直，因为，诚实品质发生于一种内心状态，这种内心状态就是正直。正直既是一种内心品质，像诚实一样，也是一种内心感情。正直之所以既是诚实的也是正义的内心状态，是因为诚实与正义，都是交往和共同生活方面的重要的行为品质，是彼此分离不开的。这种正义感与正直感情在总体上被称为正义感[③]，因为，这种感觉发生时，我们会感到这种感情也被最充分地调动起来，让我

① ［古希腊］亚里士多德：《尼各马可伦理学》，1137b9－11。

② 同上书，1137b12。

③ 为叙述简便，我在下文中将不再区分正义感与正直感情，而把它们统称为正义感。

们清楚地感觉到它的力量，甚至我们的身体也因此发生某些变化。所以简单地说，正义感就是伴随着我们在交往和共同生活方面的两种重要德性品质——诚实与正义的良好的内心感觉和感情状态。

正义感有其自然的根源，但不发生于自然感觉。人天然地喜爱和崇敬高尚的、善的事物和行为，憎恶某些东西，如恐惧、丑恶的事物、伤害、侮辱等等。① 互助、友爱和感恩是人类中普遍发生的自然感情和德性。正义感同这类自然的感觉有联系，然而不直接发生于这类感觉。正义感是自然感情的正常发展。②

正义感产生于人们区分一个人的应得与不应得，以及与此相联系的，一个交往行为的正义与不正义的经验。它发生于这样的时刻：人们将一个人在交往与共同生活中的仅取自己的应得的行为和给一个邻人以其应得的行为感觉为好的，并在观念上表达为正义的，把相反的行为感觉为恶的，并表达为不正义的，并且，他因这种内心的区分而发生了一种内在的力量。这种观念的经验似乎使人自然地置身于肯定那些被表达为正义的状态的立场；而当一个人不区分这两类状态时，这种变化便不会发生。

我们还可以观察到，一个人的正义感会随着他对于正义与不正义的概念的理解的发展而加深。一个人越是有明确的正义概念，他就越具有正义感，反之亦然。正义感同对正义概念的理解具有亲缘的关系。伦理判断能够影响感情与行为，每种伦理判断都会引起一定的道德感情。关于应得的判断，关于一个行动是否正义的判断，都增强着我们的正义感。适当形式的实践理智的理解的引导，将能够帮助受教者的实践理智的发展，帮助他体会正确理解和判断实践事物对他的感情与行为的健全发展的重要性，并使他能够基于这种体会矫正自己的行为与感情的习惯。总的来说，正义感是我们在不断感觉正义的行为和感情，不断地通过这种感觉积淀对正义行为的感情，并在不断地通过实践理智的理解的发展肯定这样的行为和感情的过程中形成的。

---

① 休谟写道，“任何情景都没有像一个高贵和慷慨的行为那样美好，而任何情景也没有像残忍奸恶的行为那样更令人厌恶的了。”（［英］休谟：《人性论》下，510 页）但是休谟错误地认为这一切感觉都没有自然的根源。

② 罗尔斯认为，这两种感情构成一个正常的发展序列，而且一旦一个人基于正义与不义的观念形成了正义感，他的自然倾向，例如爱、亲密与信任，就同正义感交织的发展，形成对正义的关怀、对不正义举动的义愤、自责、负疚感等感情（［美］罗尔斯：《正义论》，第 8 章第 74 节）。

二、友爱与仁爱、诚实与正义作为交往和共同生活的纽带与善

友爱与仁爱、诚实与正义是一个交往社会交往和共同生活的纽带。友爱与正义以同样方式、同等程度与交往生活相联系，亚里士多德这样说，有交往和共同生活的地方，就不仅有正义，也有友爱；诚实则是与一个语言和行为的交往社会有关，关系到语言与行为的基本的真实性的品质，同样是交往与共同生活的纽带。就今天的交往生活而言，我们还可以合理地加上仁爱：有一种交往，就有一种正义与不正义，就有一种诚实，也就有一种友爱或仁爱。一种交往越亲密，友爱越深，正义就越重要，不正义对这种诚实和友爱的伤害就越深。友爱与仁爱、诚实与正义都与同样一种交往和共同生活相联系，它们密切程度也与交往和共同生活的性质相联系。

不过，我们还会进一步把它们感觉和理解为我们作为人的交往与共同生活方面主要的德性。友爱以及它的扩展形式仁爱相关于交往与共同生活的善，我们在追求那些值得追求的事物的同时，也关切我们与邻人的交往和共同生活的善，关切这种交往和共同生活是适合每个邻人获得他们希望获得的善的。诚实相关于我们与邻人的交往生活的真实性，我们自然地倾向于把真实的交往活动看作好的，值得祈求的。正义相关于交往与共同生活的公平和公正性。我们这样地期望我们与邻人的交往共同生活：不仅我们得到自己应得的东西，我们的邻人也得到他们的应得。这三者都使得我们与邻人的交往和共同生活过得好、过得令人愉悦。

如果能够感受心灵的诚实品质及其伴随的正直感情的力量，我们将不愿生活在一个没有基本的诚实和正义的社会。这样一个社会不能满足我们以获得自己应得的东西的方式来发展的合理期望。同样，我们也不愿生活在一个没有基本的友爱与仁爱的社会。这样一个社会不能满足我们对于拥有友善的伙伴的共同生活的需要，而这种需要恰恰是我们最基本的需要之一。①

所以如果可能，在我们对自己身处其中的、将持续存在下去的交往社会的种种期望中，我们尤其期望其中的交往和共同生活是友爱和仁爱、诚

---

① ［古希腊］亚里士多德：《尼各马可伦理学》，1155a5－15。没有人愿意过一个人独享所有善而唯独没有朋友的生活：青年人需要朋友帮助少犯错误；老年人需要朋友关照生活和帮助做他力所不及的事情；中年人也需要朋友帮助他们行为高尚，因为“当两人结伴时”，无论在思考上还是做事情上都比一个人强。

实和正义。因为，一个良好的交往社会在这些方面显然是相互联系的。一个交往社会越是友爱和仁爱、诚实和正义，它就越能鼓励我们追求属于人特有的那些活动——理论的、实践的、技艺的——的善。至于仁爱，它是同所有高尚事物相联系的德性。它超越正义而不含任何不正义。仁爱开拓出人类生活的更高价值。但是德性不是尺度，也不建立尺度。仁爱对人类来说永远只是拓展生命的意义的向导，而不是确定它的界限。

第四节　惩罚问题

一、关于惩罚的正义

有关正义德性的一个难题是正义是否包含惩罚，尤其是，一个正义的人是否应当对一种恶实施惩罚。惩罚是对不正义做出的报复。所以，惩罚是对已经做出的恶施加一种恶。难题在于，向一个人施加一种恶从一个正义的人的观点来看是否正义？如果是，它属于回报的正义还是矫正的正义？

我们从这一点谈起：常识道德有一种“以恶报恶”的观念，认为恶报是坏人的应得，但是这种观念很难说是经得住反省的。因为，根据常识就可以了解，在人的世界，一种恶不可能终止另一种恶，以恶报恶只会使恶流行。“冤冤相报何时了”，在劝阻一种以恶报恶的行为时，人们常常用这句话来说明，这样做不会终结一种恶。正因为这一点，许多宗教在教理上都反对以恶报恶的行为，即使主张善恶都有报的佛教，也将报应转到来世。从人的世界的改善着眼的儒家学说当然也如此。所以，在被问到一个人是否应当以德报怨时，孔子回答“以直报怨，以德报德”①。孔子的回答是说，如果应当用最好的东西来回报最好的东西（德性），那么，就用比较好的东西（正直）来回报恶，这样才能够结束一种恶，使它不继续流行。老子说：“善者吾善之，不善者吾善之，德善”②，可见老子也同样反对以恶报恶。

希腊哲学家柏拉图也持相似的立场。按照柏拉图的看法，德性内在地是善的，所以正义不可以把施加一种恶作为手段。首先，正义如果使用一种恶作为自身的手段，以恶报恶，就赋予自身一种恶的性质，因为从哲学

---

① 《论语·宪问》。

② 《道德经》，四十九章。

上说，一事物的功能或活动也属于它自身。其次，给一个坏人以他应得的恶，会使这个坏人变得更坏，使一个坏人作为一个人的德性更坏，这也同正义是德性、是一种善的性质相背离。第三，正义当然要由正义的人来施行，如果坏人应得的是伤害，就要由正义的人（好人）去伤害，这样做的后果就不仅是使坏人在德性上更坏，而且是使好人的德性变坏。[1] 所以，按柏拉图的看法，如果正义在于给一个人以其应得，这也只能在给一个人他应得的善的意义上才是正确的、有道理的。

的确，仅从一般常识的观点，我们会认为对施恶者应当以恶来惩罚。而如果理解了正义是心灵的怎样一种品质和伴随的力量，我们就会像儒家先哲和柏拉图那样反省。的确，如果我们的目标是使人们生活的这个世界更好些，我们就会发现以恶报恶与这个目标是南辕北辙的。因为，它不仅使施恶者被施加一种恶，惩罚者也通过运用一种恶而被施加一种恶，这种新发生的恶将造成恶的新循环，而不是正义。

这也许是亚里士多德在他精致的正义理论中没有讨论惩罚问题的一个原因。有一种意见可能认为，在亚里士多德伦理学中惩罚属于回报的正义，这种意见是不合理的。因为，亚里士多德明确地采用了柏拉图暗示的建议，把一个人的应得仅仅理解为是与“好运或厄运有关的那些善事物”[2] 相联系的，亚里士多德伦理学中的回报的正义的概念包含着对以恶报恶常识惩罚观念的纠正。另一种意见倾向于把惩罚看作包含于亚里士多德的矫正的正义的观点。这种意见也同样不合理。因为，作为一种裁决的正义，矫正的正义仅仅在于将一个人不正义地多得的善收回并归还交易中受损失的一方，而不是要施加一种恶。

二、惩罚必须由法律来施加的原因

但是，一个交往社会中的确不可避免地会存在一些不正义的人，他们伤害邻人，怙恶不悛，甚至以此为快乐。所以我们不得已而求其次，诉诸法律对他们实施惩罚。我们必须诉诸法律，因为即使我们是守法的，也会受到不正义的伤害，而以施加一种恶来惩罚伤害者也将产生一种新的恶，并使我们自己变得不正义。

近代以来，对犯罪者实施惩罚成为法律的一种专门权力。我们需要从正义的人的观点，来说明由法律来实施这种惩罚的必要性。首先，由法律

---

① ［古希腊］柏拉图：《理想国》，第1、3卷。

② ［古希腊］亚里士多德：《尼各马可伦理学》，1129b3。

来实施惩罚使得这种恶变得间接了。它不是由一个具体的人，而是由一个法律的制度实施的。这至少使得这种恶造成恶的新循环的可能性减小。从这点来说，法律发挥着使一个社会的交往生活不致因私人实施的惩罚而使恶变得更加流行的作用。既然我们不可能使任何恶都不发生，那么次好的选择就仅仅在于，在一种恶发生后，让法律实施的惩罚来减小它循环下去的可能性。

需要由法律来实施对于不正义的惩罚的第二个原因是，尽管这种权力不是正义本身，但它看来是正义需要凭借的一种力量。因为，尽管一个受到不正义伤害的人的应得利益不可能完全恢复，他也期望以法律制度对犯罪者实施惩罚的形式使正义得到伸张，否则可能在心理上难于平复。而且，惩罚必须以正义的行动，就是说，以尽可能恢复——如果不可能完全地恢复——受伤害者的应得利益，为基础。但是，在恢复应得利益的正义行动基础上的对于恶的必要惩罚，必须凭借足够的力量，没有它，甚至恢复应得利益的正义行动都不可能实现。

但是惩罚权力专属法律的更基本的理由在于：这种由公众赋予的公共权力是为着一个目的而设立的，就是减少社会犯罪的数量，使我们的交往生活更为健康。惩罚的最终辩护在于这种公共的目的。而且，由一种法律制度保有这种权力对犯罪者也是一种善。因为，如果没有这种权力，他可能会做出更多犯罪行为，法律的惩罚很可能减少了他的犯罪。诚然，一个十恶不赦的人可能在被法律惩罚之后变本加厉地以更严重的伤害来报复。但法律的惩罚至少曾给予他一种改变的机会，并且提前警示了他继续报复社会将获得的最终结果。当然，从一个正义的人的观点来看，法律的惩罚作为基本制度的一种预先的安排，必须体现法律的总体正义，即它将适用于每一个实施了法律陈明的犯罪行为的人。

思考题：

1. 什么是正义？什么是正直？
2. 一个正义的人为什么重视感恩？为什么能做到守诺？
3. 正义感是一种什么性质的感情？它同正义德性有何种关系？

第二十八章　良心

第一节　良心作为心灵感情综合体

一、良心中包含哪些基本感情

之前的讨论，我们几乎一直没有谈到良心，仅仅是在谈到常识道德的肯定德性的倾向时偶然提到它。因为，只有在讨论了友爱与仁爱两种感情的德性，以及诚实与正义两种行为的德性及其内心状态之后，我们才能恰当地讨论良心。因为，良心不是别的，而正是我们一直谈论的心灵的那些有德性的内省感情的综合体，或者说，是这个感情综合体包含着我们对人生、对人的存在世界的总的感受，这感受又落到一个当下场合，是对我们的一种当下感觉与感情、或一个当下行为的积极映照。因为，当感觉到良心时，我们对整个人生与人的存在世界的感受已经直接同我们对一种当下感觉、感情或行为的感受贯通，呈现给心灵一个映照。良心并不是我们每时每刻都能感觉到的，它只在某些环境中才能被感受到。

首先需要说明良心作为心灵的感情综合体究竟包含哪些感情因素。从基本的方面来说，良心也就是我们一直谈论的心灵中两种根深蒂固的基本感情，即友爱与仁爱，与伴随并引导我们去做诚实与正义的行为的那种内心状态，即诚实与正直，一起构成的感情综合体。既然前面已经把诚实与正直的内心状态概括为正义感，我们就可以把良心直接看作是友爱与仁爱和正义感的综合体。这三种内心感情状态都是在一个正常发展的人心灵中会普遍发生的基本感情。由于这样的原因，良心被看作人类心灵的某种共同的声音。①

关于友爱、仁爱和正义感是良心所包含的三种基本感情的看法可以在中国与西方的思想历史中得到广泛支持。在西方，良心主要是从基督教传统中的良心的正直（righteousness）概念发展而来的关于心灵的良好正直状态的概念。这个概念包含了基督教的其他德性，也意味着心灵与神的一种良好正确

① 一个基督徒会把良心看作他的内心与耶稣的对话，中国人在日常谈话中会说“天地良心”，把良心看作天地赋予我们内心的声音。这是对良心观念的一个普遍经验：它仿佛是一种共同的声音在我们心中的回响。

的关系。在著名的巴特勒神父的学说中，良心是行为的四种心灵根源——特殊感情、自爱、仁爱、良心——中最高的那一个，在理想的人性中“统辖自然和仁爱”[①]。卢梭认为，良心是在人的内心普遍存在的一种本能的声音，它“在不差不错地判断善恶”、“使人的天性善良和行为合乎道德”[②]。在良心中，卢梭认为正义与仁爱是两种基本的呼声，它们并不是抽象的言辞，也不是由理智所想象出来的纯粹道德的概念，它们是“经过理智的启发的真正的心灵的爱，是我们的原始的情感的循序发展”[③]。

中国人对良心概念的解说开始于孟子。孟子以“仁义之心”解说良心，认为良心是自然赋予我们的发端，是我们的本心，但是它也像自然赋予生命的其他造物一样经受不住人的摧残。[④] 孟子又以“恻隐之心”说仁，以“羞恶之心”说义。[⑤] 孟子的这个见解和卢梭的看法很一致。不过，孟子的仁的感情又自然地包含父母子女的亲情之爱，并且从这种亲情之爱开始。[⑥] 所以，按照孟子的看法，良心就是由心灵中的亲情之爱、仁爱和正义感这些最基本的感情共同构成的，这些感情是我们作为人普遍具有的，但如果不断地摧残，心灵就会失掉它们。所以，按照孟子的看法，良心是一个人的心灵的良好状态，这个心灵之所以状态良好，是因为亲情之爱、仁爱、正义感这些基本感情没有因摧残而丢失，发展良好，并发挥它们的作用。但是在概括地解说良心时，孟子强调的主要是仁爱和正义的感情。以后的儒者大都遵循孟子。[⑦] 所以朱熹说，“良心者，本然之善心，即仁义之心也”[⑧]。王夫之也说，“必须说个仁义之心，方是良心。盖但言心，则不过此灵明物事，必其仁义而后良也”[⑨]。

---

① ［英］布劳德：《五种伦理学理论》，52 页。

② ［法］卢梭：《爱弥儿》下，417 页。

③ 同上书，326 页。

④ 《孟子·告子上》：“牛山之木尝美矣，以其郊于大国也，斧斤伐之，可以为美乎？……虽存乎人者，岂无仁义之心哉？其所以放其良心者，亦犹斧斤之于木也，旦旦而伐之，可以为美乎？”

⑤ 《孟子·告子上》：“恻隐之心，仁也；羞恶之心，义也；恭敬之心，礼也；是非之心，智也。”

⑥ 《孟子·尽心下》。

⑦ 中国人日常意识中的良心观念的确可以说来自儒学的影响。因为，儒家比其他各家更重视对心和良心概念的阐发，并且大抵有一种一贯的传统。

⑧ 《孟子集注》。

⑨ 《读四书大全说》卷十。

二、良心的生长

构成良心这种心灵感情综合体的最基本内涵，即友爱和仁爱这两种德性感情和伴随诚实与正义德性的正义感这三种内心感情状态[①]，按照我们一直采取的说明方式，是伴随着一个人与邻人交往实践的发展，伴随着他在感情与行为方面养成德性，并借助随之发展的实践理智的理解来理解这种内心的自由力量的过程，积累而成的，是他在交往实践生活中的积累地培养的这些良好感情的故事所达到的一个情节。这个累积的发展，大约是一个人在儿童、少年时获得良好教养的或得到良好矫正的行为和感情习惯，经过青年时期的实践锻炼与实践理智的理解及其伴随感情的发展，而或在青年时期的稍后阶段，或在成年阶段，逐步地完成的。在最初阶段，虽然有自然赋予的发端，这些基本感情还很脆弱；逐步地，通过不断地实践锻炼培养起行为上的德性品质，并伴随着实践理智的理解的发展，才成为感情的品质和伴随着德性的实践品质的心灵中的根深蒂固的感情。

友爱似乎是最先发展的基本感情。当我们在父母的关爱下正常成长，并通过与朋友伙伴交往感觉到友爱时，对父母的亲亲之爱与对朋友的友爱似乎自然融合为对我们的亲近的人们的友好感情。继而发展的似乎是内心的诚实。与朋友伙伴的交往中，我们逐步地感受到相互信任的重要，逐步培养起内心诚实的品质和相应感情。这种内心感情又似乎与内心的正直有着亲缘关系，内心的正直是我们内心中对于自己与邻人的良好关系的感情，这种感情是同内心诚实的感情一起发展的。当这两种内心的感情发展到有足够力量时，我们就不是仅仅偶然地做事正义，而是形成了经常这样做的倾向和品质。具有这种行为上的品质，内心的诚实与正直，也即我们称为正义感的那种内心感情，也就获得了更坚实的基础。当正义感基于这样的行为与感情的基础发展起来时，我们对友爱似乎就有了新的感受，我们感觉到这种对邻人友善的感情内含着更深厚的基础：虽然习惯于从生活的狭小环境来褊狭地理解它，但是我们能够感受到，我们也同时对自己的所有同类，对我们作为一个生命存在物的所有伙伴，怀有同样的友善，尽管它只是在少数场合才会强烈到激起我们去做出某种行动。同时，我们需要承

---

① 诚然，按照不同的哲学解说，良心中还可以含有其他感情因素，如同情、怜悯等。但我将搁置这个问题，对它作进一步的研究超出了本书的范围。在新近的研究著作中，何怀宏的《良心论》（何怀宏：《良心论》，上海，上海三联书店，1994）非常深入地研究了良心概念在中国和西方的历史，以及儒家良心概念在现代生活中的深层意义。

认实践理智的理解在心灵的这个环节上的帮助：是这种理解帮助我们一方面辨别出这种感情与友爱的区别；另一方面又理解到它们的共同的性质与本原。这种感情我们已经习惯于称之为仁爱或博爱。当仁爱的感情通过实践被我们体验时，它就开始在我们心灵中生长，并且，它似乎同友爱感情融合在一起，成为心灵全部感情的基础。因为，正义感显然是基于友爱和仁爱感情，而不是基于仇恨的。离开友爱和仁爱的友善，正义感就仿佛失去了家园。

这些基本感情似乎是以上面大略勾画的方式，在心灵中共同生长的：它们在心灵中都有发育的原因，这原因是自然赋予的；它们在正常的生活环境下都会发育或发展；它们的发育或发展又有先有后，像一个家庭中的兄弟姐妹一样；但它们彼此关系良好，并相互亲密。由于这些缘故，这些良好的基本感情似乎自然而然地融合成为一个感情家庭，一种感情综合体。这种感情综合体，如刚刚说明的，被非常普遍地称为良心。

第二节 良心活动

一、“良心环境”

不过，我们主要地不是从良心这种感情综合体包含的那些基本感情，而是从良心的活动来感觉它的存在的。因为，良心这种感情综合体的独特之处在于，它一经形成，就具有独特的活动：它以内心感情和感觉的方式使我们直接地感悟实践事务的性质，就像一面镜子，向心灵映照出当下一个感觉、一种感情、一个行为的性质，以感觉和感情的方式告诉心灵它是否是友善的，是否合于我们的正义感。心灵独有的那种内省感觉会把良心的这种活动清楚地传达给心灵。一旦感觉到良心的这种活动，我们就不易让它在故意的不察觉中被淡忘。我们的内省感觉会以清晰的方式不断把它呈现给心灵。[①] 所以，当良心发生这种活动时，我们甚至感觉它在“纠缠”我们。

不过，良心对一种当下感觉或感情的呈现并不意味着良心能够克服某些与它冲突的感情或感觉。良心向心灵呈现那种当下的感觉或感情的性质，但是它并不能轻易克服一种已有的感情。这使得一个经历着与他的良心感

① 因这种原因，英国道德学家，如沙夫茨伯里、哈奇森、休谟，都习惯于把人的内省感觉直接称为道德感，并把它直接等同于一些基本感情。

情相违背的感觉或感情的人会感到自己在感情上被分裂。另一方面，良心对于一个当下的行为的映照具有较大的影响力。这种映照“在行为之前被经验为制止或推动的感情，在行为之后被经验为后悔或满足的感情”①。如果幸运地做了良心所鼓励的事情，或者没有去做良心阻止的事情，我们就会感到良心的愉悦，反之，就会感觉良心的痛苦。由于这一原因，人们更倾向于把良心感觉为自身行为的内在审查官。

但我们还需更深入些地说明良心活动。我们接下来谈谈对良心活动的一种重要观察：良心的活动不是每时每刻都向心灵显现的，它常常是在冲突的环境下才清楚表现出来。在这种环境下，那种占主导地位的态度是我们不赞同的，有一种强烈的内心感情始终制止或推动我们在内心采取不同的态度，并把这种内心的声音感受为所有正直的心灵的共同声音。良心至少是在这种冲突的环境中才表现得最为充分。在这种意义上，存在一种“良心环境”，某种类型的冲突的存在构成这种环境的特征。

有两种“良心环境”：

第一种环境是这样形成的：一个人感觉到面对着一种恶，一种不正义，或一种重大谎言，他可以对那种恶视而不见，可以去附和那种不正义或帮助维护那种谎言，或者听任它们流行而不作为，并且这可能更能给他带来利益，但是内心的感情使他感受到那样做不是友善和仁爱、不是诚实和正直。“乍见孺子将入于井”② 是面对一种正在发生的恶。这里存在一种将毁灭一个生命的恶。种族仇杀或以战争手段屠杀无辜是一种不正义的环境。这里存在一种毁灭和平居民或无辜者的正当的生活的罪行。一种普遍流行的谎言，例如将一件不正义的事说成正义的，或将一种并不真实持有的信念说成是人人真实地持有的，是谎言的环境。当然，在实际生活中，这三种环境常常是相互交织在一起的。

第二种环境是这样形成的：尽管没有面对一种恶、一种流行的不正义或谎言，一个人却可以选择去做或不做一种恶、一件不正义的事，或说或不说一次假话，并且，如果做或说，他将获得某种利益，并且不会被任何人察觉；如果他不做或不说，他将损失某种利益，并且同样不为人所知。同第一种环境相比，第二种环境是一种隐在的冲突环境。这两种冲突环境中，第一种更常见，但第二种更基本，因而是本义上的。

① ［德］包尔生：《伦理学体系》，311 页。

② 《孟子·公孙丑上》。

二、良心拒绝

与两种“良心环境”相联系，良心的活动也有两种主要的形式。

产生于第一种冲突环境的良心活动可以称为良心拒绝。良心拒绝是我们基于内心的友爱与仁爱和正义感情而拒绝对所面对的一种恶视而不见，拒绝去附和一种流行的不正义或维护一种谎言的态度和立场。当这些事处于一个人能力之内，即当能否制止这些事的发生取决于他做或不做时，良心拒绝还会同时表现为基于这种内心感情的公开的反对那种恶、不正义或谎言并阻止其流行的行动。如果需要，他将乐于与持有相反立场的人交谈并寻求沟通。一个良心拒绝者如果这样做了，就会感到良心的平静；如果能够但没有这样做，就会感到良心的不安。

当这种恶、这件不正义的事或不诚实的行为是一个人无力阻止时，良心拒绝表现为内心的拒绝。内心的良心拒绝是这样一种态度与行为倾向：对于一种我不可能凭据自己的力量制止的恶、不正义或谎言，绝不去附和，我清楚地表明自己立场的不同。一个良心拒绝者事后不会产生良心的内疚，因为他使自己同那种恶、不正义、谎言划清了界限。一个在某种程度上附和了那种他无力制止的恶、不正义或谎言的人可能仍然在内心里拒绝着它，但是他事后仍然可能因采取了附和的立场而遭受良心的谴责。

但是，一个人在出于内心感情拒绝一种恶、不正义或谎言时，诉诸的不是多数人持有的正义感。[1] 他的正义感与多数人公开表达的正义感存在冲突，但是他仍然把他的良心的声音感觉为人内心的一种普遍的声音。他或许持着这样的信念：多数人的这种内心的声音被或多或少地掩盖了，他们已不能辨别那种声音，或许是因为他们内心中的友爱、仁爱的感情已经受到摧残，或许是因为他们内心的诚实与正直已经由于长久的曲解而迷失，但是这可能只是暂时的。因为仍然存在这种可能性：在他们内心感情发展的某个阶段，他们能够再辨别出这种声音。

但是，他并不寄望于他坚持的东西最终流行，或为多数人接受。他坚持的只是这是事情本身在他内心呈现的样子，他不能违反内心地扭曲它。无论制止那种不正义、谎言是否处于能力之内，一个良心拒绝者都不会选择逃避内心的真实。对他来说，这种实践的唯一收获是他验证了内心的力

---

①　[美] 罗尔斯：《正义论》，369页。罗尔斯把良心拒绝与公民作为在一种法律制度下表达公民的独立意见的方式来讨论，这种讨论方式对于良心拒绝的概念来说是非常狭隘的。

量。如果他在经过更多的观察与思索之后，发现先前的内心拒绝失之偏颇，他就会基于发展了的理解而发展新的内心感情。但是，他也许不会因那种良心拒绝而内疚，因为那不是一种恶或不正义。

三、良心选择

产生于第二种冲突环境的良心活动可称为良心选择。良心选择的环境是以下面这点为前提的：我们已经初步具有内心的诚实与正直，这种感情也明确拒绝做不正义的事，一个认为任何事情都没有正义或不正义的人不会处于这种良心选择的环境中；我们也已经由于某种程度地理解心灵的诚实与正直的德性力量而初步获得了一种正义感，这种正义感使我们将某些事感觉为恶的，将某种方式的行为，例如取得超出自己的应得的利益，感觉为不正义的。但是在这种环境中，除了良心，对于当事者的行为是怎样做出的可能没有任何其他的核查。质言之，良心是这种环境中的唯一可能的权威。

这种环境非常类似巴特勒描述的良心环境：良心是最高的权威，但是自爱与仁爱似乎各有其分量和倾向；在现实的人身上，良心也常常被自爱和仁爱所压倒；但是即使发现良心缺乏必要的心理力量，我们还是认为良心的道德权威至高无上。①

这种环境下，一个人如果已经通过习惯培养起做事诚实与正义的德性，他的良心就是坚实的，他就不会去做不正义的事，即使这样做能给他带来利益并将不为任何人知晓。在这种例证中，良心不仅是映照者，而且是行动者。人们日常生活中常说的“凭良心做事”，所指的便是这种基于良心的直接映照的行动。

然而，如果一个人虽然养成了做事诚实、正直的倾向，但是这种倾向还不是坚实的、有力量的，他的这种良心感情就同样还不是坚实的，他就可能基于当下利益的考虑，这种考虑可能以貌似明智的考虑形式出现，而取自己不应得的利益。在这种例证中，他的良心就仅仅是一个内心的映照者，它直接地向心灵呈现出那个行为的不正义。但是，由于缺乏心灵的德性的力量，当所做的行动将带来利益并且无人知晓时，良心没有力量带动行动。不过，由于他内心里承认那是良心的呈现，在他做了不正义的事

① ［英］布劳德：《五种伦理学理论》，66页。巴特勒将良心看作是不包含仁爱感情的另一种内心原则，这是不恰当的。我们把良心理解为由发展良好的友爱、仁爱和正义感这些基本内心感情构成的心灵感情综合体。

（虽然不会被察觉）之后，他将长久地受到这种良心呈现的纠缠。显然，人们日常所说的“昧良心”就是指一个人以这种方式做事而产生的内心折磨。人们普遍认为，以这种方式做事会使一个人经受良心拷问的煎熬，尤其在他独自面对自己时。

第三节　良心与良知

当道德的觉解从对于内心准则的理解及其伴随的尊重感情的觉解转向对德性这种心灵自由力量的觉解时，觉解的那种主观力量的两个方面——理解与伴随的感情，是始终无法分离的。所以，我们通常无法清楚的辨析这两者间的区别。毋宁说，我们感到它们就是同一个力量。但是，当我们将自己置于一个超脱一些的位置，即从纯粹理论的方面来审视时，我们又体会到其中的理解的力量与伴随的感情力量的某种不同。然而，在道德觉解的过程中，不存在这种区分的需要。而且，既然它们发挥着同一种作用，我们时而会把这种觉解的主观力量感受为感情本身，时而会把它感受为包含在感情之中的那个理解和判断。

我们已经将被感受为感情本身，或心灵的友爱与仁爱，以及伴随诚实与正直的那种内心感情——正义感，所构成的感情综合体的这种主观力量，称为良心。这样一个命名的确具有令人愉悦的性质，因为这恰巧是中国与西方的一个有相当大的共同理解的概念。① 我们将把对这种主观力量的理解方面的一种感受方式，即把它主要地感受为包含在那些感情之中的那个理解或判断，称为良知。事情马上变得非常明显：在中国思想中良知是与良心同时发生的一个概念，是先秦思想家孟子同时使用的概念。如果寻求孟子为什么同时使用这两个概念的解释，那么一个看来比较合理的解释或许就是，孟子在说明觉解我们的内心自由力量的那种主观力量时，有时会从那个力量的感情的方面说，把那个力量说明为心灵的感情综合体（“四心”）的扩充，有时会从那个力量的理解的方面说，把它说明为那个感情综合体所自然地包含的理解或判断。

也许就是由于它们所指称的是具有两个方面然而完全不能相互分离的同一种主观力量，西方的 conscience 和它的形容词名词 conscientiousness，

① 良心的概念在中国产生于先秦时期，在西方发生于基督教时代，并且在近代以来才变得重要，所以在中国早于西方。

才在汉语中时而被翻译为“良心”，时而被翻译为“良知”。这是非常恰当的，因为这种主观力量在西方世界也是被以相同的两种方式感受的。

这的确是一个令人鼓舞的信息：觉解心灵的德性自由力量的那种主观力量，在中国和西方都既被从感情的方面感受，又被从理解或判断的方面感受，并且这两个方面被感受为不可分离的。

因而我们有理由用良心和良知这两个概念，从感情和理解这两个方面，指觉解着心灵的德性自由力量的那种主观力量。既然哲学的伦理学是一种有着实践的目的的理论研究，就是说，它同时具有某种超脱的审视眼光，我们就可以把这两个方面分开来解说，以寻求对它们的更清晰的理解。因为，随着这种理解的发展，我们对这种觉解的主观力量的感情也将随之发展。而且，在道德觉解的这个阶段，已别无他途。

附论：儒家何以把感情看作可以知晓的

儒家学说有一个非常突出的特点，即它似乎把理解或判断看作包含在心灵健全发展的，因而也内在和谐的感情综合体之中。

儒家学说具有这种特点主要的原因有两个。首先，儒家把心或心灵坐落于感情而不是理智上。依照儒家学说，心的本体是感情。感情是人的自然的发展而成的状态。但是，坐落于具体对象物的感情，即欲望，由于过于强烈且常常过度，并且受到对象物限制，因而并非感情的本身。所以，未坐落于具体对象物的感情，或一般状态的感情是心的本体，欲望则不是。欲望所包含的根本的东西，即向善发展的可能性，是通过感情显现的。儒家坚持将心灵坐落于感情，是因为它基于人的基本感情的良好发展的可能性来考察感情。儒家不是不承认人的感情，尤其是欲望，有向恶发展的可能性。但是，儒家仅仅把我们的基本感情的向善的发展看作人之为人的发展。从这一方面考察，我们对感情的体验具有明确的实践性。的确，我们能够觉察感情的发动，能够觉察好的感情的活动与坏的感情的活动的不同，因而，能够觉察它发动时带动的欲念的善恶。使心灵坐落于良好感情，使行为出于这种良好的感情，是一个人作为人的根本性的实践。

其次，儒家所说的理智（“知”）是一种可以通达人生的根本的实践理智，而没有一个更高的理论理智作为本因。这与亚里士多德讨论实践理智的方式不同。亚里士多德讲的是更广泛的理智，其中实践理智根由于理论理智，是理论理智向实践事务的引申。总体上，儒家学说不提出实践事务范围之外的理智的概念。理智是朝向着我们作为人的生活世界和人生实践的。诚然，儒家的“道”的观念包含着关于宇宙世界的生成原理的思想。但是，这个生成被理解为宇宙自然最大的“德”，这个“德”只有借助人的“德”才能被领悟，“道”在人的世界里既是本原，也是生活的根本道理。

由于不存在一个更高的本因，并且实践理智离不开人的感情与行为的良好习惯品质的培养，与良好发展的感情有亲缘的关系，而且这两者中，良好发展的基本感情更被看作心灵的本体。所以，虽然理智被看作心灵的不同于感情和欲望的另一个本原，儒家学说把理智看作不离或直接依托于我们的良好发展的基本感情及其活动的，把它归结为心灵的健全感情的一个“灵觉”，一种“察知”的能力。因此，在儒家学说中，理智必须借助这个心灵的感情本体才能得到说明。我们可以这样地体悟心灵的活动：在通过心灵的健全感情感受着这个世界的同时，我们也就通过直接包含于这种感情之中的一种特别的能力——实践理智而察觉、了解和理解了它。

因此，按照儒家学说，心灵基本感情和包含在它之内的理智可以被看作同一个东西，心也是健全发展的感情和包含在它之内的理智的合体。未得到健全发展的感情通常没有理智。但另一方面，理智虽是后发展，却又发展得快些，而且，由于人的感情是复杂的、充满变化的，并且可能朝向恶的方向发展，因此发展了的理智，当它的那个根基丧失以后，也可能与变得向着恶发展的感情结合。但总体上，理智与健全的感情有亲和的关系，并且通常不能相互分离。所以，我们甚至可以在引申意义上，把它径直看作心灵感情的“知”，看作“心知”，因为心知也就是心灵的本体——感情之知。

从这里，我们才能够理解孔子说的“生而知之”与“学而知之”① 的差别。最好的人或圣人能够“生而知之”，是因为他们的那些基本感情生来就发展得非常好并且相互和谐，使得他们能够“直接”地、不经过思虑地就知晓怎样做是好的、有德性的。多数人不能这样地获得，只能努力培养那些基本感情，使之良好地发展，即“学而知之”。

孟子接孔子的“生知”、“学知”之说又提出一个“良知”，即一个人基于良好发展的基本感情不经思虑就可当下获得的理智，因而每个人都可能经历一种感情发展所具有的一种实践理智能力，把儒家的思想又引申了一层。孟子把“良知”解释为人的“不虑而知”的理智，例如“孩提之童无

① 《论语·季氏》。

不知爱其亲，及其长也，无不知敬其兄也”[1]。我们不虑而知的是什么？孟子说，是这些实践事务上的是非。在这种意义上，知或实践理智就是我们的“是非之心”，或者，“是非之心”就是实践理智的发端。“是非之心”当然不是与“仁义之心”无涉的另一个心灵。如果只有一个心灵，仁义之心是心灵的最重要的基本感情，是心灵的本体，那么我们就可以这样理解孟子：在我们感受实践事务的性质时，“仁义之心”就转出一个“是非之心”，“是非之心”里面就包含着这种理智的知识，所以，它不需要通过思虑去寻求。而“仁义之心”就是“良心”。的确可以说，“仁义之心”，以及转出的“是非之心”，从感情方面看是感情，从理智方面看就是理智，因为它是两者的合体。所以这些确定东西，从理智方面观察就呈现为判断，即对人对事的判断。从这一面考察，良心就是良知。

所以，按照孟子的看法，良知与良心是不能分离的，它们事实上相互构成说明：良知也就是良心的一种“良能”，没有良心就没有良知；良心是基础，良知仿佛是良心独具的一种能够判断实践事务的性质的特殊功能；基于良心，我们才能够“不虑而知”，进而了解实践事务的性质，并形成关于实践事务的是非善恶判断。[2] 因为，心灵中的感情，可能处于好的状态，也可能处于不好的状态。好的状态在于它们是适度发展并且相互处于好的关系中的、和谐的。不好的状态则相反。

显而易见，按我们对孟子的解说，良心是内心的友爱、仁爱和正义感

---

① 《孟子·尽心上》：“人之所不学而能者，其良能也；所不虑而知者，其良知也。”孟子说的“良知”与孔子所说的“生而知”，既有相同处，又有不同。相同处是，他们所说的知识都是关于人生和人生活的这个世界的知识，是实践的知识。不同之处在于，孔子说的“生而知”旨在说出“学（修德）”的重要：圣人可以“生而知”，多数人不及于此，只能“学而知”，由此“学”才是多数人“知”的途径，舍“学”无“知”。孟子的“良知”说主要地是指人的本心不虑而得有的“知”，针对着一个经思虑的“知”的。经思虑的“知”必定要“学”的，“学”才可以“虑”。但不虑的“知”未必是不需要“学”的。“孩童知爱其亲”并非孩童一出生就天然如此，而是在父母的关爱下耳濡目染而习成。“孩童知敬兄长”更是如此。

所以，“良知”是“学而知”的一部分。在这一部分，我们由于本心未失，由于本心在正常的环境下得到发展，因而我们的心在这些实践方面学得自然，养成习惯，已经完全不需思虑了。

② 之后的儒者大都循“是非之心”、“不虑而知”之知的路径解说孟子的良知概念。所以王阳明说“良知只是个是非之心。是非只是个好恶。只好恶，就尽了是非。只是非，就尽了万事万变”（王阳明《传习录》下）。

这些基本感情未丢失并且处于良好的相互关系的心灵状态，是心灵的由这些良好状态的基本感情构成的感情综合体，因为这样的心灵状态才是心灵的良好状态。良知也就是这样一个心灵呈现给心灵自身的理智。

思考题：

1. 什么是良心？
2. 良心有哪两种基本的活动？
3. 什么是“良知”？它与良心存在何种关系？

第二十九章　理智德性

第一节　理智活动及其德性的样式

一、三种理智活动形式及其德性

在谈过几种重要的道德德性之后，我们接下来谈谈理智德性。我们已经初步区分了理论理智的、实践理智的和技艺理智的三种理智德性，现在还需要对这三种理智德性作进一步的说明。

如果把我们的全部理智力量都考虑进来，那么，人的理智力量共有六种样式：智慧、努斯、科学、明智、良知、技艺；其中，智慧、努斯和科学是理论理智的，明智与良知是实践理智的，技艺是制作活动的理智。[①]

关于这六种理智活动力量，如人们熟知的，亚里士多德这样阐述其中的五种：a）科学是对思考事物的普遍方面，是从某些确定的东西出发的对于事物的稳定方面的系统的、逻辑的思考的理智力量。b）努斯是理智领悟一个思想的出发点，而不是从这些出发点做出推理和论证的理智力量，所以它常常被理解为直觉；但努斯又是思考的动力，并引导思考达到一个终点。c）智慧是领悟和把握重大事物和它们的原因的理智力量，是科学与努斯的结合；所以智慧不仅从某些确定的东西出发进而达到新的确定的东西，而且知晓那些出发点的性质。d）技艺是思考劳动或制作活动的题材或对象的性质的理智力量，同加在对象上的真实的劳动活动相联系。e）明智是推理地思考人自身的生活实践事物的性质的理智力量。

这些理论的、实践的、技艺的理智力量是灵魂或心灵的理智把握我们的存在世界和我们自身的真的方式。这些样式的活动“照亮”我们的心灵或灵魂，“照亮”我们的存在世界，“照亮”就是说使它们在心灵中呈现出来，使我们“观照”自身和这个存在世界的样貌。它们的确本身就是始终对我们有益的善事物。因此，我们的确可以采取亚里士多德的方式，把它们本身就看作人的理智活动上的善或德性。

---

①［古希腊］亚里士多德：《尼各马可伦理学》，第6卷第2章至第6章。

二、把良知纳入实践理智德性表的基本理由

除了关于诚实的概念和内心感觉的非常简单的讨论，亚里士多德没有关于觉解我们的德性的心灵自由力量的那种主观力量的概念，所以，也没有良心或良知的概念。因为按他的看法，感情实践所能生成的仅仅是听从理智的道德的德性。

现在，基于我们的整个讨论，良知已经作为一种理智的德性进入我们的视野，并且，在理论审视的眼光下，我们需要给它指定一个实践理智的德性的位置。但也许，我们需要先来整理一下支持我们这样做的主要理由，这可能会使接下来的讨论顺畅一些。

首先，我们一直在表明，探索人的道德觉解的进程现在引导我们走到这样一个阶段：在这个阶段，一方面，与内心实践准则相比，心灵的德性的自由力量成为道德觉解的更加引人入胜的对象；另一方面，心灵的觉解这种自由力量的那个力量，我们似乎必须说它也是一个主观的力量，也被我们所感受，并且也得到我们的内省感觉的审视。然而，这个力量从一个方面看就是实践理智的理解。所以，既然考察的题材已经扩大，我们似乎就需要把我们对理智力量的理解加以充实。

其次，人类的实践理智本身有双重的性质，如果它有一个理论理智的根源，就像我们现在假定的，它也并不像那个根源的理智那样纯粹：一方面，它具有已经不同于感情的理解与判断能力，对这种能力可以做一种理论的考察；另一方面，它又不可能离开感情的健全发展而形成，因而与健全发展的感情不可分离。而且，实践理智面向的就是人的生活事务，这包括人的感情与行为事务，感情与行为的实践。显然，按这种方式，对实践理智理解的解说不是纯粹理论的，而是基于实践的。

再次，良知似乎在常识道德中也被看作心灵把握实践事务的真实的一种基本的品质，并且被看作是属于理智的活动的。而且，按照常识道德的观点，良知似乎比实践理智的另一种形式——明智还重要，至少在某种冲突的情境中是这样。因为它要一个人既考虑到变化，又不要陷入对事务的琐碎的权衡与计算，不要囿于手段的考量而陷于权宜之计。而且，良知要求表达实践事务总体性质的心的正直状态。所以，良知同道德感情具有比明智更为紧密的直接联系。正是由于这一点，良知成为常识道德中最根深蒂固的观念之一。

这样，我们就把实践理智的活动及其德性区别为良知与明智两种。① 这两者既在总体精神上一致，这显然是因为它们都是实践理智，在某些方面又有不同的特点。我们将在后面专门讨论。

第二节 三类理智德性的联系

一、在技艺理智德性与实践理智德性之间

关于理论理智的、实践理智的和技艺理智的德性间的关系或关联性，还需要做一些讨论。

首先，运用技艺理智的活动的主导目的是某个外在产品的制成。例如，艺术家雕刻石料是为着制作一个雕塑作品，工匠制作马勒是为着使骑手便利有效的控制坐骑，等等。我们追求可称为生活的其他外在目的性的，例如追求荣誉的理智活动，也具有相同的性质。这些活动中，理智力量的运用是为着某个外在的目的的，因而，技艺理智活动的善或德性也仅仅是相对于那个目的的事物的善或适合。

但是，对这种说明需要做出某种限定。因为，我们不会欣赏为着邪恶的事物的活动的技艺上的完美。尽管我们能够判断一种恶行在技艺上的高低，但即使一个杀手在为商业的目的而杀人方面做得尽善尽美，我们也把这种完美看作增添着他的邪恶，而不欣赏这种完美。只有当对活动而言已经不具有主导性的那个外在的事物在我们看来是善的时，体现在那种活动上的技艺理智的活动的完美才自然地被我们看作它的德性。

但是，技艺的活动可能变得这样：它的那种外在性的目的对于活动本身而言已经不再是最重要的东西。相反，技艺的活动本身内具的那种善，即在那种技艺上的出色，取代了它的主导性地位。当制作活动不再仅仅为着谋生和养家糊口，广而言之，当生活活动主要不是为了获得某种外在性的目的，我们就看到，那种活动内含的善就会被我们注意，并且不只是被注意，还为我们追求。当艺术家不是为了他的作品会怎样获得市场的欢迎，而仅仅为了更充分地实现艺术创作本身的善；当一个政治家不是为了实现一些能够为人们觉察的政绩，而是为着使那种治理成为一种好的治理时，

① 在下阶段的讨论中，亚里士多德的实践理智概念将被赋予一种特别的意义，以指称与良知有稍许区别的，觉解我们据以觉解德性力量的主观力量的理解方面的那种实践理智，并在这种意义上被命名为明智。

这种活动内含的善才成为主导性的目的，这种活动就具有实践的性质，或者，就被我们看作一种实践。实践者在这种实践中所表现的品性优点就被看作实践理智的德性。

不过，在被理解为一种实践、同时又需要运用技艺理智的活动上，一个实践者身上必定表现出一些道德德性。这些道德的德性中又有两个方面我们需要注意区分。在这类活动中表现的守时、工作严谨、做事严格认真、执着勤勉、积极进取，能够经受挫折等品性，会被看作我们在运用技艺理智的活动上同时表现出来的道德德性的一些形式，因为它们也主要是我们通过习惯的训导获得的。另一些品性，例如待人友善、关心下属、诚实沟通等等，我们会把它们看作本义的道德德性，这些品性的形成及获得与对那种活动的实践理智的理解有关。

另一些德性则属于理智活动本身，这包括清楚地理解或领会那种活动内在的总体善，并很快地抓住关于一种决定、行动甚至动作是否适合这种善的判断。我们似乎倾向于把这类德性看作处于技艺理智德性与实践理智德性之间的，或者，倾向于把它们看作与实践理智德性结合的技艺理智德性，或者与技艺理智德性结合的实践理智德性。简单地说，一旦技艺的活动具有实践性质，技艺理智德性也就与实践理智德性直接地联系起来。当作出这样的技艺性的决定具有极大复杂性时，我们会把能够迅速抓住这样一种判断的理智活动叫作“决疑”，把这种活动的德性叫作敏锐和老练。

二、实践理智的双重原因与性质

更为重要的问题在于怎样理解理论理智德性与实践理智德性的关系：实践理智是有一个理智的原因的，还是仅仅是感情的属性？

提出这个哲学问题的是希腊哲学家亚里士多德。按他的看法，理智分为理论理智与实践理智两个层次。所以，实践理智具有两种原因。一方面，理论理智仿佛是实践理智的“光源”，实践理智是这种理智之光在我们的生活事务上的投射。因此，理论理智是实践理智的本原上的原因。实践理智遵循的是理智的正确的逻各斯，有一个“合乎逻各斯的标准”①。另一方面，实践理智是面向实践题材的，随着实践事务的性质而扭转，它只有在

① ［古希腊］亚里士多德：《尼各马可伦理学》，1138b22。在这种意义上，亚里士多德把理智看作人身上的一个像神一样的本原：“努斯是与人的东西不同的神性的东西”(1177b28)，而“努斯的德性……是分离的。”(1178a20)

人的实践中，通过人的实践的努力才能生成，才成为它自身。

让我们以一种形象的比喻来说明实践理智的这两种原因。它的理论理智的原因仿佛是“种子”。“种子”是自然赋予的原因。这表明实践理智的生长是自然赋予我们的一种可能性。理论理智这个“种子”使得实践理智“自然地”追求实践事务上的真和正确。另一方面，通过训导而获得的良好行为与感情教养仿佛是使这个实践理智的“种子”能够“发芽”的“土壤”。我们的不断自我矫正的实践的努力是对它的“生长”的“照管”。“土壤”与“照管”最终使道德德性与实践理智相辅相生，共同地生成。这是实践理智得以生成的实践的原因，而且是更为重要的原因。因为，实践理智从这样一种潜质发展成为这种理智的主要原因是人的实践发展与实践努力。

实践理智具有双重的原因，因此也具有双重性质。一方面，它有一种区别于感情的理智性质，可能对我们显得是或者被体验为与感情“分离的”，是理论理智投射的光。这束光显现给我们实践生活的那些普遍性的方面。所以，如果要获得健全的实践理智，重要的是保持好这束光，使它照亮我们的实践事务。另一方面，实践理智是实践性的，所以它与伴随它生成和发展的那些感情无法分离。良好的行为与感情的实践习惯与倾向是它能够生长的“土壤”，持久的实践的努力使它得到“照管”并最后成为实践理智。

所以，实践理智既纯粹又不纯粹，既是理智又不离心灵的健全感情，既包含理论又不单纯是理论，它的那些理解与判断既是普遍的，又处处显得是特殊的、对具体事务的，两种品格与性质兼具，具有混合的性质。因为，这些理解与判断已经与我们的实践事务和我们关于那些实践事务的健全发展的感情生长在一起了，而人的生活与实践，就是混合性质的。①

三、理论理智德性与实践理智德性

基于对实践理智的双重原因与性质的说明，我们现在把理论理智德性与实践理智德性的关系以简明的方式表达为：我们是需要先行发展理论理智来发展实践理智，还是，实践理智不需要先行发展理论理智也能够具有

① 实践理智的双重性质的问题至少也困扰着西季威克这位诚实而认真的道德哲学家。在《伦理学方法》的最后一段，他多少沮丧地写道，实践理智的普遍性方面引向普遍利益（即义务）同实践理智在具体方向上引出的自我利益都是实践理智的合理结论，在它们相互冲突的场合，“由于实践理性自身之中产生了矛盾，它可能不再成为这一方面或那一方面的一个动机”；“这是一个十分困难的、颇有争议的问题，对这一问题的讨论与其说属于一本关于伦理学方法的著作的范围，还不如说属于一本有关一般哲学的著作的范围”（［英］西季威克：《伦理学方法》，516 页）。

足够的健全性？我们将搁置理智的最终本原的问题，因为，像心灵或灵魂的最终本原问题一样，无论基于自然来解说还是超出自然来解说这种本原，都属于形而上学的研究，而不属于伦理学的研究的范围。

让我们仍然用这个形象的比喻来说明我们目前的问题。正如我们不是先去研究一粒“种子”本身的原理，而要先准备“土壤”，先要把它“播种”在适当的“土壤”，并在“发芽”之后悉心地“照管”，它才能够生长一样，我们也不必先专门去发展理论理智，然后再研究怎样将它运用于实践。事实上，对实践理智的形成来说，最重要的是获得“土壤”和“照管”。在这个过程中，我们或许已经感觉不到它的那个“分离的”独特本原，那个光“源”，那个原因已经展示在它逐渐生长而呈现的样态中。在实践理智生长成为它自身的过程中，我们体悟到它是同我们那些良好发展的感情，并且仅仅同这些感情共同生长的。所以要获得实践理智，一个人似乎并不需要先行发展理论理智，而是需要在感情与行为的良好习惯方面努力实践。

非常可能的是，如果一个人的实践理智随着德性这种心灵的自由力量而得到发展，并且能够理解这种心灵力量，并随着这种理解的发展而发展了相应的感情，那么，当他的实践理智的理解能够反观它自身时，它或许会去追究这种主观力量的理论理智的本原，并尝试去把握这种本原的性质。这样，他可能或者把那种本原理解为人身上的最终把握这个存在世界和人生实践的根本性质的力量，或者把这种本原理解为这个存在世界本身在人的心灵上的展现。无论何者，他都达到了一种关于实践理智的本原——理论理智的某种理解。这种理解使他最终走向关于这个存在世界的某种形而上学的体悟。

我们当然并不是断言，理论理智的发展不会影响实践理智的发展。非常可能的是，一个人理解这个存在世界方面的理智的发展会对他发展对人的实践事务的理解有很大帮助。但同样真实的是，这种帮助只能在一个人的心灵的德性的自由力量充分发展起来的基础上才能发生。因为除此之外，人的实践事务的真实将无从显现，这种纯粹理智的力量在落到对人的事务的思辨时也只能蜕变为一种纯粹理智的游戏。

第三节　实践理智的两种进路与两种实践理智德性

现在，基于实践理智的双重性质的观点，我们将把对觉解心灵的德性这种自由力量的那种主观力量的理解方面的觉解，区别为两种可能的方式，并且，这两种觉解，由于涉及对这种主观力量的两个方面——理解与伴随感情的相互关系的稍稍不同的观察与体觉，也表现为我们的实践理智的理解的两种稍许不同的进路。按照我们已经表达的关于理论理智的活动与德性的观点，这两种实践理智的进路也同时是实践理智的两种稍许不同的德性。

第一种进路从所理解的那个理智本原方面来觉解这种主观力量的理解的方面，尽管这种主观力量理解的方面被充分地理解为与实践和心灵的健全发展的感情不可分离。我们借用亚里士多德的概念把这种进路命名为"明智的进路"。明智是虽然与我们的良好感情和行为品质不可分离，但被理解为具有理论理智本原，并且由于这个本原而在实践事务上追求真实与正确的实践理智。

在这种进路下，我们并不需要区别所呈现的判断是感情的还是理智的。因为，在实践的意义上我们不会感觉到这样的需要。同时，我们也不认为感情是一个判断者，尽管我们认为实践理智的判断同良好发展的感情不可分离，或者，那种健全的感情之中就包含着判断。判断者仅仅是实践理智。但是，我们需要把明智同感情的意见区别开来。因为，感情虽然不产生判断，但是产生对事物的态度，从这些态度又产生意见。我们必须承认，感情是内容丰富的，除了良好发展的基本感情，我们还可能获得其他一些感情，它们都影响理智的活动。意见同样是理智活动的产物，然而是不健全的理智活动的产物。实践理智需要从对这些意见的辨析中获得正确判断。

第二种进路从不可分离的心灵健全感情的方面来觉解这种主观力量理解方面，在这种进路下，由于这个理解的方面被体悟为包含在这个心灵感情综合体之中的、与它"嵌合为一体"的理智的"灵觉"，这种觉解这个觉解力量自身的方式就是良知。在这种体悟实践理智的理解的方面，显然不存在一个关于实践理智的理论理智本原的假定。

在这种进路下，我们当然也不需要区别所呈现的判断是感情的还是理智的。因为，它同时是这两者，从一方面来说是这种感情综合体；从另一方面来说是与这种感情综合体不可分离的或包含在其中的理解。所以，就它是感情的而言，这种感情也并不盲目，因为，由于是这样的嵌合体，它们自然地合乎实践理智，我们也会这样地认为它们。因为，这些感情是我们通过长期实践的努力培养的，它们发展良好、相互和谐，已经确定排除恶的方向，并且已经融合进理智性的判断。就它是理智的而言，这种理智也完全与我们以上述方式培育起来的基本感情吻合。因为它是同这样的感情共同生长的，并且这些感情使它获得力量。

但同时，指出这一点是重要的，即尽管其中任何一种都构成充分自足的道德觉解的进路，这两者在任何意义上都是能相容的。我们或许可以用下面的简单公式来表示这两者间的细微区别，尽管这种公式表达未必达意：

明智＝实践理智＋心灵健全感情

良知＝心灵健全感情＋实践理智

事实上，即使一个人以其中的一种为进路，也可能是在以另一种进路作为必要的补充。尤其是，如果我们以儒家思想作为例子，良知进路的实践理智的道德觉解通常都把明智作为一个辅助性的理智力量。而且，事实上还存在其他的体验我们的实践理智理解的方式。我们或许有理由想象，能够包含这两种进路的实践理智的道德觉解将具有相当大的综合性。

思考题：

1. 什么是理智德性？其中哪些是实践理智德性？
2. 实践理智德性同道德德性有何种关系？
3. 体验实践理智德性有哪两种主要的方式？它们之间有怎样的差别？

第三十章　明智

第一节　明智与道德德性的目的的呈现

如果我们这样来理解对心灵德性力量的道德觉解理解的方面：它是一种有双重原因的理智力量，理智的原因使它“自然地”追求实践事务的真实，实践生成原因使它把实践能够去追求的那种善理解为真实的、可能的，它因此能够理解心灵追求这种善的自由力量，那么，我们就在采取对实践理智的理解明智的进路。

以这种方式，良好的心灵感情与行为习惯所朝向的那个东西变得明晰了：它就是对于人而言的好的生活。说这种好的生活对于人是可能的，是说它是我们实践地发展自然所赋予了禀赋就能够在一生中获得的生活。说这种好的生活对于人是真实的，是说在那种心灵的状态和它所含有的理解之下，它就是那样的，而不是另一种样子。所以，这种生活是我们作为一个人非常值得去过的。因为，追求它的生活与不去追求它的生活对我们的理解来说将是非常不同的，尽管它并未在目前的阶段就已经充分实现。

通过这种理解，作为人的生活的“意义”在心灵中呈现出来，它使得我们作为一个人的生活值得过，不失于辛苦、繁忙与琐碎。因为，它有一个我们必须以一个完整生命过程来经历和获得的善。这个善使我们在生命的不同阶段都能够以不同的程度感悟与理解它，并且相应于我们的不同实践努力程度与某种大致相应的理解程度，因而以这种方式经历和获得的生命过程对于我们而言是生命的充实的真实。

同时，良好的心灵感情与行为习惯现在真正被这种理解理解为一种真正属于我们的善。显然，唯有通过拥有这种善，那个我们必须以一个完整生命过程来经历和获得的善才可能被我们真实地经历和获得。同样很显然，如果理解到这种良好的习惯是我们现在可以拥有的一种真实的善，我们自然就更加珍视它。所以，我们命名它为德性或好的品质，好的稳定的、使我们不致于经常陷入惶惑的、令我们时时都处于平静而愉快状态的行为和感情的品质。诚然，这意味着持久地实践努力，但这种努力本身已经是令我们愉快的。

现在，也通过这种理解，德性作为心灵的自由力量才获得了理解。因为，正是通过明智，我们才理解了原来需借助德性才得到理解的我们作为人的好的生活，和我们作为人的这种德性的品质本身，都可能完全不在我们的生命中发生。事实上，它们尽管对于人是可能和真实的，却只有在正常环境之下并通过我们的逐步变得自由的实践努力才能够成为这样的可能和真实。德性就是我们心灵在正常环境之下，通过我们的逐步变得自由的努力而获得的这种自由力量。如果这种力量没有这样的真实发生，生活当然就会是另一番模样，但一定不如这番模样对一个人更好。

第二节　明智所追求的具体的正确

一、判断“类似尺度”的适度

但是，明智真正显著的特点，在于它把德性感受为心灵在每一个具体实践事务上都具有的自由力量，并能够以标定在那个事务上的那种“类似尺度”的恰当来帮助德性做到适度和正确。

亚里士多德，如人们熟悉的，这样地比喻，明智仿佛是给每个具体实践都确立一个“靶子”，它标识给我们的就是在那个行动或感情事务上的恰当或正好，德性即实践的品质会“自然地”去瞄准它，并力争“命中”，所以，德性不会做错事情。[①] 既然人的实践事务不可能是非常精确的事务，因为它是混合性的且充满变化，既然在这样的事务上不可能有尺度或可以当作尺度的东西[②]，在实践事务上，我们能够期求于理智的最好的东西就是明智帮助我们标定的那些具体的恰当或正确。

关于明智为什么能够标定这种具体的正确或恰当，解释事实上已经包含在关于德性与明智的整个说明之中。

首先，明智作为理智的德性是追求真实和正确的，明智理解了德性所朝向的目的是对于人而言的好的生活，它基于德性所寻求的这种好的生活而追求这种真实和正确。由于基于这种善，明智能够在具体的实践事务上判断怎样的行为方式与感情状态适合这种善，所判定的具体事务的恰当和好都适合这个目的，都是对于这个目的而言的正确。由于是理智的德性，它在这种判断上不会出错，尽管在有些场合由于实践事务本身的复杂性而

① ［古希腊］亚里士多德：《尼各马可伦理学》，1138b21－25。

② 关于这一点参阅［古希腊］柏拉图：《菲力布》。

不十分清晰，在有些场合由于过多的不确定性而难于做出判断。

其次，由于德性已经确定了一个朝向人的好的生活的大方向，是一种稳定的内心自由力量，与这种心灵力量结合在一起，明智所要判断和标定的恰当与正确范围上并不是非常宽，以致难于确定。第一，明智不会在恶的事情上做选择。它的性质已经排除了这种可能性。第二，明智是对一个人可能的，既在他能力以内的又大致适合对于一个人而言的好的生活的范围之内，来确定一个当下实践场合中的正确决定，确定对一个恰当手段的选择①，因而考虑的范围并不很大。这种考虑多数情况下都在一个人的能力以内。

不过，既然如已经说过的，明智是随着能够理解那些良好发展的行为与感情习惯的善才成为明智的，既然实践理智的理解需要不断磨砺，明智当然也有一个随着实践的生活阅历的积累而成熟的过程。所以，一个人可能由于在明智上尚不够成熟而判断得不够清晰和稳健，甚至多少有些偏离。但是，根据上面所做的说明，明智不会在判断上发生大的偏离。而且，这种阅历的积累和在成熟性上的磨砺本身就会成为明智的财富。

二、明智与聪明

简单地概括，明智是在具体实践事务上迅速帮助我们标定出适合人的好的生活的那个恰当或正确的实践理智品质。与良知相似，明智所达到的那种判断也是在一个当下的实践场合立即获得，仿佛不经过推理。明智的方式是这样的：它出于对一种好的生活的理解，在有限定的范围内判断，并且很快做出这种判断。由于实践方面的品质是德性的，当一个人获得这样的判断时，就会按照这样的判断去做出一个实践的决定。

“迅速”是说在那个时间空间场合很快地做出，而不是漫无边际的思索。明智的这种特点，亚里士多德说，有些像聪明这种自然德性，因为，聪明或敏锐也是在所思虑的事情上很快抓住所要抓住的东西，实现所要实现的目的的能力。② 但是，聪明这种能力并没有一种好的目的的定向。所以，“如果目的是高尚的，它就值得称赞；如果目的是卑贱的，它就是狡猾”③。一个人可能出于聪明去做很恶毒的事情。这种情况下，聪明甚至使他在品质上变得更恶。然而，明智排除了那些恶的目的：它不去为恶的目

① ［古希腊］亚里士多德：《尼各马可伦理学》，1112b30－31。

② 同上书，1144b23－25。

③ 同上书，1144b25－26。

的思虑。所以，单纯的聪明绝不就是明智。

但是，明智当然也需要聪明，因为它不能没有能力。① 所以，一个在理解事务的智力上天生迟钝的人很难变得明智，尽管要获得明智这种理智德性并不需要一个人比任何人都更聪明。然而如果有聪明这种自然德性，明智就加上了敏锐。敏锐的明智是更好的明智，甚至可以说，它才是最充分的明智。但是，一般人如果有了某种程度的聪明，某种稳健的明智就可以满足了。

值得指出的是，尽管人们在常识观念上难于区分聪明与明智，但是人们在称赞一个人聪明时，或者是在完全不关乎人的善恶的事情上，或者，如果关乎这种善恶的话，总是与他同时具有的德性相联系。这的确是常识道德称赞好的聪明的最通常的方式。② 以这种方式，人们称赞与德性不可分离的那种敏锐的明智。

所以，明智连同它所需要的自然的聪明是德性的理智上的“眼睛”，是德性的“慧眼”。明智不能离开德性，离开了德性它就不再是明智。

第三节　明智与意见的对立

明智是寻求对于好的生活的那个真实和正确。所以，明智的判断对于我们总是健全的意见，并且有说服力。

但是，我们的德性的品质可能不够坚实，或者，我们虽然在感情与行为事务上有良好的习惯，但不很稳定；或者，我们在感情与行为事务上没有形成较好的习惯，但通过理智的教育开始能够认识这一点，并意识到需要自我矫正这种不良习惯，甚至，我们可能处在这种状况之中，却全然没有意识，或者虽然有所意识，却全不以为然，生活对于我们不过是时光的流逝。

在这种状态下，自然所赋予我们的理智仅仅处于自在的状态，同时由

---

① ［古希腊］亚里士多德：《尼各马可伦理学》，1144b27—28。

② 好的聪明与常识道德的联系对中国人来说，最熟悉的例子莫过于孙悟空这个文学形象。孙悟空是聪明的，但这聪明绝不会离开它对善恶的辨识；作为它的对立面的妖怪常常也是聪明的，但它们总是出于恶而运用那种聪明；最终，孙悟空的聪明总是强过妖怪们，因为它的聪明是敏锐的明智。许多武侠作品中都有同样的关于这一主题的文学表达。在维吾尔族文学作品中，阿凡提的传说文学是最具代表性的例子。

于实践品质这个能够使实践理智生长的“土壤”非常“贫瘠”，由于实践理智在这种“土壤”上的生长发生障碍，它未能获得追求实践的真实与正确的品性。这种未健全发展的理智对生活的观察是表浅的，用柏拉图的话说，就像洞穴石壁上的“影像”。[①] 而且，既然这种理智在提出意见时并不寻求这种意见接近真实，它就仅仅是任性的、随意的表达。所以，正如柏拉图所说，意见是一个人头脑中飘忽不定的东西[②]，正因为如此，亚里士多德说，意见可以是对任何事物的，例如，对我们根本不可能以任何方式去影响和改变的那些事物的。[③] 一个人如果对实践事务持着这种全然任性的意见，他的行为将或者与他所表达的意见完全脱离，或者出于任意的意见，这类行为是无定向的，正像所持的意见是不知所向的一样。

所以，明智与意见非常不同。明智是我们要在实践品质健全地发展，并同时通过生活阅历的积累而努力磨砺实践理智的理解的过程中逐步获得的理智德性。因此，明智是不易得的理智品质。明智的理解与判断是追求着对于好的生活而言的真实和正确的健全的意见，这种意见也需要我们努力去追寻。一个人出于明智的意见而行动时完全明白他的行动朝向的那个目的——好的生活，也完全明白他所采取的行动为什么是适合那个目的的。所以，明智的人总是在进行获得实践的善的努力。

第四节　品质弱点或中间型品质问题

一、知行不一或不能自制问题

如果我们在实践的品质上存在上面所说的弱点，那么显然，由于“土壤”的原因，实践理智的理解的发展会受到限制而不可能成为明智。但是，由于实践理智的理解可以受教育的引导而发展，并且发展比较快，我们可能处在这样的状况中：这种理解的发展使我们对于实践事务有了较好的理解，使我们明白了某些道理，然而由于实践品质方面的那些弱点而不能在行动上做到，而且，由于即使有理智的理解，实践品质的自我矫正也是缓慢的，需要经历实践来磨砺和巩固，在这种情形下，发生了实践上“知行不一”或“不能自制”问题。一个“知行不一”的“不能自制者”，亚里士

① ［古希腊］柏拉图：《理想国》，514a—519b。

② ［古希腊］柏拉图：《美诺》。

③ ［古希腊］亚里士多德：《尼各马可伦理学》，1111b31—33。

多德向我们这样描述，就好像是一个肢体麻痹的人：当他想向右时，那肢体偏偏向左。[①]

“知行不一”问题是我们生活中一个与实践理智相关的重要疑难问题。出于对生活的观察，人们常常提出这样一些疑问，对于一件事或一种行为，一个人为什么常常知善而不为，或者相反，知恶而故为，知道怎么做是好或对的却做不到或做得相反？一件事是善是恶，或是对是错，人们常常能够有所判断，但是为什么许多人知道是善的事情却常常做不到或甚至不去做，知道是恶的事情反而故意去做？这个问题在中国和西方都是几乎同伦理学本身同样古老的问题。

如人们熟知的，中国思想非常深刻地解释了造成这种状态的重要原因：实践理智的理解可以通过教育来传授，比较容易获得，实践习惯的矫正则要通过长期的不断努力，所以更为困难，实践理智的理解与行动之间始终有距离。[②] 古希腊的苏格拉底以“澄清”理解的方式提出他的著名洞察：没有人追求对他显得恶的事物；如果一个人在作恶，一定是因为他不知道那是在作恶；一个人之所以知善而不为，是因为他并不真的知道那是善。[③]

可以把这个问题看作伦理学的一个古老而常新的问题：人们常常知善而不为、知恶而故犯，原因究竟是在于他们没有获得真实的实践理智的理解，还是在于对行为或实践不够重视？的确，这个问题就是人本身的问题，因此就是伦理学的问题。我们在这节的开始已经提出了对这个问题的一种阐释，但还需要在下面表达得更清楚一些。

---

① ［古希腊］亚里士多德：《尼各马可伦理学》，1102b19。

② 《尚书》说“非知之艰，行之惟艰”，就是说，知道的东西不一定做得到。这奠定了中国思想重行的大传统。按照这种传统，行比知更难，因而更重要。孔子与孟子是把“知”与“行”两者落到“学”即修德上，因为“知”落到修德上才与“行”的距离较小。至宋儒时代，有一个以“知”为进路的转向，程朱讲格物致知，陆王讲心即知。知即知道、明道，知方能行，知便是行。所以在宋儒那里，行的重心被移向知，知便包含了行。明清以后，由于变革社会的实践的迫切需要，治学上重行的传统重又恢复。王夫之讲行先知后，孙中山讲知难行易，都是说知不等于行，行更加重要，而且，在孙中山这里，行比知更容易些。中国思想总体上是强调“行”比“知”更困难、更重要的。

③ 我们将搁置把思想历史上儒家思想概括为“重行论”，把苏格拉底学派的思想概括为“重知论”，并且把两者简单对列的做法带来的非常复杂的问题，因为这个问题需要专门加以研究。

二、实践作为对问题根源的基本解释

我们的整个讨论已经构成对这个问题的原因的一个说明基础。道德德性的生成有两个原因，它的最初的原因是良好的行为与感情习惯通过训导与矫正而形成，进一步的原因是这种良好习惯被随后发展并得到引导的实践理智理解为好的，理解为人自身的一种善。实践理智的生成同样有双重原因：一方面，它有一个理智的“种子”；另一方面，这个理智的“种子”只有在良好的实践品质的“土壤”上才能够生长。我们也因此做了这样的概括：道德德性与实践理智是相辅相生的。这些构成我们理解这个问题的主要依据。

如果我们所说的理智就是人的理智，尤其是实践理智，如果我们作为人的全部德性，道德德性与理智德性，最终都依赖于实践的性质，我们就可以说，一个人的知行不一或不能自制问题的最终根由是他的实践的性质与状态。

所以，一个人如果通过早期的训导与教养获得感情与行为方面的良好习惯，并且坚持做出实践的努力，他的实践的生活就是良好的，他就可能成为有德性的人。他的实践理智，如果他同样做出努力的话，就能够健全地发展，并理解他的心灵的这种自由力量，成为明智或者我们随后将要说明的良知。在这种状态下，他的“知”与“行”，就很少会完全脱节，他就很少会不能自制。的确，早期的良好训导与教养是一个人莫大的德性财富。

如果不是这样，如果他没有在人生早期获得良好的训导与教养，尔后又没有做出长期努力来矫正感情与行为方面不够良好的习惯，当他的实践理智的理解能力随着年龄与生活阅历的积累而发展时，这种发展就只能是有限的、不健全的发展，就不会成为明智或良知。因而，他从这样发展的实践理智获得的对实践事务的理解就是不健全的，这是他对实践事务持非常不确定意见的根源。在这种状态下，他的“知”与“行”就会脱节，他就会虽然知道怎样做是好的，也常常由于不能自制而做不到。的确，我们多数人的实践的性质可能只是中等的、多少具有这种混合性质。

所以，一个人实践理智的发展状况常常成为实践品质的发展状况的镜子，反之亦然。如果我们处在后一种情形下，那么，仅当我们借助发展着的实践理智的理解努力地矫正我们在感情与行为方面的不健全的习惯，并坚持这种努力时，我们的心灵才能逐步获得德性的自由力量，我们的实践理智的理解才能成为明智或良知。

第五节 几种接近于明智的实践理智品质

一、好的考虑

尽管如此，我们也许可以先在一些具体事情上做得接近于明智，因为这或许容易一些，并且这事实上是接近明智的道路。

许多情况下，我们也许可以做一种好的考虑。好的考虑，亚里士多德说，是相对于我们的好的生活这个目的的对“手段的正确的考虑”①，“正确的”在这里是指合乎理智的。好的考虑可以有两种含义。首先，尽管我们的实践品质尚未发展充分和坚实，我们可以先矫正自己对于一件具体事情的思考。我们可以通过理智的教育理解一种理智的思考是怎样的，并按照这种方式对那个需要考虑的事情做一个理智的分析。我们可以先想清楚要恰当地思考在这件事情上我们必须考虑的方面，以及每个方面的相关因素，然后逐方面地认真考虑，寻求从理智的思考上确定一个比较接近实践的真实与正确的意见，然后努力使自己克服行为与感情习惯方面可以被克服的阻力，去按照那种意见行动。以这种方式，如果我们做到了，我们就尽可能减少了我们的不成熟不坚实的实践品质对考虑的影响，与此同时，我们也就在矫正自己的行为与感情习惯，使它变得更好一些。

不过，当我们所要考虑的事情有过多复杂因素，因而难于提出一种明确的明智意见时（我们许多时候的确也处于这样的处境之中），我们所能够做的也同样是做一种好的考虑。在这种情形下，要做一种好的考虑，我们要注意到它的确是相对于一个好的目的的，同时要注意在考虑中运用正确的推理并要在恰当的时间和地点进行这种考虑。② 显然，一种考虑也只有在这样的条件下才算得上好的考虑。如果考虑所着眼的是我们已经可以判定为坏的目的，或是在考虑的方式上我们过多听凭自己的任性，或者考虑的时间过长，都将使得一个考虑成为恶的、不正确的。好的考虑将使得考虑所发生的错误最少。

所以，明智的人有时也只能做一种好的考虑。因为，即使明智，一个

① ［古希腊］亚里士多德：《尼各马可伦理学》，1142b32－33。

② 同上书，1141b19－29。

人也难于在每一种实践事务上都能够说出明智的意见。由于人的事务的混合性质，及实践事务上多种复杂因素的不确定性，一个明智的人常常必须满足于此。所以，明智包含着好的考虑。而且，明智的人在做一种考虑时总是能考虑得好。

二、理解

有些情况下，我们或许可以做到理解，理解一个人的一种状况或改变。

理解原意是指运用努斯、智慧、科学能力来学习和领悟事物的始点或最初原理的思考活动，但是这种学习是通过那种原因所引起的具体的、有变化、有区别的事物，通过这些具体的变化来理解事物的普遍方面的活动就是理解。当这种含义被引申到人的事务上，理解就是指通过思考来判断别人所说的关于明智的那些意见的活动，并且是指思考得好和正确的活动，因为理解与理解得好是同一个意思。但是，与一般的实践理智的理解相区别的，还有一种狭义的理解。这种理解是理智地感受另一个人的境况和意见方面的某种改变的活动。①

我们常常可以通过一个人在感情、态度、行为及意见上发生的变化，来理解他身上发生那种变化的内在原因。对这种原因的理解使我们更加容易接受这些变化。因为，如果人自身作为实践的一个初始原因就具有复杂性和不确定性，如果感情与行为事务本身就充满变化，尤其是，如果我们也从自身的经验中体验到这类情形，那么这些变化就并不令人奇怪。因为，我们已经明白，一个人实践品质的磨砺要经历很长时期，甚至可以说要终生努力。

所以，理解与明智都同人的充满变化的实践事务相关。但是理解又不同于明智。如亚里士多德所说，明智好像会发出命令②，它好像为我们标定出那个相对于好生活的正确，要我们去努力命中它。理解则不是这样。理解只是与判断有关。理解是朝向一个好的判断的思考活动。理解了不一定就做得好，因为理解还不等于处理得好。但是要做的好，就一定要有理

---

① 理智的理解活动的最本原的部分存在于纯粹理智的范围之内，例如我们借助推论来把握一个科学原理的思维活动，和借助变化，并通过理智的直观（努斯）与统觉（智慧）来领悟一个最初原理的活动（［古希腊］亚里士多德：《尼各马可伦理学》，1142b34－1143a5）。我在本书中一直使用的实践理智的理解，或觉解心灵德性自由力量的主观力量的理解的方面，和现在使用的狭义的实践事务上的理解，都是这种理解在人的事务上的引申形式。

② ［古希腊］亚里士多德：《尼各马可伦理学》，1143a6－7。

解。因为只有有了好的理解，才能够有出于好的态度与判断的行为。

三、体谅或原谅

体谅或原谅或许是理解的一种，或者是对于另一个人某种处境的谅解，或者是对于别人的同自己有关的过失和错误的一种恰当原谅的考虑活动，不过后者是我们通常所说的体谅。体谅或原谅基于这样的理解：人都有弱点；而且，人有时做错事是偶然性的，他在另一些场合也许不会做同样的错事。对于这种过失或错误，追根究底的考虑常常会夸大一些因素的作用，忽略另一些因素的作用。体谅是在考虑到当事人做错事的一些偶然性基础上的一种理解。

在体谅中我们尤其能够感到心灵的某种自由力量。我们感到自己能够不去看重别人对我们做过的一件不愉快的事：一句背着我们传播的话，一次对我们不礼貌的行为，或违诺甚至背信的行为，减轻它们压在我们心中的分量。在感受到心灵的这种自由力量的同时，体谅更加成为我们的实践理智的理解的一种自由运用。我们感到无须在对方表示了歉意之后才获得这种理解；相反，这种理解仿佛是我们自己的理智力量。尝试我们能否以体谅的理解对待邻人的这样一种行为，对我们而言是一次实践理智的理解获得一种发展的经历。在这种经历中，我们观照自己的实践理智的自由状态。而且，我们还非常可能获得一种新的感受：心灵的这种自由力量可能与这种理解密切的相互联系起来，当我们的心灵朝向那个方向，理解也随着发展，反之亦然。

亚里士多德这样说，体谅，尤其是公道的人的一种理智德性：公道的人都善于体谅。[①] 的确，如果还没有在实践理智的理解上经历这样的发展，一个正义的人可能由于重视正义而忽略了公道。公道的人却不会如此。因为，他的公道的品质与体谅的理解已经生长在一起。

思考题：

1. 什么是明智德性？
2. 明智与意见有哪些不同？
3. 人为什么会“知行不一”或“不能自制”？

---

① ［古希腊］亚里士多德：《尼各马可伦理学》，1143a21。

第三十一章 良知

第一节 何谓良知

一、良心之“知”所察知的是什么

我们已经把对觉解心灵的德性自由力量的那种主观力量的理解方面的一种感受方式，即把它主要感受为包含在那些感情之中的那个理解或判断的方式，称为良知。如果我们把人的理智看作心灵的健全发展的基本感情的一种特别的察知能力，一种“灵觉”，我们就不再需要一种关于理论理智的预设，并把这种能力看作是必须同时借助于心灵基本感情来说明的。这样，我们就在采取理解觉解心灵自由力量的理解方面的良知的进路。

让我们从下面的问题继续讨论：良知是良心或心灵健全感情综合体的察知能力，那它察知的是什么？如果良知与良心是同一个心灵活动仅仅在理论上可以区别的两个方面，那么，它们的活动显然是面对着同样的题材。良心这种心灵感情中包含着我们对人生、对人的存在世界的总的感受，这感受只有落到一个当下场合才向心灵呈现，给心灵一个映照，那么，良知显然也是这样。良知是对人生、对人的存在世界的总的察觉，这种察觉总要落到一个当下场合，成为已经通晓了那个当下场合的具体性质的具体察觉，才显现给我们。

如果试着来摸索良知对于人生和人的存在世界的总的察觉，我们似乎只能得到一些看似非常朦胧的东西，例如，如果我们一定要做这种尝试的话，要做一个好人，过有意义的生活，人生和人的世界只有这样地经历才是真正好的，做事要“俯仰无愧”，不可以扭曲我们的内心。不言而喻，良知所察知的人生与人的生活世界都是以德性或道德的察知为进路的。德性是一个人在内心审视自己与周围人的以及先人的人生世界时的一个自由的进路。在这个进路下，人生和人的世界的真实被我们的自由心灵感受和接近。这些看似朦胧的察觉与体悟在落到一个当下场合时，那个场合的环境的特别状况也作为人和人生的一个场合、一个境遇被察知。这个人不是有着现实利益的当下的我，而是当下的我内心中那个德性的我，那个具有充分自由的心灵力量的大写的人。我内心中的感情与察知直接是那个大写的人。在良知中，我与那个大写的人同一。然而，这些看似朦胧的东西在一个当下场合中却变得非常活跃和有力量：它们与良心感情一道，汇聚成一种总体的对那个场合中的行为或感情的性质的察觉，并显现得异常清楚，即使这种察觉与实际利益冲突也不改变。

所以，我们的确需要把良心看作心灵的一种自由的力量，把与它始终联系在一起的良知看作有这种心灵力量始终伴随的实践理智的自由的察知力量，这种自由的力量甚至不以我们自身在那个场合的实际利益为转移。

二、良知的性质

如果简要地归纳良知的主要性质，我们可能需要提到下面这些。

（1）思想的真实性

良知作为理智对具体实践事务的真实判断的品质，是一种以诚实的方式持有这些以及同实践事务相关的信念与思想的品质。良知同诚实的品质密不可分，是理智和思想的诚实，是理智向心灵真实呈现实践事务的根本性质的品质。

思想的真实同理智的正确既有联系又有区别。科学、智慧、努斯、明智、技艺，都是对理智的正确运用。但理智的正确不等同于思想的真实。思想的真实是指，理智依事务对理智所呈现的状态表现它。理智的正确与思想的真实属同一范畴，但不具有同一个特性。

良知是内心的诚实，是思想、理智的诚实。作为思想的诚实，良知内在地要求理智对实践事务的根本性质的真实呈现和理智对所持信念与思想的真实表达（对自身的或对他人的），并要求这种呈现和表达不受当事人的利益、处境、窘困等的扭曲。理智的诚实是一个人表达或转达符合自己内心的真实认识、态度等信息的品质。作为理智的诚实，良知内在地要求理智是被诚实地加以运用，亦即，理智不是出于某种意图和目的而被运用的。依理智来解说，良知是真实的知，是真的和无欺的理智。

（2）总体性

良知同具体实践事务的总体性质在思想中的真实呈现状态相关。作为理智，良知把人生实践和人的世界作为一个整体来察知和体悟，也基于这种总体的观照来判断一个具体实践事务的善或恶。人有时要决定某个细节，但是他可能是在忽略那件事的根本，或是对那件事的根本有所忽略和回避的情况下决定一个细节。良知是理智基于总体的观照诚实地呈现实践事务的根本性质的思想活动的品质，所以良知不会忽略事情的根本。它不纠缠细节，而始终把握着一件事情的总体。

所以，良知在察知和体悟人的生活与人生实践时能扩展、提升心灵力量，在提供心灵对一件具体事情的映照时也不失这种力量。所以，中国先哲将良知感悟为在理解上通本达末的心灵自由力量。孟子讲“尽心”、“推”、“扩充”、“浩然之气”，阳明讲“知行合一”、“致良知”，熊十力讲“体用不二”，讲“去致”、“推扩”，都是讲这两者不可分和它们内在贯通的力量。

(3) 在体上与良心感情密不可分

良知与良心是一体两面的同一个心灵力量。良知包含在良心之中，又伴随有一种良心的具体的、肯定理智的这种运用方式的感觉。当理智以这种方式呈现一项实践事务的根本性质时，就有一种感觉在肯定这种理智活动的方式，这种理智活动与这种感觉密不可分。当理智以扭曲的方式呈现事务的根本性质时，就有一种感觉反对这种理智活动方式，并要求理智以诚实的方式向心灵呈现。这属于良知的特有感觉，仿佛是良知发出的一种声音。柏拉图对话①中苏格拉底所描述的内心的“灵异”可以看作对于这种感觉的一个经验例证。

此外，良知还被普遍地认为具有直觉性和内心的权威性。我们将在下面关于良知判断的部分专门讨论这两种性质，因为它们更加被看作是属于良知判断的。

附论：知“道”的良知——对作为例证的儒家良知论的一种阐释

我们需要在这里援引儒家学说作为实践理智的良知进路的一个例证。因为在中国儒家思想中，良知或良心的概念构成一种综合性的观点，占有重要的地位，是儒学心性学说的核心。

(1) 道——德——学

我们已经表明（第二十八章第三节“附论”），孟子的“良知”是孔子的“知”的续接和进一步阐发，但是还需要进一步说明这种续接与阐发的含义。孔子说过，“君子学以致其道”②，“朝闻道，夕死可矣”③，知“道”的意义已俱，但仍未把“道”宣示为“知”的目标对象。孟子在这一点更明确。按照孟子的理解，孔子把心灵的“知”要理解的最高题材理解为道。

① 《苏格拉底的申辩》、《克力同》等篇。

② 《论语·子张》。

③ 《论语·里仁》。

《孟子》中有两处分别提到，孔子谈到《诗》的两首，并感叹，“为此诗者，其知道乎！”① 这至少是孟子理解的“知”或“良知”的最高一层。但是，按儒学这两位原创者的思想，对于“道”要从不远于人之处谈起，“知”当然也是如此，因为只有在这样的地方落脚，“道”才可说、可理解，才谈得上“知”。这个不远于人之处就是人之道，即人的成人为人的道理和道路。天地自然与人的生活的根本之道，在这里既显现为道理，也显现为道路。这个道理和道路同我们每日的生活直接相关，所以为我们熟悉和理解。

孔子的工作是奠基性的。如果以人生经验的线索来展开，我们可以把孔子着力阐发的成人为人的根本道理或道路概括为“志学知行”②。这是成人为人之道的终生实践的四个主要方面或环节。这个成人为人之道如果以一个字概括，就是“学”，“学”一以贯之。“学”贯穿始终，“学”也就是修德，就是人之道。这四个环节中每一环节又可以说是从前一环节而来，同时，每一环节的发展又使相联系的环节得到滋养升华。所以，其中的“学”作为一环又包含“知”和“行”。“学”是一生的事，“知”是“学”的一部分，以“学”为基础，也是一生的事；“行”也如此：既以“学”为基础，又与“知”互润互进。

“学”对于“知”如此重要，尽管少数圣贤能够生而“知”，多数人却还要通过“学”而“知”。“知”是理智发展的德性，但它对于“志”“学”“行”实践的道德德性的发展有极大帮助，并且，像亚里士多德主张的一样，它自身的发展根本不能离开“志”“学”“行”实践的道德德性的发展。“知”最重要的是“知仁”③，因为按照孔子的看法，仁是成人为人之道即德的根本，然而仁又是心灵的发展良好的基本感情自身。所以，“知”既是与这种基本感情嵌合在一起并随着它产生的，又是心灵识得它自身性质的理智力量。这种力量的发展要通过“学”。“学”而“知仁”，并“依于仁”④ 而行，人便逐步变得“好仁”、“乐仁”⑤，心灵中“仁”的感情和本

---

① 《孟子·公孙丑上》、《孟子·告子上》。

② 我基于《论语·为政》中孔子对自己一生的体悟来理解孔子关于成人为人之道的基本思想：人幼年至少年是早期感情与行为训导的时期，也是志于学（修德）的时期；少年至青年是学而知、学而行的时期；青年至中年是知而行的时期；中年之后是行而自由的时期。

③ 《论语·里仁》。

④ 《论语·述而》。

⑤ 《论语·里仁》、《论语·雍也》。

性的东西达到和谐并发之自然，达到“知天命”、“耳顺”、“随心所欲不逾矩”的自由状态。① 孔子讲的“知命”、“知德”、“知仁”、“知己”、“知人”、“知礼”等等，都是“志学知行”的成人为人之道在“知”这一环的种种“气象”。其中，“知仁”最为根本，“知仁”且依仁而行就是“知德”。

但是，“学”而“知仁”并不容易，做到“依于仁”而行更难。因为，正如孔子所说，我们很少看到“好仁者”②。如果很难接触到“好仁”的人，我们又如何知道一个人是“知仁”的、能“依于仁”而行的，使我们可以去“学”？我们诚然可以“观过”而“知仁”③，但这似乎并不足够。

所以要“知仁”，需要有一个我们可以做得起来的入手处。这个入手处，孔子讲就是“里仁”、“处仁”④。就是说，要能在我们的生活中“见”得到“仁”，并“择仁”而处。因为，只有与“仁”为伴，处处事事地做，我们才能够逐步使这种内在感情良好发展，并同它的自然基础达到和谐。在这样的地方努力去“知”，“切问而近思”⑤，我们才是在“学”和“行”，才能够成人、做人。以这样的方式去“知”，我们对于“仁”才逐步变得不仅“知”，而且“好”，进而“乐”，使自己逐步变得乐于“依于仁”而行，从这样的实践中感到愉悦。否则，就可能“知及之，仁不能守之”⑥。

(2) 知“道”的良知

孔子之后，对“志学知行”成人为人之道阐发得最好的是孟子。孟子以养气说补充孔子的“志”，以“居仁由义”⑦ 补充孔子的“处仁”和“依于仁”而行。

在“知”方面，孟子这样地阐发：人可以通过“学”使自己的基本自然感情（“本心”）良好地发展⑧；它可以与心灵的自然（“性”、“气”）达到自然的和谐，因为自然赋予我们的“气”可以被培养得“配义与道”⑨；这个与我们的自然和谐的、通过“学”而良好发展的基本感情构成一个状

① 《论语·为政》。

② 《论语·里仁》：“子曰：‘我未见好仁者，恶不仁者。”

③ 《论语·里仁》。

④ 《论语·里仁》：“里仁为美。择不处仁，焉得知？”

⑤ 《论语·子张》。

⑥ 《论语·卫灵公》。

⑦ 《孟子·离娄上》。

⑧ 《孟子·告子上》。

⑨ 《孟子·公孙丑上》。

态良好的综合体，可以叫作“良心”，“仁义之心”；它在我们需要对实践事务做出判断时就是“是非之心”，使我们能不经思虑地获得这些判断，可以把我们的“是非之心”以此方式达到的这些判断称为“良知”①。

与孔子一样，孟子的“良知”的最高命意仍然是“知道”，其落脚处仍然是我们要“处仁”、“居仁”和去实践“仁”，实践“仁”又必定要“由义”，“由义”是实践“仁”的道路。而所有这些又都不离使我们的心灵状态良好、使行为不违这个发展良好的本心这两个方面。在前一个方面，“良知”的“知”落脚于寻回我们迷失的本心。② 因为只有寻回了它，使它良好地发展并居于“仁”，再努力用心来思索，我们才能“知性”、“知天”③，才能“知义”、“知言”④。在“行”的方面也是同样，我们只有以寻回的并通过“学”而良好发展的本心去努力思索，才能“知恶”⑤、知一件件事情的性质和它们的“可”与“不可”⑥，并落到行动上，才是在“居仁”、“处仁”。

而且，这种“知”不仅仅是良好发展的心灵自然获得的，并使我们能够“居仁”、“处仁”，还具有一种重要作用：它使得我们本心中的基本自然感情得到“扩充”，这样的“扩充”使心灵的力量增强，使我们居家可以“事父母”、治政“足以保四海”⑦。所以按照孟子的解释，“良知”之“知”依然不离“志学知行”这个成人为人的根本之道。离开了这个根本之道，孟子指出，“知”就会成为雕虫小技（“凿”⑧），就于人无益。

(3) 知“人”、知“言”作为示例

孔子、孟子对问题的讨论，主要是举证式的。我们怎样“处仁”以便渐而“知仁”、“好仁”乃至“乐仁”呢？我们也以举例的方式来说明他们的想法。

---

① 《孟子·尽心下》。
② 《孟子·告子上》。
③ 《孟子·尽心上》。
④ 《孟子·公孙丑上》。
⑤ 《孟子·告子上》。
⑥ 《孟子·公孙丑下》。
⑦ 《孟子·公孙丑上》。
⑧ 《孟子·离娄下》。

孔子在教导人“处仁”方面，也劝告人要“知人”①。孔子所表达的含义很丰富。但是，樊迟不理解，于是孔子以适合的举例方式向他解释说，“知人”的意思就是把正直的人置于行为不端的人之上，能够使行为不端的人也变得正直。② 孔子的看法似乎是，了解一个人的品性，了解他是诚实正直还是相反是重要的，因为了解了，我们（如果是为政者）就可以把正直的人置于不正直的人之上。以这种方式，我们就使得原本不正直的人变得正直。按朱熹的解释，这就是“仁”③。

孔子又教导说，要“知人”就要“知言”④。为什么？因为“言如其人”：从一个人的讲话，就可以知道他的为人。所以“知言”就是“知人”。但“知言”不同于“听言”，不等于把一个人的言辞直接等于他的行动。譬如一个好说大话的人常常是只说不做。所以，言辞不等于行动，对一个人要“听其言，观其行”。如果我们知道他是只说不做，就知道了他的“言”，知道了他的“为人”。重要的是，“知人”是要达到对一个人的“为人”的判断，而我们在判断一个人的“为人”时，总是以自己内心的“知”即良知来判断，我们依据这种良知判断他是否仁义或诚实正直。所以，我们在判断一个人的品性时，按孔子的看法，是在从自己这里，从那个被判断的人那里，见到“仁”，这也是在与“仁”相处。孔子的教诲意味深长。我们的确会有这样的见证：若我们觉察所作的判断不是出于良知，我们也不相信这样的判断，而宁可说是把那种“判断”当作任性的意见。

孟子也接着孔子讲“知言”。当别人问到孟子的所长时，孟子说有“知言”和“养浩然之气”两点。⑤ “养浩然之气”，是“扩充”我们本心中的基本自然感情，按照孟子的看法，“知”可以在这方面发挥重要作用。怎样是“知言”？孟子说，就是知道各种不真实的词语的不实、不真之处。⑥ 为什么我们需要“知言”？孟子认为，“知言”不只使我们“知人”，而且能使这些不实、不真之辞不致在我们的心上发生；如果它们在我们心中发生，

---

① 《论语·为政》：“子曰：‘不患人不己知，患不知人’。”《论语·颜渊》：“樊迟问仁，子曰：‘爱人。’问知，子曰：‘知人’。”

② “樊迟未达。子曰：‘举直错诸枉，能使枉者直’。”

③ 朱熹《论语集注》：“举直错枉者，知也。使枉者直，则仁也。”

④ 《论语·尧曰》：“不知言，无以知人。”

⑤ 《孟子·公孙丑上》：“‘敢问夫子恶乎长？’曰：‘我知言，我善养浩然之气’。”

⑥ 同上书：“何谓知言？曰：‘诐辞知其所蔽，淫辞知其所陷，邪辞知其所离，遁辞知其所穷’。”

我们的心灵就要受到伤害，我们的行为就不正直、不正义。① 当然，孟子是说，这样状态的心将不能"居仁"、"处仁"，倘若心处在这样的状态，一个人将不可能"依于仁"而行。所以，按照孟子的看法，"知言"才能使我们的心灵不离开"仁"。

第二节 良知判断

一、良知判断的内心权威性

似乎没有人否认，良知的基本方面是它呈现给我们的辨识与判断，良知的判断是实践理智的活动，尽管它与明智的活动有区别。良知仿佛是内心的判断者，一个始终都状态良好的判断者。

良知呈现给我们的判断有两个最为突出的性质。首先，正如巴特勒与王阳明都观察到的，良知判断具有内心权威性。

巴特勒的观察是良知判断内心权威性的一个例证。如果以良知指称良心的辨识与判断的方面，巴特勒所说的良心判断就是良知判断。因为，良知是实践理智的这样的判断活动：它从一个或一些普遍性的"始点"，对实践事务的善或恶、正当或不正当的总体性质提供一个真实判断。但更重要的是，良知判断与心灵的其他本原——欲望、激情、感情相比，具有更高的地位或权威。巴特勒说，如果不考虑力量，与各种欲望、激情、感情相比，人的反省或良知原理显然是更优越、更高等的："这个能力被置放在我们身上，是来做我们的合格的治理者的：它要指导和调整所有在它之下的那些原理、激情和行为动机。"②

中国宋代哲学家王阳明的观察是另一个重要例证。王阳明以他特有的典喻方式描述良知在人心中的独特地位和力量。在他看来，因与良心实为一体，良知可以说就是心的本体，心灵的最高主宰。③ 所以，良知判断确

---

① 《孟子·公孙丑上》："生于其心，害于其政；发于其政，害于其事"。

② J. Butler, *Fifteen Sermons*, originally published by Robert Carter and Brothers, New York, 1860, reprinted by Lincoln－Rembrandt Publishing, Charlottesville, Virginia, 1993, p. 45.

③ 王阳明：《王阳明全书》卷二，《答陆原静》。

定的是非具有最高的权威，不可以肢解，也不可以更改。① 这个良知的根据是一个始点或始因，我们可以径直视其为人的世界的造化本原。② 它既是普遍的，又总是落实到人的心上。③ 所以，对于心灵的其他元素，良知始终有最高的权威。④ 这一方面表现在，只要我们达到了良知，它可以消除心灵中的种种虚妄念头。⑤ 另一方面，即便对“声色货利”的诱惑，良知也具有摒除其遮蔽的力量，使我们虽然与这些外在善物打交道，心灵也不会受到遮蔽。⑥

简言之，在心灵的三个基本自然力量中，良知在性质上并不是与欲望和感情平等的：它高过其他两者。的确，当我们的某种欲望或感情遭遇良知判断的反对时，我们似乎自然地获得这种感觉：它们不管力量多强大，也不能够要求超过良知判断的地位。因为，良知仿佛是实践的心智已经获得的“一束光”：它仿佛会倾听感情与欲望的诉说，然后引来所凭据的那个始点的光，照亮所判断的事物，进而判断它的总体性质。当心灵对一项实践事务的呈现在总体上受到利益等的扭曲时，良知借助它特有的感觉察觉出偏离，并发出“事情不是这样”的内心信号。当邻人对事务的总体性质的表达在一个人的良知看来是扭曲的时，良知也借助这种感觉发出这样的信号，并阻止他去附和。

良知作为一种内心的力量，内心的理智权威，它不是凭借外部的力量，而是要一个人自己去将它释放出来，用熊十力先生的话说，就是要“自家”努力去将它“推扩”出来。由于这样的特性，良知在西方人的常识道德观念中或者被比喻为“上帝”和“心中的神”，或者被比喻为人内心中的“法庭”或“法官”，在中国人的常识道德观念中总是同“天”、“地”这些被理

① 王阳明：《传习录》下：“良知原是完完全全的，是的还他是，非的还他非，是非只依着他，更无不是处。”

② 同上书：“良知是造化的精灵，这些精灵生天生地，成鬼成帝，皆从此出，真是与物无对。”

③ 同上书：“良知在人，随你如何不能泯灭，虽盗贼亦自知不当为盗，唤他做贼，他还忸怩。”

④ 同上书：“人若知这良知诀窍，随他多少邪思枉念，这里一觉，都自消融。真个是灵丹一粒，点铁成金。”

⑤ 同上书：“如读书时，良知知得强记之心不是，即克去之；有欲速之心不是，即克去之，有夸多斗靡之心不是，即克去之。”

⑥ 同上书，问：“声色货利，恐良知亦不能无。”先生曰：“固然。但初学用功，却须扫除荡涤，勿使留积，则适然来遇，始不为累，自然顺而应之。”

解为永恒的事物联系在一起。以他特有的既珍视其宗教信念又希望彰显人的尊严的方式，卢梭把良心（同在巴特勒那里的情形相似，卢梭也把良心与理智看作“合体”的）称为“圣洁的本能”、“永不消逝的天国的声音”。[①]良知的判断，尤其是在基本的实践事务上的判断，看起来就构筑着人们普遍的常识道德中的那些核心的观念。[②]

二、良知判断的直觉性

首先，就如我们在上面已经间接表明的，有许多经验表明，良知判断具有直觉的性质。所谓直觉性，在这里是说，良知的那些判断仿佛是从心灵的良好感情与良知的那些已经确定好的“始点”那里“直达”的。良知仿佛就是人的成人为人之道在心上的映照，人似乎自然地就在他的心上得到它。对一个人、一件事等的性质做出判断时，对成人为人之道的那种映照又仿佛是直接到达，一下子就得出了这个判断，如王阳明所说，“他是便知是，非便知非”[③]。当基于良心的良知呈现给我们判断时，它仿佛是在说：这个就是这样的，它不是那样的。良知的所谓直觉性就在于它所包含的对人的生活和人生实践的总体的观悟与它对一个当下场合的与人生实践相关的总体性质的判断是直接通达，并且直接呈现给心灵的。

这正是良知同明智的一个明显区别：明智是推理的考虑，良知不是借助推理的考虑的，而似乎是直接地获得一个辨识或判断。判断与推理是实践理智的两种思考活动。判断是运用概念等对事务的总体状态和性质做出的一个肯定或否定的确认的思考活动。推理是从普遍判断和具体判断推出一个结论性的决定的思考活动。明智是这样的活动，但良知不是。当一个人面对一个不能够在内心里承认是对的行为时，他通常仅仅坚持着“这个就是不对的”的判断，而不去推想它为什么是不对的。因为，这个判断与他的良心一致，仿佛就是在他的心上直接得到的，正如亚里士多德说的，

---

① ［法］卢梭：《爱弥儿》下，第417页。“良心！你是圣洁的本能，永不消逝的天国的声音。是你在妥妥当当地引导一个虽然是蒙昧无知然而是聪明和自由的人，是你在不差不错地判断善恶，使人形同上帝！是你使人的天性善良和行为合乎道德。”

② 纽伦堡审判中受审的德国军官们提出这样的申辩：他们的行为是履行责任（执行命令）的行为，他们不得不那样做，尽管那同他们的个人良知发生过冲突。人类社会的常识道德中一些基本的良知观念使纳粹军人的这些辩解失去了辩护力量。纽伦堡审判确定了这些基本的良知观念的两个基本点：人类的基本良知是更高权威；对团体的责任不应当违反这种良知。

③ 王阳明：《传习录》下。

是一个不需要追问的东西。

良知判断是直觉性的，但是我们不会认为它不包含理解，不表明所判断事务的任何性质，我们甚至认为旁加说明是多余的，因为它自身就是充分的。毋宁说，它表达被判断事务的总体性质，并且这种性质无须加以分析。对这种性质的判断“仿佛”是从我们心灵或灵魂的某种已经确定的东西，用亚里士多德的话说，某种“始点”，直接获得的。所以，我们也把良知判断感觉为某种“始点”，当然，是某种具体的“始点”。

附论：关于理智呈现上的“直觉”性

理智呈现上的直觉性应当从两个方面来了解。首先，它包含对实践思考的最终始点的基于各种思考的综合性的、统觉的察知和体悟。其次，它在面对一个具体实践场合并需要做出判断时，对那个始点的综合性的、统觉的察知与体悟似乎是直接达到这个判断的。在第一个方面，理智不可能有直觉之外的任何统觉的方式。在第二个方面，我们已经表明，良知与明智之间存在一些差异，因为人们基于生活与教养的不同经验，在这个方面可能有不同的察知方式。我们已经表明，明智与良知是当我们觉解心灵的德性自由力量时，理解这个觉解的主观力量的那个理解方面的两种可能的方式。

所以，当西季威克按照巴特勒学说的观点来审视密尔的效用主义时，他就发现，“假如我［西季威克］打算把旨在达到普遍幸福的最高准则看作有根本约束力的话，就必须把它建立在一种基本的道德直觉之上”，这个直觉的令人信服的表达形式，就是“康德的原则”，即“普遍有效”的内心道德律法。①

由于同样的原因，罗尔斯对“公平的正义”观，广义地说对一般道德理论，做了这样的总体评论：“我们确实不能认为我们对社会正义的判断全部是从可认识的伦理学原则获得的”，因为，“任何伦理学观点都必然在许多点上和某种程度上依赖直觉”；“在作为公平的正义中，对直觉的诉诸集中表现在两个方面，首先，我们从社会体系中挑选出一种可用来判断社会体系的特定状态，其次，我们从处在这一状态中的一个代表人的立场，探讨选取某种社会基本结构是否合理的问题。”②

① ［英］西季威克：《伦理学方法》“第六版序言”，17～18页。

② ［美］罗尔斯：《正义论》，39、44页。

罗尔斯认为一些伦理学观点在最终根基上是一些直觉性的判断，不可能找出论证性的根据，这是对的。但是，他认为直觉判断不属于“可认识的”范畴，则是英美分析哲学家们一个有极大偏颇的观点。主要基于逻辑实证主义，这种观点认为，除非能够转换成某种可分析或具有事实说明性的语言并且不丧失其意义，一个判断就是不可认识的。但这种观点是不健全的。分析的认识能够提供给我们的东西始终是片断的，不是总体的。对于分析的认识可由以出发的始点，分析的认识始终无能为力。因为，在这里可能的东西不是分析的认识，而是智慧的，或实践理智尤其是良知的，对于这个始点的统觉的察知或体悟。分析哲学辨认出这不是分析的，又无以名之，就只能称之为“直觉的”。

第三节 良知进路下的明智

一、明智与良知：联系与区别

我们的讨论方式可能引起一种严重误解，我们仿佛认为，良知与明智是实践理智的两种风马牛不相及的进路或方式。让我们以下述方式做一个非常简要的说明，以避免产生这种误解。

首先，良知与明智一样，都相关于具体的实践事务，即相关于具体的人和事情。其次，良知与明智一样，都着眼于德性已经基本确定了的对于我们作为人而言的好生活的总体，来审视我们的具体实践事务。再者，良知与明智都相关于具体的实践事务的那种总体上的善。不言而喻，良知与明智都是实践理智，在基本性质与精神上是一致的。

相对于这些基本方面的一致，良知与明智的不同，是对实践理智的理解的某些细节方面的。这些方面可以归纳为以下两点。首先，明智的实践理智观点包含一种关于理论理智的预设，良知的观点则不包含这种预设。所以，明智的观点把人的存在总体的真实与性质，连同这个存在世界或存在本身一道，归为理论理智的形而上学的题材，置于实践理智的理解之外。良知的观点则把人的存在总体的真实与性质作为题材，包含道德或德性的形而上学。其次，明智是着眼于好生活这个善的目的来推理地考虑我们的具体实践事务对于这个目的是否适合，良知着眼于我们基于德性而获得的对于人的存在和人生实践整体的真实与善的察知与观照来简捷地判断我们的具体实践事务与这种真实和善是否一致的性质。

如果关于实践理智是否还有一种理论理智的预设的问题对于实践的思考没有太大影响，如果我们总是因为处于一种具体的实践事务之中才需要做这种思考，我们就可以说，良知与明智没有很大的区别。细微的区别只在于，对于这种实践思考的始点，良知有含义更丰富的理解和把握。因为，如我们将看到的，明智把对于这种始点的最终把握托付给智慧。

二、良知在什么意义上可以使明智成为补充

显然，在把握具体实践事务对于我们的好生活的适合与否的思考活动方面，明智比良知更为清楚细致，因为，良知是简捷得出的判断，明智是推理的考虑。所以，在明智的概念下，良知很少被谈及，就如我们在亚里士多德的体系中所看到的那样。[①] 而在良知的概念下，明智则可以被包含进来，作为辅助的理智要素。

不过，在良知的进路下，良知通常来说自身就是足够的。实践事务不可能像数学或物理学那样精确，事务的基本性质才是我们要用心把握的。我们在基于生活的阅历对人生实践总体的真实与善有所察知和体悟时，这种察知和体悟所获得的理解通常足以使我们能够对一个行为、一件事情的性质，对于它是否合于我们所察知和体悟的人生实践的总体的真实与善，做出健全的判断。常识道德似乎支持这种实践理智的理解。因为，常识道德将良心或良知当作可以衡量实践事务是否真实、是否有德性的唯一可能的依据。所以，在多数情况下，我们似乎不需要走出良知的概念。

仅当我们需要判断一个行为、一件事情在细节上是否适合我们所察知和体悟的人生实践总体的真实与善时，我们才需要推理的考虑。在这种情形下，明智似乎就是最为适合的实践思考的补充，作为良知的辅助性的实践理智要素。因为，明智就是在具体的实践事务上，基于对一种善的目的的理解，考虑对于自身总体上是善的事务的理智活动的德性。所以，如已经说过的，实践理智的良知进路的理解并不排斥明智的概念。

的确，例如儒家学说，明智就是良知的一个基本的辅助要素。我们关于人生实践的真实与善的察知和体悟虽然可以使自己对具体实践事务获得

---

① 在亚里士多德伦理学体系中，良知是一个未出现的概念。在近代西方，在非常接近的一个时期，卢梭把良知宣布为理性和内心的法官；康德将亚里士多德的明智解说为庸俗的对数量关系的权衡，并且把由纯粹理智确立的那个目的——德性与这种明智分离；巴特勒把良知看作人的心灵或灵魂的最高权威，使得良知成为一个在解说人的心灵的实践理智德性方面极为重要的概念。

一个判断，但要在一个具体境况中确定适合那种判断的实践手段，还需要明智的考虑，需要种种权衡、谋划来将它落到实践的决定上。在这种实践理智的运用上，显然良知居于更高地位。良知仿佛是一个总体的眼界，明智的考虑将它落实到细节，为我们标识出适合人生实践的总体的真与善的那个正确。但它们之间不会有冲突，因为它们在基本性质上完全一致。由于所需要的细节考虑是一项具体的实践决定怎样才更加适合我们的总体的好生活，我们的人生实践的总体的真实与善，这样的考虑与技艺的考虑仍然是不同的。关于这种区别，我们在前面已经谈过了（第二十九章第二节第一目）。

思考题：

1. 什么是良知？它具有哪些主要特性？
2. 怎样理解良知判断的直觉性？
3. 良知与明智有哪些联系与区别？

第三十二章　智慧

第一节　什么是智慧

一、从道德觉解引向智慧

我们已经看到，当一步一步深入地觉解心灵的德性力量时，我们事实上也同时在觉解那个在此过程中发展着的觉解的力量，那种不能相互分离的心灵健全感情与实践理智的理解。对于心灵的健全的基本感情，即良心或德性的感情状态，伦理学中很少有根本分歧的解说。对于那个理解的方面，则可能有两种不同的觉解，我们已经将它们分别称为明智与良知。

不过，这不啻表明，在道德觉解的这个阶段，事实上我们是在觉解心灵自身。我们是在觉解心灵在两个方面获得的德性的自由力量：实践品质方面的德性的自由力量和觉解这个自由力量方面的德性的自由力量。在前者，它是行动的和感情的，在后者，它是感情的和理解的。整体上，它们就是心灵，是我们作为人的达到人的自由的心灵。

我们现在达到了对人的德性的道德觉解的一个最终点，它同时也是我们能够了悟和洞察人怎样可以成为有德性的那个最初的始点：人可以通过实践获得心灵的完善。对这个始点我们还可以做什么？对良知的理解来说，这个始点就是人之道，即人可以成为一个真正的人、完善的人的根本之道。这个道与宇宙（天）、自然（地）成为它们自身的道是同一个道。道德的觉解在这里达到一个尽头。这不是说，人的道德觉解是一件简单的事情。事实上，这种说明仅仅是一种理论的简单处理。作为人生的体悟，它在每一方面的展开都将是无限的。

对明智的理解来说，对这个始点的了悟是在它之外的。的确，明智不是对于人作为人的存在的最初原因。实践理智面对的问题仅仅是在人的实践之内。这个始点需要智慧来领悟和把握。智慧无非是我们在道德的觉解上能够达到的最高的觉解。我们现在来对智慧的概念做一个说明。

二、什么是智慧以及它是关于什么的

我们这样界定智慧：它是人理论理智活动的一种品质，是灵魂的基于人生实践的阅历思考作为最初原因的最重大事物（事务）的普遍本质，

并获得对这种本质的真切了悟的理智活动的品质。对具体细小事物的智慧，如果是对于实践事务的，就是明智，如果是对于制作与创作的，就是技艺。

这当然是一个非常抽象的界定。不过，我们可以从智慧的活动所思考的最重大的事物谈起，将使这种界定变得清楚一些。智慧所思考的通常是被我们看作一切事物所以发生和所以如此的最初原因的那些事物。有三种这样的事物：宇宙（天）、自然（地）、心灵。宇宙被看作整个世界所以成为这个世界的原因。自然是整个生命世界所以成为这个生命世界的原因。心灵是我们作为人所以成为这样一个人或那样一个人的原因。一种更为抽象的智慧的思考会把这种本原推向那个不可能再有先于它的任何解释的那个唯一的始点：在中国是混沌、是道，在西方是一。不过，道或一远离我们作为人的理智，关于它，人的理智至多能表达某种猜测。关于这三种作为原因的事物，人类的理智则既能够有直接的觉察，又无法从它们的原因上对它们作出充分的说明与证明。它们也因此才被看作说明所有其他事物的最初原因。所以，对于人类的智慧的说明以智慧所面对的这样三个事物作为讨论的题材更为适合。

智慧在把握这三种作为原因的事物方面显然也不能够提出任何证明。但是，从原初混沌的道或一生成的猜测则构成对宇宙、自然、心灵的普遍本质的重要洞察。智慧在思考这些作为原因的事物时，首先着眼于它们的生成与毁灭。而在这三种作为原因的事物中，宇宙的生成与毁灭，如果我们能够猜测的话，似乎更为久远。因为，自然似乎到目前为止我们还仅仅在这个星球上看到，并且也见证着它的某些部分在经历着衰落。心灵则显得就是自然给予人类这种动物的一个特别馈赠。同时，智慧通过观照与沉思而说出它们是如何的，它们是如何的也就是它们的所是。不过，对它们的所是的了悟与洞察，又使智慧对它们所引出的生成与变化例如对于人类心灵，它可以是实践性的，并且在实践的活动中获得它的德性的自由力量，获得了悟与洞察。总体上，对它们的生成与毁灭，以及对它们的所是的总体的了悟与洞察，也就是智慧关于这些作为原因的重大事物所能够带给我们的东西，也就是我们作为人所能够获得的智慧。所以，智慧是属于人的，又是人永远无法真正穷尽的。

第二节　智慧的性质

一、智慧与努斯、科学的关联

但是，物理学，尤其是天体物理学，不是描述了天体世界的可能的生成与毁灭，描述了它们的运动吗？生物学与动物学不是描述了自然界的各种生命物的可能的生成与毁灭，以及它们的所是吗？生理学与心理学不是描述了心灵的心理和生理的生成原因，以及它们的所是吗？

是的，在这些方面，通过所提出的那些关于始因的猜测与假设，科学正在贡献于人类智慧。但是，即使科学的这些猜测或某些部分变成可靠的证明，它们也仅仅是把问题的原点向前推移，我们仍然会问：被证明了的东西的最初的原因是什么？这些始因总是在科学之外。科学仍然对它无能为力。

即使是对它们的所是的说明中，我们也无法对科学抱过高的期望。因为，它们仅仅能够依靠创造一种人工造成的理论上纯粹的环境，并在其中把一种因素与另一种因素撇分出来，把一种原因与另一种原因区分开来，做出关于它们的所是的说明。这种方式已经使人类失去曾经具有的在心灵中再现这些事物的总体真实的能力。就像我们谈到对善的分析时提到的“盲人摸象”的寓言故事的情形一样，这些作为原因的事物的真实只保存在对它们的总体真实的了悟和把握之中：部分的真实加在一起并不等于总体的真实。

的确，作为理论理智活动的品质，智慧与科学都是对于事物的本质的、稳定的、不变的方面的思考活动和这种活动的品质，就它们自身来说，是无利害的。然而科学是对从原理出发所推导和证明出来的东西的知晓，智慧不只是对所推导和证明的东西的知晓，而且是基于这些知晓，也基于对原理各种特性的沉思，对原理的性质的总体的了悟与把握。此外，科学是对所有事物的，智慧只是对最重大的被视为其他事物与运动变化的原因的事物。所以，在对最初原理的思考上，智慧高于科学。

另一方面，在思考最初原理这方面，智慧与努斯或理智直觉是精神一致的，努斯或理智直觉在把握这种最初原理的性质上也是总体性的，而不是简单分解式的。但是，努斯或理智直觉是对最初原理在何种意义上真实的总体把握，智慧则既从最初原理的各种特性的沉思，也从所真实推导与证明的那些结论，亚里士多德因此说智慧是努斯与科学的结合①，来获得这种总体性的了悟与把握。所以，智慧对最初原理的见识要更宽厚，与这种见识相比，努斯提供给我们的方式是一个理智直觉上的见证。

二、人怎么会爱智慧

既然智慧所思考的作为原因的事物离我们这样遥远，智慧又为什么吸引我们？人为什么会爱智慧呢？

就人的自然性质来说，人没有知识和智慧，但是人渴望理解，渴望获得智慧，柏拉图这样说。② 所以，最宏大的事物永远让人好奇，尽管它们远在人的能力以外。宇宙、自然永远具有唤起心灵的思索与追寻的魅力，人类永远渴望了解它们。不过，人们由于囿于日常忙碌，没有闲暇去追索。但是，当一个人心灵的理智的理解力获得正常的发展，并且有机会接触甚至聆听一些关于这些伟大事物的有智慧的谈论时，这些谈论连同所谈论的那些事物，就会抓住他的心灵。

而且，理智发展的潜能也是自然赋予每个人的，不论它是包含在我们的心灵感情之内的一种特别的觉察，还是有着与感情不同的独立本原。我们一直在说明，在正常情况下，这种理智会随着人的生活阅历的积累而发展，并且在这种发展中与伴随发展的健全心灵感情融为一体。所以，即便一个人终身不得进行理论思索的闲暇，偶尔获得机会时，他的想了解这些宏大事物的兴趣与渴望都会被瞬间激发，尽管这种兴趣在忙碌时难于继续，并且不引起主动的追求。

由于这种潜质是人具有的，人的确可以通过运用而发展它，并通过运用它而获得对这些宏大事物的某种智慧的了悟与把握。智慧是人可以获得的理智德性。但正如希腊人所理解的那样，一个人要通过锲而不舍的爱智慧的活动才能获得智慧。所以，有智慧同爱智慧的活动即哲学似乎不可分离。对智慧之爱是人获得智慧的原因。一个人只有爱智慧和思想，才会主动追求它；也只有当一个人变得这样，思想和智慧本身才对他具有了内在的价值与吸引力。

---

① ［古希腊］亚里士多德：《尼各马可伦理学》，1141a19—20。

② ［古希腊］柏拉图：《会饮》篇。柏拉图通过苏格拉底这样地说明：人类的爱是古老的自然感情，它是神性的，是人与神之间的一个精灵，既不是人，也不是神，它原是丰富神与贫乏神的儿子，是在女爱神阿芙洛狄忒降生的那天投胎的，所以，它既像它母亲那样永远贫乏，又像它父亲那样永远追求智慧。

从这里也可以说明，有智慧或知识，如我们已经说过的，是一件容有程度差别的、仅仅对人的生活有意义的事。没有人能够具有全部智慧。宇宙、自然的故事连同它们的真实都比人类更长久。即使是人类心灵的世界，也远非任何一个人所能够穷及的，即便他吸纳了人类自身所能获得的所有理解。因为，这个世界的变化是无穷尽的。圣人或贤者比一般人有更多智慧。“哲学家”仅仅是由于爱智慧而在追求智慧的人。

第三节　智慧与明智、良知

一、智慧与明智的关系

这样一来，在整个的说明中，我们已经表明了智慧与明智的基本联系：明智是一种理解我们的实践理智的理解力的发展的一种方式；按照这种理解方式，智慧是明智的本原；就像智慧需要专门地运用与追求才能发展一样，明智是智慧在实践事务上的专门运用和通过这种专门运用的发展；然而，在根本的方面，明智的生成与这种发展都是在良好的实践习惯的基础上，在这种习惯通过实践发展成为德性的品质的同时，我们的实践理智也就发展为明智德性。

因为，明智是与实践事务有最直接联系的理智德性。明智与智慧在古代人的观点中被看作是同一种德性。例如在古希腊时代，亚里士多德以前的哲学家都以智慧的概念包含着明智。自从亚里士多德把明智理解为同灵魂的欲望感情部分的德性（即道德德性）密切结合且不可分离的一种理智德性，实践理智才在概念上同理论理智区别开来。在这种区别的意义上，智慧属于理论理智的德性，而明智属于实践理智的德性，相关于实践生活事务。

这不啻是表明，智慧与明智之间有一种复杂的双重关系。一方面，智慧比明智更优越，因为它是明智的“种子”、本原，明智或者以这种方式理解的实践理智的理解因为它而“自然地”追求实践事务的真实与善。另一方面，明智而不是智慧，主导着我们的实践生活，因为智慧是对于作为原因的宏大事物，对于宇宙、自然与心灵的，然而，即使我们还没有获得对这些宏大事物的了悟和把握，我们也必须面对实践的事务，并且恰当地处理这些事物。

所以，就像亚里士多德说的，明智仿佛是医学，它研究我们怎样医治疾病，智慧则仿佛是健康本身，医学为着健康而治疗，但治疗疾病的是医学而不是健康。[1] 所以，正如一个医生要治好人的疾病，就要去研究人的健康一样，要做一个明智的人，一个人除了必定要有道德德性，除了在实践上不断努力之外，还要去追求智慧。

二、智慧与良知的接通

良知是基于对人的存在和人生实践的总体的真与善的察知与体悟而对具体实践事物的总体性质的判断。良知把这种察知与体悟感受为宇宙、自然的那个“道”在人这里的表达与映现。所以，从良知上行的觉察与体悟就是对那个“道”本身的，这种觉察与体悟就是形而上学。它超出道德的觉解的范围，因为我们作为人的觉解，对实践理智的理解的良知的理解并没有堵塞它上行的道路。当良知上行，它就是智慧与努斯，以中国思想的方式，就是“自诚明”的智，就是大智大慧。[2]

我们作为人的觉解包含着道德的觉解，后者作为一个最重要的部分，而且，作为基础。所以，从任何方面来说，道德的觉解都是我们作为人的对宇宙、自然、心灵与人生的觉解的实践的进路。没有道德的觉解，我们就不会有作为人的觉解。这种从良知上行的觉解，使我们从人之道，透过我们对宇宙、自然的观察与沉思[3]，才觉悟到宇宙、自然与心灵和人生的密切相关性，才理解到那种宏大的原因早已将这三者贯通，并且这种贯通的道或一，远不是人的理智能够穷极的。毋宁说，这种智慧的理解引导我们走向形而上学。

---

① ［古希腊］亚里士多德：《尼各马可伦理学》，1145a6－10。

② 关于“自诚明”的智，我需要做一个说明：我在这里是借《大学》的这个用语来表达我自己的观点，即这种智是宇宙自然的“诚”在我们的已经“自明诚”的心灵上的仿佛自然的呈现，而不是指生而知的智。依照儒家，这是在一个人得到了“仁”或者“人之道”后才能够获得的智慧。依照道家，这是一个人固守本心本性不移而最终获得的对于道的大智。从这方面看，中国思想并不缺少理论理智的概念。不过，这种理论理智的概念是一个对宇宙、自然、人生或心灵的一种彻悟的觉解的思想，远远高悬于科学之上，是以人的道德的觉解为基础和进路的，是科学远远不及的。相对于这个大智，在实践的事务上，道家以不经之小智看待日常修德的实践努力，儒家则有良知与机巧之智的分别。这是中国思想传统中的大题目，我在这里将仅仅以提及中国思想中有觉解宇宙人生的理智的智慧为限。

③ 我们可以在这种意义上理解《大学》所说的“格物”。不过，这种“格物”只有在我们获得了对人之道的了悟和洞察后才成为智慧。在此之前，它仅仅是一种科学的或技艺的理解。

在道德觉解的这个阶段，当心灵的那个觉解的力量不仅能够觉解德性的实践品质这种心灵的自由力量，而且能够觉解它自身，并因此达到对心灵的彻悟时，良知与智慧之间，就不存在真正的障碍。在从总体和根本的性质上把握实践事务这方面，良知类似于智慧与努斯，因为它自身就具有直觉性质。智慧是对作为原因的宇宙、自然、心灵的普遍本质的了悟和把握，所以不直接影响我们的行动。努斯直觉地总体把握这些原因事物，已经包含在智慧之中。所以，良知也是实践事务上的智慧，或智慧与努斯。所以，当我们对具体实践事务的考察由于对具体细节的考虑而忽略了其基本性质时，良知借助它特有的感觉使我们意识到事务的根本性质受到了忽视，需要纠正。不过，它不是推理的实践理智即明智。而且，它不是智慧的运用：它上行地发展便是智慧；智慧是它向上发展而形成的理智。

三、人为何会“大智若愚”

人们为什么常常说“大智若愚”？这是怎样一种状态或情形？

我们或许可以这样来说明。我们的日常交往实践包含许多细节，而追求智慧不能在没有充分闲暇的状况下做到。因为，追求智慧需要出于对了悟和把握那些作为原因的宏大事物的好奇与兴趣，并孜孜以求，这需要闲暇。如果我们由于生计、职业与交际的繁忙而没有充分闲暇，又的确在某种程度上发生了这样的兴趣，我们就可能两不相顾。一方面，我们可能发现，对哲学的学习，对智慧的某种程度的追求，的确对我们有多方面的帮助，甚至是对我们的职业活动与交往实践方面。但另一方面，我们又可能发现，这种学习与关注又使得我们在职业活动与交往实践方面不得不忽略对某些复杂细节的细致、持久的关注与照顾。这样，在一个邻人的眼中，我们就被看作，或至少被说成是“大智若愚”。“大智”，因为如果他们比我们更专心于这些具体事物，在他们看来，我们就是疏忽的，或顾及不到事务的细节。“若愚”，因为如果聪明就意味能够非常轻松地驾驭这些细节并且不致疏忽什么，依这种观点来看，我们的某种粗泛、简单、疏忽和照料不周，就像是在这方面“愚蠢”。然而就我们自己来说，对智慧的关注与追求也仅仅是感受到某种好奇与吸引，并间或地通过读书或聆听讲座，才以某种方式接续着的。所以，就追求的活动来说，我们还远未获得某种智慧的收获。

这的确是一个人青年甚至中年时期都有可能遭遇的情形。教师尤其是人文学科的教师的职业，或许在这个方面被看作处于更有利的地位。这在一定程度上是真切的。因为这种职业活动需要以学术的方式进入那个追求智慧的领域。但是，这在更大程度上又是不真切的。因为，除日常实践的繁忙之外，这种教育职业的非智慧的讨论方面给一个教师的负载并不比从事其他职业轻很多，以致学术的努力也不得不因这种压力而扭转。所以，在上面所描述的人的处境方面，教师职业的情形的不同仅仅是程度上的。那么，我们或许的确要因此而同意亚里士多德的说法，一个人也许要到摆脱了职业与事业的负担，变得闲来无事之后，才能真正通过学习哲学来追求智慧。①

如果我们已经明白，对这种兴趣的培养与发展也同样是在我们的实践品质与实践理智的理解力正常发展之后需要长期致力的，我们可能仍然不能寄望于此。人生短暂，能够在职业活动落幕之后还有足够的时间与精力在哲学的学习与研究上获得充分发展的人毕竟非常稀少。所以，如果我们通过道德的觉解而珍视人生的此种完善，就不能够将它推至人生暮年。就是柏拉图与其他希腊历史学家和文学家笔下的希腊贵族公民们，也大都一边从事政治，一边关注艺术或人的智慧。所以，比较好的安排似乎是，在我们无论从事何种职业活动的同时，即使是断续的，也尽可能地保持对智慧的好奇，并尽可能地将它培育为具有生命力的兴趣。这样，我们的生活阅历就能不断获得更深切的理解，在我们能够投注更多精力与闲暇时，才能有更多收获。

或许因此，在实践事务方面，我们的确需要以明智与良知相互补充。因为这样，我们才能既对实践事务保持清楚的判断，又尽可能不忽略实践事务的细节，并且对这些事务的处理总是适宜的。

思考题：

1. 什么是智慧？智慧与努斯（理智直觉）和科学有怎样的关系？
2. 人为什么会爱智慧？
3. 智慧与明智、良知是以怎样的方式相互关联的？

---

① ［古希腊］亚里士多德：《政治学》，1329a31－34。

第四编
善的生活

第三十三章　总体的好生活作为人生实践的可能性

第一节　作为目的的总体的好生活

一、总体的好生活作为实践理智的目的

让我们再回到对心灵的德性自由力量的觉解以及对那种觉解力量自身的觉解。因为，即使这种对心灵自身的觉解没有走向对作为原因的宏大事物的沉思，它也会追寻心灵所觉解的作为人的生活对于我们的含义，去探究心灵的理解与德性的感情这两种既可以被我们内省地感觉到差别、又事实上是心灵的同一种自由力量的觉解活动本身，去追寻它对于我们作为人的生活的含义。

我们作为实践者的品性上的德性与对我们表现为实践的那种生活（尤其是交往）活动内在的善似乎是紧密联系的，就表现为对象的活动而言，它对于我们显得就是活动本身的优点与善，对作为主体的我们自身而言，它就是我们作为实践者的出色实践品格或德性的品质。现在，当觉解到我们作为实践者的德性的品质对我们生活的丰富含义时，这种觉解就自然而然地引申到与它紧密联系在一起、彼此不可能分离的我们作为人的生活的内在善或目的的理解与体悟上。

因为在这种追寻中，我们似乎会自然地把我们的道德觉解活动与我们作为人的生活这个觉解的题材或对象，理解和体会为相互构造的。借助对这种相互构造的理解与体悟，我们作为人的生活总体上呈现为一种总体的实践，我们宁可称它为人生实践：它包含着交往实践，对交往实践的道德觉解的实践，并且似乎一定要通过道德觉解实践的充分展开才能够构成。同时，这个总体的实践的内在善，也就呈现为我们作为人的生活的总体的内在善，我们宁可称它为总体的好生活。简单地说，我们作为人的总体的好生活不是别的，它不过是生活透过我们的交往实践，尤其是道德觉解实践，而显现出来的我们可能的人生实践的内在目的。既然我们把道德觉解解释为我们的理智尤其是实践理智的一种可能的活动，我们就可以把总体的好生活看作是实践理智活动所追寻的一个目的。目的是在下述的意义上

使用的：它是所有相关的善事物构成的总体，是它们最后所构成的东西，它包含左右相关的善事物，使它们总体上一致，也相互和谐一致，但它并不等同于每一种构成它的要素。[①]

然而，到现在我们还没有正面地谈到过被实践理智作为目的的总体的好生活。不过，一些相关的问题已经被间接地谈到了。首先，伦理学从人的总体的生活方面来研究人的可能的善，以这种方式来面对和解决人的问题。其次，总体的好生活，是通过在正常的环境下获得一种良好的感觉事物和行为的习惯而获得的总体生活目标，因为这种良好的感觉事物和行为的习惯指向这个目标。第三，良好的感情与行为习惯所指向的这个目标只有当实践理智随着生活阅历的积累而发展起来，并把那种良好习惯理解为好的品质即德性时，才被理解为一种总体的好生活，才真正成为实践理智的目的。第四，实践理智，即明智与良知，着眼于这个目的而帮助我们确定具体实践事务的总体性质，以及它在总体上是否适合这个目的。

现在，我们将把道德觉解实践意义上的总体的好生活的观念，界定为我们的道德觉解的一个特别阶段，即我们对交往实践规范的觉解从规则的观点、规则的正当理由的观点发展到对人的生活实践的德性的观点的阶段，可能发生的关于我们的总体人生实践的内在目的善的观念，我们作为人的目的的观念。

让我们再做一种更为明确的表达。关于这种目的的观念是这样一个总体性的生活目标的观念：这个目标是我们经过良好的训导或自我矫正而形成的良好感情与行为习惯中已经确定的基本方向——尽管不十分确定和牢固，这种方向，在我们所基本确立的良好感情与行为习惯随着生活阅历的积累、实践的努力和教育的引导而发展的实践理智理解为我们的良好实践品质或德性的同时，也被这种实践理智理解为我们人生实践的好目标，因此，朝向这个目标所进行的实践努力被这种实践理智理解为我们值得去做的，这样的生活被理解为值得去过的，因而在这种发展中成为我们的人生实践的目的；关于它的观念就成为我们关于人生实践的目的的观念。

---

① 我在这里表达一种构成式对总体的观点：总体由具体的善 a，b，c，d ＋……构成，但不能简单化解为 a＋b＋c＋d……；总体不仅存在于这些要素中，而且存在于它们的相互关系和这种相互关系共构的总体关系、性质与状态中，不仅存在于这些关系的共在，而且在于它们以某种相互关系而共构，而这些关系以及它们共构的总体关系，是生成地形成的。不过，我将搁置对这个问题形而上学的讨论方面，它的确已经超出了本书的目的范围。

二、具体实践的善与总体的好生活

一种生命活动可能对于人成为一种实践，如果那种活动的内在善成为人的主导目的。那么这个具体实践目的与总体的好生活这个目的是否可以衔接，如果可以，怎样衔接？

我们试着以下述的方式说明，这两者不仅可以衔接，而且必然相互关联。我们作为人的总体的好生活这个总体性的目的，是我们借助自身初步形成的良好感情与行为习惯，以及随着生活阅历的积累而发展的实践理智，在理解了许多人类实践所内含的善，以及人们在这类实践中所表现的品性的善之后，逐步获得的一种观念。我们把人的总体的好生活看作由这些实践所构成，也把这些实践以及这些实践所表现的人类的德性品性，把我们自身形成的良好实践品质，理解为指向这个总的目的。而一旦这种总体的好生活被理解为我们作为人的生活的目的，实践理智的理解就会经历这样一种发展：我们获得某种关于人的生活的总体的理解眼界，这使我们能够着眼于这个目标来审视一种具体的生活活动的性质，如果这种生活活动被判断和理解为总体上适合这种目标，这种活动的内在的善也就被实践理智所理解，这种理解又使得这种生活活动获得明确的目标，成为人的生活活动的主导目的，也使得这种活动获得确定、恰当的形式，从而对我们成为一种实践。

例如，当一种生产或创作的活动对一个人，借助他良好的实践品质与由于生活阅历与学习的努力而发展的实践理智的理解，发生了一种内在的善，并且成为主导性的动机，从而对于他成为一种实践，相对于外在性的目的，这种内在的善就会成为更吸引他的一个目的。这样，我们就会看到，对这种实践的内在善或目的的理解将倾向于使他形成一种关于总体的好生活的观念，并且，他会近乎“自然地”认为，这种实践，或许还有他已经理解了的另外一些实践，构成他所理解的总体的好生活，从事这种实践适合他所理解的这个生活的目的，并且使他愉悦。在这种内在于一种生产性活动的善之中，或许我们能够分辨几种最显著的要素。第一个显著的要素是，在适合那个总体的好生活的眼光下，这种活动内含的技艺的完善成为它的一种内在的善。一种制作或创作的活动因所内含的特殊技艺而与其他制作或创作的活动区别开来，文学创作的技艺使它区别于雕塑作品的创作和生产某种产品的企业活动，在运用中使这种特别的技艺更臻于完善是一种职业的活动更为引人之处。第二个显著的要素是，包含在这种活动中的人们之间的交往，即他们一方面作为生产者或创作者；另一方面作为一般意义的人，尤其是，作为对于人的生命活动及其德性有某种道德的觉解的人们之间的交往与沟通，成为对他们的生命历程真正具有意义的活动，成为他们从事那种活动的内在善。这种交往与沟通活动的和谐与融洽同样是特别属于这种活动本身的。第三个也是最重要的因素，是在这种活动中心灵自由力量的运用。当这种活动已经不再是一个生产者或创作者获得生活必需品的手段，而是他的生命活动的展示方式，他在那种活动中获得的对人的总体的好生活的理解，对那种活动与人的生活的关联性的理解，将使他的心灵力量获得自由的空间。这种理解也将在一种狭义上阻止对技艺的运用朝向任何有损于人的好生活的方向去发展。同时，这种心灵力量的自由也使得一个这样的实践者能够专注地运用这种心灵力量。由于心灵力量的这种专注的运用，那种活动也对一个实践者显现着它引人入胜的特性。

似乎不需要再繁缛地说明，由于爱好的兴趣而成为吸引我们的活动之中，尤其是，在狭义上的实践即交往实践活动之中，一种具体实践的内在善与对于人的总体的好生活这个目的的理解之间都存在这种密切相关的亲缘性的关系。也更不需要说明，在我们的对人生实践亦即对心灵自由力量的道德觉解之中，人的总体的好生活就是一个被觉解的目的本身。的确，当道德的觉解成为对心灵的自由力量的觉解时，它将发现，它所试图觉解的就是人的生活或人生实践总体，而人的总体的好生活就是这种生活或实践显现给心灵的目的。

三、善的层级性与最高的善

这种基于人的实践同时也基于人的道德觉解实践的可能性的总体的好生活，亦即，被我们通过实践生活理解和体会为人生实践的可能目的的善，当然也是我们所追求的属人的善之中最高或最后面的那一个，否则我们就不会把它看作目的。关于这个最高或最后的善的含义，仅仅意味着，在人的生活世界的范围之内，没有另一种善能够作为原因把它包含在内，并构成对它的充分说明。

基于实践与道德觉解实践，我们关于善的观念，是具有层级性蕴涵关系的：高一级的善总是蕴涵低一级的善，因而高级的善比每一种低一级的善都包含更丰富的内容，具有更大的综合性。同时，高一级的善所统摄的那些不断丰富的内容又是相互和谐一致的。人生的实践使得它们获得这种一致性。因为，每一种更高的善，我们关于每一种更高的善的观念，也正如亚里士多德说明的，都似乎自然而然地通过实践主导着被包含进来的那些次一级的善。人们欲求“制作马勒”和其他马具的技艺是为着掌握骑术，掌握骑术是为了驾驭战争，亚里士多德这样说[①]，后者作为更高的技艺总是“主导”次一级的技艺。试想一个交响乐团的演出，音乐意境的完美展现，假设这个乐团的成员们的确具有这样一种意境的观念，表现为一次音乐会演出的最高的目的。由于这个目的，乐团指挥的艺术而充满个性的指挥活动，它与爱好音乐的观众的良好互动，乐团全体成员的全身心的投入以及与指挥的完美无缺的配合，第一提琴手的出色的表现，整个演出活动浑然一体的整体气氛，所有这些具体的出色与完美都相互和谐一致，创造着这个目的的实现，也创造着他们自身的目的的完美实现。

实践上也是如此。当高一级、内容更广泛的实践活动的内在的善充分地实现，包含在其中的那些狭小一些的、被我们看作更为具体的实践活动的内在善也就充分实现。当心灵的自由力量充分发展的生活被觉解为我们作为人的可能目的，当这目的被我们实践着，我们的具体的交往生活的那些目的，私人方面良好的交往共同体关系，公共方面良好稳定的社会合作，以及商业的或公共政治活动的成功，就表现为从属于这个人生实践的总目的，那些最初彼此冲突的内容在这个实践的过程中逐步地被排除了。

如果总体的好生活事实上是这样地蕴涵着所有具体实践的善的那个总目的，它也就是我们的生活实践追求着的最高的善。因为，对于我们来说，再没有一个属于人的目的能够把它包含其中。它虽然是人生实践的最高的目的，但由于蕴涵着所有实践的善，我们并不认为它对我们具有独断性。它不是一个向我们发布专断命令的“独裁者”。相反，它是一个逐步生成并“显现”在我们的逐步发展的心灵上，使我们的许多具体实践的善能够彼此构成亲缘关系，相互吸纳，成为一个不断丰富着内容，却始终稳定和谐的目的的系统。

第二节　总体的好生活作为人生目的或幸福

一、一种基于实践来理解人的可能目的的观念

我们已经在实践内在的善和由实践的内在善所构成以及所指向的总体的好生活两个层次上解说了属人的亦即我们作为人能够获得的善的观念。但是，这种关于我们作为人能够获得的善的观念并不是作为人们随时随地

① ［古希腊］亚里士多德：《尼各马可伦理学》，1094a9－15。

都享有的共识，而是作为基于人的道德觉解实践的一种可能性提出来。我们并没有在任何意义上断言这种观念已经是或者必然成为人类的共识。我们一直在表明，道德觉解只是人的一种可能性，它是一个人寻求对实践规则的透彻理解时才发生，并且在获得对他已经确立的良好实践品质及其确立的生活方向的肯定的理解时才能够达到对人生实践的总体目的的觉解，并且在这个阶段，对人生的总体的好生活所阐明的那些含义的理解是理解人生实践的总体目的的一种可能的观念。

说它是我们作为人的一种可能，是说它事实上是一个人在成年之后和终老之前的任何人生阶段都可能获得的。让我们从最为困难的例证做一点说明。一个人即使幼年时期没有得到很好的照料与教养，在最适合获得理智发展的教育帮助时失去这种机会，交往生活方面未获得正常的环境，因而一直将某些不恰当的习惯甚至恶习视为人类最正常的良好品质，他也可能在接触人类的良好实践并得到某种理智的启发时，改变他已经确定的理解，并逐步获得自我矫正的力量。这种力量尽管可能在开始时十分弱小，尽管一个人的恶习已经成为他生命的本性而很难改变，一旦这种理解开始生长，它也可能在有利的环境下逐步发展，并获得这种力量。这样，他可能以这种方式开始一种实践的努力。并且，在这个过程中，由于已经有了充分的对照面，由于获得新的理解过程的每一步都是新颖的，一个人甚至同时就会经历对于人能够获得的善的某种体悟。以往的理解被他新获得的理解否定，新发生的理解还倾向于延伸到他以往甚至不注意思索的方面。这样，在形成一种关于他以往的对于人的生活和人生实践的理解是错误的理解的同时，他可能对于人生实践，对于什么是我们作为人能够获得的善，发生某种真实的体悟，尽管这种体悟囿于实践的阅历而不可能一下子就是非常充分的，并且需要在以后的人生实践中积累地发展。

现在，这种可能的善目的观念的一个突出特点显现在我们面前。这个特点就是，我们可以获得的实践的善所构成的那个总体，即总体的好生活，事实上是在一个逐步获得道德德性的心灵上显现，并通过这同一个心灵的逐步发展的实践理智德性而被理解与体悟。我们说“这同一个心灵”，是在道德德性与实践理智德性事实上是相辅相生的那种意义上说的。这种德性的心灵，以及它的逐步获得其德性的实践理智的理解与体悟，虽然是逐步累积的发展的，却随着这种发展具有越来越大的稳定性。这是一个有准备的心灵。唯有它才使得我们作为人的总体的好生活成为可能。并且，它的自足的稳定性使这种生活成为一个人的可靠的、不会轻易被剥夺的生活。

所以，这种生活并非是要依赖外在的幸运才能获得的，相反，它是我们循着这样的并不违反人的自然方向进行实践的努力便可能达到的。我们应当说，总体的好生活与德性的实践具有互构的关系：总体的好生活是我们通过这样地生活，这样地进行德性的实践，也只有通过这样的生活和实践，才能够获得的，用希腊人的话说，总体的好生活就在于“过得好”和“做得好”①，同时，这样地实践和生活，我们也就最终为自身赢得和收获了一种对于人可能的总体的好生活。在这个意义上，“人人都可以有一种总体的好生活”，因为“人皆可有德”，每个人都能够“过得好”和“做得好”。但是，同样在这个意义上，又不是任何人都能获得一种这样的好生活。因为，许多人或者由于生计的紧迫需要而未能发生实践的可能，或者虽然发生了这种可能性，然而道德觉解在某种水准上停滞，或者，也是更为普遍的，由于不能够坚持“过得好”和“做得好”，而不能获得关于人生实践的总体目的的观点。

二、对这个观念的进一步说明

我们还需要对作为生活的总体目标的好的生活，同时也对我们关于这样的生活目的的观念，在性质或特性上做进一步的考察。

首先，我们需注意一个基本之点，即这样一个总体生活目标仅仅是我们一方面在实践品质上；另一方面在实践理智的理解上正常发展，才成为我们的目的的。因此，对总体的好生活的这种审视的观点，假定了一种关于人的正常生活环境的实践理智的理解。在这种理解下，基本生活资料方面的经常的极度匮乏的状态和交往生活方面的经常的重大危险的境地，被看作是不正常的生活环境。显然，一个从一出生就处于这种环境下的人，很难得到良好的感觉事物和行为习惯的教养，他因此形成的感情与行为习惯也很难通过自我来矫正。因为，除非在幸运条件下，他的而后教育才能使他的实践理智获得良好发展，并获得矫正自幼形成的不良感情与行为习惯的力量。所以，总体的好生活意味着一种安全的生活，一种不致轻易陷于极度匮乏、困顿或危险的生活。

其次，这种生活意味着属于一个人的、通过他自身的努力而获得的安全的生活。一种仅仅是被给予的生活是不属于一个人自身的，因为这样的生活容易被剥夺。一个人通过自己的努力得到的生活更为他所珍惜。在我们所说的正常生活与发展条件下，一个人不难通过他的努力获得属于他自

① ［古希腊］亚里士多德：《尼各马可伦理学》，1095a16－18。

己的安全的生活。因为，这种生活所需要的基本生存手段并不难于通过努力获得。同时，这样的生活也并不需要过多的财富。正如亚里士多德所说，中等状态的生活就是足够安全并有利于德性的培养。① 此外，自身的努力，实践的努力，似乎最能抵抗那些阻碍我们过一种良好而健康生活的那些身体与外部的不利因素。

再者，实践理智所理解的总体的好生活也是一种自足的生活。自足的是说这样一种生活：作为人的有限生命存在的生活，没有缺乏。在营养与生长的方面，在我们作为动物的存在的生命活动方面，没有缺乏是容易理解的。但是，在我们仅仅作为人的生活活动的方面，一种没有缺乏的生活就需要解释。自足的生活第一个方面的含义是，在人生的基本交往生活的发展上没有缺乏。一个人从幼年、少年到青年、中年、老年，交往生活的经历呈现给他不同的状态。一种自足的生活意味着人生的旅途中，交往生活的这种正常的发展没有严重的障碍与缺乏。一个人如果儿童和青年时期没有快乐伙伴，中年时期没有志同道合者，老年时期缺少有思考的交谈者的交往生活，更无须说，一个人如果在这些阶段的交往生活中完全不能体验诚实、信任的交往，完全不能体验对家人、朋友的亲密感情和对邻人的友善仁爱感情的交往生活，将是不够自足和充实的。

自足的生活的第二方面的含义是我们作为一个人的实践的生活方面，即我们获得人的自由的心灵力量方面没有缺乏。不过，这同时意味我们作为人的实践的生命的完善。这一方面是指，在对于我们已经成为一种实践的职业的活动方面，我们获得了那种活动特有的技艺的善，并通过努力达到了属于那种活动的内在善；同时也是指，在更为广泛的实践领域，例如文学、艺术、科学、宗教、政治、自治社团活动等领域，即使我们不可能获得属于那种实践的完善，但由于爱好的追求，我们使自己能够分享那种实践的内在善，以及其他在那种活动中展示的天赋与德性。作为人的实践的完善的另一个并且远为重要的方面是指，我们不仅通过实践的努力获得良好的实践品质即德性，而且通过学习使实践理智的理解随着生活阅历的积累而获得良好发展，成为明智与良知，并且，这两方面的良好发展使我们察知、体悟到心灵的自由的实践品质力量与理智力量，使我们感受到心灵既充满不竭的活力，又坦然、平静与和谐。这样的心灵状态将始终使我们感到充实而没有欠缺，并且带给我们内在的

---

① ［古希腊］亚里士多德：《政治学》，1295b1—34。

自由与愉悦。

最后，这种总体的好生活，还通常是对我们而言越来越确定和稳定的，随着我们的人生持续着而不会轻易被改变的生活，直至生命的终结。诚然，人的生命的自然终结决定于自然规律，但生命的终结仅仅是使一个人的这样过的生活结束，而不是改变。在这种意义上，这种生活也是我们作为一个人可以掌握的生活。一个以这种方式过着一种总体的好生活的人也可能被自然的厄运与社会偶然的灾祸和事故击倒，但是，以这种状态继续着的生活将使一个人能够避开他作为一个人所能够避免的那些厄运，并且，这样的厄运也将在他的自由的心灵中产生出果实，就像亚里士多德说的那样，"就是在厄运中高尚也闪烁着光辉"①。不言而喻，心灵状态不同的人在经历一种厄运时将是非常不同的。

三、我的与他人的好生活观念

关于总体的好生活的观念，一个重要的质疑在于它是否是人们可以相互理解与沟通的，如果不是，它是否还有意义。如果这种生活必定是基于实践的可能性，如果关于它的观念必定是基于我们对于人生实践的道德觉解，那么，说在实践着并觉解着人生实践的人们之间这种观念是完全不可相互理解与沟通的就似乎没有道理。

的确，在实践并觉解着人生实践的人们之间，他们各自关于总体的好生活即人生实践的目的的观念，至少可以一定程度地以某种相互可理解的方式交流和沟通，或者，某种程度的相互理解和沟通至少不是不可能的。撇开其他一些方面，这种有限程度的相互可理解性之所以可以达到，尤其是由于两个值得尊重的因素。首先，实践并觉解着人生实践的人们的心灵是诚实的，他们既不会因特殊利益的考虑而对自己的真实理解与体悟做虚假的表达，也不会因这种考虑而曲解自己所接受到的其他人对人生实践所表达的理解与体悟。其次，更重要的在于，他们的实践生活，以及他们的"呈现"或"映照"这种生活以及更为广泛形式的人类生活的心灵，都是处于一定的状态。他们并非处于因紧迫需要而受约束的生活之中，他们的心灵也不再因这种生活状态而受到限制，并且由于实践而健全地发展。另外，这样的人，对于人生实践的许多理解与体悟将非常可能是彼此相同或接近的。而且，即使不尽相同的生活经历给他们所发展的理解与体会留下不尽相同的"烙印"，他们的理解与体悟的这些不尽相同的方面也非常可能会相

---

① ［古希腊］亚里士多德：《尼各马可伦理学》，1100b29。

互补充和丰富，因为它们并不彼此冲突和对立。所有这些似乎都使得某种程度的相互理解与沟通成为可能。

不过，假设我们处于这种生活状态与心灵状态，一个邻人或者由于长久处于紧迫需要之中，或者由于没有做出持久的实践努力，而处在非常不同的生活状态与心灵状态，并基于偶性的善观念和互竞的善观念而形成在我们看来不真实的总体的好生活观念，我们和他之间关于总体的好生活的观念就难于达到相互有益的理解与沟通。在这种情形下，根据前面所阐释的理由，我们或许可以比较充分地理解他持有的那种事实上是不真实的好生活观念及持有它的原因，但是他却不大能够理解我们的好生活观念及我们持有这种观念的原因，因为他没有经历过我们所经历的实践，尤其是道德觉解的实践。处在这种交往之中，我们或许首先需要在交往伦理学以及完全以它为基础的政治学的水准上，寻求以社会的方式帮助改善他们的生活状况的适当途径，并且如果可能，作为能够对他们有所帮助的一种教育，引导他们去理解和体会人的生活的可能的实践性质以及他们的生命活动的很大一部分在他们自己的掌握之中。

四、总体的好生活与沉思

在实践并觉解着人生实践的人们之间，这种相互理解与沟通似乎无须是“彻底的”。因为，既然这样的人生实践已经具有自足而丰富的内涵，既然某种大致的相互理解与沟通就已经具有极大益处，寻求一种“彻底的”相互理解与沟通就没有必要。而且，这似乎是一件不可能完成的事业。甚至，哲学本身，不仅仅是它的以人的实践为题材的伦理学部分，就是一个这样的事业。但这种不可能最终完成的性质并没有使哲学对于人的意义受到贬损。相反，它——爱智慧的活动——正因为这样的一个事业才成为人类永恒的追求：一种最终完成了的哲学将是“死亡了的”哲学。就人生实践的目的来说，实践并觉解着人生实践的人们不仅因为这样一种相互理解与沟通不可能“彻底”地完成而永远可能在相互间进行有意义的沟通，而且似乎必须经常与历史上那些思想巨人们进行这样的交流与沟通，这种交流与沟通也通过文字所能够转达的思想而成为可能。这种伴随“彻底的”相互理解与沟通的不可能性的进行某种有意义的相互理解与沟通的可能性，恰恰是我们作为人的生命值得一过的一种重要的意义所在。

这样看来，作为这种人生实践的目的，总体的好生活自然是思想的，有着思想的性质和内容，并且自然地既是思想的又是思想的题材。因为首先，它只有被我们思想，在我们的思想中“呈现”，才存在于我们的思想和生命活动之中。假设我们处于上面所说的生活与心灵状态，因而持有总体的好生活的观念，无论我们，怎样地理解和体会一种具体实践对于人生的普遍性含义，这种理解和体会都要借助思想来实现和获得。其次，显而易见，同其他与我们处于相近生活与心灵状态的人进行这种可能且有意义的关于这种目的的相互交谈，都是通过思想的，因而是思想的交流。但这并不是说，总体的好生活的观念不是实践的。说它是思想的，是说只有当我们的实践理智的理解与伴随的健全感情随着生活实践而充分发展，成为我们的心灵自由力量时，它才成为“观照”着我们的人生实践的观念，并由于成为这种观念而使我们思想着。①

人的生活和人的总体的好生活无疑是人所能够思想的同生活实践密切相关的最复杂的问题。正因为如此，一个实践并觉解着人生实践的人，正像古希腊人已经十分清楚地懂得了的，必定需要有朋友一道来进行这种有意义的、对于人是可能的活动。亚里士多德这样说道，“当两人结伴时”，“无论在思考上还是做事情上都比一个人强”②。或许，按他的看法，需要朋友一道来思考人生实践的可能含义正是我们需要有朋友的最重要原因：这样才能把人生最重大、最难于思考的问题思考得更好，而且因为我们也需要分享朋友思考这个问题的内心感觉本身，对这种内心感觉的感觉使我们感受到人的心灵的自由力量的另一种呈现。所以，能够同持有相近的人生实践的善目的观念的人交往的人是幸运的。这种交往更大程度上是心智的交往，并且会径直地面对关于人生实践的思想。这种交往将始终对我们有益，因为它给予我们一个机会，使我们能够关照从另一个人的必定与我们多少有些区别的生活道路而到达的这种对人生实践的理解与体悟。这丰富着我们的理解和体悟，并帮助我们发现人生实践中一些仍然不尽一致和完善的方面，并使我们能够去纠正和完善它们。

---

① 亚里士多德，或者还有那个时代的“爱智慧的”雅典人，因而把人的总体的好生活看作或者就是沉思的生活，或者是伴随沉思的生活的（[古希腊] 亚里士多德：《尼各马可伦理学》，第 10 卷第 7 章）。这是有些道理的。因为，如果这种生活必定是一个具有这种观念并且能够思考它才能够过的，我们竟会倾向把它看作这样的。不过，如果我们来理解这种生活，似乎更适合说它是一种伴随有沉思或不离沉思的生活。因为，只有褊狭的心灵，才会把它看作除去沉思之外别无其他活动的生活。

② [古希腊] 亚里士多德：《尼各马可伦理学》，1155a24－25。

附论：对幸福概念的评论

实践理智的理解所追寻的人生实践的目的的观念显示给我们两个相互联系的方面。首先，这种理解确定这样一种见识：存在着这样的目的，一种对人而言的总体的善，追求这种总体的善的人生实践是有意义的。其次，这种理解同时也确定这样一种见识：存在着构成这种目的的生活或人生实践的基本要素或内容，这种要素或内容是属于人自身的、不易被剥夺的，因而事实上，如果保有这种生活要素或内容，我们就实现了这种生活的或人生实践的目的。

如人们熟知的，这个目的在古代希腊，被称作幸福。亚里士多德的伦理学著作以阐释了希腊社会普遍的幸福概念为我们所熟悉。幸福是属于一个人的、无匮乏的、自足的、稳定地持续着的生活。按照亚里士多德的说明，在那个时代，人们普遍地以这样的方式来理解构成人的生活的最后的、最高的善。不过，亚里士多德同时也告诉我们，在那个时代，人们在什么样的活动构成幸福的问题上也从未达到过一致意见。苏格拉底、柏拉图和亚里士多德把沉思的生活，加上德性的生活，看作是幸福的主要构成要素，重视政治生活的人们把德性的生活看作这种构成要素，而多数人由于仅仅重视感官享受，把快乐，也就是肉体享乐的活动，看作这种构成要素。

不过，我们在这里并不追溯关于幸福或人的生活的整体的善这些不同观点间的细致差别，而是考虑这种将幸福直接看作属于人的善而不是在人之外的外在的东西的观点后来所经历的变化。因为，正是这种变化才直接地影响了今天的人们关于幸福的日常观点。幸福是属于一个人的生命活动的，就是说，不是外在的，或取决于某种外在的因素。在沉思、德性、快乐这三种关于幸福或属于人的总体的善的构成要素的观点之中，以希腊时代的观点，沉思属于理智的活动，德性属于实践的活动，快乐则仅仅属于感官的活动。这三种要素都被看作属于人自身的，因自身被看作善的，与由它们各自构成的幸福具有相同的性质。希腊化时期，斯多亚学派改变了这种理解。沉思、德性与快乐仍然被看作属于人的重要的善，但是这三者中，唯有德性被看作是一个人自己能够掌握的。与德性相比，沉思的生活被看作属于一个人的奢侈的善，是我们如果可能就会去追求的生活，不属于我们只要想就可以去追求的生活。而德性的生活，恰恰是只要我们想就可以追求的，因为它的确是心灵的善。在亚里士多德看来与德性直接联系的幸福则更加改变了模样。幸福似乎不能够像希腊人那样被理解为属于心灵或灵魂的：它既不是属于心灵的善，也不是外在的善。① 斯多亚学派所发展的理解深深地影响了康德。但是康德更向前走了一步。因为，康德事实上把幸福看作我们“生活舒适”时，获得某种外在善——例如“财富、权力、荣誉甚至健康和全部生活美好、境遇如意”时的内心愉悦感②，属于感觉而不是知性。③ 作为仅仅联系于外在善的感觉经验，幸福“绝不能给出实践法则”，因为它完全不是属于人自身的。

不过，斯多亚学派对于幸福的渐渐变得悲观的观点，特别是康德对于幸福概念的说明，倒是符合普通的日常意识。即使希腊时代，由于人们认为幸福需要某些必要的外在善，一些人们，会在陷入穷困时把财富看作是幸福④，尽管这种观点在那个时代很少得到赞同。西方启蒙运动以来，由于欲望被提升为人本身，而欲望在其原始形式下总是同获得某种所缺乏的外在善的苦涩的期望联系在一起，幸福被越来越普遍地同一个人获得某种巨大的外在善或幸运时的感受联系起来，以致希腊人关于幸福是属于一个人的内在善的看法反而变得令人奇怪了。

不过，即使在传统得到较好保存的东方思想中，幸福也从未被看作属于一个人自身的。关于人和人的生活，东方的思想从来没有达到希腊思想那样乐观的观点。就是对于人持相当乐观观点的儒家学说也只把德性看作属于人自身的善。在儒家思想传统的影响下，中国人的常识意识仅仅把福连同禄、寿、喜看作并不属于人但人们都向往的善，其中，寿是属于身体或生命的自然的善，福、禄、喜则被理解为外在的善。由于它们不是属于我们自身的，不是在我们自身的掌握之中，所以我们希望能够幸运地获得它们。我们也并不把它们看作属于一个邻人的，所以，在向我们的邻人表达善意时，我们会祝愿他幸运地获得它们，而如果它们是属于他的，我们便不需要祝愿。

我们的总体的好生活的概念将在这个重要之点上区别于已经获得这样含义的幸福概念。总体的好生活是属于一个人的总体的善。它不是巨大的外在善，也不以获得这样的善为条件。因为，这种生活所必需的仅仅是维持正常生命存在的善手段，这些善手段通常是我们通过自己的活动容易获

---

① ［古希腊］拉尔修：《名哲言行录》下，441～442 页。

② 同上书，8 页。

③ ［德］康德：《实践理性批判》，20 页：“幸福总是这样一种东西”，他说，“虽然对于拥有它的人是愉悦的，但就它自身而言并不是绝对地和在所有方面善的，而是在任何时候都以道德上合乎法则的举止为先决条件。”

④ ［古希腊］亚里士多德：《尼各马可伦理学》，1095a24。

得的，所以并不构成对这种总体的善的标识。我们在生命活动的历程中所培养的德性的实践品质与实践理智的理解，才恰恰是引导我们过这样一种生活的最基本的东西。

思考题：

1. 怎样理解人的总体的好生活？
2. 总体的好生活与具体实践的善之间有何种关系？
3. 为什么总体的好生活是思想的或包含思想内容的？

第三十四章 “善”的多元化

第一节 善观念的“碎片化”

一、“善”的多元化的两种含义

我们已经间或谈到，在人类的文化进程中，人类关于人或人生的总体的善的观念或观点经历了一个“碎片化”的过程。事实上，这是人们今天谈到“善”的多元化时所指的主要东西。

因为，人们今天所说的“善”的多元化有两种主要的文化含义。一方面，由于丧失了关于生活的总体的善的观点，人们事实上是把原本构成着那个观点的某些构成要素，主要构成一种总体上好的生活的一些外在福利手段，当作生活的目的善。按照我们在这里的说明，这些事物仅仅是不够格的“目的善”，因为它们仅仅在非常表面的意义上被当作这样的善。伴随这种过程发生的是，人们发现他们在什么才是生活的总体的善的观点上难于相互理解与沟通，因为，他们是在就一旦作一种哲学的、思想的省察他们就实际上没有的观点进行无谓的争辩。既然没有对人生总体的善的理解与领悟，这些争辩的意见必定陷入相互的对立。在这种含义之内，善目的观念从对于生活总体的观念“隐退”到对构成过一种好的生活的诸多条件尤其是外在手段要素的观念这个变化，我们或许可以合理地称之为“碎片化”，在这个进程中人们由于陷入不同观念状态而不再可能寻求关于总体的善目的观念的共识这个变化，我们或许可以合理地称之为“私人化”。

另一方面，人们在谈到所谓“善”的多元化时，常常所指的是人们在德性观念上变得多元化了：他们把许多不同的品性、感情和行为方式，甚至一些看似非常不同甚至对立的品性与方式，看作人的德性，并且认为人们在德性上不可能存在相同的观点。在这个方面，人们所说的“善”的多元化看来具有更大的真实性。因为，人类的确在关于人的生活与实践的德性的观念方面，变得多元化了。不过，这种变化总体上又是根由于善目的观念的“碎片化”，是从第一种变化而来的。

二、善的"碎片化"的内涵

让我们从关于生活的总体善的观点的"碎片化"谈起。

最早产生的伦理学思想主要是目的论的。这是因为，在古典文明时期，人类曾经广泛持有这样的共同理解：存在对于人而言的总体的善，存在直接与这种善联系着的基本生活活动要素。这两种相互依存的共同理解，构成一种对人生实践的目的观念的"拱顶"。古典的目的论表达着这种共同的理解。今天那些仍然保持着影响人心的力量的各种文化传统中，仍然某种程度上存在这样的共同理解。这种理解构成一种背景观念构架，在这个构架下，我们实现和获得的实践的善都被看作是与那个总体的善联系的，而不是孤立、互不联系的。

在西方，从希腊化时代起，构成这种共同的目的观念的"拱顶"的这两种共同理解慢慢"坍塌"了。越来越多的人不再认为还存在一种对人而言的总体的善，也不再认为存在着属于人自身的、不易被剥夺的构成这种目的的生活或人生实践的基本要素或内容。当作为"拱顶的"这个共同的理解"坍塌"，它似乎就自然而然地在普通人个人的理解中"隐退"。那些先前被这个"拱顶"结合到一起的构成要素，无论是一种还是几种的结合，就由于失去总体的结构，而显现为彼此没有必然联系的并立的要素。善的观念"碎片化"了。①

善目的观念的"碎片化"所包含的第一个直接变化就是，一种总体与具体的层级式的目的观念结构的解体，这个结构中，上一层级的善统含着下一层级的善，并对后者表现为目的。随着这个观念结构分解成为许多"碎片"，它所表达的总体善的观念就失去了意义：尽管有许多分解开来的"碎片"，但没有一个"碎片"可以使人们获得对那种目的的总的观念。这种总的观念是基于对实践的善与总体的好生活的关联的理解，不可能通过"拼接"这些"碎片"来获得。取代的是既不相互联系也分不出上下的各种善：这些并立的要素便似乎仅仅是相互竞争而不是能够相互替代的。沉思、

---

① "碎片化"这一修辞学描述，是我从麦金太尔的《德性之后》第一章开首处做出那个著名的隐喻时所使用的那些隐喻式语言——"片断（fragments）"、"肖屑与碎片（bits and pieces）"和"尚存的部分（the surviving portions）"借用而来的（A. MacIntyre，*After Virtue*，2nd ed.，Notre Dame，Indiana，University of Notre Dame Press，1984，p. 1）。我在使用这个借用语时赋予了它特定的含义。这种含义在这一小节和下面一小节中得到了比较充分的说明。这里不再赘述。

德性、快乐现在都被看作就是善本身，而不是与人的总体的好生活相联系。不过，随着希腊文明的辉煌成为过去，沉思慢慢地仅仅被看作是有教养、有特权的阶层所专享的。但主要的对立仍然在于，究竟是德性还是快乐应当被看作是人的善或幸福。希腊时代，在它们之间做出区别是借助那个总体的目的来说明的：快乐作为幸福的基本构成要素似乎始终不及沉思与德性主动与稳定，它是受动的，因而受到外部因素的影响。希腊化时代，当快乐变得需要与德性来竞争这个地位时，对快乐是属于一个人自身的善的一种深刻怀疑也就从它在柏拉图那里的源头发展起来。所以伊壁鸠鲁相信，唯有“静态的”快乐才具有这样的可靠性。因此在总体的观念隐退以后，快乐就变得与德性和沉思没有分别了。亚里士多德关于沉思与德性自身就包含快乐的观念也随之被摒弃：快乐现在必须被作为一个与德性、与沉思撇清联系的单独的善概念来对待。

一种理解善的新的图景构成了：它仅仅是多样的、每一种都与其他的不同，不再有那个“总体”，那个“一”。我们的善仅仅是在杂多的、不可相互比较的，我们甚至不会问及它们之中是否有哪一个或哪一些具有较大的蕴涵性，因而对那些相对暂时的善表现为目的，而仅仅是在那些在每个瞬间显得平均的和相互并列着的善事物之间摸索。

三、伴随着“碎片化”的“外在化”

另一个伴随发生的变化更为重要。人们不再需要区别属于人自身的善与外在的善。因为，就人的当下意识现象而言，它们都显得善，否则就不是善。在古典文明与那些仍然具有生命力的伦理思想传统中，这两者被人们小心地区别着：把不确定且对于人仅仅具有有限影响的外在善当作人生实践的目的将是极大的错误。所以，古典文明与仍具生命力的伦理思想传统，都抵制把某种外在善看作构成这种有目的、有意义的人生实践的基本构成要素的观念。无论是荣誉、成就、地位，还是幸运、财富或其他福利手段，或者用中国人的普通观念来概括的福、禄、寿、喜，都仅仅被看作过一种这样的生活所必需，然而又不是构成这种生活的最根本的东西，它们被看作人生实践之中的“过眼烟云”。因为，你必须想一想，即使这些事物中的重要一部分被剥夺，而你的生命活动还延续着，你的生活的那个目的意味着什么。所以，在古代希腊社会，沉思、德性、快乐，在儒家思想中，德或德性，才被看作是构成对于人生实践有意义的生活的基本要素：一些人认为是其中的一种，另一些人则认为是某一种再加上其他某种。中国人的思想把人生实践的目的与意义的理解一直保持在对“道”或“德”

的共同理解之中：人的有意义的生活或者贯彻在对“道”的坚守或体悟之中，或者落实在我们作为人的“德”的践行之中。我们对祖先和后代所承担的责任也最终要落到这两者来领悟和理解。

在这个总体结构之后，沉思、德性、快乐与那些原本被看作外在的善——财富、权力、地位等一道，都被看作在当下瞬间，或者从长远观点来看，对我们显得善的不同的善。我们只需要问，它对我们显得善吗？而不再问，它是属于我们自身的还是外在的？而且，对我们显得善，虽然不能离开我们的理智的判断，但根本上要借助我们的欲望来确定。把幸福看作获得外在幸运时的快乐感的常识意识现在获得了更有力的支持：那些善是不是外在的无关紧要，重要的是它们对我们显得善，并且获得它们使我们快乐。

我们将把这个伴随的变化称为善目的观念的“外在化”。因为，尽管在这个进程中人似乎无须区分属于人自身的善与外在的善，事实上总体的倾向似乎是人变得更重视外在的善。因为，既然幸福需要外在福利手段，既然我们必须获得必要的外在福利手段才谈得上幸福，那么，外在福利手段就似乎是首先要获得的东西。一旦幸福作为生活目的的观点已经“逊位”，由于在它们后面的总体的善不再存在，外在福利手段就自然地显得是目的本身，那些被认为是同外在福利手段相联系的东西，荣誉、优越的出身、地位、权力等等，也就自然被看作是目的本身了。

诚然，这些外在善可能与德性一道被看作目的，一个人可能把它们视为各种不同的目的，对多数人而言，这些目的当中常常只有那些外在善才显得更加突出和值得欲求。因为，一旦德性不再被看作是属于一个人自身的善，不再被看作比其他外在的善事物更加自然地与在它们后面的那种总体的好生活联系在一起，它就失去了相对于那些外在善的优势。不仅如此，一旦德性不再被普遍地看作是这样，德性也就在教育中失去了受称赞和尊敬的地位：成人社会不再将它们看作是对于过一种总体的好生活至关重要因而值得追求和获得的品质，也不会把它们当作这样的品质向下一代人身体力行地传递；相反，他们将它们看作一些规则，也把它们当作这样的规则向下一代人传递。一旦德性被仅仅看作规则，它们就不被看作属于人自身的优点，而只被看作与其他外在善一样的一种善。而且，由于不像外在的善目的那样具有直接的感性吸引力，它们也就不再具有与外在善的吸引力和竞争力量。

我们无疑会看出，这个“外在化”倾向事实上不仅是“碎片化”的伴生现象，而且推动着善目的观念的“碎片化”的进程。因为，外在善不仅有非常大的范围，从我们生活所必需的基本福利手段到那些间接性的手段（“手段的手段”），从我们通常看作自身就值得欲求的事物到那些仅仅因其他事物才会被欲求的事物，而且有非常大的差别，我们可能因非常正常的原因而欲求获得一些外在善手段，也可能因非常偶然的原因而欲求一些这样的善手段。所以，不言而喻，一旦人们习惯于把所有这些显得善的外在善手段，尤其是那些仅仅因偶然原因显得善的善手段，都看作是生活的总体目的本身，这个关于善目的的观念就倾向于变得更加“破碎”。

第二节 善观念的“碎片化”的三种观念后果

一、偶性的善观念

这一点似乎不存在疑问：善目的观念的这种变化表明人类文明进程中的一种片面化的发展，并且由于这种发展而失去把握生活总体的善观念能力。的确，自启蒙时代以来，以这种方式，人被“分解”了，并且由于这一点在善目的观念方面被“分解”了。现在，我们来注意善目的观念的这种“碎片化”在个人或私人的善观念方面产生的某些重要后果状态。

我们可以将第一种观念的后果状态称为偶性的善观念。它是这样一种观念状态：对于一个人来说，这些由于“破碎”而变得杂多的善可能只存在于当下意识现象中，当下存在什么便是什么，并且，它完全不能够说，当然也无须问，那些现象之后有或没有什么。所有向我呈现为善的事物，就仅仅在我当下的感觉、感情或倾向中呈现。生命只存在于当下的感觉的意识之中，对我的当下感觉的意识而言，没有目的，只有当下显得善的事物。只要一事物当下不显得善，不吸引我，它就不是善，直到它变得吸引我时，才对我是善。所以，如果我过去的某一时刻曾把事物 ABCD 看作善的，此刻却把 OPQR 看作善的，这并不令我奇怪，我甚至无须去追索为什么会发生这样的变化。生命或生活不能够从总体上去思索，我不能去思索过去与将来，而必须仅仅满足于感觉现在。我也必须慢慢仅仅基于现在所缺乏的东西来感受它对我显得善这一感觉现象。因为，舍此我并没有其他的当下感觉。

处于这种情形下，我们事实上不可能发展一种关于人的目的观念。因为首先，我们可能仅仅把一些外在善物看作这样的目标。在这种状态下，在财富、荣誉、地位、成功这些目标之间，我们常常无法确定它们的相对分量，这些事物与我们当下非常想享用的一餐美食、想拥有的一件奢侈品一样，都显得对我们没有分别，区别仅仅在于它们满足我们需要的程度，或者在一个特定时刻我们向往获得它们的程度，因而只能听凭于它们呈现给我们的当下紧迫性。善成为仅仅因当下的需要才对我们成为善的东西：当感觉缺少某些东西时，我们才把所需要的东西当作对象。关于一种事物是否可能由于我们的正常生活，即使并不为当下紧迫地需要，而是生活中的一种善的问题，完全不再可能出现于理解的视野。由于没有这样的目的，没有关于这样的目的观念，一个人便将他所需要的任何东西都当作“目的”。更复杂的问题在于，一个人所感觉到的紧迫需要已经变得复杂化，并且很大程度上是一些与奢侈的生活方式联系的、被商业生产出的需要。所以，一个人可能不仅仅把食物、饮水，或者钱财，甚至是获得高档汽车这样的昂贵消费品，获得毒品，当作“目的”，因为他可能处于对后一类事物的“紧迫需要”中。

其次，我们可能将时时处于不得不去平衡当下同时对我们显得善的种种外在善事物的相互次序中。不过，需要的紧迫性并不总是能够清楚的排列，而且，对各种外在物的需要似乎时时都处于变化之中。由于所追求的仅仅是一些外在于我们生命的东西，由于缺少一种总体的观点，在如何安排那些在某种偶然时刻和场合显得善的外在事物上，似乎无法获得一致性。所以不难看出，这种任性的当下平衡是极不确定的，以致我们常常在做出一种安排之后，由于又感觉到了不一样的需要，悔恨我们做了那种安排。

最后，我们会动摇于关于这些外在善物的种种不同甚至截然相反的意见之间，时而偏向这一种，时而偏向那一种，因为需要的感觉有时偏向这一边，有时偏向那一边。另一方面，我们又始终受到关于这一切仅仅是身外之物的常识性生活箴言的困扰，因为这些箴言和常识道德观点一致，有的强调这种倾向，有的强调那种倾向。于是，我们的生活仿佛是被外部的力量，被有关这些外部力量的种种意见摆布。我们可能会时常感到我们事实上应当优先地追求另外某种善事物。这将使我们陷入一种矛盾的境地：一方面，我们不认为在当时的当下感觉这件事上我们会弄错；另一方面，我们可能的确希望当时优先地去追求另一种善事物。更重要的是，我们将发现某些先前对我们显得善的事物现在不再显得善，甚至是有害的。间续地发生这样的感觉或使我们觉得自己的当下感觉方面在任性地摆布自己：我们仿佛时而感觉到我们在追求和实现所欲求的善，时而又感觉到我们失去了某种或某些想追求的善。直到我们最终省悟，仅仅把这些当作目标的生活并不属于我们自己。事实上，许多人常常处在把如此杂多的外在物中的这一些或那一些当作“目的”的意见之下，处于按照它们所显现的不断变化的紧迫程度平衡它们的忙碌状态下，尽管当他们想深入想一想时，这种状态也让他们困扰。

二、互竞的善观念

我们可以将第二种观念的后果状态称为互竞的善观念。对这种状态可以这样来说明。我们可能碰巧将这样一组或那样一组在较长的时期内显得善的事物，例如，把德性、自由、尊严，或者，把快乐、闲适、潇洒，或者，把健康、强壮和身手矫健，或者，把家庭繁荣、和睦与温情，或者，把财富和金钱，荣誉与成功，权力与地位，或者把所有上述事物的某些更复杂的组合，看作我们有理由把它们看作目的的事物。但是在它们之间，我们不可能做出确切的相互比较，因为，它们似乎是由于不同的理由对我们显得善，这些理由作为原因似乎不可比较，它们由于这些不同的理由而对我们显得是互竞的善。所以，重要的与其说是确定它们是否能够相互协调一致，或者，确定它们之中哪一种具有主导的性质，不如说仅仅是确定它们之间的哪一个在当下显得更紧迫和必要，并且具有获得的手段。德性可能被看作这样的目的。但是，它仅仅是与其他善目的并列的一种善，并不具有更重要的地位。

处于这种情形下，我们必定同意，最大的问题仍然是协调对我们而言那些显得是目的的彼此竞争的善。与偶性的善观念的情形有些不同，我们似乎不是在可能非常偶然的杂多的外在善事物中忙碌并且盲目地选择，而是在看似有些根据和理由把它们看作目的的善事物中进行选择，而且在这些事物中，某些事物，主要是德性，一方面被我们感觉为与外在善不同；一方面又处于与外在善事物的竞争之中。因为，德性毕竟对我们表现为内在的品质而不是外在的物品。但是，由于德性没有被理解为我们能够依靠来掌握生活活动的性质的主要东西，而仅仅被看作与外在善并立的另一种善。在这两方面的善的竞争中，我们常常感到遭遇三个因素：一种外在善一般而言对我们的重要性，这种重要性在当下呈现的紧迫性，和我们所坚持的那种德性，例如诚实，对我们的重要性。它们的确不可评比，因为这三种重要性在根据上是完全不同的，尤其是，前面两种还可能叠加起来。既然这些显得善的事物都既显得不同又都被认为有理由被看作目的，对它们的权衡就更为困难。显然，如果没有一种总体的好生活的观点，我们就将难于通过实践消除它们之间的那些不一致性。

显然，由于这些挑选最终对我们显得善的事物的方式中缺少了对我们作为人的总体的好生活的观点，这些挑选仍然是不稳定、不持久的。并且，处在这种观念状态之下，我们也不可能期求这种稳定性。因为，人的生活似乎本身就是漂泊不定的，它似乎不是可以由我们自己掌握的，相反，它似乎掌握、支配着我们。我们似乎至少是不得不在人生的某些时期，修改和调整被挑选来作为目的的善事物的内容，将一些不再显得具有最重要性质的那些内容除去，并补充些新的内容。作为结果，我们可能使自己满足于这样的理解：生活就是由不同的善目的和获得这些目的的努力构成的，这些善之间不存在一致性，甚至恰恰由于它们是异质的，它们才相互补充，构成生活的多样性的善。

三、人生实践的善观念

我们前面说明的基于道德觉解实践的总体的好生活观念，当然也是在善目的观念“碎片化”进程背景下的另一种可能性。既然这种可能的观念必定包含对一种人生实践的总体内在善的理解与体悟，我们似乎可以径直地把这种观念状态称为人生实践的善。

显然，如果我们处于这种情形下，那可能是最好的状态。尽管我们会把一些不同的事物看作善的，其中有些是属于我们的生命和生活自身的，有些是外在的善物，但一旦我们能够基于对人的实践的德性的道德觉解发展一种对于人的总体的善的思索，我们就获得了一种关于我们生活的总体善的观点。因为，我们理解了这样一点：那些外在的善是从属于我们的一种好生活；而且，进行这些外在善的活动对我们发生了内在的善，对我们成为了实践；我们在这些实践中获得的德性，现在被理解为心灵的内在自由状态，是构成我们的总体的好生活最为重要的要素。我们的道德觉解因此进入一个无限广阔的心灵世界。不过，在获得这样一种心灵状态之前，我们也许总要经历一个努力保持和发展这种觉解的心灵历程。经过这种努力，或许我们才能达到这种“随心所欲”的自由状态。在这种自由状态中，生活的意义通过我们的生活活动，通过我们对人的生活的理解，通过与这种理解相伴随且不可分离、并且获得了丰富内容的健全感情，而呈现给我们，或者，为我们所领悟。这种领悟汇聚为这样一点：以这样的方式度过的生活，以这样的心灵状态领悟的生活，其实就是人的好的生活，因为，它的确比以其他方式度过和以其他心灵状态领悟的生活更好。

的确，对这样觉解的心灵而言，善目的观念的“碎片化”并不构成不可逾越的障碍。因为，人的生活毕竟是可以实践的，人生实践毕竟是我们可以以自己的方式来理解和体会的。如果我们幼年时期通过良好的教养或自我矫正形成良好的实践习惯，如果我们的实践理智的理解和伴随的感情随着生活阅历与学习得到良好发展，从而获得对于心灵的自由力量的觉解，我们就非常可能获得这种理解和体悟，这种理解与体悟又反过来帮助我们更好地实践。这种理解和体悟同时也就是我们对人生实践目的的一种总体的理解和领悟，对属于人的总体的好生活的理解和体悟。这种理解和体悟将使得那些被看作自身就是善的事物相互联系起来，共同构成一个整体的大厦。停止于杂多的、任性的流行善观念，现在被我们看作未经深入思索的，因为实践理智的理解这只“慧眼”使我们能够看出它们的褊狭和失真。

基于善的层级性理由，进一步假定我们所谈到的善的“碎片化”环境下的这三种观念的后果状态中，处于第三种观念状态的人通常是经历过偶性的善观念和互竞的善观念的阶段，并且由于坚持实践与道德觉解的努力才达到那种人生实践的善的观念。不过，基于道德觉解的人生实践的善观念被看作善目的观念的“碎片化”的一种后果状态与其说是这个“碎片化”进程自然地导向的一种结果，不如说是一个人在这个“碎片化”背景下的道德觉解的结果。不言而喻，一个有着这样的对人生实践的理解和体悟的人缺少共识的观念环境。而且，由于周围的人对人总体的善的普遍确信隐退了，我们将发现，这样一种理解的一致性仅仅能够存在于我们的私人的理解和私人的生活实践，我们不能够寄希望于在他人那里得到印证，除非在幸运的条件下，我们才能够在他人那里找到这种共识。或者，我们也可能发现，它能够某种程度存在于团契的精神生活之中，因而就广泛的范围而言，它唯有或者靠神学信仰，或者由共同志趣与信念联系起来的社团中的心智交往活动来支持。

第三节 善观念的私人化

一、善观念何以被看作“口味”

随着上面说明的人们对于善目的观念的那两种共同理解的逐步丧失，亦即，随着人们在善目的观念上陷入上面所说的三种主要状态，人们的善观念也就变得难于相互理解和沟通，一个人把哪些事物看作善的，甚至看作是生活的目的或总体的善，就变得仅仅是他自己才能理解和体会的，善的观念就陷入一种“私人化”的状态。

显然，随着我们所说明的善目的观念的“碎片化”进程，越来越多的人陷入偶性的和互竞的善观念的状态。当人们不再普遍认为存在对人而言的总体的善，不再认为存在直接与这种善联系着的基本生活活动要素，问题就仅仅在于，一个人把那些杂多的善事物的哪种或哪些事物看作善的。这意味着，他既可以把这种或这样一些事物看作善的，也可以把那种或那样一些事物，或者，把它们的一些组合，以及其他一些事物，看作善的。既然基于偶性的和互竞的善观念，在这些事物中区别属于一个人的与外在的善已经不再重要，对任何一种挑选方案的确定就都没有重要区别。

不过更重要的是，一个人的挑选变得与另一个人的不同这一点变成了一件再平常不过的事情。既然可能被看作善的事物如此之多，既然我如何地挑选对于我本身都是一件任性的、偶然的事情，其他人的挑选当然也是如此。所以，设想我的挑选恰巧与某个或某些人的相同或一致就简直是异想天开。就像由无限多的要素所构成的排列组合，除非出于罕有的巧合，否则两种挑选就不可能完全重合一致。从对这种现象的观察出发，你甚至可以得出这样的推论：每个人的生活都是个别的、不可重复的，因此一个人对善事物的挑选，以及更为形象地，对善观念的挑选，就同样是个别的、不可重复的；一个人的存在就在于他具有与他人不同的善观念，这种独特的善观念就构成他的个性，如此等等。

在这种状况下，一种观念的现实历史地生成了：一个人将挑选什么作为善的事物，就自然而然地被看作是他私人的事情，就像一个人愿意选择何种口味被看作是他私人的事情一样。这种观念的现实，正如20世纪美国哲学家史蒂文森描述的，如果你与另一人在某个道德问题上发生分歧，那么在你们相互摆明自己持那种意见的看似理由的东西之后，如果彼此仍然坚持那些理由，你与他就不可能求得道德的一致，这就像你与他决定共进晚餐，你建议到有伴乐的饭店，他表示不喜欢伴乐并建议去另一家饭店，你们很难达成一致意见一样。①

---

① ［美］史蒂文森：《伦理学与语言》，7～8页，北京，中国社会科学出版社，1991。

二、为什么善观念显得“不可公度”与“不可沟通”

因为，如果撇离了对我们作为一个健全人的总体生活的内在的善或目的的理解，如果撇离了随着这种理解本身自然地生成和发展的相应内在感情的方面，我们对实践事务的内在感觉就与我们对一件自然事物的单纯感官的感觉不再有差别，人的实践的习惯与品性，以及表达这种习惯与品性的实践理智的判断，就自然地被还原为与味觉或嗅觉等口味一样的东西。[①]既然一个人把哪些事物挑选来看作善的被看作仅仅是私人的事情，那么显然，一个人的这些具体的善观念，无论建立在当下感觉上还是比较长远的观点上，就很难期待在其他人那里获得赞许的意见。因为，在这种状态下，我们将“自然而然”地把一个人把哪些事物挑选出来看作善的仅仅看作是他私人的事情，把一个人无论在与另一人的讨论中还是在他的私人意识中人为的将哪些事物挑选为善的理由，都看作与其他人不可沟通、不可能获得共同的可理解性。[②] 因而，就算能够可信地将彼此所持的不同理由或理由中的不同点都摆出来，我们仍然不能消除这种分歧。因为，除了对理由本身的理解外，还有不能消除的对某些特定理由的爱好态度，这些爱好态度就像味觉的爱好一样根深蒂固，因此人们不可能致力于寻求沟通这件事情。

“人们在善判断上难于获得并寻求共识”这个论点的结论具有一定的真实性。因为，当人的生活活动对较多的人们具有的实践可能性变得遥远，当伴随着这个进程，人们的善目的观念由于“碎片化”而成为私人的个异的观念，陷于不同观念状态的个人之间就会习惯于彼此相异的善观念环境，

---

① 从这里，我们便看到根基于逻辑实证主义的情感主义伦理学基本主张的含义。在提出这些主张方面，非常著名的例证是A·L·史蒂文森。他在1944年出版的《伦理学与语言》中说，“这是善的”这一伦理判断表达的主要内容是判断者的感情和态度，这是一种将自己赞成的东西（事情、行为、品性等等）推荐给他人的感情和态度，在更周全的意义上，是劝导他人采取相同的感情和态度（《伦理学与语言》，25～32、233～238页）。史蒂文森情感主义伦理学的问题并不在于他认为伦理判断表达着感情内容。主要的问题在于，这类判断同时表达着的“描述”内容与感情内容只能够在人的实践生活中所获得的实践理智的理解与伴随感情的意义上来理解，如果离开对人的已经具有实践意义的生活活动及其道德觉解活动的理解，而试图仅仅从语言表现形式的方面做出说明，这些内容就不可能得到恰当的解说。

② ［美］麦金太尔：《德性之后》，9～11页，他在那里举证了今天人们关于战争、生命、正义问题上的不同而且看似不可能寻求共识的道德意见。

而不去寻求善观念上的共识。因为，如果实践和实践的善，以及由它们所构成的总体的好生活，只是对于人的一种可能性，是在人的生命活动处于一定状态下才显现给他的一种真实，关于这种目的善的观点或概念就不是现实生活的人随时地都能够有共同意见的题材。因为，如果不能够获得这种实践，一个人就至多能够通过聆听他人的见解，而形成关于存在对人而言的好的生活的意见，这样获得的意见是非常不确定的。而且，作为有限的、并非单纯性的存在，人们即使同意存在某种这样的生活或意见，在哪些内容构成这样的生活的问题上，也不大可能获得共同的认识。

当然这不是说，如果生活对我们具有实践性质，并且我们对生活实践的道德觉解幸运地发展到对人生实践的总体的觉解，我们就会具有同一种善的观念，无论是把它叫作人生的知识还是目的。上述的评论所能够表明的仅仅是，在这种状态下，我们必定有一种关于我们作为人的总体的好生活的观点，这种观点对于我们是相当确定的。并且，即使一个人关于这种总体的好生活的构成内容与另一人不同，我们也必定同意，使一个人能够出色地实现其人生实践的内在善（即他可能以自己的方式理解的那种总体的好生活）的那些被看作德性的品质与心灵状态，必定就是构成那种生活的最重要的要素。此外，我们显然还会同意，由于我们所理解的构成一种总体的好生活的一种重要因素是相同的、被赋予相近的分量的，尽管另一个人理解的其他构成要素与我们的可能不是十分一致，但我们与他对于善目的的理解是可以相互沟通的，而不是彼此不可理解的。① 不难理解，一旦这些内容分别被看作目的本身，人们关于目的的看法就变得更加充满分歧，而且不可沟通。

---

① 在古代希腊，尽管人们在什么构成幸福方面有不同的意见，例如有些人把这种善解说为爱智慧的生活，有些人把它解说为政治实践的生活，因为我们从这种生活获得德性，还有些人把它解说为使我们获得肉体快乐的生活，人们在存在着对人而言的好的生活，并且这种好生活应当被称作幸福方面，存在相当一致的意见。人们认为，幸福也就是那个最高的、最终的善，这种生活不易被改变和剥夺，属于一个人自身，尽管也要有必需的外在善作为手段（[古希腊] 亚里士多德：《尼各马可伦理学》，第 1 卷第 5 章）。古希腊之后的西方世界，关于存在对人而言的总体的好生活，并且这种生活是属于一个人的善的观点慢慢消失了。它被看作是对于人的生活的过于乐观的观点。于是，曾经被理解为构成着这种生活的那些内容——沉思、德性、快乐，以及一般而言对人们显得善的外在善，例如高贵出身、地位、荣誉，以及仅仅是生存以及过奢侈的生活的物质手段的外在善，即财富，在相当漫长的历史时期，都分别地、单独被看作人的目的的善。

第四节　德性观念的多元化

一、“善”的多元化谈论的实质的另一方面

今天的人们谈到“善”的多元化时，事实上所指的另一方面的内容是随着人们的善目的观念的“碎片化”和私人化这一文化的进程，人们的德性观念也发生着真实的多元化。这并不是说，古代人曾经有唯一一种德性和关于这种德性的观念。事实上，德性似乎在人类漫长的历史中一直是复数的：在古希腊，人们将节制、勇敢、正义和智慧看作四种最重要的德性，在古代中国，孔子将智慧、仁爱、勇敢概括为三种最重要的德性。今天人们谈到“善”的多元化时所指的德性以及德性观念的多元化，主要是指这样一件事实：古典文明时期人们普遍称赞的德性今天已经不再被这样地称赞，今天的人们称赞一些非常不同的德性，以致一个人称赞的一组德性——无论它们是否相互适合和一致——竟与另一人称赞的截然不同，甚至根本对立。

我们举些例子来说明。今天，一个人可能仍然称赞交往的诚实，另一个人则恰恰视诚实为软弱和无能，而称赞狡诈；一个人可能把关心邻人的善当作值得称道的美德，另一人则可能把冷酷的自私看作最值得肯定的品德；一个人可能把紧张高效率地做事看作可褒奖的品质，另一人则可能把闲适地随兴致地做事看作人的优点；更为普遍的，一个人可能把以满足正常需要为限的简朴生活看作人生的德性，另一个人则可能把穷奢极欲的放纵与挥霍看作人生的最大光荣。

显然，在一个人的生活中，由于实践理智的理解与相应感情的健全发展，生活的总体的善与具体实践活动的善对于他而言是相互一致时，一种具体的德性就既实现着那种具体实践的善，又同时与人生的总体的好生活一致。例如，如果我们在交际场合谈吐潇洒机智是一种德性，那么，这不仅是因为这种言谈方式让那个场合中的邻人们愉悦，而且是因为如果大家都以这样的方式交谈就相互有益和感到愉悦，这与我们作为人的总体的好生活是内在地联系在一起的。一般地说，诚实是内涵最为广泛的德性。它既可能仅仅存在于一个人对下一个交往行为及其内心状态的理解与体会之中，并且在交往生活的水准上调整他的行为与内心状态；也可能，如果他发生了对于人的实践的理解，并且这种理解与相应的心灵感情使他把德性

觉解为他作为人的心灵的自由力量，存在于他对于总体的人生实践的内心状态的理解与体会之中。在后一种可能性中，具体的诚实与人生实践的总体的诚实是联系在一起的。

我们现在可以说明，一个通过道德觉解的发展而理解与体会到诚实是与人生实践的良好不可分离的基本德性的人，何以会拒绝不诚实。一个在这种水准上诚实的人，正如柏拉图以正义德性举证说明的，当然能够不诚实，但是，他必定拒绝这样做。主要的原因在于，他将非常清楚，或者，这件事将非常清楚地在他的心灵上“显现”着：这样去做将毁灭他的心灵，并因而毁灭不可能离开这样一种心灵的已经自由地发展了良好而广阔的精神世界及其实践的生活。

二、与“善”的碎片联系的“德性”

显然，关于人的总体的好生活的观点“破碎”之后，关于人的德性的观念就仅仅是同那些“碎片”联系在一起的。所以，如果一个人把当下显得紧迫需要的外在善，例如获得尽可能多的金钱，当作最主要的目的，他就可能将善于捕捉机会、冒险看作人的最值得期求获得的德性。如果他变得相信欺诈是比诚实更有效的获得最大可能财富的手段，他就可能把欺诈看作内心赞许的德性。

事实上，处于这种观念状态下，我们不可能真正产生任何关于德性的观点。我们将丧失对属于人这样一种善的理解，连同伴随这种体会的感情体验。因为，既然没有什么善事物被看作属于我们自身，既然一切都仅仅是出于当下的欲望与需要，德性的观点将被我们仅仅看作空谈。总体上，我们作为人的生命活动的可能性的道德觉解停滞了，在这样的心灵上，人的德性这种特别属于人的心灵的善将无从“显现”。生命的过程对于我们来说将仅仅是当下的感觉过程。所以，随着动物性的生命活动能力的衰弱，我们最终将会把这个生命感觉为毫无意义的、空洞的。的确，人们可能同意，在这样的心灵上，德性与无德性的区别将仅仅存在于措辞之间，而且，如果需要，任何品质与习性，甚至最为邪恶的品性，都可以被说成是德性。

不过，进一步的复杂性还在于，与那些外在善目的或它们中间的某一个相关的活动可能对我们具有实践性，在这种情形下，我们自然也发生了同那种活动的目的相联系的、独特的德性的观念。例如，假设我的显得突出的目标是商业成功。基于这种外在善，我可能把努力工作、做事有条理、冒险、能够机智地窥视竞争对手的商业机密，看作德性，尽管我也具有关于具体诚实的观念。这两层德性的观念——关于我们作为一般意义的人的交往行为规范意义的诚实，关于联系于我的商业成功目标的努力工作等等，在我们的德性的观念中交织出非常复杂的图景：由于第二层次的德性是联系于商业成功的目标的，它们常常显得突出且紧迫；另一方面，诚实也是我不打算抛弃的一种德性，尽管它不显得紧迫。①

虽然那些德性的“碎片”显得是德性，却无法使我们恢复对于人的总体德性和总体善的概念，并且联系于被视为不同的、没有相互联系的事物，这些关于实践德性的观点可能相互间并不协调，我们常常会感到在实践上顾此失彼，甚至，常常感到这些看似非常不同的德性不可能兼得。如果一个人处在这种德性观念状态中，非常可能是，他或者逐步地不仅仅如此狭隘地理解和体会诚实对于人生的含义，因而通过进一步的道德觉解而理解和体会到诚实同我们作为人的总体的好生活的不可分离的关联；或者把诚实看作常常与勤奋、做事有条理、冒险等并立，并常常与那些其他德性显得相互矛盾或冲突的一种德性。在后一种可能性下，不言而喻，诚实通常都是所有这些德性中最“软弱”的一个，并且最终不免被看作是获得成功、荣誉、财富等外在善目的的手段或“狡计”。

第五节　宽容作为必要的实践理智德性

一、对宽容的需要

不过，既然善观念的“碎片化”、私人化和德性观念的多元化是今天人们的处境，并且，今天的人们还处于不同的善目的观念状态下，并且在这些善目的观念状态下难于相互沟通，我们就需要一种较为基本的、能够普

① 在中国，虽然儒家有这样的教导，即通过我们的生活来体会人之道是我们成为一个有德性的人的方式，这样的生活也是我们的最好的生活，并且这种教导作为一种文化传统是深入人们的日常意识的，但是，一方面由于长久的匮乏和忙于生计，而不能发展实践理智的理解和反省的态度；另一方面由于从日常生活体会人之道毕竟比较困难，人们常常只能形成某种局部的体会和片段的意见，例如关于勤劳、诚实、忍耐等的品质，关于良心等的意见。因而，人们常常不能获得一种关于总体的好生活的观点，而处于既把某些德性，也把某些获得当下所需要的生活手段都当作生活的目的与意义的观念状态。但是，这种古老的文化传统仍然具有影响心灵的力量。所以，一旦人们在实践理智方面获得更为自由的理解力量，便会去寻求更进一步的理解，这将使他们倾向于去理解中国先贤们那些寓意深远的教导的含义。

遍得到相互理解的实践理智的德性，这种德性就是宽容。

宽容是实践理智的德性，因为我们的确可以把它看作接近于明智的一种实践理智品质，即我们一直在努力说明的实践理智的理解的运用。不过，实践理智的理解有两个方向，一个是向着更高的、对我们可能的事物的，这也就是我们一直谈的实践理智的理解。另一个是向着被我们觉解为低于我们所理解的事物的，例如，我们理解一个犯罪的人如果面对着他似乎无法自控的局面而犯下一件罪行。在第一个方向下，又有两种情形。首先，当我们的实践理智的理解发展的还比较初步，对于实践理智的理解已经发展到更高水准的人们，例如我们的父母、长辈、老师或道德上更成熟健全的人们，我们会要求他们理解我们的。我们的道理在于，我们的实践的理解只能够一步步积累地发展。其次，对于那些实践的理解似乎本可以发展然而没有正常发展的人们，我们会要求自己去理解他们。同样，我们的道理也在于，他们的实践理解只能够这样积累地发展，我们不可能取代他们。

所以，如果我们通过生活的实践和道德觉解的实践获得和持有人生实践的善观念，在与持着偶性的和互竞的善观念的人们就善的问题交谈时，我们必须持着这种理解。因为，既然我们不可能替代他们来理解，我们就必须承认，那种较低水准的理解是他们的理解，他们只能在那种理解的基础上逐步地提高自己的理解。我们沿着这个方向运用实践理智的理解时，我们就是在宽容。宽容是我们保持自己的实践理解的同时，同情地尊重一个邻人的低于我们的实践理解的理智态度。当然，这样做并不妨碍我们在能够比较好地交流时，向他说明，在他的理解的基础上，事实上可能再向上发展一步，这样他就似乎获得了一种对于人的善的新观点，获得对人实践的一种新的并且对他来说更高一些的理解。这样做在很多场合都是有益的。不过基本的问题是，这样做必须是在同情地尊重一个邻人的那种理解的基础上。

我们必须这样做，当然还有更为根本的原因。事实上，我们常常必须回到规则的观点或关于实践规则的正当理由的观点，甚至，必须回到基于常识道德的基本点的交往伦理学，来尊重我们的一个邻人的那种理解。这样的基础并不是被我们“否定”了的，而是被我们在更基础的层面肯定和确认的。当我们同道德觉解水准上接近的人交往时，由于这种交往本身的发展，我们常常不再需要清楚地回到这种非常基本的基础上。但是，我们必须在这样的基础上尊重和理解一位由于他的自身努力不够而在道德觉解水准上低一些的邻人，首先是因为他具有与我们同等的政治法律地位，其次是因为他具有如果努力就能够去发展的值得尊重的道德人格。只有在这样的基础上，我们才找到了一个共识性的基础，我们所谈论的事情才能在他那里获得较大程度的认同。也只有在这样的基础上，我们同他的交往才能随着这种交往的实践发展到具有更高的、共同的道德觉解的水准，因而更加吸引他和我们的交往。

二、在善观念上宽容意味善是无差别的吗

交往实践的这种状态会使得处于两种较低水准的善观念状态的人，尤其是处于偶性的善观念状态的人，产生一种致命的误解。按照他们的理解，人们持有何种善观念完全是“萝卜白菜，各有所爱”，所以，如果一个人喜欢严肃的工作，另一人专好投机取巧，一个人喜欢研究科学或哲学，另一人喜欢吸毒、赌博，仅仅是爱好的不同；既然人有不同的爱好，一个人的爱好就绝不会比另一人的更高或更低，所以吸毒对吸毒者而言的善，与研究科学对科学家而言的善，都是不分高下的、平等的。

我们可以明白一点，处于偶性的善观念状态的人不可能就人的善观念的性质问题做出比较接近真实的说明。因为，他们即使有了一些生活的实践，这种实践的范围还很狭小，他们对生活实践的理解还非常初步和有限，远不足以就这个复杂的问题做出认真的思考。只有道德觉解上发展的远为充分的处于人生实践的善观念状态的人才能做到这一点。尽管如此，处于偶性的善观念状态的人却最容易就这样复杂的问题轻易地提出独断的意见，以致我们竟发现自己时时都处于充斥着各种各样的此类意见的交往环境之中。因为，意见是远远低于认真思考而提出的思想与信念，并且，如亚里士多德所说①，对无论是可能的还是不可能的任何事情的。

对通过生活实践与道德觉解实践而获得和持有人生实践的善观念的人而言，一个人把何种事物看作人生的目的善是非常不同的。因为不同的善事物蕴涵的对于人的生命所能够展开的活动的丰富性和完善性，因而对我们的人生显现的意义，是非常不同的。我们必须尊重地理解和宽容那些对人的生活实践的道德觉解处于较低状态的人的实践理解，但是我们不应因此误解，以为所有人对善目的的实践理解都是全然平等的。如一个初生婴孩的理解，假设他有的话，与一个阅历丰富且思想深邃的

① ［古希腊］亚里士多德：《尼各马可伦理学》，1111b31－33。

哲学家的理解；一个嗜血成性的杀人狂与一个仁爱的人的理解是不可能平等的。这既是一个逻辑的问题，又是一个道德觉解的问题。道德觉解是人的一种重要的可能性。道德觉解程度更高的人对于人生实践的善的理解与体会更值得我们欣赏和称赞，如果那种理解与体会的确是真实的。因为，他们觉解的世界要更为广大。仅当他们可能因此忽略我们对人的善的觉解需要在理解的基础上一步步积累地发展时，我们才向他们提出宽容的要求。一个人当然可能在道德觉解上不发展或者发展非常有限。宽容的精神在于我们虽然能够判断这一点，却仍然要同情地尊重和理解他所持的善观念。宽容绝不意味着，我们必须把需要同情地尊重和理解的每一种较低觉解程度的善观念看作与我们自己的善观念，以及与那些我们欣赏与称赞的善观念，分量相同的。

三、学会宽容

既然宽容问题上可能存在这样致命的混乱，毋宁说宽容是一种需要学习的实践理智态度。让我们回到非常基本的水准，来说明我们面对一种道德觉解程度上低于我们对人的善的理解的善观念时，宽容是一种怎样的与他们相处的，尤其是与他们寻求某种沟通的理智的态度。

首先，在交往伦理学的水准上，宽容意味着我们不论将何种高等的善事物视为目的性的，维系我们与所有人的共同交往生活的那些东西，尤其是维系公共生活的和平、安全、可平等化的、公平持久的交往，都是优先的、基本的。这是公共讨论和商谈的基础。也是我们与邻人就公共性的问题进行可能沟通的主要基础。我们不可能把我们关于人生实践的善目的的观点用作与邻人进行公共性讨论的基础。所以，我们需要注意交往社会的政治与我们的道德自由间的重要区别。私人的善观念是道德觉解可以去探索的自由领域，但不能成为政治的基础。政治的基础仅仅是我们无论道德觉解上可能发展得多么健全和充分，都必须以与那些甚至道德觉解方面没有多少发展的人们能够共同接受为交往生活必需的基本善作为基础。将这两者倒置同样是极为致命的混乱，并且使公共交往生活陷入危险。

关于人生实践的善目的的讨论属于我们基于自己的道德自由与一个和我们可能具有类似的人生实践的理解与体悟的人的心智的交往。仅仅当我们与一个邻人——非常可能是一个朋友——的交往成为深层次的心智交往时，关于人生实践的善观念才可能成为一个可以寻求相互理解与沟通的领域。①当我们能够与一个邻人进行这样的交往时，这种交往已经不再仅仅停留在公民交往的水准上，而是有了更为丰富的内涵。我们之所以称这种交往为心智的交往，就是由于这个原因。所以，如果能够，我们必须比较清楚地确定我们同一个邻人的一种交往的性质。政治的生活仅仅是我们作为人的生活的一个必要的部分。构成我们的生命所展开的活动的更重要的部分并不在政治的范围之内。我们显然也不必仅仅把维系公共生活的那些基本善看作人的生活全部的善，而牺牲我们的道德觉解的可能性，牺牲我们作为人的生活实践的更为丰富的内容。

其次，在规则的观点和正当性观点的道德觉解的水准上，宽容意味着，即使一个邻人对于他的生活实践的善的理解被我们觉解为低于我们所理解的，我们仍然必须基于把每个人看作自主的实践规则的订立者，看作不可以只当作手段来对待的道德人，来尊重地理解他对他的生活实践的善的理解。只要他的那种理解不违反实践规则的这两个最基本的根据，我们就必须完全地尊重他。由于他也发生了对人的实践规则的某种觉解，我们的确可能同他在这个觉解的领域进行交谈和沟通。但是，这种交谈与沟通必须诉诸对实践规则的共同理解的基础。随着交往的发展，我们事实上可以在这个基础上，把我们对人的实践的理解引向更高的一层。但是，我们必须随时停止于这样的地方：他认为他对实践规则及其恰当根据与理由的立场，以及基于这种立场的对人的生活实践的善的观点，是经过思考的，并且如果寻求某种新的理解，就等于贬低他的立场与观点。

所以，宽容并不意味着，我们必须把自己局限于邻人的理解的水准上。如果坚持我们应当仅仅基于人们的不发展的道德觉解来讨论人类的善的问题，人的生活对于人的意义的问题，来确定我们自己的理解与观点，无异将我们自己置于无尽的黑暗之中。宽容仅仅意味着，从充分尊重一个邻人

① 诚然，与对人的善目的观念持有不同见解的人交谈，例如，与不同文化传统的人就善目的观念进行交谈，常常对我们有极大裨益。但是，我们可能因此简单地将文化传统的不同印记等同于善目的观念的不同，将一种具体的善观念的不同简单地看作善目的观念的不同。重要的在于，一个人对人生实践的善目的的道德觉解在他所处的那种文化传统中所达到的相对程度或水准。事实上，在不同文化传统中，我们总能在处于相似发展阶段的人们那里发现许多相似的理解。有理由说，两个在这种相对程度上相距遥远的人，除非因某种暂时的、紧迫的情况需要相互帮助，否则他们不可能就人生实践的善目的的观念进行真正有益的沟通。不过，这个问题涉及更为复杂的问题。我将在此搁置这个讨论。

的道德人格的考虑着眼，在同情地尊重和理解他的善观念时，我们不轻率地提出一个邻人当下不大可能通过进一步的思考而获得的观点，仅仅在共同的理解有可能发展时才这样做。

思考题：

1. “善”的多元化谈论表明了人可能发展的善目的观念方面所发生的哪些变化？

2. 怎样理解人们关于“善”的多元化的谈论中包含的德性多元化的含义？

3. 怎样理解宽容是在同情地尊重和理解一种较低的善观念的实践理智品质？

第三十五章　德性与总体的好生活

第一节　德性的心灵与总体的好生活

一、德性的心灵状态作为总体的好生活的“构成要素”

不言而喻，被理解为人生实践的内在善目的的总体的好生活是“过”和“做”的，并且要以好的、有德性的方式来“过”和“做”，并持之以恒地这样地“过”和“做”，而不仅仅是“想”的。

好的、有德性的方式，并持之以恒地这样地“过”和“做”，也就是指通过获得、保持一颗德性的心灵过我们作为人的生活。这样的生活必定对一个获得和保持这样的心灵的人来说是人生的实践，如果有了对于人生的这样一种观点，探索这种实践对他的生活的含义必定是他内在关切的。这样的生活必定就是总体上好的，因为它在这样的心灵上总是“呈现”为好的、善的。所以，人生实践的内在善即人的总体的好生活，与我们在这个实践中所展示的实践者的德性的实践品质，是相互“紧密勾连”的。这是因为，我们只有通过获得和保持这样一颗心灵，才可能有这样一种人生实践，才可能获得或实现这种人生实践的内在的善。缺少这样一颗心灵，我们作为人的生活总体上不可能是好的。

这样一个逐步获得的德性的心灵，一旦获得便永远属于一个人自身且永远不会被剥夺。生活中遭遇的命运与灾难，都不足以剥夺一个人德性的心灵，因为，正如亚里士多德所说，德性的心灵仍然能够以可能的最好的方式来面对人难于预料的厄运，“在厄运中……也闪烁着光辉”[①]。唯一使一颗德性的心灵失去其活动的仅仅是死亡，然而德性的心灵总是使人有一个体面的生命终结。德性的心灵还自身就是一个人的神学、形而上学，它似乎倾向于“返回”无限的宇宙世界本身，所以它似乎使一个人“超越”死亡。的确，德性的心灵不需要其他的宗教和神学。所以，最终说来，德性的心灵是使我们的人生实践直到其终结都能够好，是使我们能够有一种

① ［古希腊］亚里士多德：《尼各马可伦理学》，1100a29－30。

总体的好生活的最基本的“构成要素”。

如果我们把德性看作构成人生实践最重要的一个“构成要素”，那么对人生实践的理解，我们并不是提出一个新的论点，而是继续一个已经初步加以说明的论点。诚然，说它是一个“构成要素”只是一个示意性的修辞表达，因为一个德性的心灵并不是现成的或可以预先准备的，而是随着许多的实践，尤其是在这些实践的一定发展阶段或水平上并与这些实践同步地发展的道德觉解实践，一道生成的。它一步步地生成，心灵也一步步地加强它的自由的内心力量，我们就一步步地体会到，原来许多的实践总体上都“会合”成一个我们可以理解和体会为人生实践的实践，都帮助我们的这个人生实践的内在善——总体的好生活的实现和获得，我们也一步步地获得一颗德性的心灵。

我们越是在具体实践与人生实践这两种水准上接近对实践的这种重要理解与体会，就越是能够理解和体会德性的心灵对于这种实践的重要性；同样，我们越是能够理解和体会德性的心灵的这种重要性，我们的人生也就“过”得越充实，它所包含的具体的和总体的实践也就“做”的、完成的越完善。我们通过这样地实践自己的人生，同时观察与思考自己和邻人的这种人生实践，就获得了能够属于人的生活最丰富的含义。

二、外在善物对过一种好生活的帮助的有限性

外在的善事物，例如食物、饮水、住所、衣物、钱财、交通用具等等，对于“过”这样的人生和“做”这样的人生实践当然是必需的，因为它们是为着获得生存和使生命展开其活动所必需的生活资料与手段。但它们仅仅是我们能够这样地生活和实践所必需的东西，而不是它的保障。当我们年轻时，我们当然要努力地获得使生活能够安全的外在必需物品，尤其是财产。但是，如果我们将这些善事物看作是好生活的保障，认为拥有了这些善事物就一定能够有总体上的好生活，我们就似乎把不致陷入物质困顿的生活理解成人的总体的好生活，就从根本上弄错了一个人怎样才能够过一种总体的好生活这件事。因为，如果没有对于生活的实践的理解，如果没有通过生活的实践而健全地发展了的德性的心灵，我们作为人的生活总体上就不可能是好的。

优越的地位、事业的成功与荣誉这些外在善事物对于生活有另一种含义，它们主要不是使我们生命的植物和动物的活动得以展开的外在条件，而是使我们的生命力量通过社会政治与文化的交往生活活动而增长、并获

得体面的生活的印证。当我们年轻时，获得这种印证是重要的：它倾向于使我们增强自信。但是，如果需要这种印证来增强自信，就表明我们还不够自信。对生命活动最充分的自信来源于生命活动本身的自足性，即它展开和实现得良好、出色和完善。这样的生命活动也就直接表现着生命力量的实现与完善。"过"着并内省地觉察这样的生活的心灵也必定是自信的。然而地位、成就与荣誉这些外部象征性、赞誉性的印证，对一个自足的心灵来说并不是必需的，所以它们总是被健全的生活理智不无公允地看作人的身外之物，而且就像"过眼烟云"那样飘忽不定。所以，如果把这些看作好生活的保障，就同样弄错了我们怎样才能够过一种总体的好生活这件事情。因为，如果我们在向往和追求获得地位、成功和荣誉时把它们看作生活的主要目的，就失去了关于我们的生命活动的内在善的观点，就从基本的方面使这种内在于我们的生命活动的善从属于外部的东西，使真实从属于表象。

似乎无须说明，当一个人把获得地位、成功、荣誉当作唯一的目的时，他可能会变得何等自私、贪婪、狡诈，会采取何种欺骗的手法，以假充真，处心积虑、不择手段地获取这些苦苦追求的东西，并同时陷入对他人何等强烈的嫉妒、恶意的情感中，通过散布谣言来诽谤、毁誉甚至伤害他人，伴随着这些，他还会对那些能够授予地位、成就和荣誉的上层人士做出何种曲意逢迎、奉承、献媚、贿赂等卑贱的行为。不言而喻，在这些行为与心灵习性中，人会变得堕落、麻痹，远离有意义的生命活动，远离内心的真实，并且默认生活与心灵的虚假为自然。

所以，尽管外在善物的确是过一种好生活所必需的，它们对于我们过这样的生活的帮助却是有限的。它们仅仅是过这样一种生活的预备性、消极性的条件。我们不可能仅仅靠拥有这些善物而过这样的生活。唯一的可能在于，我们在挣得这些作为消极条件的善物的基础上，继续作出实践的努力，并且实践的内在的优越与丰富成为我们心灵的主要关注，心灵在这样的进程中逐步获得德性，并且在这个心灵上，实践的生活"显现"为有意义的人生实践。

第二节　德性的心灵与境界

一、境界与德性的境界

我们在这里引入境界的概念。① 境界，一般说来就是人生境界。一个人的人生境界是他对人生实践的内在善——人的总体的好生活的一种观念呈现，也是对人生所处的宇宙自然原理的观念呈现与体悟。由于生活实践和对于生活实践的理解的发展，我们关于对人的好生活的理解和体会，以及我们自身和所生活的宇宙世界的关系，以及宇宙世界对于我们的人生的意义，会发生一种通观的省悟，仿佛“豁然贯通”，融汇成一种实践的理解与体会的“意境”，我们称之为德性的境界。

境界有高有低，正与人的道德觉解的程度相关。初步的觉解就有初步的境界，中等的就有中等的境界，高等的就有高等的境界。道德觉解程度越高的人，他觉解的世界也就越广大。因为，世界虽然只有一个，但它是一个宏大的存在，心灵能够觉解它的高低程度是非常不同的。常识道德可以看作初步的道德觉解，所以基于常识道德的交往伦理学，当作为一个总体的观念呈现而不是作为一个关于实践的生活规范体系时，就包含着一种初步的人生境界。② 我们在哲学的或基于对交往伦理学的反思或道德觉解的伦理学的阐述中讨论的第一、二个阶段，可以看作中等程度的道德觉解，所包含的总体观念也就是中等程度的人生境界。自然地，我们所讨论的道德觉解的德性观念阶段也就是高等的道德觉解，所包含的也就是高等程度的人生境界。

但是，我们将不得不把讨论限制在对高等程度的人生境界的讨论的范围内。因为首先，全面地讨论这个主题超出了本书的计划。既然人的不同境界是同人的不同生活状态相联系的，是人们在一定生活状态下形成的关于总体的好生活的明确或不甚明确的总观念，讨论这个问题将涉及非常广

---

① 我所使用的境界概念，在许多方面得益于冯友兰先生在《新原人》第3章“境界”部分所作的非常经典的阐释。

② 如果撇除一些细节，常识道德的交往伦理学与冯先生所说的自然境界、功利境界大致相合，哲学的亦即道德觉解的伦理学的第一、二个阶段的人生境界，又与冯先生所说的道德境界大致相合。不过，我不准备就这种比较可能发生的一些理论观点方面的问题展开讨论。这些远远超出了本书的范围。

泛的问题，属于一项专门的研究。但是更重要的原因在于，既然德性的心灵如我们所说是一种总体的好生活的最重要的“构成要素”，这种生活事实上只有在德性的心灵上才“呈现”和“映照”得最真切。所以，高等程度的人生境界也就是德性的境界。[①] 如果可能，德性的境界可能最为吸引我们，为我们所追求。所以，如果我们对那些不甚清晰的观念意境下很大的工夫，并且这似乎是一件不可能做得足够的事情，而对德性的心灵上可能“显现”得较为清楚的东西却只提到三言两语，这似乎不很恰当。

二、为什么讨论德性的境界

关于德性的境界，困难的是难于对它做恰当的说明。因为，它事实上是在一个德性地生活着的人的心灵上“呈现”的关于人总体的好生活、关于人所生活于其中的这个世界（宇宙与自然界）的全幅和最终的思索、理解与体悟的意境，而这德性的心灵是在持之以恒的实践之中培养的、生成的。德性的心灵自持久的实践的养成起，便是人的道德人格或道德自我的最终确立。[②] 因为，一旦它这样地养成，便是稳定的、平静的、不易受获得外在善的多寡而变化的，并且给予我们的日常生活以不同的理解的境界。它是“全幅”的，一是指它包含对人的各种生活状态的通观；二是指它包含对人的德性的生活状态的时空通融的内省感；三是指它是在这种基础上对人的总体的好生活及其与宇宙自然的友好关系的全备的观照。而之所以又说它是“最终的”，却仅仅是因为我们作为人，没有更进一步的东西可以参照来说明它。

尽管任何对于它的说明都具有强加的任意性，我们也许仍然不得不以这样的方式对它提出一些说明，以便使我们在这本关于伦理学的书中所做的工作有一个恰当的结束。如果是这样，在考虑作出这样一种说明方式时，我们唯一能够考虑采取的角度仅仅是适合这本书的讨论内容的某种综合。

---

① 德性的境界一词，我借鉴了冯友兰先生的“道德境界”。但是，我使用的这个概念与冯友兰先生的“道德境界”有些区别。因为，冯先生使用“道德境界”，是专就“行义”的人的，我这里所说的德性的境界，是就道德觉解方面已经充分地领悟了德性对于人生的含义的人的。

② 唐君毅先生在他的《道德自我之建立》的“重版序言”中这样说，从道德来谈人生，总意味着从一个特别的方向来谈、来体会人生，而不是一般随意地谈人生，唯有这样地谈人生，我们才能够不止于日常的伦理，而可以“把道德问题当作一客观的人类之问题，或宇宙中之问题，来讨论的意味”（唐君毅：《道德自我之建立》，“重版序言”，1～2 页，桂林，广西师范大学出版社，2005）。

我们将基于本书第三编对道德觉解的第三个阶段的讨论与第四编对善的生活的讨论来概括这样一个说明。因为仅仅在第三阶段，即高等程度的道德觉解的阶段，一个按照德性生活的人才在生活和道德觉解的实践中，培育起德性的心灵；仅仅在这个阶段，德性的心灵才具有最为自由的力量，才拓展出德性的生活对于人的丰富含义；同时，由于德性的心灵与总体的好生活是“紧密勾连”的，也仅仅是在这个阶段，人的总体的好生活的意境才最为清晰和确定地“显现”在一个德性的生活者的心灵上。

在这样的心灵上，人的好生活与人生活于其中的宇宙和自然界总是友好的、和谐一致的。因为，这样的心灵非常清楚地把人和人的世界理解为从宇宙自然世界中产生，并属于它的一个部分，与总体的世界和谐地交织成一个整体。一个有德性的人，也正是因为他的德性的心灵上最为清晰地、全幅地“呈现”和“映照”着人的总体的好生活以及人与这个宇宙自然世界的总体关系，才不仅了解，而且能够从这个高处观照和判断人的生活、人的各种生活状态，判断它们在实现和完成对于人可能的善方面的高低不同的、成层级式地排列着的：最好种类的生活由于能够实现最大程度的对于人可能的善，是自足和完善的，其他品级的生活则在自足性、完善性上，也在所觉解的世界的范围上，低一些。①

三、“仁者”与“仁且智者”

让我们从引入对一个德性的生活者，或者用中国人的话来说，对一个贤者、君子的一种分析开始。

众所周知，人类思想史上，孔子最早提出了“仁者”与“智者”区别。

① 例如，亚里士多德认为，爱智的或沉思的生活包含人的生活的最丰富的内容（自足）和最真实的快乐；爱政治的（同时也合道德德性的生活）次之，它是正义的，但不是对于人最丰富、最真实的；享乐的生活则仅仅追求低于人的水准的动物式的快乐，因而贫乏且不真实；但牟利的生活甚至低于这三种生活，因为它甚至是没有自由和闲暇、没有任何快乐的生活（［古希腊］亚里士多德：《尼各马可伦理学》，第1卷第5章）。我将把这个引证式论证看作一个自足性论证。事实上，柏拉图在《理想国》中关于人的三层级的生活的讨论已经包含了这种对属人的善的解释的可能性：最高一级的生活（爱智的生活）最善、最正义，其快乐也最真实，次一级的生活（爱荣誉的生活）比较善、比较正义，快乐也比较真实，最低一级的生活（爱钱的生活）最差、最不正义，其快乐也最不真实；过着低一级的生活的人不可能了解高一级的生活的真实，过着高一级的生活的人却可以了解低一级生活的不真实（［古希腊］柏拉图：《理想国》，578c—588b）。

“仁者”也就是贤者的一种，即有德性的君子。因为，仁或仁爱就是德性的根本或核心。“智者”是在思索和处理人的生活事务方面有实践智慧的人。孔子作出这种区别是意义深远的。诚然，人们可据以引出“仁者”可能不智或“智者”可能不仁的释义。但着意于引申这种意义似乎并不合于孔子的原意。孔子说“仁者安仁，知者利仁”，是说智可以在仁的基础上辅助仁，使之在德上更进一层。这似乎是孔子引出此种区分的本意。①

基于这种理解，我们在孔子对“仁者”与“智者”的区别的基础上，把一个有德性的生活者区别为“仁者”与“仁且智者”。我们用仁者这个词概括一个感情与行为方面具有德性的人，一个在生活实践中获得了道德德性和对道德德性的理解和体会的人，所以，仁者是一个友爱和仁爱的、内心和行为上诚实和正直的人。德性与实践理智的健全发展是相辅相生的，离开实践理智的健全发展并将已经养成的良好行为与感情习惯理解为德性，德性就还没有形成。所以，一个仁者必定是实践理智健全地发展的人，我们是指，他必定在实践理智的理解与体悟方面有相应于他的道德德性的那种发展。但并不是说，他在实践理智的理解与体悟方面有了就这种理解与体悟来说全面的发展，因为，既然这种理解与体悟似乎拓展着人的精神世界的无限广袤的领域，相应于道德德性的实践理智的发展就可能并未穷极尽可能广和深的领域。让我们假定这些是需要一个有德性的人有充分的闲暇去沉思人生并达到对于它的形而上学的理解与体悟并能够获致远为充分的发展。

另一方面，我们用“仁且智者”概括一个不仅有德性并且理解和体悟了人的实践的德性，而且实践理智的理解与体悟方面也有了非常充分的发展，并且拥有适当的闲暇深入地沉思人生和人所生活于其中的自然界并达到对它的形而上学的理解。因此，一个仁且智者理解自然界的根本道理，这种根本道理在自然的方面呈现为作为生命本原的两种基本力量元素（借助中国古人的概括——天与地、理与气、阴与阳）的相互作用运动，在人的世界的方面表现为人事与物事、实践与制作两种交相生成的生命活动的展开。思索和获得澄明的理解的过程，在自然的方面就是“知性”，在人的

① 朱熹说，“惟仁者，则安其人而无适不然，知者则利于人而不易所守，盖虽深浅之不同，然皆非外物所能夺矣”（《论语集注·里仁》），所解甚当。我在此处基于朱子的解说，将得仁不易且以智增益所得的有德性者（君子）解说为仁且智者，并在此意义上与仁者有所区别。

世界的范围就是“知人”，在成就人所能够成就的善的方面，在人事或实践的方面就是“成己”，在物事或制作的方面就是“成物”。所以，这样的人不仅仅是一个有德性的生活者，而且是一个沉思着人的生活和人所生活的这个自然世界，并追求着这种思索的智慧的人。一个仁且智者不会因他的理智的充分发展而贬低他的德性。相反，他的理智的充分发展恰恰要在他的德性的心灵上来“呈现”和“映照”，所以总是增益他的德性，使它们达到更丰富的滋养，向人类精神世界的更深处扎根。

第三节 三种德性的境界

一、“己达达人”：仁者境界

我们将基于所引入的这个区别来分层次地讨论人的总体的好生活在一个德性的生活者的心灵上“呈现”的境界，即他由于他“过”着的那种德性的生活，由于在这样的生活实践中培育起来的德性的心灵，而“呈现”给他的对于人的总体的好生活，以及对人所生活的自然世界的全幅的、最终的理解与体悟的图景。显而易见，这里继续进行的讨论将是虚拟式的和现象学的。这并不是说，所说明的精神生活现象仅仅是虚构的，而是说，尽管它对于人是可能的，但由于它无限地广大，事实上我们对于它只能够做一些现象学上的捕捉，并且因此不得不满足于只就一些非常基本的东西作非常简约的说明。

第一种境界可以称为仁者境界。这是人的总体的好生活和人所生活的这个世界在仁者的心灵上“呈现”的“意境”。仁者的生活状态是与他的邻人们和谐相处，并相互促进善。同其他有德性的人们相处中，这是非常自然的生活状态。人们不会相互作恶和伤害，一个人也不会要求一个邻人去做一件不正义的事情。因为他们都是这样的人。但是一个仁者与时而做好事、时而做坏事，或者，某些方面做得好，某些方面做得不好甚至作恶的人们相处时，也同样促进彼此的善。因为首先，他充分理解，每一个人都有向善发展的可能性，所以，每个人至少一定程度上倾向于善。其次，他能够选择同那些人们偶尔或某些方面表现出来的善相处，从中吸收增益自身的实践德性的东西。同时，他关切着那些人们的改善，并尽可能帮助这种改善。这样，他的邻人们获得他们作为人的生活的善，他也从这种改善的环境中获得了善。

所以在仁者的德性的心灵上，在人的生活世界中，我们的确可能不仅努力使自己的生命繁荣发达，而且可能努力去促进我们邻人的生命繁荣发达。所以，人的总体的好生活就是德性的实践生活，用孔子的话来说，是“己达达人”的，用孟子的话来说，是人人“老吾老以及人之老”的生活。因为，生活的繁荣发达不是狭隘地仅仅在获得生活的外部必需手段的意义上理解，而是在人作为人的发展，即在人在生活实践的过程中在道德上觉解，挺立并完善自己的人格的意义上的。基于德性的观念，这两个积极的目标不仅是可能的，而且是相互促进的，并且只有相互促进才能够充分地实现。并且，我们会把人们这样的彼此相处的生活看作德性和好的。

二、“极高明而道中庸”：仁且智者境界

第二种境界可以称为仁且智者境界。不言而喻，这是一个仁且智者的生活状态以及它呈现于他的心灵的理解与体悟的“意境”。

仁且智者不仅德性地生活着，像仁者一样沉思着自己的人生实践，沉思着人的生活和人所生活的这个自然世界，而且，由于有必要的闲暇，他的思索能够伸展到更为深邃的领域，人生实践的历程，人的各种生活状态，它们的过去、现在与将来，都“呈现”在他的心灵上，被他思索。所以，仁且智者获得了可能的最丰富的对于人生实践和人的状态与生活的“通观”的理解与体悟。通过这种理解和体悟，他理解和体悟了人是怎样的一种生命存在，人的活动与生活是怎样的，以及怎样可以更为充实自足。同时，透过这些理解和体悟，他了解了对于人的最好的事物是什么，以及从这里省察，人如何地生活是最好的，人生的各种问题又如何可以最好地对待与处理。这使他获得最达观、最平和的内心，使他坦然面对人世间的一切。

所以，一个仁且智者在任何场合都自如地做着最好的事情，并且得心应手，游刃有余，“随心所欲”。因为，他在每一件事情上都能够“极高明而道中庸”，而不致“迷茫”、不知所为。他不会拒绝生活琐事，他的“通观”的理解和体悟使他生出一双“慧眼”，使他能够从人生实践的总体的善“直视”每一个生活场合的细节，“看出”面对的问题、事情与人生实践的关联，并自然而然地确定出最适合的处理方式。他当然也不会拒绝同普通人交往。因为，恰恰是通过这种交往，他对于人的各种生活状态的理解与体悟又不断丰富着内容。同时，人们总是乐于同一个这样的人交往。因为，他们非常了解，他总是与他们为善的，并且，关于他们自身的生活的事情，他们也总是从他那里才最能够得到启发。

但是，仁且智者不是将自己限制在人的实践的世界里，这是与仁者不

尽相同的地方。仁且智者还通过人和人的生活，通过观察和思索与人类一样生活在这世界上的生命界，思索着自然界。自然界在他的心灵上“呈现”为一个不断创生、恒久地使所创生的生命物周而复始地经历其生命周期，又延绵不绝的伟大力量。这种力量总是表现为两个基本力量——天与地、理与气、阴与阳的相互作用着的活动。人的世界是这个世界创生的一个部分，与它处于友好的关系中。这意味着，人不可以破坏这种友好关系，否则人类就失去存在的根基。所以，仁且智者更清楚地了解：人不仅要德性地生活与实践，而且要理解人的生活，理解人所生活的这个生命世界，理解这个世界与人的生养关系，与人的生命来源保持友好和谐的关系，才能够真正有一种好的生活。这样的生活才是一种好的生活。以这样的方式，一个仁且智者成为一个“爱智慧者”。

三、“民胞物与”：天地境界

第三种境界可以称为天地境界。① 处在这一境界的人的生活中包含着更多的对人的生活和人所生活的生命界的沉思，并且，十分自然地，这种沉思伸向对生命世界的遥远的本原或本因——宇宙的思考。哲学的宇宙，作为对本原或本因的宇宙的哲学沉思的对象，不同于物理学或天文学所思考的宇宙②，只能够由思想来指向，而不可能获得对它的充分论证。全部物理学与天文学都不能也不可能提出对这个本因的论证。这个作为本原或本因的宇宙，古代中国人称为“道”，称为“一”，古代希腊人称为“所是”(on，ousia，the Being)，亚里士多德称为“第一实体”，康德称为“本体”。它在人类思想上的“显现”，柏拉图称为“型”（eidos，form），朱熹称为“理”，王阳明称为“本心”，黑格尔称为“绝对观念”。

当人的思想指向这个对象，人类的思想就在做一个“擢升”的努力。在这层纯粹思想的境界，自然生命界融入它的母体——宇宙之中，生命界与无生命界之间，自然界中各类生命物间的种种显得分明的界限与区别，将变得微小，恰如一粒尘埃与另一粒尘埃间的那种差别；人与人之间所有

① 我使用的“天地境界”一语直接得益于冯友兰先生。但是我赋予了它一些不同的含义。我将它看作是从“仁且智者境界”向对宇宙人生的更高渺方向的“擢升”而获得的生活境界，因而似乎是在德性的境界之上的。我之所以这样地说明，是因为一个有德性的人似乎是在这一层才真正在省悟天地对于人生的意义，在此之前，一个有德性的人所沉思与省悟的似乎仍然是人的实践生活世界的事情。

② “物理底宇宙，……不过是哲学中所谓宇宙的微乎其微底一部分。”（冯友兰：《三松堂全集》，第四卷，503页）

看起来像天壤之别的那些区别、对立——关系的亲疏、财产的贫富、地位的尊卑、成就的大小、德性的高低，从对宇宙天地的沉思来省悟，都显得渺小和无谓，所有那些使人类陷入无穷纷争的妒忌、怨恨、争斗、凶杀、战争、宗教对立、宗族灭绝，所怀的动机都是狭隘的，所为的目的都是褊狭的，都显得空洞虚无。所有存在所以存在的那种原因，获得了对于人而言最终的、也最高渺的，表达无论是在神学的观点中，还是在日常观念中，都被称为"天"。"天"作为哲学的概念获得两种意义。在自然界的范畴内，它是与"地"相对应的自然界的两种相互作用的创生力量之一。用来表达自然界背后的那个本原或本因——宇宙时，它指那个宇宙。作为思想的求索，在这一层面上就是"知天"，在哲学思想的层面上，就是"知'道'"，知那仅仅作为"是"的"是"。在这个用法上，"天""道""是"都是非常缥缈的，这是可以理解的。因为人类由于其存在的有限性，不可能真正最终地了解宇宙世界的全部真实。当人就这个宇宙的根本原因进行沉思时，所能获得的全部思想都只能够是既高远又缥缈，并且不可能有进一步的支持与佐证。

但是，所有这些只有在一个仁且智者的德性的心灵上才能够"显现"出它们对人的真正意义。就人类思想所能穷达的边际来说，天即宇宙就是最终创造了宇宙间一切存在的原因，是这个星体上一切存在、一切生命物的原因。生命世界的所有存在物，不过是它们的创造物，是天地间共同生活着的伙伴。人类世界中所有的人，无论人种、年龄、性别，都是共同生活着的同胞。生命的世界是在无生命的世界之上的。然而所有生命最后都将复归于无机的世界。所以，人类作为天地间的一种生命物，它被创造的自然的目的当然是在这个生物种类之内，人们彼此视为同胞，共同繁荣；人类与他的所有生命物伙伴和谐相处，待以友善；人类和整个生命界同无生命的物质环境之间，和谐地周转循环。这样的生活，就是对于人的好的生活；相反的生活，或者是低等级的生活，或者将最终使人类自我毁灭。

这是一种从仁且智者境界努力向上"擢升"，努力接近"道"的豁然的境界。以这种境界生活，人就高大起来，就把自己看作一个"本体"世界的成员，看作与天地同等地高大，"与天地参"的。这种生活的境界，如中国北宋哲学家张载非常出色地描述的那样，就是"为天地立心，为生民立命，为往圣继绝学，为万世开太平"的境界。这种德性的境界下，人与天是融为一体的，天即宇宙是澄明的，它就是真，就是善，就是"诚"，因为它只在一个诚实的德性的心灵上"呈现"。以哲学的方式，我们应当说，天地境界的人当然并不生活在真和善那里，并不真正生活在“诚”或康德说的“本体”界那里，而是与所有人一样，生活在人的日常生活中，但是，他们以对于宇宙世界的这样理解的境界生活，就比任何其他人都更接近那个真、善和“诚”的存在本身。①

虽然获得这种理解与体悟宇宙世界的境界对任何人都是可能的，但能够以这种境界生活的人从古至今都是非常罕见的。所以，这样的人被称为圣人、神人。但即使我们并未达到，甚至不大可能有希望达到这样的境界，我们或许有理由假定，即使从这种境界审视，面向并欣赏这个境界，并以德性的方式生活，仍然对于人最好，对于人与所有生命物伙伴最好，也对于人和所有生命物伙伴所共生的这个自然界以及它所由而来的那个无机世界更好。因为，这种生活总是排除着妒忌、怨恨、战争等等，使得人类的生命世界正常地展开，繁荣，而且实现它所能够实现的丰富性。并且，离开这个以无比的丰富性展开的生命的活动和它所获得的心灵，这种天地境界就是不可能的。因为，它只有在那个心灵之上才能“擢升”。

第四节　在有限的生命中寻求生命的完善

诚然，具有德性的境界的人并非不需要过日常的生活，也并非过着别样的日常生活。饮食起居，持家交友，与邻人交往，洒扫应对，即使是圣人也不离这些生活事务。德性境界的人也正是从每一种日常生活事务，来体会总体的好生活和我们生活于其中的这个宇宙与自然界的根本性质。但是，德性境界的人是基于对总体的好生活的更高的理解与体悟过这种日常生活的，所以在日常生活中也总是与其他人的理解和感觉不同。由于是有德性的人，由于心灵具有真正自由的力量，德性境界的人应当在日常交往生活事务——私人交往事务和公民交往事务上处置自如而得体，并且更为轻松，内心更为坦然。

对于德性境界的人，生活是有意义、值得过的，生命是宇宙和自然界给予一个人的最好礼物。但是，正如宇宙和自然界给予一颗种子是倾向于

① 我将搁置对不同学派关于这种最高渺的境界所做的不同描述和基于那些描述所提出的不同思想体系做进一步的评论和讨论。在这些学派中，道家对于“虚”和“真”，儒家对于“诚”与“善”，佛家对于“空”与“净”，基督教对“圣者”所做的描述和所提出的思想体系，都可以看作从不同思想体系对这种境界所做的表达。

让它生长、繁荣，赋予一种动物生命的孕育是倾向于让它成长为一个健全的动物个体一样，宇宙和自然界赋予人的生活也是倾向于让人实现他能够实践地获得善。这种实践地获得的善，我们把它看作属于生命自身的，并从生命自身的方面把它看作完善。

尽管人注定只能经历非常有限的生命，尽管人注定只能生活在有限的交往生活范围内，但是，由于一俟我们摆脱获得生活必需品的紧迫压力，生活实践就始终对于我们是一种可能性，并且如果愿意，我们始终能够通过生活实践成为一个好人，通过对生活实践的道德觉解，通过这种人的特殊的实践，在我们的生命活动中充实更丰富的内容。我们作为人的生活对于我们是具有意义的，不是无谓的空忙。

但是，我们也无须把这样地经历生命过程看作是超越。它事实上是朝向可能属于生命的善，而不是超越生命或超越属于生命的善的。因为，可能属于人的生命的善也就是宇宙本身、本体的一部分，宇宙的全善是人不能获得的，但是人可能实践地获得其中可能属于人的那个部分。然而，获得宇宙的全善中可能属于人的那个部分显然不能够叫作超越。超越总是意味着否弃。这种实践的努力更不是放弃。放弃的观点是基于对人的生命是低贱的观点的。放弃的观点与超越的观点总是两极相通的。

在有限的生命中通过我们的生活实践寻求总体的好生活，这同时就是生命的充实与完善。

思考题：

1. 在何种意义上德性的心灵是总体的好生活的“构成要素”？
2. 为什么外在善对过一种总体的好生活的帮助是有限的？
3. 试以自己的理解来归纳和表达三种不同层级的德性境界。

参考书目

※

中文文献

古籍部分（依文献形成时间排列）
《尚书》
《周易》
《易经》
《道德经》
《论语》
《庄子》
《荀子》
《孟子》
《列子》
《大学》
《中庸》
《礼记》
《司马文正公传家集》
《说文解字》
《论衡》
《外杂》
《傅子》
《送李十五序》，《全唐文》卷一百八十一
《西铭》
《北溪字义》
《四书集注》
《朱子语类》
《陆九渊集》

《传习录》
《王阳明全书》
《放翁家训》
《读四书大全说》
《孟子字义疏证》
《樊川文集》
《张园文录外编》

现代文献部分（依汉语拼音排列）

包尔生：《伦理学体系》，何怀宏、廖申白译，中国社会科学出版社，1988。

柏拉图：《理想国》，郭斌和、张竹明译，商务印书馆，1996。

柏拉图：《会饮》、《普罗泰格拉》、《菲力布》、《裴诺》，《柏拉图全集》1—4卷，王晓朝译，人民出版社，2002—2003。

布劳德：《五种伦理学理论》，田永胜译，中国社会科学出版社，2002。

边沁：《道德与立法原理导论》，时殷弘译，商务印书馆，2000。

费孝通：《乡土中国·生育制度》，北京大学出版社，1998。

冯友兰：《新原人》，《三松堂全集》第4卷，河南人民出版社，2001。

弗兰克纳：《伦理学》，关键译，三联书店，1987。

哈贝马斯：《在事实与规范之间》，童世俊译，三联书店，2003。

哈贝马斯：《交往行为理论》（第一卷），曹卫东译，上海人民出版社，2004。

何怀宏：《底线伦理》，辽宁人民出版社，1998。

黑尔：《道德语言》，万俊人译，商务印书馆，1999。

黑格尔：《法哲学原理》，范扬、张企泰译，商务印书馆，1961。

霍布斯：《利维坦》，黎思复、黎廷弼译，商务印书馆，1985。

康德：《道德形而上学原理》，苗力田译，上海人民出版社，2002。

康德：《实践理性批判》，韩水法译，商务印书馆，2000。

康德：《论教育学》，赵鹏、何兆武译，上海人民出版社，2005。

孔汉思（编）：《全球伦理》，何光沪译，四川人民出版社，1997。

拉尔修：《名哲言行录》，马永祥等译，吉林人民出版社，2003。

卢梭：《爱弥儿》，李平沤译，商务印书馆，1983。

鲁刚、郑述普（编译）：《希腊罗马神话词典》，中国社会科学出版社，1984。

罗尔斯：《道德哲学史讲义》，张国清译，上海三联，2003。

罗尔斯：《正义论》，何怀宏等译，中国社会科学出版社，1988。

罗尔斯：《政治自由主义》，万俊人译，译林出版社，2000。

罗尔斯：《作为公平的正义》，姚大志译，上海三联，2002。

罗素：《西方哲学史》，何兆武、李约瑟译，商务印书馆，2001。

洛克：《政府论》，叶启芳、瞿菊农译，商务印书馆，1986。

罗斯：《正当与善》，林南译，上海译文出版社，2008。

马克思“1857—1858经济学手稿‘导言’”：《马克思恩格斯全集》，第12卷，人民出版社，1962。

麦金太尔：《德性之后》，龚群、戴扬毅译，中国社会科学出版社，1995。

摩尔：《伦理学原理》，长河译，商务印书馆，1983。

普鲁塔克：《希腊罗马名人传》，黄宏煦主编，陆永庭、吴寿鹏等译，商务印书馆，1990。

史蒂文森：《伦理学与语言》，姚新中、秦志华译，中国社会科学出版社，1991。

唐君毅：《道德自我之建立》，广西师范大学出版社，2005。

西季威克：《伦理学方法》，廖申白译，中国社会科学出版社，1993。

西塞罗：《西塞罗三论》，徐奕春译，商务印书馆，2001。

休谟：《人类理智研究 道德原理研究》，周晓亮译，沈阳出版社，2001。

休谟：《道德原则研究》，曾晓平译，商务印书馆，2001。

休谟：《人性论》，关文运译，商务印书馆，1980。

薛华：《哈贝马斯的商谈伦理学》，辽宁教育出版社，1988。

亚里士多德：《尼各马科伦理学》，苗力田译，中国人民大学出版社，2003。

亚里士多德：《尼各马可伦理学》，廖申白译，商务印书馆，2003。

亚里士多德：《政治学》，吴寿彭译，商务印书馆，1965。

郑召利：《哈贝马斯的交往行为理论》，复旦大学出版社，2002。

英文文献

（依英文字顺排序）

Anscombe, G. E. M. "Modern Moral Philosophy", *Philosophy*, 1958 (Vol. 33).

Aristotle, *The Nicomachean Ethics*, with an English tanslation. by H. Rackhan, London, William Heinemann, 1926.

Brandt, R. B. 'Some Merits of One Form of Rule-Utilitarianism', *University of Colorado Studies*, vol. 1967.

Butler, J. *Fifteen Sermons*, originally published by Robert Carter and Brothers, NewYork, 1860, reprinted by Lincoln-Rembrandt Publishing, Charlottesville, Virginia, 1993.

Grant, A. *The Ethics of Aristotle*, Longman & Green Co., 1885.

Kant, I. *Practical Philosophy*, trans. and ed. by Mary J. Gregor, Cambridge, Cambridge University Pr., 1996.

Luce, R. D. and H. Raiffa. *Games and Decisions*, New York, John Wiley and Sons, 1957.

MacIntyre, A. *After Virtue*, 2nd ed., Notre Dame, Indiana, University of Notre Dame Press, 1984.

Mackie, J. L. *Ethics: Inventing Right and Wrong*, London, Penguin Books, 1977.

Nowell-Smith, P. H. *Ethics*, Harmondsworth, Middlesex, Penguin Books, 1954.

Raphael, D. D. *Moral Philosophy*, Oxford, Oxford University Press, 1981.

Ross, W. D. *Foundations of Ethics*, Oxford, Clarendon Press, 1939.

Yu, Jiyuan. *Ethics of Confucius and Aristotle*, New York, Routledge, 2007.

Toulmin, S. E., et al. *An Introduction to Reasoning*, New York, Macmillan, 1979.